# 朱宪彝

《朱宪彝》 编写委员会 编写

天津出版传媒集团

天津人民出版社

**图书在版编目（CIP）数据**

朱宪彝/《朱宪彝》编写委员会编写. -- 天津：
天津人民出版社, 2021.6
ISBN 978-7-201-17400-6

Ⅰ.①朱… Ⅱ.①朱… Ⅲ.①朱宪彝－生平事迹
Ⅳ.①K826.2

中国版本图书馆 CIP 数据核字(2021)第099105号

**朱宪彝**
ZHUXIANYI

出　　版　天津人民出版社
出 版 人　刘　庆
地　　址　天津市和平区西康路35号康岳大厦
邮政编码　300051
邮购电话　(022)23332469
电子信箱　reader@tjrmcbs.com

责任编辑　岳　勇
特约编辑　张素梅
装帧设计　汤　磊

印　　刷　天津中图印刷科技有限公司
经　　销　新华书店
开　　本　787毫米×1092毫米　1/16
印　　张　28.25
插　　页　1
字　　数　400千字
版次印次　2021年6月第1版　　2021年6月第1次印刷
定　　价　86.00元

# 《朱宪彝》编写委员会

**主任**

姚 智　颜 华

**副主任**

刘红军　李国兰　雷 平　于春水　刘建国
舒 珺　朱 毅

**策划人**

梅 玫

**参编人员（按姓氏笔画排序）**

于 洁　王 伟　王 莘　王 瑶　王 蕾
尹 媛　方雪华　石旭雯　卢 远　冯 欢
孙 麑　闫 涛　闫 群　刘 芳　刘 隽
刘宏艳　李雅琴　时 鹏　季 新　郝 静
相 华　柏高原　倪艳虹　徐 群　徐娜娜
郭卫华　黄知伟　潘新丽　穆 静

# 前　言

　　中华人民共和国的成立,开创了中国历史的新纪元,也开创了中国医疗卫生事业和中国医学教育的新纪元。新中国成立后,我国医疗卫生事业和医学教育事业尽管经历了许多艰难曲折,但始终昂首向前,不断发展进步。经过七十多年的发展,我国医疗卫生事业获得飞速发展,广大人民群众获得更加充足的医疗资源和更为广泛的医疗卫生服务,同时,我国也逐步探索出适应中国现代化建设的医学教育体系,为我国医疗卫生事业的发展提供了强大的人才支撑和知识贡献。

　　中华人民共和国成立之初,百废待兴,开基创业,筚路蓝缕。作为新中国较早的杰出医学家之一,朱宪彝对中国社会主义医学事业的发展写上了浓墨重彩的一笔。经过五四运动精神洗礼的朱宪彝,心怀"家国情怀",在"不为良相,便为良医"的坚定信念中,以坚强的毅力,不屈不挠地攀登着医学科学的高峰。新中国成立之初,在世界人口众多、经济和医学技术十分落后的国家改革旧的医学教育、开创社会主义新医学教育、推进医疗卫生事业和医学教育的改革和发展,既是极其伟大的事业,又是极为艰巨的任务;既是惊心动魄的社会主义教育实践,又是充满挑战的医学教育难题。朱宪彝怀着对党无比忠诚的崇高信念,以一种大医仁人的气魄勇挑重担。正如朱宪彝被任命为天津医学院院长时的深切感触:亦喜亦忧。喜的是自己的医学追求有了更为广阔的天地,忧的是担心辜负党的重托和期望。在重任与挑战的双重驱动下,朱宪彝的医学科学钻研和医学教育实践始终坚持"一切为了人民群众"的信念,艰辛探索,不懈奋斗,竭力前行。朱宪彝始终扎根于新中国医疗卫生事业发展和社会主义医学教育的伟大实践,为推动新中国医学科学发展和培养高素质的医学人才作出了重要贡献。朱宪彝在改革开放之初总结医学教育实践经验,探索医学科学和医学教育发展规律,提出一套系统的、并符合时代发展的丰富医学教育思想和改革理念,为我国医学教育事业发展做出重要理论贡献。

　　作为成长于中国"救亡图存"特殊历史背景中的医学家,朱宪彝对历经磨难的中国人民始终怀有极深沉的感情,对国家和民族始终怀有强烈的责任心和使命感;正是在这样的精神追求中,他心系苍生,行医的初心始终致力于替百姓解除病痛,毕生的学术研究也均与民众的切身需求紧密相连。他对钙磷代谢、肾性骨营养不良、碘缺乏疾病、地方性氟中毒等的研究,不仅填补了国内相关研究的学术空白,而且对整个国家国民健康水平的提高起到了直接的推动作用。国家要求当代科学家应具备的胸怀祖国、服务人民的爱国精神,勇攀高峰、敢为人先的创新精神,追求真理、严谨治学的求实精神,淡泊名利、潜心研究的奉献精神,集智攻关、团结协作的协同精神,甘为人梯、奖掖后学的育人精神,在当时的朱宪彝身上得到了集中体现。

朱宪彝为新中国医疗卫生事业所做出的贡献,不仅在天津医学发展史上,而且在整个中国医学发展史上都留下了不可磨灭的印记。朱宪彝以一名共产党人的觉悟和担当,不仅成为"德高医粹"的楷模,其去世后铸就的"四献"精神,也永远激励着后人。

尽管历史的车轮已经距离朱宪彝所处的时代渐行渐远,新的医学理念和医学技术发展带来更加复杂的医学教育变革,但朱宪彝做出的医学贡献和留下的教育经验永远值得后人景仰和传承。《朱宪彝》一书不仅是对朱宪彝大医之路、教育理念、学术成果简单的历史回眸和提炼总结,更是一代代天医人为着患者的生命健康、为着医学人才的培养和医学思想的传承与创新,继往开来、再创辉煌的历史记忆,也是天医人迎建党百年华诞、展天医七秩风华的成果汇报,对传承天医文化具有宝贵价值和重要意义。

谨向中国著名医学家和医学教育家朱宪彝教授致敬!

# 目录

## 第一篇　朱宪彝大医之路

# 第二篇　朱宪彝教育思想研究

# 第三篇　朱宪彝学术思想研究

第一篇

朱宪彝大医之路

# 第一章　家国情怀

　　天津简称津,意为天子经过的渡口,别名津沽、津门等。天津始于隋朝大运河的开通。在南运河和北运河的交汇处、现在的金钢桥三岔河口地方,史称"三会海口",是天津最早的发祥地。唐朝中叶以后,天津成为南方粮、绸北运的水陆码头。金代在直沽设"直沽寨",元朝设"海津镇",是军事重镇和漕粮转运中心。明建文二年(公元1400年),朱棣率兵经直沽渡河南下夺取政权,1403年改元永乐。天津作为军事重地,于永乐二年(公元1404年)正式设卫,翌年设天津左卫,转年又增设天津右卫。清顺治九年(公元1652年)三卫合一,归并于天津卫。

　　清朝末年,列强入侵中国。1860年天津被辟为通商口岸后,西方列强纷纷在天津设立租界,天津成为中国北方开放的前沿和近代中国洋务运动的基地,军事近代化以及铁路、电报、电话、邮政、采矿、近代教育、司法等方面建设,均开全国之先河。天津成为当时中国第二大工商业城市和北方最大的金融商贸中心,也是近代中国经历东西方文明冲突、交汇、融合的较早区域。

　　洋务运动、戊戌变法都代表着那个时代的仁人志士救亡图存、奋发图强的探索。学习西方科技,创办新式军事工业,发展各式民事工业,成为那个时代的潮流。在教育领域,则表现为废除科举制度,兴办新学,"师夷长技以制夷"。

　　津沽出生的朱宪彝,正是在这种时代背景下成长起来的。

## 一、家道中落,志在翰墨

　　朱宪彝,字良初,祖籍天津,1903年(清光绪二十九年)1月3日出生于直隶天津城内一个经商家庭。"宪""彝"二字,在古汉语里有常法、法度的意思。宪彝之名,体现了家中长辈对他的殷切希望。

天津医科大学朱宪彝雕像(2021年新建)

3

回顾朱宪彝的一生,他在临床和科研上所取得的重要成果、所确立的行医规范,他在治校和育人上所确立的原则、所展现的人格力量,都无愧于"宪彝"二字的文化内涵,使这个名字成为当代医德、医术的准则与法度,垂范后世。

朱宪彝的高祖父、曾祖父都是商人①。其曾祖父曾在天津一家金店学徒,后在该店做工多年,用积蓄在天津老城厢一带购置了多处房产②,使得朱家可以饮食康健、生活富足无忧。

我国封建社会,民有士、农、工、商的社会分层,加之我国旧时多重农抑商,故商人虽财富多,但社会地位往往不高。所以,经商的人一般都希望自己的子孙可以亲近翰墨书香,通过科举步入仕途,以出人头地、光宗耀祖。

在朱家,朱宪彝的祖父有着鸿鹄之志,无意继承祖业从事金银首饰买卖,期冀能以读书人身份光耀门楣。然而,朱宪彝的祖父时运不济,困于名场,每次科举考试均屡试不第,只能寄厚望于自己的子孙后代,而他自己则郁郁不得志,年五十而逝。

自此,朱氏家道中落,经济状况日趋紧张,生活的重担落在了朱宪彝祖母身上。

朱宪彝的祖母作为传统女性,秉承夫命、勤俭持家并教养子女。她常常规劝五子二女③,要求他们学习上进——"万般皆下品,唯有读书高"。家庭变故后,朱宪彝祖母自身的刚毅、坚守,对其子女们的成长有多大的影响虽不得而知,但至少让孩子们懂得,勤奋和上进是改变家庭面临困境时的不二选择。朱宪彝的父亲朱易谙在兄弟中排行第二,不负众望,考取了清朝末科秀才,这份功名使得翘首期盼的老母亲得到了少许慰藉,也给朱家带来了一份荣耀。

据记载,朱易谙与李叔同(1880年10月23日—1942年10月13日,后被尊称为弘一法师)为朋友。李叔同曾作《赠津中同人》:"千秋功罪公评在,我本红羊劫外身。自分聪明原有限,羞从事后论旁人。"这首诗中"津中同人"是指李叔同在天津的老师和朋友,包括金石家王襄、王钊,书法家孟广惠、华世奎,画家马家桐、徐士珍、李采繁,诗人赵幼梅、王吟笙,以及名医朱宪彝之父朱易谙等④。由此可以看出,朱易谙旧学根底尚属深厚,对朱宪彝幼时教育,多少有一定影响。

---

① 朱宪彝.我的中小学时代[J].天津文史丛刊,1988,1:53.

② 朱宪彝.自传.天津医科大学图书馆资料.

③ 朱宪彝自撰材料记载朱宪彝"父亲兄弟六人,但五叔和六叔早亡",天津医科大学图书馆资料。另注:王兴民.朱宪彝传[A].王家驰.朱宪彝医案[C].天津:天津科学技术出版社,2000年,"朱宪彝传"一文记载五子二女。

④ 朱兴和评注.李叔同诗歌评注.上海:上海交通大学出版社,2013:30.

朱宪彝的父亲朱易谐和母亲朱张氏

自1898年6月11日开始的戊戌变法,作为中国近代史上一次非常重要的改革,也是一次思想启蒙。戊戌变法虽最后失败,但之后废科举、兴新学,已是大势所趋。1905年(光绪三十一年),在袁世凯等的建议下,自隋唐起在中国实行了一千二百余年的科举制度被废止了。自此,读书人传统的上升通道被堵死。加之清政府自身亦财政艰难、岌岌可危,无法招纳更多的书吏、幕僚在衙门谋事,故朱易谐虽考取了秀才的功名,却没有派上什么大用场,只能在边角的空间谋求出路。

私塾作为我国古代社会一种附属于家庭、宗族或乡村内部的民间幼儿的传统教育机构,其又有分类。地方(村)上聘师设塾以教贫寒子弟的,被称为村塾;富贵之家聘师在家教读子弟,称家馆或坐馆;宗族捐助办的私塾被称为族塾。最终,朱易谐在一姚姓盐商的家馆谋得一份私塾教师工作。但塾师薪资不多,难以养家糊口。

1905年,清政府预备立宪,急需通过创办新式学堂培养法律和政治人才,"以改良直隶全省吏治,培养佐理新政人才"为宗旨的直隶法政学堂在此背景下应运而生。然而因该学堂只招收县级以上官吏入学就读,所以寻常百姓家子女想入此校难于登天。同年,直隶总督袁世凯开始筹建北洋法政学堂,次年获得清朝廷的批准开始招生。北洋法政学堂入学门槛要低很多,其教学定位在今天看来可以说是一所普通政法财经类大学[1],招生对象为初中生,教授高等法律、政治、理财等内容;该校同时设有一年半成人速成教育,以满足当

---

[1] 1906年,北洋法政专门学堂创建,1911年更名为北洋法政专门学校。后来五次改变校名,习惯上一直被人称为"天津法政"。1949年,学院撤销,学生转入南开大学。(http://npkpjd.com/? id=22)。另参朱宪彝《自传》,其中记录其父亲毕业于天津法政学校,天津医科大学图书馆资料。

时政府的需求。这才使得非吏胥、非幕僚背景的朱易谊有机会接近新学,迈入了天津的新学堂——北洋法政学堂。朱易谊这一人生路上的重大变化,为其开辟了一条新的文书工作的道路。

## 二、幼承庭训,勤朴敏健

北洋时期,朱易谊为了谋生常年辗转于京津两地。先是随北洋军阀贾宾卿去绥远督统属做文书,后又在北平陆军大学做文书科长、在北京参谋部和陆军部做一等科员。

朱易谊工作虽有了着落,但即使其满腹经纶,也只是一名文书,没有真正施展才能之地,人生不算得志。以今天的视角来看,朱父当时也只能算是一名饱读诗书的小职员。

朱宪彝的母亲朱张氏是旧时典型的贤妻良母。朱易谊为谋生去北平工作后,朱母便随行去了北平居住。朱宪彝兄妹三人另随祖母住在天津鼓楼西欧家胡同,一家人两地相隔。孩子们只有假期才能去北平与父母团聚,享受两代人团聚的时光。

当时北洋政府财政困难,朱易谊每年仅在三节(春节、中秋节、端午节)才发薪水。除却在北平的日常开销,这些微薄的薪水远不够打点家中生活的开支。此时,祖上留下的铺面房所赚取的租金,就成为家庭经济来源的重要补充。

朱宪彝的祖母则勤俭持家,常为孩子们亲手缝制衣服。她也十分疼爱隔代的孙男孙女,希望这些孩子能继承祖父遗志,勤奋读书,中国人历来重视的门楣家风、耕读传家的传统在朱家得以很好体现。对于朱宪彝祖母而言,诗礼传家,于家庭可光耀门楣,于孩子们自己能修身养性、有所作为。

祖母的干练、父亲的勤奋、母亲的贤淑,使得"留守少年"朱宪彝早早成熟起来,从不任性自负,倒能谦恭自励、发奋读书[1]。因此,从做人的训练这一点上,朱宪彝的恩师便是其祖母。

1909年(清宣统元年)起,朱宪彝在几位商绅家馆读过三年私塾,可以说是幼承庭训,具有较深的旧学根底。朱宪彝的童年,处于一个新旧交替的时代。一方面,清末学制改革以后,新式学堂开始出现;另一方面,从春秋战国私学诞生到20世纪初,私塾一直都是一种正统的教育组织形式,人们对传统还难以割舍。究竟是选择新式学堂还是私塾,朱宪彝的父亲还是有些犹疑。直到1912年,朱宪彝时年九岁,才转入新学,入读直隶第一模范小学(现天津

---

[1] 王兴民.朱宪彝传[A].王家驰.朱宪彝医案[C].天津:天津科学技术出版社,2000:2.

市南开区中营小学)二年级,并在此学习三年。

入读新式学堂,是朱宪彝修身立志的启蒙教育新起点。在这里,他遇到了生命中一位非常重要的老师——刘宝慈。这段时间为他的成长打下了很好的基础,培养了他的学习能力,也给他留下了美好的回忆。

1905年(光绪三十一年),直隶总督袁世凯兴办学务,命设天津模范两等小学堂。直隶第一模范小学是天津创办最早的小学之一。经乡人推荐,刘宝慈任当时的堂长(校长)。

刘宝慈祖籍浙江诸暨,曾受教于蒋观云("近代诗界三杰"之一),后被选派赴日本弘文学院留学[2],集传统古学教育与近代科学教育于一身。他热爱教育事业,毕生心血都扑在了"为国育才"[3]的事业上。

刘宝慈(1873—1941),字扫云,号竹生,中国近代教育家[3]

直隶第一模范小学外景[4]

模范小学堂作为新式学堂,其新其范首先体现在刘宝慈的治学理念之中。模范小学堂建校伊始,刘宝慈就提出"勤、朴、敏、健"四字校训。所谓"勤"意为"勤勉敬业,勤奋好学,乐于奉献,昂扬向上";所谓"朴"意为"做人诚实,作风纯朴,生活俭朴,返璞求真";所谓"敏"意为"敏而好学,大胆质疑,注重探究,勇于创新";所谓

---

① 照片出处:中营小学,http://www.tjnkzy.cn/校园文化/学校介绍/发展历程/518.资料获取时间2020年9月15日。

② 马紫明.缅怀老校长再谒竹生亭[A].百年追绪——中营小学校友回忆录[C].冯秀梅,许振成.天津:天津教育出版社,2006:28.

③ 为褒扬刘宝慈先生的教学成就及人才培养,袁世凯赠送"为国育才"匾额.李文光.刘先生宝慈遗事琐记[J].天津文史丛刊.1988,1:7.

④ 照片出处:中营小学,http://www.tjnkzy.cn/校园文化/学校介绍/发展历程/650.资料获取时间2020年9月15日。

"健"意为"坚持锻炼,身心健康,乐于交往,坚强自信"①。刘宝慈十分重视教学,注重革新旧教材,科学设置课程,优化教学内容,促进学生全面发展,这在中国近代小学教育史上具有开创意义。

模范小学堂之新之范亦体现在师资与教室设置上。在师资队伍中,除了举人、进士外,教师中亦有不少本国高校毕业生和留学生。从教室配置来看,学校注重培养学生的科学素养、动手能力及美感。除一般的读书教室外,小学堂还有挂图室、博物标本实验室。挂图室里存有中外地图、动植矿物挂图及人体生理解剖挂图;博物标本实验室又分为动物、植物标本室及物理化学实验室②。此外,学校还设有小礼堂,里面摆着钢琴、风琴和各种乐器,兼做音乐教室。学校另外配有游戏室和延宾室等③。

现中营小学环廊⑤

模范小学堂之新之范也体现在刘宝慈对校园环境和体育之重视。刘宝慈亲自操办的学堂环境优美、景色别致,为在其中生活、学习的师生提供了极大便利。模范小学堂的教学区域为中国传统的四合院建筑,三进四排④,每个院子中间是教室,两旁是教员的宿舍,中间有环廊连接,既可遮挡雨雪又可令院落更加和谐。留日期间,刘宝慈也留意到日本校园兼具的优美与功能,小学堂在设计上也体现了这一点:教学区前设开放式运动场,四周种植树木,并不禁止行人入内观望。校园设户外及室内两个运动场,校园空地中配有健身器材,另外种植了卧柳、柏树刺槐等树木,也有

---

① 中营小学,http://www.tjnkzy.cn/校园文化/学校介绍/学校文化/650/,资料获取时间2020年9月15日。

② 焦菊隐.我和天津第一模范小学[A].冯秀梅,许振成.百年追绪——中营小学校友回忆录[C].天津:天津教育出版社,2006:4.

③ 许振成.天津市南开区中营小学校史[J].天津文史丛刊.1988,1:9.

④ 于昭熙.回忆天津模范小学和刘宝慈校长[A].冯秀梅,许振成.百年追绪——中营小学校友回忆录[C].天津:天津教育出版社,2006:14.

⑤ 照片来源:中营小学,http://www.tjnkzy.cn/校园文化/学校介绍/发展历程/518/,资料获取时间2020年9月15日。

绿茵茵的草坪和一排排整齐的小灌木丛。初夏时马兰花、大麦熟花盛开,学堂里花团锦簇、姹紫嫣红①。这些配置都有助于促进学生身心健康及成长。

据朱宪彝回忆,刘宝慈十分重视教学②,这可以从刘宝慈对教师教学、学生考核、学习要求的点点滴滴中体现出来。刘宝慈对学校的教学内容、进度和教法,都清清楚楚,对每一位教员的教法了如指掌。每一堂课,他都轮流到各班"查堂"③,听教师讲课,放学后会和这些老师探讨教学设计与改进。如遇老师请假,刘宝慈会代课。刘宝慈注意讲授自然科学知识,上课时善用手势和教具,会用深入浅出的方式为学生讲解"解剖"内容④,他的课堂深受同学们的喜欢。在学生考核方面,自学堂开办以来,全校所有科目的大考,都由他亲自出题,之后把试题逐一密封,临考前才交给每班老师⑤。

刘宝慈极其重视国文和习字,学语文,学生们需要勤动笔、多思考,每周要用文言体进行写作练习。和其他同学一样,朱宪彝要在课堂上花两节课时间完成,用毛笔小楷书写,之后教员们批改也是十分仔细⑥。受过如此训练的年幼的朱宪彝,不仅文章写得好,也有了很好的书法功底,他的中文,乃至英文都写得相当漂亮。

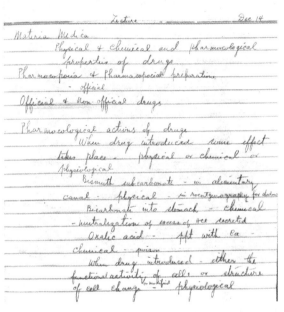

朱宪彝在协和医学院时期的英文笔记(原手稿见于天津医科大学图书馆资料)

---

①王启无.忆母校[J].天津文史丛刊.1988,1:141.

②朱宪彝.我的中小学时代[J].天津文史丛刊,1988,1:53.

③焦菊隐.我和天津第一模范小学[A].冯秀梅,许振成.百年追绪——中营小学校友回忆录[C].天津:天津教育出版社,2006:5.

④于昭熙.回忆天津模范小学和刘宝慈校长[A].百年追绪——中营小学校友回忆录[C].冯秀梅,许振成.天津:天津教育出版社,2006:16.

⑤朱宪彝.我的中小学时代[J].天津文史丛刊,1988,1:53.

⑥同上。

　　刘宝慈在对待学生方面,既严格要求学生,也"爱生如子"。刘宝慈熟悉学校的学生,很多人他都叫得上名字。刘宝慈也十分爱护学校的学生,放学时,常站在学校门口,目送学生们一个个走出校门,年纪小没有家长接的,就先不允许离开学堂。刘宝慈对学生一视同仁,不偏待任何官商、士族和乡绅的孩子。刘宝慈曾严厉批评一个官商的子弟说:"你这样娇气,让家长做个玻璃罩子把你罩上,谁也碰不了你。"①刘宝慈一生"不做官,不高就",以小学教师为乐,掌天津模范小学36年,培养人才无数。

　　刘宝慈如此严格要求又爱护学生的师者风范给幼时的朱宪彝留下了深刻印象,及至朱宪彝自己成为教师后,对教学也是一丝不苟:所教授内容必逐字写下;参加每周一次的病例讨论会;对学生也是严格要求,从字迹书法到实验态度,再到对待病人的态度,朱宪彝都可谓他们身正之范的榜样。

朱宪彝(左一)参加中营小学建校75周年校庆③

　　在模范小学三年的学习,培养了朱宪彝浓厚的学习兴趣,他各科都打下了很好的基础,在小学毕业后基本具有了自学能力。这段时间,朱宪彝也发展了自己的个人兴趣。多年后他回忆到,自己从小喜欢看旧演义、小说和旧京剧。后来,虽然工作忙碌没有时间看旧小说了,但一直喜爱旧京剧、爱看帝王将相历史剧②。朱宪彝一直怀念他的小学启蒙时代,并始终珍藏着老师批改过的国文作业本和操行评语册。

## 三、少年良初,初露峥嵘

　　少年时代,朱宪彝已经崭露天资,深得校长、老师们和同学们喜欢。他撰写的作文《论诸葛亮》《论岳飞》《读出师表》等文章都被当过范文展示④。

---

　　① 朱宪彝.我的中小学时代[J].天津文史丛刊,1988,1:53.

　　② 朱宪彝.对待整个运动的思想变化.第12页.天津医科大学图书馆资料.

　　③ 图片来源:冯秀梅,许振成.百年追绪——中营小学校友回忆录[M].天津:天津教育出版社,2006:2.

　　④ 王兴民.朱宪彝传[A].王家驰.朱宪彝医案[C].天津:天津科学技术出版社,2000:2.

也是在这段时间，诸葛亮所写"诫外甥书"中的训诲——"夫志当存高远。慕先贤，绝情欲，弃凝滞，使庶几之志，揭然有所存，恻然有所感。忍屈伸，去细碎，广咨问，除嫌吝。虽有淹留，何损于美趣，何患于不济？若志不刚毅、意不慷慨，徒碌碌滞于俗，默默束于情，永窜伏于平庸，不免于下流矣！"——对朱宪彝产生了极大影响，这段教诲也成为他日后励志修身的诫示①。

朱宪彝在其他的学科学习中，也是表现突出。得益于模范小学的博物标本及理化实验室，朱宪彝在此就读时就可以在实验室使用显微镜做最简单的理化实验②。学历史，他能熟背历朝历代的皇帝；学地理，他能把各省地图背下来③。闲暇时间，他还找人借《三国演义》《水浒》等小说阅读，有时也随老人去听书，诸如《封神演义》《三侠五义》《小五义》等，不知不觉增加了很多文史知识④。

在这段时间，朱宪彝的领导才能与管理素养也初露峥嵘。当时模范小学每个班都有班长，学校有学长，朱宪彝是学堂第一任学长，管理很多学校、学生们的事情⑤。在"风雨操场"（学校的室内运动场），每一堂课前他都会在此发号令——"立正，向左转，开步走"，召集全校各个年级几百名学生集合，待刘宝慈检查学生的操衣（制服）着装和卫生后，指挥大家进入教室⑥。

铃铛阁⑦

---

① 王兴民.朱宪彝传[A].王家驰.朱宪彝医案[C].天津：天津科学技术出版社，2000:2.

② 焦菊隐.我和天津第一模范小学[A].冯秀梅，许振成.百年追绪——中营小学校友回忆录[C].天津：天津教育出版社，2006:4.

③ 朱宪彝.我的中小学时代[J].天津文史丛刊，1988,1:53.

④ 王兴民.朱宪彝传[A].王家驰.朱宪彝医案[C].天津：天津科学技术出版社，2000:2.

⑤ 朱宪彝.我的中小学时代[J].天津文史丛刊，1988,1:53.

⑥ 焦菊隐.我和天津第一模范小学[A].冯秀梅，许振成.百年追绪——中营小学校友回忆录[C].天津：天津教育出版社，2006:4-5.

⑦ 照片来源：十易其名的中国名校——天津三中.http://www.360doc.com/content/18/1212/11/4450299_801240216.shtml.资料获取时间2020年9月11日。

1917年，朱宪彝十四岁，以优异的成绩考入直隶省立第一中学（原铃铛阁中学，现天津市第三中学）。

直隶省立第一中学，其最早起源于光绪十三年（1887），寺僧普泽私自典当铃铛阁庙产，携款潜逃，由天津知府汪守正及津人崔铨约、杨云章等创议改建为稽古书院①。稽古书院专课经古，不设山长，仿会文书院请官署轮值主课，应试者均生员举人。该院经费是由天津府知府汪守正，倡率集捐三千金发典铺生息，支付月课费用。为该院捐助的还有黄寯翰、单文、王自新等人。

天津的贤达之士高凌雯、王世芸等经过各方努力，于清光绪二十七年正月十九（1901年3月9日），终将"稽古书院"旧址改设为"天津普通学堂"②。

**天津普通学堂③**

清光绪二十八年（1902），在清政府与八国联军"议和"后，天津地方官府恢复。经过地方士绅与官府协商，将天津普通学堂更名为天津市官立中学堂。自此，天津市第一所官立中学堂诞生。

光绪三十一年（1905），学校改名天津府中学堂。1913年归属直隶省，改名省立天津中学堂。1916年，改名为直隶省立第一中学校。

朱宪彝就读时，直隶省立第一中学的校长为毕业于中国第一所正规海军学校北洋水师学堂的王用熊。

北洋水师学堂创办于洋务运动早期，校址位于天津城东八里、大直沽东北的东机器局之旁。该校培养了很多技术人才和军事人才，成为北方海军教育基地和近代文明的窗口，也为我国的近代基础教育、科技教育和军事培养等方面提供了新的模式，为改革旧教育制度提供了借鉴。"北洋系"出身的王用熊目睹了清朝政府的腐败无能，便弃官从教，力主新学。

王用熊邀集许多前北洋水师学堂的校友和一些留学生来校执教。在直隶省立第一中学，代数、几何、物理、化学、世界历史等科的教员能完全用英语

① 张泉芳.津卫摇篮[M].天津：天津社会科学出版社，2015.

② 同上。

③ 照片来源：十易其名的中国名校——天津三中.http://www.360doc.com/content/18/1212/11/4450299_801240216.shtml.资料获取时间2020年9月11日。

授课,畅达无阻而且妙趣横生。这种强大师资力量,使得直隶省立第一中学驰名全国。

直隶省立第一中学的校风迥异于旧学堂,这所学校已经开始鼓励学生关心国家大事、掌握科学知识。王用熊校长经常给学生训话阐明时势、勉励学业。那气宇轩昂的神志,那感人肺腑的教诲,赢得了朱宪彝的钦佩。在直隶省立第一中学,朱宪彝勤奋读书,好学上进,年年名列前茅。

直隶省立第一中学甚至已经有了冲破封建羁绊、培养民主思想的意识。比如,国文教员刘老师还有时在班上给学生们唱段昆曲,逗得大家捧腹大笑。有时,学生们调皮,会给老师们起一些不礼貌的绰号,老师们也很宽容,佯作不知。

少年朱宪彝暗下决心,要像老师们一样有学问、干事业。他给自己规定了早睡早起的作息制度:每晚8时入睡,每晨4时起床,坚持晨读;无论严寒酷暑,年节假日,坚持不懈。这个作息制度,从初一开始,一直坚持到大学毕业前夕,使他养成了一种特立独行、笃实不殆的顽强作风。

20世纪之初,环球进入大争之世。一场为了瓜分地盘而展开的世界级帝国主义战争,不可避免地爆发了,史称第一次世界大战。朱宪彝中学时期,正值时局动荡。"天下兴亡,匹夫有责"已经成为爱国青年的共识。

朱宪彝在课余时间不断涉猎《新青年》《新潮》等杂志,这些进步期刊的内容被当时的封建卫道士视为"非圣乱经""洪水猛兽""邪说横行"。朱宪彝也喜欢读《解放与改造》《时事新报》的"学灯"专栏等报刊上的文章,已经初步接触进步思想。

民国时期的《时事新报》

朱宪彝青年时期就关注时事,并经常阅读进步刊物,这为其之后加入中国共产党、立志服务于民,奠定了重要的思想基础。朱宪彝青年时期的历程,进一步印证了青年的价值取向决定了未来整个社会的价值取向。

## 四、五四思潮,精神洗礼

1919年,朱宪彝刚满十六周岁。

这年1月,中国作为"一战"战胜国,派代表参加战胜国召开处置战败国的巴黎和会。

然而，"弱国无外交"。这次会议的实质是在美、英、法、日、意五个帝国主义国家操纵下重新瓜分世界。在这个和会上，列强竟将原德国在山东攫取的一切权益转由日本接管。中国政府代表提出的取消"二十一条"、归还山东权益等要求遭到无理拒绝。

因为不满巴黎和会的谈判结果及北洋政府出卖国家主权的行径，1919年5月4日，北京数千名爱国学生集会示威，提出"外争国权，内惩国贼""废除二十一条""抵制日货"等口号，强烈要求拒签合约、惩办亲日派官僚，一场规模宏大的反帝爱国运动爆发了。

五四运动爆发的消息迅速传播，其提议获得了全国知识分子的共鸣。自辛亥革命，中国知识分子开始从各个角度探索社会变革道路，五四运动第一次凝聚了全国共识。1919年5月9日，北京学生代表二十余人抵津宣传"五四"经过和意义，天津青年学生的爱国热情愈益高涨，举行了声势浩大的示威游行，其中直隶省立第一中学是天津学生运动的一支骨干力量。

当时就读于直隶省立第一中学的朱宪彝在学生会主席韩致祥、于方舟带领下，不顾校方的劝阻，积极参加了罢课斗争。其时，于方舟在《五四竹枝词》中写出"爱国演说血满腔"的诗句。一个人的青年时期，正是充满理想和激情、愿为理想洒热血的时期。朱宪彝和这些优秀的学生代表在一起，切身领会了一个国家、一个民族，只有在优秀的思想带领下，才能为民众谋福祉。

在此期间，朱宪彝参加了在南开中学举行的天津学生联合会第一次爱国运动大会；到省公署请愿和包围警察厅的示威活动；在东浮桥一带发表革命演说，到估衣街宣传抵制日货。

在新思潮的影响下，天津一些革命社团相继诞生，如周恩来等发起组织了觉悟社。在反帝爱国运动中，周恩来等革命志士被捕入狱。"爱国演说血满腔"是于方舟所写《五四竹枝词》中的诗句，反映了周恩来等"十五代表被过捕，誓死不当亡国奴"的斗争。

在营救爱国人士的请愿活动中，朱宪彝遭到了反动警察的警棍殴打，依然正气凛然，毫不退缩。在此期间，狱中的被捕代表仍然坚持斗争，获得了读书聚会的权利。这些代表所发出的"求学不忘救国、爱国不忘求学"的号召，也深深激励着朱宪彝。

通过五四运动的精神洗礼，朱宪彝对于青年的责任、社会的复杂有了更深切的体验。"科学"和"民主"的意识已经在他的头脑中萌芽、生根。

### 五、千秋情,家国梦

回顾朱宪彝从出生到入大学的成长过程,虽其时延续1200年的科举已经被废除了,但中国人重视教育、尊重传统的文明脉络在朱家一直延续下来。

家庭重视教育,加之几代人的努力,至朱宪彝这一代,朱家可谓"三英齐登科"。朱宪彝兄妹三人个个学业优秀,颇有建树:朱宪彝在协和医学院完成学业,获得美国纽约州立大学医学博士学位,成为一代医学家、教育家。他的弟弟朱宗彝求学于北京农业专科学校,毕业后先在北京经营麦

1973年,朱宪彝与家人在一起[3]

芽糖厂,后在北京西城区商业局系统任干部[1]。他的妹妹朱颖卓1933年考入唐山交通大学(现西南交通大学)[2],是该校招收的第一名女生,后成为北京建筑工程部工程师。朱宪彝兄妹三人个个不辱父命,学业优秀,在医学、教育、农业、土木工程等领域均颇有建树,为社会做出了突出贡献。

在中国人的精神谱系里,家国同构——家是最小国,国是千万家。国家与家庭、社会与个人,都是密不可分的整体。家庭的前途命运同国家和民族的前途命运紧密相连。朱宪彝的家庭,正体现了中华民族自古以来就重视家庭、重视亲情这一优秀传统。正是在这样的潜移默化下,朱宪彝明白了"知道怎么样爱国"为做人最大的事情。

中国人讲究慎终追远,追念前贤。我们纪念朱宪彝,就是要让这炽热的家国情怀融入血脉,承担起新时代的历史使命,为实现中华民族伟大复兴而奋斗。

---

① 朱宪彝.家庭历史.天津医科大学图书馆资料.

② 西南交通大学.https://hlc.swjtu.edu.cn/info/1040/1543.html,资料获取时间2020年8月15日。

③ 图片来源:王兴民.朱宪彝传[A].王家驰.朱宪彝医案[C].天津:天津科学技术出版社,2000.

# 第二章　卓越建树

　　2009年9月,朱宪彝入选天津各界群众评选的60位"感动天津人物——海河骄子"。评选词这样介绍:朱宪彝(1903-1984),男,汉族,天津市人,中共党员。曾任天津医学院院长,天津市内分泌研究所所长。1951年,朱宪彝创建了全国解放后第一所高等医学院校——天津医学院,并担任院长33年,培养近2万名学生。1978年,创建了天津市内分泌研究所,在甲状腺疾病、氟骨症等方面都取得了巨大成就。他亲自带领研究人员奔赴我国六大区十二省的四十个县市,对甲状腺肿和地方性克汀病进行考察,在地方性甲状腺肿、地方性克汀病、地方性氟骨症、碘代谢等方面做出过重要贡献,其中,关于必需微量元素碘对健康影响的研究成为我国食盐加碘决策的重要依据。晚年主编出版了长达三百多万字的《内科学》巨著,为我国的内分泌事业做出了卓越贡献。朱宪彝一生无私奉献,临终前留下遗嘱:献出全部存款在天津医学院建立朱宪彝奖学金,献出全部藏书,献出自己居住的住宅楼,献出遗体供教学解剖用。曾任第一至五届全国人大代表,第一至九届天津市人大代表,第一届天津市科协副主席。

　　这段文字高度概括了朱宪彝的学术成就。朱宪彝虽然于困境中成长,却在学术道路上卓有建树,成就非凡,成为泽被苍生的医学大家。

## 一、仁者安仁,知者利仁

　　《论语·里仁篇》中说:"不仁者不可以久处约,不可以长处乐。仁者安仁,知者利仁。"意思是说:"没有仁德的人不能长久地处在贫困中,也不能长久地处在安乐中。仁人是安于仁道的,有智慧的人则是知道仁对自己有利才去行仁的。"朱宪彝的成长过程,是对这句话很好的诠释。

### (一)不为良相,便为良医

　　南宋吴曾《能改斋漫录》记载,范仲淹少时祷告神灵,问日后能否当上宰相,卦象示以不能,又祷告,"不然,愿为良医"。意思是,范仲淹小时曾去算命先生处占卜,问自己长大后能否当宰相,结果抽出来的签是"不能"。范仲淹心有不甘，就再抽一次，并祈祷说："如果当不上良相，那就当一个好医生吧。"据说，范仲淹后抽出的签依然是"不能"。范仲淹黯然神伤，长叹道："大丈夫立于天地间，却不能造福百姓，可悲啊！"

范仲淹"不为良相、便为良医"的思想，后来成为很多父母对子女选择职业时的建议。古代中国，从政基本是"自古华山一条路"——先要树立"万般皆下品、唯有读书高"的思想，再苦读数年考取功名，入朝廷"法眼"后方可主政一方。但若想升迁和平安无事，则必战战兢兢，就如曾国藩给其弟弟曾国荃等人的家书中所描述的，做官的过程就是如履薄冰、如临深渊。

朱易谞曾考取秀才，后在机关做过文书。从做官角度，并不算成功。朱易谞对做官的种种艰辛、困苦，比常人理解得更为深刻，故在朱宪彝人生规划上，颇有独到见解。

即将中学毕业的朱宪彝，已经成长为一位满腔热血、充满朴素爱国主义情操的新青年。他不愿从事银行、铁路、海关等事务性太强的高薪职位。对于应用科学，他也毫无兴趣，认为这些学科难以从根本上救国。一心想着谋求"教育救国、科学救国"道路的朱宪彝，曾想报南开大学哲学系专攻哲学，探求万物之奥、济世之道；也曾想报考北洋大学数学系，自信数学基础扎实，定能有所作为。而朱易谞看到儿子的勤勉上进、聪颖好学，就如看到之前的自己。"侯门一入深似海"，为了孩子今后能更好地发展，便力主朱宪彝选择进修现代医学。

朱易谞认为，学好现代医学，这样可以一技傍身，有利于人格的独立。据朱宪彝回忆，父亲的中心思想是"学医将来生活可以不求于人，不要再像他那样，身无一技之长，依人作嫁，生活困难"[1]。作为读书人的朱父，对"不为良相，便为良医"这句话有更深刻的理解。

受父亲影响，朱宪彝放弃了自己最初想学习哲学、数学的宏大想法。此为后话，但无疑，这个选择正是他大医之路的开端。

1922年，朱宪彝以优异的成绩从直隶省立第一中学毕业，考入北京协和医学院，最终选择"科学救国"这一良医之路。

旧中国的医疗条件实在是太落后了，除了传统的中医以外，现代"西医"很罕见。早在1906年，英国、美国等基督教会就已经组织成立了北京协和医学堂。1912年，改称协和医学校。1915年，洛克菲勒基金会收购了协和医学堂。

---

[1] 朱宪彝.家庭历史.天津医科大学图书馆资料.

北京协和医学院

1917年，美国洛克菲勒基金会创建北京协和医学院（PUMC），并且在两年以后，开设了本科专业，学制是8年。协和医学院的附属医院即北京协和医院（PUMCH）于1921年正式落成。

北京协和医学院的设施、教学计划、教材都基本照搬美国国内的医学院，学制为八年，前三年在燕京大学读预科，学生毕业时，可以申请纽约州立大学的博士学位。然而协和医学院高昂的学费并不是普通家庭能够承担的。直到今天，美国各大学医学院的学费依然很高，这是人所共知的事实①。

朱宪彝当时的家境并不宽裕，考入协和医学院后，家庭的财力不足以支付他在协和的学费、生活费及书本费用。虽考入医学殿堂，却面临辍学的可能，可知当时朱宪彝的压力。

鲜有人知的是，朱宪彝八年的大学生活，除了每年获得的百元奖学金外，竟全是靠借债维持下来的。

据记载，朱宪彝的祖母和外祖母是同胞姐妹，朱宪彝父母的婚姻也是两位老人做主，两家关系亲近融洽。当年朱宪彝祖母独自带他们兄妹三人生活时，外祖母常常给些接济②。

朱宪彝为了学医，只能从舅父张蕴山处每年借款两百多块银圆，以解决他在协和的学习费用和部分家用。

为完成八年学业，本息合计四千银元的债务沉重地压在朱宪彝的肩上，虽然债主是自己舅父，但并非不用还债。何况外人也无法得知在借债时面临的其他压力，对刚中学毕业的朱宪彝而言，这需要多么坚强的毅力才能支撑！

---

① 根据《美国新闻与世界报道》周刊的统计，美国公立大学医学院2017–2018年度的学费标准，州内生（即选择攻读自己所生活的州的公立大学医学院）的学费标准为每年34699美元，但若是选择攻读私立大学医学院，费用则为每年54877美元。根据美国医学院学会统计，有75%的医学毕业生在毕业时都有亏欠债务。公立大学医学毕业生的平均债务为181179美元，而私立大学医学毕业生的平均债务更是超过20万美元，达到206204美元。上述见：郭英剑.纽约大学为何免除所有医学生学费.中国科学报/2018年/8月/21日/第007版.

② 朱宪彝.家庭历史.天津医科大学图书馆资料.

这一部分债务,是在朱宪彝毕业工作后才逐渐偿还清的①。由此也可看出,朱宪彝一生的勤俭、朴素,和其幼时的家教、成长过程中面临的经济压力等有很大的关系。《孟子·告子下》云:"入则无法家拂士,出则无敌国外患者,国恒亡。然后知生于忧患而死于安乐也。"在这篇先秦短文中,孟子开篇引用了虞舜、傅说、胶鬲、管仲、孙叔敖、百里奚等六位古代圣贤从贫贱中起家,历经挫折的磨炼而终于担当大任的事例,证明忧患可以激励人奋发有为,磨难可以促使人有新成就,最后得出"生于忧患,死于安乐"的结论。朱宪彝的成长过程,就是对孟子这句话最好的诠释。

### (二)人生在勤,勤则不匮

尽管朱宪彝以几乎全优的成绩考入北京协和医学院,但是当时唯一的遗憾是英语口语不行,口试部分得了零分。考试结果对朱宪彝而言,是莫大的打击。

北京协和医学院是以美国约翰斯·霍普金斯大学医学院为楷模创办的,前三年预科在燕京大学生物系上,后五年本科在协和医学院本部上,全部课程均用英文讲授,在学校内也以英语交流。协和医学院采取残酷的淘汰制升学机制,由于近乎严苛的淘汰标准,第一届入学九人,仅毕业三人。从1917年建校至1942年二战爆发,全部八年制医学生仅毕业了三百一十八名。朱宪彝所在的班级最初有三十多人,繁重的学业负担压垮了一批又一批人,在第一学期末,剩下十五人;在第二学期末,剩下十人;最后,算上留级下来的学生,总共还剩下八人。

入协和时踌躇满志的朱宪彝,因为英语口语薄弱,碰到了学医之路上的最大障碍。

张仲景"勤求古训,博采众方",孙思邈"博极医源,精勤不倦",都表明"勤"是中华民族最传统的禀赋。而朱宪彝攻克英语口语,正是一勤天下无难事的真实写照。

朱宪彝所面临的学业压力可想而知,但他自幼刚毅沉稳,不甘落后。于是,朱宪彝每天苦练英语,反复听、反复说,苦修英语口语表达能力,硬着头皮去听课,以强化听力,抢着机会用英语交流,以强化表达。勤能补拙,凭着他顽强的毅力,更凭着他中学时代扎实的英语阅读能力,朱宪彝竟然很快闯过难关,英语口语水平得以质的飞跃。英语口语这个短板被解决后,朱宪彝终于实现各科成绩名列前茅,入学第一年便获得了奖学金。

---

① 朱宪彝.家庭历史.天津医科大学图书馆资料.

朱宪彝这种勤奋、忘我学习和工作的精神,也给原南开大学副校长吴大任留下深刻印象。吴大任回忆:朱宪彝来南开大学和预科新生见面,谈话时特别强调,学医是艰苦的,当医生要有为事业献身的精神。例如,在学八年不能谈恋爱,做实习大夫、住院大夫期间,没有时间搞恋爱;即使结了婚,住院医师也不能回家。在家的医生,不管是三更半夜,有必要就得起来到现场。讲话时,他没有宣扬学医的美好前景,而是如实地告诉学生,要准备面对困难,克服困难。这段话也体现了他本人为医学事业不辞辛苦的崇高思想境界。

## (三)沉浸医学,浑然忘我

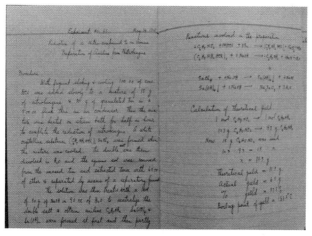

朱宪彝在协和医学院时期的英文笔记(原手稿见于天津医科大学图书馆资料)

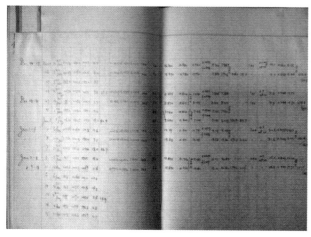

朱宪彝在协和医学院时期的英文笔记(原手稿见于天津医科大学图书馆资料)

起初,朱宪彝想念完医预科后再转学他处,继续自己的哲学梦与数学梦。但是生物学、化学、解剖学、生理学这些实验性很强的课程唤起了他的灵感,他自己进行的果蝇遗传试验确实使他感到了无穷的乐趣。随着钻研的深入,朱宪彝逐渐对医学产生了浓厚的兴趣。他珍视这来之不易的学习环境,不再见异思迁,决心将医学研究之路进行到底。

朱宪彝近乎贪婪地汲取着知识的营养。现存的几十册课堂笔记和读书心得真实地记录着他那时的学习情况。涉猎范围之广泛,表述方式之清晰,文字书写之工整,皆令目睹者叹为观止。朱宪彝的课余学习生活几乎全在图书馆或病案室里度过。

朱宪彝在协和医学院求学期间就非常热爱医学研究，是全校有名的"科研迷"。他的业余时间，连同节假日，都花在了在实验室做试验上，也因此练就了坚实的各种实验室操作技能。

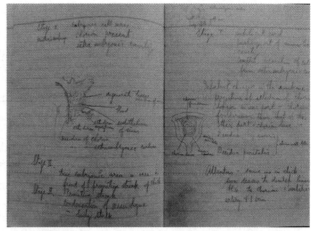

朱宪彝在协和医学院时期的英文笔记（原手稿见于天津医科大学图书馆资料）

北京协和医学院的"图书资料""病案资料"与协和的"专家教授"一起，被誉为"协和三宝"。

协和图书馆曾被誉为亚洲第一医学图书馆，藏书达50万册、期刊超过5000种①。协和图书馆馆藏外文原版书刊数不胜数，许多珍贵的西方医学专著、图谱和中医古籍被妥善保管，自1824年创刊至今的每一期 The Lancet《柳叶》在这里都能找到。这些书刊仿佛一件件精美的藏品，无声地见证着医学的每一次进步。从这个角度讲，说其是医学史博物馆也不算夸大。图书馆是协和的眼睛，帮助医生在疾病的黑暗中寻找光明。他们深知，"问渠那得清如许，为有源头活水来"。图书馆不仅藏书浩瀚，而且采用开架借阅的方式，图书按分类次序摆放在书架上，读者可自行查找所需书目，还可迅速了解同类书籍的内容，极为便利。

病案室则积累着协和医学堂自1921年以来的所有病例，并且按病人姓名、入院时间、出院病人分科登记、病种分类，这种科学分类方法，为教学和科研提供了大量可靠资料。一份份协和病案的诞生过程，记录着"老协和人"对年轻大夫的言传身教。只有对患者的病情详细观察，对检查结果详加记录，并经过归纳、分析，才能写好一份病案。在协和医院，对一个新医生的培训，是"从写病历开始的，而不是开刀，不是开药"。有人统计，协和正式发表的论文有85%都是依赖病案资料整理完成的。

协和名教授与住院医培养制度一脉相承，都是协和的宝。但制度传承多

---

① 讴歌.协和医事[M].生活.读书.新知三联书店,2007.

年始终如一,而名教授却各不相同。老教授的指导和教诲,有业务上的严格要求,有思维上的循循善诱,有信仰上的坚定不移,还有身临其境的临床故事。每一位小有所成的协和人,都会对当年亲身经历的老教授的指导和教诲烂熟于心、如数家珍。

这样优越的学习条件,让朱宪彝视为宝地,有时竟乐而忘返。朱宪彝为了搜集资料,曾经几次让图书管理员把自己反锁在图书馆里,彻夜钻研。在协和医学院当时还流传着这样的佳话:朱宪彝和王叔咸夜读成习,但有很大不同:王叔咸晚8时起读书,午夜方休。8点以前,朱宪彝在图书馆苦读,王叔咸则弹琵琶自娱;待到朱宪彝入梦,王叔咸也就开始自修了,午夜方休。两人同居一室,相安无事,竟也无缘一起研读,几乎令人难以置信①。

在这所要求极为严格的学校中,朱宪彝以顽强的毅力刻苦攻读,学习成绩年年名列前茅。

1930年,朱宪彝完成了八年的学业,获得美国纽约州立大学医学博士学位,并荣获文海(Wenham)奖学金③(左四为朱宪彝)

1930年,朱宪彝27岁,圆满完成八年学业,荣获美国纽约州立大学医学博士学位,而且因为成绩优异,斩获了每届只发给一个毕业生的文海(Wenham)奖学金。②

文海(Wenham)奖学金是为创办协和医学堂做出杰出贡献的外籍医生文海而设立的,是协和医学院毕业生的最高荣誉奖,每年评选一次,授予本院本科学生在五年学习期间考试成绩积分最高者,每届毕业生中只有一人可享此殊荣。在朱宪彝前面,还有刘绍光、刘士豪、李廷安、诸福棠、林巧稚等有幸夺魁。

在这个时候,协和师生莫不交口称赞这位朴实刚毅的天津青年,但却不知道他在进修之余所承受的其他压力。

自1934年至1939年,朱宪彝陆续还清欠债,在经济上才松了一口气,深

---

① 王兴民.朱宪彝传[A].王家驰.朱宪彝医案[C].天津:天津科学技术出版社,2000:4.

② 同上。

③ 照片来源:王家驰.朱宪彝医案[C].天津:天津科学技术出版社,2000.

感无债一身轻。他能够在五年中解除债务的重压,得助于一位贤惠、相濡以沫的夫人,叫赵宝镜。她是家里的贤内助,更继承了中华民族艰苦朴素、勤俭持家的美德。

从《尚书》提出"克勤于邦,克俭于家",到诸葛亮崇尚"静以修身,俭以养德",再到《朱子治家格言》叮嘱"一粥一饭,当思来处不易",诸多古训格言都彰显了崇俭抑奢的中华传统美德。在朱家,无论是朱宪彝本人,还是其夫人、子女,都是勤俭的楷模,这更印证了家风在人成长中的重要作用。一个有益于社会的人,也一定是把家风摆在首要位置的人。

在朱家,赵宝镜负责操办一家人的吃穿用度。朱宪彝在北京协和医学院求学八年,穿的长衫、短褂和布鞋,都是赵宝镜亲自来做。1936年去美国进修时,他才第一次穿上西装和皮鞋。

有一年,朱宪彝的长子朱玉准备考清华大学时,没有新衣穿,赵宝镜就连夜赶做了一件大褂这,这才得以让朱玉前去应考。全家过着节俭的生活,从来不搞大吃大喝。赵宝镜将省下的钱,几乎都用来添补朱宪彝买书的费用。

朱宪彝不沾烟酒,甚至连茶都极少饮用。他购书成癖,读书成瘾,为众人所知。他唯一的业余爱好就是听听京剧。朱宪彝

朱宪彝夫妇合影

担任天津医学院院长32年,平素衣着得体、朴实,含和守素,笃行如初,一派儒雅的学者风度。

## 二、安贫乐道,潜心钻研

从协和医学院毕业后,摆在朱宪彝面前两条出路:一是遵从父命,挂牌行医,既解眼前困境,又有致富前景;二是留在协和深造,开拓一番事业。朱宪彝决计选择后者,甘愿留在协和做清苦的内科住院医师。

在家庭安排下,朱宪彝于1922年结婚,博士毕业时已有两个孩子。其时朱宪彝父亲已经退休,白发双亲需要奉养。此外,妹妹和弟弟在攻读大学,也需要资助。再加上要偿还债务,他生活的艰辛可想而知。

但朱宪彝主意既定,就义无反顾。他一如既往,潜心钻研。他的家就在

医院附近,却经常一两个月不出医院大门,也不让妻子和孩子到医院探望,连同事们都抱怨他"太不近人情",更不用说贤妻爱子了。

朱宪彝在内科做了三年的住院医师,1934年担任内科总住院医师,协助科主任处理全院内科教学和医疗工作,很快被确定为内科学助教、讲师。自那时起,"朱宪彝便和刘士豪教授长期密切合作,系统地对佝偻病、软骨病及其他代谢性骨病进行研究,为现代钙磷代谢的理论奠定了基础,成为蜚声中外的临床内分泌学家"[1]。

1937年9在美国哈佛大学医学院进修[2](右一为朱宪彝)

南京大学戚寿南教授曾经邀请朱宪彝去该校教授生化,因朱宪彝偏爱临床研究工作,未能应聘。

1936年秋,33岁的朱宪彝以生化研究生身份赴美国哈佛大学医院黑斯廷斯(Hastings,AB)教授实验室做一年研究。

1937年,34岁的朱宪彝晋升为内科学副教授,继续从事钙磷代谢研究,直至1942年初太平洋战争爆发、协和医院被迫停办时为止。[3]

## 三、精研医理,情系黎民

旧中国积贫积弱,战乱频仍,遍地饥荒,民不聊生。国民体质非常衰弱,各种代谢性疾病非常普遍,如浮肿、佝偻病、软骨病等。至于妇女,代谢性骨病造成骨盆畸形,导致难产,极易造成一尸两命的悲剧。

佝偻病、软骨病是发生在不同年龄的同一种病,主要因为维生素D缺乏合并钙缺乏,引起钙磷代谢紊乱所造成的骨骼疾病。在婴幼儿期,即骨骺联合以前,为佝偻病,成年人为软骨病。

维生素D的天然来源有二:外源和内源。外源又有动物类食物和植物类食物两种。内源是肌体皮肤通过日光紫外线照射光化作用自行合成的。天

---

① 王兴民.朱宪彝传[A].王家驰.朱宪彝医案[C].天津:天津科学技术出版社,2000:5.
② 照片来源:王家驰.朱宪彝医案[C].天津:天津科学技术出版社,2000.
③ 霍玉.当代钙磷代谢知识之父——朱宪彝(上)[A].近代天津十二大名医[C].天津:天津人民出版社,2002.

然食物中维生素D含量很少，只有少数几种食物含量较多。维生素D的缺乏，会使肠粘膜对钙的吸收效果不佳，血清钙有所降低，血清磷就会明显低下，骨基质缺乏钙质沉着，构成骨骼病变。血清钙明显低下时出现手足抽搦。

马士敦(J.PrestonMaxwell,1871-1961,英国人)

佝偻病、软骨病可以说是一种"穷人病"。在旧中国北方一些地区的贫穷劳动人民中间，特别是少见日光、哺乳条件差的婴幼儿童和多产或长期哺乳的妇女相当常见。旧中国的软骨病是一种常见病，许多妇女因此而造成骨盆畸形，引起难产。最初，北京协和医院的妇产科主任马士敦就注意到了当时中国北方孕妇的骨软化症发病率较高这一现象。马士敦是协和医院的第一位妇产科教授，发现这一现象后，对山西、陕西等北方地区骨软化症的发病情况进行了实地考察，并且开始了相应研究。

1925年，马士敦在《大英帝国妇产科杂志》上发表了《中国的骨软化症》一文，这篇文献中还特意提及当时还是医学生的刘士豪对这项工作的启示。

此后，韩能(Hannon,R.)博士创建代谢病研究小组。韩能博士是协和医学院内科代谢研究小组的第一位负责人，他曾报道过患原发性甲状旁腺机能亢进的船长 Charles Marfell 的著名病例。在他的领导下，建立了一个代谢平衡研究小组，按照麻省总医院的同样方针进行了组织，应用的膳食配备和样品收集方法也与麻省总医院相似。这些组织的方针和研究方法是按照美国麻省总医院奥尔布莱特(Albright,F)博士平衡法对软骨病进行研究。[①]

### (一)精诚合作，亦师亦友

1934年韩能离开协和医学院回国后，研究组负责人由刘士豪担任。这个研究团队成员包括朱宪彝、王叔咸、周寿恺等人。这一研究课题一直持续到1942年珍珠港事件爆发，是协和医学院钙磷代谢研究的全盛时期。

---

① A.M.Parfitt.朱宪彝——中国维生素D缺乏和软骨病临床研究的先驱[J].国外医学,1986(2):112-114.

刘士豪,湖北武昌人,中国内分泌学家

朱宪彝在北京协和医院内科接受了严格的正规训练,这为他登上科学殿堂创造了有利条件。在这个研究团队中,朱宪彝特别感激同门师兄刘士豪——这位骨代谢学科研究的引领人。

刘士豪(1900—1974),湖北武昌人,1917年入湖南长沙湘雅医学院医预科,1919年入北京协和医院预科三年级,1925年毕业,获医学博士学位和文海奖学金。

刘士豪素以勤奋、博学闻名,精于临床,又以生物化学见长。毕业后就职于北京协和医院,历任住院医师、总住院医师、主治医师、副教授、教授。

1930年,朱宪彝自协和毕业后,即和刘士豪一起工作。对于比自己小几岁的朱宪彝,刘士豪毫不保留,并与朱宪彝精诚合作,在学术道路上是亦师亦友的关系。在刘士豪的指导下,朱宪彝毕业后前几年先对营养不良性浮肿进行研究。

1934年起,朱宪彝便和刘士豪一起,系统地对佝偻病、软骨病及其他代谢性骨病进行研究,为现代钙磷代谢的理论奠定了基础,成为蜚声中外的临床内分泌学家。[1]

20世纪30年代的协和盛行大巡诊(medical grandround,即现在的"大查房")制度,即事先由总住院医师从各专业组中选出疑难罕见病例,向外公布。大巡诊时,实习医师报告病例,再由主治医师做中心发言,对诊断和治疗措施做必要的说明和讨论,并准备回答各位巡诊者的问诘。巡诊会百家争鸣,各抒己见,最后由科主任做总结,并指示下一步的诊治措施。多年以后,朱宪彝也把这种制度带到天津医学院,并发展成全市医疗领域的病例大讨论。

声乐界泰斗、嗓音医学专家林俊卿博士,是1940届的协和校友,他用漫画描绘了当年内科大巡诊的壮观场面,题为《1940内科 G-3 病房大巡诊》。

在这幅漫画中,人物依次为:①朱宪彝(内科)、②刘士豪(内科)、③李洪迥(皮肤科)、④傅瑞思(皮肤科)、⑤郁采蘩(内科)、⑥斯乃博(内科)、⑦诸福

① A.M.Parfitt. 朱宪彝——中国维生素 D 缺乏和软骨病临床研究的先驱[J]. 国外医学,1986(2):112-114.

棠（儿科）、⑧麦考里（儿科）、
⑨谢志光（放射科）、⑩希尔
（神经精神科）、⑪许雨阶（寄
生虫科）、⑫董承琅（内科）、
⑬钟惠澜（内科）、⑭张光璧
内科）、⑮美籍护士长、⑯魏
毓麟（神经精神科）、⑰许建
良（放射科）、⑱王叔咸（内
科）、⑲范权（儿科）、⑳王季
午（内科）、㉑美籍医师阿斯
布兰德、㉒卞万年（内科）、㉓邓家栋（内科）。

漫画《1940内科G-3病房大巡诊》中的朱宪彝①

1941年，刘士豪被评为协和毕业生中第一位正教授。

在师兄刘士豪的带领下，朱宪彝开始了他的第一个研究领域——营养不良性浮肿，并在此基础上，开始对佝偻病、软骨病及其他代谢性骨病进行了深入、细致而有独创性的研究，取得了一系列研究成果。②

为了查清软骨病的成因，刘士豪、朱宪彝团队选择各种类型的软骨病患者，得到病人的长期合作，连续给患者做钙磷氮的检查。病人免费住院，住单间；每天吃固定品种和数量的食物，喝蒸馏水，这样更好掌握钙和磷的准确摄入量；每4天作为一个小的代谢观察周期，取一次血，并保留4天中的全部大小便，由专人做血、尿、便的钙磷氮测定。由于软骨病是一种慢性病理过程，对病人研究也必须进行长期观察。他们让病人每年9月、10月入院，来年6月出院；然后9月、10月再入院。

为了使研究更有科学性，他们请分配在这个科的实习医师也和病人一样，吃固定的饮食，按时留标本检查，作为病人的对照。通过长期的科学研究发现，软骨病的基本病因是钙和维生素D缺乏，给予一半剂量的钙剂注射，即可使钙由负平衡转为正平衡。当时，维生素D刚发现不久，它的生理和药理作用方式还不十分明确。

朱宪彝等便对维生素D的疗效进行了极为深入的观察研究，发现对软骨病患者只给钙剂治疗效果不佳，而给以约200国际单位的维生素D即可使钙

① 图片来源：https://www.sohu.com/a/237556967_368229.

② 霍玉.当代钙磷代谢知识之父——朱宪彝（上）[A].近代天津十二大名医[C].天津:天津人民出版社,2002.

的负平衡转为正平衡,但持续时间不超过一个月;如加大剂量至5000-10000国际单位,连续给10天,则可维持一年之久。这项对维生素D最低有效剂量、开始奏效时间及药效持续时间、治疗后钙磷代谢动态变化的研究,为应用维生素D和钙剂治疗软骨病起到科学指导作用。

朱宪彝等对妊娠、哺乳期的钙磷代谢也进行深入研究,发现维生素D的充分供应,对预防妊娠哺乳期母亲的骨骼破坏是十分必需的,并第一次证明了维生素D可能通过母乳分泌出以治疗婴儿佝偻病。这一发现为研究中国儿童佝偻病的高发病因和治疗途径提供了重要启示。他们还第一次用钙磷平衡法在人体证实了紫外线与日光浴对纠正负钙平衡的治疗作用,并确立了以尿钙水平反映维生素D缺乏程度的检测方法。朱宪彝等对饮食中的钙磷比例的研究发现,饮食中钙磷比例为2-2.3:1时,小肠对钙磷的吸收最充分、最合生理要求,如比例增加,血磷就会下降,反之则上升,应用酸性药物,可以促进尿钙排出。尿磷和氮的排出也随之增加,其他造成负平衡。他们对涉及软骨病和佝偻病的各方面因素都给予认真的研究和讨论。

朱宪彝靠精心的设计、精细的测量、精确的计算、精密的推理,获得了重要的科学理论上的创新和突破。他们用科学实验得到的翔实资料和科学结论,不仅为国际权威著作一再引用,而且为钙磷代谢的更深入研究提供了新课题。

### (二)成果丰硕,世界领先

从1934年至1942年间,朱宪彝等发表了三十余篇有关软骨病和佝偻病钙磷代谢的研究文章,其中《软骨病的钙磷代谢(第I至VIII)》的系列论著是反映他们学术成就的代表作。

这段时间,刘士豪、朱宪彝研究团队以"骨软化症的钙磷代谢"为题,共发表总题目为"软骨病的钙磷代谢"的系列论文13篇。这些文章发表于*Journal of Clinical Investigation*(临床研究杂志,JCI)、*Chinese Medical Journal*(中华医学杂志,ChinMedJ)和 *Chinese Journal of Physiology*(中华生理学杂志,ChinJ-Physiol)。

也是在这段时间,刘士豪、朱宪彝还发表了一些其他方面的论文,如软骨病和坏血病的比较、严重的纤维性骨炎、成骨发育不全以及正常成人钙代谢等。

通过这一系列论文的工作,研究组全面开展了有关骨软化症的研究,从食物的影响因素到哺乳期维生素D的作用,在这一领域做出了特殊的贡献。

1942年,刘士豪与朱宪彝共同将研究成果发表在 *Science* 上,是中国人较早发表在国外 CNS 刊物上的论文之一。

朱宪彝和刘士豪 1943 年在美国巴尔的摩 *Medicine* 杂志第 22 期发表的合作论文《钙磷代谢研究对肾性骨营养不良发病机制的特殊意义》一文被推崇为"代谢性骨病研究的奠基石",是他们精诚合作研究的最高成就。这也是他们共同发表的最后一篇论文,且首次证实 $AT_{10}$(双氢速变固醇)对肾性骨病有治疗作用。

在这项研究中,刘士豪和朱宪彝对肾性骨营养不良症进行了深入探讨,在对维生素 D 缺乏症的两种不同临床类型认真比较的基础上,他们发现对维生素 D 的反应性降低是肾性骨营养不良区别于软骨病的显著特点,并敏锐地觉察到肾脏缺陷和维生素 D 之间可能存在着某种重要的内在联系,而这恰是肾性骨营养不良的发病机理中的主要因素。尽管限于当时的历史条件,他们还不可能对肾性骨营养不良的发病机理的各个细节做出完全正确的说明,但他们所提出的假说确有先见之明。

刘士豪、朱宪彝还认为,粪钙排泄增多表明肠钙吸收减少,这是软骨病的主要代谢异常,小剂量的维生素 D,无论是外源的还是内源的,都可在第三个代谢周期之前更迅速有效地增加肠钙吸收。

大约在同时,麻省总医院也对一名肠吸收不良的病人进行了类似的研究,但用维生素 D 的剂量要大得多。对于营养性软骨病,每日 2500 单位给予16 天后(总剂量为 1mg),维生素 D 的治疗作用可维持几个月之久,相反,给予不缺乏维生素 D 的正常人 5 倍剂量的维生素 D 也没有什么作用,仅有轻度尿钙升高。

直到二十多年后,迪鲁卡(Deluca)教授才用钙三醇合成的复杂的调节机制解释了为什么会出现这两种不同的效应,不缺乏维生素 D 的正常人,接受维生素 D 治疗后仅表现血浆钙三醇的轻度升高,而缺乏维生素 D 的人则产生大量的钙三醇并迅速达到正常血浆水平以上。所以可以推论,仅 1mg 维生素 D就可以产生足够的骨化醇和钙二醇,以用于合成钙三醇,这种作用可长达几个月。

维生素 D 的其他作用包括在几天内使低血钙升高,在一至两周内使肾小管磷重吸收增加。但是在血钙恢复到正常几个月后,尿钙仍维持在低水平(小于 5mg/天,且常检测不到)。只有在骨钙需求满足以后,尿钙才会增加,但在饮食磷剥夺或加用氯化铵时例外,它仍可能直接作用于骨钙和肾钙转运,但其机制还不甚明了。维生素 D 缺乏的病人磷重吸收的减少和钙重吸收的增加可归因于继发性甲状旁腺机能亢进,但还不能对维生素D治疗的暂时分离现象做全面的解释。遗憾的是,到1986年止,还没有对骨病痊愈之前的全部有关的变异因素进行研究,甲状旁腺激素(PTH)可在相当长的时间内维持高值,但是无法证实这是否足以解释大量类骨质矿化过程中肾脏保留钙的作用。这说明骨还可能通过其他途径向肾脏传递其需钙的信息。

刘士豪、朱宪彝团队首先提出了维生素D缺乏症有两种不同的临床类型。一些病人表现为低血钙性手足抽搐,白内障、血浆磷正常或高于正常,骨病不很严重;另一些病人则表现为血钙正常,血磷低或正常低值,骨病严重。他们当时认为,第一种类型是由于不能适当增加PTH分泌造成的。但后来发现,低血钙软骨病肾源cAMP增加要大于血钙正常的软骨病病人,这显然是不一致的,严重低血钙可部分地解释磷重吸收差异,但对严重的低钙血症本身还是不能解释,是否是由于镁剥夺,破骨细胞对PTH的反应受损,还是由于骨表面为类骨质覆盖,这些原因还有待于澄清。因为妊娠和哺乳能使软骨病人的临床病理加重,所以对其代谢效应的变化要予以特别的注意。母亲的骨组织无论在产前还是产后都提供给婴儿所需钙的大部分,软骨病人动员骨钙是为了满足其生物学需要,但是其细胞和激素作用的基础到1986年还不甚清楚。不过,食物中加入维生素D可以保护母体骨髓免于受到进一步破坏,其所起的作用要比加入钙药更为重要。他们还证实,将维生素D给予母体可治愈母乳喂养婴儿的软骨病,这证实了母乳中有某种形式的维生素D,它们具有很强的生物活性。

当时学界曾错误地认为,这种活性物质是硫酸维生素D,后来证实这种活性物质主要是钙二醇。到1986年,印度医生报告,只有当母体维生素D缺乏被部分纠正后,钙二醇才能进入母体。所以,在某种程度上母体维生素D的需求先于婴儿。

双氢速变固醇(DHT)又称为$AT_{10}$,对于治疗营养性软骨病十分有效,但其作用强度仅相当于维生素D的1/15,如果以单位重量而言,$AT_{10}$作用的消退要比维生素快得多。然而,$AT_{10}$对肾性骨病的治疗作用相对来说比维生素D更强。$AT_{10}$具有一个假的1位羟基,它与钙三醇都具有一个重要的特点:不需要在肾脏进行1位羟化。所以其生物活性不会因肾衰而受损。当$AT_{10}$的25位被羟化后,它能与钙三醇的受体结合,但亲和力小,所以其作用也就差一些。

刘士豪、朱宪彝等认为,肾功能减退可以使维生素D失活,而$AT_{10}$却因某种原因不被失活,显然有些细节是错误的,但其中心思想是正确的。

从历史的观点来看,他们当时的观点的确有先见之明,而且过了30年后,人们才认识到他们这项工作的重要意义。钙三醇现在广泛用于治疗肾性骨病,但至1986年还未用对照的临床试验证实钙三醇有任何优越之处,以抵消其价格昂贵的弊病①。

朱宪彝为当代世界知名学者所推崇,但他时刻没有忘怀当年刘士豪教授的功业。刘士豪教授于1974年逝世。朱宪彝在1982年人民卫生出版社出版的《内科学》他所主编的第八卷"内分泌系统疾病"的扉页上,特别申明:"纪念中国内科学代谢疾病和内分泌专业先驱,前中国医学科学院首都医院内分泌学科主任刘士豪教授。"

朱宪彝卓越的研究成果是有其必然性的。一方面,他是一位朴实刚健、弘毅精进的学者,经受住了北京协和医学院严苛淘汰机制的考验,并脱颖而出成为佼佼者;另一方面,当时的北平协和医学院已经渐入佳境,研究已经初具规模,尤其是建校以来一直着力于骨软化症的全方位临床研究。此外,与刘士豪等师友的精诚合作,亦为朱宪彝的研究工作铺平了道路。

## 四、卓越成就,同行公认

刘士豪和朱宪彝对一些伴有骨疼的肾病患者观察后认为,对维生素D反应性降低是这些肾性骨病区别于骨软化病的显著特点,并命名为"肾性骨营养不良"(Renal Osteodystrophy),这一命名至今为国际上沿用。②

Renaloste Odystrophy命名已经七十多年了,仍然在广泛应用,这一事实充分说明这一命名的合理性。在刘士豪和朱宪彝提出该命名以前,对由肾功能不全引起的骨病有至少4种称谓,即"肾性佝偻病""肾性侏儒""肾性幼稚症"和"肾性骨纤维囊性骨炎"。但是这4种命名均有其不足,而刘士豪和朱宪彝提出的"肾性骨营养不良",却是既直接描述该病特征又能够把握住该类疾病本质的提法,因此被广为采纳。③

### (一)挑战权威,改进疗法

刘士豪与朱宪彝在命名"肾性骨营养不良"以后,进一步用 $AT_{10}$ 治疗该病,取得了良好效果。这一疗法开始并不为国际权威、主张用平衡法对软骨

---

① A.M.Parfitt.朱宪彝——中国维生素D缺乏和软骨病临床研究的先驱[J].国外医学.1986(2):112-114.

② 谭郁彬,矫叔华,朱宪彝——我国临床内分泌学先驱[J].中华内分泌代谢杂志,1991(3).

③ 李乃适.刘士豪、朱宪彝与第一个由中国人命名的疾病——肾性骨营养不良[C].2008国际骨质疏松与骨矿盐疾病学术会议.

病进行研究的奥尔布莱特(Albright,F)所赞同。但刘士豪和朱宪彝并未盲从,而是通过自己的医疗实践,用细致观察所得到的大量临床数据证实了$AT_{10}$确实有效,其后亦被众多学者证实。这是非常难能可贵的。

不仅如此,刘士豪和朱宪彝还针对常规剂量的维生素D治疗肾性骨营养不良无效而$AT_{10}$有效的现象,提出了一个大胆的预言:肾衰时可产生一种特殊因子,可以抑制维生素D活性而不能抑制$AT_{10}$的活性,因而后者治疗肾性骨营养不良有效而前者甚难奏效。这一预言在当时尚不清楚维生素D作用机理的情况下是非常具有远见的。

刘士豪和朱宪彝命名了一种疾病,并卓有成效地发现了有效治疗的方法。而对药物作用机理的探讨和预言则反映了他们的远见卓识。

## (二)超前预言,行业先驱

到了20世纪70年代,维生素D的作用机理才被阐明:它需要在肾脏通过1-a羟化酶,在肝脏通过25-羟化酶后才能成为直接起生理作用的"活性维生素D",在肾衰的情况下,1-a羟化酶的活性明显下降,因而生成活性维生素D减少,就不能发挥它的生理活性。而反观$AT_{10}$,由于其分子结构中的A环呈180转位,使3位上的羟基相当1位羟基,起到类似活性维生素D样作用。虽然这一机理与刘士豪和朱宪彝二人的预言不尽相同,但总体思路非常一致,也难怪多年以后,国际同行仍认为刘士豪和朱宪彝的假说是有高度预见性的。

这一假说在刘士豪和朱宪彝发表论文的二十几年后,由美国的迪鲁卡(Deluca)教授从理论上进一步证实,维生素D需在肝脏羟化后再经肾脏羟化变成活性物质,因而造成维生素D缺乏的症状,形成肾性骨营养不良;而$AT_{10}$不需在肾脏进行羟化便能发挥作用,因此能治疗肾性骨营养不良症。

朱宪彝除对软骨病和佝偻病、营养不良进行了深入研究外,对严重的纤维性骨炎、成骨发育不全及正常人的钙磷代谢等一系列代谢性骨病都曾进行过探讨。

在朱宪彝逝世后,美国著名骨代谢专家帕菲特(Parfitt.A.M)发表长篇纪念文章时说:"三四十年代全世界关于钙磷代谢的研究大部分出之于北平协和医学院。"在这篇题为《朱宪彝——中国维生素D缺乏和软骨病临床研究的先驱》纪念文章中,他还说:"他的逝世标志着代谢性骨病理论发展的一个重要历史时期的终结。他的成就至今仍对我们有重大的教益和深远的指导作用。用现代维生素D代谢的理论已经可以解释当今所做的研究工作,但还有一些问题至今尚不能满意地阐明。"

### （三）当代钙磷代谢知识之父

朱宪彝和他的团队,为我国的医学事业辛勤耕耘了几十年,奉献了一生的心血,取得了丰硕的成果:他潜心开展的钙磷代谢研究享誉世界,他的论文著作已成为传世经典;以他为首的"地方性甲状腺肿和克汀病研究"获得了国家科技进步二等奖;以他为代表的天津医科大学内分泌与代谢病学科,获批国家级重点学科;由他主编的重大著作有《代谢性骨病学》、《代谢性骨病X线诊断学》《临床内分泌学》,特别是1980年出版的巨著《内科学》,全书117章、300万字。该书同年在日本举行的亚大甲状腺与内分泌学术会议上,被国际友人称之为"内科学辞典"。在他倡导支持下,临床相关学科在内分泌研究方面,也取得一批成果。其中有:翟瞻粲教授主编的《妇科内分泌学》、李宝爱教授主编的《儿科内分泌学》、张殿明和徐隆绍二位教授编写的《神经内分泌学》。尹伯元教授编写的《标记免疫学》《放射免疫监测基础》《放射免疫临床应用》,全面总结了朱宪彝提出的下丘脑—垂体—甲状腺轴系的测定方法,在全国临床得到广泛应用,并获得国家科技进步三等奖、卫生部一等奖。这些著作,充分展示了朱宪彝所开创的内分泌与代谢病事业成果丰硕、人才济济。

由于朱宪彝在钙磷代谢研究上的卓越成就,他赢得了国际上许多骨代谢专家的推崇和拥戴。1982年,加拿大著名骨代谢专家雅沃尔斯基(Jaworski)教授来天津拜访朱宪彝,特地赠送给他一本新作,并在书的扉页上恭敬地写道:"送给朱教授——当代钙磷代谢知识之父。"美国著名钙磷代谢专家斯坦柏利(Stanbury)称:朱宪彝和刘士豪教授1943年在美国巴尔的摩《医学》杂志的著名论文,被称为"代谢性骨病研究的奠基石";英国学者那顿(Nardin)称之为经典文献[①]。朱宪彝则始终认为,钙磷代谢的研究成果是科学家精诚合作的结晶,他总是称颂刘士豪教授所做的杰出贡献,并说他和刘士豪的友谊和合作"堪称科学家的典范"。他曾在由他主编的《内科讲座(8)》的扉页上特别刊出"纪念中国内科学代谢疾病和内分泌专业的先驱、前中国医学科学院首都医院内分泌科主任刘士豪教授"的献辞,这在中国恐怕是罕见的义举。[②]

---

① http://news.univs.cn/2013/1114/990655.shtml

② 王兴民,张玉芳.医界巨擘——朱宪彝(二)[A].津门骄子(第一辑)[C].天津人民出版社,2011.

# 第三章 创建天医

天津医科大学的前身天津医学院(简称天医)创始于新中国的起点,发轫自朱宪彝的一个宏愿——让更多的患者得以救治。

朱宪彝不仅是一位卓有建树的学者,更是一位卓有成效的领导者和管理者。天津医学院的创立,展现了他高超的领导艺术与管理才能,也是他作为医学教育家的新的里程碑。朱宪彝为发展我国医学教育事业、地方病防治事业所做出的杰出贡献,必将铭诸贞石,昭诸后世。

## 一、勠力同心,保家卫国

朱宪彝青年时期就参与了学生运动,成长过程中目睹了民族的危亡、人民的痛楚。他有一颗济世救人的仁心,但又深感无力。朱宪彝是一位顶级名医,然而,就算他全年不休,又能救治多少个患者呢?他心怀一个强国梦想,那就是建造一所医学院,为国家培养更多的医学人才,救治更多的人民。

### (一)从北平到唐山

1928年(民国十七年),国民政府设立北平特别市,简称北平。1937年(民国二十六年),日伪政府又将北平特别市改为北京市但并未得到中国中央政府和人民的承认,北平的名称在此阶段仍在沿用。

太平洋战争(1941年12月8日—1945年8月15日)是第二次世界大战的一部分,主要以太平洋和周围国家为战场,由日本和美国等同盟国家交战。

太平洋战争始于1941年的"珍珠港事件",日本空袭美国太平洋基地,美国对日宣战后,已经与日本交战多年的中国也跟着正式宣战,纳粹德国和意大利王国也对美宣战,欧亚两大战场合一。这场战争一直持续到1945年8月15日正午,日本裕仁天皇向全日本广播,接受《波茨坦公告》,实行无条件投降,结束战争。

1942年初,侵占北平的日军接管了协和医学院及其附属医院,美国人被遣送回国,在校的中国人相继离校。刘士豪离开协和,曾任北平同仁医院院长。直到1948年解放前夕,刘士豪才又回到协和医院内科工作。解放后,刘士豪曾任北京协和医学院生物化学系主任兼北京协和医院内科教授。1961年,刘士豪创建北京协和医院内分泌科,并任科主任。①

北平协和医院被日本人接管后,朱宪彝也离开了。他先是应邀到了唐山开滦煤矿医务部任内科主任医师。以朱宪彝的声望,可以选择去很多大城市的大医院,他之所以选择去开滦的一个重要动机是,开滦煤矿在近代以来就很有名,在缺乏日照条件下,很多矿工容易患上职业病特别是骨病。朱宪彝认为,选择在开滦可以惠及这些劳苦的病患,也可以让自己的钙磷代谢研究得以继续。

但是开滦煤矿医务部不同于协和医院,朱宪彝终日忙于门诊和病房业务,没有时间也没有条件进行系统研究工作。尤其令朱宪彝不解的是,开滦煤矿医务部定有不少清规戒律,把就诊人员分成三六九等,不是按病情需要而是按职位高低给药治病。《大医精诚》有言:"若有疾厄来求救者,医者本不得问其贵贱贫富,长幼妍蚩,怨亲善友,华夷愚智,普同一等。"朱宪彝几次抗议无效,愤然辞职,于1945年回天津开业,并义务兼任天津市妇婴医院(现天津市儿童医院前身)内科主任、名誉院长。1947年,他的中学挚友顾学勤创办立仁医院,朱宪彝应约兼任内科工作。②

## (二)上下求索,终遇知音

每座城市都有她的象征。俗话说:北京四合院、天津小洋楼。小洋楼便是天津的象征、特色和名片。其中,位于天津市中心城区的五大道,是一个以由南向北并列着的马场道、睦南道、大理道、常德道、重庆道这五条道路为主的一个街区的统称。以"马睦大常重"为主的这个街区,是迄今天津乃至全中国保留最为完整的洋楼建筑,拥有20世纪二三十年代建成的具有不同国家建筑风格的花园式房屋2000多所。

天津市成都道北侧,历史上曾经是英租界,这里有一片英式连排里弄式的楼房,每座小楼三层,风格简约朴素,是由我国著名的建筑师阎子亨设计的。这里每家是独立门户,有前后院。里弄深处,楼房从四面将中间围成个小广场,形成安静闲适的环境。其中建于1934年的成都道100号,就是著名医学家朱宪彝的住宅,也是他逝世后献给天津医学院的私人故居。在搬到成都道100号前,

---

① 李乃适.刘士豪、朱宪彝与第一个由中国人命名的疾病——肾性骨营养不良[C].2008国际骨质疏松与骨矿盐疾病学术会议.

② 王兴民.朱宪彝传[A].王家驰.朱宪彝医案[C].天津:天津科学技术出版社,2000.8.

朱宪彝旧居

朱宪彝旧居

朱宪彝旧居

朱宪彝很长时间,住在南门外一所相当破旧的房子里,他却自甘清苦、安之若素。后因家中藏书愈来愈多,朱宪彝就一点点从其牙缝里挤,终于在1950年2月自费从联合银行购入。而这所房屋,被朱宪彝视为"风水宝地",恰在天津市医学图书馆对面,他不须费远足之劳,就可"深山探宝"。这所陪伴着朱宪彝34年的房屋,被列为天津市尚未公布为文物保护单位的不可移动文物。

巴斯德曾言:"科学虽没有国界,但是学者却有自己的祖国。"曾沉迷于《巴斯德传》的朱宪彝,对这句话的理解更为深刻。

天津解放前夕,朱宪彝年届中年,债务早已还清。朱宪彝这样的名医,不仅社会地位较高,而且收入颇丰,家有贤妻爱子,过着优渥的生活。

国民党兵败如山倒,朱宪彝的朋友力劝其去美国,凭他的资历和才学,定能闯出一番天地。但是朱宪彝热恋这块生他养他的土地,决计守在天津,再图发展;并送他的两个儿子到解放区参观考察,评价中国共产党的政策和政绩。自1949年1月天津解放后,党和政府十分重视和关怀人民的卫生保健,医疗卫生事业开始转向为广大劳动人民服务,并迅速振兴。而当时的市政府领导亦礼贤下士,市长黄敬、文教部部长黄松龄等领导亲自到朱宪彝家探望。①

① 王兴民,张玉芳.津门骄子[M].天津市中华文化学院编著.天津:天津人民出版社.2011年.

黄敬,原名俞启威,出身于江南的名门望族,祖父俞明震,晚清知名于诗坛与教育界,曾送鲁迅出国留学。黄敬的叔叔俞大维,留学哈佛大学、柏林大学,研究哲学与数学,哲学博士。

黄松龄是一名学者型官员,出版有《黄松龄社会主义经济问题遗稿》《读马克思恩格斯论农业和农民问题》,解放之初主管天津医务界的工作,因为痨病腔子老结核,朱宪彝常去给其看病,两人因此相识。后经常邀请朱宪彝参加市区各界代表会。在此过程中,朱宪彝就和黄敬市长经常见面聊天。朱宪彝这样描述黄敬市长:传说他是资产阶级出身,也是个上过大学的知识分子,他待人不死板严肃,和他在一起一点不感到拘谨,说说笑笑很能聊到一块。医务界的大夫没有跟他说不上来的,也掌握党的统一战线,一贯地贯彻党的知识分子政策,属他搞得最好。因为他给知识分子做思想工作,不是教条的,而是根据当时人们的觉悟水平和具体情况做工作,不要求过高,也不迁就,这才叫实事求是。

以"知识分子的贴心人"所为人称道的黄敬,襟怀坦荡,谈吐风趣,通过和朱宪彝的一番促膝谈心,双方居然相见恨晚,互相引为知己。

面对两位共产党的高级干部,朱宪彝依然是书生意气。中共天津市委领导对朱宪彝的渊博学识、精湛医术、刚正作风也格外推崇。朱宪彝对共产党的知识分子政策很是赞赏,认为这些领导颇有才华,但却没有国民党政客的作风。

1950年初,黄敬再次到朱宪彝家吃饭谈心时,做朱宪彝的思想工作并进行动员:"你别私人开业了,到中央医院上班吧,充实发展一下中央医院的内科。"在黄敬的邀请下,朱宪彝放弃收入丰厚的个人开业医生的职业,欣然受聘为天津中央医院(现天津医科大学总医院前身)内科主任,并拒绝人民政府给予的超额工资(每月五千斤小米折价),情愿享受一般医学专家应得的报酬。

1950年6月,朝鲜内战爆发,美国政府纠集"联合国军"进行武装干涉,并派遣海军第七舰队侵入中国台湾海峡。此后,侵朝美军越过三八线,直逼鸭绿江,并出动飞

1950年12月,朱宪彝(右二)出任天津市医务工作者抗美援朝医疗救护委员会主任,动员和组织全市医务人员参加抗美援朝医疗服务队①(左二为卢倜章教授,右一为谭郁彬教授)

---

① 照片来源:王家弛.朱宪彝医案[C].天津:天津科学技术出版社,2000.11.

机轰炸中国东北边境,直接威胁到新中国的国家安全。虽然当时中国正面临着巩固政权、恢复经济的紧急任务,但应朝鲜民主主义人民共和国的请求,中共中央多次召开会议,经过反复权衡,在10月上旬做出了抗美援朝、保家卫国的历史性决策。

朱宪彝依然是满怀一腔热血和深沉的家国情怀,积极响应"抗美援朝,保家卫国"的号召,出任天津市抗美援朝志愿医疗队顾问及天津市抗美援朝医疗救护委员会主任委员,动员和组织全市医务人员参加抗美援朝医疗服务队,组织私人开业医生支援公立医院,表现了卓越的组织与领导才能,成为全市和全国颇有声望的高级医学专家之一。

朱宪彝首批带队赴东北后方战地医院,参加救护工作。在他的带动下,天津中央医院的医护人员纷纷报名,先后有十几位医药护技人员,参加了东北后方医院的救护工作。朱宪彝领导的天津市医务界抗美援朝委员会工作出色,受到志愿军卫生部门的嘉奖。

朱宪彝在抗美援朝运动中的模范行为赢得了市政府领导的赞许,这为今后朱宪彝倡议建立天津医学院奠定了信任基础①。党和政府对朱宪彝的信任也一直持续,加之其在教育和医疗事业上的贡献,他多次被评为天津市劳动模范和特等劳动模范,当选为天津市第一至九届人民代表大会代表和第一至五届全国人民代表大会代表,并于1955年出席在芬兰赫尔辛基举行的保卫世界和平大会。

### (三)从朴素爱国者到纯粹的共产主义者

朱宪彝出生在清朝晚期,在上中学时期,他参加了"五四"青年学生爱国运动,和同学们纷纷走上街头,演讲游行,查禁日货,参加声援爱国青年的运动;青年时期他在北京协和医学院求学、赴美国深造,旧中国正经历着十年内战和十四年抗日战争,人民饱受了丧权辱国的痛苦和悲辛。中国共产党带领中国人民从沉沦的谷底奋力崛起,经过艰苦卓绝的斗争,推翻了"三座大山",完成了新民主主义革命,建立新中国,从根本上扭转了中华民族的历史命运。

在日伪统治时期,朱宪彝专注于医疗事业,为民众解除病痛,不以精良的医术作为发财致富的手段,留下了"德高医粹"天津名医的美名。天津解放后,朱宪彝放弃私人开业而专任公职②。

朱宪彝经历了新旧社会对比,亲历抗美援朝的胜利,对中国共产党方针

---

① 王兴民.朱宪彝传[A].王家弛.朱宪彝医案[C].天津:天津科学技术出版社,2000.11.
② 林礼.内分泌学专家——朱宪彝[N].天津日报,1982年6月27日.

政策的认识和思想觉悟有了很大提高。他由一名朴素的爱国主义者实现了树立共产主义远大理想的转变。

1956年2月2日,在天津市立总医院老红军院长李盛礼的介绍下,朱宪彝光荣地加入了中国共产党。朱宪彝在入党时郑重写下誓言:"我决心献出我的一切,做一个名副其实的共产主义战士,为共产主义的伟大目标而奋斗到底。"

朱宪彝从一名知识分子到共产主义者的转变,是经历了多种救国道路求索后,一种发自内心的选择,是一种士为知己者死的忠诚,也是一种追求进步的体现。

原天津医学院党委书记乔国铨回忆,朱宪彝在1958年向初到医学院工作的乔国铨祖露心迹:"我这人爱医学事业不爱财,在旧社会是这样,在共产党领导下我更是这样,因为我已经是一个共产党的新党员了。在旧社会不少人动员我参加国民党或其他政治团体,我都拒绝了。我看只有共产党才是全心全意为人民服务、不谋私利的党,只有共产党才能救中国。"

朱宪彝衷心拥护党的各项路线、方针、政策,始终坚持对马克思主义、共产主义的信仰不动摇。即便在"文化大革命"期间,他在"靠边站"的日子里,仍坚持写思想汇报,坚信党的领导和社会主义的光明前景。

无论是入党前还是入党后,朱宪彝始终把祖国和人民的利益放在首位,把自己毕生都全部献给祖国和人民。他一生忠于党的医学事业和高等医学教育事业,热爱人民,关心人民疾苦,为党的事业和人民的利益呕心沥血,鞠躬尽瘁。

1977年,在毛主席逝世一周年之际,朱宪彝在《天津医药》第九期发表题为"毛主席的旗帜永远照耀我们前进"的文章①。他在文中写道:"解放前,不知有多少知识分子抱着什么'教育救国''科学救国'的愿望,结果都成了泡影,一一破灭了。自从中国有了共产党和毛主席,才有了希望,才有了光明。毛主席是人民的大救星。"他在文章的最后写道:"以只争朝夕的革命精神把我的有生之年献给伟大的无产阶级革命事业。"朱宪彝用自己的实际行动践行了作为一名共产党员的忘我奋斗精神、牺牲精神和无私奉献精神。

晋代杨泉指出:"夫医者,非仁爱之士,不可托也;非聪明达理,不可任也;非廉洁淳良,不可信也。"从心术到智慧,再到品行,与对居官莅民者的要求如出一辙。"爱医学事业不爱财""只有共产党才是全心全意为人民服务,不谋私利",朱宪彝是这么说的,也是这么想的,更是这么做的。朱宪彝用一生的奋斗,践行了自己的誓愿。

---

① 朱宪彝.毛主席的旗帜永远照耀我们前进[J].天津医药,1977,9:439-440.

## 二、心怀大志，筹谋天医

解放前的天津，在帝国主义侵占的租界地，集中了不少医院和诊所，如教会办的马大夫医院、天主教医院以及私人办的天和、恩光等医院。虽然其中不乏仁心仁术之名医，但医院的服务对象主要是各国自己的侨民和在津的达官显贵。津城虽有名医，但为普通劳动人民提供医疗服务的公立医院寥寥无几，且医疗设备落后，技术力量薄弱。劳动人民就医十分困难，生命和健康亦无保障。至1949年1月天津解放时，天津市全市仅有病床2135张，最大的中央医院（后来更名为市立总医院，即现在的天津医科大学总医院）也只有病床二百余张，全市平均每千人仅有病床0.54张，门诊平均每人每年0.29次①。朱宪彝对天津当时的医疗状况忧心忡忡，自小埋在其内心的"教育救国"这一宏志开始发芽生长。

医学教育和医疗卫生事业是紧密相关的。在旧中国落后的医疗卫生状况下，天津的医学教育事业亦发展迟缓。清朝光绪年间，清政府曾依靠外国人在天津开办"医学馆""牙医学堂"之类的小型医学教育，但均因时局动荡而积弱不振、步履维艰，多夭折中断。1885年，李鸿章倚靠法国军医梅尼在北洋医学堂法租界海大道（今国际商场一带）开办了西医学堂，后正式定名为北洋医学堂。北洋医学堂曾是中国历史上第一所培养西医的高等教育机构。1900年（光绪二十六年），八国联军入侵，北洋医学堂被迫停办，学生纷纷逃散。1902年，北洋医学堂恢复，并以新建的北洋官医院作为附属医院。此外，1908年7月天津女医院成立，辖设女医学堂，后改称附设高级护士职业学校②。1908年，著名医学家伍连德博士赴津主持陆军军医学堂的工作③，努力摆脱日方影响，进行现代化医学教育改革，虽有成就，但直到1910年伍连德被召集前往东北抗鼠疫，军医学堂始终无法建立教学医院，伍连德的医学教育设想也无法真正落实。陆军军医学堂于1914年（民国三年）迁出天津。1915年，北洋医学堂归海军部统辖，改称海军医学校，附设的北洋官医院改称海军医校医院。1928年，民国政府将直隶改建为河北省，天津为特别市，省、市分开，历史上被作为直隶代称的天津，从此也就没有直属于它的高等医学院校了。1928年7月31日，南京国民政府决定全国试行大学区制。8月16日，南京政府大学委员会通过"北洋大学区组织大纲"，确定划河北、热河两省和北平、天津两市

---

① 王正伦.天津医学院院史1951—1991[M].内刊.1991:5.
② 王正伦.天津医学院院史1951—1991[M].内刊.1991:9.
③ 王哲.国士无双伍连德[J].福州：福建教育出版社,2007,37.

为北平大学区。大学本部设文、理、法、工、医、农、艺术、师范等学院。可是天津市既没有在大学内附设、也没有单设医学院。1931年,海军医学校及其附属医院因洋人撤走,经费困难,其后相继停办,人员各奔东西。因而,天津的高等医学教育中断了近二十年,直至解放前,天津没有高等医学院校。抗战胜利后,南开大学和北洋大学都有过创办医学院之议,"南开大学医学院"的校牌也曾挂在原天津中央医院的门前,但最终无力创建。①1949年天津解放时,虽有公、私立护士、助产学校8所,但规模都不大,一班只收学生十几名,多的也不过几十名,共有在校生457人,教职员工115人②。

　　而天津市拥有大批的中西医学专家,全国知名人士也大有人在。能否在天津创办医学院校,一直为有志之士所关切。

## (一)天医的缘起

　　朱宪彝口述《知识分子的贴心人——怀念黄敬》一文生动记录了创建天津医学院的缘起。

　　　　有一次,我留他(黄敬)吃炸酱面,他说:"你这么大大夫,吃得这么简单?"我跟他说:"这是我们天津卫的家乡饭。"

　　　　他吃得津津有味,边吃边聊,做我的思想工作。他动员我说:"你别私人开业了,到中央医院(现天津医科大学总医院)上班吧;充实发展一下中央医院的内科。"

　　　　我从协和医学院出来,开业其实并不是我心愿,我总想在天津办个医学院,多培养一些医务人才,为今后卫生事业的发展奠定基础。我就跟他说:"能不能把天津的卫生事业往大处想想呢?"

　　　　他一听我有这个想法,马上表态支持,跟我说:"好! 咱不仅要办好总医院,还要办个医学院。"

　　　　我俩想到了一块,这事就这么敲定了。③

　　有了领导的表态,朱宪彝心里有了底。

---

① 王正伦.天津医学院院史1951—1991[M].内刊.1991:6.

② 肖元.当代中国的天津[M].天津:当代中国出版社,2009:254.

③ 朱宪彝口述,吴立岗整理,知识分子的贴心人——怀念黄敬.天津档案,2009,4:61.

当时,在天津创办医学院具有多方面的有利条件①:(1)中国共产党和毛主席重视、关怀人民的生活和健康。人民政府为了发展卫生保健和医学教育事业,支付充足的经费预算;(2)天津市立总医院具备高等教学医院的人才和设备条件;(3)南开大学理学院有优秀的教师和完善的教学设备,可以担任医学预科课程的教学任务;(4)天津市当时有许多各科医学专家,可以胜任临床教学师资。经过多方议论研究,上下一致认为创建天津医学院的条件已具备。

## (二)摸着石头过河

"摸着石头过河"作为20世纪80年代后非常流行的一句话,已经成为改革开放的标志性语言之一。党和政府文件中对这句话最形象的表述,当属1981年10月国务院《关于实行工业生产经济责任制若干问题的意见》中强调:"实行经济责任制,目前还处在探索阶段,各地区、各部门要加强领导,要摸着石头过河,水深水浅还不很清楚,要走一步看一步,两只脚搞得平衡一点,走错了收回来重走,不要摔到水里去。"该意见使用"摸着石头过河",生动、准确地表达在经验不足的情况下要探索着前进。邓小平更是指出:"我们现在做的事都是一个试验,对我们来说,都是新事物,所以要摸索前进。"(《邓小平文选》第3卷174页)。

天医的筹办过程,也是"摸着石头过河"。黄敬在和朱宪彝就办医学院达成一致后,立即向卫生部打招呼,但卫生部基于多种考虑,回复说天津尚不具备条件,建议延长一下筹备时间,过一两年再招生。

卫生部作为主管卫生健康事业的中央部门,其回复其实是比较委婉地否定天津开设医学院的设想。如果黄敬、朱宪彝就此止步,或许天医的历史就要改写。

面对解放初百废待兴、百业待举的局面,黄敬和朱宪彝深知时不我待的道理。黄敬在天津市工作,对天津市创办医学院的有利条件更为了解。黄敬对朱宪彝说:"把孩子生下来中央不能不管,要是不生也可等着呢。"风趣而又形象的比喻,让朱宪彝又重拾希望,并立即着手准备。

1950年12月,在天津高等院校院系调整之际,朱宪彝、方先之、金显宅、范权等专家正式起草了《筹建天津医学院说明书》,由时任天津市公共卫生局副局长蔡公琪同志向黄敬市长转呈。《说明书》陈述了天津是个国际知名的大城市,解放前一直都没有高等医学院校,不能培养高级医学人才,非常遗憾。在天津建立医学院,可以为国家培养更多高级医学人才。

---

① 王正伦.天津医学院院史 1951—1991[M].内刊.1991:14.

朱宪彝坦率诚恳地表示："我们这些人本来都是在协和医学院教学的,如果天津建立医学院,愿意回到医学教育老本行,担任临床教学工作,为天津培养医学人才尽力。"

当朱宪彝代表各位专家向天津市领导班子提出创建天津医学院的倡议时,立即得了天津市领导的回应,并讨论采纳了这一建议。

随后,黄敬召集朱宪彝、方先之、万福恩、金显宅、范权、杨济时等专家商讨建院事宜,最后决定:以朱宪彝为首成立建校筹委会,请上述专家参加;购买南开大学甘肃路54号财经学院校舍为基础教学基地,确定天津市立总医院为天津医学院临床教学基地;由市文教委员会主任黄松龄代表市委指导筹备委员会筹备建校工作①。

### (三)天津医学院建校筹备委员

根据天津市委、市政府的决定,并经中央人民政府政务院的批准,天津医学院筹备委员会于1951年3月正式成立。筹备委员会首次会议公推黄松龄为主任委员,朱宪彝、杨石先、李允恪为副主任委员,另聘定以医学专家和卫生部门的领导为主要成员的21位委员,即方先之、邱宗岳、吴砚农、刘璞、万福恩、俞霭峰、施锡恩、范权、毕金钳、高振衡、张华戡、杨济时、虞颂庭、蔡公琪、齐清心、萧采瑜、刘思炽、张锡钧、周金黄、胡正祥、谢少文等,筹委会共由25人组成。不久,又从总医院抽调4人为筹委会正式工作人员,其中陶世杰为秘书、李文弼为办事员、吕玉印为会计员、曹兴昌为工友,后又选聘张景星为统计文书。

经过3个月的积极筹备,天津市人民政府于1951年6月16日发出津人(51)字第3852号令:"兹经本府决定任命朱宪彝为天津医学院院长,仍兼市立总医院内科主任,希即转知该员先行到职工作为妥。"②并定于7月6日开始首批招生。

对于任命,朱宪彝亦喜亦忧。喜的是自己对于医学教育的倡议即可实施,如愿以偿;忧的是个人能力有限,恐负重托。第一次和黄敬商谈建立医学院时,朱宪彝曾说:"我是书呆子,虽然有这个想法,可是没有这个办事能力,天和医院的方先之大夫精明能干,比我有能耐。"黄敬市长当时就回复:"我看你最合适。你这个设想在旧社会是办不了,可是现在解放了,是党和国家支持你办。"这次任命下来,朱宪彝又一再向领导表示,愿意推荐杨济时教授当此重任。

---

① 郝希山,张连云.天津医科大学六十年征程[M].(内刊).2011:5.
② 郝希山,张连云.天津医科大学六十年征程[M].(内刊).2011:6.

杨济时(1900-1970),江苏吴县人,于1926年毕业于北京协和医学院并获获医学博士学位,是朱宪彝的同门师兄。杨济时两次留美,归国后,先后担任南京中央医院内科主任,湘雅医学院教授、教务长,武汉医学院院长等职,可谓资深阅广。新中国成立后,任天津市第一中心医院副院长、内科主任,并长期从事内科临床及医学教育工作,尤其在血液病的研究方面做出重要贡献。

对于朱宪彝这种传统知识分子的谦虚,黄敬市长再次表现出了礼贤下士的态度,他亲自偕同张逢时、蔡公琪到朱宪彝家中动员其出山。天津市领导如此三顾茅庐,朱宪彝只有殚思竭力,为天津医学事业发展鞠躬尽瘁了。

## (四)精于筹谋的实干家

朱宪彝在创办天医时,再次展露了他的筹谋与管理才能。朱宪彝不仅善于勾画蓝图,还善于将规划落实。

建校之初,人少事多,朱宪彝终日辛勤操劳,大至全院规划、发展设想,小至解剖教研室所需的手术刀、钳子和镊子等器具的采购,都需要规划、落实。朱宪彝亲自登门拜访一些医学老专家,听取他们对于如何搞好教学的意见。博采众议之后,又亲自对教学计划、课程安排、实验室设置以及图书馆的筹建等进行具体筹划和安排。

接到任命后3个月,朱宪彝就完成了筹建医学院的大部分工作,大至发展规划,小至实验室设备,他无不深思熟虑,倾注了全部心血。

诸如与南开大学议妥医预班教学事宜;洽购南开大学东院房舍(即甘肃路54号);选派临床教师赴北京等地高等医学院校进修基础医学、筹建基础教研室;设计基础课实验室,并着手订购仪器设备;物色精干的秘书、行政及工勤人员,建立行政机构等。

在朱宪彝的主持下,学院在筹建期间先着手解决校舍问题。

1951年8月、9月,市政府最初指定用河北医学院兰州道旧址为学校的校舍,但由于河北医学院迁往保定延期,未能实现。

1952年1月,市政府决定拨迪化新村楼房一处,解决了筹委会临时办公地点问题,筹委会于6月迁入该处办公。

1952年2月,中央教育部与天津市政府商定,划拨南开大学东院(甘肃路54号)全部建筑为天津医学院校舍。校园总占地面积21942.08平方米,建筑面积6636.06平方米,其中教室面积542.50平方米,实验室面积2254.48平方米,另有运动场及空地15305.02平方米。筹委会于8月迁入新校舍办公。

接收校舍后,学院进行了修缮和改建工作。首先改建了在南开结束预科、回校上课的医疗系二年级学生所需的解剖、组织和生化三个实验室及两间教室,为教学的顺利进行提供了必要的条件。①

位于南京路228号的演武馆(又名武德殿),始建于1941年,是日本武德会天津支部为日租界驻军和侨民所建习武会所。作为曾经日本帝国主义野心的物证,演武馆在日本投降后被收归天津中央医院,后成为天津医科大学总医院的图书馆。

学院筹建期间,由于校舍困难,购置的图书期刊、中外文参考资料暂存总医院内。故筹委会建议将学院的图书馆与天津市立总医院的图书馆合并,扩大成为全市性的医学图书馆。②

1952年5月,此建议报经市政府批准,学院图书馆设立在演武馆。此后直至校舍搬迁至何兴村新校舍前,演武馆一直为学院的图书馆。③

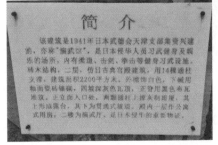

总医院图书馆全貌,从武德殿到总医院图书馆

在学院的筹备阶段,市政府拨款相当于现在人民币70万元作为开办费及教学设备费(建筑费除外)。

---

① 郝希山,张连云.天津医科大学六十年征程[M].(内刊).2011:10.
② 郝希山,张连云.天津医科大学六十年征程[M].(内刊).2011:12.
③ 郝希山,张连云.天津医科大学六十年征程[M].(内刊).2011:10.

### （五）两校合作，委培代教

1951年5月，为加快筹备工作、尽早招生，保证首届和以后几届新生第一学期基础学科的教学需要，经中央教育部同意，天津市政府委托南开大学举办天津医学院预科，并与南开大学签订合同如下：[①]

"天津市人民政府（简称甲方）为培养人才，决定设立天津医学院，经中央人民政府教育部同意，委托南开大学（简称乙方）办理天津医学院学生第一学年基础科学的训练事宜……"

该合同共十项，其中第六项为："1951年夏季招收学生50人，先行试办，以后视设备条件，再行扩大名额。"

此协议形成之后，随即付诸落实。从此，南开大学理学院生物系建起医预科，实施代培教学任务。

按照计划，天津医学院首届招收学生50名，为医疗系本科生。报名日期定于1951年7月6、7、8三日，考期为15、16两日。这之后，朱宪彝率员参加了由华北区、东北区高等学校联合招生委员会的统一招生，以南开大学理学院医预科的名义，如数招收新生50名，同时将原定六年学制改为五年制。该批学生在南开大学理学院医预科学习一年之后，于1952年暑期后转回学校上课。1952年，学院招收新生100名，仍先入南开大学医预科学习，同时还招收了40名医学专修科学生。

天津医学院首届本科毕业生合影[②]

在首届新生进入南开大学医预科学习期间，学院医学基础各学科，从教学组织、教学大纲、课程安排和实验设施等方面，抓紧准备、精心筹措，及时而顺利地承担了首届新生第二学年的教学任务。在教学上，以"预防医学""专科重点"为教学方针，以理论与实际相结合为教学原则，设立教学研究组，实施教学负责制，广泛利用形象教学方

① 郝希山，张连云.天津医科大学六十年征程[M].（内刊）.2011:6.

② 郝希山，张连云.天津医科大学六十年征程[M].（内刊）.2011:9.

法,在教学内容上贯彻以预防为主的医学观点。课程的安排为:第一学年讲授基础科学课程;一个半学年讲授临床前期课程;再以一个半学年讲授临床后期的课程;最后一学年为实习时间。其安排原则是"基础科学服从临床前期,临床前期服从临床教学"①。

经过紧张筹备,1951年暑假正式招生。当年9月份,第一批50名本科生正式进入南开大学生物系学习医预科。又经过一年的紧张工作,新校舍基本安排停当,进修教师陆续返校工作。

### (六)天津医学院正式成立

在黄敬市长的亲自主持下,天津医学院举行了隆重的成立大会。

天津医学院成立大会②

朱宪彝在成立大会上发言时不禁涌出热泪,这既是成功的喜悦,也是感激的深情。回想从开始动议、到之后不分白昼的苦干,在这样短暂的时间,建立了一个相当规模的医学院。但如果没有市领导的关怀,没有各位专家和同仁的支持,光靠其自身的力量是万万不能成功的。他第一次感到了党组织、社会主义政权的力量和温暖,是那样亲切,那样诚挚。

从此,一个新型的高等医学教育机构——天津医学院正式成立了。这是新中国创建最早的医学院。为广大人民群众提供医疗服务,发展公立医疗和医学教育,在中国共产党的领导下变成了现实。她的成立,体现了社会主义制度在人民医疗卫生保健事业上的优越性。在天津市委、市政府的领导和全市各医院的支持下,在朱宪彝和教学行政管理队伍的努力下,天津医学院从无到有,从小到大,逐渐发展完善起来。

① 郝希山,张连云.天津医科大学六十年征程[M].(内刊).2011:9.
② 照片来源:郝希山,张连云.天津医科大学六十年征程[M].(内刊).2011:7.

1951年6月23日下午,筹委会为庆贺天津医学院正式成立,特举行记者招待会。会上,黄松龄首先讲话说:"天津医学院是新中国诞生后,第一个新成立的正规医科大学,值此祖国缺乏医药卫生人才之际,天津医学院的成立,将要担负起培养医学教育师资及高级医务人员的任务,意义是很重大的,值得庆祝的。"在具体分析了天津医学院的有利条件之后,黄松龄指出天津医学院应以"预防为主",在面向工农兵、为人民群众服务的方针下,培养能够切实掌握现代医学科的医务人才。

接着,朱宪彝在详细报告了学院的筹备经过后指出:"天津医学院的成立,首先应感谢人民政府对这一工作的重视及其英明措施和热心医学教育人士的多方帮助。"他说:"在目前国家财政困难的条件下,政府拨出大批款项,创办一个医学院,这充分说明了人民政府对人民卫生建设事业的重视。这一措施感动和鼓舞了我们,我们一定要把天津医学院办好,使其胜利地担负起培养医务人才的任务。"

朱宪彝还说:"天津市具备了成立一个高级医学院的各种优良条件:首先是人民政府的重视与支持。其次是有很好的学习环境,有历史悠久、设备完善的南开大学作为医预科学习的场所;有规模宏大、设备完善的市立总医院及其他十几所公、私立医院作为临床教学实习医院,更重要的是有若干富有经验的全国著名医学专家直接担任教授。有了这些好条件,天津医学院培养医务人才的成绩是可以预期的。"

1951年6月24日,《天津日报》以"天津医学院正式成立"的大字标题,以"培养医务人才发展人民卫生事业"、"黄松龄主任指示教学方针与任务""朱宪彝任院长教授均系著名专家"的副标题,详细报道了会议消息。同时还发表了"天津医学院介绍"的专稿。

该文叙述道:"自天津市人民政府决定开办天津医学院后,经本市二十多位热心医学教育人士的积极筹备,现已正式成立。该院院长由内科专家朱宪彝担任。担任该院教授的多为富有教学经验的著名大夫。"该文还详细介绍了天津医学院三个月来的筹备经过和首届招生工作的计划安排。

据此,在天津解放的第二年,天津市委、市政府从广大人民群众的利益出发,决心改变天津缺医少药的状况,加强人民群众卫生保健事业,果断地做出了创建天津医学院的决定,促进医学教育和医疗卫生事业同步发展。天津医学院的成立,为天津市人民的卫生保健事业带来了福音。在朱宪彝的带领下,天津医学院虽仍处在继续筹备阶段,但已迈出正式办学的第一步,天津医学院开启了培养大量的思想进步、技术优良、身体健康、为人民服务的国家建设干部,包括医疗技术人员、公共卫生人员、医学教育师资和医学科学研究人才等的征程。创办天津医学院,是朱宪彝对我国医学教育事业的特殊贡献,也是他作为医学教育家的新的里程碑。

办校之初,朱宪彝的协和校友们也曾经为他捏把汗,担心他耿直的书生意气会导致出师不捷,有负众望,也自毁英名。现在,事情如此神速快捷,还真有点儿出乎意料。大家纷纷献计献策,再助一臂之力。

### 三、凝聚英才,组建师资

朱宪彝为创办天津医学院精于筹谋,尤其在师资力量建设上,更是展现了他的人格魅力与领导才华。一流的医学院必有一流的师资队伍,正如清华大学原校长梅贻琦在就职演讲中所提出:"所谓大学者,非谓有大楼之谓也,有大师之谓也。"

朱宪彝从自身的实践中深深体会到,作为医学院校,要培养出素质好、医术精、医德高的医学人才,必须拥有一批优秀的临床和基础专业教师,组成坚强的教学力量。他费尽心思多渠道谋求解决师资。学院成立前后,朱宪彝始终把招聘教学人才、组建师资队伍作为重头工作列入日程。

#### (一)依靠名师办学的教育理念

建校初期,普通基础课由南开大学生物系代为讲授,聘请在天津的原来协和医学院十几位专家为天津医学院校委会委员、教授,负责临床教学。

朱宪彝筹建天医的一项重头工作,就是与正在国外工作的医学家联络,争取回国执教,选聘有才学的教师来院任教。

天津医学院筹建初期,朱宪彝亲自登门拜访天津市几位著名的医学专家,聘请他们为天津医学院兼职教授,主要有骨科专家方先之、肿瘤专家金显宅、儿科专家范权、妇科专家柯应夔、内科专家杨济时、耳鼻喉专家林必锦等。同时,在国内招聘多位知名专家,其中有解剖学专家张查理教授、组织胚胎学专家马仲魁教授、药理学专家宋汉英教授、化学专家王履谦教授等。朱宪彝以他崇高的学术威望和优良的团结作风,几乎约请了天津市所有著名临床专家担任教授。

方先之是中国骨科先驱,自幼勤奋好学。1925年,方先之考入上海沪江大学。此后,又考入北京协和医学院学习。1938年赴美国波士顿大学深造,回国后在协和医学院继续任教。1942年北京协和医院被日寇侵占,具有强烈民族自尊心的方先之,不愿为日寇工作,毅然离开北京协和医院移居天津。1953年,朱宪彝聘请方先之担任刚刚成立的天津医学院教授。

神经外科学家赵以成也是朱宪彝的协和校友。1934年,赵以成毕业于协和医学院,获医学博士学位。1938年入加拿大蒙特利尔神经病学研究所学习。1940年回国,曾任协和医学院讲师。朱宪彝聘请赵以成到初创的天津医学院担任教授。

范权是儿科专家,1931年毕业于协和医学院,后获医学博士学位。曾任协和医学院副教授,1937年至1938年任美国哈佛大学医学院研究员。天津医学院成立后不久,范权也被聘请为天津医学院教授。

朱宪彝聘请方先之教授主办全国骨科医师进修班,聘请赵以成教授主办全国神经外科医师进修班,他本人则主持隔周一次的临床病理讨论会,邀请天津医务界人士出席。

天津的许多知名专家如金显宅、施锡恩、林必锦、张纪正等都成为天津医学院的教授,为天津医学教育事业发挥了重要作用。

建校之初学校师资队伍阵容:

> 普通外科专家万福恩
> 妇产科专家俞霭峰、柯应夔
> 肿瘤外科专家金显宅
> 泌尿外科专家施锡恩、虞颂庭
> 脑系外科专家赵以成
> 儿科专家范权、毕金钊
> 骨科专家方先之
> 胸外科专家张纪正
> 放射学家杨济
> 细菌学专家谢少文
> 药理学、麻醉学专家丁光先
> 寄生虫学专家祝海如
> 解剖学专家刘占鳌
> 生物化学专家邓庆曾

这些专家集聚在天津医学院,是朱宪彝苦心孤诣、多方联系、亲自动员的结果,也是其人格魅力的最好明证。我国著名心血管病学专家石毓澎教授曾回忆:我要参加工作时,人员流动还比较宽松,如河北医学院、青岛医学院、第一军医大学等不断找我去参加工作,而最后我还是选了天津医学院。因为那里有朱宪彝大夫(他也是医学院院长)可以指导,而其附属医院就是前中央医院。过去我在天津时曾认识朱大夫,他在同行中很有威信,大家都尊称他为"老夫子"。这次经诚弟介绍北京大学医学部的生化陈教授,他也要去天津医学院任教。于是把我介绍给朱大夫,并约我去津面谈。我去后参观了医院,当即谈好,任主治大夫。11月1日正式上班。从此开始了我的生活新篇章,也是最长、最终的篇章。

一时间,这种豪华教师阵容,让天津医学院院内学术氛围高涨,院外名声大振,天津医学院很快打响了科研培干的第一炮。这一切,是朱宪彝终日辛勤操劳、夙兴夜寐换来的:建校之初,全校教职员工只有33人,其中教师16人,设基础医学教研组3个。当时人少事多,朱宪彝亲自登门拜访一些医学老专家,听取他们对于如何搞好教学的意见,博采众议之后,又亲自对教学计划、课程安排、实验室设置以及图书馆的筹建等等,具体筹划安排。

1952年9月,学院又先后聘请到协和医学院的张作千、周金黄、胡正祥教授,北大医学院陈同度、刘思炽、张昌颖教授,中央卫生实习院甘怀杰教授,河北医学院张巖教授,香港李宝光大夫,瑞士陈培生博士,等等。①

一时间,天津医学院院内学术氛围高涨,院外名声大振。

### (二)强化基础学科师资队伍

初创之时,天津医学院基础学科师资力量非常缺乏。朱宪彝深知基础医学是培养医学生的重中之重,他也深知天津医学院建校起步晚,与国内老牌医学院校相比,基础医学的师资力量、科研技术力量还很薄弱。

对于医学基础学科的教师,朱宪彝除了想方设法从本市和外地聘请专家学者到医学院任教外,还多方联系,亲自动员,用"短、平、快"的办法选调基础课师资。从总医院和市内各医院选派了十几位优秀中青年医师,送往北大医学院、协和医学院、上海和中山医学院等国内著名医学院校进修基础学科一到两年②。

这些医师有马泰(病生理)、王肇敏(病理)、谭郁彬(病理)、王德延(病理)、崔志潭(解剖)、郭世绂(解剖)、周肃(病生理)、庞文贞(公卫)、耿贯一(公

---

① 郝希山,张连云.天津医科大学六十年征程[M].(内刊).2011:10.

② 吴宝荣,天津文史资料选辑第45辑,第9页,中国人民政治协商会议天津市委员会文史资料研究委员会编.[C]天津:天津人民出版社,1988.

卫)、王国祥(药理)、刘文清(生化)、刘汉绅(生理)、章彦程(组织)等,这些人后来都成为基础医学各学科的带头人、教研组的负责人,成为国内知名的专家学者。这样,天津医学院在基础和临床联系、配合密切方面形成了特色。这是朱宪彝卓有远见的措施。

随着教师队伍的不断扩大,学院也相应地招聘和调入一批技术员和练习生。至学院成立时,在编的教师有39人,教辅人员有29人。与此同时,一般职工也陆续调入。

1952年9月院系调整时,学院又从南开大学陆续调入汪瑞瑾、刘光汉、赵文瑞、侯敬增、张万海等26名员工,补充了缺额。

学院于1952年开始设立教研室(组),最早设立了寄生虫学和细菌学两个教研室。

随着教师队伍的不断扩大,教研组的设置也不断完善。1953年,学院在寄生虫学和细菌学两个教研组的基础上又相继成立了解剖学、组织胚胎学、生理学、病理学、药理学、生物化学等部分基础医学学科教研组,同时又成立了马列主义、俄文等公共学科教研组。

1954年,学院增设了公共卫生体育教研组。1955年,学院结束了由南开大学代授基础学科的合同,开始自办一年级,相应地建立了物理学、化学、生物学三个基础学科教研组,同时建立了病理生理学、局部解剖学教研组。同年,根据临床教学的需要,学院成立了内科基础学、外科总论、系统内科学、系统外科学、妇产科学、耳鼻喉科学、眼科学、儿科学、皮肤性病学、放射学、神经精神病学等临床教研组。到1957年,基础部分又增设了法医学、病理解剖学等教研组,临床部分又增设了口腔学、中医科学等教研组。至此,基础和临床所需教研组已全部建成。

朱宪彝还从多方争取新师资:从天津各医院选拔住院医师,从教育部、卫生部争取统一分配的应届大学毕业生和进修生。

1955年,学院为加强生物学教学工作,特意从贵阳医学院借调来李贵珍教授。后来又聘请了从美国归来的著名实验病理专家李漪教授和从日本回国的法医陈善言。他们的到来充实了学院的师资队伍,壮大了科研力量。

1956年10月,经过学院的争取,天津市人民委员会决定将附属医院的各科主治医师(包括6名中医师、1名理疗师)共68人划归学校人事编制。该年底,学院的教师总数发展为219人(基础99人、临床74人、预备助教46人)[①]

---

① 王正伦.天津医学院院史1951—1991[M].内刊.1991:23.

1957年学校任命以下同志为教研室主任：

化学王履谦

物理学张曾麟

生物学詹平

解剖学崔志潭

组织胚胎学马仲魁

生理学刘汉绅

生物化学赵宝钖

微生物学任中原、孙模世

药理学宋汉英

病理生理学马泰、周肃

病理解剖学谭郁彬

实验病理学李漪

局解学郭世绂

寄生虫学甘怀杰

公共卫生学查良钟、耿贯一

法医学陈善言

马列主义鲁仲平

体育高允谦

各临床教研组的负责人

内科张成大、石毓澍、郭仓、马英达

外科虞颂庭、张天惠、刘润田

脑系科赵以成、苏瑛

小儿科毕金钊、李宝爱

妇产科俞霭峰、张志诚、张淑文

眼科袁佳琴

耳鼻喉科王世勋、阎承先

口腔科刘昌运、韩宗琦

皮肤病梁华堂、朱德生

　　放射科杨济、宋汝良

　　理疗科舒润石

　　药剂科朱景森

　　学院虽按预期设想逐步发展,但师资不足仍然是困扰学院发展的大问题。为解决这一短板,朱宪彝独辟蹊径,决定尝试一条自我培养师资的道路。1960年,朱宪彝决定从医学系1957级三年级的学生中选拔30名学生,成立基础医学专业班,毕业后大部分留校,分配到基础部各教研室,缓解基础医学师资不足的问题。朱宪彝在注重基础医学师资队伍建设的同时,还重视基础课结构的调整。加大公共基础课以及数理化、外语和实验课的学时。为适应基础医学新发展,在传统基础医学课程设置上,增设分子生物学和免疫学课程。

　　天津医学院从无到有,从小到大,逐步成为天津市医疗、教学、科研的核心,培养出一批批医学生,多数已成为各医院、医学院校及研究所、医药企业的骨干。

　　天津医学院在朱宪彝的领导下,逐步成为天津市医疗、教学和科学研究的核心力量。

## （三）师资队伍要有整体规划

朱宪彝在校长办公会上谈天津医学院教育工作规划①　　　　甘幼强（左一）、崔以泰（左二）、朱宪彝（中）、朱希涛（右一）、朱德民（右二）合影②

　　朱宪彝高瞻远瞩,主张抓好师资队伍的建设和整体规划,才能办好医学院。医学院的教学人员、科研人员应有合理的技术结构和年龄结构,成龙配套,各得其所。

---

① 照片来源:王家驰.朱宪彝医案[C].天津:天津科学技术出版社,2000.
② 同上。

朱宪彝要求师资要有严格的考核制度,有组织地听课,定期答辩,及时晋升考核。并且强调有些教师可以教学为主,兼做研究工作;医学院各研究所的人员以研究为主,也应兼任教学,二者不能截然分开。对于师资培养要多渠道,对有发展前途的教师和研究生可以选送到国外进修,以增长学识,开阔眼界。

朱宪彝的这些主张,在天津医学院逐步得到实现。从1979年起,学校先后选送了一百七十多名优秀教师、研究生出国进修学习和学术交流。学校各个专业教研室,基本形成了教授、讲师、助教齐全的梯队。

## 四、治校理念,身体力行

孔子说:"其身正,不令而行;其身不正,虽令不从。"领导者基本素质就是要以身作则,要下属做到的事情自己首先要做到,这样才能够起到良好的带头作用。正如"宪彝"这两个字的内涵一样,朱宪彝不仅说到了,而且做到了,他的行为方式,就是一种"宪彝"。

### (一)自奉节俭,一心为医学事业

古时医生在弟子满师时,为师者通常会送徒弟一把雨伞和一盏灯笼,鼓励徒弟遇病患一心赴救,不图酬报。雨伞的含义为医者给病人看病要风雨无阻,只要病人有需要,就要出诊;灯笼则是告诉弟子,看病不分白天黑夜,只要有人求诊,医生就要随时应诊。孙思邈更是指出:"凡大医治病⋯⋯先发大慈恻隐之心,誓愿普救含灵之苦。"

朱宪彝自奉节俭,一心为事业。他曾说:我这个人,爱医学事业不爱财。朱宪彝在解放前曾经私人开业行医,于1950年受聘为天津中央医院内科主任,根据当时国家对知名专家实行的"赎买"政策,他的工资可以定为最高650元,但他坚决谢绝了,表示"自己是教授,就按教授待遇拿工资"。他说:"过去我是教授,在共产党领导下,一级教授工资是多少我拿多少。毛主席、周恩来贡献那么大,他们才拿多少钱?我认为一个人最高待遇、最大幸福,就是把自己所管的事业搞上去。"只拿了当时国家规定的一级教授工资标准330元。

朱宪彝虽经历过借债求学的时代,但一生看淡金钱。朱宪彝在遗嘱中要求把自己的遗体献给祖国的医学事业,并把自己的存款、全部珍贵的藏书和居住的一所楼房,捐献给了天津医学院。

朱宪彝什么遗产也没有留给自己的子女,但他为天津带出了一支优秀的医疗队伍,为天津医疗事业打下了一个坚实的基础,他把无价的精神财富留给了天津,留给了中国。

### （二）公私分明，克己奉公

作为1956年入党的党员，朱宪彝坚定共产主义理想，信仰马克思主义，用党章标准严格要求自己。

朱宪彝处理工作和生活事务，公私分明，从不以权谋私，从不搞特殊化。

朱宪彝克己奉公从不占公家便宜。建校初，国家给他配备轿车，他除上下班因公外出使用外，家人和办家务事从不使用。朱宪彝爱好看京戏，去中国大剧院看戏都是自己买票，坐家门口的公共汽车去，从来不让学校专车接送。有时等好几辆公交车，他都挤不上去，戏开演了，他还没上去车。他宁可牺牲看戏也从不开口让公家汽车送一趟。

他坐车外出办理完公事，无论多晚，即便回来的路上路过自己家，也从不直接回家，都要回学校，再上楼到办公室拿包，再步行回家。

朱宪彝每次去图书馆查阅资料、借书，到该还的时候必还。即使管理员允许他晚一两天，他也准时归还，从来没有误过期。平日，甚至连信封、信纸、邮票这些小地方，他也不占公家一分钱的便宜。

朱宪彝凡是给外宾买礼物，都是自己出钱。每年来校拜访他的贵宾客人很多，凡属他个人的朋友、专家教授，不论国内国外，他都自己出钱招待。1982年，一次接待外宾宴请，朱宪彝主动交钱和粮票，还给分管后勤工作的杨青副院长写信说："内装人民币300元、粮票50斤，作为近期接待外宾超过国家规定标准的补贴费用。我们当领导的一定要严格遵守。"

每年元旦，他与派出国留学的同学、朋友来往信件、寄药，都自付邮费，以个人名义寄贺年片都是自己花钱。

在我国三年困难时期，学院不少职工都因营养不良浮肿，朱宪彝自己也全身浮肿。当时很多领导都劝他住一段医院休养，他不仅坚持不住院，还把每月补助他的二斤营养黄豆送给其他职工。

朱宪彝在成都道100号住的是个人私产小楼。有时家里水管、门窗坏了，即使由公家出面给他家修理门窗、暖气，他也要交费，直至看到收据才放心。

作为一院之长，他本可以让家人和亲戚得到更方便的就医服务，但是他的子女和亲属看病都自己排队挂号，他不给予特殊方便或者开后门，他总说："医院不是我开的。"朱宪彝的夫人因为患肺癌住院，约好后又想改时间，朱宪彝说："医院不是我开的，哪能想来就来，想走就走。"按照规定那时医院的家属可报销一半，可他从不去单位报销，每次都是催促儿子结清全部的医疗费用。朱宪彝在他夫人逝世后，深深怀念她。他对一位好友说："我很对不起我的老伴,她无微不至地照顾我的生活起居,操持着繁重的家务,抚育几个孩子,而我却很少有时间陪她出去玩玩。现在她不幸先我而去了。"

每当朱宪彝自己有病的时候,他更是选择不去医院,他曾经说:"我是院长,怎么能和病人争床位。"

朱宪彝的孙女朱宁回忆,对于子女,爷爷常教育我们:第一,要自立自强。爷爷总说:"自己的未来要靠自己努力,有多大的本事,就过什么样的生活。"爷爷从不在子女升学、就业上拉关系、走后门,利用职位、权力寻求特殊方便。我的姑姑一直在江西山沟的兵工厂里,生活条件差,想调到天津,爷爷都不答应。我的好几个堂兄曾去建设兵团、下乡插队、去工厂做工,爷爷常说的一句话就是:"医学院不是我开的。"

朱宪彝有一位侄女,北医毕业,在北京儿童医院专攻小儿内分泌,她很想来天津内分泌研究所进修一年,找叔父商量。朱宪彝没有应允,他告诉侄女,不通过正式手续登记,搞"近水楼台先得月"的做法是坚决不行的。

### (三)正规办校,健全管理

朱宪彝从医学院成立之日起,就按正规化要求办校,逐步健全管理体制。建校后,学院实行院长负责制,院长下设秘书处、教务处。

建校初期,学校颁布了《学生守则》《生产实习守则》《图书馆暂行办事细则》《津医培养助教工作试行办法草案》《班导师制试行草案》《干部管理暂行规定》《财务管理办法》《基本建设管理细则》《伙食料工作制度》《规定制度暂行规定》、奖惩制度等。

1952年6月,学院建立了人事制度,由秘书陈振士主管。

1953年,学院对管理机构和人员进行了调整:蔡公琪任副院长(1953年7月调入学校),朱宪彝兼教务长,武惠任副教务长;设院长办公室,黄元珍任主任;原秘书处改为总务处;建立图书馆和校医室。学院初步形成比较完整的管理体制。

到1956年,学院的行政机构也基本构建完整:总务处,下设伙食科、基建科、财务科、行政科;人事处,下设档案科、学生科、干部科、资料室;教务处,下设教材科、生产实习科、教育科、注册科、科研专职干部;院长办公室及其直属的保健室和图书馆。

为加强学院的党的建设和思想政治工作,学院于1953年成立了党支部。1955年11月改为党总支委员会,总支下设教职员、学生一二年级、三四年级三个支部。为进一步加强高校基层党组织建设,1956年6月,经天津市委批准,学院建立了党委。

随着管理体制的不断健全,学院开始建立各项规章制度。管理体制的健全,规章制度的建立使得学院的教学和行政各单位有机地联系在一起,围绕学院的中心任务开展工作,并使得各部门的工作有章可循,保证了教学、科研和医疗等各项工作的顺利进行。

### (四)鼓励协同,开诚布公

朱宪彝善于团结各方面的技术力量进行合作。他常说:"一个科室领导人如果心胸狭窄不能容人,不搞五湖四海,不欢迎别人一起干,总计较你的我的,总想个人单干,井水不犯河水,这样事情是搞不好的。"

1983年朱宪彝与天津医学院领导及国内知名的内分泌专家、骨科专家合影①

朱宪彝的科研团队中,有内外妇儿、生理、病理、放射诊断、营养、理、核医学各方面的专家。只要你愿意发挥专长,他就支持,做出一点成绩,就会受到他的称赞和鼓励。看到错处也从不姑息,而是认真指出,真诚相待,很多人都愿同他合作共事。

### (五)重视教学质量

朱宪彝十分重视教学质量、讲课效果。尽管他担负繁重的行政工作,却始终坚持亲自讲授一些课程,亲自到班上听教师为学生讲课。他的讲课深入浅出,条理清晰,逻辑性强,而且内容充实,总要提供一些医学方面的新信息,科研上的新成就,使听课人有所启迪。他讲课时的板书设计堪称一绝,他边讲边将重点写到黑板上,待讲课终了,用几笔勾画联结起来,竟是一幅系统完整的图表,使人一目了然并能抓住要点,印象深刻,便于记忆。听课的人反映院长讲课"精彩极了"。

他听教师为学生讲课,总是抱着虚心学习的态度,坚持到教室与学生坐在一起。听后有所感,也以商讨的口吻供讲课人参考。

在晚年时候仍然坚持听课,他常常是提前到阶梯教室的后门处,等上课时间一到就悄悄走进教室,坐到角落里,尽量不让讲课老师发觉。下课铃声

---

① 照片来源:王家驰.朱宪彝医案[C].天津:天津科学技术出版社,2000.

响起,他就起身走出教室。等老师讲完课,他再找老师交流。

一次,他听一位讲生化学的教师讲课,课后那位教师请他指导,他说:"我来听课是学生,虽然我喜欢生化,也懂得一些,比起你们差多了。我只提些希望要求,讲课时应该一上来简明扼要讲清这次讲课要解决什么问题,分几个部分讲,大体的轮廓,需要多长时间,使听课人心中有数,讲起来效果才好。"他还说:"讲课要实事求是,扬长避短。我是临床大夫,虽然我也学过一些生化、免疫学等基础理论知识,讲课时要引用,但不过多,因为这并非我所长。如果反宾为主,自己讲不清楚,别人也会听不明白。"

刘铭,1983年考入天津医学院,现任天津医科大学总医院内分泌科主任。他回忆当年在上大学的时候,朱宪彝听课的情形:当时上生物学大课,在阶梯教室上课。上课开始前进来一位拄着拐杖的老爷子,下课之后,他又步履蹒跚地走出教室,同学们都起来目送老人家离开教室。后来同学知道进来听课的老人就是朱宪彝。

### 五、医学外交,国际友谊

朱宪彝的朋友、同学、同行遍布全国和世界各地,在待人接物上,朱宪彝也是一丝不苟。每次来信,他都作记载,而且记下回信的日期。

1974年,因朱宪彝享有国际影响,被选为天津市对外友好协会常务理事、副会长。所以,在朱宪彝的治校理念里,很早就具有"外交无小事"的意识。

### (一)关心爱护海外学子

改革开放初期,天津医学院吸引了不少各国学者来中国访问,每年要接待二百多位与医学界有关的访客。朱宪彝为了探讨医学教育的方向,不但向知名学者请教,也很尊重晚辈的意见。华侨陈婉芬博士在悼念朱宪彝院长的文章里深情回忆:

> 我自1980年认识天津医学院朱院长以来,已有四年的光景。我只要返回祖国,总会到天津。每次与朱院长会见,不是在教室里,就是在会议室里。在教室里时,朱院长是位聚精会神的听众,在会议室里时,他总是慢条斯理地表达自己的见解并综合他人的意见。像朱院长这样德高望重又是高龄的学长前辈,学习态度如此认真,探寻真理如此客观,使我对朱院长的崇敬随着时间而上升。

1984年的早春,我荣受天津医学院的邀请,负责教八年制第一班学生的生物化学课程。刚到天津,正值农历新春季节,气温奇寒,空气干燥得连雪都下不了。听说朱院长因呼吸道感染而住在医院里。首次去医院探访朱院长时,他反而只关心我们外来人员在天津的起居细节,他强调人过中年,适应新的生活环境是一件大事,要十分当心才是。开春天暖时,见人都骑自行车,我也想试试从小学会的骑自行车本领。但不知这事却传到朱院长那里,他老人家很不放心,立即传话,要我只能在校园内骑车,千万不能到街上去骑,他生怕我在天津有限的逗留日子里发生交通事故。后来听说朱院长已完全康复出院。哪知有一天,当我去讲课时,朱院长比我早到了,他坐在学生当中,等着做听众了。两小时的课讲下来,我理当护送他回院长室去,但他坚持不肯,怕耽误我的时间,硬是独自安步回办公室去了。

天津的四五月份,正是渤海湾盛产螃蟹的季节,朱院长请我到他家去吃上市的螃蟹。我心中暗想,对朱院长住宅的探奇远比品蟹要有吸引力。一进宅门有一见方的露天小庭院,整齐放着十几盆盆景,由于我也有养盆景的爱好,朱院长特别介绍了每盆植物的名称来源与习性。进了屋子,是一间长方形的房间,卧房、书房与客厅占一端,另一端是藏书与饭厅合用,除了书柜有些气派外,其他的家具均相当陈旧,我几乎不能相信,这就是中国医学教育界有名的朱院长的住所。但跟着主人亲切的介绍,分享着对他收集的贝壳、邮票、纯中国风味的杂志、散文和传记等的浏览,才将这极普通的屋子,融化在丰富的精神色彩中。最令我叹为观止的是一本精装的中国地方剧舞台的沿革册。我在天津逗留近半年期间,每次上街去书店时,一心想找些海外难得的纯中国色彩的文学与杂志书籍,每每是空手而归,早知朱院长有这种收藏,又何劳我去书店乱碰。

六月卅日是个雨前极闷热的天气,正午一点钟是我乘火车离开天津的时刻,当我赶到车站走入站台,就看到朱院长戴着墨镜与多位津医的同事已在站台上等着给我送行了,起先大家还热情地寒暄着,但当火车要开行的瞬间我忍不住上前拥抱他老人家。回到车厢里已是泪汗不分地被离情笼罩着,我在车里见朱院长正频频挥手,我心想这不会是和院长的最后一面吧。

　　1987年以来,中国实行开放政策,吸引了不少各国学者来中国访问,就以天津医学院而言,每年要接待二百多位与医学界有关的访客。朱院长为了探讨医学教育的方向,不但向知名学者请教,也很尊重无名卒子的意见。近几年来,他确从流量很大的访客中,获得了许多有关国外医学教育的讯息资料。11月5日朱院长在给我的最后一封信中,语重心长地谈道,如何招聘有爱国热忱的海外华人,为天津医学院的八年制医学教育服务。我深深地理解到,朱院长一心想把八年制医学教育健全起来,而后推及提高中国医学教育的水平。但天不假年,偏偏在这八年医学教育制的开创期,朱院长与世长辞的噩托,先由赵宝礽教授传来,继而收到吴咸中院长发出的正式讣文,再收到吴宝荣秘书的代笔信,朱院长于1984年12月15日逝世的消息,沉痛地打击着我。希望我发出的电文,在朱院长的治丧仪式中,能补偿我不能亲自到场致最后敬礼的遗憾。

陈婉芬

写于美国休士顿城

1985.1.21凌晨3点

## (二)学术交流,民间外交

　　朱宪彝十分重视对外学术交流工作。他把对外学术交流工作当成"人民外交",在日本、美国、加拿大、法国、澳大利亚等国,都有他学术上的知音和朋友。

　　朱宪彝不仅热情接待来访的外国学者,而且积极推荐中青年教师出国进修。他曾多次受国务院派遣,到波兰、挪威、瑞典、芬兰、阿尔巴尼亚、罗马尼亚等国访问、讲学或参加医疗工作。

朱宪彝(右一)会见法裔美国内分泌专家,诺贝尔生理学奖获得者吉尔曼(R·Guileman)教授。[①](左一、二为虞颂庭、俞霭峰教授夫妇)

---

① 照片来源:王家驰.朱宪彝医案[C].天津:天津科学技术出版社,2000.

1982年，朱宪彝应邀去日本参加第二届亚大区甲状腺学会会议和第九届亚大区内分泌学会会议，并做了《中国防治地方性甲状腺肿与克汀病的现状》的学术报告，受到各国与会专家的高度评价。

早在1951年，朱宪彝就着手创建内分泌与代谢病学科。他特别注重后辈人才的培养，选派年轻人到国外学习，其中有曾淑范。曾淑范在49岁的时候，受朱宪彝选派，到日本神户大学学习，并获得博士学位。曾淑范在日本神户大学师从国际糖尿病联合会原副会长、日本著名糖尿病专家马场茂明博士。天津医科大学代谢病医院的建立，与朱宪彝的规划有着必然的关系。这是天津及周边省区糖尿病患者的福音。

1983年，朱宪彝应邀到法国讲学和访问。由于朱宪彝的努力，我国地方性甲状腺肿和克汀病的研究工作和国际间的交流日益频繁。

为使临床医师、基础课教师有进修学习的机会，朱宪彝想尽办法与各国知名的学者专家联系，以推荐和考试相结合的办法，选派人员出国。派出人员在国外学习期间，朱宪彝经常与他们通信，从学术业务上加以指导，同时嘱咐他们尊重导师，遵守所在单位的纪律，与周围的人搞好关系，注意身体健康等等，殷切周到，关怀备至。

对于在国外进修的教师、研究生寄回用外文写的信件和论文稿他都认真修改，然后再寄回，帮助他们提高外文水平和学术水平。他的一位研究生曾来信写道："我反复读老院长给我修改的论文，老院长的深情，使我受到教育，备受感动。"表达他对朱院长的感激之情。

朱宪彝对他培养的研究生既严格要求，又循循善诱，而且身体力行，一丝不苟。对研究生的学习、工作，有布置、有检查，他每周三亲自授课，从不打破这一规定。

有时适值外出开会，也必在会上请假赶回来上课。他具体指导研究生写好综述论文，从选择题目、积累资料、逻辑思维、推理论断等方面，以至到图书馆如何查阅资料，都耐心细致地加以指点。帮助研究生做好实验室的安排和药物、试剂、动物的准备，遇有困难，尽量给予解决。

他既教专业知识，也教做人，经常激励研究生要刻苦奋斗。他语重心长地说："你们既要胸怀大志，又要谦虚谨慎。""高效率加上认真的态度，是取得成果的钥匙。""取得成就是加倍努力的结果。"为了培养研究生迅速成材，他密切注意国内外学术新成就、新信息。

1980年，当他从国外医学书刊资料上了解到国外刚刚兴起骨组织形态计量学的研究，立即选派他的研究生邱明才到加拿大、美国随知名专家学习。邱明才是国内第一个学习研究这个专业的，其于1983年回天津后，从事的几个研究项目,被批准为1985年、1986年全国自然科学基金的课题。

### (三)国际救助,使命必达

"文化大革命"时期,广大教职员工仍以坚定的信念和强烈的事业心忍辱负重、艰难前进,学院努力推进教学、科研和医疗工作。

朱宪彝热心为患者服务,经他参与会诊解决了很多疑难大症。1968年至1976年期间,朱宪彝圆满完成了多项国内外领导保健工作。

20世纪70年代初,久居中国的西哈努克亲王多次请朱宪彝治病。1971年至1972年间,朱宪彝一直担任西哈努克亲王的保健顾问。此前,西哈努克亲王总要到法国去找内分泌专家诊疗,法国专家后来向他推荐中国有更好的专家可以信赖。

1973年,西哈努克亲王和夫人来天津市时,朱宪彝等到车站迎接①

记得那时,西哈努克是全国"上镜率最高"的"明星",因经常陪同亲王出现在纪录片和广播电视中,朱宪彝也享誉全国。

在20世纪中期生活过的中国人,一般都留有印象:社会主义国家中,有一个对华友好的国家阿尔巴尼亚。

根据中国第十任驻阿尔巴尼亚大使范承祚③回忆:

1973年,西哈努克亲王和夫人来天津请朱宪彝(左一)看病②

1973年10月的一天深夜,阿尔巴尼亚第八任驻华大使什图拉(早年的霍查秘书、外交部长、中央委员、阿党高级助理)奉阿国内高层之命,急速驱车到复兴门外的木樨地,径向中共中央对外联络部叩门,十万火急地紧急"求教"!

---

① 照片来源:王家驰.朱宪彝医案[C].天津:天津科学技术出版社,2000.

② 同上。

③ 范承祚.天涯地角有穷时——中国与阿尔巴尼亚关系回顾与思考(秋冬篇)[J].冷战国际史研究.2012(02):246-250.

什图拉大使为何迫不及待地深夜求救？他求救什么？

1973年10月中旬，阿尔巴尼亚劳动党中央第一书记霍查心脏病严重复发，出现了大面积的心肌梗死，动弹不了。霍查的病情危急！阿尔巴尼亚最高当局紧张了，卫生部长慌张了，阿国的医护人员束手无策了！劳动党中央政治局只好向"患难之交"的中国求救。中共中央联络部、国务院卫生部迅即将"什图拉大使的紧急求救"据实上报中央。此事首先惊动了统管全局、日理万机的周恩来总理。周总理总是"关心他人比关心自己为重"，尽管他本人的健康也在恶化——此前的1972年5月，在例行的小便常规检查时，发现患上了膀胱癌，周总理还是把阿方的最高领导人"急如星火""治病救人"的要求，一如既往、不折不扣地视为其案头的第一要务去办。

1973年11月28日朱宪彝与霍查主席亲切交谈[①]

1974年，朱宪彝在地拉那游击宫受到卡博和霍查主席夫人的招待[②]

考虑到霍查还患有糖尿病、高血压等病症，于是周总理立即做出周到的决定：派我国著名的内分泌专家、全国人大代表、德艺双馨的天津医学院院长朱宪彝率领中国高级医疗组赶紧飞赴阿尔巴尼亚。参加这个权威医疗组的还有著名心血管病专家、中国人民解放军总医院的黄宛教授，首都协和医院的方圻教授，北京阜外医院的心脏科专家胡镇祥，同仁医院的眼科专家李荣德等。

其时，我国数一数二的内分泌权威专家朱宪彝年已古稀。他不顾万里长途的旅行劳累和中阿之间七小时的时差，按照周总理的指示嘱托，立即率领医疗组人员投入了紧张的治疗。中国医疗组发现，患者病情果然十分严重，首先是心肌大面积梗死。几位不同专业的专家在看了病人和听取阿方同行情况介绍后，各自

---

① 照片来源：王家驰.朱宪彝医案[C].天津：天津科学技术出版社，2000.
② 同上。

提出了第一步治病方案。阿尔巴尼亚核心领导层指示：阿方信赖中国医疗组，治疗方案"以中国专家的意见为主"，阿自己的专家起配合、参与作用。在治疗的前期，医疗组没有固定的工作，日夜值勤，随叫随到。好紧张啊，组内人人干劲十足，严格要求，认真细致，状态均佳。

周恩来派出的中国医疗组毕竟体现了中国第一流的医疗水平和合作精神，在较短时间内就有效地控制了病情，霍查的病情转危为稳。

从1973年秋冬到1974年阳春，其间霍查的病况虽有所反复、波动，但经过朱宪彝等中国医疗专家们的共同努力，已经进驻阿首都的第二梯队医护人员的出谋献策和阿方同仁的通力合作，还由于患者本人积极配合和比较"听话"——断然戒烟，从而较顺利地克服困难，使其病情逐月有所好转：心肌梗死面积大大缩小，眼底出血制止了，高血压有所降低，血糖和尿糖(服药情况下)掌控到接近正常指数。作为长期患有多种慢性病的六十有半的老人，霍查的健康已明显好转，争取下一步接近痊愈。

霍查夫人在为中国医疗组饯行的现场，即席致辞说：近5个月来，毛主席、周总理派来的医疗组以其高度的负责精神和超常的医疗技术，为我的丈夫治病，使其转危为安，健康日趋转好。你们远离家人，甚至在团圆节日——新年和春节，都在家国以外的异域他邦度过。她说，我和我的家人会永远记住，在地拉那的南山别墅，在我家的厅堂、卧室，同中国医疗组各位教授、专家度过的难忘的日日夜夜。在恩维尔的病情一度恶化时，我们大家一齐紧张；在他病情好转时，我们都同感欣慰。我们中央的谢忱和我家庭的感激，均请大使同志和医疗组代为向中共中央转达！

中国医疗组，包括稍后抵阿的"第二梯队"是一个好样的工作团队。大家以自己长时间的日夜辛劳，高超智慧，全力以赴，换来了治疗上的"妙手回春"，甚至可以说延长了霍查整整十年寿命！

谢胡总理接见中国医疗组时，神情凝重地对刘振华大使、朱宪彝说："感谢毛主席、周总理像'及时雨'一样派来了医疗组。这再一次证明了阿中友谊是患难之交。迄今(指中国经济援阿从20世纪50年代至70年代初的数额)，中方援阿近百个项目，几十亿人民币，但中国共产党和中国政府给阿的最大援助，莫过于为我们的领袖治病。他的性命是阿尔巴尼亚的最高利益。"

# 第四章　博学笃行

在天津医学院,很多人亲切地称朱宪彝为"老夫子"或者"朱老夫子",因为他出生在清朝,童年经历过光绪、宣统两个皇帝年号,又经历过民国,是"旧社会过来的老先生"。

然而,在教学质量与临床实践方面,他却像一位来自未来世纪的质量管理专家,严格把关,竭尽所能,为祖国送了一批又一批合格的医疗人才。不同于一般院校常见的"博学、笃行"校训,天医的"博学"特指广博地学习相关预科知识、跨专业知识;"笃行"即切实诚恳地进行临床实践,去践行所学的知识。

## 一、以博促深,以博促专

朱宪彝是一位有大智慧的学者,他十分懂得现代科学技术发展是相互分化、相互渗透、相互交叉、又相互综合的特征。因此,他从事科研强调专业、学科之间相互协作与合作。

### (一)勇于探索,以博促深

朱宪彝不仅自己饱览医书,而且也要求学校教师、临床医师和研究生阅读大量的文献资料。他说:"智育要强调自学为主,不要受教科书和讲义的限制,要学会利用图书馆,多看参考书和广泛阅读有关学科的现行期刊。"他是那样真诚地希望青年医学生"刻苦学习,积累知识,勇于探索,献身事业"。

朱宪彝要求教师做到勤读书,学识广,认为"只专则思路不广,博学才能促进深"。

原南开大学副校长、数学家吴大任在《朱宪彝与南开大学医预科》一文中回忆,朱宪彝说:"根据现代医学发展的形势,八年制学生除了打下扎实的现代自然科学的基础外,还要学好外语、计算机技术和心理学等。"这些都体现了朱宪彝对医学生博学的要求。

此外,朱宪彝还以内分泌学发展趋势为例,告诉大家当代内分泌学的日新月异,对临床内分泌学的学习和研究,不可避免地要涉及许多基础理论的研究领域以及几乎所有临床各科专业的知识范畴,还要懂得临床内分泌学与内科、外科、神经精神科、妇科、儿科、皮肤科以及放射诊断等各科的纵横联系。在他的带动和督促下,内分泌科的医师组织了读书报告会,每人都要阅读外文文献,在每周一次的读书报告会上,轮流做读书报告。朱宪彝带头,第一个做了题为"有关乳腺癌和内分泌"的读书报告。以后的读书报告会他都尽量抽时间参加,这就促使大家养成读外文文献的习惯。

朱宪彝鼓励青年人要积极开展科学研究,不要眼光只局限于自己所学或者所从事的专业,要视野开阔,多方面多角度思考问题,这样才能有所创新。

早在20世纪60年代初,在他领导下,开展了对地方性甲状腺肿和克汀病的各学科科研大协作、大会战、大攻关。1961至1965年连续五年,他协同基础和临床、生理、生化、解剖、病理、病生理、内科、儿科、妇产科、同位素

1983年,张永禄时年39岁(原天津医科大学总医院教授),他和朱宪彝参加全国肾上腺大会。在开会期间,朱宪彝为他亲笔写下留言(手稿由张永禄提供)

科、耳鼻喉科、神经精神科、放射科等学科在河北省承德地区开展了地方性甲状腺肿和克汀病的流行病学调查。

### (二)既"博"又"专",专博相济

鲁迅先生也曾经有过学医经历,他说过一句发人深省的话:博学家之言多浅,专门家之言多悖。

然而,吾生也有涯,而知也无涯。

随着医学研究的不断深入,人类知识库海量增长。不得不承认,医学生学习方向专业化,也是一种大势所趋。

朱宪彝是内分泌专家,他数十年如一日地专攻临床内分泌学,造诣颇深。与此同时,他还著作等身,如主编出版了卷帙浩翰、内容纷繁,长达三百多万字的《内科学》巨著,被国际同行称为"内科学辞典"。

显然,朱宪彝所孜孜探索的这条大医之路,既避免了博学家的浅,又避免了专门家的悖,可以说是既专又博。

如何才能专博相济,在"专"与"博"之间,确立一个最佳的治学、研究方向呢?

朱宪彝很推崇巴斯德的一句名言:"机会只赐予有科学思想准备的人。"在《内科学》这套皇皇巨著的前言部分,朱宪彝写道:

朱宪彝挑起主编《内科学》这部巨著的重担（全书117章，300余万字），以惊人的毅力、最高的效率审阅全部书稿，并于1981年出版该书。1982年，朱宪彝应邀出席在日本召开的亚大甲状腺和亚大内分泌学术会，在这次会议上，被国际友人称为"内科学辞典"①

从传统定义来讲，内科学是临床医学的一个分支，是专门诊断人类内部器官疾病并以药物为主要治疗手段的科学。由于现代医学飞速发展，日新月异，上述定义便不够确切全面了。它应是全部临床医学的基础。其它临床各学科大都是从内科学分化出去的。实际上，现代内科学还在不断地分化，向专业化方向发展。因此，对一个内科医师来说，首先是要有广泛的内科疾病知识，便于在临床实践中有效地处理初诊病人；另外，还必须具有内科学一两个专业特长，以能解决疑难病症的诊断和治疗问题。

朱宪彝特别常重视"基本功"的修炼，正如他在《永远像一个医学生》的文章里所写的："必须从医学生时代起，就要重视一切自然科学和基础医学的理论学习。"

朱宪彝自大学预科就接受了系统的现代医学教育，包括医学基础科学训练，这是他步入大医之路的基石。

英文"doctor"一词，既指医生，也指博士。顾名思义，医生既要治病救人，也应学识渊博。

在美国、加拿大等国家，入读医学院校是非常困难的。不是很难考进去，而是医学院根本就不招本科生。想入读医学院，首先要有本科毕业学历。除此之外，拿到医生学位还不能立刻成为医生，必须申请住院医生项目，大致要经过3到7年，如美国同时还要参加全美医学执照第三阶段考试，考试合格才可以受聘成为正式医生，或自己开业行医。成为一名医生需要前后长达十多年时间。

一个人能在高中生毕业后就直接报考医学专业，这是一种运气，更是一份责任。这也就要求医学生需要付出更多的心力，在较短的时间内汲取、消

---

① 照片来源：王家驰.朱宪彝医案[C].天津：天津科学技术出版社，2000.

化更多的知识,去提升自然科学的素养。一个医学生所应具备的素养,就是成为学习(研究)的主人,养成自主学习的能力,如此方能不断精进。这是一个医学生所应具备的素养。

## 二、临床实践,头等大事

朱宪彝经常强调:"医生职责神圣,万莫把生命视为儿戏。"

医者应有一种性命相托的使命感,所以,医学生必须经过一定时间的临床实践,才能行医。

### (一)必不可少的附属医院

朱宪彝在天津医学院运动会上参加竞走比赛①

根据国内外的经验,特别是朱宪彝在协和的亲身经历,附属医院是创办医学院必不可少的条件。因此,创办医学院的附属医院是创办学校之外的另一个迫在眉睫的问题。但是附属医院的落实一直存在着障碍。

天津中央医院于1946年12月1日正式开诊,12月15日开始收治住院病人,定名为"卫生部(署)天津中央医院"。来自北京协和医院、齐鲁医学院、辽宁医学院、北大医学院、贵阳医学院等国内著名医科院校及海外留学归国的医学专家和世家名医,陆续汇聚到天津中央医院,使医院临床实力在建院伊始即雄踞全国一流,成为当时北方颇负盛名的综合性医院。1950年4月中央医院改名为天津市立总医院。天津市立总医院从天津医学院建院后就作为临床教学基地,实际上起到了附属医院的作用,但其党政关系还未能归属学院,这在一定程度上影响了临床教学效果。

从1952年至1954年,朱宪彝曾多次向有关部门提出这个问题。1955年初,卫生部召开教学大纲审定会,大纲对临床教学改革提出了具体要求,学院的临床教学基地问题愈为迫切。经过学院的多方努力,1955年10月17日,天津市人民委员会根据部发"关于高等医学院(校)教学医院组织问题的若干规定(草案)"和"高等医学院校附属医院与教学医院工作暂行条例(草案)",下达了"天津市人民委员会关于天津医学院教学医院问题的规定",指定总医院为天津医学院教学医院,并决定由朱宪彝兼任总医院院长,各临床教研室主任兼任总医院临床各科主任。但同时,总医院仍属省市卫生厅、局领导,临床

---

① 照片来源:王家驰.朱宪彝医案[C].天津:天津科学技术出版社,2000.

各科主任及主治医师虽负有教学职责,人事编制却仍保留在总医院,以致教学、医疗难以统筹安排。因此,为保证临床教学质量,必须解决教师编制的归属问题。

直至1956年,在朱宪彝的推动下,学院向有关部门提出改市立总医院为附属医院的要求,这一积案得到解决,朱宪彝才稍松一口气。

1956年10月11日,天津市人民委员会第三次行政会通过了"关于天津市立总医院改为天津医学院附属医院"的决定,将其行政、业务、人事、财务均一并划归学校统一领导,其任务是担负医疗、预防、教学、科学研究和培养干部等工作。至此,市立总医院正式成为学院的附属医院①。

1958年3月,国家又派来乔国铨同志当校党委书记,朱宪彝才开始由全面行政管理逐步移向学术领导工作。

## (二)当务之急是恢复元气

1978年恢复招生后首届研究生合影②

正当朱宪彝专注于制定学院的发展规划、设计三所综合性附属医院发展蓝图的时候,"文化大革命"破坏了学校的正常工作秩序,三所附属医院相继脱钩,天津医学院的元气大伤。

医院、学校、事业,这是他的灵魂所系,生命所在。朱宪彝看到受到冲击的学院现状,不止一次地流下了泪水。但是当街道上的红卫兵去抄他的家时,他却显得格外镇定自若。他带着几本最新的期刊和卡片资料,搀扶着老伴,默默地离开了家。

粉碎"四人帮"以后,他于1978年开始恢复招收硕士研究生,并成为我国第一批有权授予博士学位的导师之一。他益加焕发革命青春,为我国的医学教育事业贡献着聪明才智。

1978年,全国高校招生制度改革,学院恢复招收本科生及研究生。按照医学教育八年规划的招生数字及学校规模,学院将有很大发展。为此,朱宪彝于1979年5月向市领导反映了学院临床教学基地缺乏、不能适应教育发展的新形势及附属医院医疗任务过重、难以保证教学质量的实际情况,申请恢

① 王正伦.天津医学院院史 1951—1991[M].(内刊).1991:25.
② 照片来源:郝希山,张连云.天津医科大学六十年征程[M].(内刊).2011:19.

复第一中心医院为学院的附属医院或考虑将第二中心医院、南开医院划为学院的附属医院，并呼吁考虑学院口腔系建系以来没有教学基地的困难，请划市口腔医院为天津医学院口腔系的附属医院。

1978年，朱宪彝在查房后与医务工作人员合影[1]

1978年，学院决定增设卫生系，作为天津市培养卫生人才的基地。并且已于1978年招收五年制本科生30名。根据天津市对卫生专业人才的需要，该系尚需建立劳动卫生、环境卫生、营养卫生、儿童少年卫生、卫生化学、卫生统计学等6个学科教研室，招生名额也将陆续扩大。该专业所需之教学基地，经市委办公厅1978年12月10日批复同意，市结核病院、职业病防治院、市防疫站、市传染病院为天津医学院卫生系之教学实习基地。

1981年，卫生部下发了《关于整顿和发展高等医学院校临床教学基地问题的意见》后，学院在市卫生局的大力支持下，选择了7所医疗质量较高、设备条件较好、领导力量较强且有一支能担当临床课程的师资队伍的医院为学院的教学医院和实习医院。这些医院是：河东医院（现第三中心医院）、南开医院、第二医院、市口腔医院、第二中心医院（现人民医院）、第一医院及儿童医院[2]。

随着临床教学基地问题的解决，学院的临床教学工作也逐步走上正轨，临床教学质量有了较大幅度的提高。

1978年，学院在附属医院和第二附属医院分别建立了临床各科教研室，承担各届学生的临床教学和临床实习任务。为此两所附属医院充实、加强了教师队伍，制定了教学计划，对学生严格要求，教学质量逐步提高。医院领导对已建立协作关系的教学医院的教学情况作经常性的了解，协助解决问题。学院为各教学医院担任临床课的医师，授予教学职称，增强其责任感，发挥潜能，提高临床教学质量，同时使各教学医院与学院的协作关系得到了巩固。学院对临床教学的任课教师，保持了相对的集中与稳定，对不宜从事教学工

① 照片来源：王家驰.朱宪彝医案[C].天津：天津科学技术出版社，2000.
② 郝希山，张连云.天津医科大学六十年征程[M].（内刊）.2011：47.

作的予以及时调整,提高了临床教学水平。①

同时,为提高医疗质量,学院积极对两所附属医院的秩序做出整顿:②

在1976年,学院即确定了以"整顿医院工作秩序,提高医疗服务质量"为中心的医院工作方针。1978年,学院按照《全国医院管理工作条例》,首先在两所附属医院整顿了院、科两级领导班子,实行医院党总支领导下的院长、科主任负责的新领导体制,明确科室职责,逐级建立岗位责任制。1978年底和1979年初,附属医院先后恢复了科主任、主治医师、住院医师、护理部主任(总护士长)、护士长等技术职称。附属医院副院长陈路得因在整顿护理工作秩序、提高护理工作质量方面做出了重要贡献而荣膺国际红十字会第31届南丁格尔奖。

两所附属医院积极挖掘潜力,开放病床,固定病房工作日,提出了提高病床使用率、医生诊断符合率、治愈率及降低无菌手术感染率等8项指标。此外,还严格医院管理制度,履行技术操作规程,包括门诊管理、急症抢救、病例讨论、查对、手术、三级护理、会诊、转诊、病历书写、卫生消毒、隔离、疫情报告、探视陪伴、病案管理、精密仪器维修保养、职工考勤等20余项,要求一一从严做起,并规定建立劳动鉴定制度,提高出勤率,在保证六分之五时间用于医疗业务的情况下,要求医务人员在工作时间坚守岗位,做好本职工作,减少各种非医疗性的活动,并且采取措施,杜绝医疗事故,改善服务态度,提高医疗质量。医院领导结合医疗业务,强化了思想政治工作,改进了医院管理。通过上述整顿,两所附属医院面貌大为改观。

1979年,学院贯彻卫生部医院管理相关需求,在1978年整顿工作收到实效的基础上,继续改进医院管理制度,进一步提出以改进服务态度为重点,提高医疗质量的要求。通过两所附院全体医务人员和全体职工的努力,均已出色地完成预定的8项指标。病床使用率、周转率大为提高。附属医院内科、外科、产科、脑系科、中医科床位使用率高达90%以上,二附院病床使用率也由1978年的81.8%上升到1979年的89.3%,其中内科、外科、中医科、妇产科、皮肤科均超额完成任务。

新的管理体制提高了病房管理水平,在1979年全市各大医院病房评比大检查中,两所附院均取得良好成绩。

从1979年开始,两所附院均安排有经验的高年资大夫参加门诊和急诊工

---

① 郝希山,张连云.天津医科大学六十年征程[M].(内刊).2011:47-48.
② 郝希山,张连云.天津医科大学六十年征程[M].(内刊).2011:48-49.

作,注意技术把关,制定轮换制度,各科主任同样参加门诊会诊,门诊质量不断提高,大大方便了患者。

两所附属医院为解决护理人员匮乏的问题,各自办起了护校,扶植青年护理人才,不断充实护理人员队伍,护理水平不断提高。第二附院开展的护理竞赛,更促进了护理工作的改进,不仅提高了护理质量,还增强了护理人员的事业心和责任感。

1978年后,两所附属医院在自身发展的过程中形成了各自的优势学科及专业特色,临床科室已朝着专业化分工的方向健康发展。同时两所附院的专业分工与协作也逐渐形成。附属医院的临床内分泌学、神经病学、放射诊疗学,第二附属医院的泌尿外科学、心血管疾病学、传染病学等不仅成为两所附院有代表性的骨干学科,而且均建立了各自的研究机构。这些学科的形成与发展,促进了人才培养,在临床工作中发挥了重要作用。

同时,两所附属医院陆续开设了专科门诊,以适应医学发展的新形势,满足广大患者的迫切需要。附属医院先后开设74个专科门诊,第二附属医院开设了35个专科门诊。随之,临床科室专业化分工逐步从专科门诊向专业科室过渡。第二附属医院率先将泌尿外科和心脏科分别从外科和内科中独立出来,以重点支持这两个优势学科;附属医院首先将脑系科分为神经内科和神经外科,然后在内科、外科、妇产科进行专业化分科试点。取得一定经验后,在内科成立内分泌科、呼吸科、心脏科、消化科、肾科、血液科、传染科等专业科室;在外科成立普通外科、泌尿外科、骨外科、胸外科、小儿外科、烧伤外科和麻醉科等专业科室,分别任命科室负责人,调配专业技术队伍,兴建临床实验室,促进这些科室的专业化发展。①

1979年,为了高等医学教育的发展,朱宪彝在病榻上,由其本人口授,嘱人代笔撰写《医学教育的当务之急是恢复元气》的长篇文章,并郑重声明,非经本人许可,编辑部不得做任何修改。

1980年,由他倡议,与南开大学合办八年制医学教育试点班,与天津大学合办生物医学仪器试点班。

朱宪彝正忙于审阅鉴定材料(1980年)②

---

① 郝希山,张连云.天津医科大学六十年征程[M].(内刊).2011:49-50.

② 照片来源:王家驰.朱宪彝医案[C].天津:天津科学技术出版社,2000.

1983年,即使他担任名誉院长以后,他仍以极大的热情密切关注着八年制医学试点班的健康发展,希望能在这里出现有意义的突破和成就。

### (三)医学院校应成为研究中心

朱宪彝主张,高等医学院校应成为有特色的医学研究中心,也应是本地区的医学中心。天津医学院正是按照他的理念迅速发展的,并陆续建立5个研究所(内分泌、泌尿外科、计划生育、放射诊疗和神经病学)、8个研究室(实验肿瘤、免疫学、流行病学、营养及食品卫生、心血管疾病、传染病学、实验外科和中西医结合)、1个电子显微镜测验中心。他亲自主持的内分泌研究所,已成为全国研究内分泌的基地,在国际上也有重要影响。

从1978年开始招收研究生,包括朱宪彝在内的9位教授获得博士学位授予权。另有24个学科31个专业获硕士学位授予权。可以说,天津医学院的发展,无论哪一段时刻、哪一个地方,都倾注了朱宪彝的心血。

1978年,在天津市领导的支持下,朱宪彝亲手建立了天津市内分泌研究所,实现了他多年来的愿望,有了专门的队伍和基地从事临床内分泌研究。同年,朱宪彝任天津市内分泌研究所所长,在全国科学大会受到表彰,并被评为天津市特等劳动模范。

内分泌研究所建成后,朱宪彝又承担了防治地方性氟骨症的国家研究课题,这是我国另一个危害严重的地方病。

朱宪彝采取了研究地方性甲状腺肿的成功经验,从现场防治、氟中毒实验动物模型制备和离体骨细胞氟中毒实验研究不同层次入手,建立钙磷代谢生化检测、微量元素测定、钙磷代谢调节激素测定和骨形态计量学等实验室。他的硕士、博士研究生论文都是从这方面选题。并联合放射诊断、口腔、营养卫生各学科的专家协同作战。短短五六年内,在地方性氟病的早期诊断(包括生化指标、骨密度和骨形态计量诊断指标的建立)、体内脱氟治疗和疗效机理等方面都取得了重要成果。

这样,朱宪彝自20世纪30年代开始的钙磷代谢和代谢性骨病的研究工作,在20世纪80年代又放出了异彩。

朱宪彝紧紧抓住骨形成、骨再建过程中钙磷代谢激素调节这个中心环节,把代谢性骨病的研究提到一个新的水平。他总结多年的临床经验,主编《代谢性骨病》一书(1989年出版)。

### 三、科研、临床，齐头并进

在一定的历史阶段，我国大量专科人才匮乏，为了缓解这种状况，儿科、精神科、麻醉科、影像科、检验科等专业都设有专门定向的本科或专科的专业，导致很多临床医生没有在高等教育阶段得到全面系统的学习。

1976年"文化大革命"结束，我国进入了一个新的历史发展时期。1981年在建院30周年纪念大会上，朱宪彝提出了"为建设第一流医学院而奋斗"的目标。[①]

#### （一）多头并举，质量为先

朱宪彝对多层次人才培养有着高屋建瓴的考量。朱宪彝曾经建议：医学教育要适应我国国情，多层次的发展，医学教育要两条腿走路。培养医生的任务不能只依靠高等医学院，要把培养医学人才和医师分别开来，由高等医学院校和一般医疗预防机构分工负责，把医学教育搞活。一方面高等医学院校把重点放在提高上，确保教学质量，培养高级人才；另一方面培养大量临床医师的任务，应该由各级医疗、预防单位，市、县医院以及凡是有高等医学院校毕业生的单位，承担起力所能及的医学教育任务，学制不做统一规定。

朱宪彝办学充分考虑我国国情，重视国家对专科技能性医学人才的培养。1958年，朱宪彝在开学典礼上就提出建立多学系、多专业的综合性医科大学的构想，并派蔡公琪副校长去苏联学习考察医学教育，准备开办卫生系、口腔系、儿科系。由于当时国家处于经济困难时期，朱宪彝愿望未能实现。但他的办学理念已深深印记在天医广大师生的心中。

同时，朱宪彝非常重视青年临床医生的基本功培养。在培养青年临床医生方面，朱宪彝非常重视基础知识、多学科知识的培养和基本功的训练。1980年起天津医学院受卫生部委托开办全国内分泌进修班，每期有11至15名来自各个省市的医师进修学习。

他亲自制订教学计划，邀请基础、临床各科高级专家三十余人系统讲授基础内分泌学和临床内分泌学的基本知识。

朱宪彝亲自为这个学习班制定三百多课时的进修计划，请了38位教师主讲，他也负责讲授序言、代谢骨病、肥胖病等课。开始几期坚持亲自讲，到1984年，由于体力不支，请别人代讲，他仍坚持去听课，做些补充。他决不允许把进

---

① 郝希山，张连云.天津医科大学六十年征程[M].（内刊）.2011:41.

修学员作为医院的辅助力量对待,要求进修的学员坐下来认真读书,提高专业知识,成为内分泌学的技术骨干。规定每期学员都要写篇综述论文,十几名学员写的稿子,他都逐一审阅修改,细致讲评。这个学习班的教材,由各主讲人编写,开始是油印的,边办班边讲授,边修改完善,共有七大本,一百万字。

### (二)八年制医学教育试点

吴大任在《朱宪彝与南开大学医预科》一文中回忆道:

> 1980年冬,我去参加天津市委召开的一个会议。开会之前,朱宪彝向我谈了他准备在医学院创办八年制医学教育的计划。朱宪彝说:"现行的五年制医学教育,培养临床医生有余,培养医学科学工作者则不足,而我们医学科学工作者奇缺,必须立即着手培养。"他认为:一个医学科学工作者必须有坚实的现代数学、物理、化学、生物等自然科学的基础知识和素养,而医学院则不具备开设这些课程的条件,必须借助综合大学的力量合作培养。他希望南开大学能为医学院开设三年制的医预科,作为八年制的医学教育的组成部分。

这一大胆改革,开创了我国地方院校开办八年制临床医学专业的先河。为确保八年制专业教学质量,他用一年时间亲自听取基础课和临床课主要课程,召开了承担八年制教学教师座谈会,调整完善各学科教学计划。对三届八年制临床专业毕业学生的调查显示,100%取得硕士学位,80%考取国内外博士研究生。

院领导与首届八年制学生合影,二排右四为名誉
院长朱宪彝、右五为院长吴咸中[1]

---

[1] 照片来源:郝希山,张连云.天津医科大学六十年征程[M].(内刊).2011:55.

　　朱宪彝非常重视基础科学教育,他认为医学院完全脱离综合大学而单独办学对培养高水平的临床医生和发展生物医学科学都是很不利的。

　　朱宪彝总结了几十年对于医学教育的探索,主张把医学院的自然基础课程放到综合性大学里。他认为医学是研究生命科学的。这一学科的发展同数学、物理、化学、生物等自然科学有密切的关系。自然科学在医学上广泛应用的结果,产生了分子生物学、生物物理学、遗传工程学、核医学等新型学科。医学的人体解剖、组织学、胚胎学、细胞学、生理学、生物化学、微生物学、免疫学、药理学、流行病学、生命统计等,同数学、物理、化学、生物等紧紧相关。高等医学院校的学生,必须首先学好数学、物理、化学、生物这四门课,打下一个深厚牢固的自然科学的基础。再经过基础医学、临床医学的学习和最后的临床实习,毕业以后才能胜任医学理论和临床研究工作,这样才有利于提高医学教学质量,有利于培养医学人才。这四门自然科学课程,综合大学的师资力量强,实验设备条件好,远远胜过医学院。他倡议高等医学院校同综合性大学挂钩合办,把四门自然科学基础课放到综合大学去学。

　　随着医疗卫生事业的发展,一些燃眉之急已经得以解决,我国也具有了培养医学精英的总体能力和潜能。在此基础上,朱宪彝倡导对医学生实施八年制长学制,以培养基础扎实牢固的优秀医学人才。他的这一倡议,获得了中央和天津市委领导的支持。

　　从1980年起,天津医学院与南开大学生物系合作,创办了八年制试点班,学生先经过三年医预科训练再进入医学院学习。

　　在当时,全国只有协和医学院和天津医学院有八年制。对于这个八年制医学教育试点班,朱宪彝倾注了心血,亲自拟定教学计划,并亲自检查每一门课的教学。从八年制的课程设置到中英文教材的选用都是由朱宪彝亲自设计和确定。课程设置中设有拉丁语课程,这与现在的八年制不同。班级学生人数设定为20人,每人都同时要有课程的中文和英文教材,并且为之配备了包括系主任和正高级专家在内的全校最优秀的师资队伍,教师都用中英双语进行教学。八年长学制体系,注重基础学科与临床学科的紧密结合,将基础研究转化成临床成果,是朱宪彝医学教育理念。

　　他每周过问研究生读书情况、研究进展、逐字逐句修改论文,培养学生创新意识,亲自听取八年制学生论文综述报告,认真细致提出问题讨论,引导学生深入思考。

　　天津医学院1977级学生、激光医学专家顾瑛院士读书时因为逃课,受到过朱宪彝的"接见"。朱宪彝问她为什么不上课,她还记得自己的回答:"我听说外国的大学生可以不上课,去图书馆看书。我觉得大学生应该有自学能力,我看不懂或有疑问再去问老师。"那是她第一次近距离地见到校长,内心忐忑无比。朱宪彝没有批评她,但表示会关注着她的成绩。关心学生也尊重学生,是朱宪彝教育思想的真实映照。

天津医科大学朱宪彝纪念医院院长陈莉明于1985年考入天津医学院八年制预科班学习,前3年在南开大学学习,课程包含生物、化学等诸多基础学科,基础学科知识非常扎实。

基础与临床的紧密相结合,使得长学制体系能够培养出高素质医学人才。1995年,北京协和医学院来访二十多人,学习朱宪彝的办医学经验。

吴大任在《朱宪彝与南开大学医预科》一文中,对朱宪彝发起的八年制教育有非常中肯的评价:

> 1984年朱宪彝去世后不久,一些人对八年制医学教育表示怀疑。市里一位医学专家就此征求我的意见。我说,应该坚持办下去。这在新中国是新鲜事物,是一种有重大意义的工作,并且将产生深远的影响。有困难应该克服,可以少招几个学生,但必须保持高质量。后来我了解到一种反对意见是由于学生基础好,少数教师感到难教,另一种反对意见则由于有些学生抱怨学制太长。我认为这两种意见都站不住脚,都可以归结为"短期行为"。学生基础强是好事,不能要求教师样样都比学生强,医预科是新事物,有其特殊性,教师在某些方面不如学生是历史的必然。其实这也是普遍性,一代胜似一代是客观规律,何况在科学发展极为迅速的今天。教师教学生,同时又向学生学习,这也是"教学相长",好教师应当欢迎并鼓励学生超过自己。不这样科学文化就谈不上向前发展。所以学生强,即使"不好教",却是值得人们,包括教师在内,额手称庆的好事。至于学生嫌学制长,那也好说,本来科学高峰只有不畏艰苦的人才能攀登,如果缺乏这种毅力,就不要报考八年制医学专业,朱宪彝对医学科学生的讲话,就暗示了这一点。这类专业,人数不必多,但要精;精,则一个胜十个,百个,千个。当然适当提高八年制毕业生的待遇,也是必要的。

> 随着时间的推移,有一些大学也像北大、南开那样,为医科院校办起了医预科。1988年,国家教委决定,除北京大学的医预科仍为三年外,其

余医预科,包括南开大学的,一律定为两年。继天津医学院之后,哈尔滨医科大学和北京中医学院也委托南开大学为他们办两年制的医预科。这三个学校都对医预科的课程设置和内容有其特殊要求。令人高兴的是,朱宪彝培养医学科学工作者的设想毕竟已为更多的人所接受。毫无疑问,中国医学教育必将继续提高和发展,朱宪彝的愿望必能实现。

## (三)不断求真,臻于至善

朱宪彝认为,医学生应该具有一种求真的精神。与希波克拉底同时代,有一位思想家名叫亚里士多德,他有一句名言:"我敬爱我师(柏拉图),但我更爱真理。"这种对真理的服膺,就是一种求真精神。医学生更需要求真唯实,而不是迷信"权威"。

天津医科大学总医院邱明才教授告诉学生,当年他的导师朱宪彝在他研究生面试时讲了三句话:"当我的学生不要和我谈钱的事";"专心念英语";"科学论文就是科学大厦的一块砖,大厦不倒,论文永远会镶嵌在那儿"。这几句话影响了邱明才的一生。

朱宪彝鼓励医学生不要盲从权威,"要向前人,向你们老师立下的结

朱宪彝等教授主持的硕士研究生论文答辩现场①

论挑战"。对医学科学的探索,永无止境。作为一名医学科学家,最满足的时刻莫过于发现前人所未发现的,甚至颠覆前人的定论。

20世纪20至40年代,中国北方,特别是山西、陕西、甘肃一带,多胎妇女患骨质软化症的很多,这严重影响妇婴健康。1934—1942年,朱宪彝和刘士豪两人一起在北京协和医院就"骨质软化症的钙磷代谢"问题进行研究。

他们通过测定这类患者钙磷摄入和排出的情况,以确凿、丰富的实验数

---

① 照片来源:王家驰.朱宪彝医案[C].天津:天津科学技术出版社,2000.

据,证明本病主要病因是维生素D缺乏,并在国际上首次证明骨质软化症患者的基本代谢缺陷是肠壁对钙质的吸收发生障碍,钙在体内的消耗得不到弥补,形成负平衡,最终导致骨质软化症。这些患骨质软化症的孕妇所生的孩子也易患佝偻病。他们还首次证明:维生素D可使骨质软化症患者的肠壁恢复吸收钙质的功能,而且能在较长时间内发生效益,使血清中以钙与磷循序运行至骨骼系统,补充其消耗量,钙在体内逐渐形成正平衡,使骨骼重新钙化。他们还在国际上首次找出用维生素D治疗本病的最低剂量,其量仅及当时美国马萨诸塞综合医院所用剂量的1/5,而其疗效与大剂量维生素D无异。

那时人们在治疗肾性骨营养不良时,一般都用维生素D,但疗效不显著。

刘士豪和朱宪彝想到了药物双氢速变固醇。虽然1936年美国钙磷代谢权威专家奥尔布莱特(Albright)等人报道过双氢速变固醇治疗软骨病无效,但刘士豪、朱宪彝进行了大量的临床观察和实验研究,出乎意料地发现该药有明显疗效。

这样,他们在国际上第一个证实了双氢速变固醇对治疗肾性营养不良症的有效性。

五十多年后,美国著名骨代谢专家帕菲特这样说:"20世纪三四十年代,全世界关于钙磷代谢的研究大部分出自北平协和医学院……他们的成就至今仍对我们有重大的教益和深远的指导作用。朱宪彝是一个被载入国内外医学史册的专家。"

朱宪彝虽知识渊博,却从不放松学习国内外先进经验,非常重视国际和国内的学术交流。又善于根据国情实际,从事创造性的研究工作,讲求实效。他经常鼓励青年学生,要"发奋图强,走我们自己的路"。

他鄙视盲目崇洋,认为处处跟着外国人跑的人是没出息的。经常鼓励他的学生,要"胸怀大志,又要谦虚谨慎","希望你们超过我,有谁超过我,我才更高兴"。充分显示了一位老科学家海阔的胸怀和崇高的精神境界。

"求真至善"这四个字,高度契合了朱宪彝的树人理念,也可以说是对朱宪彝教育思想的凝练概括。由于人类自身的局限性,即使是在科学的殿堂,仍不可避免会存在一定的偏差。所以,医学的精神内核就是不断求真,臻于至善。这就要求学医者应具备自主探索、终生学习的精神。

紧跟时代步伐,努力用当代最新理论、最新知识及最新方法去认识疾病及治疗疾病,是朱宪彝无止境的追求。这种学风也体现在朱宪彝的查房之中。结合查房介绍新信息、新进展,推荐阅读的参考书及文章,已成为查房中常有的内容。

### （四）深入实践，知行合一

朱宪彝鼓励创新，他认为"仅仅满足于成为一个医生是不够的，要争取做一个医学科学家，不但要能医治面前的病人，而且也要有发明创造医治所有的病人"。

朱宪彝在协和求学期间，曾经读过英文版的《巴斯德传》，这本书对朱宪彝影响深远。在协和学习时，他将巴斯德的名言"机会只赐予有科学思想准备的人"作为自己的座右铭。

路易·巴斯德是法国微生物学家、化学家，近代微生物学的奠基人，也是19世纪最有成就的科学巨人之一。巴氏不仅是个理论上的天才，更难能可贵的是，他还具有一种将理论付诸实践，解决实际问题的动手能力。

朱宪彝带队，赴我国老少边穷地区，对地方性甲状腺肿和地方性克汀病进行实地考察①

以巴斯德姓氏命名的巴氏消毒法，源自巴斯德解决啤酒变酸问题的尝试，直至现在仍被应用于食品工业。巴斯德发现：以50到60摄氏度的温度加热啤酒半小时，就可以杀死啤酒里的乳酸杆菌和芽孢，而不必煮沸。巴斯德又将这种简便有效的方法的原理加以阐释，巴氏消毒其实就是利用病原体不是很耐热的特点，用适当的温度和保温时间处理，将其全部杀灭。但经巴氏消毒后，仍保留了小部分无害或有益、较耐热的细菌或细菌芽孢。人们很快举一反三，将"巴氏消毒法"应用于各种食物和饮料上。

巴斯德以"实践—理论—实践"的模式，创立了一整套独特的微生物学基本研究方法，巴斯德被称为"进入科学王国的最完美无缺的人"。

朱宪彝所践行的，与巴斯德的"实践-理论-实践"方法一脉相承。在朱宪彝领导下，组织了强大的医学基础和临床专家队伍，进行地方性甲状腺肿和地方性克汀病的研究，并取得了卓越的成果。

### （五）建议改革医学生毕业分配办法

在行医与教学的问题上，朱宪彝总是先考虑国家和民族的需要。

---

① 照片来源：王家驰.朱宪彝医案[C].天津：天津科学技术出版社，2000.

朱宪彝于1978年开始恢复招收硕士研究生,并成为我国第一批有权授予博士学位的导师之一。1979年,病榻之上,由他口授,嘱人代笔撰写《医学教育的当务之急是恢复元气》的长文中,他看到当时教育的浮夸之风,主张医学教育应在控制规模、提高质量上下功夫。

朱宪彝还建议要改革现行的毕业生分配办法。他认为医学院的毕业生是半成品,为了把他们培养成能够独立工作的医师,在正式分配之前,要先到科室齐全、设备条件好、有上级医师指导的大医院里去实习两三年,在上级医师指导下做两三年住院医生,再根据实践中每个人的实际水平和专长,合理进行分配,使之各得其所。

作为全国首个提倡实行医学院校毕业生二次分配制度的医学教育家,朱宪彝认为五年制高等医学院校的毕业生临床实践经验贫乏,是"半成品",因此建议改革医学院毕业生分配使用、培养制度。提出凡是将来预备做临床专业的,一律分配到医院做住院医师接受严格而有计划的临床业务培养,具备独立工作能力后再分配他们去适合其工作能力的基层医疗单位。这样的毕业生才能赶上国外先进水平。

朱宪彝从事医学教育几十年,不断探索研究医学教育的规律,逐步形成一套提高医学教育质量,实行医学教育改革的设想。他的设想有的在他生前组织实施实现了,有的已向有关领导部门提出了建议。

## 四、治学严谨,弘毅精进

朱宪彝重视科研,强调打好基础。他常用"千里之行始于足下"的古训,激励自己和教育大家。

### (一)注重资料库的建设

朱宪彝从青年学生起,直到晚年,坚持阅读国内外文献,所积累的读书卡片就有十几万张,并做出了系统、科学的分类。他这些科研资料,连同他20世纪30年代开始发表的论文著作,构成了他对医学事业的一项重大贡献。

他的办公室就是一个图书资料室,有8个书柜专门装他积累的读书卡片。这些读书卡片是他1922年从协和医学院毕业后开始做的,所记资料内容广泛,包括临床内分泌疾症、非内分泌的疾症,如消化、呼吸、循环、肾脏、血液、神经、肿瘤、传染病等。还包括医学基础有关学科,如病理、生化、生理、微生物、免疫学、组织胚胎、药理、药物、寄生虫、老年学等。所摘记的卡片资料分门别类,逐年积累保存。

他在晚年考虑到自己未竟的事业要由年轻人接替,为把自己多年积累的资料更好地提供给年轻人应用起来,需要重新分类整理。于是从1982年开始,在助手和研究生的协助下,改变资料卡片的分类,将原来的12大类623小类,改为23大类,900小类,用了两年时间才整理完。

"文化大革命"期间朱宪彝"靠边站"的时候,他一头埋到天津医学院摄影室里,把堆积了13年、附有照片的典型病例资料整理出来,共整理了75大本附有照片的典型病例和23种疾病的7539张病例卡,并且编写了978张索引卡片,为今天天津医科大学的教学科研工作,留下了宝贵的财富。

这些资料卡片是国内外分泌学的知识宝库,临床发现少见的疾症,医学基础理论研究遇到问题,到朱宪彝留下的这座宝库查找,就能循着卡片提供的线索和要点,找到所需要的资料。

天津医科大学图书馆存放的朱宪彝摘记的图书卡片

### (二)海量阅读,随时更新知识

"三更灯火五更鸡,正是男儿读书时。"无论是在青少年文化贫瘠的年代和艰苦环境中,还是在之后工作中,朱宪彝孜孜不倦,勤奋读书,爱书如命,惜时若金,几十年来每天坚持读书。他每年都订阅、购买大量书刊,只外文期刊就有20种。

从学生时代一直到晚年,他的节假日大部分是在图书馆和书桌旁度过的。他经常说:"现代科学技术发展如此之快,如果一个月不读书,不看各国杂志,就将成为外行。"他订的杂志、买的书充满走廊和客室。他从不相信天资决定成就,而以"勤能补拙"勉励他的学生。

几十年来,他每年几乎用全部工资的四分之一来购买各种报刊杂志和书籍。在工作之余,抓紧点滴时间读书学习、摘记卡片。外出开会、乘汽车、坐飞机、会议前后都带书刊阅读,以便及时了解医学科技动态和新的成就。

1946年,吴宝荣在天津中央医院图书室工作,从那时就认识了朱宪彝。朱宪彝当时在天津开业行医,虽然并不在中央医院任职,却是图书室的一位最守馆规而又十分关心图书事业的院外读者。朱宪彝经常提一些合理化建议,还为图书室介绍从天津秀鹤书店购进医学书刊,对图书室的工作有很多帮助。

天津解放后,中央医院改为天津市立总医院。1950年朱宪彝应聘为总医院内科主任,不久即担负筹建天津医学院的任务,后来任天津医学院院长。他虽兼任繁重的行政工作,但对图书馆的建设仍极为重视,他支持和筹划扩充图书馆,亲自选定医学书刊,充实图书资料。

当年,在成都道附近有天津医学图书馆,朱宪彝家就在附近。他每个周末都是一早从家步行到图书馆,而且每个周末他都是来图书馆看书的第一位读者,一坐就是一天。朱宪彝看的都是最新发行的期刊。朱宪彝勤学苦读,春节假期都在家里看书。

### (三)著述严谨,厚重朴实

朱宪彝一生著作等身,撰写的论著有400万字。他的论述像他的为人一样,朴实无华,严谨可信。他常说:"发表论文不要为炫耀成绩,而是要经得起科学的检验。"

他的严谨治学态度是非常感人的。他对每一个新病人都要从头到脚详细检查,一丝不苟,从不先入为主,应付了事。对化验数据逐项审核,凡有疑问,都要复查。在周密分析资料的基础上做出诊断,并在治疗实践中进行检验。

不少国家的医学团体不时来信索要他的著述,在他逝世后的1985年,就有18个国家20位学者索取他的论文。

### (四)主编"内科辞海"

他的学生甘幼强教授撰文回忆了这段往事:

光阴流逝,正当我开始走向老年的时候,朱院长挑起主编《内科学》这本大部头著作的重担。当时,我们以为他年纪太大了,只挂个帅,具体的事分给我们去办就行了。没料到,已届古稀之年的他,整天埋头在书堆和资料中,逐字逐句批改那三百多万字的稿件,而且竟在短短的一个炎热的暑假中完成。这是何等惊人的毅力,何等的高效率啊!

去年春节期间,我病倒了,他来医院看我。临别时,他亲切地对我说:"你也老了,你可要服老啊!"当时,我的喉咙梗塞了,说不出一句话。望着他渐渐远去的背影,眼泪如泉般地涌出。亲爱的老师啊!这句话正是我多年来多次要对你讲而又不敢讲的。

由他主编的《内科学》一书中的职业病分册,有一部分内容重复,应予删掉而未删。为了对读者负责,他自掏六十元钱在《天津日报》上登出声明,并且加印了小条予以说明,放在尚未出售的书中。

到20世纪80年代初,朱宪彝主编完成《内科学》这套巨著,发表论文200余篇,获国家科研成果奖10项,其中省部级

朱宪彝主编的《内科学》教材

二等奖7项、一等奖2项,国家级科技进步二等奖1项。基于其贡献,全国科技大会亦授予他奖状。

朱宪彝从事医学临床、科研和教育工作50年,亲手培育了许多博士和硕士研究生以及外国留学生。

朱宪彝创建的骨计量学实验室、骨细胞培养实验室、微量元素测定实验室、维生素D测定实验室等成为当时国内最活跃的实验室之一,学科研究方向已扩展为甲状腺疾病研究、糖尿病研究、代谢性骨病研究、性激素相关肿瘤的表观遗传调控研究及脂代谢紊乱相关疾病的发病机理研究,培养了一批批在国际学术舞台上有影响的年轻一代。

# 第五章　大医垂范

朱宪彝曾多次讲:"中国古代行医很讲仁术。当一名医生对病人要有仁爱之心,仁慈之心。对医学生要进行职业道德教育,医德医风教育。在实际工作要做到急病人之所急,痛病人之所痛。病人无论贫富、职位高低,对其都要周到热心服务,一视同仁。"

朱宪彝特别强调,"教师要做医德的表率,以教师自身的道德修养来感染学生,使学生在良好的医德医风环境中受到潜移默化的教育"。

朱宪彝在注重医术的同时,亦注重医学生人文素质培养。他强调:"思想政治工作要贯穿于教学科研和医疗活动中,浸注到学生的日常生活中。"他谈到社科部面向学生开设思想政治课和伦理道德课时说:"不仅要讲系统的理论,还要结合典型的人和事,这样才能讲深讲透,才有感召力。"

## 一、力争治愈,时常慰藉

人们常说医学是一门人学,亦是一门仁学。现代医学模式已经转化为"社会——心理——生物"模式,这种模式既强调人的自然属性,亦强调人的社会属性和心理需求。医学不仅是对生命现象和生命过程的认识和研究,还承担了社会文化价值的责任。

To Cure Sometimes, to Relieve Often, to Comfort Always. 这是长眠在纽约东北部撒拉纳克湖畔的特鲁多医生的墓志铭。翻译成中文就是:有时去治愈,常常去帮助,总是去安慰。

这句话饱含着关心、同情和谦卑,正是医者仁心的写照。朱宪彝将这一信条发挥到了极致。他常告诫学生:"在工作上要力争治愈病人,不能治愈,也要对症治疗,减轻病人痛苦,实在医治无效,也要给病人以精神安慰和同情。"

1964年,朱宪彝与医院的同志一起到河北省任丘县参加社会主义教育运动,常常有患神经衰弱的病人来问医求药。这种病并非器质性疾病,多是心理负担过重引起。

一般情况下,对这种病并不重视,三言两语处理了事。朱宪彝却极为耐心,仔细询问病情,耐心为病人全面检查。他说:"这种病人自己是很痛苦的,我们耐心接待,可以取得他的信任,使病人增强病能治好的信心,再给他开药,能够有好效果。"他就是这样体贴入微、为病人着想。

朱宪彝自己是医生,认为做医生就要德高医粹。

1982年,有一位女大学生在附属医院住院治疗,她是以高分成绩被录取到某重点大学的。入学后,为争取保持"高分"优秀成绩,思想负担重,以致精神苦闷,食欲不振,直到住进医院时,每天只能嗑些瓜子,拒食一切食物,因此身体极度虚弱,毛发脱落,精神倦怠。经检查,所有内分泌功能低下,是属于神经内分泌疾病,但究竟是什么病,主管医生一时下不了诊断。

朱宪彝根据国外文献记载,确诊为神经性厌食症。这种病需靠精神治疗,没有特效药物。为使病人早日康复,朱宪彝请来病人家属与医师一起座谈了三个多小时,商请病人家属与医院协作配合,共同做病人的思想工作,治疗效果较好。

朱宪彝对病人视同亲人,又胜似亲人。朱宪彝以其德高医粹、知行合一以及自树树人的品行,令人高山仰止。

1983年下半年,有一极度营养不良的病人,需要为之输白蛋白,但由于他住院以来拖欠了不少医药费,要输白蛋白必须要现钱,一时不好解决。朱宪彝了解这一情况后,表示"治病救人要紧,计算一下需用多少钱,千元以下我代付"。他这种为病人排忧解难的高尚品德,使病人和家属以及医院的医护人员深受感动。

朱宪彝凭着他的渊博学识、临床经验和高度的责任心,为病人诊断、治愈了一个又一个的疑难病症。

在查房分析讨论中,朱宪彝反复强调要重视基础理论与临床实践紧密结合①

在20世纪60年代初,天津医疗队设在邢台邢家湾的医疗点接待了一位抱着不满三岁幼儿的老乡来就诊。病儿两耳流脓,颈部稍硬,三天前拒食,并头向后仰。一位儿科医生检查,怀疑是脑膜炎,正准备穿刺时,患儿面色苍白,呼吸和心跳停止,经在场的医生们采取心脏按压、口对口呼吸等急救措施,患儿才恢复呼吸、心跳,但又突然牙关紧闭,口吐白沫。正在危急时,朱宪

---

① 照片来源:王家驰.朱宪彝医案[C].天津:天津科学技术出版社,2000.

彝赶来,经过检查,提出应当考虑患儿可能由于中耳炎引起破伤风。于是,一面按脑膜炎治疗,一面又注射破伤风抗毒素。接连几天,几位青年医生昼夜轮流抢救,患儿仍不断发生严重抽搐和呼吸、心跳停止,濒临死亡。在关键时刻,朱宪彝又激励大家:"一定要坚持到底,如果能使孩子活过七八天,等他自身产生抗体之后,会逐渐好起来。"这使青年医生增强了信心。果然,抢救到第六天,患儿开始吃几口奶了,第九天意识清楚了,终于挽救了患儿的生命。

朱宪彝自己开诊时对就医的患者,对富者不多收费,对贫困者有时还免收挂号费,能治一次解决的绝不让患者跑两趟,病情轻微的便告诉买哪种药用而不必多花费跑来诊治等等,一直没能让他和与他同年资的知名医生"同富贵"。

朱宪彝治学严谨,谦虚好学,虚怀若谷。一次,他去献县医院了解学生的实习情况,当时县医院院长请他为一个久治不愈的病人会诊。经过会诊,他直言不讳地说:"我的知识是有限的,究竟是什么病,我还下不了结论,待我回天津带着问题重新学习研究后再奉告。"

县医院同志和实习同学无不为朱宪彝实事求是、医德高尚的情操而感动。他常说:"人生是有限的,学知识是无止境的。"他年过八十以后,还经常亲自到课堂去听从国外学习、参观回来的同志和教师们讲课。他风趣地说:"我要活到老,学习到老,学到八十仍嫌少。"

## 二、医者使命,德诚思行

朱宪彝不止一次地表示:"医生职责神圣,万莫把生命视为儿戏。"对医学后辈叮咛常在:"体格检查是医生的看家本领。头痛摸头,腹疼查腹,难免持一孔之见,先入为主,贻误大事。""作为一个医生就是要讲究医德和工作作风。"

### (一)和蔼的严师

"德诚思行"是现在天津医科大学总医院内分泌科在长期的办科室历程中一直坚守的科训。天津医科大学总医院内分泌科主任刘铭教授介绍道:作为首任科主任,朱宪彝的的确确是践行科训的典范,他品德高尚,对国家忠诚,对病人坦诚,对学生真诚。

无论是在从事医学科学研究还是在医学教育的各个方面,朱宪彝求真务实,严谨治学的精神始终被世人奉为楷模。他主张培育医学生和年轻医生的优良学风要突出"严"字要求。"生命所系,性命相托",医学生将来承载着治病救人、救死扶伤的重任。

别看朱宪彝平时一点架子都没有,待人和蔼可亲,但是对医学院学生和医师要求却格外严格,有时候甚至十分严厉。他经常检查下级医生书写的病例,把病历书写看作是衡量医生工作质量和工作作风的重要标志。他曾经把写得不像样子的病历当众扔出病房窗外,也曾经严惩过私自涂改病历的实习医生。他总是告诫大家"医生职责神圣,万莫把生命视为儿戏"。[1]

### (二)坚持常规全面体格检查

解放后,朱宪彝主持天津医学院工作的三十多年,虽然行政职务繁重,但仍坚持查病房、示教、临床病例讨论会。他关心全国医疗教育工作,提出许多有益的建议。他更关心青年医生的培养,每星期四主持天津市临床病理讨论会,后来甚至要求参加讨论人员要有宣读论文、有提出问题、有思想交流。朱宪彝要做总结,介绍最新的学术研究动态。这种做法一直坚持了许多年,成效十分显著。

朱宪彝敢于批评不良医疗作风,指出诊断思维方法的不足,诲人不倦,被同行们尊称为"老夫子"。他的人格魅力、威望和团结人的做人风范为所有人所钦佩。

一次,一位产后10天的产妇,因腹疾引起发烧,病因不明,妇产科请朱宪彝会诊。朱宪彝为她检查,发现她巩膜有黄染,但他仍继续按常规检查这位产妇的胸、腹、四肢。最后,查明病情,确诊为急性肝炎,对症治疗,很快退了烧。朱宪彝以这一事例作为示教,告诫大家:"按常规全面体格检查,是医生的看家本领。只头疼摸头,腹疼查腹,难免先入为主。若持一孔之见,就会贻误大病。"

1974年,有一位23岁的青年患者,经查体是低血钾、高血压、视力失明,初步诊断是肾上腺醛固酮增多症,需要做手术。不想,主管医生动手术后,未发现肾上腺异常,而在肾脏上有个瘤。当时适值朱宪彝外出开会,在场医生不明是什么病症,只得把切除的瘤子保存好,待院长回来研究处理。朱宪彝开会回来,听说这一情况,立即嘱咐做电镜检查,确诊为肾素瘤症。经对症治疗,得以痊愈,一年后进行复查,效果很好。这是一种极为罕见的病例,几年以后,有一位医生研究这种病例,写综述论文,查阅国内外医学文献,总共只有24例的记载。

1979年,天津医学院附属医院收治了一位从北郊区医院转来的中年妇女病人,患席汉氏综合征。这种病是由于产后大出血而引起脑垂体坏死,导致

---

① 王兴民,朱宪彝传[A].王家驰.朱宪彝医案[C].天津:天津科学技术出版社,2000.

甲状腺、肾上腺等内分泌不足而应急反应的缺陷,在受到紧急感染的情况下,会发生休克或精神不正常等症状。这位病人三天前在北郊医院住院治疗时出现精神病症状,被注射了冬眠灵。病人转到附属医院时神智不清,四肢僵直,病情危重。应该如何治疗?当时应诊的医生意见不一致,有的认为是低血糖造成的,一位青年医生则认为病人出现危像是冬眠灵中毒所致。后经朱宪彝诊断,因冬眠灵是席汉氏综合症患者禁忌药物,系冬眠灵中毒。经过验尿检查,证实这一诊断正确。病人得到应有的治疗后,很快痊愈出院。

## (三)坚持临床工作

朱宪彝曾长期担任天津医学院院长职务,同时还承担多项重大课题的研究,但他始终坚持临床工作,定期查房和组织临床病理讨论会。

他对下级医生要求很严,而且循循善诱。他希望医生们在一例一例的诊疗中不断学习,运用已知的知识,并通过医疗实践及广泛阅读开拓新的认识领域,提高认识疾病和治疗疾病的能力,如此往复,不断提高自己的水平。凡是参加过朱宪彝查房的医生都感到,他主持的每次查房都是一次高层次会诊,都是一次内容充实的临床示教。

他总是从病人的临床表现(包括实验室检查结果)出发,扼要地说明这些临床表现形成的病因、病理及生化基础,引导人们透过现象去认识本质。在讨论一个病人时,他还注意分析这个病人与其他同类病人有什么相同之处,又有什么不同之处,从共性中找出个性,从相似中找出差别,为提出更有针对性的个体化治疗提出论据。

听完病例报告,朱宪彝以他丰富的临床经验教导医生们如何正确地对疾病进行诊断和治疗[①]

朱宪彝非常注意掌握第一手的临床资料,他常不满足于下级医师的报告,往往亲自补充询问,自己对病人进行检查,对检验报告做具体分析。对于病程长的病人,尤其是多次住院治疗的病人,他逐病进行分析,找出各种疾病之间的相互关系与轻重缓急。上述分析方法便于使经治医生分清主次、掌握重点,从而便于提出合理的治疗方案。有人认为:治

---

① 照片来源:王家驰.朱宪彝医案[C].天津:天津科学技术出版社,2000.

疗疾病有技术问题,也有艺术与技巧问题,分清主次,抓住重点,可能就是艺术与技巧的所在。

朱宪彝对每个病例的讨论,主要侧重在确定治疗方针上,方针明确之后方法及药物的选择就可迎刃而解。在同时有几种药物可供选择时,他也注意分析各种药物之间的异同及选择原则。

原天津医学院院长王正伦总会回忆起六十多年前,还是学生的自己聆听朱宪彝讲课的场景。他说:"我们从总医院临床内科见习开始,每周安排查房,实行巡诊制度。朱院长查房时问题简洁、直击要害,从基础知识联系到临床实践,从国内现状到国外研究无所不谈,大家都受益匪浅。他从协和医院移植建立的制度为提高医师水平奠定了良好的基础,促进了青年医师坚持自学,了解医学前沿,养成不断学习的习惯。"

朱宪彝在查房时,根据需要还请其他学科专家参加,认真听取他们的讨论发言,并注意多学科结合及优势集成,在可能的条件下,力求对每个疾病认识得深一些、准一些,防止片面性。对于一时还看不准的问题,他总是留有余地,鼓励大家再进一步观察与思考,充分地

1982年10月,朱宪彝与上海内分泌研究所所长邝安堃教授共同主持一次查房后,与临床内分泌组成员合影①

体现了朱宪彝实事求是的医疗作风及大家风度。

紧跟时代步伐,努力用当代最新理论、最新知识及最新方法去认识疾病及治疗疾病,是朱宪彝无止境的追求。这种学风也体现在他的查房之中。结合查房介绍新信息、新进展,推荐阅读的参考书及文章,已成为查房中常有的内容。朱宪彝实实在在地把病房看成是一个课堂,寓教学于医疗之中。他是那样自觉地、完美地实现着一位老教师、老医生诲人不倦的天职。

20世纪50年代,朱宪彝将巡诊制度扩大深化为全市临床病例大讨论,每周四晚在天津医学院大礼堂召开,由其本人主持,每周推出一个疑难病例,由一人主讲,现场思想碰撞、气氛活跃,最后由病理学主任揭晓谜底。当时,全市医学专家都曾走上病例讨论会的讲台,盛况空前,一时传为美谈,扩大了天

---

① 照片来源:王家驰.朱宪彝医案[C].天津:天津科学技术出版社,2000.

津医学院的声望。

尹潍教授回忆道：

我在朱老的教导下，逐渐明白了，作为一个临床医生，应该向朱老学习，学习他作为一个医生应该具有的医者仁心，努力钻研、平易近人、认真研究的精神，救治病人，也学习他爱病人爱同志那样的作风。朱老是自己一生最尊敬的老师。

每周查房之前，朱老都让负责病房的医生把病人的病历资料和化验结果提前交到他手上，他要提前做大量的资料查阅，进行深入的思考，在查房时给出很多好的建议。

我在朱老的诊治病人、巡查住院病人、学术报告、主持天津市的病例讨论会和阅读朱老在20世纪三四十年代关于钙磷代谢骨病的多篇论著过程中，受益很多。读完朱老的论文，自己对临床内分泌产生了很浓厚的兴趣。

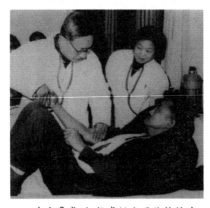

朱宪彝常说，按常规全面体格检查，是医生的看家本领[1]

## （四）德高医粹，循循善诱

原中国医学科学院院长吴阶平教授，对自己见习时的一次经历毕生难忘：吴阶平接诊的一位病人，从病史、体征到病程都是典型的"肺结核"症状，他写明诊断请朱宪彝审阅复核。

朱宪彝便问他查过痰没有，查到抗酸杆菌没有。他只好照实回答没有。不想，朱宪彝竟严肃批评起来："你现在是四年级学生，就想简单化。明年做实习医生，一定更简单了。做了住院医生，还要再简单。到主治医生，自然更加简单了！"这顿劈头盖脸的批评几乎使吴阶平无地自容。但正是这次批评，使吴阶平懂得了医生的主观分析绝不能代替客观检查的道理。

---

① 照片来源：王家驰.朱宪彝医案[C].天津：天津科学技术出版社，2000.

作为校长,朱宪彝对老师们说:

"老师们也应该循循善诱,培养学生的独立思考和解决问题的能力,以青出于蓝而胜于蓝为荣,不要忌才。"

朱宪彝对学生说:

"你们既要胸怀大志,又要谦虚谨慎。高效率加上认真的态度,是取得成果的钥匙。"

"取得成就是加倍努力的结果。"

"希望你们超过我,有谁超过我,我才更高兴。"

朱宪彝逐字逐句地批改每一份病历摘要,并指明与病例讨论有关的文献及参考书(1982年)[①]

### (五)"因为是朱宪彝的学生"

朱宪彝定期查房,对下级医生严格要求,循循善诱[②]

甘幼强是天津医学院第二附属医院内科学教授,他回忆道:

有一次查房,他检查一位经我治疗了一个多月的尿毒症病人。听完了我的病历报告,他像平时那样,仔细地检查病人,从头顶查到脚底,用过了打诊锤、音叉,又换眼底镜,最后戴上了指套检查肛门。这时,我呆住了。原来,病人肛门附近有一个流着恶臭脓液的慢性窦道,而我天天查病人,却没有去检查病人的肛门。我想,这次免不了挨骂了。然而,他却和善地指出我的疏忽,耐心地给我讲解这个疏忽造成的后果:把一个肾淀粉样变性的病人误诊为慢性肾小球肾炎;化脓性病灶得不到处理,病人的肾脏病变就日益恶化。他教育我对病人要高度认真负责,做工作要一丝不苟,检查病人不要先入为主,要客观地、科学地去收集资料,因为临床工作的对象是人,马虎不得。最后,他还给我指定了几箱文献,叫我深入地去学习这种较少见的病症。

---

① 照片来源:王家驰.朱宪彝医案[C].天津:天津科学技术出版社,2000.
② 同上。

在他身边学习是多么幸福啊！他既严肃又慈祥。他手把手地教，不厌其烦地讲，像一位技艺高超的艺术家，用他的利刃雕刻我们这些顽石。我们这批青年医师，就是从他身上汲取丰富的营养，逐渐成长起来的。

在马泰教授的床前总摆放着朱宪彝的一幅照片。他时常感念朱宪彝，以他的故事教育后人。用马泰教授儿子马钢的话说："如不是朱校长的伯乐眼光选择了他，不是朱校长的学识教育了他，不是朱校长一丝不苟的科研精神激励了他，不是朱校长心系天下病患，为搞清碘缺乏病，举全校、全市以致全国之力的会战情结感染了他，又怎会使他难忘知遇之恩呢？"

邱明才教授是朱宪彝带出来的硕士研究生，邱明才教授时常和学生讲道："做医生做学问要做到极致，因为是朱宪彝的学生，不能给朱老师抹黑丢脸。"

朱宪彝的学生们用许多文字追忆他："朱教授的话影响我一生，改变了我的人生观，令我终身受益。他的敬业精神和逝世'裸捐'的事迹令人尊敬，他身上的学风、作风、行风是我一生学习的典范。"

## 三、立足国情，发展科研

朱宪彝曾经写道："科学研究题材往往是以个人兴趣为出发点，许多研究题目是从国外带回来的，与我国实际无关，重复外国文献的研究工作，改头换面不解决我国的实际问题。我国的科研不应该脱离人民，应该是保障生产与国防建设，应该是为广大人民服务的。"

### （一）毛主席的嘱托记心间

1954年，第一届全国人民代表大会第一次会议召开，朱宪彝怀着激动的心情第一次在北京怀仁堂会议大厅见到了伟大领袖毛主席，感受到了毛主席对于知识分子的支持和关怀。

1956年，在周总理的具体领导下，朱宪彝参与制定了"十二年科学技术发展远景规划"以及1961年的全国第二次科技发展规划。但是后来，因为出现很多地方病例，从而改变了科研的方向，转向研究地方病例。

新中国成立初期，一穷二白。医疗、卫生事业的首要任务是优化资源配置，惠及最广大的人民群众。而朱宪彝是当之无愧的医学大家，但他并不一味推崇高精尖,而是结合中国的实际情况,以解除广大群众的病痛为己任,尤其重视常见病与多发病的研究,让老百姓受益,让社会受益。

20世纪50年代,时任教育部部长杨秀峰向朱宪彝介绍,他的家乡河北省迁安县不少人患有粗脖子病,还有不少傻孩子。朱宪彝一直希望能把坚持多年的钙磷代谢系统研究工作继续深入下去,但杨秀峰的话引起了朱宪彝的重视。

1954年,朱宪彝出席第一届全国人民代表大会第一次会议,同医务界代表在中央卫生部开座谈会①

朱宪彝一边派人去现场调查,一边查阅国内外文献。医学科学家的素养让他意识到,这种病在我国很可能普遍存在。朱宪彝根据国外防治研究经验了解到,这种地方病的基本病因是环境中缺碘,适度补充碘盐即可控制这种疾病。

朱宪彝为首的医学科学家开展了从碘缺乏病的发现、致病因素分析到干预防治措施、监测等一系列完整的实践方法。

## (二)消灭地方性甲状腺肿

20世纪50年代,地方性甲状腺肿与地方性克汀病在世界上广泛流行,尤以边远山区偏僻农村为主。其基本病因为环境缺碘。

严重地方性甲状腺肿地区伴有地方性克汀病发生,患者表现为呆、小、聋、哑,重者可有瘫痪。

中国曾是世界上患碘缺乏病最为严重的国家之一。在一些重病区流传着"一辈儿粗、二辈儿傻、三辈儿四辈儿断根芽"的古老说法。

在全国地方性甲状腺肿与克汀病研究中,朱宪彝不仅是一位杰出的科学家,而且是一位颇有才能的组织者和宣传者。

1956年,朱宪彝参加制定全国科学技术发展规划,第一次提出把地方性甲状腺肿和克汀病作为内分泌学研究的重大课题。

这一提议得到有关部门和专家的支持与赞同。在朱宪彝的组织和指导下,天津医学院基础和临床学科密切配合,从1961至1965年,在河北省承德市郊进行了地方性甲状腺肿和地方克汀病的防治和系统研究工作,为我国对

---

① 照片来源:王家驰.朱宪彝医案[C].天津:天津科学技术出版社,2000.

这一领域的深入研究奠定了基础。

朱宪彝重新组织起有基础、临床二十多个学科、近百名科技人员参加的内分泌科研队伍，集中力量，从地方性甲状腺肿和克汀病的流行病学、实验室测试方法等方面，组织攻关，取得了非常突出的成绩。通过对华北、西北、西南、东北、华东、中南6个大区，15个省、市、自治区的四十余个县（市）的现场调查，已基本摸清全国范围内这种地方病的分布特点和流行规律，并发现了我国存在高碘性甲状腺肿。

由于成功地建立了下丘脑—垂体—甲状腺系激素的放射免疫测定方法，提高了甲状腺疾病的诊断水平和研究能力，使我国在地方性甲状腺肿与克汀病观察指标的科学性方面接近国际先进水平。

朱宪彝等根据流行病学资料、防治前后患者及正常人群碘代谢和甲状腺激素水平以及临床（包括神经、听力、心理等）指标等科学资料，提出了亚临床甲状腺功能低下（或类克汀病）的诊断标准及防治措施，为地方性克汀病的发病机制研究和防治提供了新的理论依据，引起了国内外专家的普遍重视。朱宪彝非常重视地方性甲状腺肿与地方性克汀病的基础理论研究。在他的指导下，实验性动物模型，人胚脑细胞的体外培养、脑细胞激素受体等基础研究工作也都取得了明显的进展。朱宪彝指导下的七项科研成果，如"下丘脑—垂体—甲状腺轴激素的放射免疫测定及其在地方性甲状腺肿和克汀病防治研究中的应用""地方性甲状腺肿与克汀病的流行病学、病理学及发病机制的研究"等，分别获卫生部甲级二等奖及国家科学技术进步三等奖。为表彰朱宪彝在防治贵州省地方性甲状腺肿与克汀病中做出的贡献，贵州省人民政府向他颁发了奖状。

《健康报》评论员在有关文章中称朱宪彝是"建立奇勋"的医学科学家。他为发展我国医学科学和医学教育事业贡献了毕生的精力，为我国地方性甲状腺肿、地方性克汀病的防治研究做出了重大贡献。如20世纪30年代，在协和医院和刘士豪教授合作，进行关于营养不良性浮肿和佝偻病、软骨病及其它代谢性骨病的防治研究；50年代起直到去世，在天津医学院领导和组织了关于地方性甲状腺肿和地方性克汀病及氟骨症的防治研究。

在中央有关部门提出"进一步加强科学研究，迅速解决氟中毒的防治问题"之后，朱宪彝总结了国内外关于氟中毒研究的经验与教训，借鉴地方性甲状腺肿与克汀病研究的经验，提出了"结合钙磷代谢、从氟的代谢及人体组织积氟与脱氟入手，通过实验研究来制定地方性氟中毒"的新的研究方案，并亲自组织基础和临床十几个科室的研究人员，同时进行现场调查。经过短短几年的努力，已在地方性氟中毒的早期诊断、发病机制以及治疗方法等方面取得明显成绩。

### （三）坚持现场调查

20世纪50年代初期，因与时任教育部部长杨秀峰的交谈，朱宪彝开始关注缺碘问题，并于1956年参加制定全国科学技术发展纲要时，提出要把地方性甲状腺肿与克汀病的防治研究列为临床内分泌研究的首位。1958年，天津医学院附属医院内科建立了临床内分泌研究室，并把地方性甲状腺肿和克汀病的防治研究列为重点科研项目。1978年天津市内分泌研究所成立，附设在天津医学院，朱宪彝任首任所长。1978年，朱宪彝批准了43个编制，当时研究所只有一个办公室，是松散式管理，发展到现在，研究所已经有200人编制。

1961年，朱宪彝组织数十名科技人员到承德市郊进行系统的防治研究。在病区选择固定观察点，一家一户逐人进行调查，并责成专人常驻病区，与当地卫生防疫机构配合，管理碘盐投放及疗效观察等工作。朱宪彝和大家一道走遍承德地区各县山川和村寨，调查当地社会生活状况、水源与饮食结构，进行了土壤元素分析。检查和诊断地方性甲状腺肿和克汀病达几千例，进行了生长发育和血液学检查。甄选部分典型病例，分批带回总医院同位素病房，进行深入临床观察和治疗。这项工作一直持续了五年之久。这一全面系统的经验为全国防治地方性甲状腺肿与克汀病提供了宝贵依据，为开展同类研究工作提供了样板。

中国曾是世界上患碘缺乏病最为严重的国家之一，为了彻底攻克这一自古就有的顽症，从20世纪50年代开始，天津医学院以朱宪彝、马泰、陈祖培为代表的三代医学人历经半个多世纪，开展了从碘缺乏病的发现、致病因素分析到干预防治措施、监测等一系列完整的研究，为中国消除碘缺乏病做出了重要贡献。

从20世纪50年代起，朱宪彝根据我们国家防治地方病的需要，在内分泌系统的疾病研究方面，开始涉足一个新领域，研究地方性甲状腺肿和地方性克汀病的防治。地方性甲状腺肿和地方性克汀病是世界上广泛存在的一种地方病，我国发病地区多是少数民族居住的山区和边疆农村，患病人数有两千万。这种病主要是由于环境缺碘，因而造成人体缺碘，以致甲状腺肿大。患这种病的妇女怀孕后如仍继续缺碘，所生的婴儿就容易患有地方克汀病，主要症状是痴呆、矮小、聋哑以至瘫痪，严重地影响人民生活和健康。

1956年，朱宪彝出席国家科委召集的讨论制定全国科学技术发展规划会议时，他根据我国地方病发病情况，建议把控制和消灭地方性甲状腺肿和地方性克汀病作为一项重要的科研课题，以解决发病地区人民的病痛。他的这一建议,得到中央领导同志的赞许。之后,朱宪彝除从事临床内分泌研究外,还亲自参加和具体指导系统地研究地方性甲状腺肿和地方性克汀病的防治。

1978年,朱宪彝为了更多了解协作省区对地方性甲状腺肿和克汀病研究防治情况,不顾75岁高龄,带领科研小组,奔赴四川、云南、贵州、广西、安徽等地边远山区进行考察。在全国有关省区协作下,基本搞清楚了地方性甲状腺肿和克汀病的发病机理,并提出一整套的防治计划。这项研究成果受到国家卫生部和中共中央北方地方病办公室的高度重视,很快在全国各发病省区推广防治。经过20年的不

1978年,75岁的朱宪彝赴南方考察地方性甲状腺肿和克汀病情况[①]

懈努力,这两种地方病得到控制和消灭,取得了举世公认的成就。

在党和政府的关怀下,朱宪彝亲自领导了这项工作,制定研究规划,坚持科学研究与现场调查相结合。掌握了流行地区人群中碘代谢与甲状腺素水平等的珍贵资料,填补了我国这项研究工作的空白,证实了在食盐中加入五万分之一的碘或用碘油即可基本控制此病的观点。他的实验室使用尿碘作为碘缺乏的指标已被广泛应用。他领导建立了一系列有关甲状腺轴系的放射免疫激素测定方法,并应用于临床研究,使我们在这方面跟上了世界先进水平。他对病区和非病区胎儿大脑进行组织发育学研究,获得了新的重要资料。在国际上首先提出了"边缘型克汀病"的观点,受到国外同行专家的重视。他还发现有的儿童聋哑症是因为甲状腺功能低下造成的。并发现在我国不仅有低碘性甲状腺肿,还有高碘性甲状腺肿,不仅内陆有,海滨也有,北方有,全国各地都有。

1962年朱宪彝和他的助手们到河北省承德地区进行现场调查,以狮子沟公社喇嘛寺、二道河子等四个大队为调查点,探索这种地方病的分布特点和流行规律,向群众反复宣传防治的主要措施是在食盐中加碘,并且设专人连续几年进行投药和观察,对于这种病的发病情况、临床表现以及防治效果等,取得了一些科研资料,直到"文化大革命"开始,人员才撤离。1979年朱宪彝又派人到调查点进行复查,由于他们当年工作深入,当地坚持食盐加碘做得比较好,病情已经有所控制。喇嘛寺村共有两千多人,1962年患甲状腺肿的

---

① 照片来源:王家驰.朱宪彝医案[C].天津:天津科学技术出版社,2000.

有七百多人,患克汀病的近五十人。复查时,全村只发现一百多名甲状腺肿患者,而且其中绝大多数是过去的老病人。1963年服用甲状腺片的患克汀病的孩子,多数人有程度不同的好转,没有发现新的克汀病患者。

在坚持现场调查的同时,朱宪彝还注重实验室的观察试验。1970年,朱宪彝又组织将近百人的科研队伍,包括天津医学院基础教学、临床教学等二十多个科室,集中力量向内分泌方面的下丘脑—垂体—甲状腺轴的激素测定攻关,经过反复的试验,获得成功,建立了三碘甲腺原氨酸(T3)、促甲状腺激素(TSH)、促甲状腺激素释放激素(TRH)以及反三碘甲腺原氨酸(rTs)等一系列放射免疫测定方法,这就大大提高了对甲状腺疾病的诊断和治疗水平,这些研究成果达到了世界先进水平。为此,朱宪彝在1978年召开的全国科学大会上受到表彰。

朱宪彝于1977年春去陕西秦岭山区进行调查,了解到西南一带发现了新的病区,就决定亲自走一遭。1978年受卫生部的委托,75岁高龄的朱宪彝,带上几位专家和助手,9月16日从北京出发,奔向大西南,先后到四川、云南、贵州、广西、江西、安徽等地的深山地区实地考案,行程上万里,历时50天,于11月4日返津。在这次考察中,朱宪彝不顾年老体弱,深入到高海拔的四川省凉山彝族自治州、本里县蒙族自治区、贵州黔南布依族苗族自治州等。朱宪彝坐着汽车沿着山间公路盘旋而上,盘旋而下,有时还要步行。每到一个山寨,朱宪彝都深入患者的木屋、竹棚,亲自诊治。他常说:"病人行动不便,我们不能为了调查,再给病人增加痛苦。"

他一手执杖,一肩挎包,为解除少数民族兄弟的病痛跋山涉水。每到一地,他反复宣传,讲地方甲状腺肿和地方克汀病发病的原因和防治方法,以引起当地人的重视,鼓舞人们的信心。

朱宪彝恳切地说:"这种病死不了人,所以引不起人们的重视。可是一大批痴呆聋哑甚至瘫痪的人确实是家庭以至社会的负担,影响国家建设,这难道不是一件大事吗?""只要坚持食盐加碘,三五年就能收到很大的效果,能做到的为什么不抓紧做呢?"

朱宪彝每到省会和县城,还要给当地医务人员做学术报告,解答各种问题。每天夜晚他还坚持写工作日记,然后才休息。他勤奋热忱、一丝不苟的精神,堪为大家的楷模。

这次实地调查,为国家防治地方病制定十年规划提供了有力的数据,同时也为各地培养了一批防治地方甲状腺肿和地方克汀病的医务工作者,并推动了各地防治工作的开展。贵州省麻江县1978年地方克汀病的发病率为

31.5%,经过积极防治,到1984年,发病率下降到4.5%,其他很多地区也已控制了发病率,解除了多年来的忧患。

## 四、人民至上,专兼结合

在朱宪彝眼里,病人不分高下优劣、阶层界别,一视同仁是为医者立身施救的基本准则。他曾为经济拮据的患者支付药费,也曾因医院对患者划分等级而愤然辞职,是医者仁心,也是书生意气。

### (一)病人平等,一视同仁

1941年底太平洋战争爆发,1942年初,北平协和医学院被迫关闭,朱宪彝遂到唐山开滦医院工作。由于院方按职工职务高低给药,朱宪彝抗议无效而辞职。于1945年返回天津,自此,他再没有离开天津。

朱宪彝回天津开业后,又义务兼任天津妇婴医院名誉院长。1947年,他受中学挚友顾学勤(1903-1984)创办的立仁医院之邀,兼任内科工作。

他鄙视“行医看门第,治病图发财”的腐朽思想,常常资助贫穷的患者,不收医疗费用。他看病精心细致,一次就能治好的病,绝不让病人跑第二趟,在天津医务界中被誉为“德高医粹”的专家。

在长期的临床、教学工作中,朱宪彝刻苦钻研,学识渊博,医术精湛,而他首先为病人着想,时刻把病人的疾苦放在心上,益发烘托出他的医道高明。

### (二)以人民性为指导

1962年,朱宪彝参加国家医学科研会议,受到毛主席的亲切接见。朱宪彝在一篇纪念毛主席的文章中曾经写道:“怎能忘记解放以来我曾多次幸福地见到伟大领袖毛主席,多次亲聆他老人家的亲切教导。每当我回忆起这些动人的情景时心情总是万分激动久久不能平静。毛主席他老人家的光辉形象和亲切教导永远铭刻在我心中。每当想到这些无比幸福的时刻就增添了无穷无尽力量,激励我继续前进。”

毛泽东最有影响力也最能反映其价值观的题词是:“为人民服务”。可以说,“人民性”是毛泽东思想的最重要特质,它包含着一切为了人民群众、一切依靠人民群众,还包含着从群众中来到群众中去的思想方法、领导方法和工作方法。

朱宪彝积极贯彻毛泽东主席“人民性”这一思想。

这种“人民性”决定了朱宪彝从事医学研究的指导思想十分明确——坚持从解决危害人民大众健康的重大疾病出发。从他开始对钙磷代谢机理的研究,到他对营养不良性水肿、肾性骨病的研究,直到后来对地方性甲状腺肿和地方性克汀病(以下称地方性甲状腺肿和克汀病)和地方性氟骨病的研究,都是当时穷苦大众和贫困山区的多发病。

朱宪彝当时在学校里有个特别的称呼叫"朱老夫子",他多次在各种会议上提出要以任务带动科研发展,以疾病为突破口建立学科。

朱宪彝的学术思想可以凝聚成四个字——专兼结合,即临床与基础相结合,专职研究与兼职研究相结合,以提高人民健康水平为宗旨。

朱宪彝深刻认识到科研工作只有扎根祖国大地,将医学事业与国家和民族的前途命运、与人民的福祉相结合,把科技成果应用到实现国家现代化的伟大事业中,把科研理想融入为新中国建设和人民生命健康的奋斗中,其科研成果才能发挥最大的价值和力量。

### (三)"活着就是为了解除别人的痛苦"

1961年,朱宪彝在承德组织进行的持续五年的防治研究,积累了全面系统的科研经验,为全国防治地方性甲状腺肿与克汀病方案提供了宝贵依据。这些方案的实施,使得甲状腺肿发病率降到国家的规定标准之下,也未再出现新的克汀病患者。我国真正摆脱了大面积流行"大脖子病"的恐惧。朱宪彝在1965年7月6日《天津日报》第二版上面文章《下乡四月启示多》,饱含深情地叙说了对农民的感情、对解除别人痛苦的担当:

> 我怀着锻炼改造自己的决心,和天津市农村巡回医疗队的同志们一起,在任县工作、学习和生活了四个月。在此期间,我的感受和体会不少,现在就今后医学教育如何面向农村问题,谈一谈自己的想法。
>
> 四个月来,我对农民的认识和思想感情发生了变化。我觉得,他们是我们的亲兄弟,在他们身上,有许多优秀品质,我应该向他们学习,好好为他们服务。比如在任县邢家湾公社巡回医疗时,我曾遇过一个贫农病人朱春堂。他是边庄大队饲养员,患的是多年原因不明的、阵发性剧烈腹痛。他是一个一心为集体的好社员。1963年闹洪水,他就赶着队里的牲口,西去百余里以外的地方去避灾。在那里,牲口没有饲料吃,他就把队里分配给他的口粮,都喂了牲口,而他自己却吃了好多天白薯干。他这种牺牲自己、热爱集体的高尚品德,使我深受感动。我决心为他治好病。不幸,他的病情复杂,剧烈腹痛频繁地发作,难于制止。当时,又

正值连日阴雨,道路泥泞难行,我坚持一天三五次地去临时病房诊查,想尽一切办法进行治疗。吃药、打针不行,就请老中医董晓初主任会诊,试服汤药。汤药无效,又请青年中医胡学增进行针灸治疗。针灸无效,又改用灌肠治疗。试行抗阿米巴治疗,两次驱蛔治疗。最后请外科方先之大夫会诊,准备必要时进行探查治疗。我队离开邢家湾后,我一直在协助邢家湾地段医院医师们,继续给这位病人进行保守治疗。等到我队准备离开辛店时,我还惦念着这个病人,通电话了解情况。经过两个月保守治疗无效,最后才决定外科探查治疗,动了手术,这才发现腹痛原因是回肠结核及不完全肠梗阻。直到外科治疗加上抗结核药物治疗,看来可以有把握地解除他多年来的痛苦了,而且又等到手术后十日,他出了院,我才算一块石头落了地。这时候,我的心情和病人及其家属的心情融合在一起,真是太高兴了。

图片来源:天津医科大学宣传部

左面这首诗词是原天津医学院科研处长侯军儒在1982年10月天津医学院建院30周年院庆之际赠予朱宪彝的80岁寿辰贺词,"磐生崇岭中,烟云脚下行"两句,可谓是朱宪彝不畏艰辛,跋山涉水亲临偏远山区考察地方甲状腺肿和克汀病发病区的生动写照。

朱宪彝带领的研究团队,终于在历尽千辛的实地考察和呕心沥血的科学研究之后,在全国有关地区的协作支持下,对地方性甲状腺肿和克汀病的发病机理有了较为清晰的认识,提出了一整套防治计划。由于研究意义深远而重大,这项研究成果受到国家卫生部和中共中央北方地方病办公室的高度重视,并且在全国各发病省区进行快速推广防治措施。

朱宪彝二十多年所从事的地方性甲状腺肿与地方克汀病的研究,得到国际上的重视和赞赏,他亲自撰写和与人合写的《中国地方甲状腺肿和克汀病现状》《贵州地方性甲状腺肿和克汀病的研究:碘代谢和垂体甲状腺轴机能状态的观察》《贵州地方甲状腺肿流行区人工引产胎儿甲状腺形态学观察》《贵州地方甲状腺肿和克汀病的流行病学观察》等论文,在国外杂志发表后,受到各国专家好评,纷纷来信索取。

1982年8月,朱宪彝应邀去日本参加亚大区(亚洲、大洋洲)第二届甲状腺学会和第七届亚大区内分泌学会会议,他在会上做了有关我国防治地方性甲状腺肿和地方性克汀病现状的学术报告,使国际学术界感到震惊和鼓舞,很多学者表示愿来天津医学院访问。

20世纪80年代,朱宪彝借鉴地方性甲状腺肿与克汀病防治研究的经验,又开始对另一严重危害人类健康的地方病——氟中毒——进行总攻。

朱宪彝看到塘沽一带患氟骨症的情况,坐卧不安地说:"我要争取在有生之年把病因找出来,打个歼灭战。我活着就是为了解除别人的痛苦。使人们过得更美好。"

1982年,朱宪彝应邀出席了在日本召开的亚大甲状腺和亚大内分泌学术会议,报告了中国地方片性甲状腺肿与克汀病研究的现状[1]

可惜没能等到这一领域的突破性成功,朱宪彝就于1984年逝世了。其他研究人员接过老校长的接力棒,沿着他指引的道路继续攻关。

朱宪彝创建的骨计量学实验室、骨细胞培养实验室、微量元素测定实验室、维生素D测定实验室等已成为国内最活跃的实验室之一,学科研究方向已扩展为甲状腺疾病研究、糖尿病研究、

天津医科大学朱宪彝纪念医院投入使用

代谢性骨病研究、性激素相关肿瘤的表观遗传调控研究及脂代谢紊乱相关疾病的发病机理研究,一批在国际学术舞台上崭露头角的年轻一代也迅速成长起来。

2013年,是朱宪彝110周年诞辰,原天津医科大学副校长、原总医院副院长栗政中撰写文章向后人介绍朱宪彝的卓著事迹。他在文中写道:"在经过20年的不懈努力,这两种地方病得到控制和消灭,取得了举世公认的成就。"[2]正是由于朱宪彝在科学研究方面做出了突出的贡献,1978年,他作为全国先进科技工作者,参加了全国科学大会,并受到表彰。[3]

---

① 照片来源:王家驰.朱宪彝医案[C].天津:天津科学技术出版社,2000.

② http://news.univs.cn/2013/1114/990655.shtml.

③ https://ishare.iask.sina.com.cn/f/9MU2KlsYQSG.html.

### (四)民生提案为人民

作为人大代表的朱宪彝曾经多次参加全国人民代表大会。在他准备的提案中,每个提案背后都体现着当时的社会发展背景和民生需求,每个提案都有着大量的调查研究,每个提案都是通过多年的管理工作、教学工作和医疗工作摸索出来的。

关注民生、倾听民意是他一贯的准则。他深知要提出合理有效的民生提案,前提是要了解民生需求。那么如何了解民生需求,这不是靠自己翻阅材料就能想出来的,也不是靠根据自己周边环境架空的策划,而是需要走到基层中去,走到人民大众中去,听民意,知民情。若是没有日常积累的实践与调研,即便是提出与民生有关的提案,那也只是形式主义,没有对于时代和社会发展的意义,也可能脱离了社会实际没有操作的空间和基础。

身为人大代表的朱宪彝深知自己身上肩负的责任,将民生列为自己提案的首要考虑。例如,在第五届全国人民代表大会第四次会议秘书处的405号范权教授的提案《为了进一步发挥医疗单位的积极性,提高医学工作效率和提高医疗质量,建议扩大医院的自主权》中,作为附议人之一的朱宪彝,就深刻提出从中央到地方,对医院卡得太死,条例过于呆板,基层人员的积极性和创造性受到限制,从而影响医院的功能和发展,影响医院在救治民众中发挥的有效作用。

在第五届全国人民代表大会第五次会议秘书处,朱宪彝提出的第1125号提案中,建议改革现行公费医疗制度,特别指出本来是体现社会主义制度优越性的公费医疗,却因为有些医疗人员责任心不强,认为医疗报销跟自己没有关系,存在乱开药和检查的浪费医疗资源现象,与此同时不必要的中西医结合治疗,不该开中药的时候也开中药,结果造成某些中药脱销,这不但是中医药资源的浪费,而且使真正需要这种药的病人买不到药,耽误了患者正常的治疗。此外还有一些对于医学人才培养制度的提案,每一个提案都是朱宪彝站在民生和发展的角度,以人民的卫生健康、长期利益为出发点,以如何为未来社会培养服务人民的合格医生为出发点,以节省宝贵的社会资源提高医疗服务效率为出发点,以十年甚至几十年的人民健康福祉和生命安全为出发点而提出的具有前瞻性的提案。这些提案不但在当时具有深远意义和影响,也极大促进了整个医疗系统的制度优化和未来医学人才培养,对于人民生活有着积极作用。

# 第六章　薪尽火传

　　朱宪彝是一位德高望重的医学家和教育家,也是一名优秀的共产党员,他严谨治学,勇于改革,为人师表,诲人不倦,精心培育医学人才,为发展我国的医学教育事业贡献了毕生的精力。他从事医疗、教学和科研工作五十年如一日,刻苦奋进,呕心沥血,为我国培养了一大批医学人才。

　　朱宪彝真正做到了"生命不息,工作不止,鞠躬尽瘁,死而后已"。他从事的光辉事业,他的巨大的精神财富,传给了后人。他创办的天津医学院,在朱宪彝精神的指引下,在"双一流"建设中大步向前。

　　薪尽火传,朱宪彝的传承人正在将其成果发扬光大。在他精心培养的这支强大的医学科研队伍中,后继有人,他的未竟事业定能完成,他的遗志一定能实现!

## 一、只有青春,没有老年

　　1977年,正是国家百废待兴的关键时刻。74岁高龄的朱宪彝,领导着天津医学院为恢复元气而拼搏。天津市领导非常希望新中国成立后,建立的第一所高等医学院校能成为国内一流的医学院,甚至表示要为朱宪彝当好"后勤部长"。而学校几十年来艰苦创业而形成的某些学科优势正面临着严峻的挑战。

　　朱宪彝在1978年全国科学大会上豪迈地说:"人只有青春,没有老年。"他的一生把整个身心都奉献在医学科研教育事业上,努力把天津医学院办成第一流的医学院。

　　乘着全国科学大会胜利召开的东风,朱宪彝高瞻远瞩,勇于创新,更加惜时如金,上下求索。天津医学院推动全院科研,

1978年,朱宪彝在全国科学大会上发言[1]

---

　　[1] 照片来源:王家驰.朱宪彝医案[C].天津:天津科学技术出版社,2000.

1978年朱宪彝（前排左四）带领缺碘科研小组在云南调研时的合影①

发挥优势，推动重点科研项目发展。随着学院的整体实力得到加强，医教事业也获得了进一步发展。天津医学院建立了医教试点，探索改革新路，承担多项国家委托培训的任务。其间学院恢复和重建了夜大学，通过质量调查进一步提升了本科生的教育，创建和发展了护理系，并加强了科研机构建设。

朱宪彝继续参与制定食盐加碘条例的起草，并于1978年，以75岁高龄，主动向卫生部请缨，考察四川、贵州、安徽等南方五省区的地方性甲状腺肿与克汀病流行情况。

这次考察历时两个月，朱宪彝向卫生部提供了一份言真意切的考察报告，呼吁全国成立统一的地方病防治领导机构，动员有关医学院校和科研机构协同作战。他的建议很快得到中央和各级领导的赞同，全国统一的防治领导机构成立。

经过系统防治研究，这些重病区令人忧心如焚的问题得到解决，甲状腺肿发病率降到国家的规定标准之下，也未再出现新的克汀病患者。

朱宪彝以忘我的精神，全身心投入于内分泌学科的前沿研究为科研人员创造更高的实验研究平台和空间。1978年秋天，在他一手筹划下的天津市内分泌研究所成立，并由其任所长，实现了他三十多年的夙愿，为开展内分泌科学研究开创了新局面。为了研究和发展这门学问，朱宪彝收集了世界各国的内分泌学杂志，了解各国内分泌学科学家的情况，并分别用英文、法文、中文、日文等作了卡片，详细地摘记了这些杂志、科学家的名字、通信地址等。

1985年7月，《中华内分泌代谢杂志》第1卷第1期刊登了朱宪彝生前为此刊撰写的创刊词，其中写道："值得提出的是，临床内分泌学与实验内分泌学两者相辅相成。……可见，研究所和高等医学院校、医院以及基层医疗防预单位之间加强联系协作的必要性。……可以预计，到公元2000年，实现我国内分泌学的现代化是不成问题的。"②在三十多年的辉煌历程中，天津市内分泌研究所在国内外科研领域成绩斐然，圆满实现了朱宪彝当年的期待。

---

① 照片来源：天津医科大学总医院官方公众号.

② 朱宪彝.创刊词[J].中华内分泌代谢杂志.1985(1)：2.

1980年，中央地方病领导小组提出"进一步加强科研迅速解决氟中毒的防治问题"，朱宪彝起而响应，又开辟新的研究领域，在地方性氟中毒的防治研究上进行大胆的探索。

氟中毒病是我国六大地方病之一，这种病是由于外环境含氟量高而引起的，受害人数约五千万，症状是腰酸腿疼和氟斑牙，严重时肢体变弯变畸形，行动不便，甚至瘫痪。朱宪彝不顾年事已高，结合早年钙磷代谢的研究，从氟的代谢及人体组织积氟与脱氟入手，通过试验找出人体脱氟的方法，并指导他所带的博士、硕士研究生从事氟骨症疾患的研究。

1981年，朱宪彝又组织调查小组到保定地区的涞源县、天津蓟县礼明庄、东郊赤土乡进行现场调查，通过对三千余人的临床检查，三千二百多份的化验分析，为早期诊断和鉴别诊断氟骨症提供了一些资料和数据。在动物实验方面成功地培育了鸡和大鼠动物模型，为深入探讨发病机制创造条件。

1981年，经国务院学位委员会批准，朱宪彝成为首批博士生导师。1981年受卫生部委托，承办全国临床内分泌专业医师进修班，出版《内科学》，并又一次被评为天津市特等劳动模范。同年，朱宪彝任中华医学会内分泌学会会长，中华医学会天津分会会长，卫生部学术委员会委员，次年在东京第二届亚大地区甲状腺学会上担任会议主席。

1981年，在国际营养学会议上，朱宪彝报告中国贵州省地方性甲状腺肿与克汀病的流行情况①

朱宪彝对"一校一所一学科"事业发展倾注着满腔热忱，辛勤地耕耘在教学科研医疗事业上，鞠躬尽瘁，生命不息，事业不止，为祖国的医学教育事业和医学科学研究事业奉献着全部心血。

## 二、铭诸贞石，永昭后昆

朱宪彝一生不求索取，只求对国家、对医学事业多做奉献。耄耋之年，他很清楚自己的身体状况，曾对秘书吴宝荣说："虽有鸿鹄之志，已是力不从心。"但他仍怀有壮志，表示"我虽年迈，但只有青春，没有老年。春蚕到死丝方尽，我要为'四化'吐尽最后的一口丝"。

朱宪彝一向主张多开展尸体解剖，对人体病理进行研究，推动医学事业

---

① 照片来源：王家驰.朱宪彝医案[C].天津：天津科学技术出版社，2000.

第一百零六号

案　　由：建议宣教部门与卫生部门大力提倡尸体病理剖验工作以促进医学科学研究案。

提　案　人：朱宪彝

理　　由：现代医学的发展在很大程度上依靠广泛推行尸体病理剖验。若干医学先进国家，包括苏联在内，病人死亡尸体病理剖验已为人民普遍接受，因而剖验工作已能经常提执行。我国人民比较保守，迷信封建思想的一时消除。除个别城市外，一般尸检工作未能很好开展，使若干诊疗上的错误和缺点查不到及时查对和纠正，障碍了医学发展速度。

办　　法：（一）宣传教育部门通过各种不同方式方法向全国人民进行经常性的宣传教育，破除迷信，批判反对尸检的保守思想，说明尸检对于提高医学水平的重要性。

（二）鼓励临床医师努力争取尸检，打消"怕麻烦""怕死亲属难"的顾虑。

（三）医院行政领导与中央和地方卫生领导部门应主动支持尸检工作并以尸检为检查医院工作成绩主要项目之一。

审查意见：由国务院交卫生部会同文化部、教育部、全国科学技术普及协会等有关部门研究办理。

朱宪彝提案①

1984年11月底，朱宪彝患感冒，咳嗽、心房纤颤。大家都劝他早些住院治疗，他婉言谢绝了。他说："新楼（总医院）病房的会议室、过道和各科门诊室都住满了病人。我是医学院的院长，愧对患者，怎么能和他们争床位呀？"

朱宪彝行医六十多年，从生死线上抢救过来的病人不计其数。他曾无数次解囊相助穷苦病人，他培育了许多杰出的医学专家，就连总医院这所医院都是由他一手创建的。即使不论"级别"，单从情理上说，对任何医疗资源他都当之无愧地拥有最优先的使用权，可是他却把"就医难"这个问题归咎于自己，在身患重病时把有限的医疗资源让给弱者，用慈悲心诠释了什么是大爱。

其实他早该住院了。80岁的老人，病历上记载着：冠心病、心脏肥大、肺气肿、胆囊炎、肝血管瘤、青光眼。他是一个用工作支撑生命的人，他为医学贡献了他的一切。

1984年12月25日，正在伏案工作的朱宪彝突发心脏病，未及抢救、撒手人寰。去世前一天晚上，他还在批改一个北京研究生的答辩论文，直到半夜。第二天早晨感到不适，他赶紧让保姆给学校打电话，保姆越着急越拨不清号码，他摆摆手，眼角滴了两滴泪，就停止呼吸了。最早赶到朱家的吴咸中和崔以泰也未能见朱宪彝最后一面。在他们的追忆里，朱宪彝躺在那里，还没来得及穿衣服。掀开被子，他的内衣都是破的，想要给他洗脸，才发现毛巾都烂成了条条。生活简朴至此，令人不胜唏嘘。

发展，并提倡从事医学工作的同志在这方面做出榜样。早在1957年中华人民共和国第一届全国人民代表大会第四次会议上，朱宪彝提出《建议宣教部门与卫生部门大力提倡尸体病例解剖工作以促进医学科学研究案》。

朱宪彝不是口号家，对事关科学研究问题，从来都是其头等大事。1979年，他的夫人赵宝镜因肺癌去世，他就将老伴的遗体献给了医学院。

---

① 中华人民共和国第一届全国人民代表大会第四次会议秘书处.中华人民共和国第一届全国人民代表大会第四次会议汇刊(1957)

　　朱宪彝逝世前留下遗嘱,把自己的一切奉献给他创建的学校,遗书中这样写着:

　　我出生在20世纪旧中国水深火热之时,伴随着新中国的诞生,祖国母亲把我培养成了一名医务卫生工作者,当我由一名医学道路上的探索者成长为一名有临床知识和实践经验的合格医生时,"文化大革命"爆发了,在十年浩劫中,我无法把自己的满腔热情服务于人民,"文革"之后,我已成为一个白发苍苍的老人。我自觉有愧于祖国对我的培养,人民对我的希望。现在我立下遗嘱,把我积蓄中的大部分捐给学校当作教学经费,遗体自愿捐给我工作了几十年的学校,用作医学研究。

　　此即朱宪彝留下的"四献"遗嘱:献出存款建立"朱宪彝医学奖";献出全部珍藏图书和他的十万多张读书卡片;献出自己的一座私人住宅楼,供学校使用;献出自己的遗体,用于解剖课教学,完成了他"医学家最后的归宿"。近乎"裸捐"的告别方式成为天津医科大学校园里永远不老的"传说",连同他永远留下的肺腑之言一同影响和带动许许多多普通人选择这样的方式与世界握别,就有了后来满是遗嘱的生命意义展室厅和蓟州区元宝山庄奉献纪念碑。

　　就在朱宪彝逝世的当天下午,天津医学院对朱宪彝遗体进行了解剖。朱宪彝的心脏、肺、肝、肾和肠等器官标本展列在天津医科大学生命意义展厅。朱宪彝的器官,在生命的意义中成为博爱的符号、奉献的象征。他以这样特别的方式不舍昼夜地守护着这所他一手创建的学校,看着年轻的孩子每天往来教室、谈古论今,听着他们合唱的歌声。

　　朱宪彝去世后学校成立了治丧委员会。

　　1985年1月3日下午,朱宪彝追悼会在天津医学院礼堂举行。追悼会由时任天津市市委副书记张再旺主祭,市委常委纪曾辉主持,市委副书记谭绍文致悼词,各界人士一千多人参加。追悼会开得格外隆重。人们泣不成声,深切悼念这位永远值得怀念的师长和前辈。

朱宪彝追悼会现场①

① 照片来源:王家驰.朱宪彝医案[C].天津:天津科学技术出版社,2000.

**朱宪彝教授追悼会在津举行**

新华社天津1月3日电　我国著名医学专家、八十一岁的天津医学院名誉院长朱宪彝教授，因心脏病突发，经抢救无效，于1984年12月25日不幸逝世。朱宪彝教授追悼会今天下午在天津医学院举行。

中共中央政治局委员李德生，中共中央政治局委员、中共天津市委书记倪志福，以及陈伟达、张再旺、李瑞环、崔月犁、钱信忠、宋健等送了花圈。天津市和中央有关部门也送了花圈。

民主柬埔寨联合政府主席西哈努克亲王发来了唁电。

发来唁电的还有美国、日本、澳大利亚等国的专家、学者。

中共天津市委、市人民政府负责人，以及我国卫生界、教育界的专家、教授和朱宪彝同志的生前友好一千多人参加了今天的追悼会。

朱宪彝教授把一生献给了医学事业。早在三十年代，他在协和医院时，就系统研究钙磷代谢，取得卓越成果，成为闻名中外的内分泌专家。1952年，他创建了天津医学院，此后曾任院长、党委书记和内分泌研究所所长。他多次被评为天津市特级劳动模范，曾当选为一至五届全国人大代表。

朱宪彝教授生前主张多开展尸体解剖，对人体病理进行研究。根据朱宪彝的遗愿，他的家属已将其遗体献给医学院，进行病理解剖。

照片由天津医科大学档案馆提供

当天的新华社（天津）发文：《人民日报》1985年1月6日刊文：

我国著名医学专家，81岁的天津医学院名誉院长朱宪彝，因心脏病突发，经抢救无效，于1984年12月25日不幸逝世。朱宪彝追悼会今天下午在天津医学院举行。

中共中央政治局委员李德生，中共中央政治局委员、中共天津市委书记倪志福，以及陈伟达、张再旺、李瑞环、崔月犁、钱信忠、宋健等送了花圈。天津市和中央有关部门也送了花圈。

民主柬埔寨联合政府主席西哈努克亲王发来了唁电。

发来唁电的还有美国、日本、澳大利亚等国的专家、学者。

中共天津市委、市人民政府负责人，以及我国卫生界、教育界的专家、教授和朱宪彝同志的生前友好一千多人参加了今天的追悼会。

朱宪彝把一生献给了医学事业。早在30年代，他在协和医院时，就系统研究钙磷代谢，取得卓越成果，成为闻名中外的内分泌专家。1952年，他创建了天津医学院，此后曾任院长、党委书记和内分泌研究所所长。他多次被评为天津市特级劳动模范，曾当选为一至五届全国人大代表。

朱宪彝生前主张多开展尸体解剖，对人体病理进行研究。根据朱宪彝的遗愿，他的家属已将其遗体献给医学院，进行病理解剖。

时任中共天津市委副书记谭绍文在致悼词时说："朱宪彝的一生是光明磊落的一生，是奋发进取的一生，是为民造福的一生。朱宪彝的逝世，使我们失去了一位德高望重的科学家，失去了一位有远见卓识的教育家，失去了一位久经考验的优秀干部。"①

————————————

① 王兴民.朱宪彝传[A].王家驰.朱宪彝医案[C].天津:天津科学技术出版社,2000:16.

天津医学院的悼词,对这位老人的一生进行了总结。

同志们、朋友们:

今天,我们怀着极其沉痛的心情,悼念天津医学院院长、名誉院长、内科学一级教授,国内外著名的临床内分泌专家和医学教育家,天津市特等劳动模范、优秀共产党员朱宪彝同志。

朱宪彝同志因心脏病突然发作抢救无效,于1984年12月25日上午9时40分逝世,终年81岁。

朱宪彝同志是天津市人。1930年毕业于北京协和医学院,1951年参加革命工作,1956年2月加入中国共产党。

朱宪彝同志参加革命三十多年来,历任天津医学院院长、河北省医学科学院院长,第一至第五届全国人大代表,天津市内分泌研究所所长,中国人民对外友好协会天津分会常务理事、副会长,中央卫生部医学科学委员会委员,中华医学会副主席,天津医学院名誉校长,天津市内分泌研究所名誉所长等二十多种职务。

朱宪彝同志平日认真学习马克思列宁主义、毛泽东思想,学习党的路线、方针、政策。特别是党的十一届三中全会及全国科学大会召开以来,他更加努力工作、学习,并表示对"革命工作要鞠躬尽瘁,死而后已,要工作到生命的最后一息"。他是这样说的,也是这样做的。

五十年来,他为解除人民的疾苦,历尽千辛。早在30年代,就开始进行营养不良性浮肿,软骨病和其它代谢性骨病的钙磷代谢的系统研究,先后在国内外发表有关钙磷代谢研究的论文共三十余篇。1956年制定第一次全国科研规划时,朱宪彝同志又响应周总理提出的"以任务带科学"的号召,把地方甲状腺肿和地方克汀病的研究列入防治内容。从1959年开始,带领我院基础、临床二十个教研室,百余个科技人员,坚持现场调查和实验室的研究工作。1978年他受卫生部委托亲自带队到四川、云南、贵州、广西和安徽五省(区)进行了为期八周的实地调查研究,他所从事的工作受到国内外学者的重视和赞赏。在他的指导下,近年来,使我院在甲状腺疾病的诊疗水平和研究能力上,赶上了世界的先进水平。在通过鉴定的六项成果中有两项获卫生部甲级二等奖,四项获天津市优秀科技成果改进二等奖。1981年在地方甲状腺肿、地方克汀病研究取得较好防治效果之际，又立即开始了氟中毒的研究工作。是他提出了"结合钙磷代谢，从氟的代谢及人体组织积氟与脱氟机理入手，通过实验研究找出人体脱氟的方法"。目前工作在深入进行，并已取得阶段成果。

朱宪彝同志，热爱医学教育事业，他是我院的创始人，有强烈的事业心和责任感。为了给国家培养更多的高级医学人才，倾注了全部心血，在教学、医疗、科研工作中做出了卓越贡献。共培养了教学、医疗、科研骨干24届，学生7584人。在全国各地高等院校和医疗单位担任科技领导和医疗骨干力量。他时时顾虑着我国医学教育如何发展，教学、医疗、科研如何实现现代化等问题，在全国人代会上，曾多次提出医学教育事业的意见和建议。在他的倡议下，我院与南开大学合作创办了八年制医学教育试点班，与天津大学合作创办了五年制生物医学仪器专业试点班。培养博士、硕士研究生四个。

他几十年来，一直坚持查房、示教，一丝不苟。要求研究生，既要胸怀大志，又要谦虚谨慎。在科研工作中要注意较好协作，更要与周围同志较好团结。他关心全国内分泌科技人才的培养。他亲自为全国性临床内分泌专业医师进修班制定和修改教学计划，亲自授课、示教，亲自阅改学员写的文献综述。为传播科学知识，发愤疾书，孜孜不倦地读书学习，不断撰写论文。他亲自主编的《内科讲座》内分泌系统疾病及有三百多万字的《内科学》深受读者的欢迎。

为促进国际学术交流，他亲自给数十个国外教育及科研机构写信索取资料，了解国外医学教育及科学研究的特点和经验。他积极热情接待来访学者。由于他渊博的知识，真诚的感情和谦恭的态度，许多外国学者都十分敬重他，从而建立了牢固的友谊。美籍华人陈婉芬博士说："朱院长平易近人，学识渊博，特别是礼贤下士的精神，给我深刻的印象。我作为侨胞感到特别温暖，朱院长要我来津讲学，我受宠若惊，士为知己者死！"朱宪彝同志非常重视科技人才的培养，亲自为他们选择专业，有计划地进行人才技术配套定向培养。在他的帮助下，曾有近五十余个同志得到去国外学习的机会，为内分泌的科研工作培养了骨干力量。

朱宪彝同志谦虚谨慎,为人正直,待人忠厚,作风正派,工作兢兢业业,勤勤恳恳,对教学有严谨的作风,对医疗有科学的态度。他不假公济私,损公利私,为做合格的党员严于律己,宽以待人。即使患病期间,他也会念念不忘为党多做工作,他的高贵品德和忘我精神受到了领导和全体教职员工的一致赞扬。

朱宪彝同志的逝世对我国教育事业、卫生事业都是不可估量的损失,他的逝世,使我们非常悲痛,我们失去了一位好领导,好同志。我们一定要化悲痛为力量,学习他毫无自私自利之心,忠诚党的教育事业;学习他严谨的科学态度,为四化献身的精神;学习他胸怀祖国放眼世界的高风亮节;学习他谦虚谨慎,不骄不躁的精神,完成他未完成的事业,把教育改革引向深入,为四化培养更多、更好的人才,贡献我们的力量。

朱宪彝同志,安息吧!

1984年12月15日

## 三、生命意义,灵魂对话

走进天津医科大学的校园,在往来匆匆的学子和"林花谢了春红"的时光更迭里,你会看到那屹立在南门的一尊全身雕像——朱宪彝,这所新中国成立后第一所高等医学院校的创始人和首任院长。如果你拉住经过身边的一位同学,询问塑像背后的故事,他会把你指向那个叩问生命的所在——生命意义展厅。因为,不管你与这雕像的主人相隔多少年月,你都会在那个展厅里遇到他关于生命的肺腑留言。

生命意义展厅,是天津医科大学校园里最为特殊的一间教室——大学生们入学的第一课和毕业时的最后一课,都要来到这里与"无语良师"展开一场"心灵对话"。

这间教室是一个开放展室,室内陈列着天津医科大学创始人、著名医学教育家、内分泌学专家朱宪彝所捐献遗体的部分脏器标本,还有七百余位遗体捐献者在生命最后时刻亲笔书写的遗嘱。

在建党百年和天津医科大学70年校庆前夕,学校兴建朱宪彝纪念馆、迁址扩建生命意义展厅,将朱宪彝纪念馆和生命意义展厅建设成为学校乃至全社会思政育人的教育基地,以培养德高医粹的医学人才。

113

天津医科大学"生命意义展厅"（2021年新建）

我国传统思想中有"身体发肤，受之父母"，要避免"死无全尸"的说法。而若是家属不大操大办，就是"家门不幸""无子送终"。

虽自新中国成立以来，人们的世界观有所改变，但传统思想影响亦根深蒂固。所以我国的尸检率远远低于其他国家，临床上用于教学研究用的尸源供不应求。就解剖课来说，有时班里三十几个人，只有一具尸体可供观察，就不能保证每节课每个学生都可以亲自动手，难以满足学习的需要。

在朱宪彝"四献"精神感召下，越来越多的人摒弃了世俗观念，志愿在百年之后将遗体捐给医学解剖教学使用。其中，姚进副教授的"双捐"，是对朱宪彝"四献"精神感召的最好诠释。

姚进，中共党员，1978年毕业于南开大学物理系，在天津医科大学眼视光学院任副院长10年，主要负责教学工作，主攻光学与视光学。早在2005年，天津医科大学眼科中心、眼视光学院80%的医务人员和教师已集体签署身故后无偿捐献眼角膜的志愿书，姚进即在此列。2010年，姚进被查出患上胃癌，2011年年底病情加重，入院接受治疗。这次住院后，姚进深知病情严重，决定立下遗嘱重申自己的愿望。

姚进在2011年11月1日第一封遗书中写道："我身患重病后一直得到组织与同志们的关心与帮助，本人自工作以来，大部分时间从事眼科视光学的教学工作，工作中深知光明对人类生活中的重要性，因此我自愿在身后将角膜捐献给医大眼科中心，以帮助需要光明的人们，为社会做点贡献。"言语虽短，但字迹清晰，笔法苍劲有力。2012年1月10日，姚进第二次写遗书时，昔日矍铄无比的他已孱弱到握不住笔，到后来字迹也开始绵软、潦草，但每一句话都掷地有声："我自愿在自己生命走到尽头时，将眼角膜捐献给天津医科大学眼科中心，将遗体捐献给天津医科大学。自己的多半生工作经历是从事我国的医疗教育事业，我热爱我的学生、热爱自己的讲台，因此在有生之年向组织提出捐献遗体的夙愿，渴望能在我国的医疗事业上尽一点作用！"姚进说："捐献角膜和遗体，是我最后的愿望……"如今这个愿望实现了。

2012年1月18日上午，姚进终于回到了他为之工作奋斗半生的医大校园，解剖楼前身穿白大衣、手捧菊花的众多学子静静伫立，含泪向这位他们喜爱、崇敬的老师鞠躬送别。

2013年2月21日，时任卫生部副部长、中国人体器官移植捐献工作委员会主任委员黄洁夫，参观生命意义展室和人体科学展厅后特别提出，天津医科大学生命意义展室中展出的学校创始人朱宪彝老校长的"四献"和姚进教授的"双捐"事迹弘扬了奉献精神，是对灵魂的教育，令人感动和敬佩，倡导医务人员和器官捐献协调员都去参观，切身体悟这项事业的崇高。

经2005年、2014年和2021年三次迁址、扩建后，生命意义展室正式更名为现在的生命意义展厅，并成为天津医科大学学生德育工作的"精彩之笔"——一届又一届莘莘学子在此接受心灵的洗礼，在阅读"大体老师"感人至深的亲笔遗嘱中体味生命的价值，感受"健康所系、性命相托"的医者责任。

中国科学院院士杨叔子评价生命意义展厅时说："人生是什么？在这里可以有个解答。死有重于泰山，在这里又有了新的含义。"

中华医学会医学伦理学分会主任委员北京大学医学部医学伦理学教授李本富这样评价："生命意义展厅为国内首创，在教育中发挥了突出的作用，学生们在这里上特殊的一课，让心灵自然地接受崇高、向往美好、追求理想。"

天津医科大学数百名外国留学生在参观后与中国学生一样心情激动，其中一位来自尼泊尔的留学生这样写道："我感受到精神的力量，看到了在这种力量引领下的中国强大的未来。"

世界医学法学协会主席卡米教授在参观后认为："天津医科大学是一所非常奇特的高等院校。我发现，全世界的几千所医学院均和自然科学结合在一起，而在这里，我却感受到贵校将医学和人文教育结合得如此紧密。当我离开这里，回到世界卫生法学协会后，我会对其他成员说我在中国竟然发现了如此美妙的地方，因为她将医学和人文学科融合在了一起，这是我在此学到的最深刻的一课。"卡米教授还在留言簿上写道："将医学教育和人文教育融为一体的想法是伟大的，值得全世界所有医学院效仿。"

2004年，天津医科大学和天津市红十字会、天津市工商业者联合会一起，在蓟县元宝山庄陵园建立了天津市遗体捐献者纪念碑。纪念园由遗体捐献者纪念碑和纪念广场组成。纪念碑长25米、高5米，当中镌刻着"奉献"两字，两侧刻着一位位遗体捐献者的名字，左侧是朱宪彝浮雕头像和他的生平事迹。遗体捐献者纪念园是天津医科大学、天津中医药大学、天津医学高等专科学校等学校的人文素质教育实训基地。2013年，天津市红十字会为弘扬器官捐献者的奉献精神，将器官捐献者的名字也刻上遗体捐献者纪念园的奉献碑。每年清明节，天津元宝山庄的遗体捐献者纪念园都会举办盛大的遗体捐献者、器官捐献者社会公祭活动。①

　　有一年清明,朱宪彝已近80岁的小儿子朱遂在女儿的搀扶下,来到蓟县元宝山庄,面对朱宪彝的雕像和刻着他名字的奉献纪念碑深深鞠躬。容颜苍老,生命轮回,父子在几乎同样的年龄相对,一生一死,生命的对话不足为外人道,唯见清明时雨、陌上轻烟。

　　朱宪彝从懵懂少年到一代名医,其波澜壮阔的一生,全写在他的学生、原天津医学院党委书记崔以泰纪念恩师的诗歌《薪尽火传》里:

> 历尽沧桑,远涉重洋,救国心潮汹涌,
> 苦寻济世良方,不恋花旗繁花,热爱祖国故乡。
> 渴饮海河清波,奉献玉液琼浆,汗雨洒入大地,
> 哺育桃李芬芳,育苗尤多爱苗,精心栽培栋梁。
> 医学广厦奠基,创业艰辛倍尝,呕心沥血为民,
> 毕生救死扶伤。乐在书山攀登,巨著终托掌上。
> 鄙夷名利浮华,襟怀晶莹坦荡。出污泥而不染,
> 逢逆境明方向,负盛名更谦虚,持正义挺胸膛。
> 半百盼来党龄,觅得真理不放,生命不息工作不止,
> 鞠躬尽瘁万古流芳。星殒光耀史册,永驻晚辈心房,
> 薪尽火传千秋,万里新程照亮。

---

① 张金钟.论医学人文素质教育实训教学[J].中国医学伦理学.2015年8月第28卷第4期.

第二篇

朱宪彝教育思想研究

# 第七章　德高医粹的中国现代医学教育家：
## 朱宪彝

朱宪彝，1903年1月3日诞生于天津，1984年12月25日逝世，享年81岁。朱宪彝于1930年从北平协和医学院毕业，获得医学博士学位，生前作为内科学一级教授在天津医学院任教，博士生导师。由他创建并担任第一任院长32年的天津医学院，现已发展为国家"双一流"学科建设高校。朱宪彝曾任天津医学院院长，河北省医学科学院院长，天津医学会会长、名誉会长，中华医学会常务理事，中华内科学会主任委员，中华内分泌学会主任委员，中共中央防治地方病领导小组学术委员会副主任委员，天津市科协副主席，天津市对外友协副主席，天津市政协副主席等职。

作为国际著名的医学家、临床内分泌学家和医学教育家，朱宪彝被国外著名学称赞为"中国钙磷代谢知识之父"，是一位卓有建树的医学大家，无论是对内科学还是内分泌学，都做出了杰出的贡献。他奋斗一生的艰苦历程，代表着饱尝艰辛、爱国创业的老一代中国高级知识分子的共同特点，同时也彰显着他德高医粹、彪炳史册的个人风范。[1]

### 一、朱宪彝的医学追求

朱宪彝入小学前曾先附读于几位乡绅家馆，9岁时（1912年）进入直隶第一模范小学读二年级，1917年被直隶官立一中录取，1922年朱宪彝从天津市直隶官立一中顺利毕业。中学毕业后，他不愿谋求那些俸禄优厚的职位，如银行、铁路、海关等，而想要走"教育救国""科学救国"的道路。朱宪彝曾想入南开大学哲学系攻读哲学，探求世间奥秘、救世之道；也曾想攻读北洋大学数学系，自信于自身扎实的数学基础，定能有所作为。他对于应用科学，如工程学、医学等却毫无兴趣，认为在经济落后的中国，这些学科很难有发展的潜力。后在父亲的强烈要求下，他以几近全优的成绩考入了北平协和医学院，当时中国最高的医学学府。北平协和医学院是仿照美国约翰·霍普金斯大学

---

① 霍玉.当代钙磷代谢知识之父—朱宪彝[J].天津名人，2014，(6)：33-43.

医学院为模板创建运行的,前三年在燕京大学生物系学习基础知识,后五年本科在协和医学院本部进一步深造。朱宪彝在念完医预科后想要转学他处,但经历了从起初30人到最后淘汰只剩10人的医预科班顺利毕业后,他开始对医学产生浓厚的学习兴趣。也许是生物学、化学、解剖学和生理学等实验性课程唤起他的灵感,但可以确定的是,他自己进行的果蝇遗传试验的确带给他无穷的乐趣。由巴斯德女婿撰写的《巴斯德传》给他带来了巨大的影响,这位伟大的微生物学家的平生经历,尤其是他在研究炭疽病方面所做的贡献和成功经验,给朱宪彝很大启迪。他很崇拜巴斯德的一句名言:"机会只赐予有科学思想准备的人。"认定医学是造福人类的崇高事业后,朱宪彝终于立志献身医学事业,这为他后来的医学教育事业埋下了意义深远的伏笔。

朱宪彝几乎以狂热的态度获取着知识,后人整理得到的朱宪彝课堂笔记和读书心得如实地记录着他那时的学习情况。广泛的涉猎范围,清晰的表述方式,工整的书写文字,皆令后来学习者敬佩。朱宪彝课堂学习之余的生活几乎全在图书馆或病案室里度过。北京协和医院有"三宝",图书资料、病案资料及协和的专家教授。他曾几次请求图书管理员将自己反锁图书馆,只是为了有更多的时间搜集资料。1930年,在完成了8年的艰苦学业后,朱宪彝获得了医学博士学位,并荣获以纪念为创办协和医学堂做出杰出贡献的外籍医生文海而设立的奖学金—文海(Wenham)奖学金。这个奖每一年评选一次,是协和医学院毕业生能够获得的最高荣誉,只授予在5年学习期间,本院本科生中考试成绩积分最高者,每一届毕业生只有一人可以得到这项荣誉。

8年的学习生涯结束后,朱宪彝最终选择留在协和医院深造,开拓一番属于自己的医学事业,开始了在协和做清苦的内科住院医师的生涯。虽然协和医院住院医师的工作和生活条件都相当优越,但恰恰薪水不高,每月仅百元左右。但是朱宪彝主意既定,便义无反顾,他一如既往,潜心地钻研学问。他经常一两个月不出医院大门,为了节省生活开支,也不让妻子和孩子到医院探望,更别提送一些营养品给他进补,就连同事们都抱怨他"太不近人情"。

朱宪彝做了3年内科住院医师后,于1934年开始担任内科总住院医师,并协助科主任处理全院的内科教学工作和医疗工作,随后很快被升为科学助教、讲师。曾有幸受到南京大学戚寿南教授邀请,去南京大学教授生化。但因朱宪彝更偏爱临床研究工作,因此放弃了这次机会而未能应聘。1936年秋,朱宪彝获得以生化研究生身份赴美国哈佛大学医学院黑斯廷斯教授的实验室进修一年的机会。1937年进修归来后,朱宪彝晋升为内科学副教授。

得益于在北京协和医院内科接受的严格训练,朱宪彝在通往科学殿堂的道路上越加顺利。1925年毕业于北京协和医学院的刘士豪教授在事业上给予了朱宪彝大量的帮助与教诲,后期的合作更是促使朱宪彝在医学道路上获益良多。刘士豪教授素以勤奋、博学闻名,精通临床,同时生物化学方面十分见长,朱宪彝从协和医学院毕业后,就和刘士豪教授一起工作,亦师亦友。得到刘士豪教授的指导,朱宪彝在毕业后的前几年,选择了营养不良性浮肿作为研究领域。从1934年开始,朱宪彝便和刘士豪教授开始了长期的密切合作,展开对佝偻病、软骨病及其他代谢性骨病的系统性研究,为现代医学界钙磷代谢的理论奠定了基础,成为誉满中外的临床内分泌学专家。

在旧中国,软骨病非常普遍,许多妇女因此而骨盆畸形导致难产。北京协和医院的妇产科主任马士敦和内科主任马克麟曾在20世纪20年代,进行过一些流行病学和临床研究。北京协和医院的内科代谢病研究小组选择使用代谢平衡法对软骨病进行研究,该方法是由美国麻省总医院奥尔布莱特教授创立的。他们选择各种类型的软骨病患者,争取到与病人的长期合作,连续给患者做钙磷氮方面的检查。研究期间,病人住院费用全免;为控制变量,给病人每天吃固定品种和数量的食物,喝蒸馏水,以便掌握患者钙和磷的准确摄入量;以4天作为一个小的代谢观察周期,保留4天中的全部大小便,取一次血,由特定研究员做血、尿、便的钙磷氮测定。因为软骨病是一种慢性病理过程,对病人的研究观察也必须进行长期跟踪。他们让合作的病人每年9月、10月入院,来年6月出院;继而9月、10月再入院。为了使研究结果科学可靠,他们请分配在这个科的实习医师同病人一样,相同饮食,同样留标本检查,作为参照组。通过长期的科学研究,他们总结到软骨病的基本病因是钙和维生素D缺乏,通过给予一半剂量的钙剂注射,就可使钙由负平衡转为正平衡。当时,维生素D刚发现不久,在它的生理和药理作用方式还不十分清楚的情况下,朱宪彝等便对维生素D的疗效进行了极为深入的观察研究,发现只依靠钙剂治疗软骨病效果不佳,而在给以约200国际单位的维生素D之后,患者钙的负平衡即转为正平衡,但有效时间不足1个月;其后加大剂量至5000-10000国际单位,连续给药10天,则可维持1年左右。此次关于维生素D最低有效剂量、开始起效时间、药效发挥作用的持续时间以及治疗后钙磷代谢水平动态变化的研究,为后面临床应用维生素D和钙剂治疗软骨病起到了科学指导作用。

朱宪彝等对妊娠期和哺乳期妇女的钙磷代谢水平也进行深入的研究,发现充分供应维生素D,对保护妊娠哺乳期母亲的骨骼是至关重要的,并首次证明维生素D可以通过母乳泌出以治疗患有佝偻病的婴儿。这一发现为对中国儿童佝偻病高发病因的研究和治疗途径提供了重要启发。他们首次通过钙磷平衡法在人体证实了紫外线与日光浴对纠正负钙平衡的治疗作用,并建立了以尿钙水平反映维生素D缺乏程度的检测方法。朱宪彝等还对饮食中的钙磷比例进行研究,发现当饮食中钙磷比例为2—2.3:1时,钙磷在小肠中的吸收最充分、最符合生理要求,如若钙磷比例增加,血磷就会下降,反之则会上升,使用酸性药物,可以促进尿钙的排出,尿磷、氮的排出量也随之增加,甚至出现负平衡。他们对可能引起软骨病和佝偻病的所有因素都给予认真的研究和讨论。1934-1942年间,朱宪彝等发表的关于软骨病和佝偻病钙磷代谢方面的研究文章达到30篇之多,其中最能反映他们学术成就的代表作是"软骨病的钙磷代谢的系列论著"。

作为朱宪彝和刘士豪共同发表的最后一篇论文"钙磷代谢研究对肾性骨营养不良发病机理的意义及AT10和铁剂的治疗作用",刊载在美国巴尔的摩《医学》杂志,被公认为"代谢性骨病研究的奠基石",也是他们精诚合作研究最高成就的象征。研究中,朱宪彝和刘士豪教授深入探讨了肾性骨营养不良症,比较研究两种不同临床类型的维生素D缺乏症基础上,他们发现肾性骨营养不良区别于软骨病的一大特征是机体对维生素D的反应性降低,并敏锐地察觉到维生素D可能是影响肾脏功能缺陷的重要因素,而这恰是肾性骨营养不良发病机理中的主要因素。虽然限于当时的历史及科学条件,他们还不可能对肾性骨营养不良的发病机理的各个细节都做出完全正确的说明,但他们所提出的假说被证实具有先见之明。这一假说,由二十几年后美国的迪鲁卡教授在理论上进一步证实,维生素D需在肝脏羟化后再经肾脏羟化变成活性物质,因而造成缺乏维生素D的症状,导致肾性骨营养不良;而AT10不需在肾脏进行羟化便能发挥作用,因此能用来治疗肾性骨营养不良症。由朱宪彝等率先命名的"肾性骨营养不良",至今仍被国际学术界所沿用。

朱宪彝不仅对软骨病和佝偻病、肾性骨营养不良等进行深入研究,还对严重的纤维性骨炎、成骨发育不全以及正常人的钙磷代谢等一系列相关代谢性骨病都进行了研究。在朱宪彝逝世后,美国著名骨代谢专家帕菲特发表长篇纪念文章说到"三四十年代全世界关于钙磷代谢的研究大部分出之于北平协和医学院"。在这篇题为"朱宪彝——中国维生素D缺乏和软骨病临床研究的先驱"纪念文章中,他还说:"他的逝世标志着代谢性骨病理论发展的一个重要历史时期的终结……他们的成就至今仍对我们有重大的教益和深远的指导作用。用现代维生素D代谢的理论已经可以解释当时所做的研究工作,但还有一些问题至今尚不能满意的阐明。"

朱宪彝由于在钙磷代谢研究上的卓越成就，使得他被国际上许多骨代谢专家推崇和拥戴。1982年，加拿大著名骨代谢专家雅沃尔斯基教授来天津拜访朱宪彝，特地赠送给他一本自己的新作，并在书的扉页上恭敬地写道："送给朱教授——当代钙磷代谢知识之父。"

## 二、德高之朱宪彝

朱宪彝为人处事正直，一心为公，严于律己，宽和待人，为人们钦佩和景仰。从一些小事上就可以看出他的高尚情操和崇高品德。

朱宪彝生活简单朴素。他在青年时代考入协和医学院时，其家中已无力负担杂费、书费等昂贵开销，一切都是靠向舅舅每年借200多元钱，解决学习的费用和一部分家用。毕业后，1934—1939年间陆续还清所欠债务，在经济上才松了一口气。朱宪彝一生节俭，克己奉公，他不嗜烟酒，甚至很少用茶。他的夫人赵宝镜持家有方，受他影响更是省吃俭用。孩子们的衣服鞋子都是亲手缝制，为的是省下钱贴补朱宪彝买图书资料。朱宪彝经常不无自责地说："我对不起老伴，很少能陪他去看场电影"。

解放后，组织上评定每月给他650元工资，他坚决拒绝，表示"自己是教授，就拿教授的工资。一个人的最高待遇、最大幸福莫过于事业上的满足了"。曾经的协和校友们为筹建"协和医学院基金"发起募捐时，他接到通知后寄出1000元国库券之后，不无自嘲地说："看来难能事事率先垂范。假如我当年不力辞高薪，恐怕今日能捐数十万之巨了。"他一向廉洁奉公，不谋私利，处处以身作则。他每年都要花费数百元自费订阅国内外医学期刊，到年终需装订成册时，送到学院图书馆装订室，照章纳费。他总是对学生们说："只要能在期刊上看到你们的文章，那就是最好的礼物。"与国外友人的信件往来包括圣诞贺卡等费用皆由己出，甚至在接待一些外宾时，他也自费招待。还有一次，他主动交钱交粮票，只因为他自己近期接待外宾会餐超过国家规定标准补贴。他一直主张"公事公办，以免非议"。还有他乘坐的轿车，也从不让家人搭乘。只有一次夫人要去医院看病，在司机的再三坚持下，才答应随车到医院，看完后她自己又坐公共汽车回家。就是他自己乘车，也不中途停车去商店买自己需要的物品，都是回家后再返回来购买。他认为："俭以养廉，勿以事小而不为。蝼蚁之穴，可溃千里之堤；一趾之疾，竟数尺之解。这些千年古训，应当刻骨铭心。"

朱宪彝的私人住房也是他从自己的牙缝里挤出钱来购买的。很长时间里，他都是住在南门外一所相当破旧的房子里。就是这座住宅，和他同年资的知名医生相比,也已经相当简陋了。除了一些装书的大书架和大办公桌,几乎没有豪华的装饰性家具和陈设。家中门窗坏了,学校派人维修,他甚至多次催促付款,直到看到收据才会觉得心安理得。他甘于清贫,安然处之,而最使他倍感欣慰的是,这所房子是块"风水宝地",正好与市医学图书馆对门,他不须费远足之劳,就可以前往"医学海洋"畅游。

朱宪彝"爱医学事业不爱财"。朱宪彝一生孜孜不倦,读书成瘾。几十年来,他每年都要花掉自己工资的四分之一购买各种各样的报纸杂志和书籍。在没有工作任务时,他不放过任何时间读书学习,摘抄记录卡片。节假日里除偶尔看看喜欢的京剧之外,大多时间都是在图书馆埋首学习中度过。甚至在外出开会、乘汽车、坐飞机或会前的时间里他都要读书,只为了及时了解当下的医学科技动态和最新成就。他把自己的办公室和家里的书房当作一个小型医学图书资料室,读书学习乐此不疲。朱宪彝从1922年起开始养成摘记读书资料卡片的习惯,到1984年一共积累了10万多张。卡片所记资料内容十分广泛:临床内分泌疾症,非内分泌疾症,如消化、呼吸、循环、肾脏、血液、肿瘤和传染病等。与医学基础有关的学科,像病理、生化、生理、微生物、免疫学、组织胚胎、药理、药物、寄生虫和老年学等。晚年时期,朱宪彝考虑到自己的未竟事业终将由年轻人来完成,要让自己这些资料发挥作用。从1982年起,他在助手和研究生的协助下,用两年时间,将这些卡片从原来的12大类623小类,细分为23大类900小类。这些资料卡片是国内外内分泌学的宝库,后人们临床发现少见的病症、医学理论研究遇到困难,都会到朱宪彝留下的这座宝库里去查找,老院长留下的是无价之宝。

朱宪彝从不向强权屈服,总是勇敢担当重任。由于1941年底太平洋战争爆发,协和医院被迫停办。朱宪彝只得离开,后受邀至唐山开滦煤矿医务部担任内科主任医师。他本想继续在开滦进行钙磷代谢方面的研究,以发现缺乏日照条件下矿工职业病特别是骨病的发病规律。但是由于开滦煤矿的特殊性,只得终日忙于门诊和病房业务,导致他没有时间也没有条件进行系统的研究工作。而且,开滦医院的诸多清规戒律尤令朱宪彝难以理解。对于就诊员工,按三六九等、职位高低给药,而非按照病情程度。朱宪彝在多次抗议无效后愤然辞职,1945年回到天津创业并义务兼任天津妇婴医院院长。1947年他应中学挚友邀请,在其创立的立仁医院兼任内科工作。国家民族面临生死存亡的时刻,他愤恨于腐败无能的反动政府,却又无力抗争,只得洁身自好。他十分鄙视"行医看门弟、治病图发财"的腐朽思想,始终以解除病人的病痛为先。他并不多收富人的钱,有时还会免除穷苦病人的挂号费。他始终努力减轻病人的负担，让病人能跑一次绝不跑两次，对病情并不严重的，亲自指导病人买药服用，不必花钱诊治。他在行医生涯中解救了成千上万的病人，却始终没有因此而发财致富。

在天津解放之后，他不仅是河北医学院内科学教授，同时也是天津市立总医院内科主任，更是毅然放弃私人开业，专任公职，他还拒绝了人民政府发放的超额工资，情愿和一般医学专家享受同等待遇。1950年，他响应国家抗美援朝的号召，出任天津市抗美援朝医疗救护委员会主任委员，积极动员并组织全市医务人员参加抗美援朝医疗服务队，劝说那些私人开业的医生支援公立医院，他的爱国热忱和组织才能深深地打动了年轻一辈的医务工作者们。他在天津医学院主持工作30多年，呕心沥血，日夜操劳，遇事从不推脱，主动承担责任。他最常说的话就是："我当院长，有事我就得负起责任。"曾经由他主编的《内科学》一书的职业病分册，出版后发现有部分内容重复。为了对读者负责，他自费在《天津日报》登出声明，并且在每本尚未出售的书中放入小条予以说明。他更是将撰写论文和书稿所得的稿酬全部交给办公室作为公益金。还有他与别人合作的论文著作，他也从不要一分稿费，更坚持将自己的名字署在后面，从不与人争利。朱宪彝1982年应邀至日本东京参加亚太地区甲状腺学术会议和亚太地区内分泌学术会议时，他片刻不歇，不分会上和会下，抓住一切机会与来自各国的医学代表探讨交流学术。就连中午还不顾劳累，亲自跑到东京两个大学的医学院去访问。他尽可能把每天的时间安排得相当紧凑，会议期间闲暇之余从没逛过一次商店。朱宪彝毕业于北京医学院的一个侄女，在北京儿童医院专攻小儿内分泌，她就和叔叔商量，很想来天津内分泌研究所进修。朱宪彝认真地告诉她，想进修可以，但只能通过正常渠道，"近水楼台先得月"的想法可要不得。

就是这样一位德行高尚、以身作则、一身正气的医者、教授、前辈，一生奉献却没能多得命运的庇佑，于1984年12月25日上午，朱宪彝在家中伏案工作时，心脏病猝发，没有来得及抢救，就永辞人间了。本来，朱宪彝就已经感冒咳嗽一个多月，并有心房纤颤之症。知道情况的院领导和医院同事们都极力劝他早日住院治疗，同事朋友们一次次劝说，朱宪彝一次次推辞，他总说："新楼病房的会议室、过道和各科门诊诊室都住满了病人，我是医学院院长，本已愧对患者，又怎能和他们争床位呢？"他总是心系患者，生怕与病人们争医疗资源，宁愿自己忍受着病痛的折磨，他依旧住在家中，每天按时去医院打针，坚持在家工作。那几天他正忙于为一位教授审阅鉴定材料，终于自感精神疲惫，难以支撑，遂决定听从同事们的劝告，打算在忙完手头的工作，于25日下午3时去医院治疗。可万万没有想到的是,他竟去得这样的突然,这样急促。他在家中交代着秘书一件又一件工作,秘书刚走20分钟,他就因疾病突发而与世长辞。

其实自1978年开始,朱宪彝的身体状况就每况愈下,他总是强行凭借超强毅力超负荷地工作,直至高烧不退、气喘、房颤,甚至卧床不起,才被同事强行送到医院,但在医院他也没法安心踏实地住下来,他总是担心着自己手中的工作,唯恐落下进度,同时更担心着医院本就紧张的床位,担心影响到其他病人的住院。因此,只要高烧一退,他就马上要求出院。这么多年来,只有一次是他主动提出去住院体检的。那就是他去世的那一年,1984年5月的一天,他感到腹胀难忍,吃不下饭也睡不着觉。后经中西医会诊,确诊为肝脏血管瘤导致腹胀。而在此之前,他已经患有冠心病、心脏肥大、慢性气管炎、慢性阻塞性肺气肿、左下肺支气管扩张、胆囊炎、胆结石、肝血管瘤、急性原发性青光眼、白内障、前列腺肥大、内外痔等多种疾病。这一连串的疾病早已能迫使任何一位八旬老人"挂刀休养"了,但他却犹若无物,泰然处之。他的一位挚友从国外特意写信规劝他,说"要钱莫如要权,要权莫如要命"。朱宪彝看后哈哈大笑,说"这岂不是活命哲学吗"?"春蚕到死丝方尽,蜡炬成灰泪始干"是朱宪彝最为欣赏的名言佳句之一。在他逝世的前一年里,朱宪彝这位八旬老人都没有让疾病打倒,他仍然每天坚持读书、做卡片。他常说:"学无止境,现在医学发展这么快,我不读书,怎么去教8年制学生和研究生啊!"人们总是心疼又敬佩他,那么大的年纪拿着放大镜认真读书,一字一句地审阅论文和稿件,始终不让自己放松片刻。在医院检查后医生要求他出院在家多休息,但他仍然坚持卜班,甚至坚持去听八年制学生的课。只因为他坚持不听课就没有第一手资料,不知教师的情况就没有发言权。只是从今以后已经再也没法看一眼他热爱的医学科研与教育事业了,永远地离开了他热爱的医学教育事业。一位为医学做出如此之多卓越贡献的人,在他最需要医疗照顾的时候,却没能享受到现代科学的恩惠,总是以舍己为人的大无畏精神,把生的希望让给了其他需要救治的病人们。人们惋惜着,慨叹着,颂扬着,在他困难的时刻,他依旧选择把生存的希望让给别人,把死亡的危险留给自己。

按照朱宪彝的遗嘱,将他仅存的两万元存款全部赠予天津医学院用作奖学金;他的全部藏书和期刊交图书馆公用;他的一套私人住房也交给学校使用;还有他自己的遗体捐献给医学事业。就这样兢兢业业勤勤恳恳工作了一辈子的医者,最终什么也没有带走,除了高尚情怀之外什么物质财产也没有留给子孙们。他把毕生的所有都无私地奉献给了医学院,奉献给了他热爱的医学教育事业，奉献给了广大人民。他所奉献的，绝不仅仅是那些可以计量的钱物，更重要的是他崇高的精神和他开创的伟大事业。

中国人具有传统的伦理理念，即"身体发肤，受之父母"。朱宪彝做出的捐献遗体的决定，深深地影响着身后年轻的医务工作者们。他多年前就已许下捐献遗体的诺言，他把这看作是"医学家的最后归宿"。朱宪彝的追悼会开得格外隆重。时任天津市委书记的谭绍文在悼词中说："朱宪彝同志的一生是光明磊落的一生，是奋发进取的一生，是为民造福的一生。朱宪彝教授的逝世，使我们失去了一位德高望重的科学家，失去了一位有远见卓识的教育家，失去了一位久经考验的优秀干部。"在场人们都泣不成声，深切怀念着这位敬爱的师长和先辈。

1987年8月《健康报》为悼念张孝骞教授逝世发表评论员文章指出，在张教授之前逝世的，"还有林巧稚、黄家驷、朱宪彝、锤惠潮、黄祯样等。他们在开创我国医学事业上，都在各自领域建过奇勋"。朱宪彝作为我国医学界的光辉楷模之一，他所创立的伟大事业，建立的卓越功勋，始终影响着一批又一批后来的年轻医者，他的精神和品质永远是后人的模范。如今，在天津医科大学校园内依旧立着他的半身铜像，铜像旁鲜花锦簇，前来吊唁怀念的人络绎不绝，从那寥寥数语的碑文中，陌生的后辈们已经很难领略感受到他的丰功伟绩和伟大的人格了。在天津历史博物馆里，矗立着他的全身蜡像，和其他天津历史上重要的人物们一起。他的蜡像身着白大衣，胸前挂着听诊器，装束异常朴素却又十分庄重。或许这正是他所期望的。历史早已过去，就让希望了解他的人去研究他，不需要刻意的招徕或暗示，正是这样一种伟大的质朴和崇高的精神令人们更加怀念他。

### 三、医粹之朱宪彝

朱宪彝时刻牢记着自己曾经立下的医学誓言与人生追求，时刻怀着一颗救助病人奉献社会的赤诚的心。他在钙磷代谢研究领域所取得的成就丝毫没有改变他大医至诚的医者情怀。他在面对病人治疗疾病时依旧一丝不苟毫无私心，并且一直心系着国家落后地区人民的疾病痛苦，在之后对地方性甲状腺肿与克汀病的防治与研究中，他凭借丰富的学识和艰苦的探索，很快成为全国这一领域的核心人物，再次赢得国际学术界的认同与赞扬。

在北京协和医院内科的那段日子，朱宪彝不仅学习了精湛的医术，而且培养了科学严谨的作风。最令朱宪彝难忘的是协和医院的大巡诊制度。每逢星期三的上午，内科总要进行为时两个小时的大巡诊。所谓大巡诊，就是事先由总住院医师从各专业组中挑选出疑难或罕见的病例,经过主任同意后公布。大巡诊时,要求实习医师报告病例,务必完整而扼要,再由主治医师总结发言,对病例的诊断和治疗措施加以必要的说明和讨论,并准备回答各位巡诊者的提问。通常,巡诊会上可以百家争鸣,大家都各抒己见,气氛紧张而又热烈。最后由科主任进行总结,并解释下一步的治疗措施。20世纪30年代,在狄维德和斯乃博教授主持下的内科大巡诊十分活跃。朱宪彝不喜欢旁征博引,而是偏向于稳执牛耳,常常语惊四座,引得同门刮目相看。他本人也从同事们的激烈争论中获得有益的启示。这之后,他也把这种制度带到了天津市立总医院。

朱宪彝对病人始终认真仔细,尽职尽责,他对实习医师和住院医师的要求也是十分严格。原中国医学科学院院长吴阶平教授在给天津医务工作者做有关"临床思维"的学术报告时,援引过他自己的一段亲身经历。当时他在协和内科见习,碰巧赶上朱宪彝教学。一次,他接诊一位病人,从病史、体征到病程,都属于典型案例,便认真记录了病史和体征,没有其他更深入检查就填上"肺结核"的诊断,请朱宪彝复核。朱宪彝审阅了病史、复核了体征之后,便问吴阶平查过痰没有,查到抗酸杆菌没有。吴阶平考虑到病症明显,就照实回答并没有查痰。不想,朱宪彝竟严肃地批评起来:"你现在是四年级学生,就想简单化。明年做实习医生,一定更简单了。做了住院医生,还要再简单,到主治医生,自然更加简单了!"这顿劈头盖脸的严厉批评使得吴阶平顿时无地自容。但也正是这次批评,使得吴阶平懂得了一个最简单却又最重要的道理,医生的主观分析决不能代替客观检查。在协和同事们的眼里,朱宪彝还是一位博闻强记、思维缜密、谨慎细微的医生。1941年,一次朱宪彝让实习医生须毓筹对一位病人进行连续24小时尿肌酐观察。每天清晨6点,须毓筹医生为病人测试,但结果总是有悬殊,反复几次,情况依旧没有改变,最后只好将情况如实抄入病历中,并向朱宪彝做了汇报。一天早晨,她正在实验室里测量尿肌酐。无意中发现朱宪彝正踮着脚站在自己身后,朱先生检查测试操作后严肃地对她说:"今天我看了看,你的操作非常规范,完全合规定。但化验结果我也很纳闷,请你把余下的标本留下来。我再做一遍。"下午,当须毓筹再到实验室时,见朱宪彝还在为化验结果大伤脑筋,没有休息。后来须毓筹改用蒸馏水做定量分析,结果两份蒸馏水中竟也出现了不等的肌酐。朱宪彝看着检测结果,笑着称赞须毓筹:"是你找到了根源。毛病出在我身上,是我让把以前用过的人造浮石反复漂洗后重复使用,才影响了实验结果。"朱宪彝总是如此认真地对待每一个实验。

朱宪彝在他的医学生涯中,倾注了大量的心血在医疗工作中。在他长期兼任附属医院内科主任的时间里,他一直坚持查房、示教,并主持临床病理讨论会。无论是出席国内重要会议,还是有出国任务,回到天津后的第一项工作便是到医院查房,时刻了解病人的病情变化和新病人的全面情况,并提出新的诊治措施和研究课题。从门诊到病房,凡是经他治疗的病人,一律按常规要求从头到脚的逐项检查,从不遗漏。一次,妇产科的一位患者产后十天腹痛伴发烧,医生查体无阳性体征,遂请朱宪彝会诊。他仔细地逐个部位检查,随后发现患者巩膜有轻度黄染,经进一步化验,确诊为急性肝炎,对症治疗,很快退了烧。内科学教授甘幼强曾回忆道:"一次,朱宪彝查房时,检查由他治疗一个多月的尿毒症患者。严格按常规检查病人的每一个部位,最后戴上指套检查肛门,结果发现肛门周围有一个流着恶臭脓液的窦道,竟一直无人发现过。"这件事给甘幼授留下深刻印象。朱宪彝经常告诫大家说:"体格检查是医生的看家本领,头痛摸头,腹痛查腹,难免持一孔之见,先入为主,贻误大事。"朱宪彝平素待人和蔼可亲,不摆架子,但他对医学院的学生和医师的要求却格外严格,有时甚至达到严厉的程度。他经常检查下级医生书写的病历,认为病历书写是衡量医生工作质量和工作作风的重要标志。他也曾经把写得不像样的病例当众扔出病房窗外,甚至严惩过私自涂改病历的实习医生。他总是告诫大家"医生职责神圣,万莫把生命视为儿戏"。他自己的这种严谨治学的态度和救死扶伤的医者精神更是在他的漫长的从医生涯中展现得淋漓尽致。

1974年,一位23岁的男性青年,因患低血钾、高血压、失明住在附属医院,经初步诊断,为肾上腺醛固酮增多症,需手术治疗。不料,手术中并没发现有肾上腺异常,而在肾脏上却发现肿瘤组织。因当时朱宪彝出差,在场医生弄不清什么病症,只好暂把切除的肿瘤保存好。朱宪彝回津后,立即让做电镜检查,结合临床资料和电镜检查结果,朱宪彝确诊肿瘤为肾素瘤,经治疗一年后复查,患者情况良好。这是一例极为罕见的病例,国内系首例报道,国际上当时也仅有20余例记载。

1979年,附属医院收治了一位由郊区转诊的席汉综合征患者。这种病由产后大出血引起垂体功能低下,并导致甲状腺、肾上腺等多种内分泌腺功能低下,在受到急性感染时可以出现严重的休克或精神失常。这位病人因三天前在郊区医院住院时有精神症状曾被注射冬眠灵,转院时已神智不清、四肢僵直,病情危重。医生们的意见不一,有认为是低血糖造成的,也有人认为系冬眠灵中毒所致。朱宪彝会诊后,诊断为冬眠灵中毒,而冬眠灵系席汉综合征的禁忌药物。经尿液检验,证实诊断正确,病人得到应有的治疗后,很快痊愈出院。

朱宪彝兢兢业业履行医者职责的同时,充分发挥他基础与临床结合,现场与实验室结合,理论研究与防治工作结合的知识与经验优势,听从国家和社会的号召,把研究工作的重点转移到地方性甲状腺肿与克汀病这一广泛流行的地方病的防治研究上来。

20世纪50年代初期,当时的教育部部长杨秀峰曾向朱宪彝介绍,他的家乡河北省迁西县不少人患有粗脖子病,还有不少患克汀病的儿童。这引起了朱宪彝的重视。他一边派人去现场调查,一边查阅国内外文献。后来他了解到国内河南、安徽、云南、黑龙江及河北其他地区也都有零散的报道案例,但缺少系统科学的整理。他马上意识到这种病在我国可能普遍存在。而国外对这种地方性甲状腺肿和克汀病已有较深入的防治研究经验,并指明这种地方病的基本病因是环境中缺碘,适当补充碘盐即可控制该病的流行。因此朱宪彝在1956年参加制定全国科学技术发展纲要时,就提出要把地方性甲状腺肿与克汀病的防治研究列为临床内分泌研究的首位。他的意见被采纳后,就更注意这方面的国内外动态。

1958年他在天津医学院附属医院内科建立了临床内分泌研究室。同年兼任河北省医学科学院院长。他把地方性甲状腺肿和克汀病的防治研究列为天津医学院的重点科研项目。他委派专人到河北省承德市郊进行了实地考察,并确定以该地为基地,进行系统研究工作。1961年朱宪彝亲自带队数十名天津医学院的有关基础与临床科室的科技人员到承德市郊进行系统的防治研究。朱宪彝亲自在病区选择固定观察点,随后挨家挨户地逐人进行调查,并建立常驻病区,令专人负责。同时与当地卫生防疫机构密切配合,管理碘盐投放及疗效观察等工作,一直进行了5年之久。这项研究的现场调查和实验室研究报告表明,地方性甲状腺肿与克汀病在承德市郊流行情况严重。由于缺碘,孕妇不仅会患上甲状腺肿大,而且她们生育的婴儿还会患有克汀病,带有"呆、傻、聋、哑、瘫"等症状的严重残疾,针对这一情况,进行科学的碘盐治疗后,这一地区患者的甲状腺肿症状有明显的改善,克汀病的发病率也显著下降。

1964年朱宪彝在承德组织开展现场会,会议邀请内分泌学家刘世豪教授、张忠邦教授、儿科专家范权教授、动物内分泌学家张致一教授和心理学工作者、流行病学工作者共同考察、讨论,大家会上充分肯定这一全面系统的防治经验为全国防治地方性甲状腺肿与克汀病提供了切实可行的经验,同时为开展同类研究工作提供了样板。朱宪彝及其助手撰写的专著《地方性甲状腺肿与地方性克汀病的几个问题》被视为防治地方性甲状腺肿与克汀病这一领域的科技工作者的必读之作。即便在"文革"动荡的时期里，朱宪彝仍忧心着地方性甲状腺肿与克汀病的防治工作，唯恐由于碘盐补充的措施被打乱而造成甲状腺肿与克汀病的新的大面积流行。他曾经对于一部分人过分强调手术切除肿大的甲状腺的治疗措施表示过担忧，担心人们舍本逐末，忽视了最基本的防治措施；对于那些急于求成的做法，首先做的不是批评反对，而是给予善意劝诱；他更注意到在有些地区人们甚至把地方性甲状腺肿与克汀病的发病原因归于遗传基因上的缺陷，他担心这会将防治地方性甲状腺肿与克汀病的工作引入歧途。

20世纪70年代初期，朱宪彝重新号召组织起20余名基础、临床学科科技人员组建内分泌科研队伍，继续对地方性甲状腺肿与克汀病进行攻关研究。除对承德、天津市郊、河北、山东等地进行现场调查外，集中力量，对下丘脑—垂体—甲状腺轴系的内分泌激素的放射免疫测定技术进行攻关，陆续成功地建立了三碘甲腺原氨酸(T3)、促甲状腺激素(TSH)等一系列放免测定方法，这些成果在全国地方性甲状腺肿与克汀病的防治研究中发挥了巨大的作用，提高了我国对于甲状腺疾病的诊断水平与研究能力，并赶上了同类研究中的世界水平。朱宪彝也在1978年召开的全国科学大会和全国卫生科技大会上受到国家的表彰。后来国家科委、卫生部和天津市也对他及其团队获得的成果进行了奖励。天津医学院成为全国防治地方甲状腺肿与克汀病的牵头单位，而朱宪彝则成为当时中共中央北方防治地方病领导小组地方甲状腺肿组的组长。

感受到国家对地方病的重视，朱宪彝深感自己责任重大。他积极参与食盐加碘条例的起草，主持地方性甲状腺肿与克汀病诊疗标准的制定工作，撰写有关防治地方病的科学论文和科普文章。他一直强调，在我们这样一个社会主义过国家，在党的领导下，我们完全有能力也应当把地方病的防治工作做得更好，争取走在其他发展中国家的前面，为在全世界消灭地方甲状腺肿与克汀病提供成功的参照经验。1978年，75岁高龄的朱宪彝再次主动向卫生部提出亲自考察四川、云南、贵州、广西、安徽等南方5省区的地方性甲状腺肿与克汀病流行情况。此次行程1万余里，共耗时两个月，回来后他向卫生部提供了一份意义重大的考察报告，在报告中他汇报了南方省份中地方甲状腺肿与克汀病流行的刻不容缓的情况，呼吁成立全国统一的地方病防治领导机构，加强重视南方省份的防治工作，动员有关医学院校携手科研机构共同作战。他的这些建议得到中央和各级领导的认同，全国统一的防治领导机构成立了。随后天津医学院与贵州省有关单位在贵州重病区展开合作研究。他亲自设计研究方案并时刻指导研究工作的开展。在经过连续8年的系统防治研究后,这些重病区的甲状腺肿发病率终于下降到国家规定的标准之下,也没有再出现一例新的克汀病患者。切实解决了少数民族干部忧心如焚的"一辈儿(脖子)粗、二辈儿傻、三辈儿四辈儿断根芽"的问题。贵州省政府特地为朱宪彝教授颁发奖状,以纪念他对贵州的杰出贡献。而朱宪彝指导完成的有关贵州省地方性甲状腺肿与克汀病防治研究系列论文成为反映我国20世纪80年代这一领域学术成就的代表作。

朱宪彝组织科技人员对我国大部分省区的地方性甲状腺肿与克汀病的访查研究,及其发现的我国高碘性甲状腺肿的发病规律以及为亚临床型甲状腺功能低下或克汀病提供的诊断方法和诊断标准,弥补完善了我国的防治研究工作规划。他还指导科研人员进行克汀病动物模型(鼠、羊、绒猴)、人胚脑细胞组织培养、甲状腺激素受体、致甲状腺肿物质等多学科的基础理论研究,以期阐明克汀病的发病机理,进而阐明大脑发育不全的病理机制。通过20世纪70年代和80年代初的大量研究发现,缺碘地区居民的甲状腺功能分为正常、代偿和失代偿三型,而在通过碘盐防治后,这三种类型在人群中所占比例有明显变化;病区所谓"正常儿童"的听力也低于非病区儿童,碘盐防治后,在甲状腺功能恢复的同时,听力也随之恢复正常。这些都是国际上首次观察到的现象;朱宪彝等的研究还发现,胚胎期胎儿缺碘造成的甲状腺功能不足是造成永久性碘缺乏病的病理基础,这为新生儿甲状腺功能低下的早期筛查提供了理论依据。

因为在地方性甲状腺肿与克汀病的防治研究中取得的巨大成就,朱宪彝在1982年应邀出席了于日本召开的亚太甲状腺学会和亚太内分泌学会的学术会议,由他所做的"中国地方性甲状腺肿与克汀病研究的现状"的报告赢得了与会者的高度赞赏,促进了中国与国际学术界在地方性甲状腺肿与克汀病这一领域的广泛交流和合作。

医学的道路永无止步,朱宪彝永远不会满足已有的成就。20世纪80年代初,他借鉴地方性甲状腺肿与克汀病防治研究的经验,基础与临床结合,现场与实验室结合,理论研究与防治工作结合,研究机构与卫生防疫部门结合,又开始对另一严重危害人类健康的地方病——氟中毒进行攻关。他指导研究生引进代谢性骨病的新实验研究方法,建立骨计量学实验室、骨细胞培养实验室、微量元素测定实验室、维生素D测定实验室等。可惜朱宪彝没能等到这一领域的成功突破,就突然逝世了。庆幸的是,由他指导的这一研究项目已经按照他的设计思想,取得了明显的进展,他创建的这些实验室已经成为国内最活跃的实验室之一,一批在国际学术舞台上崭露头角的年轻一代也迅速成长起来。

朱宪彝凭借其精湛的医术、高尚的医德,赢得国内外专家的一致赞誉。他曾多次为中央领导担任保健任务,也曾多次出国为国际上的政界领袖担负医疗任务,受到毛主席和周总理的当面嘉奖。朱宪彝每当回想起当年为诺罗敦西哈努克亲王保健时的情况就幽默地说:"也许那是我'最出名'的时刻,人们在电影、电视里看到西哈努克亲王的时候,就总能看到我的身影,或听到我的名字。"朱宪彝逝世后,西哈努克亲王还特意发来唁电,沉痛悼念这位为恢复他的健康做出重要贡献的医学家。

## 四、医学教育的梦想与实践

创办天津医学院,是朱宪彝对我国医学教育事业的特殊贡献,也是他作为医学教育家的伟大的里程碑。天津解放前,北洋医学堂是中国历史上第一所培养西医的高等教育机构。解放后,河北医学院即西迁保定。天津市中央医院于1946年底正式开诊后,也曾动议与南开大学合办医学院,终因时局动荡而未付实施。天津市拥有大批的中西医学专家,全国知名人士也大有人在。能否在天津创办医学院校,一直是有志之士的心头牵挂。

在天津解放前,朱宪彝的朋友曾劝他尽早南下,也可出国谋职,以他的资历和才学,一定能有所作为。但是由于对这块生他养他的土地的热恋,朱宪彝决计留在天津,以求发展。并且他将自己的两个儿子送到解放区参观考察。天津解放后,市政府的领导到朱宪彝家探望,拘谨的他甚至有些自恃,但在与政府人员的一番谈心后,他消除了戒心,而且对共产党知识分子的政策很是赞赏,觉得这些领导很有才华,而且没有国民党政客的作风。时任天津市市长黄敬、文教部部长黄松龄从此成为朱宪彝家中的贵客。他们对朱宪彝的渊博的学识、精湛的医术、刚正的作风也是格外推崇。朱宪彝在抗美援朝运动中的组织号召行动更是赢得市领导的信任和器重。当朱宪彝代表范权、方先之等专家向黄敬市长提出创建天津医学院的倡议时,立即得到批准。1951年3月,天津市政府批准成立由黄松龄、杨石先、朱宪彝、李允恪等各界权威人士组成的天津医学院筹备委员会。同年6月,朱宪彝被正式任命为天津医学院院长。

对于这个任命,朱宪彝喜忧参半。喜的是自己的倡议竟然得到认可,如愿以偿;忧的是担心自己能力有限,有负众望。他曾经一再向领导表示,愿意推荐杨济时教授当此重任。杨教授1926年毕业于北京协和医学院,留学美国两次,曾任湘雅医学院代理院长、武汉医学院院长等职,是知名的内科学家、医学教育家。但领导主意已决,他也只有殚思竭虑、迎难而上了。

朱宪彝是一位精于筹谋的实干家。任命仅3个月后,他就完成了大部分的筹建医学院工作,与南开大学议妥医学预科班教学事宜;洽购南开大学东院房舍;选派临床教师赴北京等地高等医学院校进修基础医学、筹建基础教研室;与正在国外工作的医学家联络,争取其回国执教;选聘有才学的教师来院任教;设计基础课实验室,并着手订购仪器设备;物色精干的秘书、行政及工勤人员,建立行政机构。到9月份,第一批50名本科生就正式进南开大学生物系学习医预科了。又经过一年的紧张工作,新校舍基本安排停当,出外进修的教师陆续返校工作。1951年6月16日,在黄敬市长的亲自主持下,天津医学院举行了隆重的成立大会。

然而事情也并非总是一帆风顺的。附属医院的问题始终是最令朱宪彝最着急的问题。借鉴国内外经验,加上朱宪彝在协和的亲身经历,附属医院是创办医学院必不可少的条件。但是附属医院的落实一直面临着障碍。直至1956年,这一问题才得到解决。1958年,天津医学院更名为天津医科大学,国家又派来乔国铃同志担任校党委书记,朱宪彝校长才开始由全面行政管理逐步移向学术领导工作。在贯彻"高教六十条"之后,天津医学院恢复原称,并进入稳步发展阶段。1962年,朱宪彝开始招收内分泌学研究生,并接收国外进修生。医院、学校、事业,是朱宪彝的灵魂所系。在粉碎"四人帮"以后,他于1978年再次开始恢复招收硕士研究生,并成为我国第一批有权授予博士学位的导师之一。他仿佛焕发了生命的第二春,再次在教育医学事业上发光发热,贡献着自己的智慧。

朱宪彝从自己前半生的实践经验中体会到,要想培养出素质高、医术精、医德好的医学人才,专业过硬的基础和临床专业教师是必不可少的。为此他通过各种渠道谋求解决:"普通基础课交由南开大学生物系教授代为讲授;临床教学工作请了几十位老协和医生担任;他还想尽办法到国内各地聘请著名学者、专家教授来校教授各门课程。他还亲自动员,通过卫生局从市内各医院选派了十几位优秀的临床主治医师、住院医师到北京协和及上海、广州等地医学院进修。"后来这些外出进修的同志都成为学校的骨干教师。

朱宪彝从事医学教育几十年,积累了丰富的医学教育经验,逐步形成一套提高医学教育质量,实行医学教育改革的构想。例如他主张把医学院的自然基础课程交由合作的综合性大学统一安排讲授。他认为,由于在生命科学领域研究的特殊性,医学这一学科的发展离不开数学、物理、化学、生物等自然科学的共同促进。正是由于自然科学广泛应用于医疗领域,才产生了诸如分子生物学、生物物理学、遗传工程学、核医学等新型学科。组织学、胚胎学、细胞学、生理学、生物化学、微生物学、免疫学、药理学、生命统计等学科,因此作为高等医学院校的学生,必须首先学好数理化生这四门课,打下一个深厚牢固的自然科学基础。再经过基础医学、临床医学的学习和最后的临床实习,毕业以后才能更好地胜任医学理论和临床研究工作,如此对于提高教学质量,培养医学人才都是十分重要的。这四门自然科学课程,综合大学的师资力量要远远强于单一的医科院校,实验设备条件也远在医学院之上。因此,朱宪彝一直强调高等医学院校应同综合性大学挂钩合办,将这四门自然科学基础课放到综合大学去学。他的这一倡议,在天津市领导的支持下,从1980年起正式实行天津医学院和南开大学挂钩合办8年制医学教育试点。同时又和天津大学共同创办了一个5年制的生物医学仪器专业试点班。

朱宪彝认为,师资队伍的建设和整体规划是办好医学院校的重中之重。医学院的教学人员、科研人员要有合理的技术体系,相互配套,各得其所。同时要有严格的考核制度,听课、答辩并及时考核晋升。他还主张,不同的教师的任务侧重点不同,有些教师以教学为主而兼做科研;医学院研究所的科研人员则以研究为主,而兼做教学。科研与教学二者本应是相辅相成的,不应完全分开。同时加大对有潜力的青年教师的培养。选拔优秀青年教师送至国内高等学等或国外医学院校进修学习,进一步强化他们的专业能力、开阔他们的眼界见识。在朱宪彝的努力下,先后有170名优秀的中青年教师、研究生去到国内外高府学府及研究机构进行交流学习,获益颇丰,也为后来的天津医学院各个教研室培养了大量的优秀人才与中坚力量。

朱宪彝认为,我国的基本国情决定了我国的医学教育要适应我国的国情,从基本国情出发,两条腿走路,多层次的发展。他认为,培养医学生的任务光靠医学院校是远远不够的,而且医学人才与医师具有不一样的特点,应将培养医学人才和医师分开,由高等医学院校与一般医疗机构分别负责,把医学教育搞活。医学人才的培养由高等医学院主要完成,同时,培养临床医师的任务应由各级医疗机构和预防单位来执行。

朱宪彝认为毕业生的分配办法也需要改革。他认为,医学院的毕业生还只是半成品,在正式分配他们作为独立的医师任用之前,应先安排到科室齐全、设备条件好和有上级医师指导的大医院去实习两三年,担任住院医师,然后再根据每个人的实际水平和专长,进行评价分配。

朱宪彝认为每一个地区的高等医学院校担负着成为本地区医学中心的重任，而不仅仅是单纯的单个的医学研究中心。在朱宪彝的带领下，天津医学院建立起内分泌、泌尿外科、计划生育、放射诊疗和神经学5个研究所；实验肿瘤、免疫学、流行病、营养及食品卫生、心血管疾病、传染病学、实验外科和中西医结合8个研究室和一个电子显微镜测试中心。其中由朱宪彝亲自主持的内分泌研究所，已成为全国研究内分泌的基地，在国际上有重大影响。

朱宪彝博览医书，并且十分重视文献资料的阅读。他要求临床医生和研究生也要如此大量的阅读相关领域的医学文献资料。他时刻提醒学生们，当代内分泌的发展日新月异，对内分泌学的研究，不可避免地要涉及许多基础理论的研究领域及所有临床各科专业的知识范畴，要懂得与它们之间的纵横联系。在他的倡导下，内分泌科的医师组织了读书报告会，每个人都要阅读外文文献，每周一次，轮流做读书报告。朱宪彝以身作则，第一个做了题为《有关乳腺癌和内分泌》的读书报告。他要求教师不仅要学识足够广阔，还应热爱汲取新的知识，为学生树立榜样，广泛阅读。他总是强调，"只专则思路不广，博学才能促进深度思考发现"。他总是积极认真地对待青年医生的论文审阅请求，并且及时修改，甚至字斟句酌，就连标点符号的问题都一一改正。他用自己的行动为青年医学生做了榜样。

朱宪彝总是经常用尽各种办法与各国的专家学者联系，请求推荐有关人员出国进修，只为了临床医生和基础课教师们能够有更好的学习发展机会，朱宪彝时刻与他们保持书信联系，关心他们在业务上的进步和身体状况。朱宪彝对医学研究生们严格而富有爱心，他真诚地希望后辈们能够在医术上超越自己，成为一方的领军人物，造福于患者与社会。他对待研究生的工作和学习极其认真负责，布置的作业也一定及时检查并给予反馈。他每周三都会为研究生们亲自授课，风雨无阻，即使有时外出开会，他都会请假赶回来为学生们上课，学生们的课始终是朱宪彝最关心的问题。朱宪彝总是细心地指导研究生的学习与科研，对于学生们的论文，他一一指导，包括题目的可行性，中期资料的收集，推理的论断等方面都加以指点。甚至帮助他们做好实验室的安排和药物、试剂和动物的准备。他总是尽自己的一切努力，只为使得研究生们快速成才，例如1980年他从国外医学书刊上了解到，美国、加拿大等国家已兴起骨组织的形态计量的研究，便立即联系对方的专家教授，派他的研究生邱明才到那里随知名专家学习。1985年和1986年国家自然科学基金课题正是由学成归国后的邱明才负责。

受卫生部委托，朱宪彝曾承办临床内分泌方面的专业进修班，每期有11

至15名来自全国各地的医师来学习。朱宪彝亲自为他们制订长达300课时的进修计划,还邀请38位有经验的教师授课。朱宪彝身先士卒,带头负责讲授序言、代谢骨病和肥胖病等课,并且一直坚持讲了三年多。直到他去世这一年才由于身体原因,实在无力承担,才交由他人代讲。即使身体如此欠佳,他还坚持去听课以做必要的补充。朱宪彝对待所有学习者一视同仁,无论是自己的研究生还是进修人员,他都统一要求他们认真阅读医学文献,努力提高自己的业务水平,争取成为内分泌方面的骨干。他对每一个来进修的学院都布置了论文作业,而且他都认真逐一审阅着他们的论文,并做细致的修改,最后还要为他们进行讲评。朱宪彝在1984年暑假忍着病痛,根据以往经验和授课实际情况,对学习班的教材逐章逐节修改补充后,接近100万字,定名为《临床内分泌学讲座》,后来成为医学院指定教材。

朱宪彝曾写过一篇《永远像一个医学生》的文章,告诫大家"必须从医学生时代起,就要重视一切自然科学和基础医学的理论的学习","仅仅满足于成为一个医生是不够的,要争取做一个医学科学家,不但要能医治面前的病人,而且也要发明创造医治所有的病人"。他鼓励学生大胆思考,勇于挑战,"要向前人,向你们老师立下的结论挑战"。同时主张教师们不能因循守旧,故步自封,"老师们也应该循循善诱,培养学生独立思考和解决问题的能力,以青出于蓝胜于蓝为荣,不要忌才"。对于医德医风,他始终强调"作为一个医学生要讲医德和工作作风。在工作上要力争治愈病人,不能治愈,也要对症治疗,减轻病人痛苦,实在治疗无效,也要给病人以精神安慰和同情";"智育要强调自学为主,不要受教科书和讲义的限制,要学会利用图书馆,多看参考书和广泛翻阅有关学科的现行期刊"。他真诚地希望青年医学生"刻苦学习,积累知识,勇于探索,献身事业。"①朱宪彝一直以身作则,始终如一的贯彻着他的医学教育思想与理念,光芒将一直指引着后来人,"纵死侠骨香,不惭世上英"。

---

① 王英.当代钙磷代谢知识之父:朱宪彝[J].中国医学人文.2017,3(02):2.

# 第八章　朱宪彝以学生和教师为中心的医学教育思想

朱宪彝生逢世纪之交,恰遇国家命运风云突变,在时代滚滚洪流中,朱宪彝把自己的命运同祖国的命运紧紧联系在一起,像同时代许许多多杰出人物一样,朱宪彝一生追求民主进步、向往光明、倡导科学、反对独裁。综观朱宪彝的一生,我们有理由相信,朱宪彝的教学理念和教育改革理念是其师资队伍培养的思想渊源,本部分我们着重分析朱宪彝的教学理念和教育改革理念,然后探讨、论述其师资队伍培养的基本模式及其形成发展的去向脉络。

## 一、"以病人为中心"的育人理念

### (一)尊重和关心病人

"以病人为中心"是朱宪彝在医学教育事业中的育人理念。他自己更是用一生的时间身体力行,为学生树立了崇高的榜样。

#### 1.启蒙教育的影响

朱宪彝青年时代就读于直隶官立一中(原铃铛阁中学,现天津市第三中学),在当时曾驰名全国。校长王梦臣曾经是北洋水师学堂的高才生,在清政府做官,但因不满于清政府的腐败无能而弃官从教,他力推新学,建立了直隶官立一中,并邀请了很多北洋水师的毕业生和留学生来校执教。该校的所有科目均用全英文授课,教师们不仅语言流畅、妙趣横生,更对学生十分爱护,即使有的学生给教师取不雅绰号,老师们也毫不计较,还佯作不知,因为他们的办学理念便是尊重、爱护学生,鼓励学生冲破封建羁绊、培养民主意识。这在青年朱宪彝的心里种下了尊重关心爱护学生和病人的种子。

#### 2.以身作则的榜样

1941年底,太平洋战争爆发后,协和医院被停办。朱宪彝应邀到唐山开滦煤矿医务部担任科主任医师。但他发现,开滦煤矿医院不仅不注重科研,还把病人分为三六九等,并按照职位的高低给药治病,从不按病情的需要给予治疗。朱宪彝几次抗议,均无成效,因此愤然辞职,于1945年回津开业,并义务兼任天津妇婴医院院长。他鄙视"行医看门第、治病图发财"的不良思想,时刻以解除病痛为先,并将这一高尚情操以身作则地贯彻在他所在的医院。他曾说道:"(附属)医院的领导脑子里不能只装着钱,片面地追求门诊量和利润。我认为作为(附属)医院的领导首先考虑的应是培养合格的毕业生,多出医学科学研究成果,并能在医疗单位的学术研究中起带头作用。"①

从朱宪彝开始从医直至逝世,他一直以身作则,自始至终以治病救人为己任,把病人当作自己的亲人一样去尊重和关心,被誉为德高医粹的专家。他对富人不多收费,对贫困的病人常常免收挂号费。他总是尽量减轻病人的负担,能一次解决的疾病问题,绝不回让病人再跑第二趟。对于病情比较轻微的,他会告诉病人自己买哪种药自行服用,不必多花钱跑来诊治。有时候遇到经济上实在有困难的患者,朱宪彝甚至自己掏腰包。

### 3.崇高的奉献

1984年12月25日上午,朱宪彝突然心脏病发作,在家中与世长辞,当时他正在家中伏案工作。其实,一个月以来,他一直患感冒、咳嗽,伴心房纤颤。院领导和同事都劝他住院治疗,但他却一再推辞说:"新楼病房的会议室、过道和各科门诊诊室里都住满了病人,作为医学院院长我已经愧对患者了,怎能和他们争床位呢?"他就这样坚持在家里休养,每天去医院打针治疗,再回家坚持工作。直到离世当天,心脏病突发才被送去医院,但还没来得及抢救,便离开了人世。作为一位为医学事业做出卓越贡献的医学家,在他临危之际,却没能享受到现代医学的恩惠,只为把生存的希望留给他的患者们。作为一名神圣的医务工作者,他当之无愧,甚至将他宝贵的生命奉献给他一生爱护的病人们。

按照朱宪彝的遗嘱,他去世后,两万元的存款全部捐给天津医科大学作为奖学金,全部藏书和报刊交给图书馆作为公用,一套私人住宅交给学校使用,并将遗体献给了医学事业。献出遗体,曾是他多年的心愿,因他把这看作是"医学家的最后归宿"。②

朱宪彝的感人事迹感染了许多普通群众。2020年1月3日,朱宪彝教授诞辰117周年前夕,天津医科大学继续教育学院带领市民参观校史馆,给市民讲老校长故事。在参观人体科学展厅和生命意义展厅时,很多市民看到用朱宪彝教授遗体制作的脏器标本陷入沉思,流下激动的泪水,最后写下"奉献

---

① 李大雄,杨一工.朱宪彝教授谈医学教育改革[J],科学学与科学技术管理,1983(6):32.
② 王新民.朱宪彝医案[M],国外医学内分泌学分册,2000(1):13.

的生命永不消失""怀着敬畏的心情参观,感受文化的熏陶和生命的延续"等感言。[1]他对病人和医学事业的舍己精神已成为天医人的宝贵财富,让一代又一代的天医人踏着老校长的足迹,为祖国的医疗事业奉献身心。

### (二)要求学生严谨治学

#### 1.家庭熏陶,耳濡目染

朱宪彝的祖父出身于经商世家,却对经商毫无兴趣,一心潜心治学,志在科举,却屡次科考不利,最终因精神抑郁、整日郁郁寡欢而英年早逝。祖母独自一人养育7个孩子,始终遵循夫君的遗愿,教导孩子刻苦读书、求学上进。终于,在几个孩子中,朱宪彝的父亲考取了清末秀才,完成了父亲的遗愿。然而恰逢戊戌变法,废科举兴新学,其父虽满腹经纶,却无用武之地。但朱家祖父和父亲潜心学问、严谨治学的家庭熏陶为朱宪彝兄妹三人树立了美好的榜样。三个孩子均刻苦学习,努力钻研,并在各自的领域颇有建树。妹妹朱颖卓毕业于唐山交通大学,成为中国第一位女土木工程师;弟弟毕业于北京农业大学,是我国卓有成就的农业科学家之一;朱宪彝本人更成为享誉海内外的内分泌学家。

#### 2.以身作则,严谨治学

朱宪彝9岁进入直隶第一模范小学(现天津市南开区中营小学),是当时天津市兴办的第一所公立学校。在该校任教的老师均为举人、进士,或日本留学归来的高才生。丰富多彩的课堂形式、不拘一格的教学风格,为朱宪彝童年的学习撒下独立思考和治学的种子。他勤勉好学、能力超群,被推选为学校第一任学长。他写的文章"论诸葛亮""论岳飞""读《出师表》"等都曾被当作范文展示。

从中学时代开始,朱宪彝便为自己制定了严格的作息制度:每晚8点入睡,清晨4点起床晨读。不论酷暑严寒还是过年过节,从初中一年级,一直到大学毕业,他都严格执行、坚持不懈。为他今后的医学教育奠定了兢兢业业、严谨治学的坚实基础。

高中毕业后,朱宪彝听从了父亲的意见,考取北平协和医学院。他所有的科目全优,虽然英语口语成绩是零分,却被破格录取,英语成了他面前最大的难关。北平协和医学院是以美国约翰霍普金斯大学医学院为样本创办的,全部课程均以英语讲授,教授大多是外国人,少数中国人在校的交际语言也

---

① 武玉梅.市民走入天津医大感受朱宪彝精神[J].健康报2020(5):1.

是英文。这给口语零基础的朱宪彝带来了难以逾越的障碍。但从小刚毅沉稳、严谨治学的朱宪彝,抓住一切机会练习口语,抢着和别人交谈,突破口语的难关,很快就交流自如了,学习总成绩名列前茅,第一年就获得了奖学金。

协和医学院的淘汰率闻名中外。他所在的班级开始时30多人,在三年燕京大学生物系预科期间,第一学期末,淘汰了一大批,只剩下15人;第二学期,剩下10人,直到医学预科结束,只剩下8个学生了。朱宪彝以他顽强的精神,成功过关,进入协和医学院开始了本科学习。

在北平协和医学院的五年,朱宪彝的业余生活几乎全部在图书馆或病案室里度过,写了几十册的课堂笔记和读书心得。被誉为"协和三宝"的"图书资料""病案资料"与"专家教授"成为朱宪彝在医学世界开疆拓土的重要支撑。[①]有好几次,他沉浸在浩瀚知识的海洋里流连忘返,舍不得离开,甚至请求图书管理员把他反锁在图书馆里,废寝忘食彻夜研读。他刻苦的钻研精神使他顺利完成了8年的艰苦学业,并获得医学博士学位,还荣获了协和医学院毕业生的最高荣誉奖——文海奖学金。该奖学金是为了纪念创办协和医学堂的杰出贡献者、外籍医生文海而设立的奖学金。此前,刘绍光、刘士豪、李延安、诸福棠、林巧稚都荣获过该奖学金。

朱宪彝学生时代笔记本

从北平协和医学院毕业后,朱宪彝选择留校做内科住院医师。当时他已结婚并育有两个孩子,家就在医院附近,他却经常一两个月住在医院不回家,也不允许妻儿来医院探望。他将全部精力投入到医疗工作和对病人的治疗中,甚至连同事都说他对妻儿实在不近人情。那时的他,在刘士豪教授的指导下,对营养不良性浮肿进行研究。后又与刘士豪教授一起,对佝偻病、软骨病以及其他代谢性骨病展开研究,为现代钙磷代谢理论奠定了基础,成为声名显赫的临床内分泌学家。

在北京协和医院内科的工作中,朱宪彝掌握了精湛的医术和严谨的科学工作作风,他对协和医院的大巡诊制度印象深刻。每逢星期三上午,内科都要安排两个小时的大巡诊。巡诊前,总住院医师从各专业组选出疑难或罕见病例,经主任同意后公布,让大家提前准备。大巡诊时,实习医师负责完整而

① 王英.世界钙磷代谢知识之父:朱宪彝[J].中国医学人文2017(2):23.

扼要地报告病例,主治医师做中心发言,对诊断和治疗措施进行说明和讨论,回答各位巡诊医生的问诘。巡诊会各抒己见,百家争鸣,气氛十分热烈又严肃。最后,由科主任总结汇报,并指示下一步的诊治措施。朱宪彝经常以他简洁严谨、稳执牛耳的发言语惊四座。同时,他也从同事激烈的争论中受益匪浅,后来,他把大巡诊的制度带到了天津市立总医院(现天津医科大学总医院)。

后来,朱宪彝辅佐刘士豪领导内分泌代谢科的工作。为了攻克当时旧中国十分严重的软骨病的难关,他们对各类软骨病的患者进行了长期的研究,持续严谨地治疗和密切关注钙磷氮指标。病人住院待遇优厚,免费提供单间,饮用蒸馏水,固定饮食数量和结构。每四天一个代谢观察周期,每个周期取血一次,保留全部大小便,并做血、尿、便的钙磷氮检测。同时,将该科的实习医师列为对照组,与病人摄入同样的饮食,取同样的标本进行对照研究。对于这种慢性病,他们对病人的研究是长期而艰难的。他们让病人每年住院9个月,休息3个月,再住院,周而复始,密切观察,深入研究。经过长期而谨慎的科学研究,终于发现了软骨病的主要病因:钙和维生素 D 的缺乏。给予一半剂量的钙剂注射,可以使钙由负平衡转为正平衡。然而,由于当时维生素 D 才被发现不久,其生理和药理作用还不十分明确。朱宪彝等人又对维生素 D 的疗效进行了更为深入的研究。研究发现,软骨病患者单独补充钙剂,疗效不甚理想,而加上大约 200 国际单位的维生素 D,钙的负平衡便可以转为正平衡,但这种状态只能持续一个月。而将维生素 D 的剂量加大到 5000-10000 国际单位,并连续给药 10 天,则正平衡的状态可维持 1 年之久。该项研究,对维生素 D 的最低有效剂量、开始奏效时间、以及药效持续时间、治疗后钙磷代谢动态变化取得了重要成果,维生素 D 的应用和钙剂执教软骨病起到了重要的指导作用。

此外,朱宪彝团队对妊娠和哺乳期妇女的钙磷代谢也进行了深入的研究。研究发现,充分补充维生素 D 对妊娠和哺乳期妇女是十分必要的,可保护骨骼免遭破坏。并首次证实哺乳期母亲服用维生素 D,可通过母乳输送给婴儿,以治疗婴儿佝偻病。这一发现为中国儿童佝偻病的发病和治疗提供了重要启示。

朱宪彝与刘士豪教授对肾性骨营养不良症进行了深入严谨的探讨。他们认真比较维生素 D 缺乏症的两种不同临床类型,在此基础上发现,对维生素 D 的反应性降低是肾性骨营养不良症区别于软骨病的显著特点。他们敏锐地觉察到,肾脏缺陷和维生素 D 之间可能存在某种重要的内在联系,而这恰恰是肾性骨营养不良症的机理各个细节完全说明了这一点。他们的这一假说,在二十几年后,有美国的迪卢卡(Deluca)教授从理论上进一步证实,维生素 D 在肝脏羟化后,再在肾脏羟化,便能发挥作用,从而能够治疗肾性骨营养不良症。而由朱宪彝等首先命名的"肾性骨营养不良症"至今仍被国际学术界所使用。

除此之外,朱宪彝还对严重的纤维性骨炎、成骨发育不全,以及正常人的钙磷代谢等一系列代谢性骨病进行了深入的探讨。在他逝世后,美国著名骨代谢专家帕菲特(Parfitt, A. M)专门撰写并发表了一篇纪念朱宪彝的文章,文中说道:"三四十年代全世界关于钙磷代谢的研究大部分出自北平协和医学院……他的逝世标志着代谢性骨病理论发展的一个重要历史时期的终结……他们的成就至今仍对我们有重大的教益和深远的指导作用。"

那个年代的实验仪器十分简陋,科研条件异常辛苦。但他靠着精心的设计、精细的测量、精确的计算、精密的推理,获得了重要的科学理论上的创新和突破。他们用科学实验得到的翔实的资料和科学结论,为国际权威著作一再引用。

朱宪彝严谨的治学作风使他成了医生们诊断为难时的主心骨。1979 年,医院收治了一位由郊区转诊来的席汉综合征(Sheehan Syndrome)患者,该综合症是产后大出血引起的垂体功能低下,导致甲状腺、肾上腺等多种内分泌腺功能低下,在受到急性感染时通常会出现严重的休克或精神失常。患者在郊区医院治疗时曾出现精神症状,被注射冬眠灵,转院时已神志不清、四肢僵直,病情危重。面对这样的状况,医生们意见不一,有的认为是低血糖造成的,有的认为是冬眠灵中毒所致,于是请朱宪彝来会诊,最终确诊为冬眠灵中毒,并经尿液检验,得到证实。经过对对症治疗,病人很快得到康复,痊愈出院。他对每一个新病人都要从头到脚一丝不苟地详细检查,从不先入为主,应付了事。对化验数据逐项严格审核,凡有疑问,都要复查。在对资料进行周密分析的基础上做出诊断,并在治疗实践中检验。

1974 年,一位 23 岁的男性青年患者,因低血钾、高血压、失明住院,初步诊断为肾上腺醛固酮增多症,需手术治疗。不料,手术中并没发现有肾上腺异常,却在肾脏发现了肿瘤组织。当时朱宪彝离津出差中,医生们不清楚是什么病症,便将切除的肿瘤保存好,等朱宪彝回来定夺。朱宪彝回来后,立刻吩咐给患者做电镜检查。通过电镜检查的结果,结合临床资料,最终确诊肿瘤为肾素瘤,治疗一年后康复。这是一个极为罕见的病例,当时在国内系首例报道,在国际上记载的也仅有 20 余例。

朱宪彝医术精湛、医德高尚、治学严谨、精益求精,赢得国内外专家的赞誉和国家领导人的信任。他曾多次被邀担任中央领导人的保健医生,并多次出国为国际政界领袖担任医疗任务,曾受到毛主席和周总理的当面嘉奖。在"文革"中期,朱宪彝刚刚摆脱政治上的困境,就被委以重任,担任西哈努克亲王的保健医生。他回忆起当年那段时光时,幽默地说道:"也许那就是我'最出名'的时刻,人们在电影、电视里看到西湖努克亲王的时候,总能看到我的身影,或听到我的名字。"①朱宪彝逝世后,西哈努克亲王特意通过我国外交部发来唁电,沉痛悼念这位为恢复他的健康做出重要贡献的医学家。

朱宪彝治学严谨、精益求精的工作作风,成为医学界的楷模。他曾多次被评为天津市劳动模范、优秀共产党员,并当选天津市第一至九届人大代表和第一至五届全国人大代表。

朱宪彝给学生论文的批语

### 3.要求学生严谨治学

朱宪彝一生撰写的论文有400余万字,内容朴实无华,严谨有据。对学生要求严格也是出了名的,他经常教导学生:"发表论文不是为了炫耀自己,而是要经得起科学的考验。"他给学生的论文批改意见总是具体详尽,甚至是苛刻,不符合要求的地方,都会要求学生重新撰写。在他遗留下来的给一个学生论文的指导意见中写道:"治疗节没有写好,重点不突出,没有说清楚地方性克汀病哪些方面治疗有效,哪些方面治疗无效。建议重写。首先强调凡是涉及甲状腺及其功能低下部分,例如甲状腺肿、体格发育落后、特别是在骨骺联合以前,明显的和激素化学的甲状腺功能低下都可以甲状腺制剂取得有效成果。反之,对地方克汀病神经系统病变,如智力低下、聋哑以及痉挛性瘫痪或运动障碍则缺乏有效治疗,甲状腺制剂对之无效。只能依靠长期耐心培训教养。最后讲加强营养卫生,防治合并营养不良的重要性。"

朱宪彝在科学研究中的严谨治学的作风给他的学生留下了难以忘怀的印象。1942年协和医学院毕业生、原太原铁路中心医院副院长须毓筹主任医师回忆道:1941年,朱宪彝让她为一位病人连续观察24小时尿肌酐。须医生每天清晨6时为病人做测量。但反复几次的测量结果相差悬殊,便将结果抄入病例,向朱宪彝汇报。一天清晨,当她正在实验室测量尿肌酐时,发现朱宪

①王新民.朱宪彝医案[M],国外医学内分泌学分册,2000(1):8.

彝正站在她身后,踮着脚观察他的测量操作,说:"我对你的化验结果很纳闷,所以今天来看看你的操作步骤。你的操作完全合乎规矩。请把余下的标本给我留下,我再做一遍看看。"下午须医生再来实验室时,朱宪彝仍然在为化验结果纠结着。后来,须医生改用蒸馏水代替尿液进行分析,结果也出现了不等量的微量肌酐。朱宪彝恍然大悟:"毛病出在我身上,我把以前用过的人造浮石反复漂洗后重复使用,看来是洗不干净的,所以影响了实验结果。是你找到了根源。"①他就是这样,用严谨的态度对待每一项实验、每一批学生和医生。他严谨治学的态度和救死扶伤的精神一直被医务界奉为楷模,也受到一代又一代学生的爱戴。学生曾为他写诗一首,感谢恩师。

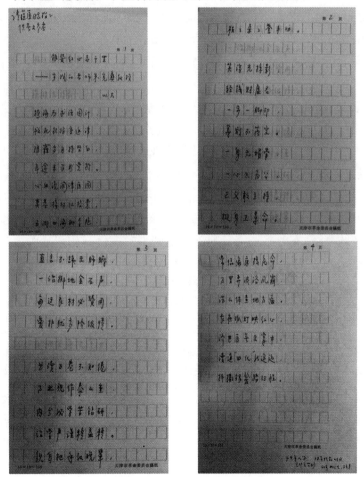

朱宪彝的学生献给老师的诗

<hr />

① 王新民. 朱宪彝医案[M], 国外医学内分泌学分册, 2000(1):6.

他对实习医师和住院医师的要求也十分严格。原中国医学科学院院长吴阶平教授在向天津医务工作者做"临床思维"学术报告时,曾提到他在协和内科见习时的经历,当时朱宪彝负责教学。有一次,吴阶平接诊了一位病人,其病史、体征、病程都很典型,便诊断为"肺结核",认真记录后请朱宪彝复核。朱宪彝审阅了病史、复核了体征后,问吴阶平查过痰没有,痰里有没有查出抗酸杆菌。吴阶平没有查过痰,只好如实回答。朱宪彝立刻严肃地批评他:"你现在是四年级学生,就想简单化。明年做了实习医生,一定会更简单。做了住院医生,还会再简单。到主治医生,自然就更简单了!"①这顿批评劈头盖脸,让吴阶平无地自容。也是朱宪彝的这次批评,让他懂得了医生的主观分析绝不能代替客观检查,准确的诊断必须基于严谨的诊断。

在朱宪彝的医学生涯中,他一直坚持查房、示教,主持临床病例探讨会。无论出国工作,还是参加国内外会议,回津后的第一项工作就是到医院查房,了解新老病人的病情变化和新人的全面情况,提出新的诊治措施和研究课题。无论在门诊还是病房,凡经他诊治的病人,一律按照常规从头至脚逐项检查,从不遗漏。有一次,妇产科的一位患者产后十天腹痛伴发热,查体未发现阳性体征,于是请朱宪彝会诊。朱宪彝将患者身体的各个部位逐个仔细检查,发现有巩膜轻度黄染,于是做了进一步化验,最终确诊为急性肝炎,经过快速的对症治疗,很快退了烧。

朱宪彝虽然平时待人和蔼可亲,不摆架子,但对医学院的学生和医师却要求的格外严格,有时甚至十分严厉。他把书写病例看作衡量医生工作质量和工作作风的重要标志,经常检查下级医生书写的病例。他曾将写得不像样的病例当众扔出病房窗外,也曾经严惩过私自涂改病例的实习医生。他总是告诫大家:"医生的职责神圣,万莫把生命当儿戏。"②

为了鼓励学生勤勉读书,他经常说:"现代科学技术发展如此之快,如果一个月不读书,不看各国杂志,就将成为外行。"他订的杂志、买的书充满走廊和客室。他从不相信天资决定成就,而以"勤能补拙"勉励他的学生。③朱宪彝非常关心学生的成长,经常对学生说:"你们既要胸怀大志,又要谦虚谨慎。高效率加上认真的态度,是取得成果的钥匙。""取得成就是加倍努力的结果。""希望你们超过我,有谁超过我,我才更高兴。"④

---

① 王新民.朱宪彝医案[M],国外医学内分泌学分册,2000(1):6.

② 王新民.朱宪彝医案[M],国外医学内分泌学分册,2000(1):7.

③ 谭郁彬,矫叔华.朱宪彝——我国临床内分泌学先驱[J],中国内分泌代谢杂志,1991(7):133.

④ 王英,世界钙磷代谢知识之父:朱宪彝[J],中国医学人文,2017(2):24.

### （三）培养学生的创新精神

#### 1.求学经历，影响深远

朱宪彝小学就读于直隶第一模范小学（现天津市南开区中营小学），该小学是当年天津市第一所公立学校。该校聘请的老师大多是举人、进士、高等学校的高才生，或是日本留学生。他们的教学方式也是中西结合，不拘一格，灵活创新。在这样自由宽松的教学环境中，朱宪彝不仅勤勉好学，博览群书，更树立起勇于创新，敢于发表自己见解的独立思想。他写的读书报告"论诸葛亮"、"论岳飞"、"读《出师表》"等都曾被当作范文在学校展示。在直隶第一模范小学里的这段启蒙教育给朱宪彝的童年留下了深刻的印象，并为他一生的教育思想奠定了扎实的基础。

中学时代的朱宪彝，正值国内时局动荡时期，国家兴亡、匹夫有责。他在刻苦求学的同时，利用业余时间学习《新青年》《解放与改造》《时事新报》等传播先进思想的报刊文章，追求进步和创新。五四运动爆发时，他参加在南开中学举行的天津学生联合会第一次爱国运动大会，和省公署门前的请愿，以及包围警察厅的示威活动，并在东浮桥发表革命演说，到估衣街发表抵制日货的宣传，参加营救周恩来等爱国人士的请愿，在该活动中还遭受了警察军棍的殴打。但一心追求进步的他，从不退缩，一身正气。

朱宪彝在燕京大学生物系的三年医学预科期间，读到了对他的科学创新意识启蒙影响最大的一本书，那就是英文版的《巴斯德传》。巴斯德是法国微生物学家、化学家，被公认是医学史上首屈一指的重要人物。他发明的"巴氏灭菌法"广泛应用在食品和饮料上。他发现了一种侵害蚕卵的细菌，从而拯救了法国的丝绸业。他意识到许多疾病是由微生物引起的，于是建立了细菌理论，被后人称为微生物之父。这位伟大的微生物学家的生平事迹，特别是他在研究炭疽病方面的贡献给了朱宪彝很大的启发，成为他一生投入造福人类的崇高医学事业并勇于创新的楷模。他最喜欢巴斯德的这句名言："机会只会赐予有科学思想准备的人。"

#### 2.工作之中，勇于创新

从北平协和医学院毕业后，朱宪彝留校做内科住院医师。后又与刘士豪教授一起，对佝偻病、软骨病、以及其他代谢性骨病展开研究。为了攻克当时旧中国十分严重的软骨病的难关，他们对病人进行了长期而艰难的研究，最终发现软骨病的主要病因是钙和维生素D的缺乏。在给软骨病患者补充钙剂的同时,将维生素 D 的剂量加大到 5000-10000 国际单位,并连续给药 10 天,则可将钙的负平衡转为正平衡,并维持 1 年之久。该项对维生素 D 和钙剂联合应用治疗软骨病的研究是一项创新性的突破,对治疗软骨病起到了重要的指导作用。

朱宪彝团队还对妊娠和哺乳期妇女的钙磷代谢进行了研究,发现充分补充维生素 D 可保护妇女骨骼免遭破坏,对妊娠和哺乳期妇女十分重要。他还首次证实哺乳期母亲服用维生素 D,可通过母乳输送给婴儿,从而治疗婴儿佝偻病。这一创新性的发现,为中国儿童佝偻病的发病和治疗提供了重要启示。

他们还首次用钙磷平衡法证实紫外线和日光浴对纠正人体负钙平衡有治疗作用,并确立了以尿钙水平反应维生素 D 缺乏程度的检测方法。

1934 年至 1942 年期间,朱宪彝团队发表了 30 与篇有关软骨病和佝偻病钙磷代谢的研究论文,其中"软骨病的钙磷代谢(第 I 至 VIII)"系列论著是他们学术创新的代表作。

朱宪彝与刘士豪还在美国巴尔的摩《医学》杂志共同发表了一篇题为"钙磷代谢研究对肾性骨营养不良发病机理的意义及 AT10 和铁剂的治疗作用"的论文,被公认为"代谢性骨病研究的奠基石",也是他们二人精诚合作创新的最高成就。由朱宪彝等人首先命名的"肾性骨营养不良症"至今仍被国际学术界所使用。

朱宪彝在钙磷代谢研究上成就卓越,赢得了国际上许多骨代谢专家的推崇。1982 年,加拿大著名骨代谢专家雅沃尔斯基(Jaworski)教授来天津拜访朱宪彝,赠送他一部新出版的著作,在扉页上恭敬地写道:"送给当代钙磷代谢知识之父朱教授"。他逝世后,美国著名代谢专家帕菲特(Parfitt, AM)1985年 7 月在国际著名杂志 Bone 上发表长篇纪念文章《朱宪彝——中国维生素 D 缺乏和软骨病临床研究的先驱》,文中说道:"三四十年代全世界关于钙磷代谢的研究大部分出自北平协和医学院……他的逝世标志着代谢性骨病理论发展的一个重要历史时期的终结……他们的成就至今仍对我们有种大的教益和深远的指导作用"。①

在创建天津医学院初期,事务繁忙,朱宪彝将主要精力集中在学校的教学和基本建设上,但为了社会的需要,他把研究工作的重点从钙磷代谢的系统研究转移到当时还是空白的地方性甲状腺肿与克汀病等广泛流行的地方

---

① 邱明才,王兴民. 医学界的一代楷模——助选一教授大臣 100 周年特别纪念[J],中华医学信息导报,2002(12):4.

病防治研究上来,充分体现了他服务社会、勇于创新的科学家风范。在地方性甲状腺肿与克汀病的研究中,他又成为全国这一领域的核心人物,并赢得国际学术界的一致赞赏。

20世纪50年代初期,朱宪彝在做了充分现场调查之后了解到,我国河南、安徽、云南、黑龙江以及河北等地均出现粗脖子、傻孩子等现象,结合国外对这种地方性甲状腺肿和克汀病的防治研究经验,指明其基本病因是环境中缺碘造成的,适当补充碘盐即可控制该病的流行。1956年,在参加制定全国科学技术发展纲要时,朱宪彝提出要把地方性甲状腺肿与克汀病的防治研究列为临床内分泌研究的首位。1958年,他又将地方性甲状腺肿和克汀病的防治研究列为天津医学院的重点科研项目,并委派专人到河北省承德市郊进行实地考察,并确定以该地为基地,进行系统研究工作。1961年,朱宪彝亲自组织天津医学院的有关基础与临床科室的数十名科技人员到承德市郊进行系统的防治研究。他亲自在病区选择固定观察点,一家一户进行调查,并责成专人常住在病区,与当地卫生防疫机构配合,管理碘盐投放及疗效观察等工作。这项工作一直持续了5年,该研究的现场调查和实验室研究报告表明,承德市郊是一个比较严重的地方性甲状腺肿与克汀病的流行区。孕妇由于缺碘,不仅表现出甲状腺肿大的征象,尤其严重的是,他们所生的婴儿会患有克汀病,表现为"呆、傻、聋、哑、瘫"等严重的残疾。在给予科学碘盐治疗后,甲状腺患者症状获得明显改善,克汀病的发病率也显著下降。1964年,朱宪彝在承德组织召开现场会,应邀参加的内分泌学家刘士豪教授、张忠邦教授,儿科专家范权教授、动物内分泌学家张致一教授,以及相关心理学工作者、流行病学工作者,经过考察、讨论,一致认为这一全面系统的经验为全国防治地方性甲状腺肿与克汀病提供了宝贵经验,并为开展同类研究工作提供了创新性的样板。由朱宪彝教授及助手撰写的专著《地方性甲状腺肿与地方性克汀病的几个问题》也成为这一领域科技工作者的必读文献。

即使在"文革"期间,朱宪彝仍密切关注着地方性甲状腺肿与克汀病的防治研究工作,唯恐由于不能坚持科学地补充碘盐而造成甲状腺肿与克汀病新的大面积流行。他曾经对过分强调手术切除肿大甲状腺的意义表示担忧,生怕舍本逐末而忽视了最基本的防治措施,并对一些急于求成的做法善意劝阻。他更注意到,在有一些地区出现的误把地方性甲状腺肿与克汀病的基本病因归于遗传缺陷的说法,担心这会把甲状腺肿与克汀病的防治工作引入歧途。20世纪70年代初期,朱宪彝重新组织了一只由基础和临床20余名学科科技人员参加的内分泌科研队伍,继续进行地方性甲状腺肿与克汀病的攻关研究。除了对承德、天津市郊、河北、山东等地进行现场研究之外,还集中力量在下丘脑—垂体—甲状腺轴系的内分泌激素的放射免疫测定技术上攻关,陆续成功建立了三碘甲腺原氨酸(T3)、促甲状腺素(TSH)等一系列放免测定方法,这些成果被广泛应用于全国地方性甲状腺肿与克汀病的防治研究中去,提高了甲状腺疾病的诊断水平与研究能力,赶上了国际同类研究的水平。在1978年召开的全国科学大会和全国卫生科技大会上,朱宪彝受到国家的光荣表彰,所获得的成果后来也分别受到国家科委、卫生部和天津市的奖励。天津医学院成为全国地方甲状腺肿与克汀病防治研究的牵头单位,而朱宪彝则成为当时中共中央北方防治地方病领导小组甲肿组组长。

由于国家对地方病的重视,朱宪彝更加意识到自己的责任重大。他积极参与制定食盐加碘条例起草、主持地方性甲状腺肿与克汀病诊疗标准的制定、撰写有关防治地方病的科学论文和科普文章。他一直强调,我们社会主义国家的政治制度和领导体制应该把地方病的防治工作做得更好,走在其他发展中国家的前面,为全世界消灭地方甲状腺肿与克汀病提供成功的范例。1978年,75岁高龄的朱宪彝主动向卫生部请缨,考察四川、云南、贵州、广西、安徽等南方5省区的地方性甲状腺肿与克汀病流行情况,行程1万余里,历时两个月,向卫生部提供了一份考察报告。在报告中汇报了南方省份中地方甲状腺肿与克汀病流行的严重情况,呼吁全国成立统一的地方病防止领导机构,重视南方省份的防治工作,动员相关医学院校和科研机构协同作战。他的这些建议得到中央和各级领导的赞同,很快成立了全国防治领导机构。天津医学院开始了与贵州省相关单位在贵州重病区的合作研究。他亲自设计研究方案,指导研究工作的开展。经过连续8年的系统防治研究,这些重病区的甲状腺肿发病率降到国家规定的标准之下,也再未出现过新的克汀病患者。

朱宪彝说:"在我们国家里有这么多傻子,其中不少是青少年,成为国家的负担。现在不抓紧,患克汀病的婴幼儿还将陆续出现。这是一个十分现实的问题,是要拖我国现代化后腿的。"他呼吁:"对这种病防治是最有把握的,把流行区必须坚持食盐加碘 定位一条法律执行,是完全可以做到限制、控制和消灭的。"[1]有一个村子,克汀病患者约占18岁以下青少年总数的40%,很多年派不出兵源,选不出合格的会计。但经过治疗,当地"一辈儿(脖子)粗、二辈儿傻、三辈儿四辈儿断根芽"的问题终于得到了解决。为了表彰朱宪彝教授的杰出贡献,贵州省政府特为他颁发奖状。在朱宪彝指导下完成的有关贵

---

① 谭郁彬,矫叔华.朱宪彝——我国临床内分泌学先驱[J].中国内分泌代谢杂志,1991(7):131.

州省地方性甲状腺肿与克汀病重病区的防治研究系列论文成为反映我国20世纪80年代这一领域学术成就的代表作。

1978年，朱宪彝创建了天津市内分泌研究所。他又组织科技人员对我国大部分省区的地方性甲状腺肿与克汀病的流行规律、分布特点进行了广泛而深入的调查，基本上摸清了我国克汀病的流行特点和临床类型。还发现了我国高碘性甲状腺肿的发病规律，提供了亚临床型甲状腺功能低下或克汀病的新的诊断方法和诊断标准，为我国的防治研究工作制定了完成的规划。他还指导科研人员进行克汀病动物模型（鼠、羊、绒猴）、人胚脑细胞组织培养、甲状腺激素受体、致甲状腺物质等多学科的基础研究，以期阐明克汀病的发病机理和大脑发育不全的病理机制。20世纪70年代至80年代初的研究发现，缺碘地区居民的甲状腺功能分为"正常""代偿"和"失代偿"三型，经过碘盐防治后，这三种类型在人群中所占比例有明显变化；病区所谓正常儿童的听力也低于非病区儿童。碘盐防治后，在甲状腺功能恢复的同时，听力也随之恢复正常，这些都是国际上首次观察到的现象。据初步统计，中国有三亿多人口生活在缺碘地区，碘盐防治工作不容忽视。朱宪彝团队的研究还发现，病区孕母与胎儿比较显示，胎儿的甲状腺功能明显低于孕母，表明胚胎期胎儿缺碘造成甲状腺功能不足是造成永久性碘缺乏病的病理基础。这为新生儿甲状腺功能低下的早期筛查提供了理论依据。

由于朱宪彝在地方性甲状腺肿与克汀病研究中所取得的巨大成就，1982年，他应邀出席在日本召开的亚太甲状腺学会和亚太内分泌学会的学术会议，并做了"中国地方性甲状腺肿与克汀病研究的现状"的报告，赢得了与会者的高度赞赏。由此开启了中国与国际学术界在地方性甲状腺肿与克汀病这一领域的广泛交流与合作。

然而，朱宪彝的创新步伐并未停止在这个领域。20世纪80年代初，朱宪彝团队又开始对另一个严重危害人类健康的地方病—氟中毒发起攻击。他基于地方性甲状腺肿与克汀病的研究经验，结合基础与临床、现场与实验室、理论研究与防治工作，研究机构与卫生防疫部门，指导研究生引进代谢性骨病的新的实验研究方法，建立骨计量学实验室、骨细胞培养实验室、微量元素测定实验室、维生素D测定实验室等。遗憾的是，这一领域还未成功突破，朱宪彝教授便突然逝世了。他创建的上述实验室后来成为国内最活跃的实验室之一，一批又一批的年轻人迅速成长起来，在国际学术舞台崭露头角。

他为了鼓励学生勇于创新的精神，在《永远像一个医学生》的文章里写道："必须从医学生时代起，就要重视一切自然科学和基础医学的理论学习"

"仅仅满足于成为一个医生是不够的,要争取做一个医学科学家,不但要能医治面前的病人,而且也要有发明创造医治所有的病人。"他鼓励医学生"要向前人,向你们老师立下的结论挑战。"①

### 3.创办学院,功在千秋

创办天津医学院是朱宪彝对我国医学教育事业的特殊贡献,也是他作为医学教育家创新性的里程碑。天津医学院是新中国成立后创办的第一所高等医学院校,朱宪彝担任院长33年。

1950年天津高等院校院系调整时,以朱宪彝、方先之为代表,通过卫生局局长蔡公琪,向市领导建议应在天津建立一个医学院,并且坦率诚恳地表示:"我们这些人本来都是在协和医学院教学的,如果天津建立医学院,愿意回到医学教育老本行,担任临床教学工作,为天津培养医学人才尽力。"这一倡议得到了市政府的积极响应,立即得到批准。②

1951年6月,朱宪彝被正式任命为天津医学院院长。这位潜心钻研的医学家,表现出他精于绸缪的创新实干家的一面。任命后三个月,就完成了筹建医学院的大部分工作,包括:与南开大学议妥医学预科班的教学事宜;洽谈购买南开大学东院院舍(甘肃路上原天津医学院校址);选派临床教师赴北京等地高等医学院校进修基础医学、筹建基础教研室;聘请正在国外工作的医学家回国执教;选聘有才学的教师来院任教;设计基础课实验室,并着手订购仪器设备;物色精干的秘书、行政及工勤人员,建立行政机构。至当年9月,第一批59名本科生就正式进入南开大学生物系学习医学预科了。又经过一年的紧张工作,新校舍基本安排妥当,外出进修的教师陆续返校开始工作。1952年10月15日,在黄敬市长的主持下,天津医学院举行了隆重的成立大会。带着成功的喜悦和感激之情,朱宪彝激动得热泪盈眶。在短短的一年多的时间里,竟建立起一个具有相当规模的医学院,令人难以置信。

建校的第二年,即1953年,朱宪彝就在天津医学院打响了科研培干的第一炮。他聘请方先之教授主办全国骨科医师进修班、聘请赵以成教授主办全国神经外科医师进修班,他本人则主持隔周一次的临床病理讨论会,并邀请天津医务界人士出席。这些培训班和讨论会一直坚持了许多年,成效十分显著。天津的许多知名专家,如范权、金显宅、施锡恩、林必锦、张纪正等都被聘为天津医学院的教授,为天津医学教育事业发挥了重要作用,天津医学院也

---

① 王英.世界钙磷代谢知识之父:朱宪彝[J].中国医学人文,2017(2):25.
② 王英.世界钙磷代谢知识之父:朱宪彝[J].中国医学人文,2017(2):24.

逐步成为天津市医疗、教学和科研的核心力量。

1958年，朱宪彝在天津医学院附属医院内科建立了临床内分泌研究室。

1962年，朱宪彝开始招收内分泌学研究生，并接受国外进修生。"文革"期间暂停。1978恢复招收硕士研究生，并成为中国第一批有权授予博士学位的导师之一。1979年，朱宪彝在病榻上嘱人代笔撰写题为"医学教育的当务之急是恢复元气"的长篇文章，并郑重声明，非经本人许可，编辑部不得做任何修改；1980年，由他倡议，与南开大学合办八年制医学教育试点班，与天津大学合办生物医学仪器试点班；1982年以后，他为选派中青年骨干出国进修制定了周密计划，付出了巨大心血。

"春蚕到死丝方尽，蜡炬成灰泪始干。"朱宪彝用其毕生的精力，为祖国的医学教育事业呕心沥血，稳扎稳打，奉献身心。1984年12月25日逝世后，"一颗医坛巨星陨落了……全心全意为人民服务的良好医德及严谨的科学态度，是他留给我们的一份最宝贵的遗产，它像一盏不灭的明灯，永远照耀着我们前进的道路"。①

朱宪彝无私的奉献精神在天津医科大学代代相传。2020年武汉新冠肺炎疫情爆发之际，疫情就是命令，天津医科大学迅速成为一只勇于担当、冲锋在前的队伍。在天津市委市政府及各级领导的指挥下，在校党委的周密安排下，天津医科大学附属医院深夜接到任务后，防控工作指挥部内外通宵达旦，全力以赴，反应迅速、全员动员、整理物资、连夜集结、科学编队，从积极请战的医护人员中，以呼吸与危重症医学科、感染科、重症医学科等科室的技术骨干为核心，紧急抽调40名医生和120名护士，由天津医科大学总医院副院长李晖领队，接管武汉市第一医院重症病区。在短短20个小时之内，成立了临时党总支。主动请缨、精心选拔出来的160名医疗工作者成为第一批逆行者，他们来自天津医科大学附属总医院、附属医院口腔医院、附属眼科医院、附属肿瘤医院、附属第二医院、附属朱宪彝纪念医院和附属中心生态城医院。

在奔赴前线对口支援湖北武汉战前动员会上，天津医科大学总医院党委书记张建宁强调，医疗队员要牢记抗击疫情"24字精神"：

(1)讲政治，重大局。战场上要站位高、行动快；战场纪律要贯彻，紧急动员，听党指挥，能打胜仗。

(2)讲规矩，重纪律。一个队伍如果没有纪律，就是一盘散沙。战场纪律不容违抗，一定要将纪律放在前面。个人服从党的组织，少数服从多数，下级

---

① 石毓澍.沉痛悼念朱宪彝教授[J].天津医药,1985(1):4.

天津医科大学支援湖北武汉战前动员会

组织服从上级组织,基层党组织和党员服从党中央。

(3)讲科学,重防护。一腔热情很难战胜病毒,要有科学施治的方法。医院接到通知之后,第一时间联系了即将进入的前方医院,保证防控标准;同时,要求医疗队每名成员要熟悉各种防护知识。

(4)讲实效,重协作。战之能胜要讲实效、重协作。要坚定信心,领队和各个党支部要务实地开展工作,实实在在地把工作做好、把队员的防护做好、把队员的情绪稳定好、把后方家属保障好。

他还指出,要统一思想,实现三大目标:

(1)发扬敬佑生命、救死扶伤精神。力争最高的治愈率,最少的死亡率。

(2)确保医务人员安全,确保医务人员零感染,零伤亡。160位队员如数平安归来。

(3)弘扬医院文化、展示天津医疗队伍的风采,为总医院争光、为医科大学争光、为天津争光。

当一位重症医学科的护士被问到"你害怕吗"时,她只是微微一笑。当继续被问到"你为什么要去武汉"时,她说:"因为我是一名护士,我的职责就是治病救人,不管这个病人得的是什么疾病,也不管这个病人在天津还是在武汉,我们要做的就是无愧于心,无愧于我们的燕尾帽。"

很多奔赴前线的人临行前都不敢告诉家属,怕他们担心,只留下一篇篇真实的日记:"亲爱的女儿,妈妈骗你说去上班了,但是妈妈这个班儿上得时间有点儿长,工作的地方也离你有点儿远,不能陪你搭玩具,也不能给你讲故事。等妈妈下了班,好好陪伴你吧。""亲爱的爱人,真的很抱歉,没给你做准备的时间,就将整个家都交给了你。每天你还要向我汇报孩子的情况,让我在武汉安心工作,真是辛苦啦……""亲爱的妈妈,怕您担心,我没跟您说我来了武汉。我叮嘱弟弟要好好照顾您,也给您的银行卡里存了钱。曾经,我为没能参加非典的救治而遗憾,为没有勇气支援汶川地震的救援而后悔,今天,我没有再犹豫,坚定地报名参加天津支援武汉医疗队。亲爱的妈妈,我不想辜负了我的职业,我想成为有担当的年轻一代,我觉得您肯定能够理解并支持我的。"

在这场没有硝烟的斗争中,在祖国和人民危难之际,朱宪彝的勇气和献身精神在天津医科大学再次闪耀。

## 二、朱宪彝的师资队伍培养理念

### (一)朱宪彝的教学理念

1.朱宪彝个人经历对其教学理念的影响

朱宪彝生于1903年,那时的中国内忧外患、弱肉强食、民不聊生,他目睹、亲历了一个民族国家的羸弱落后和千疮百孔给民众所带来的耻辱和苦难,深感作为一个个体,拥有一个强壮的体魄对于一个民族的重要性,朱宪彝积极寻求"科学救国""教育救国"的道路,为此,他从小就立志要做一名济世良医。在北京协和医学院和哈佛大学的学习经历,为他以后60余年的行医和教育生涯,打下了扎实的医学专业功底,他渊博的医学知识、丰硕的医学成果、高尚的医德医风,始终体现在朱宪彝求真务实、严谨治学、医者仁心的医学教学的方方面面。

朱宪彝长期担任天津医学院院长,同时还要承担多项重大课题的研究,尽管如此,朱宪彝始终坚持临床工作,定期查房和组织临床病例讨论会,他对下级医生不仅要求很严,而且循循善诱,朱宪彝希望医生们在一例一例的诊断中,学习和运用已知的知识,并通过这些医疗实践及阅读开拓认识领域,提高认识疾病和治疗疾病的能力,就是在这种实践和理论反复磨炼中,天津医学院的教学能力和师资队伍不断壮大变强,下面我们就详细地分析朱宪彝的一些理念和思考。

第一,坚持依靠名师办学的理念。在天津医学院筹建之初,朱宪彝亲自登门拜访、聘请多名天津著名的医学界权威人士成为天津医学院的兼职教授。与此同时,他在国内招聘多名知名专家、学者为学生授业解惑。

第二,坚持加强医学基础学科建设的理念。朱宪彝深知基础医学是培养医学科学生的重中之重,同时他清醒地知道,天津医学院建校迟、起步晚,与国内老牌医学院相比,基础医学的师资力量、科技技术力量都很薄弱,他下决心用"短、平、快"的办法选调基础课师资。首先,他从总医院各科选拔一批青年医生,充实基础师资力量,先后把他们派送到北京、上海、广州等知名医学院进修基础课教学。同时,他还在读的学生中选拔30名学生,成立基础医学专业班,这些学生大部分毕业后留校,分配到基础部各教研室,大大缓解了基础医学师资力量不足的问题。并且,朱宪彝在加大基础医学建设的同时,还没有忘记对基础课结构的调整。通过这一系列的努力,天医在短时间内,迅速成长起来,为天医以后迈进国内一流的多学科、多专业的综合医科大学打下了坚实的人才储备基础。

第三,提倡反思精神,培养质疑能力。质疑能力是一个人最宝贵的能力之一,也是创新能力的重要表现。只有通过质疑和提出问题,学生的创新意识才能得到不断地强化,创新思维能力才能得以不断提高。教师给予学生真诚的鼓励,学生就敢于提出质疑;教师给予学生科学的指导,学生就善于质疑;教师努力创设民主、宽松和自由的教学氛围,学生就会经常质疑。朱宪彝正是本着这种非常先进的教学育人理念和人文精神,在天津医学院自始至终培养一种科学、求真、务实、创新,敢为人先、不惧权威的良好的学术氛围和环境,使天津医学院从建校之初,就有着自己强烈的、鲜明的个性和特点。朱宪彝常说,没有最好的教师,只有用好的教师。"赏识",有助于学生学习成功;"抱怨",肯定会导致学生学习失败。热爱一个学生就等于塑造一个学生,厌恶一个学生就等于毁掉一个学生;宁可让学生说错误的真话,也不要学生说漂亮的假话。

朱宪彝还经常对教师讲,具有反思能力的教师,才是一个成熟的高素质的教师。我们教育面临的最大挑战不是技术,不是资源,而是教师的素质。所以,朱宪彝一以贯之的教学理念为天津医学院的发展指明的方向,为天津医学院的壮大奠定了磐石般的基础。

## 2.朱宪彝的个人品质对于其教学理念的影响

朱宪彝出生于清末一个知识分子家庭,1917年,以优异成绩考入直隶第一中学(现天津三中)。在校期间,朱宪彝不仅学业出众,而且积极参加了1919年的五四运动。面对着祖国沉沦半封建半殖民地的严酷现实,他积极寻求"科学救国""教育救国"的道路,为祖国的复兴强盛殚精竭虑。他始终恪守一个有良知的知识分子的道德操守,坚持原则。新中国成立后,在党的领导和支持下,朱宪彝参照协和医院和国内外其他医学院建院的经验,设计了天津医学院的发展蓝图,他的奋斗目标是:把天津医学院建设成为天津市的医学中心,为全市、全国培养高质量的高级医学人才。"文革"期间,朱宪彝也没有放弃为党工作的权利。

朱宪彝的杰出人格魅力尤其体现在他为之呕心沥血的天津医学院的创立、发展、壮大的漫长过程中。知识教育靠"灌输",人文教育靠熏陶。朱宪彝淡泊名利、志存高远的敬业精神和悬壶济世、一视同仁的人文情怀,为朱宪彝的教学理念,学以致用、教与学相辅相成批下鲜明的注解;为了落实他提出的"为国家培养医学人才和推进医疗卫生事业的发展"的办学理念,朱宪彝一以

贯之、身体力行,始终坚持战斗在临床一线。他的教学理念还体现在:

坚持培养高学历人才与培养专门技能型人才相结合的理念。朱宪彝在国内首次提出地方院校与综合大学合办八年制医学教育试点班、恢复高等护理教育专业、推行医学本科毕业生二次分配制度等,一系列顺应时代发展要求、既考虑我国具体国情又符合医学学科规律的措施和意见建议。虽然朱宪彝生前由于种种原因,未能乐见其成,但他开创的天医教育事业,历经了几代天医人不懈的努力,正在朝朱宪彝所企及方向靠近。

坚持对医学生进行职业道德教育的理念。医者,仁心也。医学的本源是对生命的尊重、对身体的珍惜、对人性的关怀和守护,基于医学最本质的功能,朱宪彝多次反复讲过,"中国古代行医很讲仁术。当一名医生对病人要有仁爱之心,仁慈之心,对医学生要进行职业道德教育,医德医风教育。在实际工作中要做到急病人之所急,痛病人之所痛。病人无论贫富、职位高低,对其都要周到热情服务,一视同仁"。他特别强调,"教师要做医德的表率,以教师自身的道德修养感染学生,使学生在良好的医德医风环境中受到潜移默化的教育"。朱宪彝还循循善诱,"政治思想工作要贯穿于教学科研和医疗活动中,浸注到学生的日常生活中去"。朱宪彝针对学生的思想政治课和伦理道德课,提出具体要求,"要培养学生的自学能力,培养良好的读书习惯,提高学生的动手操作能力,要善于提出问题,思考问题,找出解决问题的办法,这样才能成为创造型人才"。正是朱宪彝这些历历在目、如数家珍般的宝贵品质,为我们树立起一面旗帜,也成为我们行动的标杆。

朱宪彝一生中的大部分时间,致力于医学教育事业,他卓越的品质、丰富的阅历、高超的医术,他强调多元、崇尚差异、主张开放、重视平等、推崇创新、否定等级的教育思想,无不闪耀着人性的光芒,这一切都完整、准确地诠释了朱宪彝的教学理念。

## (二)朱宪彝的教育教学实践

前文我们多次提到,朱宪彝倾注大半生心血的天津医学院,有着他宏伟的计划和发展目标,他不仅仅期望这个在他手里孕育的孩子能长大成人,更希冀天医能乘风破浪、茁壮成长,屹立在中国医科院校佼佼者之林。为此,朱宪彝呕心沥血、孜孜以求,以一个智者的视野,更以一个战略家的胸襟意识到,一个医科学院,要图谋生存发展,要奋发有为,唯一的出路就是顺势而为、顺应时代,改革势在必行。

### 1.立足本土发挥优势

首先,鉴于我国教育的一些优势,现代技术是可以代替的,而我们教育存在的一些问题,譬如学生创新能力差、循规蹈矩等,却是现代技术无法代替的,对于这点朱宪彝有着清醒的认识,为此,朱宪彝率先垂范。众所周知,朱宪彝在协和医学院求学期间,非常热爱医学研究,动手能力了得,他几乎所有的业余时间,连同节假日,都在实验室做实验,正是有了青少年求学时代良好的学习素质和求索精神,为朱宪彝之后的职业生涯打下了坚实的基础,也为他以后教育改革理念提供了绝无仅有的第一手宝贵经验。

其次,寻真理进窄门。朱宪彝深知教育要改革,首先是要求对自身教育理念的更新和转变。鉴于当时我国的具体国情和医疗卫生体制的现状,百年大计,教育为本,教育大计,教师为本。只有一流的教师队伍才能创造一流的教育业绩,要提高学院的教育质量,首先要提高教师的育人水平。教师的工作是富有创造性的工作,是极具研究性的工作。朱宪彝常说,没有最好的教师,只有用好的教师,身为医科学院的教师,治病救人,传授知识,更要因材施教,区别对待,让教师把自己的一切教育行为都纳入教学研究和教学实践范畴内,这是践行先进教育思想的需要,也是落实新的课程改革精神的需要。

朱宪彝在1978年着手筹建了天津市内分泌研究所,40多年来,研究所在朱宪彝直接带领和间接引导下,在师资队伍、科学研究、品牌建设和国内外学术交流等方面都取得了杰出成果,"内分泌与代谢病学科"作为天津医科大学五个国家级重点学科之一,在基础与临床研究和新技术应用等方面的卓越表现,与学院"为国家培养医学人才和推进卫生事业的发展"的理念一脉相承,这一系列成果的取得和目标的实现,与朱宪彝在建院初期以及长期的教学实践中总结的、不断更新完善的教育改革理念环环相扣、相辅相成。

### 2.开拓进取稳中向前

在发展中壮大、在改革中完善、在前进中修正,为国家培养医学人才,是朱宪彝最为关切的事情。他的教育改革理念中的一项重要措施就是推行本科毕业生试行二次分配,即应届毕业生由市卫生局统一安排到市一级医院和区级医院工作,两年后由市卫生局考核他们工作中的成绩,再量才分配到各级医院、研究所、卫生院、工厂保健站,与以往将毕业生一次直接分配到使用单位相比较,这种改革尝试在当时的历史条件和医疗水平下,无疑起到积极的作用。

我国地广人多,医疗资源分配极为不均,加之特殊原因对医疗卫生事业基本建设投入的匮缺,医学院及医学院毕业生水平参差不齐,这就要求作为医学院,它的办学方向和教学宗旨必须立足本土、放眼客观条件、恪守本学科特点,朱宪彝这一革命性的举措为解决当时国家对医疗卫生专业人员的需求,无疑起到了雪中送炭的作用。

### 3.率先垂范修己安人

朱宪彝知道,他所选择的职业是一项关乎生命的职业,他倾其一生为之奋斗的事业是与人类健康休戚相关的事业,为此,朱宪彝把他对事业的挚爱和忠诚,全都倾注在如何使天医成长、发展、壮大中。起初,朱宪彝在受命筹建天医之时,凡事亲力亲为,选址、买地、择教师、聘专家、事无巨细、劳心费神;接受任命,成为天津医学院第一任院长,朱宪彝饱含着热泪,亦喜亦忧,诚惶诚恐,喜的是如愿以偿,忧的是自认为个人能力有限,怕辜负了重托。在朱宪彝不懈的努力和正确领导下,天津医学院逐步成为天津市医疗、教学和科学研究的核心力量。

半个多世纪的从医生涯,朱宪彝始终坚持每周查访、示教制度。他对每一个病人都严格按照常规从头到脚详细检查,讨论病程变化,阐明发病机理,深入浅出,言简意赅,给临床医生和实习学生留下难以磨灭的印象。朱宪彝注重提升中青年教师的科研能力,常常亲自指导他们的科研工作,但无论做出多么重要的指导,从不署上自己的姓名。

### 4.著书立说成果丰硕

虽然朱宪彝任天医院长期间,行政事务缠身、各种活动应接不暇,但朱宪彝从未中断过将自己多年来的从医经验、学术研究,以及教学教育中所得的体会和积累做好总结、归纳、记录,知无不言、言无不尽,并且付诸文字,以供同行及后辈参考利用,造福于民。

他主编的三百多万字的《内科学》,全书117章,被誉为"内科辞海";他和助手撰写的《有关地方性甲状腺与地方性克汀病的几个问题》《再论地方性甲状腺肿与地方性克汀病》《代谢性骨病X线诊断学》等论文或著作成为专业工作者的重要参考文献。他的《内科讲座》《临床内分泌学》,以及《朱宪彝医案》,无不在医学界起到举足轻重的作用。

直到晚年,朱宪彝仍然坚持阅读国内外文献,所积累的读书卡片就有十几万张,并做了体系科学的分类。他的这些科研资料,连同20世纪30年代开始发表的论文著作,直到1985年,就有20多个国家的18位专家学者,索取他的论文,由此可见,朱宪彝著作论文的实践价值之大、分量之重。

"千里之行,始于足下",朱宪彝勤勤恳恳、著书立说,同时他诲人不倦、言传身教,在他的支持倡导下,临床相关学科在内分泌研究方面,也取得一大批成果。其中有:瞿瞻粲教授主编的《妇科内分泌学》、李宝爱教授主编的《儿科内分泌学》、张殿明、徐隆绍二位教授编写的《神经内分泌学》、尹伯元教授编写的《标记免疫学》《放射免疫监测基础》《放射免疫临床应用》,全面总结了朱宪彝提出的下丘脑—垂体—甲状腺轴系的测定方法,在全国临床得到普遍应用,这些著作和人才的涌现,无不彰显了朱宪彝高尚的品质和情操。

### 5.师资选拔德才兼备

朱宪彝是一位治学严谨的医学家的教育家,深知医学院校需要德才兼备的领导班子,对医学院校的建设非常有见地。朱宪彝指出,医学院校教育改革的关键在于领导,医学院校的领导就需要既要懂医疗、又要懂教育。不懂教育的医学专家适合担任医院的领导,但不适合担任医学院校的领导。在医学院校与附属医院之间的关系上,朱宪彝强调应该将质量最好的医院给医学院做附属医院,附属医院不是独立的医院,而是医学院不可分割的一个组成部分,必须由医学院实行一元化的领导。[①]在教师队伍的选拔上和人才使用上,朱宪彝特别指出要正确使用回国的留学生。针对当时回国留学生在国外期间表现优异,而回国后成绩平平的现象,朱宪彝指出问题的关键在于对于回国人员的安排的使用不够恰当。因此,建议针对留学人员在国外学习的经历来适当调整其归国后的工作方向,从而充分发挥留学人员的专业特长。

### 6.医学与其他学科交叉融合

朱宪彝认为医学科学属于生命科学,它的发展需要依赖天文、地理、生物、物理、化学及数学等自然科学的发展。比如,医学院的某些基础专业如人体解剖学、组织学、胚胎学、细胞学、生理学、生物化学、微生物学、免疫学、药理学、流行病学、生命统计等,可以向综合大学的原生物系、化学系、物理系、数学系等各自专业进行交流学习。而且社会科学对于医学也有着不可忽视的影响,因此,应当把医学院作为综合性大学的一个组成部分,可以扩大医学院师生的视野,有利于自然科学领域新的发明创造在医学领域的应用,加快医学领域边缘学科的发展;促进各学科专业人才的培养和提高,对综合大学本身也大有好处。并进一步指出,如果综合性大学还同时办医学院、畜牧专业和兽医专业,他们和医学院的联系更为密切,这比孤立办医学院、农学院好处更多。朱校长提出的多层次、多形式、多规格办医学教育,既强调基础要牢

---

① 李大雄,杨一工.朱宪彝教授谈医学教育改革[J].科学学与科学技术管理,1983(6):32-33.

靠、结构要合理;又要注意普及与提高相结合,分共协作。多数单位做基础性和主体的教育工作,也要少数单位做"宝塔尖"的工作。

### (三)朱宪彝师资队伍培养的基本模式

1.师资队伍培养的指导思想——整体规划、严格要求

朱宪彝不仅仅是一个德高望重的医学家,还是一个顺应时代发展要求、勇于创新改革的教育家、实践者和先行者。朱宪彝确信,没有医治百病的灵丹妙药,更没有医治教育百病的灵丹妙药,永远不可能从某位成功教师那里克隆相同的教育艺术或方法来对自己的学生实行成功教育。教育不能只面向少数学生,也不能只面向多数学生,而是要面向所有的学生。

朱宪彝要求学院的每一个教师要将"学习"作为最重要的职业需要,形成"人人是学习之人,时时是学习之时,处处是学习之处,事事是学习之事"的理念。治病救人、救死扶伤,生命的守护神、天使,这一系列溢美之词,对于医务从业者是荣誉,是鞭策,更是社会的责任和担当;教师的职业被誉为"人类心灵的工程师",要成为一名医学院的教师,双重责任压在肩上,朱宪彝对天医的教师队伍建设和师资队伍的培养倾注了极大的心血,投入的感情和精力,老一代的天医人无不历历在目,每每提及就会信手拈来朱宪彝许许多多的感人事迹。十年树木,百年树人。在建院之初,朱宪彝就恪守"教学相长"、以提高师德素养和业务能力为核心、全面加强师资队伍建设、为教育事业改革发展提供强有力支撑的初心和办学理念,逐步形成一整套行之有效的师资队伍培养的基本模式。

朱宪彝在致力于教育改革的同时,从来没有放松对教师队伍师德的建设和严格审视。他坚信师德建设是提高教师队伍质量的前提。朱宪彝对于师资队伍的建设提出的指导思想是整体规划、严格要求,从业务角度分析,制定师资队伍的整体规划应当遵循以下几个原则:

第一,教学、科研、医疗三方面综合考虑。高等院校的教师不应当仅仅是"教书匠",必须具有科研能力;临床教师还必须是优秀的医生。高等医院院校必须发展成为即是教育中心,又是科研中心。朱校长强调,要从根本上提高教学质量,必须首先提高教师水平,基础课教师必须结合临床需要进行科研选题,临床医生必须深入实验室学习最新理论和技术。朱校长强调教师应当既能"动口",又能"动手",他本人更是以身作则,坚持查房示教,每一个病人从头到脚都详细检查,每一份病例都仔细阅读,讲症状论及基础理论,一丝不苟,深入浅出,言简意赅。

第二,年龄和技术结构的合理设置。为了学科地发展,朱宪彝主张要设置合理的教学和科研的梯队,从学术发展的角度,既要各个专业配套发展,又要有所偏重,保证重点学科的优先发展。从学科发展和人才培养的角度,则要采取成熟教师指导青年教师的措施,有计划地选拔和培养中青年教师。

第三,多渠道培养师资。人才培养必须有计划、有步骤、分阶段,才能避免盲目性,保证人才的储备量。注重对外学术交流和人才培养,积极发展同国外医学院校和学者的友好协作关系,推荐教师到国外进修或考察,并要求出国研修教师用英文授课。

第四,合理设置教师考核制度。考核是检验教师培养制度的最有效的检测手段。考核的方法可灵活多样,诸如答辩、讲课、完成某科研项目的研究报告以及试卷评分法等。只有考核标准明确,考核方法多样化、考核严肃认真,才能保证高质量的师资队伍。如果青年教师考核不合格,就要追究指导教师的责任,以此来强化指导教师的责任心。

第五,开放性原则。控制总量与提升质量并重的原则。加快骨干教师队伍的建设,提高教师队伍的整体素质,实现规模、结构、质量与效益协调发展。朱校长坚持深入医疗前线,聘请行业专家参与人才培养的过程,不仅邀请天津医疗界专家为学生授课,还时刻关注世界医疗行业新成果、新技术,动态更新教学内容,为学生的持续发展创造条件。并注重医师职业道德和职业素质的培养,促进学习知识、技能、职业素养协调发展。

第六,创新性原则。队伍建设与制度创新并重。既要不断地加强教师队伍的思想、作风和业务建设,提高教师的教育能力与水平,又要进一步创新教师管理制度,健全教师激励机制,促进教师管理的规范化、法制化和科学化,增强整个教师队伍的活力。

第七,动态性原则。激活进取心,改变安于现状、不思进取的疲软状态,形成良性竞争的生动局面。朱校长常常亲自审查教学计划,亲自听课了解教师的讲课质量、添置选修课,改革教学方法,提高学生的外语水平。如讲专业课的老师结合授课内容,同时教授外语专业名词等。并注重将医学教育和医疗实践的需求结合起来。例如针对当时农村义务人员和护士不足、牙医奇缺、实验技术人员偏少等现状,提出根据学校现有的特长,承担某一方面的培养任务,满足社会对不同人才的需要。并提出学习国外的毕业后教育或者终身教育,选择有条件的单位建立有关的培训或进修中心。

2.师资队伍培养的基本制度

朱宪彝是一位卓越的医者,同时更是一位德高望重的教育家,他卓有成效的成功办学经验,为后来者提供了难能可贵的经验和宝贵的第一手资料,在这里,我们权且班门弄斧,就朱宪彝师资队伍建设的理念体系做一粗略的剖析。

(1)合理的师资结构

万丈高楼平地起。教育的起源和初衷,正如著名教育家陶行知所言:"生活即教育、社会即学校、教学做合一"。教育的前提是让学生首先学会生活,能够在社会中适应竞争,而不是只为了一张文凭一样,我们的朱校长同样要求,教师首先要启蒙医学院学生立言立行。我们努力分析一下朱宪彝的初期计划。

朱宪彝指出,师资队伍的建设要有整体规划并严格要求。建院初期,一切事宜都得从头开始,尤其是新中国建国伊始,百废待兴,各条战线人才奇缺的现实状况,他力争聘请国内一流的专家学者来天医,为渴求知识的莘莘学子授业解惑,或聘请他们为天医的客座教授,定期、不定期地把国内外最新的医学发现及知识介绍给医学生。

朱宪彝还合理安排不同年龄层次的教职员工,形成两头小、中间大的比例范围,组成良好的梯队结构,鼓励业务能力较强的青年教师,适时加压,挑起教学重担,独当一面;要求富有临床经验和教学经验的老教师传、帮、带。同时激励青年教师参加学历进修、自学,选派部分教师去其他医科大学院校参观学习,发挥他们的年龄优势,在各自的教学岗位上各尽其才。朱宪彝知道,教师的教学质量,决定着天医的最终走向,决定着天医能否进入名牌高校,进而为中国的医疗卫生事业稳步发展贡献力量。朱宪彝特别重视中青年教师的培养,他经常为中青年教师提出科研课题,设计科研计划,审查学术论文。

在如何优化部署师资队伍结构上,朱宪彝也不遗余力找对策、想办法,在人事制度、分配制度等环节上层层严把,从实际出发,扬长避短、讲究实效、注重发展,建立起一支有天医特色的老、中、青相结合的师资队伍。

(2)严格的考试制度

考试的一个重要功用就是给考试者一个公平竞争的机会。考试是最好的复习;考试是最好的查漏补缺;考试是对最近学习状态的最佳反馈;考试是对心理状态的一次磨炼;考试也可以反映老师教授知识的成果。

朱宪彝自小受到严格规范的私塾教育,9岁起入直隶第一模范小学读书,毕业后考入直隶官立一中,一路凯歌,朱宪彝顺利地考进中国最高医学学府——北平协和医学院。正是一路规范严格的教育考试制度,使朱宪彝深知考试对于一个高校的重要意义。考试是检查教学效果和确定学生学业成绩的重要环节,旨在了解学生对所学知识的掌握和运用能力,促使学生认真学习。为了加强考风建设,严格考试纪律,朱宪彝要求每个教师必须做到以下几点:

第一,做好命题和考卷的保密工作。考试包括闭卷、开卷、笔试、口试等方式;考试命题,要按照教学大纲的要求,结合医学院的特色,灵活生动,不拘一格;严格保密工作,每个教师杜绝以任何方式暗示考试范围、泄露考试内容。

第二,加强宣传教育,做好学生的思想教育工作和教职员工的培训工作。朱宪彝反复要求教师一定要严格执行考试纪律,同时营造良好的考试氛围。

第三,严格考试纪律,加强考试管理。天津医学院制定了具体详细的考试纪律和管理制度,做到令行禁止,最大限度地维护了公平、公正、公开的原则;让考试为教学服务,教学因考试改进。

在天津医学院,正因为朱宪彝牵头倡导制定的一系列行之有效的考试制度,以及强有力的贯彻落实、不打折扣的执行力,使天津医学院沿着正确的轨道阔步向前,始终走在同行的前列。

(3)教学与科研的有机统一

相对于理论科学,医学作为经验科学,是偏重于经验事实的描述和明确具体的实用性的科学,从它诞生之日起,就同实践天然地结合在一起,在不断地实践、纠错、再实践、积累过程中,建立起逐步完善、严谨、现代的医学科学研究体系。还因为医学是一种经验科学,首先医学基于经验,经验分为成功的经验和失败的经验。其次它是一种科学,这意味着医学会自我反思、自我怀疑与自我纠正。朱宪彝首先是一位卓越的医学家和严谨的学者,然后才是天医的创始人和院长,鉴于朱宪彝的双重身份,天医从建院伊始,就在朱宪彝一系列教学和科研有机相结合的正确思想指导下,开展了卓有成效的工作。

教学、科研、社会服务和文化传承与创新是高校的四项重大任务,只有这四项任务互相兼顾才可共同促进高校快速的发展。教学是高校的主要任务,但科学研究不论在研究型高校还是应用型高校中都发挥着不可替代的重要作用。科学研究能够推进高校学术性发展,促进教师专业能力,提高教师的思维创新能力,强化学生的思维创新能力和独立创造能力。因此,如何正确处理好高校中科研与教学的关系,促进科研与教学协调统一发展,使科研充分发挥出促进教学日渐不断提升的作用,是朱宪彝从创建天津医学院、到天津医学院顺利招生运作,一直不停地考虑和探讨的一个问题。高校是为社会培养人才的组织机构,培养高质量人才是高校的首要任务。天津医学院建院之初,适逢新中国正在掀起热火朝天的社会主义建设高潮,随着新中国经济转型和科学技术的快速发展,社会对创新型人才的需要更加迫切。而人的创新精神、创新能力和科学素养等只有在科学研究的氛围和环境中才能得到培养和熏陶。因此，朱宪彝就把天津医学院教学和科研并驾齐驱提到议事日程上来。当然，高校的人才培养离不开科学研究。只有在科研推动下高校的教学水平才能不断跃升。如果脱离了科学研究，高校的人才培养就很难适应新中国经济转型背景下的人才要求。因此，如何处理好高校中教学与科研的关系，朱宪彝不遗余力组织专家学者探讨这个问题。提出以下主张：

第一，教师主要以教学为主。教师应当在不断提高教学业务水平的基础上，以教学带动科研，以科研促进教学。朱宪彝抓住问题的关键所在，针对存在的一些顽疾和短板，对症下药。当时我国高校在师资队伍建设中对教学和科研的关系处理中体现出的诸多问题，关键因素在于各种评价标准偏重于科研，致使多数人误认为科研业绩优秀的教师才是好教师。因此当时我国许多专升本高校都定位于应用型高校，以教学为首要任务，而诸多高校不能正确处理好教学和科研的关系，特别在教师队伍建设中，教学和科研不能充分进行权衡。许多高校为了得到更多的科研经费和项目荣誉，一味地强调科研工作，导致学院逐渐把科研成果作为评价教师工作质量的主要标准，制定了许多科研成果激励政策，鼓励和支持教师搞科研，在职称晋升和工资津贴等方面也过多考虑了科研因素。教师在力求个人利益的条件下，将所有精力都投入到自身的科研工作上，对教学质量没有要求，教学工作不认真负责。甚至为了争取课题、跑项目，教师不惜调课、停课，严重影响了教学秩序和人才培养质量。此外，多数科研项目的资助力度都高于教改项目，且教改项目烦琐，程序化，使许多教师不愿意申报教改课题。这一系列现象都严重导致许多大学教师把工作重点放在了科研和论文发表等方面，忽略了教学工作，甚至这种现象不断地恶性循环，使科研不仅不能发挥其促进教学的作用，反而会严重影响到教学。

鉴于上述问题，朱宪彝要求一定要正确认识高校中教学与科研的关系，在师资队伍建设中一定要以教学为首，科研为辅，让科研促进教学，拓展教学内容和教学思维，使教学与科研协调统一发展。教师质量评价应该从教学和科研两方面进行。既要考核科研任务，又要考核教学任务；既要有科研奖，又要有教学奖；制定合理的教学和科研评价指标和标准，充分体现出教学和科研的同等重要性，相互协调性。正确推动教师教学和科研双向发展，提高教师的综合素质和能力，这将为今后医学医务人才的培养提供重要保障。

第二，完善教师评价标准。朱宪彝提出，应当根据大学的不同定位建立分类评价制度，给予分类的拨款制度，引导高校合理处理教学与科研的关系。

鉴于当时我国高校主要分为研究型和应用型两大类。因此,对于研究型大学在评估和资助方面应该偏重于科研成果,对于应用型大学则应该偏重于教学成果,这样才能在公平和效益上使各类型大学兼顾。同时,国家还应该根据社会需求的不同,对不同学校设计相应的差异性评价指标,使其体现于大学分类、学科排行、专业排行以及地区排行中。高校应该对自己的教学和科研有着非常明确的定位。研究型大学应该以科学研究为主,以培养高水平的硕博研究型人才为主,使科研成果显著体现在各种评价体系中,并将突出的科研业绩融入教学工作中,使教学更有特色,快速发展。教学研究型大学应该将教学和科研并重,以科研促进教学,教学协助科研。教学型大学要以教学为主,培养社会需求的应用型技能人才为主,让科研提供更多实践动手机会,加强技能操作能力。只有定位准确,才能保证各类高校的快速发展。

正是对教学与科研的关系做了上述精细化、分阶段、有条理、科学周密的定位,有了行之有效的制度保障,使得天医在朱宪彝和他领导的团队的不懈努力下,科研和教学相互促进、相得益彰,走出了一条具有天医特色的、符合当时国家急需专业医学人才的、多快好省的教学科研之路,既就是放眼现在,朱宪彝和他的同仁们呕心沥血规划的一整套医学专业和高等院校教学和科研有机统一的模式,都具有极高的参考价值和借鉴意义,为我们当代医学院和医学教学科研提供了不可多得的范本。

(4)重视基础教育师资培养

朱宪彝十分重视医学基础教育与培训工作,选派临床教师赴北京等地高等医学院校进修基础医学、筹建基础教研室,与正在国外工作的医学专家联络回国执教;选聘有才学的教师来院任教。他本人则主持隔周一次的临床病例讨论会,邀请天津医务界人士出席。[①]天津的许多知名专家,如范权、金显宅、施锡恩、林必锦、张纪正等都成为天津医学院的教授。除此之外,他还添置选修课,改革教学方法。认真审查教学计划,亲自听课了解教师的教学质量。朱校长还定期给研究生上课,亲自修改他们的学术论文,要求严格,为了保证质量有些论文甚至修改两三次,使研究生在业务上快速提升。

(5)教师继续教育理念

"问渠哪得清如许,为有源头活水来。"朱宪彝总是反复地强调,知识是需要不断更新发展的,需要不断积累的,就像水的源头一样,在人生的学习中要

---

①邱明才、王兴民.医学界的一代楷模-----朱宪彝教授诞辰100周年特别纪念[J].中华医学信息导报.2002(24):4.

不间断地学习、运用和探索,才能使自己永葆先进和活力。高校更是这样,只有在知识日新月异的变化过程中,及时地源源不断地为自己充实新鲜血液,才能立于不败之地。大学继续教育因其独特的本质属性和自然属性,使它成为大学人才培养中的一项特殊工作。为了继续教育的科学发展,朱宪彝提出天医继续教育工作中应该提倡以下基本理念:

第一,以服务学生与服务教师为前提的基本理念。朱宪彝很早就意识到,在几乎所有大学的教学工作中,普遍存在着限制学生的专业意愿、忽视学生的利益、放大学生的失败或错误、不能满足学生的生活需要等方面的问题。继续教育尤甚,在继续教育中,学生基本上没有选专业、选课程、选教师、选学习方式自由与权力。以学生的发展为出发点,把学生个性和技能的发展作为衡量教学成败的主要标准;在教学方法上,着眼于调动学生学习的积极性、主动性和创造性,注重学生自学、自我发展能力的培养;在教学内容上,从构建学生合理的知识、能力和素质结构出发,优化课程体系,更新教学内容,拓宽学生视野,给学生自我设计、自我发展的空间;在教学组织上,建立教师与学生共同探讨、共同发展的新机制;在教学手段上,充分利用形式多样的方式,激发学生的学习兴趣,提高教学效果。在学生工作方面,应该做到以生为本,把学生当成办学的主体,培育其归属感。

第二,以服务患者与服务医院为前提,树立服务的理念。继续教育具有社会属性,继续教育的对象是教职员工,这就要求高校在抓好教学的同时,丝毫不能放松对教职员工的继续教育。时刻树立起全心全意为人民服务、为患者服务的思想意识,有了正确的人生观和世界观,就使继续教育在正确方向的引领下发挥不可低估的作用。

朱宪彝再三强调,继续教育应以加强教职员工和医务工作者能力建设为核心,以全面提升教职员工和医务工作者知识水平、业务技能和综合素质为目的,提高继续教育培训提高教职员工和医务工作者职业道德水平,增强教职员工和医务工作者专业胜任能力,推进教职员工和医务工作者队伍建设。

第三,以人人有责为前提,树立事业发展的理念。天医的教职员工继续教育,是一个持之有效的系统工程,这就需要继续教育学院是教职员工他们今后的家,是他们为之奋斗的共同事业。共同的事业需要大家共同的支撑,需要每一位工作人员尽心尽职的工作。工作人员的责任心、事业心、宽容心和自我约束意识是继续教育事业取得成功的前提。没有大家共同的努力,就不会有继续教育美好的明天。朱宪彝说过,这首先需要各位教师能够以身作则,严格要求自己,率先垂范。在工作中严格要求自己,在事业上全面发展自己。要在工作政绩上有起色,业务水平上有进步,职务职称上有晋升。

第四,以规模发展为前提,树立特色发展的理念。继续教育的发展,首先必须重视社会效益,保质保量,在重视质量的前提下,必须有规模的发展。没有规模,就不会有质量。因为,天医必须拿出一部分收益来抓质量。规模不到,保持收支平衡都很困难。所以,继续教育永远把扩大规模放在突出的位置上,以规模促进质量的提升。这是它与普通高等教育不同的地方。

第五,以共赢进步为前提,树立包容性增长的理念。天医的继续教育作为天医高等教育的重要组成部分,也受制于高等教育的外部规律与内部规律。即继续教育要适应社会发展需要,又要满足自身发展的规律。这说明继续教育的发展离不开外部环境的支持,天医的继续教育必须搞好与外部相关单位的关系。与上级部门的,如教育厅高教处、规划处、学生处、学位办、市招生办成教处、自考委等的关系;与学校有关部门和学院也要搞好关系;内部当然也需要和谐的环境。以开放的视角看问题,问题就会得到科学解决;如果孤立地看问题,搞自我封闭,办学之路将越走越窄。树立包容性的理念,树立共享、参与、全面、持续的发展观念。

第六,以严格管理、认真组织教学为前提,树立质量至上的理念。我们不可否认的是,很多的继续教育学生上学为的是文凭,对过程并不重视;但同样不可否认的,也有相当一批的学生,对教学过程十分看重。朱宪彝清楚地知道,但不管如何,大学继续教育一定要对自己服务的对象进行细分,树立质量至上的理念。要坚持原则与灵活的统一,确保教学过程的严肃性,同时也要尊重实际,满足学生多样化需求。无论如何,教学过程、教育过程、学籍管理等必须严格;对水平层次较低的学生,要采取一些补救措施,要做到因人施教。

第七,以确保学历教育持续发展为前提,树立全面发展的理念。大学继续教育中的成人学历教育对中国高等教育总规模数,对中国高等教育的大众化进程起着重要的支撑作用。基本占到所有高等教育总规模数的30%左右。尤其是建国初期,国家对医疗卫生工作者的需求远远超出我们的想象,时代和国家在特殊时期都要求,高等医学专业学校能在尽可能短的时间里培育出合格的、德才兼备的医务人才。很多人都要通过成人学历来提高自己的学历和技能,这就要求继续教育必须广泛开拓各种形式的教育,扩大自己的规模,提高自己的质量,拓展自己的服务,只有如此,继续教育才能满足国家持续发展的要求。

第八,以教职员工继续教育为前提,树立全面覆盖的理念。天医作为一个高等医学院,它的使命和责任就迫使它必须对自身的教师高标准严要求,继续教育无疑是保证这一基础理念实施落地的基石。朱宪彝生前,不仅仅关注天医教师队伍的继续教育,还十分在意依然奋斗在医疗卫生护理一线的医生、护士及各个层级的医务工作者的专业再教育、再培训。朱宪彝谆谆教诲,大学继续教育不要墨守成规,不创新就要落后,只有认识到自己的不足,才能有发展、有进步。大学校园是继续教育工作的平台,是继续教育创新工作开展的基本载体,要充分利用现有的高校教育平台,尽可能地服务于全局,为国家为民族为社会尽职尽责。

6.坚持政治学习、业务学习制度,加强师德培养

教师每双周政治学习,单周业务学习,学习形式采取集中与自学相结合,学习与讨论交流相结合,并认真记好各种形式的学习笔记,结合教育教学实际写出学习体会。每学期末对教师的学习进行评价,并列入教师考核项目,每学年教师完成政治、业务学习笔记各一本。

从制度上规范教师的师德。学院每学期都要跟每个教师签订师德师风协议书,对教师的师德师风做出明确的要求。在学习中提高,用制度来规范,用舆论来约束,对教师既晓之以理又动之以情;既宣传法制法规,又提倡奉献精神,这是天医加强师德建设的一条成功经验。朱宪彝要求教师在完成日常教学的同时,要精研业务,这是提高教师队伍质量的关键。为此,朱宪彝为每一个教师制定了不同的学习计划,使每一个教师一手抓学习、一手抓研究,面向全体,突出骨干,循序渐进,在短时间内使天医每位教师的工作能力有了迅速地提高。

## 三、朱宪彝的医学人文教育思想

20世纪中国的很多医学大家都有很好的医学人文素养,他们能写一手漂亮的书法,也能画十分精美的解剖素描图,他们不仅在医学领域取得了卓越的成就,在医学人文教育思想方面同样成绩斐然。天津医科大学首任校长朱宪彝就是这样一位医学大家,他的医学成就和医学人文教育思想值得大家深入研究。

### (一)朱宪彝的医学教育经历

朱宪彝创建了新中国成立后的第一所高等医学院校——天津医学院,并担任了32年院长。1950年天津高等院校院系进行调整时,以朱宪彝、方先之等人为代表向市领导建议在天津建立医学院。他诚恳坦率地表示:"我们这些人本来都是在协和医学院教学的,如果天津建立医学院,愿意回到医学教育老本行,担任临床教学工作,为天津培养医学人才尽力。"1951年,在建校筹

备委员会记者招待会上，朱宪彝说"在目前国家财政困难的条件下，政府拨出大批款项，创办一个医学院，这充分说明了人民政府对人民卫生建设事业的重视。这一措施感动和鼓舞着我们，我们一定要把天津医学院办好，使其胜利地担负起培养医务人才的任务。"朱宪彝是这样说的，也是这样做的，他把自己的一生都奉献给了天津的医学事业，无论是临床医学还是医学人文教育，他都是呕心沥血完成自己的初心和使命。

回顾朱宪彝的求学经历，他从小就展现了勤勉好学的学习品质其天资聪颖，好学勤勉，学习成绩优异一直名列学校班级前茅。后于1922年至1925年在北京协和医学院学习，并于1925年至1930年于北京协和医学院获得医学博士学位，因其连续五年成绩全优且名列第一，而荣获文海（Wenham）奖学金。朱宪彝常说："我反对未做先说，或做得少说得多。"在其后来的工作中，数十年如一日，从未间断自身的学习，他的大部分业余时间都是在图书馆或者是书店中度过的。

朱宪彝常说："我这个人爱医学事业不爱财，在旧社会是这样，在共产党领导下我更是这样，650元工资坚决拒绝，我是教授，一位教授工资是多少就拿多少……我认为一个人的最高待遇，最大幸福，就是把自己所管的事业搞上去，这就是最高待遇，最高幸福。"

在生活上，朱宪彝谦虚且平易近人，生活节俭，从不搞特殊化，秉公办事，从不以权谋私，不占国家任何便宜。在工作中，他治学严谨，谦虚好学，虚怀若谷。为医学事业，鞠躬尽瘁死而后已的精神，值得每一个从事医学事业的人们学习。他几十年如一日，刻苦钻研，始终把科学研究看作是造福人类的崇高事业。

对于医学教学方面，朱宪彝始终一丝不苟，翻阅大量医学院档案室资料。我们发现自1956年（医学院第一班学生到临床）除每周内科疑难病案查房外，每周有半天临床示教，科住院给找病例，朱宪彝非常认真，每次示教（全内科医师自动参加）收获很大。

在医学教育领域，朱宪彝始终认为首先要立足于临床，坚持每周内科疑难病案查房，每周半天临床示教，始终参加内分泌查房，1962年建立临床内分泌实验室。主张内分泌学的学习和研究不可避免地涉及许多基础理论的研究领域以及几乎所有临床各科专业的知识范畴。从不同角度研究内分泌疾病、脑外、妇产科、外科、儿科、放射科、生化、病生等组织联合查房，疑难病例讨论，定期进行学术报告。建立临床内分泌实验室前期，使临床与内分泌有关科室，从不同角度，研究内分泌疾病，给基础的临床结合打下基础。

### （二）朱宪彝的医学笔记与医学解剖素描图

在天津医科大学校史馆,存放着朱宪彝生前的一些医学笔记,字迹美观且工整,既有中文、英文笔记也有一些是配有素描解剖图的图示内容。由此,我们可以看到朱宪彝严谨的教学理念和深厚的医学人文素养。我们的先哲早就认识到医学的人文性质,提出"医乃仁术""大医精诚",只有高德之人才配做悬壶济世的医生。今天我们倡导医学的人文精神,主张医学教育中的人文情怀,从一定意义上讲不过是医学本质的回归和复兴。

在朱宪彝的求学阶段,"朱宪彝废寝忘食地投身医学知识的海洋里。现存的几十册课堂笔记和读书心得真实地记录着他那时的学习情况:涉猎范围之广泛,表述方式之清晰,文字书写之工整,皆令人叹为观止。"①在天津医科大学校史馆,我发现了朱宪彝于1923-1924年的生物学习笔记本,那一年他只有20岁,当时正就读于北京协和医学院,通过图中所示我们可以清晰地看到其工整的英文笔记和医学解剖素描。这些笔记即使是与学习美术的专业人士所画素描相比,也会毫不逊色。其实,在西方医学教育的发展史上,医学和艺术(美术)往往是相通的,比如文艺复兴时期的画坛巨匠达·芬奇所绘制的《解剖素描图》系列作品,时至今日依然被医学界和美术界奉为经典。因此,医学与人文艺术具有非常密切的联系,而对于朱宪彝此方面的研究,尚属首次,值得深入研究。

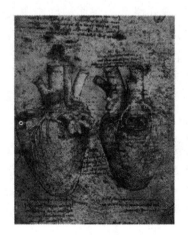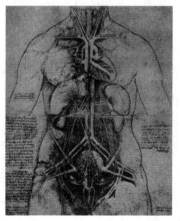

（意大利）达·芬奇《解剖素描图示》

---

① 王兴民、张玉芳,系列丛书《津门骄子》文章连载:医界巨擘——朱宪彝(一)。

朱宪彝的英文医学笔记　　　　　　　朱宪彝的医学素描图

自朱宪彝之后,手绘医学解剖图这一传统在天津医科大学一直传承了下来,无论是教师们在课堂教学的板书中,还是学生们上课的课堂笔记,都可以看到绘制精美的医学解剖图。其实,医学解剖绘图在医学解剖学的起源和发展历史中一直发挥着重要的作用,对医学生的教学、科研和临床以及未来的医生职业等方面都有很大的帮助。通过绘图医学生可以更加直观地了解人体的内在组织结构,展现医学与艺术的结合,可以很好地提升医学生的医学人文素养和创新思维。

时至今日,在天津医科大学的公共选修课程里依然设有《医学解剖素描》《书法技法实践》《国学人文经典选读》等文化艺术类课程,强调人文艺术是医学生成才的基本素养。在课堂上,授课教师也时常会在黑板上给同学们展示医学解剖绘图。天津医科大学于2020年成功举办了首届解剖绘图大赛暨第三届全国医学生解剖绘图大赛选拔赛。此次大赛共收集作品86件,经专家评审后,评选出一等奖6件、二等奖10件、三等奖15件

该作品画面整体由"抗疫"两字构成。笔画中巧妙地镶嵌了多个准确的解剖结构(骨学、内脏、神经系统等)。结合过渡自然,设计思路新颖别致;"抗疫"两字的外围生长出绿色的藤蔓枝叶为解剖结构带来了生机,也强化着抗击新冠疫情的希望和动力。作品将思政元素和解剖结构有机融合,不仅激发着辨认学习解剖知识兴趣,更展现出解剖之美,医学之美,生命之美。

人体解剖实物画素描最早起源于19世纪的欧洲。当时的外科医生为编撰解剖图谱明确人体器官位置,多采用素描透视绘图法,给后世留下了

作品名称:解剖绘"抗疫"
作者:吴非 2017级预防医学

许多精美的解剖图谱。21世纪的今天,我们虽有更多手段来呈现人体内部的精细结构,但我们仍愿用最纯粹的、写实的笔触,表达对人体解剖先驱者最深的敬意。①

在医学科学的发展史上,出现了很多具备美术学养的医生,比如:弗兰克·奈特(FrankH.Netter,1906年4月25日-1991年9月17日)是西方近现代著名的医学插图画家,同时也是一名美国外科医生和教师。他于1989年出版《人体解剖图谱》,该书被公认为西方医学界重要的医学解剖学教科书。弗兰克·奈特一生共绘制了4000多幅医学绘图作品,在医学界和美术界均享有盛誉,由于他的绘图作品很好地融合了自己的职业和特长,并且能够很好地表达主题,他本人也被誉为医学界的"米开朗基罗"!

当今的医学教育,课堂讲授依然是学校教学的基本形式,课堂讲授的效果一方面取决于教师的医学专业知识水平,另一方面则是教师自身的文化艺术学养。医学生的听课效果,主要是通过课堂考试的形式,而医学课堂笔记对医学生的考试成绩有很大的影响。在这些方面朱宪彝都是我们学习的榜样,作为医学生和未来的医务工作者也应该很好地传承下去。

### (三)制作精美的医学幻灯片

在天津医科大学图书馆的档案室里,静静的存放着很多20世纪七八十年代的医学读书索引卡片和幻灯卡片,其中很多都是朱宪彝亲自制作的。"1970年7月,朱宪彝从农村回到学校。他过不惯'文革'期间无所事事的日子,自己寻找工作。一天,在医学摄影室里,他找到了一堆从1953年到1966年附有照片的典型病历,数一数,有75本、7539张,是天津医学院建立以来十多年间积累起来的,病种比较齐全。他知道,过去医学院的教师和附属医院的医生,为了在找某种典型病历的照片,只能到这里一本本地翻阅。他决定编一套比较科学的索引卡片,为教学、科研和医疗服务。当时正值酷暑,67岁的朱宪彝躲在一间闷热的小屋里,挥汗如雨,编写卡片,中午也不休息。在两个多月的时间里,他把7539种典型病例概括为23种疾病分类,制成了978张索引卡片。这套索引卡片已成为天津医学院的一笔宝贵财富,除了制作了一批各种疾病的幻灯片外,还编出了不少图谱式的医学教科书,畅销国内外。"②

---

① 选自天津医科大学官微:解剖绘图大赛 | 妙笔生花! 让医学生的画笔带你领略解剖之美。
② 一篇未完成的通讯——纪念天津医学院内分泌学专家朱宪彝,1985年3月1日,《天津日报》星期五第四版。

"作为临床内分泌学家,朱宪彝有广泛的学术兴趣,糖尿病、甲状腺疾病、甲状旁腺疾病、性腺疾病、垂体瘤、肥胖病等等,他都有深入的研究。他从1922年上协和医学院开始,已积累了数万张资料卡片。他每年几乎都要拿出四分之一的工资来购置书刊、杂志。他的家,他的办公室,看上去都像一个小图书馆。"①

朱宪彝发动天津医学院校本部及两个附属医院各部门、各科室、各教研室,编写各自的建设及日常工作情况,制作成幻灯片并附有配音,凡国内外来宾参观者以及领导视察,不用跑路,就可以解决问题。这些制作精美的医学幻灯片已经成为天津医科大学一笔宝贵的历史财富。

## (四)继往开来——天津医科大学医学人文教育的发展

朱宪彝认为"高等教育必须把培养学生自学能力和独立思考放在首位"。在纪念建校30周年大会上,朱宪彝向全校提出了"为建设第一流的医学院而奋斗"的目标。他关心全国的医疗教育事业,提出过许多有益的见解,更关心青年医生的培养,招收了临床的硕士和博士研究生,要求他们认真扎实地抓好基本功的训练,掌握坚实的医学基础理论,培养他们独立思考及综合分析的能力,为他们来制定学习计划,搜集文献,逐句地辅导英文教科书,修改论文。他提出临床医生在做好医疗,教学工作的同时,还应该从事一定的科研工作,要求每个临床医生有计划地到实验室工作,培养他们的独立科研技能。他提出专科医生不但要具备坚实的本学科的基础医学理论和丰富的临床经验,还必须掌握其他关联学科的理论和进修其他学科的充分的临床实践。要求住院医生必须轮流到各系统专业实践3-6个月,然后到门诊急诊工作1-2年,经过了3-4年的工作,应全面掌握内科常见病及多发病的诊断与治疗。为培养他们独立工作的能力和全面发展,提出了很好的锻炼机会。数十年来,他谆谆教诲、言传身教、诲人不倦、将他丰富的临床经验和渊博的知识,毫无保留地传授给他的学生们。他的学生遍全国,桃李满天下。

在朱宪彝的医学教育理念中,一直强调医学生的人文素质培养,在天津医学院刚刚开始建立的时候,就与南开大学联合办学。1980年,经朱宪彝倡议,天津医学院与南开大学联合办学八年制医学教育试点班。医学生先要在南开大学进行预科教育,而后才是在天津医学院进行医学专业知识学习。现如今,天津医科大学与南开大学正在进行全面深入的合作,两所学校共同为我国的医学教育事业做出贡献。

---

① 《著名内分泌学家朱宪彝教授传略》王兴民撰稿。

朱宪彝一贯严以律己，宽以待人，他医术精湛、作风严谨，医德高尚，对病人极端负责，视病人如亲人，为了给病人治疗，曾多次解囊相助。他在长期的医疗工作中，始终以解除病人疾苦为己任，努力减少病人不必要的花费，从不赚取病人的金钱，表现出高尚的医德，为患者及同行所称道。对待自己的学生，朱宪彝也是十分关心医学生的成长教育，他经常对学生说："你们既要胸怀大志，又要谦虚谨慎。高效率加上认真的态度，是取得成果的钥匙。""取得成就是加倍努力的结果。""希望你们超过我，有谁超过我，我才更高兴。"

朱宪彝是天津医学院的首任校长，也是所有天医人的楷模榜样。"事出无奈而学医，却成为闻名世界的内分泌学家；名副其实的'书呆子'，居然成为举世瞩目的医学教育家；就是在现在，天津医学院院长朱宪彝在回忆这些往事的时候，仍然感慨不已，饶有情趣。"[1]朱宪彝献身于医学事业六十余年，把毕生的精力无私地奉献给人民。

朱宪彝深爱自己的医学事业，全心全意为人民。他医学品德高尚，对病人极端负责，以救死扶伤为己任。在自己的生活方面，极其节俭，秉公办事，从不以权谋私，不占国家任何便宜。他善于做知识分子的工作，团结知识分子，为党的事业努力奋斗。

在医学教育方面，朱宪彝谦虚谨慎，平易近人，热爱自己的事业，勇于攀登科学技术高峰的精神，值得天津医科大学的青年学子们学习。

朱宪彝珍惜自己毕生所积累的经验，靠自己的勤奋创造自己的医学事业，靠忠诚赢得人们的尊重和信任。他用自己生命的余晖，照亮青年医者攀登新的征程！

## 四、"一校一所一学科，万花万果万年春"

朱宪彝具有高尚的思想品德，可称为中国优秀知识分子的代表；朱宪彝为我国医学事业做出的突出贡献，可称为中国著名的医学大师；朱宪彝为高等医学教育事业奉献一生，可称为著名医学教育家。

正如一名跟朱宪彝长期工作过的老专家所言，朱宪彝的一生，追求真理、求真务实、严谨治学、注重科研、硕果累累。他公私分明、无私奉献、光明磊落、坦荡赤城。朱宪彝不仅仅是我们授业解惑的良师，更是悬壶济世的仁医，是我们如沐春风的益友，他倾尽毕生精力为天医呕心沥血，孜孜以求，他的优良品质、精湛医术，以及他的论著，都是我们后来者珍贵的精神食粮。

---

[1]《著名内分泌学家朱宪彝教授传略》王兴民撰稿。

朱宪彝一生节俭克己,在生活上从未有过任何奢侈的要求。他嗜书如命,每年就要拿出差不多四分之一的工资来购买各种书籍期刊,他的办公室、他家的书房,几乎就是一个个小型的图书馆。他的节假日基本上都是在图书馆、资料室或者书桌前度过的。外出开会、学习,在飞机上、火车上,他都是手不离书,日积月累,直到他逝世,朱宪彝共积累留下了资料卡片十万余张,这一切为年轻一代的内分泌研究工作者留下了一把打开科学殿堂的金钥匙,他捐献给学校图书馆的资料和图书,即在书架之上,又在书架之外。

更让人动容不已的是,朱宪彝在生前就立下遗嘱,要把自己的遗体捐献出来,他讲道,这是"医学家的最后归宿"。他的病历上记载了他身患的各种疾病:冠心病、心脏肥大、阵发性心房纤颤、心功能二级、慢性支气管炎、左下肺支气管扩张、慢性阻塞性肺气肿、慢性胆囊炎、胆结石、肝血管瘤、白内障、青光眼、内外痔等等,但这一切的疾病没有吓到这个坚强的老人,他始终废寝忘食地奋战在医疗卫生及医疗教育的第一线。"春蚕到死丝方尽,蜡炬成灰泪始干",这是朱宪彝最喜欢的佳句名言,也是他为党的医学教育事业奉献一生的真实写照。

现在,朱宪彝的半身塑像矗立在天津医科大学校园内,鲜花簇拥、游人不绝,但他的碑文却寥寥数语,陌生人实在无法领略朱宪彝的丰功伟绩和崇高人格。他身穿白大褂、胸挂听诊器,异常朴素平凡,跟我们任何一个寻常看到的医生一样,在我们身边默默无闻地存在着、奉献着。

回顾天津医科大学的历程,从1951年春创建,到1994年6月与天津第二医学院组建合并成立天津医科大学,1996年12月成为天津市唯一的国家"211工程"重点建设市属院校,2015年10月成为天津市人民政府、国家卫生计生委和教育部共建高校,2017年9月入选"世界一流科学建设高校",再到目前天津医科大学已经名列全国医科大学前五位的优异表现,我们感慨万千,天医从一个一穷二白、一无所有的学院,到拥有国内一流水准、世界同行不得小觑的历程,个中滋味,无以言表。

近70年来,天医从无到有,从弱到强,由小变大,栉风沐雨,就像我们国家一样,历经艰难困苦、众志成城,毫不夸张地说,国家的历史,就是我们天医的历史,国家的荣辱兴衰,就是我们天医的荣辱兴衰。天医与国家同命运、共呼吸。

今天我们缅怀天医的创始人、我们第一任老校长朱宪彝,追思朱宪彝为天医、为新中国的医疗卫生事业兢兢业业、鞠躬尽瘁、死而后已的纯粹的、高尚的品质,正如千千万万个为我们共和国无私奉献的科学家、工人、农民、军人一样，他们在各自不同的岗位上，默默无闻、尽职尽责、发光发热，是新中国的基石和脊梁。

朱宪彝办学的教育理念，经过近半个世纪风风雨雨的考验，即便就是今天我们重温、拜读，领会它的精髓实质，依然倍感亲切、感慨万端。正如天医奉行"以医学科研为核心，以生命科学为依托"，坚持以"教育教学为立校之本，科学研究为强校之路，努力培养高素质医学人才，产出高水平医学研究成果，提供高质量医疗服务，培养并传承有特色的大学文化，为建设高水平研究型医科大学而不懈地努力奋斗"为办校宗旨一样，这一切无疑和朱宪彝的办校、教育初心高度契合，遥相呼应。

## 五、时代的呼唤

新时代对高校的人才培提出了新型的、更高远、更严格的要求和标准，天医作为国家医学教育体系中起着举足轻重作用的高校，责无旁贷地要承担起为国家培养高素质医学人才的重任。

我们回顾朱宪彝创办天津医学院，为我国医学教育事业做出的特殊贡献，他当之无愧作为一名医学教育家而名列史册，今天我们追忆朱宪彝的爱国敬业情怀、对科学孜孜以求的态度、对党、对人民、对事业的无比忠贞，感慨万端。这正是我们的时代精神、时代要求和时代呼唤。

"鞠躬尽瘁无一己之求""死而后已尽昭世之德"——这正是朱宪彝一生最恰当、最浓缩的概括和总结。

2020年，是改革开放再出发的关键之年。在这样一个承上启下、继往开来的历史交汇期，天津医科大学的使命担当和全国其他高校一样，贯彻落实国家战略，即教育战线要进一步解放思想，坚持实事求是，坚定信心，攻坚克难，推动我国高等教育改革再出发。

我们再次回顾朱宪彝的师资队伍培养的基本模式，他的合理的师资结构、严格的考试制度、教学和科研的有机统一以及教师继续教育理念，无不闪耀着我们的时代精神光芒和人们对医疗卫生战线的殷殷期许。

在高等院校教育改革的时代潮流中，高校对于每个教师的创新思维能力、培养学生的创新技能、培养学生的个性都有了非常个性化的要求，这是天津医科大学加强师资队伍建设的必然要求，也是我国教育体制改革的必然趋势。

高校师资队伍建设如何进一步转变观念、深化改革，主动适应社会主义市场经济的规律和特征，已成为现阶段高校迫在眉睫的关键工作之一，而师资队伍建设正是我校的一项基本建设,也是提高教育质量的根本保证,我校正在进入一个快速发展的新时期,然而目前我校的师资队伍数量和质量都不能适应教育工作和科研工作的需要,还存在着较大的差距,这已经成为制约我校向更高水平发展的瓶颈。

为此,天津医科大学坚持以人为本、以教学为中心、加强师德建设,以提高教学质量为此项工作的出发点和落脚点。

综观朱宪彝一生致力于医学教育事业的出发点和指导思想,我们清晰地看出朱宪彝的教育理念和师资队伍建设的理念,无不契合我们新时代的新要求。

我们知道,随着我国经济社会的快速发展和人民群众物质文化生活的逐步改善,人民群众对教育的期盼越来越强烈,对优质教育资源的需求越来越强烈。我国高等教育虽然有了长足发展,但与人民群众的强烈需求和期盼相比,还有很大差距。高等教育领域涉及教育公平、教学质量、学生就业等问题,成为群众普遍关心的热点、难点、痛点问题。教育改革要从回应群众的关切出发,坚持以人民为中心,以不断实现人民对美好生活的向往为着力点,努力满足人民对优质高等教育资源的迫切需求。

为此,应以更大的力度推进教育机会公平,扩大家庭经济困难群众等社会困难群体接受高等教育的机会;以更大的力度缩小区域差距,通过合建共建、对口支援等多种形式,提升中西部及薄弱地区高等教育发展水平;以更大的力度提升就业质量,建立学科设置、教育教学与社会需要的联动机制,帮助更多高校毕业生顺利就业、创新创业。迈向普及化阶段的高等教育,应承担起更好满足民生需求的社会责任,成为增强人民群众教育获得感的重要依托,使高等教育事业发展成果更多更公平惠及全体人民。

今天我们缅怀朱宪彝——天津医科大学的首任校长,回忆他的点点滴滴,是为了天津医科大学的更好地发展。新时代绘就新蓝图,新起点开启新征程。天津医科大学,作为我国高等医疗专业教育基地的排头兵,在推动我国高等教育改革再出发的滚滚洪流中,首要任务就是要以习近平新时代中国特色社会主义思想为指导,抓住机遇、超前布局,以更高远的历史站位、更宽广的国际视野、更深邃的战略眼光、更扎实的改革行动,为加快推进建设高等教育强国的战略部署,不断使高等教育同党和国家事业发展要求相适应、同人民群众期待相契合、同我国综合国力和国际地位相匹配的这一宏伟蓝图增砖添瓦。

教育是民族振兴、社会进步的基石,是提高国民素质、促进人的全面发展的根本途径,是中华民族最根本的事业。当今世界,人才成为国家竞争力的核心,教育成为国家竞争力的基础。在人类社会深刻变革中,教育愈来愈居于龙头地位,发挥着举足轻重的作用。教育兴,则民族兴;教育强,则国家强。我们国家的现代化、中华民族的伟大复兴,归根结底取决于教育。天津医科大学作为国内一流的医科大学,必将责无旁贷地肩负起历史赋予我们的时代使命,牢记总书记的殷切希望,深入透彻领会党的新时代新精神新理念,在攻坚克难、精准扶贫的道路上,发挥我们本职优势。作为一个天医人,我们深感责任重大,回顾朱宪彝为我们天医规划的宏伟蓝图,我们更加坚定了前行的目标和方向,"不忘初心,牢记使命",实现中华民族伟大复兴的中国梦,这是每个天医人的责任,更是我们的动力和基石。

# 第九章  朱宪彝医学教育管理思想

朱宪彝,是我国著名的内分泌专家,更是一位医学教育家。新中国成立后,朱宪彝全力投入到医学教育事业中,接受党和政府赋予的重任,筹建天津医学院,夜以继日地工作。我国医学界德高望重的老前辈石毓澍教授,是临床医学家、心血管病学家和医学教育家,我国心导管检查的先驱者之一、我国人工心脏起搏事业的开拓者之一,他曾经这样评价朱宪彝:"如果朱教授把精力只放在内科的医疗及科研工作,也许会成为内科学的发展发挥更大的作用。但是朱教授所想到的是人民更大的利益,以培养大批医务人员解决人民看病困难为己任,为人民教育事业鞠躬尽瘁。"1951年6月,朱宪彝被任命为天津医学院院长。朱宪彝的一生为了医学事业和医学教育事业鞠躬尽瘁,直至去世的那一刻,朱宪彝手中还紧握着审批的文稿。朱宪彝作为杰出的医学教育家,以崇高的学术威望和优良的团结作风,约请天津市所有著名临床专家担任教授。在基础师资力量缺乏的情况下,他选派优秀中青年医师外出进修。朱宪彝领导下的天津医学院在基础和临床联系、配合密切方面形成了特色。

在兴办医学院的同时,朱宪彝并没有忘记专业的研究。1958年着手建立内分泌学研究的队伍,并对地方性甲状腺肿及克汀病予以特殊关注,曾对承德地区,和四川、贵州、云南等地区进行实地考察,了解流行情况,并积极推动治疗,取得重大成绩。1978年正式成立天津市内分泌研究所,建立基础及临床队伍,招收硕士及博士研究生,与国内、外有关单位进行交流,并将科研范围扩大到丘脑—垂体—性腺轴。

高等医学教育管理,是通过科学调度、优化配置高等教育中人、财、物、时间、信息、技术等资源,实现管理目标的行为和活动。从外部环境上讲,高等医学教育管理需要协调政府、社会、高校三者之间的关系,并根据国际医学教育、现代管理科学、医药卫生体制、网络信息技术的发展,不断更新管理理念、调整管理目标、改变管理行为、优化管理方法、丰富管理手段,提高管理的科学化、规范化和精细化水平。1950年天津高等院校院系调整时,以朱宪彝、方先之为代表,通过时任卫生局局长蔡公琪,向市领导建议应在天津建立一个医学院,并且坦率诚恳地表示:"我们这些人本来都是在协和医学院教学的,如果天津建立医学院,愿意回到医学教育老本行,担任临床教学工作,为天津培养医学人才尽力。"这一倡议得到了市政府的积极响应,立即得到批准。1951年3月,天津市政府批准成立由黄松龄、杨石先、朱宪彝、李先恪等各界人士组成的天津医学院筹备委员会。同年6月,朱宪彝被正式任命为天津医学院院长。1951年6月16日,天津医学院成立大会顺利召开。对于天津医学院的成立,《天津日报》专门进行了报道,还发表了"天津医学院介绍"专稿。彼时的天津医学院除了由内科专家担任院长外,担任教授的多为富有教学经验的著名大夫。可以说,天津医学院的创立,离不开政府的高度重视和有力举措,也得益于热心医学教育人士的多方帮助。天津医学院在朱宪彝的带领下,逐步成为天津市医疗、教学和科学研究的核心。

## 一、医学教育管理的教育性:为了医学教育而管理

朱宪彝是北京协和医学院的优秀毕业生代表之一,北京协和医学院作为中国现代医学教育的重要机构,也是我国高素质医学人才培养的典范,为我国现代医学教育发展做出了卓越贡献。1922年,朱宪彝从直隶官立一中(现天津市第三中学)毕业,他听从父亲的建议,报考当时中国最高医学学府北平协和医学院(现北京协和医学院)。协和八年的求学经历深刻塑造、影响了这位医学家、教育家的人生走向。年轻的朱宪彝于1922年以优异成绩考入协和,经过三年预科、五年本科学习,1930年获得医学博士学位。毕业时因为连续五年成绩名列前茅,毕业时获文海(Wenham)奖学金,是该届毕业生中唯一荣获该项奖学金的人。毕业后朱宪彝选择留在协和工作。在1936年,朱宪彝曾赴美国哈佛大学医学院生化系进修。毫无疑问,在协和的学习和工作经历对朱宪彝产生了深刻的影响。传统说法协和有"三宝"——名教授、病案室和图书馆。有人说,"协和三宝"成为朱宪彝在医学世界开疆拓土的重要支撑。的确,在朱宪彝求学时,为了搜集资料,经常让图书管理员把自己反锁在图书馆里,彻夜专研。此外,也有一种说法是"协和五宝",即在前述"协和三宝"基础之上又加上了"内科大查房"和"八年制教育+住院医师培养制度"。如果认为"协和三宝"是朱宪彝医学专业成就的重要支撑,那么另外"两宝"则为朱宪彝医学教育管理思想的形成和发展奠定了重要的基础。

北京协和医学院建立后,其富有特色的医学预科、本科的培养学制是移植美国医学学制并结合彼时中国国情的成功尝试,为北京协和医学院迅速提升医学教育水平奠定了基础并一直影响至今。本文对北京协和医学院早期

学制的探索,既是对朱宪彝求学之路的回顾,也是对朱宪彝高等医学教育管理思想起源的探微。北京协和医学院的前身可以追溯到1906年建立的教会学校协和医学堂,1915年美国洛克菲勒基金会收购协和医学堂并于1917年正式成立时沿用了"协和"的名字。自建校起至1942年协和因日军占领被迫关闭,这一时期,北京协和医学院得到了当时政府和文化精英的支持,医学院的建筑、身边和教职员工队伍建设已经完成,学科设置不断趋于完善;彼时,一大批享誉世界的一流医学科学家来协和任教;招生方面也经过不断摸索形成初步成熟的招生制度和培养模式,协和优秀毕业生队伍也不断壮大。北京协和医学院的独特学制是由德国大学医学院模式发端,经美国医学教育改革形成美国医学学制,再由洛克菲勒基金会移植入中国。19世纪的德国在物理、化学、生物、医学等学科取得长足进展,在多个领域迅速成为世界学术中心,对现代医学对发展也起到了巨大对推动作用。德国大学医学教育为六年制,被认为是彼时世界上最先进的模式。19世纪末,负责筹建美国约翰霍普金斯医学院并后来成为约翰霍普金斯医学院首任院长的威廉·亨利·韦尔奇推崇德国大学模式,但他认为不能直接移植,而应该根据美国的国情进行构建。他参照德国医学教育模式,并根据美国既有的教育体制,为约翰霍普金斯医学院设计出了以德国大学医学院理念为基础,兼容美国本土教育体制的医学教育模式,为之后美国医学教育改革绘制了蓝本。现代美国医学教育"4+4"学制便是起源于此,是韦尔奇等人参考德国医学教育理念并根据美国国情所做的创新[1]。

洛克菲勒基金会在20世纪初成立了一个东方教育基金会,对包括中国在内的多个国家进行了考察,并就推进中国的医学与教育进行探索。韦尔奇受邀参加,并对中国的医学高等教育的布局提出设想[2]。而后,包括韦尔奇在内的考察团对中国进行了多次考察。在协和医学院学制的设计方面,韦尔奇参照美国约翰霍普金斯模式,并结合中国的具体情况做了调整。虽与美国同为八年制,但与美国"4+4"不同,协和建校初期采取"3+5"的学制。医预科为三年,相当于德国的医前科部分,或是美国的大学本科部分;医本科则为五年。"3+5"模式于1925年停止。在1917年至1925年间共招收学生205人,经过考试能够进入医本科的为100人,最终从医本科毕业的为84人。朱宪彝就是这

① 葛海涛.北京协和医学院早期学制的起源[J].中国科技史杂志,2019,40(03):326.
② 赵之恒.基督教会、洛克菲勒财团与北京协和医学院[J].内蒙古师大学报(哲学社会科学版),1999(06):3.

84人之一。1959年,协和八年制恢复招生。复学之初,学生需在北京大学生物系读三年的医预科。许多学生对此不理解,彼时的校长黄家驷每年都亲自去告诉学生医预科基础的重要性。多年以来,学校的资产、师资等方面有所变动,但办学理念却传承了下来。协和的办学理念,也深深地影响着朱宪彝。

新中国成立之初,为了尽量多培养医学人才以缓解医生短缺状况,医学院校普遍缩短了学制。但与此同时,培养质量也受到了一定影响,高层次医学人才的培养被搁置。朱宪彝非常重视基础科学教育,他认为医学院完全脱离综合大学而单独办学对培养高水平的临床医生和发展生物医学科学都是很不利的。经过朱宪彝的不懈努力,在中央和市领导的支持下,天津医学院通过人大提案的方式获得八年制医学教育试办权,与南开大学合作联合试办"八年制医学教育试点班",采取小规模招生。有观点称,天津医学院八年制医学教育培养模式是对协和培养模式的复制。我们认为,"复制"一说并不完全符合实际。天津医学院的八年制与协和八年制有着明显区别。天津医学院的八年制教育模式下,学生先经过两年医预科训练,然后再进入医学院学习。朱宪彝非常重视八年制试点班的教学,亲自拟定教学计划,并亲自检查每一门课的教学。而后,我国从1980年开始实施学位制度,学生攻读博士学位一般至少需要11年,八年制医学教育只需要8年就能够获得博士学位让各方难以接受,这极大限制了其他院校对八年制医学教育的试办。1985年,原国家教委对医学教育学制进行调研和论证,这被认为是扩办八年制医学教育试办院校为目标的论证,但最终以七年制医学教育的设立告终。天津医学院的八年制医学教育也由于七年制医学教育的试办而终结。

进入21世纪后,由于充分认识到我国高层次医学人才的不足,加之院校合并,为八年制医学教育的再次试办提供了机会。高水平、高层次医学人才决定了医疗服务和医学科技水平的高度,引领者医学未来的发展。八年制医学教育作为培养高水平、高层次医学人才的途径,是医学拔尖创新人才培养的重要试验田。目前,我国共有14所院校获批试办八年制医学教育,奠定了我国八年制医学教育的基本格局,全国每年招收千余名学生,旨在培养高水平医学人才,但在实践中各院校存在差异。各院校八年制医学教育培养理念和目标,总体上围绕《关于增加八年制医学教育(医学博士学位)试办学校的通知》,但具体各有不同。自试办八年制医学教育以来,各院校在培养理念和目标上大多进行了调整。北京大学2001年试办八年制医学教育以来,其培养方案也经历了5次不同程度的调整,培养理念和目标亦发生了一定变化。在培养阶段上,可分为预科、基础医学和临床医学三个主要教学阶段,其中临床医学教育包括临床医学（含课程学习和见习）和临床实习。对于八年制医学教育，院校可能会将二级学科阶段纳入，以便与毕业后教育中的住院医师规范化培训衔接。在预科阶段，各院校培养实践从1年到4年不等，大部分为2年。

总体看来，各院校在培养理念和目标、招生录取和培养分阶段上呈现各自特点。自2001年八年制医学教育扩办发展以来，已经走过20年。这期间，围绕八年制医学教育的讨论和探索从未停止[1]。由于受到住院医师培训制度、临床医学专业学位授予标准、用人单位片面地过分强调毕业生的临床技能等方面的影响，不少院校压缩了在综合性大学进行人文社会科学和自然科学教育的时间，延长了学生的轮转时间，并且无法为学生单列科研训练时间。这种做法某种程度上的确迎合了制度、学生和用人单位的要求，但导致学生过早集中在某个二级学科中的三级学科学习，过早专科化，以致影响了学生的临床思维、批判性思维和发展潜力[2]。因此，八年制医学教育改革和深入推进需要在人才培养要素等各方面上达成共识。

在天津医学院的发展历史中，在朱宪彝的大力推动下，曾经争取过八年制医学教育的试办权，尽管只开办了8年时间，其人才培养成效尚未体现。但朱宪彝的医学教育管理思想，在当下依然具有价值。一方面，坚持精英教育。朱宪彝大力倡导并实践的"八年制医学教育试点班"采取小规模办学。八年制医学教育区别于其他医学教育，应坚持精英教育，严格控制院校数量和招生规模。采取多种措施积极吸引最优秀的生源报考。采取录取高中毕业生的方式的同时，也可以探索在本科阶段招录具有学医志向的学生进入八年制医学教育。另外，规范培养阶段。八年制医学教育在医学预科教育阶段不应少于2年。朱宪彝在天津医学院开办的医学八年制试点，采取与南开大学合作的方式，这样可以发挥高水平综合性大学的学科优势。南开大学承担前两年的教学任务，此后则在天津医学院进行学习。

2018年10月，教育部、国家卫生健康委员会和国家中医药管理局印发《关于加强医教协同实施卓越医生教育培养计划2.0的意见》，提出要深入推进八年制医学教育改革，以培养少而精、高层次、高水平、国际化的医学未来领军人才。2019年11月，教育部医学教育专家委员会主任委员林蕙青透露，教育

---

① 吴红斌,谢阿娜,王维民.我国八年制医学教育的回顾与展望[J].中华医学教育杂志,2020,40（07）:514.

② 王德炳,殷晓丽.关于八年制医学教育的思考[J].中华医学教育杂志,2013(03):323.

部在进一步加强与国家卫生健康委员会和中国工程院的协同配合,设立专项课题对八年制医学教育进行系统深入研究,期望在此基础上发布八年制医学教育学位授予标准,为相关院校八年制医学教育改革提供依据。虽然朱宪彝已经故去,但朱宪彝所遗留下来的医学教育管理思想,在当下依然熠熠生辉。

在朱宪彝晚年时,他依然关心医学教育事业。朱宪彝认为,加强医学院附属医院的建设,对医学教育至关重要。他敏锐地发现了彼时医学院校附属医院在培养医学人才方面的弊端。朱宪彝认为附属医院和一般医院有较大的区别,附属医院的领导既应懂教育、也要懂医疗。不懂教育的人可以做普通医院的领导和管理工作,但是做医学院附属医院的领导就非常不合适。另外,对于当时一些认为搞改革讲经济效益,对医学院实习生的医疗教育工作不重视的现象,朱宪彝也提出了批评。朱宪彝认为附属医院的领导,首先考虑的应该是培养合格的毕业生,多出医学科研成果,在医疗单位的学术中起带头作用。附属医院作为医学教育的重要组成部分,首先要服从教学需要,详细制定在医疗实践方面的培养计划、途径、办法、措施、步骤、考核标准等①。

新中国成立初期,我国高等医学院校整体上处于比较混乱的状态,政府通过合并规模较小的医学院校、调整医学院校布局、将医学院校从综合大学中独立出来等举措对我国高等医学院校进行了初步的调整②。改革开放以后,加之新一轮高等教育改革,部分医学院开始与综合大学合并,成为综合大学下属的医学院(医学部)。供临床教学的医院分为附属医院和教学医院,其中附属医院归大学领导,而教学医院只负责承担医学院的临床教学任务,并不受大学的直接领导。医学院校和附属医院是医学生基础和临床教学中的两个重要组成部分,如何协调好两者之间的关系直接影响着医学生的培养质量,关乎着医学生的质量和临床高技能的提高。因此,需要提高对附属医院建设的关注,加强医学院校与附属医院的联系③。

我国高等医学教育的管理模式分为独立的医科大学和综合大学下设的医学院(医学部)两种模式。无论何种模式,附属医院均肩负着医疗服务、科研、教学三大重任,是医科院校教学活动的重要一环。对于开办医学院的综合大学,有的将原医学院校的附属医院纳入综合大学来管理。从医学教育自身的规律来看,这种做法有明显的缺陷和弱点。附属医院归口综合大学管

① 李大雄,杨一工.朱宪彝教授谈医学教育改革[J].科学学与科学技术管理,1983(06):33.
② 黄睿彦.我国高等医学教育发展模式变迁与趋势探析[J].医学与哲学(A),2012,33(11):57.
③ 张新平,陈俊国.新时期我国医学院校与附属医院关系研究[J].中国医院管理,2014,34(04):57.

理,人为割裂开临床教学与基础教学的关联,医学院对附属医院临床教学质量的监管权力削弱,极有可能会导致临床教学质量的降低①。回看朱宪彝在1983年接受《科学学与科学技术管理》杂志采访时对医学院附属医院管理者的定位,结合当下医学院和附属医院的关系现状,无不感慨于朱宪彝医学教育管理思想的超前性与先进性。

近年来,随着大学章程制定工作的深入推进,独立办学医学院校因校制宜制定了章程。大部分院校将附属医院管理的相关内容列入其中。然而,许多医学院校章程没有或未明确对附属医院职能定位进行描述。其原因可能在于,附属医院既是医学院校承担教学科研职能的关键机构和重要组成部分,同时作为医疗机构又是相对独立的法人单位。医学院校附属医院因其兼有人才培养、科学研究和医疗服务等多种职能,跨教育和卫生两个行业,且为数不少的附属医院在行政级别上属于厅局级事业单位,其院领导班子的任免和管理、医院管理机构的设置等权限归属省级党委②。一些医学院校在章程文本中未明确学校的管理权限或范围,已有描述管理权限的医学院校,主要仅限于附属医院党政领导干部任免、考核和内部管理组织机构设置两个方面,其他方面的管理权限较为模糊,大部分院校均无明确规定③。

天津医学院成立初期,并无附属医院。于天津医学院成立同年10月,天津市立总医院改为天津医学院附属医院,其任务是担负医疗、预防、教学、科研和培养干部等工作,总医院成为一所名副其实的综合性大学医院。天津市立总医院的历史要久于天津医学院,在天津市政府的有力组织安排下,医学院和附属医院共同协调发展,为国家和天津市培养了大批优秀医学人才。如今,在天津医科大学《章程》中,对大学医院进行了明确的定位,强调了"大学医院作为学校直属临床学院,在人才培养、学科建设与科学研究等方面具有与学院同等的职责。直属临床学院下设的临床学系具有与学系同等的职责。"《章程》还对大学医院的职责进行了规定。可以说,朱宪彝对医学院附属医院的定位,以及对附属医院管理者的胜任能力要求,在当下也依然具有指导意义。当前大学《章程》中有关大学医院定位和职责的规定,也与朱宪彝生前的医学教育管理思想不谋而合。

---

① 邢方敏,曾志嵘,欧阳谦.国内综合性大学医学院与独立设置医学院校办学模式之比较[J].大学教育,2016(08):144.

② 边志国.浅谈如何加强高校附属医院管理[J].科技视界,2015(23):140.

③ 易津名,邓世雄,杨现洲.基于大学章程的独立办学医学院校附属医院管理状况调查[J].医学与社会,2019,32(10):85.

## 二、医学教育管理的医学本性：为了人民健康而教育

从内部环境上讲，高等医学教育管理需要处理好高等医学院校人才培养、科学研究、社会服务、对外交流等职能之间的关系，聚焦人才培养这个根本任务，促进教、医、研良性互动、协调发展。作为高等医学教育管理者，朱宪彝始终把为祖国和人民健康培养医学人才培养作为根本任务。朱宪彝以身作则，从事医疗、教学、科研工作50年中，尽管担负着繁重的行政领导工作，但仍坚持查房、示教、授课、精心培育研究生和留学生，为我国培养了许多内分泌专业的技术骨干。朱宪彝每周过问研究生读书情况、研究进展、逐字逐句修改论文，培养学生创新意识，亲自听取八年制学生论文综述报告，认真细致提出问题讨论，引导学生深入思考。20世纪80年代，在中央和市领导的支持下，朱宪彝与南开大学合作创办了八年制试点班。朱宪彝亲自拟定教学计划，亲自检查每一门课的教学。朱宪彝教关心学生的学习情况。我国激光医学专家、中国科学院院士顾瑛是天津医学院1977级学生。上学时顾瑛曾因逃课受到朱校长的接见。顾瑛给出逃课的理由是，大学生应该有自学能力，看不懂或有疑问再去问老师。朱宪彝没有批评，但表示会关注着她的成绩。

美国著名成功心理学大师拿破仑·希尔博士有一句名言："真正的领导能力来自让人钦佩的人格。"朱宪彝重视高等院校人才培养，爱惜才能，善于团结各方面的力量进行合作。如前所述，朱宪彝聚集了大批医学专家在校执教，为人才培养奠定了基础。作为天津医学院筹备组成员和首任天津医学院院长，朱宪彝以优秀的品格和人格魅力影响着其他人，凝聚了大批的人才共同为天津医学院的建设贡献力量。詹姆斯·B·柯南特是哈佛大学第23任校长，是该校历史上颇有建树的校长之一。他曾深刻地指出："高校的荣誉不在于它的校舍和人数，而在于它一代又一代素质优良的教师，一所学校要站得住，教师一定要出色。"为了学校的发展，朱宪彝倾心尽力，延揽大批医学专家参与筹建并在学院任教。据当时报载计有多位，有：

普通外科专家万福恩，1927年毕业于协和医学院，获医学博士学位。曾任河北医学院外科主任，中国红十字会救护队第一大队队长，西北医学院、中央大学医学院、上海同德医学院教授。新中国成立后，历任抗美援朝医疗队第一大队队长、华北纺织管理局第一医院院长、天津市立总医院院长、天津市卫生局副局长、农工党天津市筹委会主任委员。著有《万氏外科学》《实验外科学》等。

妇产科专家柯应夔，毕业于北京协和医学院，获博士学位。曾任北京协和医学院妇产科住院医师、助教、讲师，河北医学院妇产科教授，天津医学院

妇产科教授,天津天和医院院长、妇产科主任,天津中心妇产科医院主任。著述有《生理产科学》《病理产科学》等。九三学社天津市常委,政协天津市委员会委员。

内科专家杨济时,天津市农工民主党筹委会委员,是天津卫生事业的奠基人之一。早年毕业于北京协和医学院,获医学博士学位。先后担任南京中央医院内科主任,湘雅医学院教授、教务长,贵阳医学院教授等。1949年后,任天津市第一中心医院副院长兼内科主任,并长期从事内科临床及医学教育工作,尤其在血液病的研究上做出重要贡献。著有《肾盂肾炎》和《心血管》两部专著。

施锡恩,著名泌尿外科专家,被誉为"中国现代泌尿外科第一人"。1929年毕业于协和医学院,获医学博士学位。一级教授。曾任天津市第一中心医院泌尿外科主任,中华医学会理事,天津市外科学会主任委员,天津市医学图书馆管理委员会主任委员。九三学社中央委员会第六、七届委员。九三学社天津分社第一、二、三届常委,第四届副主委;九三学社天津市委员会第五届副主委。天津市第九届人大常委。

虞颂庭,中国泌尿外科奠基人之一、中华医学会泌尿外科学分会及《中华泌尿外科杂志》创始人之一、全国重点学科天津医科大学泌尿外科创始人、中国著名泌尿外科学家、著名医学教育家,天津市第一届、第九届、第十届、第十一届、第十二届人民代表大会代表,河北省第三届人民代表大会代表,中国人民政治协商会议天津市第六届、第七届、第八届委员会副主席,九三学社天津市委员会第四届、第五届、第六届主任委员,第六届、第七届、第八届名誉主任委员,九三学社中央第六届、第七届、第八届常委,天津医科大学教授,中华医学会泌尿外科学会原副主任委员。夫人俞蔼峰是中国国著名妇产科专家。

小儿科专家范权,毕业于北平协和医学院,新中国成立后,历任天津市儿童医院院长,农工党中央常委、天津市委主任委员,天津市第二至五届政协副主席,天津市第九至十一届人大常委会副主任。是第五届至七届全国人大代表,第三、四届全国政协委员。

毕金钊,早年毕业于齐鲁大学医学院,1947年回国后,到天津市立总医院工作,领导创建了该院的小儿科,任儿科主任。在近20年的时间中将儿科发展为有7个专业60张床位的综合性科室。1951年天津医学院成立,任儿科学教授,他治学严谨,诲人不倦,为发展我国的儿科事业培养了大批人才。

以上只是当时报载的部分专家,受篇幅所限不再一一列出。朱宪彝聚集了大量专家任教,可谓众星云集。

朱宪彝以身作则,既是一名品格正直,作风严谨的医学家,也是为人民教育事业鞠躬尽瘁的教育家。在行医、任教及担任高校管理者等方面,朱宪彝都做到了以身作则,发挥了极大的人格魅力。在20世纪40年代行医期间,尽管当时条件艰苦,但朱宪彝在医疗工作中仍一丝不苟,详细书写病历,认真检查,努力减少病人不必要的花费,从不赚取病人的金钱,表现出高尚的医德。在担任繁重行政职务的同时,他依然每周按期在内科查房,亲自垂询病史,仔细检查病人,为病人的诊断和治疗想尽办法。与此同时,朱宪彝也没有放弃专业研究,并在科研方面也取得了巨大的成就。管理学理论认为,领导者的影响力一部分来源于权力,这种权力是职务、地位所带给领导者的;但与此同时,管理学研究者们也发现,更重要的领导力来源于非权力影响力,优秀的品格和人格魅力对于非权力影响力贡献巨大。毫无疑问,朱宪彝的优秀品格和人格魅力让他获取的对他人的非权力影响力,激励、鼓励并引领着他人一起为教育事业、医学事业贡献力量。我国医学界德高望重的老前辈石毓澍教授曾谈到:朱宪彝的为人正直、努力勤奋、严于律己、全心全意为人民服务的良好医德像一盏不灭的明灯,照耀着前进的道路。

　　长期以来,我国高校教师队伍培养更多地注重于教师的专业水平和学历,日常教学工作被不同程度地忽视。加强高校师资队伍建设,培养适应现代社会发展需求的高素质师资队伍就成为提高高等医学教育质量过程中亟待解决的问题,也是我国当前高等医学教育事业发展中一项带有根本性的战略任务。在筹建天津医学院并担任院长的过程中,朱宪彝重视教师的聘任、遴选、培训等工作。筹建天津医学院期间,朱宪彝夜以继日地工作,聘请教师,呕心沥血。天津医学院成立之时,担任教授的多为富有教学经验的著名大夫。高校师资队伍的教育和管理是高校整体建设中的核心工作,是提高学校办学水平和办学质量的重要保证,也是学校生存和发展的关键因素。青年教师是学校教学、科研的中坚力量,也是学校改革、发展的依靠力量。为了培养青年教师,朱宪彝积极推荐大批中青年教师出国学习、进修。

　　当下,更应该多管齐下,加强对中青年教师教育管理,包括调整青年教师的知识层次结构,提高青年教师的知识创新能力;完善青年教师的激励约束机制,提高青年教师的竞争意识[①]。此外,医学教育的规律与特点决定了医学院校与附属医院之间的密切联系。附属医院不但是医学院校开展实习以及临床医学教育的关键场所,也属于医学院校的中心环节,负责科研工作以及

---

　　① 余晓平,张国芳,斯贞望.医学院校青年教师队伍存在的问题及教育管理措施研究[J].中国高等医学教育,2001(02):18-19+24.

培养人才工作等。医学院校附属医院师资队伍素质直接体现了医学院校及其附属医院的人才与教育质量。因此务必提高师资队伍素质,积极建设高素质的师资队伍[①]。教学工作是高等学校的中心工作,科研工作在造就大师、名师,在培养博士生、硕士生、八年制等高层次、创新型人才的方面,发挥着重要作用。医疗工作是附属医院的中心工作,也是医学生培养的重要环节。教学、医疗、科研都是为培养人才服务的,三者是相互促进、协调发展的。

朱宪彝将科学研究、社会服务和人才培养紧密结合,在医学研究方面做出成果,同时利用医学知识服务国家和人民,还在这个过程中教育了学生、培养了人才。在兴办医学院的同时,朱宪彝没有忘记专业的研究,并将专业研究与服务社会、人才培养紧密结合,做到了服务国家、服务社会、服务人民。朱宪彝在1958年就开始着手建立内分泌学研究的队伍,对多地进行实地考察,并积极推动治疗。1978年,天津市内分泌研究所正式成立,建立了基础及临床队伍,招收硕士及博士研究生,为国家和社会培养了许多人才。朱宪彝还积极发挥医学专业力量为社会服务。内分泌研究所成立后,朱宪彝带队承担了防止地方性氟骨症的国家研究课题。这也是我国另一个危害严重的地方病。朱宪彝借鉴了研究地方性甲状腺肿的成功经验,联合放射诊断、口腔、营养卫生各学科的专家协同作战。短短五六年内,在地方性氟病的早期诊断、体内脱氟治疗和疗效机理等方面都取得了重要成果。在这一过程中,还培养了一批硕士博士。

正所谓"巍巍上庠,国运所系",高等医学院校的建设和管理,既承载了教书育人的功能,又肩负着服务国家社会和人民的使命与责任。可以说,朱宪彝作为我国杰出的医学教育家,始终把人才培养作为中心,从凝聚多方专家、培养青年师资、服务国家社会等方面谋划发展、调配使用资源。1931年12月2日,梅贻琦在就职清华大学校长的演讲中提出"所谓大学者,非谓有大楼之谓也,有大师之谓也"的著名论断。世界各国著名大学的共同经验证明,高质素的师资队伍是高等学校发展的重要资源,是决定一所大学核心竞争力的关键所在。教师,既是一项职业,也是一门专业。我国《教师法》也明确规定,教师是履行教育、教学职责的专业人员。在世界教师专业化发展的趋势下,对于教师专业发展的认识基本达成一致,它是指教师在从教生涯中,通过专业化教育,掌握专业知识技能,强化专业背景,获得专业自主和专业地位,发展专业伦理,提升从教的综合素质,成为一个能胜任现阶段教师角色的教育工

---

① 王慧.关于医学院校附属医院师资队伍建设的思考[J].经济师,2020(07):251.

作者的过程。医学教师专业化则是指对专门从事医学专业教育教学对教师进行严格而持续不断的教育,使之获得教育教学的专门知识和专门技能。

### 三、医学教育管理的本土化:建设合乎中国医学需要的医学教育制度

如前所述,"协和五宝"中包括"住院医师培养制度",朱宪彝求学及行医期间,深受其影响。协和的"住院医师培养制度"对朱宪彝医学教育管理思想的形成和发展奠定了重要的基础。朱宪彝自协和毕业后,就开始任协和医院内科住院医师。协和的住院医师制度可以说是毕业后继续教育的一种形式,甚至也可以说,中国的住院医师培训制度起源于北京协和医院。1921年创建之初,协和按照美国约翰·霍普金斯模式,在中国率先建立了严格、规范并与国际接轨的住院医师培训制度。90余年来,协和始终坚持高标准、高起点和严要求,强调"三基""三严",注重素质培养与文化熏陶,着眼国际接轨,实行过程管理,注重师资培训,建设资源平台,不断探索,传承精进,使协和住院医师始终保持了极高的成才率,该制度被誉为是医学人才培养的基石和"通向医学大师的必由之路"。协和求学和从医的经历,毫无疑问是朱宪彝医学教育管理思想形成的基础。

根据协和的传统,医学本科阶段结束后,才仅仅是从医生涯的开始,要成为合格的协和人,还需要进行更加严格的培训。这就是毕业后的继续教育,协和采用的是住院医师制度。协和本校学生毕业后多数志愿留校工作,接受继续教育,提高专业水平。少数人直接到临床前期各科继续深造,进行科学研究,并担任助教工作。多数人则入临床各科,做助理住院医师,积累临床经验,向临床专业发展。由于协和每年毕业生较少,本校毕业生经常不敷分配,因此每年均从国内各兄弟院校毕业生中择优选聘补充(有的先补做实习医生)。上海医学院、湘雅医学院、沈阳医学院、齐鲁医学院等均曾有优秀毕业生受聘来协和医院做助理住院医师或实习医师,做出良好成绩。他们当中多数于一二年后各自回原单位工作,发挥重要作用;也有少数留在本校,加入了本校的骨干队伍,继续发展,成为专才。这一制度起到了防止协和本校人才"近亲繁殖"的作用,并加强了与各兄弟院校的联系。

助理住院医师每年聘任,任期一年,第二、第三年名额递减,择优留用。未被聘任的可申请转入其他需人的部门(科)或转入国内其他院校或医院。每年从做完二年或三年的助理住院医师中可以有一人升为总住院医师(内、外、妇产科),其他可以为助教。总住院医师是令人羡慕的职务,因为在其一

年(偶为二年)任期内,是直接在科主任领导下工作,与科主任的关系至为密切,成为科主任的得力助手,是一个非常宝贵的锻炼机会。他要帮助科主任安排全科的教学工作,包括教学巡诊、临床示教和临床病理讨论会等。这种住院医师制度首先是在约翰·霍普金斯大学医院建立的。它要求青年医师一定住在医院里,每日24小时对其所分配的病人负全部责任。并且立下严格的规定,住院医师要及时完成对病史的记录、各种检查以及对病情的初步处理。住院医师的工作在上级医师(科主任和主治医师)的指导下进行,要保证质量,一丝不苟;在同辈之间竞争竞赛,一年一评定,决定续任、提升或不续任。

协和的"住院医师培养制度"对朱宪彝医学教育管理思想的形成和发展奠定了重要的基础。受其影响,在行医和教学的问题上,朱宪彝总是考虑国家和民族的需要,以为国家和民族培养高素质医务人员为目标。新中国成立之初,我国医学生通常为五年制,相对缺乏临床实践经验。长期以来,我国无规范化住院医师培训制度,学生从医学院校毕业,未经二级学科培养,就直接分配到医院从事临床工作,以后的能力和水平相当程度上取决于所在医院的条件,严重影响了医疗队伍的整体素质的提高。为了能更好地建设合乎中国医学需要的医学教育制度、让"五年制"毕业生赶上国外先进水平,朱宪彝提出了"二次分配制度",即"五年制"医学毕业生因为缺乏临床实践经验,建议改革医学院毕业生分配、使用、培养制度,对于那些预备做临床专业的,先分配到医院做住院医师接受严格而有计划的临床业务培养,具备独立工作能力后再分配他们去适合其工作能力的基层医疗单位。

医生服务的对象是人,面对的是随时可能发展变化的病情,若稍有疏忽或处置不当,即可能造成不可逆转的损失,甚或危及病人的生命。医生职业的特殊性决定了医生这个群体有其独特的行业要求,包括思维方式、理论功底、专业技能、工作流程、职业素养、人文精神等,这些都需要经过长期的实践训练和经验积累。建立医学院校教育——毕业后医学教育——继续医学教育的医学教育统一体,已经成为世界各国的共识和普遍经验。完整的医学教育体系包括有医学院校教育(undergraduate medical education,UME)、毕业后医学教育(graduate medical education,GME)和继续医学教育(continuing medical education,CME)。医学院校教育的任务只是培养"准医生",培养合格的医学毕业生,使他们掌握毕业后接受专业化培训所需的知识、技能和态度;而医学毕业生成长为合格的临床医师,形成临床实际工作的能力,则需要经过系统、规范的毕业后医学教育。毕业后医学教育又是医学院校教育过渡到继续医学教育的桥梁。继续医学教育是医学教育三阶段连续统一体的重要组成部分,是卫生人力资源开发的重要手段,也是卫生人才队伍建设的重要内容。继续医学教育是继毕业后医学教育之后,以学习新理论、新知识、新技术、新方法为主的一种终身教育。

我国毕业后医学教育起步较晚,比较制度化、规范化的开展始于20世纪80年代末。20世纪80年代开始,许多地方恢复了住院培训的试点工作。经过十余年的实践,一套较为完整的住院医师规范培训的制度和模式已经得到了确定和完善。1993年,卫生部印发《关于实施临床住院医师规范化培训试行办法的通知》,此后各地逐步开展不同规模、不同水平的住院医师规范化培训的前期探索。住院医师规范化培训是医学生毕业后教育的重要组成部分,主要是以临床实践、专业必修课、公共必修课专业课为培训的主要内容。住院医师规范培训对于培训临床高层次医师,提高医疗质量极为重要。占据了医学终生教育的承前(医学院校基本教育)启后(继续医学教育)的重要地位,是医学临床专家形成过程的关键所在。

朱宪彝提出"二次分配"建议之时,我国已经培养了一批五年制医学毕业生,应该说这些五年制毕业生从高等医学院校毕业之时,已经完成了基本知识传授,医学生的知识框架搭构已经完成,在毕业考试时得到验证。但是一个无法回避的问题是:医学院校刚刚毕业的医学生,对某一疾病对认知仅仅局限于课堂所传授的知识点,是一个纵向对临床思维状态。当医学生面对临床每一个个体患者错综复杂的病情,如何分析判断并能够得到相应对诊断及决策方案这样一个横向思维过程,则显得束手无策[①]。如果将视角放大到西方国家百年来的医学教育变革,进而看待朱宪彝所提出的"二次分配"构想,更能体会其医学教育管理思想的超前性和先进性。以美国为首的西方国家百年来的医学教育经历了三代重大变革。

第一代医学教育变革发生于20世纪初。彼时,美国医学教育的主要模式有师傅培训制度、业主学校和大学的医学院。总体来看教育教学规范性欠缺、师资的随意性和水平差异性较大,没有规范的课程模式,导致培养的医学生质量参差不齐。美国医学教育的改革是全面、系统的,从宏观的医学教育机构、课程内容、教学模式、师资配备和教学管理等方面进行了全方位的改革。这种医学教育模式奠定了美国现代医学教育的基础,并对世界各国的医学教育产生了深刻而久远的影响。美国第一代医学教育变革虽然已经距今

---

① 蔡晓红,蔡慧琳,俞晨艺,周永海,郑炜琨,林洪洲,杨青.临床思维与决策能力培养在住院医师规范化培训中的实践[J].中国实用儿科杂志,2019,34(05):446.

有百余年之久,但其蕴含的哲学思想和教育管理思想,至今仍有一定的价值。朱宪彝求学于协和,恰恰也是美国第一代医学教育改革的开端之时。协和医学院建立之初,即博采各国医学教育模式众长,建立了极具特色的教育模式。朱宪彝也深受其影响。从宏观医学教育机构来看,20世纪初美国医学教育经改革确立了"大学–医学院–附属临床医院"的结构模式。天津医学院成立于1951年6月,成立之初并无附属临床医院。后于1956年10月,经天津市人民委员会第三次行政会议正式通过了"关于天津市立总医院改为天津医学院附属医院"的决定,其任务是担负医疗、预防、教学、科研和培养干部等工作,总医院成为一所名副其实的综合性大学医院。这样一种结构模式,使得医学院和附属医院实现了双赢,更为国家和地方培养了大批医学护理人才。

第二代医学教育改革始于二战后。彼时的美国公众对医学相当乐观,不为过地说,广大公众认为医生能够治愈任何疾病——如果说现在不行,不久的将来也一定能行[1]。这使得医学教育面临前所未有的压力,即如何以有限的学制、学时、精力、财力物力,应对这林立的学科、海量的知识,如何使医学教育、医学生能够适应这个快速变化的时代。PBL是第二代医学教育改革的主要表现,以PBL为主的教学方法改革,延续了第一代医学教育改革的科学化理念,强调如何使学生的学习更为科学、有效,使构建的知识结构更易于转化为能力结构。

进入21世纪以后,卫生领域面临着一系列的新问题,如人口和流行病学形式出现巨大变化,新的传染病、环境分析、行为风险威胁着所有人的健康安全;全球卫生系统正变得越来越复杂,成本也越来越高;社会大众的健康意识和健康需求不断提高。*Lancet*于2010年12月第4期发表了《新世纪医学人才培养》(Health Professionals for New Century)报告,全面阐述了以职业胜任力为核心的全面医学人格的塑造,成为第三次医学教育改革的标志性文件[2]。对于从事医疗卫生工作而言,职业胜任能力是指在日常医疗服务中熟练精准地运用交流沟通技能、学术知识、技术手段、临床思维、情感表达、价值取向和个人体会,以求所服务的个人和群体受益[3]。

---

[1] 卡森,杨智敏.美国人文医学研究及教学[J].医学与哲学,1997(11):17.

[2] 于双成,金祥雷,于雅琴.美国医学教育改革三次浪潮的文化背景及本质特征[J].医学与哲学(人文社会医学版),2011,32(12):14.

[3] Epstein R M, Hundert E M. Defining and assessing professional competence[J]. Journal of the American Medical Association, 2002, 287: 226-35. 转载自于双成,金祥雷,于雅琴.美国医学教育改革三次浪潮的文化背景及本质特征[J].医学与哲学(人文社会医学版),2011,32(12):13.

2013年底，国家卫生健康委员会等7部门联合印发了《关于建立住院医师规范化培训制度的指导意见》，2015年在全国正式开始实施以培养医师岗位胜任力为导向的住院医师规范化培训。住院医师规范化培训取得了一定的成果，但是也存在一定的问题。有观点指出，部分地方在住院医师规范化培训的过程中普遍采用的某些教学手段和方法仍源自院校教育阶段的以知识传授作为教学活动目标的教学模式。但对于已经从高等医学院校毕业，完成了基本知识传授，医学生的知识框架搭构已经完成，并且在毕业考试时得到验证。因此，住院医师规范化培训阶段教学模式不能延续院校教育单纯知识点的课堂授课。临床思维是医生在认识疾病和判断疾病过程中，依据患者的临床资料，包括病史、体征、实验室和辅助检查等进行收集、归纳、分析、推理及总结，最终做出临床诊断和治疗决策的系列思维过程；也是临床医生将疾病的一般知识应用于判定个体所患疾病的思维过程，是临床工作的灵魂[1]。临床决策是指临床思维的结果，要求临床医生在信息掌握不充分的情况下，尽可能短的时间内做出初步诊断和处理意见，决策错误将产生严重后果，因此临床思维至关重要[2]。正确的临床思维是科学临床决策的前提。临床疾病的诊疗过程，是理论和实践不断结合的过程，也是思维和决策过程的不断演进。临床决策是以临床经验为基础复杂思维过程的结果。对住院医师初学者，临床思维是无形的，看不见摸不着，较难进行教与学。因此，住院医师规范化培训，应从本科生以传输知识点被动接受的教学模式，向以住院医师为主体、主动参与、培训其临床决策思维、临床决策的教学模式转化。培养和提高年轻住培医师的临床思维和决策能力，对于提高我国临床医学的整体水平，推动医学教育质量具有重要作用。

如果说中国的住院医师培训起源于协和医院，那么协和的"内科大查房"则可以看作是继续医学教育的一种形式。朱宪彝在协和求学和行医期间，受益于"内科大查房"制度。受其影响，朱宪彝在天津市组织全市范围内的大查房，开创了一种形式新颖的继续教育模式。协和的内科"大查房"，其实差不多是牵一发而动全身的全院大医学行动，每次都撩拨着全院各科医生们的神经。"大查房"最早称为"大巡诊"。那时医生人数少，病房即可容纳全部医生的巡诊。后来，协和内科医生越来越多，内科大查房的地点从病房转移到了

---

① 杨志寅.临床思维与临床决策[J].中华诊断学电子杂志，2015，3(02):79.

② 张锦英，金鑫，沈途.临床思维与决策能力是医学教育的重要组成部分[J].医学与哲学(B)，2013，34(07):5.

能容纳百余人的老楼10号楼223阶梯教室。时至今日,协和内科大查房场面更加壮观。内科各专科医生几乎全部到场,同时还会邀请放射科、病理科、检验科、外科等科室参加,有时还有基础学科同仁和外院医生出现,各病房的护士长和护士也会参加。查房一般持续两小时,参加人数多在百人以上。每周三下午3点,内科的医生们从各个病房赶往会场,如果晚到可能就没了座位。

大查房的第一步是选择病例,先行公布。所选的病例是较复杂疑难或是罕见的,或在诊断和治疗中有不易解决的问题,或有某种新的经验教训值得总结。大查房时,病人被带到大查房现场,医生现场对病人进行体检和病史询问。随后进入自由讨论阶段,这是大查房最精彩的部分。申请大查房的专科医生先发表自己的看法,其他科室医生就相关问题做出解答,发表意见。最后是大内科或专科主任总结性发言,并指示下一步的诊治措施。未尽的问题留作进一步观察、检查,或等待外科手术的发现。如病人不幸死亡,则可能从尸检中得到答案。如有新的资料,在以后的大查房时做追随报告。大查房洋溢着学术自由的空气,方圻教授回忆,常常是病历摘要一下来,很多教授就跑图书馆,然后在会上争论交锋。年轻人也有发言的机会,主任们会随时站起来点名让年轻医生发言,同时也鼓励大家提问题。

大查房对总住院医师提高现场组织学术活动的能力,提高住院医师掌握病情、文字书写和口头报告能力,都是很好的锻炼,对做中心发言的主治医师也是很好的培养方式。一次成功的大查房,会给参加者留下深刻印象。科主任的赞许,往往激励年轻医师奋发努力。如果在大查房中被指出不该发生的遗漏或错误,教训也令人终生难忘。

近年来,随着协和医院与美国加州大学旧金山分校住院医师交换培训项目的进行,国外各级内科医师不断受邀来北京协和医院访问,他们出席"内科大查房"后无不惊讶与赞许,因为在美国也很少见到如此高水平、如此热烈的临床病例讨论景象。

为了紧跟国际高等医学教育的发展趋势,提升我国毕业后医学教育水平,卫生部于2005年12月成立了毕业后医学教育委员会,负责开展全国毕业后医学教育政策、规划的研究,指导、协调全国毕业后医学教育工作。就继续医学教育而言,20世纪70年代末80年代初,继续医学教育的概念才开始引入我国,开始继续医学教育的探索实践。1991年,卫生部制定并颁发了我国继续医学教育的第一部法规性文件——《继续医学教育暂行规定》,标志我国继续医学教育工作迈向正规化、制度化。继续医学教育的形式多种多样,培训班、进修班、研修班、学术讲座、学术会议、业务考察和有计划、有组织、有考核的自学等多种方式均可以作为实施手段。通过病例讨论,住院医师和实习医师能够掌握疑难病例诊断等思路及如何合理检查验证诊断,锻炼住院医师临床思维能力和解决问题的能力。

长期以来,受"一次教育"观念的影响,对临床医生的培养缺乏有计划、有质量控制的训练。绝大多数医学院学生一毕业就分配到工作岗位上,边干边学,不能得到系统地、完整地岗位培训。虽然一些地方采取了许多措施提高医生的水平。但长期以来我国的继续医学教育制度依然不完善,出现了临床医学专家后继乏人的局面。而后随着思想的解放,逐步接受了"终身教育"的观念,逐渐推行岗位培训性质的毕业后教育和知识更新性质的继续教育①。另外,有观点认为,我国国内医学生和住院医师培养更重视临床技能,即业务水平。国内住院医师大部分都分管具体病人,临床细节把握和经验水平优于同年资美国住院医师,但是对医师的创新能力培养欠缺,没有带着批判性思维去看问题,依赖性较强,临床决断力和领导团队能力与美国同行相比则处于下风②。病例讨论对医师知识的更新有巨大的帮助,也有助于同行间的交流。通过病例讨论,有助于培养住院医师成为具有研究能力的医师,使住院医师在研究工作中具有引导能力和创新能力,并具备团队精神。案例讨论还有助于培养自我学习的能力和提倡批判性思维。

培养优秀的医学人才是中国医疗卫生事业的根基工作。国务院办公厅2020年9月23日印发《关于加快医学教育创新发展的指导意见》(简称《指导意见》),对优化医学学科专业结构、推进医学与多学科深度交叉融合、提升医学人才培养质量和医学科研创新能力等方面做出全面部署。《指导意见》指出,新冠肺炎疫情防控中,我国医学教育培养的医务工作者发挥了重要作用,同时也指出我国医学教育还存在人才培养结构急需优化、培养质量亟待提高、医药创新能力有待提升等问题。虽然朱宪彝已经故去,未能看到我国医学教育培养的医务工作者在新冠肺炎疫情防控中的重要作用。但《指导意见》所指出的医学教育创新发展的方向,和朱宪彝的某些医学教育管理思想可以说是"隔空呼应"的。《指导意见》要求"提高医学专业学历教育层次""加快高层次复合型医学人才培养",一方面,严格控制高职(专科)临床医学类专业招生规模,同时适度扩大研究生招生规模。在高层次人才培养方面,推进

①　许文博.我国医学的继续教育[J].中国医院管理,1988(9):33.

②　吴涛.从Johns Hopkins医院神经科大查房看美国医学继续教育[J].卫生职业教育,2013,31(24):27.

基础与临床融通的整合式八年制临床医学教育,扩大学术性医学博士研究生培养规模,培养具有国际视野的高层次拔尖创新医学人才。我国医学教育蓬勃发展,为卫生健康事业输送了大批高素质医学人才。但面对新挑战、新任务、新要求,医学教育依然面临着结构优化、质量提高等心任务。医学教育的发展,需遵循医学教育的基本规律;高等医学教育管理也需遵循这一基本规律。医学教育管理,需围绕医学教育展开。这体现在内部规律方面,医学教育管理活动承担着培养全面发展的合格医药卫生人才的重任,需不断加强提高高等医学教育的质量和效益。同时,高等教育管理也有外部规律,受到政治、经济、文化、科学的制约,并为一定社会的政治、经济、文化、科学服务。十九大报告中提出,人民健康是民族昌盛和国家富强的重要标志,要完善国民健康政策,为人民群众提供全方位全周期健康服务。医学教育管理也需围绕这一目标展开。围绕新时代、新目标,我们依然可以从朱宪彝的医学教育管理实践中提炼出熠熠生辉的医学教育管理思想,为当下医学教育提出启示和借鉴。

# 第十章　朱宪彝高等医学教育改革观

　　1976年10月6日,党中央粉碎了"四人帮"反革命集团,结束了长达十年之久的"文化大革命",在此社会背景下,天津医学院迎来了新的发展机遇。天津医学院顺应时代潮流,开始进入拨乱反正、落实国家相关政策的工作中。医学教育如何符合社会主义现代化建设的现实需求? 医学教育如何开创新局面? 面对国家现实需求,一大批热衷于中国卫生事业的医学教育专家纷纷提出富有创见性的医学教育改革思想。而在这些犹如璀璨明星的中国医学教育家中,朱宪彝作为一位卓有建树的临床内分泌专家、忠诚于教育事业的医学教育家,是尤为引人注目的一位。作为新中国成立后中国医学教育界的杰出人物之一,作为天津医学院首任院长,在总结和反思天津医学院医学教育经验的基础上,提出了极富创新意义和现实意义的高等医学教育改革思想。时隔四十多年后,深入探讨朱宪彝高等医学教育改革思想,能为我国新时代进一步深化医疗卫生体制改革、医学教育改革、大力推进医学教育体制创新和促进中外医学教育交流提供有益的借鉴。

## 一、朱宪彝高等医学教育改革观产生的社会背景

　　时代造就英雄,英雄成就历史。20世纪70年代,十年动乱造成的人才断层问题突出,各学科都面临人才青黄不接的局面。卫生事业是国家经济社会发展的重要组成部分,与人民群众健康息息相关。人才特别是医学人才是卫生事业的第一资源,医学教育是卫生人才队伍建设的重要保障。因此,要建设社会主义现代化强国,必须探索出一条符合中国国情、中国需要的具有中国特色医学教育发展道路,全面提升医药卫生人才培养质量是医学教育的历史使命,也是教育和卫生事业发展的中心任务之一。改革开放初期,党和国家的各项事业在拨乱反正、实事求是的理念中走上进行社会主义现代化建设的征程。医学教育作为各项改革事业中的重要内容之一,如何顺应历史潮流成为其重要改革方向。要深刻认识朱宪彝医学高等教育改革观的深刻历史意义,首先需要梳理其改革观所产生的时代背景。

## （一）开创社会主义现代化建设新局面的时代呼吁

1976年粉碎"四人帮"后，揭批查"四人帮"帮派体系的群众运动取得很大成绩，国内出现了安定团结的政治局面。为制定科学技术的发展规划，表彰知识界的先进单位和先进人物，奖励优秀研究成果，充分调动广大知识分子的积极性、创造性，以便实现党在新时期的总任务，1978年3月18日至31日，中共中央在北京召开了全国科学大会。在有6000人参加的开幕会上，中共中央副主席、国务院副总理邓小平发表重要讲话，邓小平指出四个现代化的关键是科学技术的现代化，并着重阐述了科学技术是生产力这个马克思主义观点。医学作为保障人民生命健康的重要科学技术，在我国科学技术发展中具有举足轻重的作用。自新中国成立后，中国医学教育事业取得了极大的发展，但是面对中国改革开放政策，医学科学技术发展如何赶上世界先进水平？如何有效回应中国四个现代化的现实需求？在当时，成为中国医学教育发展的重大课题。

在这一时期，全国各地医学院响应党的号召，凭借改革开放的春天，立足医学的新发展需求、中国医学教育发展成就、面临挑战、借鉴国外医学教育经验等多重角度探讨医学教育改革。如中山医学院蒋英梦在1981年发表的论文《现代医学的新发展对现代医学教育提出的要求》中提出："了解现代医学发展情况，掌握它的发展特点和趋势，研究它对现代医学教育提出的问题和要求，这对于办好医学教育，培养和造就医疗卫生人才，促进医学科学的现代化是有重要的意义的。"[1]无论是党中央在1978年3月全国科学大会上提出的"科学技术是生产力"的论断，还是1978年12月18日召开的中国共产党第十一届中央委员会第三次全体会议重新确立"解放思想、实事求是"的思想路线，都为中国改革开放迎来新的征程提供了新的思想共识。正是在这一思想共识下，中国医学教育作为医疗卫生领域的基础，迎来如火如荼的改革，正如朱宪彝在1983年3月6日和14日的两次采访中所言："现在到处都在谈改革，改革的热潮遍及全国。"他指出，医学教育改革必须从四个现代化建设需要出发进行改革。朱宪彝提出的医学教育改革思想处处都彰显着新中国改革开放的发展要求，而且认为改革要脚踏实地，要符合社会实际需要，而且要始终坚持医学教育发展的客观规律，"关于改革，朱教授说，这些意见不是我朱宪彝脑子一热，想当然提出来的，我是根据前人的经验总结出来的，是经过许多

---

[1] 蒋英梦.现代医学的新发展对现代医学教育提出的要求[J].医学教育，1981(3):1.

国家,许多人的反复实践之后,在许多'前车之鉴'中总结出来的"①。

## (二)党中央对思想教育和专业教育相结合的强调

现代医学兼有自然科学和人文社会科学的双重属性。医学作为自然科学虽然无国界,但是当它被放置在不同的文化背景下服务于不同国家的人民时,其所内涵的人文社会科学属性却彰显出强烈的国家特色。因此,社会主义医学教育的核心问题之一就是坚持党的领导,培养德高医粹的医生,要面向全体医学生、促进学生德智体美劳全面发展,在着力提高医学生医疗技术水平的同时,还要培养医学生牢固树立"全心全意为人民服务"的价值观,提高学生服务国家人民的社会责任感、勇于探索的创新精神和善于解决问题的实践能力。卫生部顾问王斌(原中华人民共和国卫生部副部长,中国医科大学校长)在1981年部属院校工作会议上的讲话《医学教育必须为无产阶级政治服务》中指出:"加强思想政治工作是办好院校的保证。提高政治觉悟,树立崇高的道德风尚,反对一切非无产阶级思想和行为,同资产阶级自由化倾向做坚决斗争,从严教育学生及工作人员,这才是对他们的真正爱护,才能培养他们成为又红又专的有益于人民的优秀人才。"②当然加强思想政治教育和专业教育相结合不是口号,需要"解放思想、实事求是",更重要的是落实到实际行动中,因为"实践是检验真理的唯一标准"。

天津医学院在当时正是立足于此,积极落实"政治上一视同仁、工作上放手使用、生活上关怀照顾"的方针,自1978年响应党的十一届三中全会关于积极发挥知识分子的作用的号召,院党委加强对知识分子的思想政治教育,引导教师、科研及医务人员解放思想、奋力进取、走又红又专的道路。为了进一步在医学教育中加强和改善党的领导,彰显中国医学教育的社会主义的鲜明特色,天津医学院自1981年起试行党政分开,对党委及行政两系统的机构进行调整,党政部门明确分工,改变过去以党代政的状况,使党委的领导体现在路线、方针、政策方面和着重做好思想政治工作和加强党的建设上,各级党组织核心堡垒作用、党员的先锋模范作用也能得到更好的发挥。朱宪彝极为强调在改革中要提高医生和教师的思想政治觉悟,"关键是要有得力的骨干,专家在与不在,他们都能一样工作。这样科学的发展就快了,工作也就好干了。

---

① 李大雄,杨一工.朱宪彝教授医学教育改革[J].科学学与科学技术管理,1983(6):33.

② 王斌,医学教育必须为无产阶级政治服务——在1981年部属院校工作会议上的讲话[J].医学教育,1982(02):10.

这里也不可忽视对一般同志的政治思想工作,提高他们的思想觉悟和主人翁责任感"①。

### (三)医学教育改革实践多样化趋势

自1978年掀起的中国改革开放的大潮,医学教育改革浪潮也随之喷薄涌现,但是如何改革是个大问题,正如朱宪彝校长在1983年接受采访时提出的时代发问:"我们医学院也在天天讲改革,改革的关键在哪儿呢?"在当时改革热潮之下,全国各地医学院都在总结以往教育经验基础上纷纷提出各具特色的医学教育改革思想。

根据在中国知网检索到的1981年到1984年期刊文献资料来看,当时许多从事医学教育和医学实践的学者专家在改革开放初期根据以往医学教育实践和未来现实需要,从思想政治培养(医德教育)、学制设置、课程设置、教学方法、医学教育目标、教材建设、医学教学实践基地建设、医学院校领导体制改革、医学专业特别是临床专业毕业生分配、引进国外医学教育先进经验、发挥归国留学人员才能等方面进行了多层次、多方位的探讨和实践。中华医学会在西安召开第一届医学教育学术会议收到的229篇论文中加强医德教育成为重要内容之一。许多医学院校都把医德教育作为一门独立学科,列入正常教学计划,有的医学院校成立医德教研组,开设医德课,以提高医学生思想政治觉悟,使医学生能够在未来医学实践中践行社会主义医学人道主义,并能有效抵制医疗卫生领域的不正之风。

医学生学制如何科学设置,能够培养更优秀的医学人才也是改革开放初期讨论的重点问题。如徐维康、王孝铭于1982年在《医学与哲学》发表的《我国医学教育发展模式的探讨》一文中谈道:"长期实践证明,五年制稍短,但考虑我国实际,又不宜过长。多数人认为以六年制为主比较妥当。医专则应为四年制。"关于改革开放以来医学教育学制改革的这一讨论,朱宪彝也提出自己看法并付诸实施,在1980年天津医学院与南开大学合办八年制医学教育试点班。

在课程设置方面,一些医学教育者认为应当伴随医学的发展而进行调整,"增加人文科学、社会科学、心理学、社会学及社会医学方面的内,加强自然科学的教学,拓宽学生知识面"。②

---

① 李大雄,杨一工.朱宪彝教授医学教育改革[J].科学学与科学技术管理,1983(6):33.
② 吴更生,庞宏兴,谢松龄,夏黎业.我国高等医学教育改革的一些设想[J].医院管理,1983(8):8.

在改革开放初期,关于医学教育改革讨论的如火如荼,很多医学院校积极探讨改革方案并付诸实施。在此不一一列举。朱宪彝正是借着改革开放的春风,在这场讨论中总结经验面向未来提出一系列医学教育改革思想并付诸实践。

## 二、朱宪彝高等医学教育改革观的基本内容

医学教育改革是一项复杂的系统工程,其改革范围从大到国际医学发展趋势、国内现实需求再到每个毕业生的分配去向和后续能力提升等多层次、多领域、多面向的诸多领域。朱宪彝自己也坦言:"教育是个慢过程,必须心中有数,面向未来。今年招生,不是为今年,而是为今后十年、几十年。这就要远见。"朱宪彝怀着无限爱国情怀和对党的忠诚热忱,根据我国国情,在总结多年医学教育经验的基础上,以"教育兴国""科技强国"为理念,提出"适应四个现代化建设"的医学教育改革思想。

### (一)在医学教育中发挥思想政治教育的价值引领作用

社会主义教育的根本任务是为社会主义培养接班人和建设者。因此,在医学教育中,无论是医学教师、临床教师、医学管理人员还是医学生,首先必须确立无产阶级的世界观、人生观和价值观。朱宪彝正是怀着对党的无比忠诚,提出医学教育改革思想。朱宪彝《毛主席的旗帜永远照耀我们前进》一文中写道:"伟大领袖毛主席他老人家对知识分子的关心,首先是从政治上和路线觉悟的上关心。他老人家总是从马列主义、辩证唯物主义的高度来看待自然科学、医药卫生科学的发展,并对许多自然科学和医药卫生问题,作了极为深刻的论述。同时,还一再教导我们科学工作者,要努力学习马列主义,用辩证唯物主义哲学武装自己的头脑,指导科学研究工作,使科学为无产阶级政治服务,为广大工农兵服务,为人类做出较大的贡献。1956年我光荣地参加了中国共产党,这是党和毛主席对我培养、教育的结果,也是我为社会主义革命和社会主义建设贡献毕生力量的新起点。毛主席对知识分子和科学研究工作的教导,给我们科学工作者带来了巨大的鼓舞和力量;他老人家制定的关于科技工作的路线、方针、政策,在斗争中日益深入人心,促进了我国科技事业的蓬勃发展。"[1]朱宪彝作为天津医学院院长,正是心怀赤诚之心开展医学教育,用实际行动展现一名共产党员的崇高觉悟。朱宪彝从医学教学活动、临床活动、学院管理、医院管理等多层次践行社会主义教育的根本特性。

---

① 朱宪彝.毛主席的旗帜永远照耀我们前进[J].天津医药,1977(9):440.

　　1977年天津医学院恢复本科生招生后,院党委和各级党组织着手恢复和加强被"四人帮"破坏和削弱了的思想政治工作,通过多渠道在学生当中开展思想政治教育、道德理想教育、爱国主义教育,开展"五讲四美三热爱"活动及学雷锋、创三好等多种思想政治教育活动,使思想政治教育贯穿道德学生的方方面面。而且,为了培养"德高医粹"的未来医务工作者,天津医学院在1980年就在全校开设了《医学伦理学》课程,当时在同行院校中是开设此门课程比较早的院校之一。思想政治引领是前行道路上的一盏明灯,既能够给人指引方向,又能激励人克服各种困难勇敢前行。就像朱宪彝自己的心声坦露:"怎能忘记,解放以来,我曾多次幸福地见到伟大领袖毛主席,多次亲聆他老人家的亲切教导。每当我回忆起这些动人的情景时,心情总是万分激动,久久不能平静。毛主席他老人家的光辉形象和亲切教导永远铭刻在我心中。每当想到这些无比幸福的时刻,就增添了无穷无尽的力量,激励我继续前进。"[1]重视思想政治教育的引领作用成为天津医科大学开展教学活动的重要传统。在朱宪彝去世后,学校通过各种活动形式开展对学生的德智体美劳教育。1985年学校建立学生代表大会,为加强思想政治工作开辟了一条新途径。1986年开始开展大学生暑期实践活动,引领学生在实践中提升思想政治觉悟。为使学生增强组织观念,提高保卫祖国、建设祖国的意识和才干,从1985年开始,学校又建立军训制度,并纳入教学计划。1989年,学校制定德育考核标准(试行),成为衡量德育教育的尺度。1992年,学校召开天津医学院首届学生德育工作会议,并制定了有关德育工作条例。1994年天津医科大学成立后,根据国家发展要求,学校又继续积极探索加强思政政治工作新途径,以多种形式弘扬正气,为医学生健康成长创造优良的学习氛围。如2002年12月,学校隆重举行了朱宪彝诞辰一百周年纪念活动,号召师生学习他崇高精神和优良品德。2002年、2006年、2008年,学校思想政治工作研究会被评为"天津市优秀思想政治工作会"。

　　时光匆匆而逝,朱宪彝高等医学教育改革思想中对思想政治教育的坚守继续成为今天天医人的指路明灯。如2019年11月20至22日,为进一步落实全员全过程全方位育人,将思想政治教育贯穿人才培养全过程,发挥课堂教学主渠道作用,推出一批"课程思政"示范课程,选树一批"课程思政"优秀教师,形成专业教育与思想政治教育紧密结合、同向同行的育人格局,教务处举办了"课程思政"示范课堂创新大赛,在比赛过程中,教师们根据课程特点,采

---

① 朱宪彝.毛主席的旗帜永远照耀我们前进[J].天津医药,1977(9):439.

用灵活多样的教学形式，深入挖掘课程蕴含的思政元素，融入家国情怀、文化自信、人文精神、仁爱之心等要素，实现知识传授与价值引领相统一、教书与育人相统一，充分体现了他们对课程思政的深度思考。

## （二）改进学校和医院管理模式以提升医学教育质量

自1977年起，天津医学院进入全面建设阶段。一方面，学院力求肃清"文革"对医学教育发展的负面影响，另一方面立足于改革开放、科教兴国的国家发展需求，学院进行了全方位医学教育改革。在全方位的医学教育改革中，何为改革的关键点呢？朱宪彝在一次接受采访中谈到医学教育改革时，认为改革的关键在领导班子，认为领导班子调整不好，只改革中层领导班子，是无法解决教育改革的根本问题。他认为，与其他行业相比，医学教育有自身的独特性，培养医学科学人才周期比较长，而且医学院校课程设置既有基础课，又有临床课，需要医学院校教师和附属医院临床医生同时发力，才能培养合格的医学科学人才。关于这一改革观点，朱宪彝特别强调医学院附属医院的领导结构配置。医学教育的这一特点对学院领导提出双重要求，即领导既要懂教育，又要懂医疗，"不懂教育的人可以做普通一员的领导和管理工作，做医学院附属医院的领导就非常不合适"。①

医学教育改革的当务之急就是从根本上解决好附属医院的领导配置问题：一是领导班子要有较高的政治觉悟和主人翁责任感。朱宪彝认为，世界在不断发展变化中，根据以往各国家实践经验，改革势在必行，而且具有紧迫性，这就需要领导干部以身作则，因为"上行下效"，领导干部要有改革精神，不断出新成果，同时加强对一般同志的思想政治教育，上下一心，才能真正推动教育改革向前发展；二是医学院校和附属医院的领导要充分发挥附属医院的医学教育意义，附属医院和普通医院最大的不同就是不能片面地追求门诊量和利润，应当充分发挥附属医院培养医学人才的重任，把培养医学人才和多出医学科学研究成果放在首要地位；三是附属医院要注重发挥人才的领导作用。医学附属医院作为医学教育的重要组成部分，一定要服从教学需要，要制定详细的医学人才培养计划，这就需要把有经验、有知识、有能力并对培养医学人才有兴趣的医生配备到附属医院的领导岗位，充分发挥他们各方面才能。

---

① 李大雄，杨一工.朱宪彝教授医学教育改革[J].科学学与科学技术管理，1983(6)：32.

### （三）立足国情，肯定"宝塔式"医学教育结构，鼓励医学教育多层次发展

中国医学历史虽然悠久，但是成规模的医学教育却是伴随西医、西药传入中国。因此，中国医学教育体制建立起步较晚。新中国成立后，为满足广大人民群众的医疗卫生需求，中央人民政府在全国各地兴起建立医学院。天津医学院正是在这历史背景下应运而生，如何建立符合医学科学规律、符合国情的医学教育体制是医学教育的大问题。为使医学教育体制更加符合国情，培养优秀医学人才，朱宪彝提出医学教育体制改革要多样化，要促进医学教育多层次发展。

1. 朱宪彝从医学教育体制存在的问题出发提出医学教育体制改革

朱宪彝在中华人民共和国第五届全国人民代表大会第四次会议提案中指出，新中国成立以来，医学教育体制经过若干次改革，但是效果不够理想。存在的主要问题有：(1)一百余所高等医学院校都在搞五年制，重点校改六年制，个别办八年制，培养目标差别和分工责任不明确。若干院、校师资队伍薄弱，基础医学实验设备不足，临床教学基地(附属医院床位少，临床师资少)不充实，结果临床教师忙于繁重的医疗业务，医疗质量不高，毕业生独立工作的能力差，即教育质量不高；(2)中等卫生学校数量太少，许多老校都在1958年"大跃进"时戴帽提升为高等医学院校，培养的医士越来越少；(3)"文化大革命"期间培养出来的150—180万农村赤脚医生队伍，无人负责轮训培养。另外，从中央到地方也提出过若干不适当的口号，例如(1)"护士当大夫"；(2)医学生要学会中、西两套本领；(3)基础医学教师必须懂得临床医学；(4)医学科研必须搞中西医结合，等等，这些都在一定程度上影响医学教育体制向正确方向改革。

2. 朱宪彝认为医学教育体制改革必须立足国情并符合国际发展潮流

朱宪彝在教育部《当代中国：教育卷》编委会专访中指出，中国医学教育改革必须适合国情。他说，我国底子薄、人口多，10亿人口中8亿是农民。应当承认，我国广大农村、山区缺医少药的情况还没有根本改变；就医务界本身的结构看，比例失调的情况也比较突出。现在，国民经济发展很快，特别是农村的形势喜人。要适应这个形势，医学教育必须要有计划按比例地发展。同

时朱宪彝还认为,医学教育结构、体制改革必须顺应国际发展潮流。在改革开放初期,世界医学技术、生命科学技术取得了突飞猛进发展,医学模式也发生根本变革,美国精神病学者恩格尔提出生物—心理—社会医学模式,这一模式的提出以及生命科学技术对人的生命的深度干预引发了国内外关于医学、医学教育更深刻的哲学思考。即我们应当培养什么样的医学人才才能满足人民的卫生保健需求。

据此,从国内需要和国际发展趋势出发,朱宪彝在中华人民共和国第五届全国人民代表大会第四次会议提案中提出医学教育体制改革的具体措施:(1)关于"赤脚医生"的培训和提高。朱宪彝认为应该把"赤脚医生"的培训和提高纳入初等卫生教育的层次,但是与初等卫生教育的性质又不完全相同。"赤脚医生"的培训和提高任务主要由全国两千多所县人民医院和有条件的地段医院负责。如以3个月或6个月为一期,三至五年完成一轮、二轮、三轮培训后,他们可以成为名副其实的我国农村第一线卫生队伍。朱宪彝在一次专访中强调,在我国经济发展薄弱的情况下,赤脚以为为满足交通极度不发达的山区、农村的医疗卫生发挥着重要作用,因此必须重视对赤脚医生的培训,并且应当家里一定的考核体制,给合格的"赤脚医生"学历证明,激励他们能够长期为农村服务;(2)发挥中等卫生教育和高等医学教育的主体作用。朱宪彝在提案中指出,县级人民医院的医生主要依靠各省、市、自治区的专区人民医院或省、市、区医学专门学校或中等医士或卫生学校招收高中毕业生培养,学制三年至三年半,毕业后为医士。而专区级人民医院和省、市、区大中城市一般市立医院的医师主要有高等医学院、校负责培养质量较高的五年制医师,保证大中城市医疗质量;(3)条件较好的高等医学院校要负责培养高校教师、大城市中心医院、专科医院的高级医师及医学科研人才。培养这一层次的人才要充分保证教学质量,在教学硬件如实验室和临床教学基地要充分,同时校、医院各级领导在教学、医疗、科研等方面统筹安排,实施一元化领导。同时他还强调,培养科研人员质量应当被置于优先地位,为保障科研人员的培养质量,应当适当压缩招生数量,当招生质量得到保障之后,再适当扩大招生数量。他主张要合理调整专业设置及招生规模,有利于提高教育质量和发挥现有潜力。

**3.力主跨专业、跨行业、跨学校的医学教育体制改革,力荐医学院校推行八年制教育制度**

在朱宪彝医学教育改革思想中,他极力主张综合院校和医学院校联合办学。主张把医学院的数、理、化、生物、外文、政治等基础课程放到综合大学里。他认为,医学虽然研究生命科学,但是生命科学的发展又始终与数学、物理、化学、生物等自然科学密切相关。在20世纪,世界科学迎来了跨学科发展的年代,如研究基因及其基因表达的分子遗传学,研究生物大分子的结构与功能、生物体内化学变化的生物化学,以及生物物理学、生物数学、生物力学、生物光学、生物医学、农业生物学环境生物等。正是基于对自然科学的这一发展趋势,朱宪彝认为医学生首先必须打下良好的自然科学基础,然后再进行基础医学、临床医学和临床实习的学习。他这一改革思想的提出不仅写入中华人民共和国第五届全国人民代表大会第四次会议提案中,而且也努力付诸实践。

1980年起,天津医学院和南开大学挂钩联合办八年制医学教育试点班。具体措施为,天津医学院和南开大学试办医预试验班,试验班以数、理、化、生物、外文、政治为主课,三年及格转入医学院学习五年。这些学生毕业后的分配限于高等医学院、学校师资、大学医院、大城市中心医院和专科医院高级医师及医学科学研究骨干。通过实践,朱宪彝认为八年制医学生的培养是成功的。这些学生不仅理论知识扎实,有培养前途,而且是未来医学教育、科研的重要生力军。基于这一改革实践,朱宪彝建议把八年制医学生教育单独列为医学教育的一个层级,是为了强调八年制的重要性和特殊性。朱宪彝认为医学人才培养是一个长期工程,不仅要培养直接支援医院诊疗工作的人才,还有大力培养科研人才,以便于赶上国际发展水平,他认为八年制学生是培养未来科研人才的重要途径。由此,他极力建议国家适当放开8年制医学生培养模式。天津医学院除了和南开大学联合办八年制医学教育试点班之外,还和天津大学共同创办了一个五年制的生物医学仪器专业试点。

### 4. 主张规范医学研究生教育,提倡终身教育

朱宪彝认为,医学研究生教育在为国家未来医学人才储备方面发挥着重要作用,因此,他主张在已有基础上,一些有条件的医学院校和科研机构可以扩大研究生院。因为研究生教育可以为国家卫生事业的发展提供高质量人才。医学作为服务于人的科学,会随着人类科学技术的进步和人类疾病谱的变化,不断发生变化,这就需要从事医学服务的人员树立终身学习的理念。朱宪彝正是基于医学的这一特点,在主张规范研究生教育的基础上,强调研究生教育与进修生相结合。他还建议我国应当积极借鉴国外毕业后教育或终身教育的经验,把研究生教育和进修教育有机结合。这种结合不仅有助于促进医、教、研三者密切结合,也有利于改善我国医学教育的内部结构,是医

学教育实现真正的多层次、多形式、多规格发展,从而发挥各个培养单位的优势,促进人才培养和流动。除此之外,朱宪彝还指出,这种医学教育模式具有战略性意义,不仅为人才培养提供良好教育平台,而且也是同国外进行交流的重要条件。

总之,朱宪彝医学教育改革思想主张医学教育结构应当多层次发展,以满足多方面的现实需求。这种教育模式必须通盘考虑,既要强调基础牢靠,结构合理,又要注意普及与提高相结合,分工协作。他对医学教育结构改革进行了一个极为贴切的比喻:教育结构的建构犹如人体,各个系统缺一不可,在大脑统一指挥下,各系统各司其职,协调动作,人的机体方是健全的,才能适应各种复杂的环境,完成各种艰巨的任务。

### (四)从"整体规划、严格要求"入手提升师资队伍水平

朱宪彝从事医学教育几十年,积累了丰富的教育经验,并逐步形成一套提高教育改革的构想。在这一构想中,朱宪彝非常重视师资队伍水平的提升。他认为,办好医学院,首先要抓好师资队伍的建设和整体规划,因为一个学校的教学水平首先取决于师资队伍的水平,没有严师,难出高徒。他在总结以往师资队伍建设经验的基础上,指出,师资队伍建设虽然取得一定成就,但是与改革开放大潮中社会现实需求相比,还是存在一些问题,即缺乏师资队伍建设的整体规划、具体研究和严格执行。据此,在师资队伍建设方面,他提出三方面的改革原则。

1. 医学院校教师要在教学、科研和医学方面进行全方位提升

朱宪彝认为,高等医学院教师要破除"教书匠"的狭隘界定。教师不仅要能教学,而且还要具有一定的科研能力,不仅仅是"说书"而且还需要通过科学研究掌握本专业领域内前沿性的科研成果。当然,朱宪彝提出高等医学院校教师学会教学和科研两条腿走路,并不是一刀切,而是有所侧重,他提出有些教师应当以教学为主,兼做科研工作,而医学院各研究所的科研人员在以研究工作为主的基础上,还要适当承担教学工作。在医学教育中,应当实现教学和科研的有机结合。唯其如此,医学院校才能既提升医学教育质量,又能为国家医学科学发展贡献力量。另外,基于医学教育的特殊性,即医学作为实践科学,培养学生的医学实践能力是医学教育的重中之重,所以他极为倡导临床医生应当具备较好的教学能力。朱宪彝指出,培养医学生独立行医的能力极为重要,但是当时中国医学教育面临的重要难题之一就是,临床医生忙于繁重的医疗事务,没有条件提升医学技术水平,导致医疗质量不高,同

时医学生由于得不到到充分的临床指导,独立行医工作能力会相对较差,会影响到医学教育质量。针对这一难题,朱宪彝提出,临床教师应当是优秀的医生。据此,他在1981年第五届全国人民代表大会第四次会议提案中建议充实基础医学实验室教学设备和扩大临床教学基地,适当控制附属医院或大学医院的普通医疗任务,并给这些医学院、校党政领导对其大学医院教学、医疗、科研统筹安排的统一领导权,以保证师资队伍水平的提升,从而提升医学教育质量。

### 2. 医学院校师资队伍应当有合理的技术结构和年龄结构

在关于提升师资队伍改革方面,朱宪彝提出"成龙配套"的改革理念。朱宪彝认为医学教育是一个传授多学科知识的综合过程,因此,医学院校师资在技术结构方面要各种专长相互补充,师资队伍既包括擅长数理化等基础知识的教师,也包括擅长医学学科、实验技术人员、临床教师等多方面的人才,因此,要提升医学教育质量,师资队伍就需要各方面的人才,而且各方面的人才要协同作战,取长补短。朱宪彝还较早地提出教学型教师和科研型教师的分类,当然这种分类是相对的,不是截然分开:擅长教学的教师可以以教学为主,兼做科研工作;医学院各研究所的科研人员以科研为主,但是同时也要兼任一定的教学工作。无论是科研还是教学,在提升医学教育质量、推动医学发展方面都具有不可替代的作用。朱宪彝提出师资队伍要技术结构合理,各个学科都要有相应的师资力量,但是并不主张医学教育涉及的所有学科都做到最大最强,而是有所为有所不为。他认为,任何一个学校、一个单位不可能所有学科都处于领先地位,而是抓主要矛盾。优先发展一些比较强的学科,用处于领先地位的学科带动相关学科发展,从而使这些学科发展能够成龙配套,最终实现每个学校都有自己的学科特色。他还极为有信心地认为这一做法能够达到事半功几倍的效果。师资队伍建设,除了要建立合理的技术结构,年龄结构是否合理也是师资队伍建设成效的重要指标之一。如果年龄结构不合理会使师资队伍发展陷入青黄不接的窘境中,甚至是造成人才资源的浪费。所以,在师资队伍建设中,一定要从技术结构和年龄结构等入手有计划地培养人才,为提升医学教育质量和促进医学发展提供源源不断的内在动力。

### 3. 多渠道师资培养方式和严格考核制度并驾齐驱

随着近现代市场经济和科学技术的加速助推,人类社会以前所未有的速度向前发展,同时人类也迎来知识爆炸的时代,这一发展促使无论是教师还是医生都要树立终身学习的理念。特别是对于医学而言,还有诸多未知领域,个人也不能在短时间穷尽所有医学知识。因此,对于医学院校教师而言,加强师资培训更是刻不容缓。朱宪彝正是基于医学自身特点和社会发展需要,提出应当采取在职培训、高师培训班、专科培训班、出国进行等多种有效形式培养师资。为了促进国内医学发展达到国际先进水平,朱宪彝还提出应当聘请国外专家来国内讲学,让国内教师在了解国外先进医学技术的同时,也能促进和国外的交流。朱宪彝还特别提出正确使用回国的留学生,特别是利用这些留学生有国外导师的优先条件,通过他们把导师邀请到国内讲学。这一做法一方面有助于国内未出国教师人员了解国外医学发展状况,同时还可以让导师了解留学人员回国后的工作情况,继续指导留学人员在国内继续发挥科研方面的优势,以促进国内医学科学事业的快速发展。关于师资来源问题,朱宪彝特别提出所谓"杂交优势"问题。朱宪彝从当时医学院校师资力量主要是"留校"的现实状况出发,认为靠留校储蓄师资人才,不利于科学研究发展,应当促进学校间师资的"交换",通过交换促进交流,从而发挥"杂交优势",以提升师资队伍水平。

培养渠道和培养计划固然重要,但是要获得培养成效,还需要有严格的考核制度。考核制度首先要有一定的计划性和稳定性,同时考核标准要具有近似法律的规范性,不能具有随意性。朱宪彝认为考核标准一定要严格并且稳定,但是考核方式可以灵活多样,如可以根据考核任务的不同,设置答辩、讲课、撰写研究报告等多种考核形式,甚至是试卷评分法。根据考核情况确定教师的升迁任用及下一步的培养计划。为了使考核制度具有一定操作性和保证考核制度的切实执行,朱宪彝还提出要追责指导教师的责任。只有考核制度严格,才能真正激发教师在工作中的活力,促使教师积极进取,从而推动医学教育事业的发展。

## (五)毕业生分配的战略谋划以及极力提倡提高硕士学位和博士学位毕业生待遇

朱宪彝作为一位新中国杰出的医学教育家,不仅在具体教学过程中重视人才的培养,而且还从医学科学发展规律出发,极为重视毕业生的分配问题。朱宪彝提出的毕业生分配改革方案可谓是针砭时弊。朱宪彝提出毕业生分配改革方案时的现实是,医学院校毕业生直接由不理解医学教育和医学毕业生的人事部门直接分配到没有上级医师指导的工矿企业、区、县、局、公司、机关的保健室或校医室、厂医室直接独立工作。朱宪彝认为这种分配不符合医学生实际情况,并造成医学人才的极大浪费。

在朱宪彝看来,医学毕业生实际上是"半成品"。医学生在学期间,理论知识课程任务繁重,临床实践经验极度缺乏,实际上并不具备独立行医的能力。因此在毕业生分配中直接分配到基层独立工作,无人指导,不但不能真正满足当地的医疗需求,毕业生也失去进一步提高的机会。造成的结果就是大批患者集中到大城市大学医院以及省、市、区中心医院、专科医院门诊,进而影响医疗质量的提升,这些大医院门诊数量激增,使大学医院临床医生和教师难以有充足的时间和精力从事科研和教学活动。毕业生分配不合理对整个中国医学事业发展极其不利。朱宪彝正是看到这一现实,认为毕业生分配方案改革势在必行。他极为赞成美国对医学毕业生的要求。美国的医学生毕业后如果计划行医,必须先到一些医院做几年住院医师,然后经过考核,才能领取到行医执照。朱宪彝认为不能把美国这种做法当做是繁琐的形式要求,他认为这样做才是符合医学科学发展规律。正是基于这一认识,朱宪彝认为医学教育必须正视医学的实践特征,医学教育本质上就是医学知识传授和医学临床实践的有机结合。如果医学生不能把医学知识灵活运用临床实践中,就不会具备独立行医的能力,只能算是"半成品"。要使"半成品"成为满足医疗需求的"成品",医学生毕业后还要分"两步走":第一步,高等医学院校应届毕业生,除从事基础医学专业的要留校或去其他高等医学院校学习工作以及报考研究生的,凡是将来预备做临床工作的,一律分配到大学医院、中心医院或专科医院做住院医师接受严格而有计划的临床业务培养,培养年限至少二至三年,甚至是五年,以便毕业生能够熟练掌握相关专科理论知识和具有一定的临床经验,为今后独立行医打下良好基础。第二步,根据毕业生培养的成绩和其他表现,由人事部门统一分配。当然也要允许培养单位择优留下少数经过培养的毕业生作为本单位的后备军,充实本单位的师资队伍和临床医师队伍。朱宪彝认为这样做,可以一举多得:既能保证国家用人计划,又能保证基层医疗质量,同时大学医院、中心医院、专科医院这些毕业生培养单位的人才力量也得到不断更新和加强。

朱宪彝除了关注毕业生后续培养问题,也极为关注硕士和博士毕业后工作待遇问题。朱宪彝站在教育家的角度认为,无论是教育的发展还是科研的推进,都需要大批高质量的人才。他赞同国外大学教师和科研人员都具有博士学位,并认为我国要发展教育、提升科研水平,也必须重视高质量人才的培养。培养高质量人才,不但需要提供充分的教育资源,而且在政策上还需要给予一定的激励。

朱宪彝从当时研究生待遇现状出发极力倡导提升硕士和博士毕业后工

作待遇。在朱宪彝所处时代，攻读硕士和博士需要投入更多时间和精力，但是他们毕业后待遇却不高，他以当时工资水平为例，比较了国内外差距：国外理工科研究生毕业后，获得博士学位的毕业生比大学毕业生工资约高80%到100%，获得硕士学位的毕业生比大学毕业生约高25%到30%，而我国硕士和博士毕业生就业待遇与本科生毕业待遇却差别不大，这在一定程度上会极大影响我国高质量人才培养，因为培养研究生不仅可以获得高质量人才，而且还会获得重大科研成果，为中国科学技术发展提供有力支撑。另外，如果待遇太低，容易发生出国人员人才外流的现象，不利于我国人才力量的壮大。人才缺失和外流都会对我国社会主义四个现代化建设产生不利影响。朱宪彝正是立足于中国社会主义现代化建设现实需要，对硕士和博士毕业后工作待遇提出一些切实可行的具体措施。如在工资待遇方面，凡获得硕士学位的毕业生在工资方面，应当比大学毕业生高1到2级，特别是优秀毕业生工资直接定高2级；获得博士学位的研究生工资待遇应当比大学毕业生高3到4级。在关于定级待遇方面，朱宪彝提出凡是获得博士学位的毕业生可以直接定为讲师或博士（参见朱宪彝1046号提案）。朱宪彝认为这样做，不但不会大幅增加财政负担，取得的成效远远高于所给予的奖励。

### 三、朱宪彝医学高等教育改革观的时代价值

当今时代，特别是"十三五"期间，以习近平同志为核心的党中央高度重视国家教育工作，始终把教育工作放在优先发展的战略地位。如2018年5月2日，习近平在北京大学师生会上指出，教育兴则国家兴，教育强则国家强。高等教育是一个国家发展水平和发展潜力的重要标志。今天，党和国家事业发展对高等教育的需要，对科学知识和优秀人才的需要，比以往任何时候都更为迫切。医学教育作为我国教育事业的重要组成部分，历来受到党中央的高度重视。要推动高等医学教育改革发展无疑需要一流的医学教育家作为引路人。朱宪彝作为新中国著名的医学教育家，他以共产党员的思想觉悟，以促进新中国医学发展为历史使命，他立足中国医学发展实践和医学教育实践，迎着改革开放的春风，提出一系列医学教育改革思路，并取得了明显成效，极大地促进了中国医学教育的现代化发展。无论是在作为医学教育家的思想觉悟，还是在医院和医学院校教育管理、医学教育体制、师资队伍培养、医学毕业生培养、医学毕业生待遇等方面提出的切实可行的改革举措，都闪烁着一代医学教育改革家的智慧、胆识与魄力，具有不可忽视的价值，对于当代中国高等医学教育改革仍然具有深刻的启示意义。

## （一）医学教育改革发展需要医学科学与人文精神的有机融合

朱宪彝作为终身从医任教的医学家和医学教育家,以共产党人的崇高觉悟和深厚的学术造诣为新中国医学发展和医学教育发展做出突出贡献。朱宪彝去世后,在其追悼会上,时任天津市委副书记谭绍文在悼词中说:"朱宪彝同志的一生是光明磊落的一生,是奋发进取的一生,是为民造福的一生。朱宪彝的逝世,使我们失去了一位德高望重的科学家,失去了一位有远见卓识的教育家,失去了一位久经考验的优秀干部。"①朱宪彝生前处处以身作则,从点点滴滴的一言一行中廉洁奉公。如每年他都要花费数百元自费订阅国内外医学期刊,到年终在学校图书馆装订成册,照章纳费。他撰写论文和书稿所得报酬全部交给办公室作为公益金。所有这些奉公细节,如春雨般润物无声,却又汇聚成一股强大的精神力量熔铸成独特而又富有魅力的天医品格,为后人所景仰。

朱宪彝不仅生前为国家医学发展和医学事业发展呕心沥血。在其去世后,又为天津医科大学谱写了"四献精神"之歌:献出全部存款,在天津医学院设立朱宪彝奖学金;献出全部图书和10万余张读书卡片;献出自己居住的住宅楼;献出遗体供教学解剖用。朱宪彝的器官标本被陈列在天津医科大学生命意义展厅,其"四献精神"成为生命意义展厅的精神丰碑,为天医发展和天医人的品格塑造提供了源源不断的精神动力,"我校创始人、第一任校长、著名临床内分泌学家、医学教育家朱宪彝的事迹就是难得的对学生进行职业道德教育素材"②。

朱宪彝在我国医学教育事业上所做的贡献深深影响到天津医科大学的未来发展,即天津医科大学极为重视思想觉悟和道德追求在教育中的引领作用。如1984年在天津医学院召开的建院以来首次教学工作会议,会议宗旨旨在进一步树立以教学为主的思想,全面贯彻党的教育方针,加强思想政治工作,在新的历史条件下,为适应国家卫生事业发展的需要。在此次会议上,学院名誉院长朱宪彝根据终生教育经验,始终认为培养德才兼备的高等医学人才是高等教育的根本出发点和归宿,他提出各级教师都应当把培养德才兼备的医学人才寓于教师的教学活动中。他的这一主张既充分彰显了我国医学教育的社会主义性质,同时也极富先见性,为我们今天开展课程思政教育提

---

① 霍玉."当代钙磷代谢知识之父"——朱宪彝[J].天津名人,2014(6):43.
② 张金钟.按医德养成规律,开展教学基地建设[J].中国医学伦理学[J].2003(6):51.

供了重要启示和留下了宝贵经验。2020年教育部印发《高等学校课程思政建设指导纲要》，纲要指出，高校要深化教育教学改革，充分挖掘各类课程思想政治资源，发挥好每门课程的育人作用，全面提高人才培养质量。由于医学本身具有强烈的道德色彩，即所谓"仁心仁术"，因此，高等医学教育不仅要培养出具有过硬技术的未来医务工作者，更要培养出符合"仁心仁术"的医学大家。因此，对于高等医学教育改革而言，在医学人才培养中，如何实现"德"与"才"的有机融合，是一个常变常新的永恒话题。时代纷繁变化，对医学人才培养不断提出新的要求，在变化中也有不变的传承，那就是在医学人才培养中要始终坚持"人民至上、生命至上"的医学教育理念。

朱宪彝之所以能够成为一名大医，一位卓越的医学教育家，就是因为他无论是在科学研究还是办学理念上始终都坚持医学"救死扶伤"的初心和使命，"在全国地方性甲状腺肿与克汀病研究中，朱宪彝不仅是一位杰出的科学家，而且是一位颇有才能的组织者和宣传者。1978年秋，他已75岁高龄，仍带队到四川、云南、贵州、广西、安徽五省（区）的地方性甲状腺肿病区进行为期八周的实地考察，并积极组织天津医学院与贵州省有关单位密切协作，在贵州麻江县河坝乡和都匀县石龙乡进行长期防治研究工作"[①]。他之所以如此，正是源于对建设社会主义四个现代化的深刻认识与感悟，"在我们国家有这么多傻子，其中不少是青少年，成为国家的负担。现在不抓紧，患克汀病的婴幼儿还将陆续出现。这是一个十分现实的问题，是要拖我国现代化后腿的"[②]。"为了把地方性克汀病发病机制的研究深入下去，朱宪彝从1980年开始，加强了实验研究工作，在他亲自指导下建立了离体神经细胞培养和碘缺乏病实验动物模型，进一步探索碘和甲状腺激素与大脑智力发育的关系，阐明大脑发育临界期的意义，为克汀病防治和提高我国人口素质的研究开辟新途径。"[③]朱宪彝的这一坚守不仅造福中国民众，而且为天津医学院带来极高荣誉。1990年，朱宪彝主持完成的"缺碘性地方性甲状腺肿及地方性克汀病流行区碘代谢甲状腺功能及听觉功能的研究"，获得国家科技进步二等奖。这是学院当时获得的最高荣誉。朱宪彝的崇高追求和其立足中国现实需要的高等医学教育改革思想为天津医科大学的长足发展提供了重要启迪和精神动力。

---

① 朱宪彝[J].中国地方病防治杂志,1987(01):64.

② 谭郁彬,矫叔华.朱宪彝——我国临床内分泌学先驱[J].中华内分泌代谢杂志,1991(03):131.

③ 谭郁彬,矫叔华.朱宪彝——我国临床内分泌学先驱[J].中华内分泌代谢杂志,1991(03):132.

国发办[2020]34号文件《国务院办公厅关于加快医学教育创新发展的指导意见》指出:"以新内涵强化医学生培养。加强救死扶伤的道术、心中有爱的仁术、知识扎实的学术、本领过硬的技术、方法科学的艺术的教育,培养医德高尚、医术精湛的人民健康守护者。"2020年爆发的新冠肺炎疫情给整个世界带来巨大挑战,同时也给医学这个崇高的行业带来许多新思考。如何应对新冠肺炎疫情是对每一个国家的大挑战,面对新压力、新挑战和新思考,要战胜疫情,我们需要继续弘扬人文情怀的抗疫精神,从源头培养更多具有人文情怀、堪当大任的人民健康守护者。无疑,无论是朱宪彝"维护人民群众健康利益"的毕生医学追求,还是其"培养合格医学人才"教育理念,对今天的医学教育实践仍具有重要的指导意义。追述朱宪彝教育改革思想中的人文精神和思想政治教育绝不仅仅是一种回忆,而是对其"大医仁人"的高尚品德的继承和弘扬,并有效应对新的医学教育挑战。

## (二)推动医学教育改革发展一定从时代需要出发进行综合办学

随着医学的进步,医学教育发展和改革面临越来越多的机遇和挑战。总体上看,医学教育发展受到的挑战主要来自两方面:一方面是由于人类疾病、健康需求方面的不断变化,需要医学研究和医学教育不断做出调整;另一方面是由于现代科学特别是医学科学的迅速发展,医学知识、理念的更新也要求医学教育在顶层设计和教育实践中与时俱进。这两方面都要求医学教育的内容和方法要进行改革,以适应医学的发展和社会需要。朱宪彝也正是立足医学发展和社会需要提出医学教育改革的。

朱宪彝立足当时我国医学教育现状和存在的弊端,提出医学教育体制改革要鼓励多层次、全方位发展。医学教育如何与时俱进实际上是时代难题,教育是一个综合性过程,其中任何一个环节的变化都会产生"牵一发而动全身"的连锁效应。朱宪彝的医学教育改革思想从领导班子、医学生培养模式、"整体规划,严格要求"的师资建设改革方案、师资培养附属医院教育功能发挥、在八年制医学教育实践探索中提出"宝塔式"教育结构、八年制医学教育模式、与综合大学联合办学模式、客座教授制度、毕业生去向等方面,创造性地引领天津医科大学走在全国乃至全球高等教育前列。特别是朱宪彝提出的八年制教育,实践证明,八年制学生的知识、智能、水平明显优于五年制学生,和普通硕士生相比,也有其独特优点。八年制试点班的成功,为加速高层次医学人才的选拔和培养提供了有益的经验。医学生八年制教育成为我国之后医学教育改革和发展的重要方面，"人才培养要符合医学教育、教育学基本规律，符合和适应医学发展趋势，体现临床医学专业八年制教育作为我国最高层次医学教育的水平，代表我国医学教育最新发展"①。

他对毕业生去向十分关注，提出不浪费每一位医学人才的医学教育，让每一位现有的和未来医务工作者将来都能独立胜任医务工作，在当时既针砭时弊，又为我国未来医学发展储备了大量医学人才，无论是对天津医疗卫生事业发展还是为中国医学教育发展，都做出了卓越贡献。如朱宪彝主张多渠道进行师资培养，而且要求师资队伍建设要紧跟时代步伐。他的这些主张在天津医学院都逐步得到实现，自1979年起，天津医学院先后选送170名优秀教师、研究生出国学习，进行学术交流。学校各个教研室基本形成了教授、讲师、助教齐全的梯形队伍。1980年，朱宪彝受卫生部委托，承办临床内分泌专业进修班，每期都有11至15名来自全国各地的医师来学习。

朱宪彝立足现实、从时代要求出发力推医学教育改革，脚踏实地、进行全方位的教育改革思想为当今时代医学教育改革提供了重要价值启示，即改革要大胆创新又必须符合现实需求、脚踏实地。2020年9月国务院办公厅颁布了《国务院办公厅关于加快医学教育创新发展的指导意见》，为进一步深化医学教育改革指明了新的方向，朱宪彝符合现实需求、脚踏实地的教育改革思想为新一轮医学教育改革提供了理念上的重要支撑和方法上的指导。

### （三）推动高等医学教育改革发展需要抓关键要素

朱宪彝作为杰出医学家和医学教育家，始终致力于推动中国医学发展走在世界前列和为中国医疗卫生事业发展培养医学人才。他的高等医学教育改革思想虽然系统庞大、内容丰富，但是始终都围绕一个主题，即提高医学教育质量，使医学生培养目标始终与国家人才培养战略相一致。

朱宪彝从当时实际出发，在人才培养上从两方面入手：一方面，在招生方面，通过招生制度改革，提高生源质量。自1977年天津医学院恢复招收五年制本科生制度以来，年招生300至400名。从1980年开始招收八年制医学教育试点班，每界招收20名左右，按照全国重点院校录取标准招生。招生制度的改革，使学校生源质量提升。在具体教育实践中，天津医学院在朱宪彝教育改革理念的影响下，从严格要求教师入手，强调教书育人。对待学生，"严

---

① 詹启敏，王维民，王县成，段丽萍，文历阳.面向未来：医学教育的责任与使命（笔谈）[J].中国高教研究，2018（05）：77.

慈并济"。他非常关心学生的成长,要求学生既心怀大志,又要谦虚谨慎。他教导学生高效率加上认真的态度是取得成果的钥匙。另一方面,对于学校管理,朱宪彝强调"上行下效",领导要以身作则,医学教育管理要始终致力于提升医学教育质量,要培养合格的医学生。

医学人才培养是发展国家健康卫生事业的基石,只有培养出足够的并能胜任医学发展的人才队伍,才能从根本上满足人民的卫生需求和推动国家医学教育发展,正如《国务院办公厅关于加快医学教育创新发展的指导意见》的指导思想:"以习近平新时代中国特色社会主义思想为指导,全面贯彻党的十九大和十九届二中、三中、四中全会精神,按照党中央、国务院决策部署,落实立德树人根本任务,把医学教育摆在关系教育和卫生健康事业优先发展的重要地位,立足基本国情,以服务需求为导向,以新医科建设为抓手,着力创新体制机制,分类培养研究型、复合型和应用型人才,全面提高人才培养质量,为推进健康中国建设、保障人民健康提供强有力的人才保障。"时至今日,中国医学发展和医学教育发展发生了巨大变化,如何提升医学人才培养质量依然是医学教育的重中之重,也是医学教育的核心目标。随着医学科学的发展、人类健康理念的变换以及信息技术在医疗卫生领域的深度渗透,未来社会对医学人才的要求也在发生变化,"当互联网、大数据以及人工智能在医疗健康领域普遍应用的同时,一方面将医学人才从更多简单重复性的工作中解脱出来;另一方面也要求他们在人文素质、基础知识、创新能力以及研究视野等方面具备更强的能力,方能紧跟时代步伐,推动医疗健康领域的发展。如何培养符合未来社会发展需要的高水平医学人才值得我们深入思考"[1]。

朱宪彝提出的培养与国家人才战略相一致的医学人才这一核心理念,尽管与这一核心理念相适应的医学教育改革具体内容与新时代医学教育需求已经有所差别,但是这一核心理念的真理性和前瞻性在今天依然熠熠闪光,即医学人才培养目标必须与国家发展战略紧密结合,唯其如此,医学人才培养才能真正满足人民群众对医疗卫生的需求。

总之,朱宪彝高等医学教育改革思想中所彰显的科学精神和育人精神,为新时代中国高等医学教育着力培养医学生"珍爱生命、大医精诚"的救死扶伤精神,引导医学生将预防疾病、解除病痛和维护群众健康作为自己的神圣职业等,提供了重要价值启示。

---

① 詹启敏,王维民,王县成,段丽萍,文历阳.面向未来:医学教育的责任与使命(笔谈)[J].中国高教研究,2018(05):80.

# 第十一章　朱宪彝国际教育视野

朱宪彝是一位治学严谨的医学家和教育家,他的医术闻名遐迩,对办医学院校也颇有见地,天津医学院就是他一手创建起来的。自建校以来,他积极投身高等医学教育事业,以培养德高医粹的医学人才为宗旨,不忘初心,专注传道授业解惑,牢记使命,潜心立德铸魂育人,用六十八载峥嵘岁月诠释了德高医粹的育人追求和求真至善的精神境界。三十多年来,尽管受到过各种各样的干扰,这所学院依然不断发展。

此外,他还是中国临床内分泌学的奠基人之一,国际代谢性骨病钙磷代谢研究的先驱者。朱宪彝20世纪30年代开创了钙磷代谢和代谢性骨病的研究,在80年代又将骨代谢研究推向新的高潮。他从不放松学习国内外先进经验非常重视国际和国内的学术交流又善于根据国情实际从事创造性的研究工作,讲求实效。可以说朱宪彝取得的辉煌成就离不开他在医学科研和教育方面的国际视野。

## 一、朱宪彝提出国际教育理念的必然性

### (一)历史客观原因

#### 1.西医医院在中国兴起

西医大致于16世纪中叶以天主教耶稣会士为传播媒介传入中国,传教士们一方面大量译介西方科学哲学著作以引起士夫的注意,另一方面也以西医为百姓疗疾以赢得人心。但总体观之,此时期西医在中国影响还不是很大,这主要是因为西医思想与中国传统的中医思想大相径庭,很难为人接受,因此并未对中国的传统文化产生较大影响[1]。

明末清初,中国和西方文明互相错位,西方国家"弯道超车",从科技,文化,军事上将中国甩在后面。在此期间的一百多年里来华的传教士有两三千人之多,他们把基督教带到中国的同时,也带来了西方近代科学和医药学,在

---

① 田毅鹏.西医在中日两国传播的历史比较[J].吉林师范学院学报,1995(2): 17.

中国的上流社会及知识分子中产生了深远影响①。

由于当时主要传入的只是浅显的解剖生理知识,而且西医在临床治疗技术上并不优于中医,故影响不大。西医开始对中国医学发生影响是在19世纪初,牛痘接种法以及西医外科和眼科治疗技术的传入,随着西医传入的扩大,近代西医学的成就相继引入中国,从而为西医在中国的发展奠定了基础。广州是近代中国最早与西方世界接触的前沿,也是西方医学最早输入和最先繁荣的城市。早在1835年广州就有了传教士建立的第一所眼科医院。

继教会医院在5个口岸相继开办之后,作为政治中心的北京也逐渐建立起教会医院。1860年,中英订立北京条约,任命洛克洽特为英国驻华使馆的高级医生,立即赴命。1861年洛克哈特终于来到北京。他一方面为英国使馆人员治病,监护英国公使的身体健康;另一方面又与伦敦会总部联系,表示愿意帮助教会传教团在北京开设一所医院,为中国人施医给药和传教。经过积极的策划和筹备,北京施医院终于开门施医,由洛克哈特兼管,成为近代北京第一个西医医院。此后又有多家教会医院在北京开办,随之大量医生涌入中国。美国卫理公会1875年派遣医生来北京。毕业于美国费城女子医学院的库姆斯到北京后自办诊所,后来,与戴维斯(做库姆斯的助手)办了一所35张床位的妇婴医院。1877年工作移交给霍华德医生。在1900年以前有多名外国医生到此工作。1879年,美国长老会在北京开诊所,1886年开办安定医院。1889年,英国圣公会到北京也开有一间诊所。

## 2.西医教育兴起

西医教育成为20世纪以后西医传播主要方式和途径。西医教育与西医传播是相互推动的,西医传播促成了近代医学教育的形成,西医教育又使西医传播更加广泛和系统。中国医学教育从师徒传承的方式,发展到学校式医学教育;从最初的主要由教会办学到后来逐渐收归国有、国家自办医学教育;从开办高等教育到发展中等医学教育及开办医师培训班等多层次医学教育。最终,西医教育朝着多种类、多层次化方向发展,使西医的传播更为广泛。义和团运动使传教士深感单纯传教和办医院,并不能改变中国人民的思想,唯有开展教育才是正解,因而改变在华策略,开始重视高等医学教育。如果说1900年以前是教会医学开拓阶段,那么1900-1920年是西方医学教育在中国迅猛发展的阶段,其重要特征是教会大学蓬勃兴起,教会医学校在各地出现。

---

① 曹峰祥,万芳.明末清初西方医学知识传人对中医学的影响[J].北京中医药大学学报,2007(5):306.

如广东女子医学校、汉口协和医学校、济南共和医学校、上海震旦大学医学院等,其中就有朱宪彝就读的北平协和医学堂。

北平协和医学堂是1906年由英国伦敦会与英美其他五个教会合作开办为协和医学院的前身。英文名为Union,即联合之意,被雅致地译成"协和"。1915年,美国洛克菲勒基金会收购协和医学堂。随后,洛克菲勒基金会投入资金进行新校建设。1916年,负责设计协和建筑的柯立芝来华考察豫王府,决定设计建造一座中西合璧的有着宫殿式外观的校园和医院群建筑。1917年9月由美国洛克菲勒基金会帮助建立北京协和医学院,开办医预科,附属医院为北京协和医院。首任校长为Franklin C.McLean。1919年10月开办医学本科,学制为八年制。1921年9月,新校建筑完成。建院之初就志在"简称亚洲最好的医学中心"。1921年夏,北京开始在高等院校中开展卫生教育运动,由北京教会医学会指导,设在北京大学中的执委会直接负责。在举办的暑期学校里,由北京协和医学院的学生做关于公共卫生的演讲。在这个活动影响下,北京于东城设卫生中心,一方面推动首都公共卫生的发展,另一方面也是协和医院学生的训练基地。新中国建立后更名为"北京协和医学院"。建校至今培养了朱宪彝、张孝骞、林巧稚等大批德高医粹的医疗领军人物,创建了当今知名的10余家大型综合及专科医院,在医学界享有"南湘雅北协和"的美誉。北京协和医院内分泌科学术水平一直处于国内领先地位,这也正是朱宪彝的专业。

在教会医院兴盛的同时西方护理学在悄然在中国兴起。由于中西文化的差异,当时中国的很多情况是传教士护士难以理解的,比如中国病人不喜欢散步,总喜欢搔抓伤口而西医学强调的清洁、消毒和预防措施,在中国好像无法实施。医院中病房的清洁得不到保证,因为病人家属随意进出病房,还经常把病人所需的东西带入病房;又因为没有温暖的浴室,病人的身体和衣物得不到及时的清洗;病人因为害怕伤风着凉,所以经常关闭病房的门窗。在这种情况下,传教士护士加快了培训中国护士的步伐,她们的工作由沿海深入到内地。1920年朱宪彝所在的北平协和医学院护士学校应运而生,迎来中国早期护理教育的高潮。

西医在中国形成系统、确立地位、并广泛传播,不仅得益于西学东渐的历史背景,还得益于当时政府的政策和人力、财力的支持,是客观条件与主观因素共同作用的结果。西医传播对近代中国的医学制度、教育体系乃至整个社会都影响深远,其中也有许多值得深思的地方。如在强调西医传播推动了中国医学的近代化的同时,需要理解西医学的科学性与民族性的关系,合理地分析、利用西医传播的优势,使其与其他学科的发展相调协,才能推动西医事业的可持续发展。

可以说朱宪彝学生时代正值西方医学在中国蓬勃发展的时期:系统人体解剖学,病理解剖学的建立,牛痘接种的发明,细胞病理学麻醉法、防腐法和无菌法的应用,阿司匹林和各种药物的合成精制,都不断冲击着古老的中国,为中国近代医学的形成打开了新的大门。接受西方医学高等教育的朱宪彝势必也经受了时代的洗礼,具有国际教育思想和眼光。从学生时代到后来的工作和科研,朱宪彝始终保持着阅读西医文献的习惯,在国内外发表科研论文三十多篇,并为年轻骨干医务工作者争取国外交流学习机会,鼓励他们学习世界先进医疗知识和技术,为我所用,为祖国的医疗发展做出应有贡献。

## (二)自身原因

出生在1903年的朱宪彝正处在西方科学、哲学、文化在中国蓬勃发展的时代。中学时期朱宪彝考入直隶官立一中,教师多来自北洋水师学堂的毕业生和一些留学生。代数、几何、物理、化学等科的教师能完全用英语教授。当时国内局势动荡,朱宪彝在业余时间学习《新青年》《新潮》等新思想启蒙读物,思想先进,民主和科学的意识已经在他的头脑扎下根。1922年中学毕业,他听从父亲建议几乎全优的成绩考入北平协和医院。遗憾的是英语口语得了零分,口语不过关无疑成了他求学路上的最大障碍,因为北平协和医院是以美国约翰霍普金斯大学医学院为楷模创办的,约翰斯·霍普金斯大学医学院创立于1893年,是约翰斯·霍普金斯大学(创建于1876年)的医学教育及科研分支。约翰斯·霍普金斯大学医学院是约翰·霍普金斯医疗集团不可缺的一部分。虽然在中国办学但全部课程用英文教授,老师也几乎都是外国人。朱宪彝没有消沉,他不甘落后,坚持去听课,对着墙壁练习口语,学期期间用英文做各科学习笔记并整理成册,多达二十余本。终于功夫不负有心人,英语成绩有了显著提高。协和八年的求学经历深刻塑造、影响了这位医学家的人生走向。被誉为"协和三宝"的"图书资料""病案资料"与"专家教授"成为朱宪彝在医学世界开疆拓土的重要支撑。为了搜集资料,年轻的朱宪彝经常让图书管理员把自己反锁在图书馆里,彻夜钻研[1]。

1930年朱宪彝获医学博士学位和文海奖学金。特别值得一提的是海文奖学金只授予连续五年以上名列第一的优等生。此后,朱宪彝在北京协和医

---

① 王英.世界钙磷代谢知识之父:朱宪彝[J]。大医人文.23.

院内科接受了严格正规培训。扎实的专业知识,丰富的临床经验还有良好的英语加持,为他今后登上科技殿堂打下基础。

中国近代留学教育对近代中国社会的发展和进步产生了巨大的作用和影响。欧美留学生在中国近代科学技术的各个领域,尤其是气象学、地质学、农学、医学、植物学、冶金学方面,无论是教学还是研究都做出了较大贡献①。所以20世纪二三十年代,中国一些大学的自然科学和社会科学系科多为留学欧美学生所创建。在留学的历史背景下,朱宪彝也不满足于国内的学习,他也把目光投向国外,坚持学习赴国外深造。1936年以生化研究生的身份赴美国哈佛大HastingsA.B教授实验室进修一年。

朱宪彝在长期学习中养成了读书的习惯,他嗜书成癖,爱书如命,每年都要拿出差不多四分之一的工资来购买各类图书期刊。他的办公室,他家的书房,几乎就是一个小型图书馆。他的节假日基本上都是在图书馆或书桌前度过,外出开会都要带上几本最新杂志,乘飞机、坐火车、会前会后都要抽空浏览。从1922年起他就开始积累读书资料卡片,到逝世时已积累有十万余张。现在,朱宪彝所积累的资料卡片已经全部按照新的分类法重新归纳完毕,成为内分泌学的知识宝库。

综上所述,一方面朱宪彝生活的时代西医教育趋于繁荣,西方医院和医学院校大量兴起,西医教育逐渐普及。另一方面,出身于书香家庭的朱宪彝,从小接受了良好的教育,思想进步,成绩优秀,大学就读的北平协和医院更是当时顶级的西医院校。医学蓬勃发展的环境加之自身接受西医教育的影响,使得朱宪彝具有开阔的国际医学理念和教育思想。他鼓励并为青年科研工作者创造国际交流机会,在任天津医科大学校长期间筹划并招收国际留学生,提议把英语教育纳入初中教学等,这些举措充分体现出朱宪彝合作开放的国际教育理念。

## 二、朱宪彝对医学国际教育的贡献

1951年朱宪彝被任命为天津医学院院长,接受任命后3个月就完成了筹建医学院的大部分工作,他选派临床解释赴北京等高等学院进修还与国外的医学家联络争取回国执教,选取有才干的老师任教。朱宪彝从事医学临床研究和教育工作50多年,不仅培养出了许多博士和硕士还有许多国外留学生。

---

① 姚琦. 中国近代赴欧美与赴日本留学教育比较分析[J]. 教育评论.2016年第11期:161.

## （一）增进国际人才交流，做到人才送出去、引回来

朱宪彝在《谈医学教育改革》一文中提出改革的三个方面：1.调整好领导班子是改革的关键；2.要正确使用回国的留学生；3.要办好医学杂志。我们注意到朱校长特别强调了回国留学生问题。朱宪彝指出：这些年国家送了不少人出国留学，目的是为了进一步考察和学习培养高级科学人才，所以要强调发挥这些人在科研事业上的作用。送人出去要配套，不能拆开，否则就是浪费。我们有许多留学生研究生在国外学习期间二三年就能发表好几篇论文，干出一些成绩。可是回国之后却有不少人出不来成果，问题在哪？不单纯是设备问题，很多人出不了成果是安排和使用不当造成的。有些医院对研究生留学生和进修人员的安排仍然是走时干什么回来还干什么。这不行！不能只知道让他们看病、看门诊、值班。要正确使用，就是要强调如何发挥这些人在科学研究上的作用，要创造条件让他们能继续研究，发挥自己长处的题目，还可以用他们在国外有导师的条件把国外导师请进来，让导师看看我们的研究生留学生回国之后是如何工作的，继续听取他们的指导意见。如果回国的研究生留学生仍然能够像在国外一样每隔二三年就能在国外发表二三篇论文，我们的医学科学事业发展就快了[①]。

知识渊博的朱宪彝，从不放松学习国内外先进经验，他经常鼓励青年学生："要发奋图强，走我们自己的路。"他鄙视盲目崇洋，认为处处跟着外国人跑的人是没出息的。经常鼓励他的学生要"胸怀大志，又要谦虚谨慎"，"希望你们超过我，有谁超过我，我才更高兴。"充分显示了一位老科学家海阔的胸怀和崇高的精神境界[②]。

## （二）引进国际知名学者或团体来校授课，紧跟先进科技发展

朱宪彝鼓励学校邀请专家学者以及一些国家的驻华使节，政府官员和商界人士前来访问，讲学和考察。其来访人员遍布全世界三十多个国家和地区。学校也选派各科专家出国考察或参加国际学术会议。并从1979年开始选送留学人员出国学习。1986年学校增派高层次人员出国留学或攻读博士学位。

在来访的学者中，有1977年的医学和生物学诺贝尔奖获得者吉尔曼教授

---

① 李大雄，杨一工.朱宪彝教授谈医学教育改革[J].科学与科学技术管理.33.
② 谭郁彬，矫淑华.朱宪彝--我国临床分泌学先驱[J].中华内分泌代谢,1991(7):133.

和雅娄教授,有国际外科学会副主席马来基教授、国际糖尿病联盟副主席马场茂明教授、国际流行病副主席赫特泽教授,国际控制碘缺乏病理事会主席斯坦伯雷教授、世界人工晶体学会主席林少明教授、国际著名生化学家西冢泰美教授、著名内分泌学家帕菲特教授、肿瘤放射治疗学家皮尔根教授等。其中有些教授应聘为天津医学院名誉教授。

法国驻华大使贡巴尔先生、澳大利亚驻华大使沙利伟先生等也曾来我院进行友好访问,并视察两国科技项目的进展情况。

在加强同国外的科技交流与合作中,也加强了学校的教学工作,由学校主邀前来讲学的学者逐年增加。

美国路易斯威尔大学黄骐章教授曾三次来我院为八年制医学生讲授生理学和药理学,收到良好效果。在他的协调和帮助下,学校与路易斯威尔大学建立了比较稳固的校际往来关系。由内分泌研究所邀请的国际著名甲状腺学家来津举办甲状腺疾病专题讲习班,世界人工晶体中国培训中心邀请国际权威学者来院举办眼显微外科、人工晶体植入讲习班及国际心脏电生理学权威来津举办心脏电生理学与人工起搏讲习班,都取得显著效果。不仅提高了我院的业务水平,而且推动了国内同领域的发展。美国纽约市爱因斯坦大学医学院的李德勋博士在讲学期间还指导实验及科研,美国得克萨斯大学休斯敦医学院高级研究员陈婉芬女士来院为八年制学生教授生化课18周达216学时。此外,澳大利亚的艾来斯女士、美国芝加哥大学的张月新博士均为我院的出国人员讲授过英语。这些访问和讲学,为扩大校际联系和进行科技合作奠定了基础。

自1983年学校与法国里昂中法学院建立校际往来关系后,至1990年,学校先后与国外的17所院校及学术单位建立学术往来关系,这些单位是:法国里昂中法学院,巴黎第七大学、美国宾夕法尼亚大学、托马斯杰佛逊大学、东卡多林纳大学、路易斯威尔大学,法国肿瘤放疗教育委员会、澳大利亚韦斯来德医院、新加坡世界人工晶体学会、美国休斯顿牙医学院、俄克拉荷马大学、德瑞克大学、意大利那不勒斯大学、马迪内大学、日本东京协和医院、加拿大渥太华大学、日本东京早稻田眼镜学校。

经教育部批准,1983年9月25日,学校授予法国里昂中法学院院长马来基教授为天津医学院名誉教授。他为我院同法国建立学术交流与合作发挥了重要作用。此后,学校陆续授予12名国外学者为天津医学院名誉教授,依次为:美国刘占鳌、史戴勒菲利浦斯、黄骐章、艾伦、雅娄、法国皮尔根、澳大利亚赫特泽、意大利罗玛诺、美国冈纳拉、艾伯拉姆斯、日本马场茂明。此外,学校还授予美国陈婉芬、爱泼斯坦、谢立信、孟宪复、瓦戴尔、艾伯拉姆斯(后改名誉教授)、黄天中、戴维斯、莱尔,日本广畑和志、斋滕洋一、铃木美惠子、新加坡林少明、澳大利亚毕鲁森、荷兰皮特等国外学者为天津医学院的客座教授。

新加坡国立大学眼科主任、世界人工晶体学会主席林少明教授在推动我国眼显微外科和人工晶体植入术方面成绩突出,学校于1989年授予他"朱宪彝医学奖"奖章和证书。他是获得此种奖励的第一位外国学者。

通过开展对外交流,扩大了学校同国际上的学术联系,有助于了解国际学术界的最新动态和最新的科研成果,促进了相关领域科研工作的开展。

如前所述,朱宪彝幼时喜欢阅读新思想启蒙文章,思想先进,后来又接受西方高等医学教育,一直秉承兼容并包的思想办学。建校以来,不仅重视学生在国内完成基础知识学习,还积极为杰出医学研究者争取国际交流机会。他为选派中青年骨干出国进修制定了周密计划,付出巨大心血。1978-1979年,学校选派进修生、研究生出国学习,共有13名通过国家审核考试,其中有9名进修生、4名研究生,分别派往美国、英国、加拿大、联邦德国、新西兰、意大利等国。学校在这个期间所选派留学生的学习内容大多根据内分泌学的科研需要,被派出国的人员,在外学习期间,学习成绩优异,受到导师的称赞。随着国家改革开放政策的实行,朱宪彝也提高了选派学术团体相互交流的频次包括长短期进修、专题学习、专门技术培训等形式。从1977年,学校还先后向非洲的刚果、加蓬、坦桑尼亚、赞比亚等国派遣医疗队,从事援外任务。所派人员均能圆满地完成任务。1984年前,学校公派出国人员每年在10人左右,1985年后已呈大幅度上升趋势。公派出国留学人员中,半数以上为讲师级,助教及讲师人数约占出国人员总数的95%,50岁以下人员占82%,其中40岁以下人员占45%,党员占公派出国人员的六分之一。龚疆红、王若涛、蔡文仪、曾淑范、陈信玉、赵金城、高永中等同志获得国外医学博士或哲学博士学位;江德华、浦佩玉、马丽云、张殿明、张乃鑫、邱明才等同志获得了客座教授或研究员称号。赵金城被国际耳科杂志聘为编委;宋诗铎同志获得"鱼生长激素基因重组技术"和"牛泌乳素基因重组技术"两项北美专利;杨树源被英美等国本国际权威性名人传记列为有杰出成就的科学家,并被授予国际名人证章。学校选派出国的人员有百分之六十学成回国,为祖国建设发挥着积极作用。

学校对出国人员在选派及管理方面作了有关规定,制定出国人员选培及派遣计划,加强了领导,强化了管理。学校责成一名副院长主管外事工作,一名副书记主管政审及政治思想工作,并建立出国前教育、出国期间的汇报及回国后的座谈制度。还对学成回国人员在工作上做了适当的安排,发挥他们在岗位上的积极作用。

朱宪彝不仅重视天津医科大学自身国际交流,还提倡在国家层面也广泛开展中外学习。他在第五届全国代表大会第四次会议提案中指出:参加国际会议名额不能搞平均分配,应根据各单位科研成绩,学术水平做出决定,让真正能代表我国科研水平的人参加,为国家争得荣誉。

### (三)招收国际留学生,扩大国际交流

中外教育交流既然是交流,总是双向的。留学生的交流也是如此,既有中国学生前往外国留学,也有外国学生来华留学。早在1000多年前的唐朝,就有许多国家的学生在长安留学,留学生的名词也由此产生。随着中外留学交流的蓬勃发展,每年都有大量外国学生来华留学,中国已经成为世界重要的留学生接收国。尤其是1949年10月以来,来华留学生成为中国历史巨变的见证人、中外文化交流的桥梁和纽带,以及中外友好关系的推动者。

1962年在朱宪彝的提议和筹划下天津医科大学开始接受国外进修生。首批来院的阿尔巴尼亚进修生共三名,其中两名前来进修临床内分泌学,另一名进修临床X线诊断学。导师分别为朱宪彝和吴恩惠。自1965年5月开始至1966年4月结业。从4月15日至5月15日共一个月在上海医学院第一附属医院参观学习。

1976年1月,中央教育部曾商请开放天津医学院接受来华学习医学专业的外国留学生,自1976年9月开始,每年15至20名。经院党委研究,在做好教学及生活等各方面准备后,可在1977年接收。终因条件未成熟而作罢。

特别是改革开放政策的实行,促进了国内外的交流。1984年,经教育部批准,学校开始接受国外留学生。首批前来的两名朝鲜留学生安大永、金京泽,学习专业为中西医结合临床急腹症,导师吴成中教授,学习期限1年,自1984年8月28开始至1985年7月5日结束学业。培养任务由学校与南开医院共同承担。吴成中教授亲自拟订教学计划,对专业进修课程、食宿交通、生活管理均做了妥善安排。

在此期间还有日本今治市日中友好协会治疗所会员越明智子小姐来院学习针灸3个月。此外,经黄骐章教授推荐,美国肯塔基大学医学院五年级学生史迪文斯小姐来院进行5个月的中西医结合临床急腹症的学习;由澳大利亚墨尔本医学院院长荣斯曼推荐该院五年级学生伊丽莎白斯准格小姐来院学习中西医结合,并进行临床实习两个半月。

1987年8月,新西兰奥克兰大学医学院学生马赛尔前来学习中西医结合;同年10月,美国休斯顿莱斯大学医学专业学生爱丽斯莱维西前来进修中西医结合。

这些前来学习中西医结合专业的留学生,在学习期间,吴成中教授授以他们中国医药知识和中西医结合治疗各种疾病,特别是治疗急腹症的基本理论,再结合临床实践的训练,能独立运用中西医结合的方法诊断治疗而学成回国。

1987年,学校被国家教委确定为接收外国本科留学生的学校。同年10月,巴基斯坦卡拉奇市、纳吉马伯德萨曼医院医生帕拉查到学校附属医院学习CT,由吴恩惠教授指导,学习一个月,取得优良成绩。

1988年,学校为接待留学生,积极为他们提供学习和食宿条件,相应地安排了留学生宿舍,留学生食堂等基建工作。1988年5月,留学生宿舍楼投入使用。1989年9月底,留学生食堂竣工,接收留学生的准备工作基本就绪。1989年10月,学校正式招收国外本科留学生。学校设留学生工作办公室,负责日常事务。本届留学生共11名,分别来自尼日尔、多哥、斯里兰卡、加蓬和波兰。

天津医科大学留学生临床思维与技能大赛

### (四)发表文章,编撰书籍,得到国际内分泌专家一致认可

学科带头人是医院学科建设与发展的核心,肩负着学科建设和学术研究的领导任务,是学科持续稳定发展的关键。一流的学科带头人可以产生一流的学科,可以将骨干力量推向学科前沿。朱宪彝作为中国钙磷代谢的先驱和带头人,在国内外发表了大量高质量的学术论文,提高了我国医学在国际上的影响力,得到了国内外专家的一致认可。

1917年,美国洛克菲勒财团创建北京协和医学院(PUMC)。JP Maxwell作为第一位PUMC的妇产科教授,很早就注意到了当时中国北方孕妇的骨软化症发病率较高,并开始相应研究。1925年在《大英帝国妇产科杂志》发表了

"中国的骨软化症"一文。而这篇文献中就提及当时还是医学生的刘士豪对他们工作的启示。此后的代谢研究由内科的代谢病房负责,开始是 RR Hannon;到1934年 ltannon 离开 PUMC 后即由刘士豪领导,研究组成员包括朱宪彝、王叔咸、周寿恺等人。这一时期一直持续到1942年珍珠港事件爆发,是协和医学院钙磷代谢研究的全盛时期[①]。

自1934年起,该研究组以"骨软化症的钙磷代谢"为题,共发表系列论文13篇,发表于 *Journal of Clinical Investigation*(临床研究杂志,JCI)、*Chinese Medical Journal*(中华医学杂志,Chin Med J)和 *Chinese Journal of Physiology*(中华生理学杂志,Chin J Physiol)。通过这一系列论文的工作,研究组全面开展了有关骨软化症的研究,从食物的影响因素到哺乳期维生素 D 的作用,在这一领域做出了独特的贡献。这种临床和基础相结合的研究方法,厚积薄发的科研道路,大胆而合理的科学预言,都是值得我们仔细揣摩并认真效仿的。

在这一时期的钙磷代谢研究中,最为突出的成就是"renal osteodystrophy"(肾性骨营养不良)的命名和双氢速变固醇(AT10)的治疗。1942年4月,Science 刊登了刘士豪和朱宪彝共同撰写的一篇短文,提出了肾性臂营养不良的命名,并提出用双氢速变固醇治疗有效。而次年在 Medicine 发表了这一工作的进展,篇幅达到59页,详细阐述了命名的缘由和对 AT10 治疗 ROD 的疗效观察[②]。由刘士豪和朱宪彝首先提出的 Renal Osteodystrophy 至今仍然在广泛应用,这一事实充分说明这一命名的合理性。在刘士豪和朱宪彝提出该命名以前,对由肾功能不全引起的骨病至少有4种称谓,即"肾性佝偻病""肾性侏儒""肾性幼稚症"和"肾性骨纤维囊性骨炎"。但是这4种命名均有其不足,而刘士豪和朱宪彝提出的"肾性骨营养不良",却是既直接又能够把握住该类疾病本质的提法,因此被广为采纳。美国代谢骨病专家 Parffit 教授称:"三四十年代全世界关于钙磷代谢的研究大部分出之于北平的协和医院。"[③]在题为"朱宪彝——中国维生素 D 缺乏和软骨病临床研究的先驱"纪念文章中提到"他的逝世标志着代谢性骨病理论发展的一个总要历史时期的终结"。英国著名学者 Nardin 推崇这些论著是"经典文献"。此外朱宪彝和刘士豪共同发表在美国巴尔的摩《医学》杂志的最后一篇论文"钙磷代谢研究对肾性骨营养不良发病

① 朱宪彝.地方性甲状腺肿和地方性克汀病的科研工作[J].地方病通讯,1981(1):2.

② 李乃适.刘士豪、朱宪彝与第一个由中国人命名的疾病——肾性骨营养不良[J].中华骨质疏松和骨矿盐疾病杂志,2008(1):78.79.

③ A.M. Paffit.朱宪彝——中国维生素 D 缺乏和软骨病临床研究的先驱[J].国外医学,1986.6.15:112.

机制的意义及 AT10 和铁剂的治疗作用"被推崇为"代谢性骨病研究的奠基石"。限于当时研究条件,他们没能对发病机制的各个细节做出完全正确的说明,但他们提出的假说已经有超前预见性。这一假说在二十年后由美国的迪鲁卡教授进一步完善。

朱宪彝在《地方性甲状腺肿和地方性克汀病的科研工作》一文中指出:我国地方甲状腺肿和地方克汀病患病人数众多影响山区人民生活和健康,在食盐加碘花费不多。我们应该把消灭地方甲状腺肿和地方克汀病列为重点项目定期检查认真限期完成。当时中国为地方克汀病的高发地区,这一提议为中国乃至全世界消灭地方甲状腺肿做出贡献[1]。

除了学术文章外,由他主编的重大著作有:《代谢性骨病学》《代谢性骨病 X 线诊断学》《临床内分泌学》。《临床内分泌学》针对临床需要,编入一些系统的基础理论新进展的内容,包括激素代谢,激素作用机理,激素与神经递质,神经内分泌,免疫学,遗传学,微量元素等章节。出版后通过教学实践和临床应用,受到广大临床医师的肯定和好评,一致认为是当前国内适用且较全面、科学水平较高、实用性较强的教学参考书。此外,1980 年出版的巨著《内科学》,全书 117 章、300 万字。同年在日本举行的亚太甲状腺与内分泌学术会议上,国际友人称之为"内科词典"。

### (五)医术精湛,医德高尚,蜚声海外

一名医术精湛的医生就是一名有本领的医生;一名医道高超的医生就是一名完美的医生。本领无止境,完美无绝对,朱宪彝就是这样一位医者。天津解放以后,朱宪彝兼任河北医学院内科教授和天津市总医院内科主任,专任公职并谢绝了国家给予的超额工资,情愿领取医生享受的报酬。1950年,他出任天津市抗美援朝医疗救护委员会主任委员,动员和组织全市医务人员参加抗美援朝医疗服务队,组织私人开业医生支援公立医院,表现了同仇敌忾的爱国热忱和卓越的组织才能,成为全市和全国颇有声望的高级医学专家。

在他的全部医学生涯中,医疗工作始终是他倾注心血,可以求新的工作内容。他长期兼任附属医院内科主任,一直坚持查房、示教,主持临床病例讨论会。不管是出席国内重要会议还是出国工作,会后的第一项工作便是到医院查房,了解病情。他待人和蔼,不摆架子,但对医学院学生和医师的要求却

---

① 朱宪彝.地方性甲状腺肿和地方性克汀病的科研工作[J].地方病通讯.1981(1):1.

格外严格,有时甚至十分严厉,而他自己的严谨治学态度和救死扶伤的精神一直被医务界奉为楷模。对待患者时会更多的站在患者的角度,处处为患者着想,从诊断到治疗的各个环节都能够做到以患者为中心,不仅能够为患者提供最佳的治疗方案,最大限度地减轻病人的痛苦,维护了医生与患者之间的良好关系。朱宪彝从创建医学院起,一直重视教学质量的提高。三十年来,他一直坚持每周查访、示教,他对每一个病人都严格按照常规从头到脚详细检查,讨论病程变化,阐明发病机理,深入浅出,言简意赅,给临床医生和实习生难以磨灭的印象。尽管朱宪彝的医疗工作比较烦琐,但仍然有足够的耐心和细心对待患者,离不开崇高医德的指引,在遇到疑难疾病的时候才会更加细心地为病人解决问题,深入了解病人的情况和感受,并竭尽全力为病人服务。

由于医术精湛,医德高尚,20世纪60年代,受周恩来总理和外交部派遣,多次担任国际政要的医疗任务,还成为西哈努克亲王的保健医生,受到毛主席和周总理的当面嘉奖。朱宪彝逝世后西哈努克亲王特别发来唁电悼念这位为他恢复健康的医学家。

朱宪彝医术精湛,医德高尚,身体力行,兢兢业业,为医学生树立了榜样。医学生是我国未来医学领域发展壮大的关键力量,培养医德与医术兼备的医学发展观对广大医学生来说至关重要。在朱宪彝的职业生涯中,医德与医术是相辅相成的,他会为了寻求各种治病救人的方法而努力提升自己的医术,秉承优良的职业操守,时刻提醒自己心无杂念,将更多的时间投入到医疗工作中去。

## (六)推进国际学术交流,提高中外医学交流与合作

学科建设水平是决定医院发展的重要因素,直接体现医院发展实力、学术地位及综合竞争力。优化人才培养环境,加强医学科研实力,是形成良性可持续发展的基础和关键。尤其是大型综合医院要加快学科发展就必须对标国际,通过强化对外合作交流,拓展医院国际交流与合作深度和广度,及时把握学科的发展方向和前沿动态,促进医院的学科建设和发展。朱宪彝多次参加亚大甲状腺学会与内分泌学会年会,在甲状腺学会议上,朱宪彝做了“我国防止地方性甲状腺肿和地方性克汀病的现状”报告,我国其他学者也宣读了7篇论文,交流了我国各地甲状腺肿和克汀病的防治研究经验,受到各国专家的赞赏,尤其是一些东南亚国家的专家对我国政府重视,支持地方性甲状腺肿的防治工作和科学家们深入细致的研究工作以及取得的成就都给予高

度评价。扩大了中国克汀病研究的国际影响,促进了学术交流。这么多人参加这样的国际盛会并且有这么多的论文在会上交流,引起与会各国专业的兴趣和注意。国际内分泌学会主席 B Hudson 曾一再表示希望和支持我国内分泌学者能参加国际会议。此外,朱宪彝院长还在会议中会见了日本,澳大利亚和欧美各国的一些知名学者,他们都表达了与我国内分泌学者交流的愿望。朱宪彝在亚太甲状学会议上的报告让国际学术界对中国碘缺乏病的防治与研究成果刮目相看,从此打开了这一领域同国际交流与合作的大门。

朱宪彝赴日参加第二届甲状腺学会议

1977 年后,学校曾选派各种专家到国外进行考察、讲学或参加国际学术会议,至 1990 年,学校先后派出 117 人次赴国外考察访问,有 2 人次赴国外讲学,157 人次出席在国外举行的国际学术会议,在对外交往中发挥了重要作用。

1983 年后,学校专家参加国际学术会议的人次逐年增加,仅 1983 年学校先后派出杜宗尧、谭郁彬教授出席了美国加州的病理学会,郑武飞教授参加国际生殖免疫学大会和第五届免疫大会,张家驹教授参加第 29 届国际生理学会议,并做了"家兔脑室注入松果体及下丘脑激素对中枢神经系统电活动的影响"的报告,马泰教授参加了亚洲营养学会,报告了"中国对碘缺乏的控制"。耿贯一教授参加在新加坡召开的国际第三届职业卫生流行病学会议,继而又参加了国际流行病学会地区性会议,并做了"吸烟与肺癌关系"的报告。

吴咸中院长多次出席国际学术会议并出国讲学,不仅使中西医结合治疗急腹症的研究成果得到国际公认,而且还为扩大同境外的校际交流拓宽了途径。石毓澍教授多次赴国外考察访问,为扩大同法国交流与合作奠定了基础。崔以泰副院长为扩大同美国的学术交流与合作,为达成多项重大合作项目的协议做出了重要贡献。袁佳琴教授在引进国外,技术发展眼科事业上也取得了显著成绩,受到国内外专家的赞誉和国家领导的褒奖。

通过对外交流,学校的一些著名专家在国际学术界也担当了一些重要职务或获得特殊荣誉:俞霭峰教授应聘为世界卫生组织人类生殖专家咨询团成员,吴咸中教授应聘为世界卫生组织传统医学专家咨询团成员,石毓澍教授被授予法国里昂大学荣誉市民称号;吴恩惠教授被授予北美放射学会荣誉会员称号;马泰教授当选为国际控制碘缺乏病理事会执行委员兼(亚太地区)联络员；卢偶章教授应聘为国际控制碘缺乏病理事会理事，耿贯一教授被选聘为国际药物流行病学会教育委员会委员及中国科学通讯委员、奥地利因斯布鲁克大学社会医学系统流行病学顾问。

1987年，学校受卫生部地方病局委托，向亚太甲状腺学会申请承办1989年举行的亚太甲状腺学会碘缺乏病专题会议获得批准。吴咸中院长、崔以泰副院长、马泰教授担任会议主办国组织委员会副主席，卢偶章教授任秘书长。经过近两年的筹备，亚太甲状腺学会碘缺乏病专题会议及国际控制碘缺乏病理事会中国碘缺乏病研讨会于1989年4月相继在天津市召开。时任卫生部部长陈敏章、天津市副市长钱其琛出席了开幕式并讲了话。亚太甲状腺学会主席长龙重信教授、大会组织委员主席伊斯特曼教授以及国际控制碘缺乏病理事会主席斯坦伯雷教授、副主席赫特泽教授对大会的组织工作给予高度评价，我院在会议上所报告的学术论文的质量和数量也受到国内外同行的称赞。学校许多专家在全市和全国的专业学会或协会担任领导职务，发挥着领导或骨干作用。朱宪彝担任全国二级学会中华医学会内分泌分会主委，中华医学会天津分会会长，天津科协副主任。

朱宪彝倡导并开展与南澳大利亚CS9RO人类营养研究所合作，开创地方克汀病动物模型研究。1955年，朱宪彝以中国医务界代表的身份参加在芬兰赫尔辛基举行的世界和平大会。

### （七）心系青年外语学习

中华人民共和国成立之后百废待兴，英语作为国际交流语言也受到国家重视，各个大学基本都开设英语课程。随着中苏关系升温、中美中欧关系僵化，俄语取代英文成为中国外语教育的核心，而英语被认为是美帝国主义的代名词，英语专业绝大部分停办，全国英语教师不足千人。但综观国际形势，利用英语学习外国新科技和知识已成为发展经济，摆脱贫困和强国富民的重要工具。朱宪彝深感英语学习的紧迫性，1957年在第一届全国代表大会第四次会议的人大提案中提出：外语学习是吸收国外知识的必要条件，世界各国均已重视。目前从高中开始学习英语远远不够，应该从初一开始。同时提出把外语考试列入大学入学必考科目。大学期间根据需要和可能要学习第二种外文。这在当时以俄语为主要外语的国情下是相当具有远见性和务实性的。后来在多方推动下，1961年教育部颁发中学英语教育方案，要求重编英语课本，1962年英语被列为高考科目。1964年教育部提出在学校教育中英语为第一外语。改革开放以来，英语的地位更是空前提升，英语不仅是联合国五大官方语言中最重要的一种,也是先进科学技术最主要的载体,是世界媒体的主要语言,是世界教育的主要媒介,是国际商务的重要语言。英语是世界上使用最广泛的语言,同时也是中国教育部明确规定的必修课程之一。学习英语有助于大学生认识世界,增长学识,开阔视野,交流学识、提高综合素质和能力。随着全球化,英语已经渗透进各行各业的前沿,因此,掌握英语是成为当代人才的基本条件之一。如今的医学专业无论是就业、科研、考研或者是学习都对英语有一定要求,比如英语四六级证书和考研英语等。大部分前沿医学文献都是使用英文书写的,国际医学交流也以英语为主,扎实的英语有助于医学生及时汲取医学前沿知识。此外行医就少不了用药,而药物的分类与命名非常多,其中很多药物都是取其英文的谐音翻译过来的。进口的药物比重越来越大,其包装和说明也以英文为主,学好英语有助于医学生辨别与认知药物,医生必需看得懂英文才能准确的选药。因此,临床医学生应当调高对英语的重视度,从而提高英语水平。英语为中国科技赶超世界水平做出了功不可没的贡献,也充分证明了朱宪彝对中国英语教育发展提议的正确性。

### (八)提倡中西医结合,提高我国医学水平

中西医结合基础实验研究在 1949 年之前已经开始,尽管起初的研究内容只是局限在中药方面,但西医体系的实验方法逐步被引入到中医药研究中来。1949 年以后,特别是随着西学运动发起,以及后来的中医现代化号召,中西医结合基础实验研究开始进入了快速发展时期,直至今天,其研究成果丰硕。但是,在看到这些成果的同时,研究者们也遇到了困惑和疑问。面向未来发展,我们有很多问题需要深入思考。

朱宪彝虽然学习的是西医专业,但并不贬低中医的价值,主张中西医联合治疗,具体病例具体分析,比较中西医疗效,才能真正提高医学教育研究和医学水平,这充分体现了朱宪彝的国际医学教育视野,兼容并包,博采众长。他认为在临床实践中,不同的治疗效果需要做认真比较。特别是中医治疗(包括中医诊断)和西医治疗效果的比较,西医治疗和中西医联合治疗效果的比较。像这样的临床研究工作,一般医院都可以做,比如哪些疾病单用中医中药可以取得较好疗效,哪些疾病单用西医西药可以取得较好疗效,哪些疾病用中医中药和西医西药的疗效大致相等(此种情况当然提倡用中医中药),哪些疾病采用中西医药联合更有疗效,哪种情况单用中医中药或西医西药,以及中西医药联合应用都无效。明确了这些,不仅直接有利于医学教育,而

且必将提高我国医学科学水平①。

实践证明，朱宪彝提倡的中西医结合研究是很有必要的。一方面，我们通过研究发现了新的治疗药物、新的治疗方法、新的理论认识，尽管这些认识在内容和形式上与传统中医有很多不同，甚至完全不同，但是对现代临床治疗具有重要贡献。另一方面，尽管我们借助实验方法研究中医的基础理论，并没有对它给出全面、清楚的阐释或理解，事实上也很难做到，但是从具体的研究结果中已经可以看出中医的合理性和科学性。未来中西医结合基础实验研究目的应该是：检验传统中医理论，构建未来科学的中医理论体系；为西医增加新内容，提高现代医学诊疗水平②。

## （九）提倡办好外文医学杂志，扩大对外宣传

朱宪彝在访谈中曾说要办好医学杂志，他认为现在我们国家的医学杂志增加了不少，这很好，有利于四化建设，有利于交流经验。在医学方面，过去只有中华医学会主办的《中国医学》杂志对外发行，可是每期不过十几篇文章，这就不能真正地反映我们国家医学发展的情况，不能真正代表中国医学发展的水平。现在各地医学院都搞了学报，可以弥补一部分不足，但是外文期刊尚嫌不足。可以提倡多搞些外文期刊，样有利于对外宣传，有利于其他国家对我们的了解，有利于学术交流，同时也有利于外文的学习和普及。

近年来，我校的科研产出迅速增长，科研人员以英文发表的学术论文在国际上的影响力越来越大，许多高科研价值的论文受到海外学者的关注和引用。我们秉承朱宪彝校长的思想，力争让我国的医学学术"走出去"，提升国际影响力。目前，英语仍是科学技术领域文献的最主要语言，我校学者和科研人员通过发表优质英语学术文章，可以把中国的先进医学成果和观点传播到世界从而影响国际医学的发展进程，可以进一步向国际社会传递中国最新的学术成果，提升中国在国际学术界的学术话语权③。

---

① 朱宪彝.从西医角度看如何搞好中西医结合的科学研究工作[J].医学研究通讯.1979(1)：12.

② 杨云松、薄化君.中西医结合基础实验研究概述和理性思考[J].世界中西医结合杂志，2015(5)：715.

③ 赵鑫.浅析医德与医术融合的医学发展观[J].卫生管理，2019(5)：274.

## 三、朱宪彝提出国际教育理念的意义

### （一）顺应时代要求，明确树立医学教育国际化理念

西医学作为一种新的医疗方法和医学体系，从早期传入至今被越来越多的中国人所接受。随着中国引进西学规模的扩大，西医学作为西方文化的组成部分也逐渐受到中国官方的重视。特别是进入民国时期，政府进一步加大了兴办西医药事业的力度，陆续在各地建立医学院校和医院，并向国外派遣了更多的留学生。传入的西洋医学凭借国内国外两种力量在中国得到较快的传播和发展，国内培养的医科毕业生和学成归国的医科留学生形成了一支新的卫生队伍。新中国成立以来国家一直重视医疗卫生事业的发展和国际交流，逐步建立了完善多元医学教育结构体系、加强与国际同类型学校的合作交流、形成先进的高校办学理念，增强了学校的国际竞争力。

在国际合作与交流频繁的时代背景下，朱宪彝顺应时代要求，明确树立医学教育国际化理念并付诸实施。

### （二）加强了师资力量，为医学教育国际化提供了保障

朱宪彝始终认为人才引进是医学教育工作的核心。应不断加强师资力量，贯彻"走出去、引进来"的国际合作方式。不仅通过出国访问、进修学习这种"走出去"的方法培养人才、吸引人才、促进学科发展，而且还采用"请进来"的形式，通过接待国外来访等渠道开展对外学术交流，与国外的专家进行广泛接触，促进科研协作，他选派临床技师赴北京等高等学院进修，还与国外的医学家联络争取回国执教。同时选取有才干的老师任教通过整合校内外资助等形式鼓励教师出国进修、讲学、访问等。他多次邀请国际知名医学教授来校讲学，比如之前提到的美国路易斯威尔大学黄骐章教授，邀请国际著名甲状腺学家来津举办甲状腺疾病专题讲习班，世界人工晶体中国培训中心邀请国际权威学者、美国纽约市爱因斯坦大学医学院的李德勋博士，澳大利亚的艾来斯女士等来院举办眼显微外科。这些访问和讲学，为扩

朱宪彝和国外专家，前排左二为朱宪彝

大校际联系和进行科技合作奠定了基础,提高了高校教师的综合素质,拓宽国际化视野,推动了教学向国际化方向发展。

### (三)增强了医学生的国际交流和学术能力,提升了国际竞争力

朱宪彝不仅为教师创造出国学习的机会,还为医学生争取国际学习的多种机会,比如参加国际学术会议,积极组织、推动学生国外交流项目,海外访学、短期交换等。学生不但能够锻炼外语能力,零距离接触国外同龄人的学习和生活,了解国外文化,更重要的是有机会跟随国外导师开展合作研究,提升自身科研能力。此外,朱宪彝还提出在学生交流结束后,学校或单位不应只知道让他们看病、看门诊、值班,而要创造条件让他们能继续研究,在国内外多发表文章,从而能始终保持学术敏锐性和先进性,通过交流学生的经验介绍和示范作用使更多的同学从中受益,营造良好的国际化办学氛围。

### (四)启动留学生教育,推动了医学高等教育国际化进程

随着我国医学高等教育国际化进程的不断加快,来华留学成为许多国家医学生的心愿。此外,在一定程度上来说,来华外国留学生的数量及质量某种意义上反映了高等院校与国际接轨的水平。外国留学生管理工作不仅是我国外交事业的一个重要组成部分,也是我国高等教育的一个重要组成部分。在知识经济时代,高校的作用已跨越了时空,超越了国界,留学生特别是学历留学生在中国学生中的比例,是衡量一所大学国际化程度的重要指标之一。1962年在朱宪彝的提议和筹划下,天津医科大学开始接受国外进修生。1984年经教育部批准,学校开始接受国外留学生。1987年学校被国家教委确定为接收外国本科留学生的学校。在朱宪彝提出招收留学生后,我校不断拓宽招收留学生渠道,增加留学生数量,改善留学生生活水平和学习环境,并配备优质的国际师资队伍,提高留学生的教育教学质量,对来华留学生的管理及教育教学工作精益求精,确保了各项措施顺利实施。推动了来华留学生的科研、教学和人才培养,推进学校的国际化发展。

朱宪彝校长倡导的医学科研、学术的国际化理念始终影响着新的医大人,激励着我们在科研和学术上勇攀高峰,加快与国际研究接轨的步伐,扩大中国医学在国际上的知名度,让更多人获益,为人民的健康保驾护航。比如周元晏教授进行的"药物自抗与他抗作用"、白景文教授进行的"骨盐微晶的三维空间镶嵌结构新理论的建立"及畅继武副研究员进行的"肾性高血压近球细胞的分布及肾素颗粒的形成与释放"等课题,都有较高的学术价值,受到

国内外同行的重视与好评。此外学校对社会科学领域的研究课题及管理科学中的软课题研究也给予了必要的资助和支持，开始收到较明显的效果。学校《头部CT诊断学》《流行病学》《放射免疫测定基础》《几科护理技术手册》《泌尿生殖系超声显像》等专著的出版，在国内外也产生了较大影响。

自国家科研拨款制度改革以来，学校力争承担国家和市重点项目，开展横向联系，通过多种渠道获得科研资助，成为繁荣学院科研事业的关键。1983年，中国科学院设自然科学基金，学校的基础理论研究项目开始通过申请，获得了国家自然科学基金的资助，并取得卓著成果。我校对国际交流工作进行专款预算，并积极争取多渠道的资金，为医学科研国际交流的顺利开展提供必要的经费支持。通过设立专门的外事工作经费，以支持临床和管理人员积极参与对外交流。对于渠道稳定的国际交流，还邀请外方负责相关费用或交流双方费用互免的方式尽最大努力为医学研究提供资金支持。至1990年，学校的自然科学基金项目达51项，其获准率为35%，在全国医药院校中列第2位，承担自然科学基金项目的科技人员365人。1988年底有14项全部完成研究任务，其中"地方性甲状腺肿碘代谢及甲状腺功能的研究""听力及前庭功能检查在地甲肿及地克病调研工作中的意义"两项研究成果获天津市科技进步二等奖。在完成的全部论文中有12篇已在国内外学术会议和公开发行的杂志上发表，在国内外也产生了较大影响。

国家自然科学基金有力地推动了学校基础理论研究和应用基础研究的深入发展，一批有作为的中青年科技人员崭露头角，如副研究员邱明才，1986年获得基金项目时，年仅41岁。他提前完成项目研究内容并发表论文11篇，其中2篇在日本召开的国际骨形态剂量会议上宣读，2篇在《中华医学杂志》（英文版）上发表，国内外同行专家给予了高度评价[1]。

1988年，学校又有3个项目，分别获得卫生部招标项目、国家教委优秀年轻教师基金项目和国家科学基金项目。有3名博士、52名硕士生在直接参加国家科学基金项目的研究中得到了培养和提高。

学校为培养和鼓励更多的优秀中青年科技工作者成才，特从学校的科研经费中拨出一定数额，设立中青年科学基金（1987年），用以资助具有先进性、实用性、于一两年内可完成的"短平快"项目及部分有苗头的科研项目。至1990年，学校先后资助了69项科研课题，资助金额为16万元。这项基金设立后，附属医院又设立了"医院中青年科研基金"。1988年第二附属医院建立

---

① 王正伦. 天津医学院院史[M]. 1991:140-141.

"科研发展基金会"。后又陆续建立了科技开发基金、引进新技术基金等。其资助的项目逐年增多,资助强度也逐年增加。同时,学校还积极开展对外的科技合作,先后承担了联合国人口基金会与世界卫生组织的计划生育研究项目23项,中澳控制碘缺乏病研究项目、联合国儿童基金会碘缺乏病研究项目、中加小儿腹泻研究项目等共9个国际合作项目。据统计,学校自1981年至1990年,先后承担国家级项目60项(自然科学基金项目51项、"六五"和"七五"攻关项目9项),部委级项目39项、国家计生委项目20项、天津市项目125项(其中市科委80项,市高教局27项,市卫生局18项)。在"七五"期间发表科研论文3011篇,其中在国外杂志发表119篇,在全国性杂志发表1079篇;出版专著146部。

　　朱宪彝是一位德高望重的医学家和教育家,有着先进的国际教育思想。他身体力行,在国内外诸多科研期刊上发表文章,赢得了广泛的认可和赞誉,为青年医学研究者做出表率。他关心青少年和大学生的英语教育,积极提出议案,倡导普及英语教育,提高学生特别是高校学生的英语水平,为今后在国际学术交流打下基础。他勇于改革,打破国内医学教育局限,率先提出引进国外留学生来华学习,同时积极引进国内外知名学者和专家来我校任教。他医术精湛,蜚声海外,曾接受邀请为国外领导人诊治。他为人师表,诲人不倦,精心培育医学人才,并尽其所能为医学研究者创造出国学习和交流的机会。总之,他为发展我国的医学教育事业贡献了毕生的精力,他真正做到了"生命不息,工作不止,鞠躬尽瘁,死而后已。"朱宪彝虽然与世长辞了,但他从事的光辉事业,他的高尚精神,却传给了后代,他一生留下的精神财富滋养着一代代天医人奋发有为。

# 第十二章 朱宪彝教育思想中的
# 医学伦理观念

　　医学固有善的属性,这是医学的本质所在。自古以来,医学都以救死扶伤为目的,以护佑生命为价值根源。无论是中国传统医德思想中的医乃仁术、悬壶济世,还是古希腊希波克拉底誓言里的不伤害原则、西方近代医德的人道主义无一不是体现。回望医学的历史,可以看到在医学的发展历程中,医学本质亘古未变,改变的只是医学依托的手段,和对本质言说的语词表达形式。在中国医德史上,从新中国成立一直到市场经济体制建立,医德经历了十分重要的一段历史时期。这个时期,在党和国家的英明领导下,在众多伟大医学家为医学献身的精神实践中,中国医学事业的发展取得了前所未有的成就,为后来医学的长足发展奠定了坚实的基础。在这众多的医学家中,朱宪彝是一位杰出代表。天津医科大学创始人朱宪彝,是我国临床内分泌学的奠基人之一,是一位医学家,也是一位医学教育家。朱宪彝创办学校的过程,是他的医学教育思想的落实过程,在他的医学教育思想中处处显现着医学道德观念。这些观念,无论是对天津医科大学今后的发展,还是对我国医学教育事业和医学事业的发展,都具有重要的启发和引领作用。

## 一、朱宪彝的医学价值观念

　　"医学价值观"也即医学的出发点和宗旨,是医学所追求的目标。医学教育是一个系统工程,涉及各个层面、多个方面和不同主体。发展医学教育的首要问题在于明确医学发展的价值追求,这是医学发展的方向,也是医学"初心"。

　　朱宪彝出生于20世纪初,他是在中华民族救亡图存的历程中成长起来的,中学时曾参与过进步的爱国运动,这样的成长经历使得他对灾难重重的人民怀有极深沉的感情,对国家民族的未来有着巨大的责任心。早在求学期间,朱宪彝对于医学应该追求什么就有清晰的认识。20世纪30年代,朱宪彝在协和开始进行医学研究时,面对众多的研究领域,他选择了"营养不良性水肿软骨病"作为研究对象。据郑少雄教授(朱宪彝的第一位研究生)讲述,老师之所以做出这一选择,是因为当时的中国处于战乱时期,饥荒导致了大量浮肿的病人出现,他希望通过研究让吃不上饭的人们不发生水肿的现象,减轻痛苦。朱宪彝将自己的研究和人民的切身需要联系起来,显现出他的医学初心所在。抗日战争爆发以后,协和停办,朱宪彝到了唐山开滦煤矿行医,当他看到开滦煤矿把病人分成三六九等,差别对待,非常气愤并提出抗议,由于抗议无效他愤而辞职。这件事情充分说明在朱宪彝的观念里,行医看病应该是为所有人服务的,应该一视同仁,病人没有高低贵贱之分。

新中国建立之初,国家制定了基本医疗政策,该政策的核心是医疗要一切为了人民健康。毛主席说:"卫生工作之所以重要,是因为有利于生产,有利于工作,有利于学习,有利于改造我国人民低弱的体质,使身体康强,环境清洁。"①还说"办好医院首先要有一个观点,全心全意为人民服务的观点"。国家制定的这一卫生政策,和朱宪彝所持的医学观念高度统一,深得他的拥护,促使他在建立和发展医学院的过程中,以"沛然莫之能御"之力,一直紧跟党和国家的要求,贯彻落实各项方针政策。抗美援朝期间,朱宪彝曾担任天津市抗美援朝救助委员会主任,以医学之力增强国家的战斗力。朱宪彝对国家的赤诚,在他所撰写的文章里可以充分地感受到。朱宪彝曾经撰写过一篇题为《毛主席的旗帜永远照耀我们前进》的文章,文中说:"解放前,不知道有多少人抱着什么'教育救国''科学救国'的愿望,结果都成了泡影,一一破灭了。自从中国有了共产党和毛主席,才有了希望,有了光明。毛主席是人民的大救星。"作为经历过从旧中国到新中国这段艰难历史的中国人,朱宪彝的想法既是他个人的真情流露,也说出了一代人的心声。此外,当时党的知识分子政策也激励着朱宪彝实践着科学救国、教育救国的理想。建国初期,国家处于百废待兴的国情之下,各方面的建设任务都十分繁重。党和国家十分重视和发挥知识分子的作用,信任他们,尊重并关心他们。"帮助他们解决各种必须解决的问题,使他们得以积极的发挥自己的才能,为社会主义做出更多的贡献"。朱宪彝曾充满感情地说:"我永远也不能忘记毛主席他老人家对我们知识分子的改造和成长的无比关怀……每当我回忆起这些动人的情景时,心情总是万分激动,久久不能平静……毛主席的亲切教导永远铭刻在我心中,每当想到这些无比幸福的时刻,就增添了无穷无尽的力量,激励我继续前进。"从上述话语中,可以感受到朱宪彝对党和国家深厚的感情,可以看出朱宪彝已经将国家和人民的医学需要化为自己的使命,也不难理解朱宪彝为什么一直视为国家做事为自己的幸福,并鞠躬尽瘁、"死亦不已"了。

---

① 毛泽东选集:第5卷[M]. 北京:人民出版社,1977:262-263.

回望朱宪彝医学初心的铸就,蕴藏着他成长的心路历程,包含着他渊博的学识,表现着他对国家的赤诚,对党的忠诚,和作为知识分子的责任感与使命感。朱宪彝的医学初心笃定不移,在他从事医学教育的过程中,他的初心始终贯彻在医学教育的每个层面和多个方面。

### (一)建校初心

朱宪彝在建议天津市市长创建医学院时表示:"我们这些人本来都是在协和医学院教学的,如果天津建立医学院,愿意回到医学教育老本行,担任临床教学工作,为天津培养医学人才尽力。"之后被任命建立天津医学院,他说:"在目前国家财政困难的条件下,政府拨出大批款项,创办一个医学院,这充分说明了人民政府对人民卫生建设事业的重视。这一措施感动和鼓舞着我们,我们一定要把天津医学院办好,使其胜利地担负起培养医务人才的任务。"质朴简单的言语中流露着朱宪彝医学报国的坚定和责任感。

### (二)医学科研初心

朱宪彝十分重视医学科研,在发展科研方面,他强调科研工作要重视为社会做贡献。在他的带领下,医学院有计划地开展科研工作,多次强调科研选题要以当地需要为主,致力于发挥科学研究服务社会的作用。在朱宪彝担任医学院院长期间,医学院的科研工作取得了一系列重要成果,科学的先进性和服务于社会是这些成果的共同特点。比如朱宪彝主持完成的"缺碘性地方性甲状腺肿及地方性克汀病流行区碘代谢甲状腺功能及听觉功能的研究",获得国家科技进步二等奖,并对整个国家国民健康水平的提高起到了直接地推动作用。20世纪50年代开始,国家开展防治地方病,响应这一要求,朱宪彝自此投身于地方病性甲状腺肿和地方性克汀病的防治研究中。后又转入氟骨症这一主要地方病的研究中。朱宪彝在防治克汀病时,为了引起大家对疾病的重视,他说:"这种病死不了人,所以引不起人们的重视。可是一大批痴呆聋哑甚至瘫痪的人确实是家庭以至社会的负担,影响国家的建设,这难道不是一件大事吗?"[①]把行医治病和国家的未来发展联系起来,把国家需要作为医学科研的指挥棒。1956年,在国家"向科学进军"的号召下,朱宪彝带领医学院大力弘扬科学精神,推动了医学院的科研发展工作,并取得了

---

① 吴宝荣《毕生献身于医学事业的朱宪彝教授》,《天津文史资料选辑》第45辑,中国人民政治协商会议天津市委员会文史资料研究委员会编[C],天津:天津人民出版社,1988.

卓著的成绩。

### (三)医学生的学习宗旨

朱宪彝曾撰写过题为《永远像一个医学生》的文章,文中他对医学生的学习和努力的方向曾明确地说:"仅仅满足于成为一个医生是不够的,要争取做一个医学科学家,不但要能医治面前的病人,而且也要有发明创造医治所有的病人。""高等教育必须把培养学生自学能力和独立思考放在首位。"将医学报国的初心寄托在每一位医学生身上。

### (四)医生的行医宗旨

据说朱宪彝曾这样回答别人对医生职责是什么的问题:"我们医生的职责是什么? 是让我们自己失业。"通过他这种有趣的答案,可以看出,他善于追问其极的思维特点,也可以读出他重视预防的医学观,还可以体会到他"但愿世间人均健,何忧架上药生尘"的美好情怀。具体到医疗工作的宗旨,朱宪彝曾说:"在工作上要力争治愈病人,不能治愈,也要对症下药,减轻病人痛苦,实在医治无效,也要给病人精神安慰和同情。"这真是至理名言! 几句话层次分明地说出了医疗的所有意义。西方医生特鲁多有句名言:"有时去治愈,时常在帮助,总是在安慰。"这句话被视为当代医学的共识,被广泛接受、深入人心。从内涵上看,特鲁多的名言和朱宪彝有关医疗宗旨的认识是完全一致的。

### (五)附属医院的宗旨

附属医院作为医学教育中重要的组成部分,历来是朱宪彝十分重视的,在谈到医学院附属医院的作用时,他表达得十分明确。他说:"医附院作为医学教育的重要组成部分,首先要服从教学需要……单纯追求门诊量,是医学教育的浪费……我认为作为附属医院的领导,首先考虑的应是培养合格的毕业生,多出医学科学研究成果,并能在医疗单位的学术研究中起带头作用。"①

更为可贵的是,朱宪彝的医学初心绝没有停留在口头上,而是转化为实际行动并取得了胜利。权且举一例,在朱宪彝带领下,天津医学院的发展获得了国家的信任,1980年受卫生部委托承担举办进修班的任务。天津医学院先后共举办了涉及神经内科学等12个学科一共10期的专业进修班。为全国

---

① 李大雄,杨一工.朱宪彝教授谈医学教育改革.科学学与科学技术管理[J].1983(6):32.

各地培养了一大批医学人才,真正实现了朱宪彝在建校之初的目标:为国家建设培养医学人才。

## 二、朱宪彝医学教育的道术观念

朱宪彝对医学宗旨和方向的明确,既延续了医学永恒的价值追求,也结合了新中国成立初期国情的实际需要,还表现了作为一代知识分子的志向。作为一位医学家,一位医学教育家,朱宪彝除了铸就医学初心,指明医学方向外,还通过真才与实干,实现了医学目标。这种真才实干在他医学教育的过程中,突出地表现在两个方面:精医教之术,明医教之道。"术"是手段、方法,"道"是方法背后的道理。

"工欲善其事,必先利其器",有了明确的医学宗旨,如何实现呢? 作为一位医学教育家,朱宪彝制定实现医学宗旨的方案,可以总结为:遵循科学规律,用世界上最先进的知识、方法和最精粹的技术来实现目标。在对方法的选择上,朱宪彝的要求十分严格,处处体现出科学家精益求精而又严谨求实的态度。

在医学教育系统中,教学是关键环节,是主要方面。为了培养出高质量的医学人才,朱宪彝肝胆轮囷,展现了不凡的勇气和魄力。他要求教学队伍必须是精良的,教学方法必须是高明的,教学手段必须先进的。在当时艰苦的环境下达到这些要求并不容易,朱宪彝为此呕心沥血,全身心投入。

### (一)组建精良的教学队伍

"所谓大学者,非谓有大楼之谓也,有大师之谓也。"这说明在教育过程中,教学队伍是至关重要的因素,医学教育也不例外。朱宪彝毕业于老协和,老协和在当时代表了国家最高的医学教育水平,形成这种教学水平的一个重要条件就是"专家教授",被称为"协和三宝"之一,是培养医学人才的核心力量。作为受益者,朱宪彝自然对教学队伍的质量格外重视。在天津医学院成立前前后后的筹备工作里,朱宪彝穷尽各种途径最终组建出一支精良的教学队伍。包括在天津市和全国各地聘请教授,从国外聘请知名专家。一方面请来自老协和和全国各地的专家负责临床教学。像外科方面的专家万福恩,泌尿方面的专家施锡恩、虞颂庭,妇产方面的专家俞霭峰,儿科方面的专家范权,脑外专家赵以成,骨科专家方先之,肿瘤科专家金显宅,等等,这一批代表国内专业领域水平极高的医学临床专家,都曾在天津医学院负责过临床教学。另一方面培养、组建基础医学教学队伍。朱宪彝在全国聘请专家来学校任教。从天津市多所医院选派骨干大夫去全国医学领先的地方如北京协和医学院、北大医学院、上海医学院和中山医学院去进修。同时，他还在全市各大医院选派临床医生，到全国相关领域十分先进的地方去进修基础课。这些人员后来都成长为天津医学院各学科的带头人。①随着教学队伍的壮大和学科组的不断增设，到1957年，基础医学和临床医学所需要的学科队伍都组建成功。1960年以后，医学院大力培养教学人员，不断优化教学队伍，完善教学队伍的梯队化建设，选派骨干人员出国进修。尤其对于青年教师的培养更是提出了科学的培养方法和严格的要求。要求教师学习先进科学文化一直是朱宪彝格外重视的事情。1953年至1957年，天津医学院进行了深入的俄语学习，包括聘请苏联专家到校指导，先后派遣多名教师前往苏联学习，同时要求教师完成俄语学习以适应改革旧教材使用新教材的要求。精良的教学队伍无疑是培养高质量医学人才的根本性保障。

## （二）采用高明的教学方法

课堂教学是医学基础教学的核心环节，在这方面，一向科学严谨的朱宪彝自然高度重视。一方面，他自己进入课堂听老师讲课，并和教师就教学的具体步骤等细节处进行交流，以探讨怎样提高教学效果。时至今日，很多天津医科大学的老教师都有过朱宪彝进课堂听课的经历。在教学过程中，不断优化教学内容和教学方法，以提高课堂吸收率，包括考试形式和内容也一直随之不断完善。另一方面朱宪彝也自己讲授课程，根据郑少雄教授的回忆，老师讲课在语言上没有一句多余的话，十分干净；内容上逻辑严谨，紧跟世界前沿的科学脚步，信息质量很高；板书设计堪称精妙，重点突出、容易记忆。以至于听过课的学生说他的课"精彩极了"！②

临床教学的方法是医学教学的关键内容，在协和学习期间，朱宪彝对于大巡诊制度印象深刻、十分受益，巡诊会既是基础与临床的融合，也是不同观点相互切磋、碰撞的时候，这是一个学习、思考、开阔视野的过程，也是一个检验自己认识的过程。朱宪彝在临床教学过程中，也采用了这种制度，深受学生和医生的好评。原天津医学院院长王正伦回忆说："我们从总医院临床内科见习开始，每周安排查房，实行巡诊制度。朱院长查房时问题简洁、直击要

---

① 吴宝荣.毕生献给医学教育事业的朱宪彝教授,天津文史资料选辑,第45辑,中国人民政治协商会议天津市委员会文史资料研究委员会编[C],天津:天津人民出版社,1988.

② 同上。

害,从基础知识联系到临床实践,从国内现状到国外研究无所不谈,大家都受益匪浅。他从协和医院移植建立的制度为提高医师水平奠定了良好的基础,促进了青年医师坚持自学,了解医学前沿,养成不断学习的习惯。"时至今日,天津医科大学总医院内分泌科的刘铭主任回忆起朱宪彝,非常让他们感慨的是:"内分泌代谢科绝大多数医生都有一大遗憾:没有机会聆听老校长的查房、讲课!"朱宪彝在总医院建立的这一制度,在今天的总医院内分泌科以"病例大讨论"的形式延续着,这是因为大家都从中获得了真实的进步。

### (三)运用先进的教学手段

科学、先进、正确的观念和手段无疑是实现医学宗旨的利器,在这方面,朱宪彝是力求先进性的,因此,在十分困难的情况下,经过努力,总医院有了全国第一台颅脑CT,第一台光子骨测量仪,为开展相关研究工作提供了重要支撑。此外,朱宪彝对医学教育过程中的各种手段都重视其是否先进。

首先,创办、订阅期刊,尤其是外文期刊。朱宪彝曾说:"现代科学技术发展如此之快,如果一个月不读书,不看各国杂志,就将成为外行。"因此期刊的数量和质量关系着学生的视野和成长。期刊是重要的学习资源和工具。郑少雄教授介绍,朱宪彝自己找人一直订阅 *Science*,每期都会认真阅读。一直到晚年,朱宪彝都在强调办好医学期刊,强调外文期刊的重要性。"可以提倡多搞些外文期刊,这样有利于对外宣传,有利于其他国家对我们的了解,有利于学术交流,同时也有利于外文的学习和普及"。[1]因为对于医学学习来说,外文是一个不可缺少的技能。

其次,建立教学医院。教学医院作为临床教学基地,是医学教育中必不可少的重要组成部分。为了将总医院最终变为天津医学院的附属医院,在朱宪彝的带领下,医学院多方努力终于在1956年10月正式将市立总医院改为天津医学院的附属医院,为培养医学人才提供了坚实的教学阵地。

在精良的教学队伍、高明的教学方法和先进的教学手段的引领下,天津医学院的办学水平在全国都是领先水平的。1981年受国家卫生部委托,先后承办了25期内分泌进修班,这些人员来自全国各地,据总医院内分泌代谢科主任刘铭介绍,这些毕业的学员现今都已成长为国家内分泌领域的领头羊。

朱宪彝的真才实干不仅表现在精医教之术,更表现在明医教之道上。对于医学和医学教育,不仅知其然还知其所以然,正是这一点,集中展现了朱宪

---

① 李大雄,杨一工.朱宪彝教授谈医学教育改革.科学学与科学技术管理[J].1983(6):33.

彝渊博的学识。

### (一)明医学教育之道,用科学的医学教育模式培养学生

在开展医学教育的过程中,朱宪彝的科学精神是很明显的。除了请教教育专家之外,他一直关注国内外医学院校的教育模式,不断地总结医学教育规律。为了进一步提高医学教育质量,朱宪彝进行了医学教育改革,率先在国内开展联合办学,并将这种模式作为人大提案,希望在全国推广,以此提高中国医学教育质量,更好地为国家培养医学工作者和医学科研人才。朱宪彝指出,"在欧美,学生是大学毕业以后,再进入医学院校学习,学生经过了较系统的基础知识的学习。而我国的医学生是高中毕业,相关的基础是不够的,在现有教育模式培养的医学毕业生,无论是搞医学教育还是进行医学科学研究,能力都不足。同时,现代医学的发展越来越需要数学、物理、化学、生物等基础学科的知识。在这样的学科发展特点下,需要改变现有医学教育模式。可以借助综合院校基础学科的优势弥补学生的基础知识,先在综合院校学习三年的基础知识,再进入医学院校学习医学专业。"①通过朱宪彝的分析,可以看出他是既遵循医学专业的学科发展规律又结合了我国的具体国情,进而提出了集中优质教学资源,先后和南开大学、天津大学联合培养学生的方法,实践证明,经过这样的模式培养的学生质量都达到了预期的效果,他们视野宽、起点高、外语好。说明了朱宪彝培养学生的模式是被实践所检验的,是符合科学规律的。

### (二)明医学之道,体现了世界先进的医学理念和思维水平

在朱宪彝查房和病例讨论和讲课的过程中,能够让人们从医学专业的角度很直观地体会到,他的思维水平的科学性和先进性。首先,医学理念的整体性、系统性。很多经历过朱宪彝查房的医生都知道,他是把基础理论和临床实践结合起来,从症状切入,层层深入到"病因、病理及生化基础",系统性分析疾病。分析疾病的思维模式是整体性,不同于"试管模式"(也就是很深也很窄,如同试管)。对于行医治病,朱宪彝经常教导身边的医生:"按常规全面体格检查,是医生的看家本领。只头疼摸头,腹疼查腹,难免先入为主。若持一孔之见,就会贻误大病。"其次,医疗施治的精准性。在系统性分析的基础上,转而注重个体的不同,最终形成"个体化治疗"。第三,逻辑层次清晰。

---

① 朱宪彝第1123号人大提案文件。

对于疑难病人,身患多种疾病,朱宪彝会分析这些疾病之间的关系,把握之间的主次和先后,分清轻重缓急,治疗上自然会精准、针对性强。朱宪彝的医学理念和思维特点,正是今天的临床医学所追求的整体性思维、精准医疗还有转化医疗,充分说明了他的先进性。吴咸中院士对朱宪彝的思维认识水平和特点有过很好的把握,他曾说,朱宪彝的医学思维水平和推理能力,展现了医疗中"技术和艺术的融合"。[①]也正因为他的医学认识水平极高,原一中心医院的老院长刘兵曾说:朱宪彝是属于世界的。

### 三、朱宪彝对医事中人的素养观念

有了明确的方向和先进的方法,还需要合适的"人"才能成其事,才能实现医学服务于国家建设的最终目标,这里有一个对素养和品质的要求,素养和品质是实现医学目标的人格力量。

在朱宪彝对医学之人的要求上涉及的主体是多方面的,每一方主体所承担的任务、起到的作用并不一致,所以对相关主体侧重的素养和品质不尽相同。主要有以下几方面。

#### (一)医学管理者的素养

计划经济时代,医学是政府主导的,医学和医疗长期处于行政管理的模式下,这样的模式,容易导致人们做事情丧失主动性,一切等上面安排,对此,朱宪彝批评说,这是"不负责任","我们的国家这么大,如果每件事都等着中央说话,会把中央领导累死的"应该提高主人翁精神和责任感。[②]在医学教育过程中,附属医院的作用是重要的组成部分,在培养医务工作者和医学科学研究人才方面起着举足轻重的作用,附属医院是否能发挥出这样的作用,关键看附属医院领导。"我虽不懂'管理',可我知道'上行下效':上边怎么做,下边怎么学。这一点儿也不假。领导自己能以身作则,下边的事就好办多了"。[③]如果想做好临床科室的科研和医疗工作,科室领导的素养也是非常重要的。朱宪彝曾指出:"一个科室领导人如果心胸狭窄不能容忍人;不搞五湖四海,不欢迎别人一起干;总计较你的我的,总想个人单干,井水不犯河水。这样事情是搞不好的。"吴咸中曾说:"朱老在查房时,根据需要还邀请其他学

---

① 王家驰.朱宪彝医案[M].天津:天津科学技术出版社,2000.
② 李大雄、杨一工.朱宪彝教授谈医学教育改革.科学学与科学技术管理[J].1983(6):32.
③ 同上。

科专家参加,认真听取他们的讨论发言,并注意多学科结合及优势集成,在可能的条件下,力求对每个疾病认识得深一些、准一些,防止片面性。"①只有持开放、合作的态度,才能和其他科室优势互补,互相学习,才能实现对疾病的科学性、准确性认识。

### (二)医学教师的素养

朱宪彝曾说作为医学教育工作者,"培养学生独立思考和解决问题的能力,以青出于蓝而胜于蓝为荣,不要忌才",他曾对学生说:"希望你们超过我,有谁超过我,我才更高兴"(《永远像一个医学生》)。

### (三)医生的素养

在中国传统医学史上,传统医家就认为在行医治病之事上,德、心比任何灵丹妙药都更重要,"凡疗疾,药救固迟,丹救亦缓,惟心救最灵。要非药与丹之缓也,苟中心不切,则视之易忽,而审之不精,安能得病之本末。"(《古今医彻》)郑少雄教授回忆说,朱宪彝强调作为医生,就要有医德,对病人认真、负责,这是十分重要的。他说:"医生职责神圣,万莫把生命视为儿戏。"朱宪彝给病人诊治,总会持有着一切为了病人的想法,完整了解,全方位问诊,全面仔细检查,然后再做出综合分析。遇到不确定的情况,朱宪彝会查找文献,反复检查。原副校长栗政中撰文回忆,朱宪彝曾多次强调医德。"中国古代行医很讲仁术。当一名医生对病人要有仁爱之心,仁慈之心。对医学生要进行职业道德教育,医德医风教育。在实际工作要做到急病人之所急,痛病人之所痛。病人无论贫富、职位高低,对其都要周到热心服务,一视同仁。"②他特别强调带教医生要做表率,"教师要做医德的表率,以教师自身的道德修养来感染学生,使学生在良好的医德医风环境中受到潜移默化的教育"。

### (四)医学生的素养

对于医学院的同学,朱宪彝倾注了太多的精力,也寄予了很高的期望。原南开大学领导,数学家吴大任回忆说,在新生谈话会上,朱宪彝特别强调要有刻苦精神。他很坦诚地说:"学医是很艰苦的,当医生要有为事业献身的精神。"学习期间不能谈恋爱,做实习大夫、住院大夫期间没有时间谈恋爱,即使

---

① 王家驰. 朱宪彝医案[M], 天津科学技术出版社2000年1月, 序言一。
② 栗政中 天津医科大创始人朱宪彝 http://news.univs.cn/2013/1114/990655.shtml

结了婚,住院医师也不能回家。这种刻苦精神,无论是学习掌握医学还是研究医学都是必需的。1978年,朱宪彝主持内分泌研究项目时,已经75岁高龄的朱宪彝带队奔赴云南、广西、四川、贵州、安徽等南方地区,考察地方性甲状腺肿与克汀病的流行与防治情况,长达两个月的时间。这次科研考察,取得了一系列的研究成绩,尤其是获得了很多科研的第一手资料。并为国家防治地方病做出了突出的贡献。这些成绩的取得和朱宪彝的刻苦精神是分不开的。

此外,朱宪彝对学生们说:"你们既要胸怀大志,又要谦虚谨慎。""刻苦学习,积累知识,勇于探索,献身事业。①"还要有当仁不让的锐气和魄力,朱宪彝在《永远像一个医学生》一文中对学生说:"不要受教科书和讲义的限制,要学会利用图书馆,多看参考书和广泛翻阅有关学科的现行期刊。""要向前人,向你们老师立下的结论挑战。"朱宪彝在学校讲话时,多次强调培养德才兼备的高等医学人才,是高等医学教育的根本出发点和归宿。这是朱宪彝始终坚持的观点。20世纪80年代天津医科大学在全国率先开设了医学伦理学的课程,足见对医学生道德素养的重视。

在医学教育过程中,朱宪彝十分重视持续学习的精神,他要求学生、教师和临床医生都要经常阅读,尤其是订阅国外期刊获取最新医学信息,养成阅读外文文献的习惯,时刻用最新的知识和技术武装自己。

今天的总医院内分泌代谢科形成了"德、诚、思、行"的科训和努力方向,以此传承朱宪彝的精神,进一步发展学科水平。刘铭主任介绍,"德"是因为朱宪彝经常讲做医生首先要有德,"诚"是朱宪彝要求对国家要忠诚、对人要坦诚,"思"是传承朱宪彝要求持续学习的精神,"行"就是将上面三点落实到行动中。

## 四、朱宪彝事迹的医德教育意义

笔者在搜集朱宪彝医德观念的相关资料时,发现内容最丰富的资料集中在他的生平事迹中,这说明,他做的远远超过他说的,他自己做的远远超过他对别人的要求,从医德教育的角度看,这属于典型的率先垂范。由于有关朱宪彝的事迹记述得已经很多,在这里就不再赘述,只选几点来进一步体现他崇高的品质。

---

① 吴宝荣.《毕生献身于医学事业的朱宪彝教授》,《天津文史资料选辑》第45辑,中国人民政治协商会议天津市委员会文史资料研究委员会编[C],天津:天津人民出版社,1988.

## （一）为学

　　朱宪彝在学生时期所取得的成绩是辉煌的,在协和医学院学习期间,不仅在严格的淘汰制度下立稳脚跟,还作为成绩最为优秀的代表荣获了文海奖学金。在天津医科大学图书馆朱宪彝所捐赠的图书室,翻看他求学时的笔记,字迹工整,浏览他的图书和10余万张读书卡片,读书量为人惊叹。孔子曾说:"知之者不如好之者,好之者不如乐之者。"(《论语·雍也》)乐学是学习的最高境界。医学乃至精至微之事,学好医学需要精勤不倦。朱宪彝自上学时对读书的热爱就曾为人津津乐道,更为可贵的是这种乐学精神是他终其一生的。回望他伟大的学术成就,渊博的医学知识,这些都和他乐学的精神是分不开的。值得一提的是,朱宪彝尽管已经掌握了深厚的医学知识,但他面对知识仍然是谦虚的,这一点从他撰写文章《永远像一个医学生》的标题上可以看出来,在知识面前永远保持学生的姿态。乐学不觉苦,谦虚永进步。从对待知识的角度来看,朱宪彝是典型的谦虚乐学之人。

## （二）为医

　　曾在私人诊所工作过,对于"行医看门第、治病图发财"的时风,他持鄙视态度,而是时刻以解除病痛为先,遇到贫困患者还会免收挂号费,体恤患者苦痛,总是想方设法减轻患者负担。朱宪彝一直固守这种对待患者的态度。创办医学院之后,在医院为患者诊治,十分认真、负责,很多疑难杂症都在他这里得到很好治疗。据郑少雄教授回忆,当时朱宪彝的病人都说,和他握手时感觉特别温暖特别放心。晋代思想家杨泉有言:"夫医者,非仁爱之士,不可托也,非聪明理达,不可任也,非廉洁淳良,不可信也。"(《物理论》)让患者感受到可托可任可信,除了朱宪彝的知识和技术,还有他为医表现出来的仁爱和淳良。

## （三）为师

　　朱宪彝一生桃李满天下,对学生的关怀和负责是出了名的。郑少雄教授讲述了"文革"时期发生的一件事,当时在校园里,一些造反派企图殴打学生,朱宪彝见状说:"你们别打他们,你们打我吧!"多少年过去了,回忆此事,郑教授不禁哽咽。身为老师,对学生的这种关爱令人动容。不仅如此,他指导学生也十分负责,为学生的成长呕心沥血。郑教授回忆说,他在读朱宪彝的研究生时,老师规定每个星期三下午是专门辅导学生的时间,要求谁都不可以打扰他。他在教学中带给学生的是干净的语言、清晰的思路和缜密的分析。朱宪彝无论是对自己的学生还是对实习生、进修大夫都严格要求,但他的方法是耐心指导从不训斥。更值得注意的是,他带给学生的除了"授业""解惑"还有"传道"。在他的医案中,除了知识和技术,还有独立思考的能力和敢于向权威挑战的科学勇气,还有医学哲理和思维方法,这是朱宪彝身为"大师"的证明。

### (四)为一校之长

朱宪彝担任天津医学院的校长有三十年的时间,这三十年间,他始终以教育家的素养和科学家的精神,艰苦奋斗,从建校到学校一步步发展,充分地表现了他的真才实干。回顾这三十年,他为天津医科大学的发展指明了方向、奠定了基础、提出了理念和方法并处处率先垂范,成为学校前进的领路人、开路人,是学校得以发展所不可缺少的组成部分。朱宪彝淡泊名利,公而忘私的品质熠熠生辉,生活上节俭到艰苦的程度。都说"鞠躬尽瘁,死而后已",但是这个不足以说明他的精神,因为他去世后仍然在为天津医科大学"四献",即献出全部存款、献出全部藏书、献出自己的房产、献出自己的遗体。时至今日,这些物质上的捐献成了天津医科大学的奖学金,会一直鼓励着优秀学子;他的藏书和读书资料成为教育和科研的宝贵财富;他的遗体成为医学学习和研究的基础;他的精神成为天津医科大学前进中不竭的源泉和动力。所以他实践了"鞠躬尽瘁,死亦不已"的精神,他的贡献与天津医科大学同在,与国家的医学教育事业同在。

### (五)为人

上述几处是朱宪彝做事的具体方面,展现的是他各种身份的特殊素养和品质。之所以在各个方面他都能成为楷模,终究是因为其为人所具有的一般素养是很高的。《论语》有"绘事后素"之说,是讲一幅画之所以能涂红染绿之后展现出美丽,是因为这幅画是在白纸上画成的。这就是说如果做人的一般素养不好,做事的特殊素养也立不起来。朱宪彝的为人,是令人仰望的。权且举几件事例。第一是他的处乱之道。在"文革"那个特殊历史时期,朱宪彝洁身自好静守图书馆,整理了尘封13年以来的病案资料,这些资料如今都成为医学教学科研的宝贵财富。君子行仁"造次必于是,颠沛必于是",大概就是对他这样人的写照吧!第二是他的交友之道。关于朱宪彝在协和期间与同学刘士豪的友情,早已成为一段佳话被人颂扬,在这里不再多说。这里要补充的是来自于郑少雄教授所讲述的一件事情。朱宪彝曾经答应过一位朋友送自己的一个孩子给他,后来这位朋友的家庭遭遇变故生活陷入窘迫,有人劝说把孩子接回来,他拒绝并嘱咐自己的孩子一定要视对方为亲生父母,为他们养老送终。第三是他的夫妻之道。很多人对朱宪彝都有一个共同的印象,就是他和爱人的感情非常好。这种好并非陪伴与宠爱,而是和睦融洽。朱宪彝曾经说过自己的婚姻是传统的"父母之命"模式的,但是这样的旧式婚姻给予他的是爱人承担了全部的家务,他自己做事情才得以后顾无忧。话语中流露着对爱人的感谢和对婚姻的满意。

爱因斯坦曾言:"大多数人说,是才智造就了伟大的科学家。其实他们错了,是人格。"的确,是朱宪彝的人格造就了他的伟大贡献。

# 第十三章  朱宪彝教育理想的实践

## 一、朱宪彝奉献精神的实践传承

我来自远方，

来到这个独特的地方；

我来自远方，

怀着对朱宪彝教授的崇敬——

他像一盏灯，让他的民族看到伦理之光、人性之光！

当我回到远方，我会把这灯的信号带给全世界的人！

——卡米

### （一）寿终德永在，人去范长存

在天津医科大学气象台路校区的图书馆内，有一个特殊的展室——生命意义展厅。在这里陈列着特殊的展品——天津医科大学创始人朱宪彝捐献的遗体器官标本，陈列着社会各阶层、不同职业的遗体捐献者在生命的最后时刻留下的亲笔书写的遗嘱。1984年12月25日，朱宪彝教授正伏案工作时，因心脏病突发，不幸与世长辞，终年81岁。逝世前，他留下遗嘱，把自己的一切奉献给天津医科大学：献出全部存款建立朱宪彝医学奖；献出全部珍藏图书供人查阅（仅他的读书资料卡片就有10万多张）；献出一座私人住宅楼，供学校使用；献出自己的遗体，用于解剖课教学。朱宪彝一生身体力行践行着"甘于奉献、大爱无疆"的大医精神，真正做到了"生命不息，工作不止，鞠躬尽瘁，死而后已"，他将全部的生命奉献给了患者、学生以及我国医学事业的发展。

2002年，天津医科大学创建了生命意义展室，命名为医学伦理学教育基地。最初的生命意义展室坐落在学校解剖楼一个破旧不堪，四周掉着墙皮的小教室，"请"来了朱宪彝校长的内脏标本，学校珍藏的遗体捐献者遗书也在这里展出。最初这个基地只向医学伦理学课的学生开放，结果，全校的学生、医护人员，校外的市民、甚至其他省市的兄弟院校的同行也纷纷前来参观。随着影响越来越大，展品日益增多，参观的规模不断变大，这个老楼有些不堪重负。

2005年，基地移到了教学楼一楼的新址，更名为生命意义展室。搬家那天，因为担心年轻人毛手毛脚，张金钟教授亲自抱着老校长的脏器标本。学生们在一旁低语："朱校长，咱们要搬家了，搬到一个漂亮的楼！"新展室虽然也不大，但是很明亮，这里能迎来一天里的第一缕阳光。简单的陈设却昭示着生命的意义，朴实无华的语言诉说着生命的真谛。在这里，老校长见证着一代代学子的成长成才；在这里，天医人用独特的仪式表达着对生命的敬畏、对医者精神的传承。2009年，生命意义展室被天津市委市政府批准成为天津市爱国主义教育基地。

2014年生命意义展室再次迁址，拓展为开放的展示空间，更名为生命意义展厅。新生入校、毕业生离校，每一位天医学子都会来这里上特殊的一课，在这个近200平方米的展厅里，学生得以感受老校长的崇高品质与无声教诲；在这里，学生得以与高尚的心灵对话，感悟生命的力量。这种"大爱无疆、无私奉献"的医者精神激励着一代代天医人奉献青春、行医爱医。

生命意义展室自创建以来，累计接待国内外参观者数万人次，产生了广泛的社会影响，中国科学院院士杨叔子评价生命意义展厅时说道："人生是什么？在这里可以有个解答。死有重于泰山，在这里又有了新的含义。"中华医学会伦理学分会主任委员、北京大学医学部医学伦理学教授李本富评价道："生命意义展室为国内首创，在教育中发挥了突出的作用，学生们在这里上特殊的一课，让心灵自然地接受崇高，向往美好，追求理想。"一代代的天医学子更是在这里得以与朱宪彝校长进行跨越时空的"对话"，激励自己前行。有的同学在留言簿上这样写道："朱老是我们一生为人、治学、从医的楷模，我们走出校门，依然感到朱老在我们心中。"

### （二）光明留人间，精神可擎天

在生命意义展厅的回廊尽头，与朱宪彝事迹展示墙遥遥相对的展示柜中珍藏着两封天津医科大学眼视光学院姚进教授的遗书：

第一封遗书：我身患重病后，一直得到组织与同志们的关心与帮助，本人自工作以来，大部分时间从事眼科视光学的教学工作，工作中深知光明对人类生活的重要性，因此我自愿在身后将角膜捐献给天津医科大学眼科中心，以帮助需要光明的人们,为社会做点贡献。

第二封遗书:我自愿在自己生命走到尽头时,将眼角膜捐献给天津医科大学眼科中心,将遗体捐献给天津医科大学,这是我最后的愿望……

姚进,1978年毕业于南开大学物理系,原天津医科大学眼视光学院副院长,主要负责教学工作,主攻光学与视光学。2010年,姚进被查出患上胃癌,后病情加重,入院接受治疗。早在2005年,天津医科大学眼科中心、眼视光学院80%的医务人员和教师已集体签署身故后无偿捐献角膜的志愿书,姚进即在此列。这次入院后,姚进深知病情严重,决定立下遗嘱重申自己的愿望。"愿为医学奉献,只要一日不倒下",姚进教授的第一封遗书写于2011年11月1日,苍劲有力的笔迹中是他献身医学的决心;在病危前写下第二封遗书时,昔日矍铄无比的他已羸弱到握不住笔,到后来字迹也开始绵软、潦草,但每一句话都掷地有声。这是姚进最后的心愿,为了成就他最后的医学梦。姚进还曾对同为教师的妻子李新华说,自己身后一个花圈都不要,丧事从简。李新华说,家人都支持姚进最后的愿望,她自己以后也要像丈夫那样捐出遗体。

2012年1月18日凌晨4时40分,姚进在与病魔斗争了两年后不幸逝世。两年间他不曾畏惧,即使青丝瞬间白发,他依然顽强的抗争。弥留的时刻,他依然一脸慈祥。他的角膜如他所愿被取下,他的遗体也终于回到了学校。这一天,是天津医科大学期末的最后一天,天有些阴霾,风带着冰霜,师生们手捧菊花,承载着思念,来迎接姚进教授的遗体回校。数十年的从医从教生涯,他无怨无悔;他的谆谆教诲仍在回响,他的谈笑风生犹在耳旁,他的角膜为患者带来了光明,他身教言传为学生上了最后一课,这是他为医学、为患者、为学生所能做的最后的奉献。

在生命意义展厅中,两位天医人遥遥相望,这是跨越时空的对话,亦是天医精神的延续,每当我们走过,无不为之动容。纵使前行的路充满艰险,因为有前人的精神照亮,激励天医学子时刻铭记医者誓言,心系患者健康,在恩师与人民的期盼中苗壮成长。

2020年4月4日,由天津医科大学眼科医院、眼视光学院主办的角膜捐献纪念教育活动已是第十四届,眼视光学院学生会开展了"手写致敬角膜捐献者"微博特别活动,共同致敬和缅怀捐献者;征集并展示了"致敬角膜捐献者"主题遗书作品,同时进行了角膜捐献的专题知识科普,传播捐献者的感人事迹,歌颂奉献者的无私精神。同学们纷纷表示,每一位捐献者都心怀大爱,每一次捐献交接都是爱的传递。作为医学院校的学生,更应积极踊跃地参与公益事业,向社会大众宣传角膜捐献的重大意义,让更多富有爱心的人加入捐献队伍来，共同传递光明与希望。

### （三）传承大爱，演绎生命华章

2017年，天津医科大学公共卫生学院1978级校友李唯思同学以遗体捐献者的身份回归母校。71岁的李唯思因罹患脑神经元疾病进行性核上性麻痹，吞咽等身体机能逐渐丧失，在与病魔抗争7年后不幸辞世。回归母校将遗体奉献给医学进步事业是他生前夙愿。他说："与其将这皮囊交于烈火灼烧回归尘土，不如贡献于医学研究，因为现代医学就是建立在解剖学研究基础之上的。"在深秋的薄雾里，众多在校学生手捧菊花迎接学长重返母校，横幅上写着"李唯思同学，母校迎接你回家"。那曾经在校门口挥手离开的身影，今天以如此特殊的方式永远地归来。

2018年的清明节，生命意义展厅迎来了一位耄耋老者。张鸿钧老人坐在轮椅上，面对展厅里妻子高恒龄的照片轻轻吟诵起那首思念的诗："天人两隔觅无处，回眸枕旁涌秀容……"88岁的张鸿钧老人与妻子高恒龄同为小学教师，一生致力于教育事业。多年前，老两口就萌生了把遗体捐献给医学事业的想法。张鸿钧在回忆录《我和妻子的故事》一书中曾记述："我和爱人曾想把骨灰撒向大海，让我们的灵魂随着波涛游遍世界；又想过树葬，用自己的身体孕育一棵树苗，见证它成长为参天大树。最终，我们决定将遗体捐献，为祖国的医学事业做最后的贡献。"生命意义展厅是他与妻子最后分别的地方，张鸿钧说："当我去世时，这里就是我跟妻子相聚的地方。"

生命意义展厅中珍藏着一篇篇遗嘱，或只言片语或洋洋洒洒，泛黄的纸页虽已显出岁月更迭的痕迹，但岁月却抹不去这些灵魂圣洁的光芒。在生命的最后时刻，他们褪去身份的不同、职业的差异、年龄的跨度，拥有了"遗体捐献志愿者"这一共同的身份，这个身份昭示着他们对生命意义的全新领悟。万千姿态中，他们用大爱演绎出朴实的华章。

### （四）不负韶华，践行青年担当

天医志愿奉献是一种传承，在朱宪彝老校长"四献"精神的感召下，1990年，天津医科大学成立了全国最早的大学生志愿服务集体，30年来传承接力，坚持志愿服务。学校师生和六所大学医院医务人员全员注册"中国志愿者"，志愿服务时间累计人均100小时以上。30年来先后在全市发起系列"关爱行动"，包括关爱弱势群体（智力助孤残及社区偏瘫康复指导）；关爱祖国花朵（农民工子弟、山区留守儿童、中小学卫生常识及营养讲座与安全教育）；关爱基层劳动者等。建立天津市宁养院、儿童福利院等一百个固定的志愿服务基地，并与滨海新区管委会、中新生态城项目办等签订长期服务协议，在蓟县等偏远、贫困地区进行医疗咨询数百次。组织主任医师、青年专家、博士团、大学生志愿者以大型义诊、入户体检、健康讲座、预约手术等志愿服务形式，代表天津将医疗服务送到四川省德阳市中江县，重庆市涪陵枳城，内蒙古呼伦贝尔盟牙克石，山西省晋中榆社县、和顺县，山东省临沂，河北省西柏坡、涞源县、平山县、定州、唐县，河南省新乡市、鹤壁市等祖国各地。

2020年10月，天津医科大学携手天津市红十字会共同举办学校第20次无偿捐献造血干细胞采血入库活动，这是2020年秋季天津市高校首场造血干细胞集中采样活动。活动当日，校本部共有193名志愿者8ml血样载入中华骨髓库。自2002年，天津医科大学在全国率先发起无偿捐献造血干细胞采血入库活动，19年来，一场拯救生命的"接力赛"在校园中不断上演，全国首位外籍华裔捐献者杨永康出自天医，作为全校第12例配型成功的志愿者，他的事迹曾得到习近平总书记的充分肯定。

天医人用实际行动践行医学生誓言，创造生命奇迹，用奉献书写自己青春的履历。2020年10月15日，2017级眼视光学院眼视光医学专业学生沈明灿在这一天进行了造血干细胞捐献，他成为天津市第248例、天津医科大学第31名成功配型捐献志愿者。爱心彰显青春之美，奉献引领高尚之路，在同学们的眼神中，是每一名医学生对"救死扶伤"坚定的职业信念与担当。据不完全统计，目前我国现有血液病、遗传病、恶性肿瘤等需要干细胞移植的患者数以百万计，而利用干细胞治疗是最直接、最有效的办法，但是干细胞的配型成功率仅为十万分之一，所以需要更加大的细胞数据库来挽住生命的希望。在天津市红十字会的大力支持和帮助下，天津医科大学在全国率先发起无偿捐献造血干细胞采血入库活动以来，已开展20次校园集中采血入库，6646名志愿者血样载入中华骨髓库。自2005年第一例捐献者成功捐献至今，已有31名天医学子成功配型，捐献比例占全市的12.5%，也就是说，在天津每8名成功配型志愿者中就有一名来自天津医科大学。①

2019年1月，习近平总书记在全国首个社区志愿者组织发祥地、学校志愿服务社会实践基地——天津市和平区新兴街朝阳里社区——亲切接见我校大学生志愿者代表、"中国大学生自强之星标兵"张嘉懿同学，习近平总书记

---

① 源自于天津医科大学官网，http://www.tmu.edu.cn/2020/1028/c132a52170/page/htm，2020年10月28日.

对青年志愿者服务给予了极大的肯定。2020年,天津医科大学总医院援鄂医生王毅获评全国宣传推选学雷锋志愿服务"四个100"最美志愿者。专业面向群众、知识回报人民、爱心奉献社会,天医人用捐献骨髓造血干细胞的方式触摸医学理想,用充满温度的行为践行着"除人类之病痛,助健康之完美"的医学生誓言,汇聚大医精诚、厚德载物的医者仁心。作为新时代青年,天医学子将把爱国之情、报国之志融入祖国医药卫生事业伟大发展之中,融入人民创造历史的伟大奋斗之中,在新时代绽放出更加璀璨的光芒!

## 二、朱宪彝求真精神的实践诠释

### (一)逆行出征,全胜收兵

2020年初,新冠肺炎疫情爆发,给人民生命安全和身体健康带来巨大威胁,给全球公共卫生安全带来巨大挑战。2020年1月23日凌晨,武汉市新型冠状病毒感染的肺炎疫情防控指挥部发布通告,自当日10时起,全市城市公交、地铁、轮渡、长途客运暂停运营;无特殊原因,市民不要离开武汉,机场、火车站离汉通道暂时关闭。这是人类历史上对一个超千万人口的城市采取的最严厉的防疫措施,体现了中国政府防控疫情的决心。与此同时,全国各地医疗队请战一线。1月26日,中国农历新年初二下午,天津机场,天津第一批支援湖北医疗队集结完毕,正式踏上奔赴抗击疫情的最前线。开拔启程的医疗队中,天津医科大学总医院、肿瘤医院、第二医院、朱宪彝纪念医院、总医院空港医院25名医务工作者光荣在列,逆行出征,奔赴前线。天津医科大学肿瘤医院党委书记陆伟担任本次医疗队队长。他们集结远征、驰援湖北,共同抵抗新型冠状病毒感染的肺炎疫情。

2月12日,天津医科大学总医院接到国务院命令,24小时160人紧急集结,2月13日抵达武汉,接管武汉市第一医院重症病区。在接管病区的38天里,天总医疗队不辱使命、勇挑重担,将"抓两边、稳中间"作为第一救治原则,提出"责任医师管理"的治疗模式,用"科学管理+规范治疗""严谨评估+温暖关怀",创出医疗救治"天总"模式,实现了收治患者"零死亡"、医护人员"零感染"、医疗工作"零差错"、医疗安全"零投诉"、医疗事故"零出现"的目标,成为各方一致认可的"救治范本",为援鄂救治战斗交出圆满答卷。2020年4月4日,天津医科大学总医院重症救治医疗队休整期满,回归天医。天津医科大学党委书记姚智、校长颜华等学校领导、大学医院负责同志、在校师生共同致敬援鄂英雄,欢迎勇士凯旋。校党委副书记、校长颜华指出,在这场没有硝烟的战场上,天医人创造了分秒必争的天医速度、超高治愈的天医品质、传承了求真至善、德高医粹的天医精神。

2020年9月8日上午10时,全国抗击新冠肺炎疫情表彰大会在人民大会堂隆重举行。中共中央总书记、国家主席、中央军委主席习近平向国家勋章和国家荣誉称号获得者颁授勋章奖章并发表重要讲话。大会还对全国抗击新冠肺炎疫情先进个人、先进集体,全国优秀共产党员、全国先进基层党组织进行表彰。天津医科大学吴琦、陆伟、彭民3人被授予全国抗击新冠肺炎疫情先进个人荣誉称号,总医院援鄂重症救治医疗队被授予全国抗击新冠肺炎疫情先进集体荣誉称号,吴琦、陆伟2人被授予全国优秀共产党员荣誉称号。殊荣的获得,充分展示了天医人凝心聚力、攻坚克难的精神风貌,体现了天医人坚决守护人民生命健康的大医精诚,更彰显了天医人强烈的家国情怀和担当奉献精神。

获得荣誉的陆伟教授,17年前曾经带队参加了另一场没有硝烟的战争,两度战疫,不胜不归。

### (二)不畏艰难,淬炼成钢

2003年,抗击非典的战役在全国打响,抗疫就是打仗,用陆伟的话说,病毒就是一个会反击的对手。那一年,陆伟37岁,是天津市第三中心医院的副院长,带队支援武警医院红区。"刚开始进红区,我们没有防护服,也没有护目镜。所谓的'猴服',我都没见过。"陆伟说,当时自己戴着一层纱布口罩、一层外科口罩就进了红区,腿都是露着的。此前,各地医护人员已经出现感染甚至牺牲,陆伟把院内感染防控作为重中之重。从最初的"人盯人"到实现红黄绿严格区分、规范防护,终于交出了医护人员"零感染"的答卷。随后,陆伟又作为首任院长,建设海河医院。17年的回望,数十年的坚守,在陆伟看来,都得益于初入医学院那一年老校长对他的影响。1984年,18岁的陆伟考上了天津医学院,开学典礼上,他从八十多岁的校长朱宪彝手中接过了人生的第一件白大衣,至今他都觉得十分的幸运。然而,就在那一年,老校长心脏病突发,不幸离世。老校长"四献"给了初入大学校门的陆伟和同学们极大的震撼。陆伟说,"我的感觉就是,高山仰止,景行行止,虽不能至,心向往之。"那时候同学们对医生这个职业的认识就是救死扶伤,而不是一个谋生的手段。他的目标很简单,就是做一个能给病人解除痛苦、真的能够全心全意为病人服务的一个好医生。

同样两度出征的天津医科大学总医院胸部肿瘤中新科护士长、天津市第八批援鄂医疗队党总支副书记,45岁的李梅讲起她的经历,说道:"从非典到新冠,17年初心不改,中国民族精神是胜利战疫的底气。

"出征"防"非典"队伍里,还有天津医科大学青年志愿者服务队的同学,2003年5月4日,志愿者们踏上"征程",他们对胜利充满信心。为防"非典"蔓延,天津医科大学学生踊跃报名到郊县、社区进行防疫工作。17年后的今天,他们中的绝大多数人,早已穿上了白大衣,成为维护人民健康的中坚力量。而他们身后是天医人勇于奉献的品格延续,一代代青年志愿者在危难中挺身而出,续写着前辈们的生命礼赞。

"苟利国家生死以,岂因祸福避趋之",大疫如镜,照出了医者最闪亮的光芒! 中国医生不计得失、无私奉献的大爱情怀,感动了中国,也震惊了世界。正是他们用血肉之躯筑起了护佑生命的钢铁长城,在人类与疾病斗争的历史中,他们用一己之力维系着人类文明的延续与发展。

### （三）跨越国界,大爱无疆

2020年10月02日晚,中国援刚果(布)第27批医疗队在天津市滨海机场集合完毕,准备启程前往刚果(布)首都布拉柴维尔。此前,天津医科大学总医院魏莹主任团组已于2020年9月5日从中国国内飞抵刚果(布)。这是一次寻常的征程,因为中国医疗队已经坚持了数十年;这又是一次不平凡的征程,这是在全球新冠肺炎疫情依然肆虐时的逆行跋涉。

2020年10月03日凌晨,医疗队队员们踏上了前往刚果(布)的征途,历时15余小时的飞行后,到达刚果(布)首都布拉柴维尔。在机场,刚果(布)卫生部办公厅主任巴勒米奥代表刚政府在机场为新队员举行欢迎仪式,马福林大使出席并表示:新一批中国医疗队在非洲疫情肆虐的情况下,不远万里来刚工作,充分彰显了中刚两国人民心手相连的兄弟情谊。新一批队员有在国内抗击新冠疫情的宝贵经验,相信大家定会为刚方抗疫防疫工作提供更多支持。刚政府也对中方一直以来的宝贵援助表示了诚挚谢意。欢迎仪式结束后,24名医疗队队员前往位于首都布拉柴维尔的中刚友好医院,9名医疗队队员前往位于黑角的卢旺基里医院,执行为期1年的援外医疗任务。

2020年10月05日早晨,中国援刚果(布)第27批医疗队队员和医院工作人员在中刚友好医院举行了升国旗仪式。伴随着此次升旗仪式,第26、第27批医疗队完成了正式交接。正值国庆期间,当国歌响起,五星红旗在朝霞中冉冉升起,队员们内心都无比激动。虽然在离故乡一万多公里的刚果(布),但是一颗颗中国心更是紧紧的和祖国相连。这一次庄重的升旗仪式,象征着第27批医疗队在刚果(布)援外医疗工作的开始。

曾经作为天津援刚果(布)第24批医疗队队长、天津医大总医院麻醉科王志勇副主任在提到援非任务时说:"援非是我人生中最难忘的经历,它让我感受到一个大国的情怀,让我更加深刻地理解了医生这个职业的意义。"2017年10月10日至17日,和平方舟医院船访问刚果(布)黑角港,开展人道主义医疗服务。王志勇激动地说:"当我们看到飘扬着五星红旗的巨舰徐徐进港,全体中国同胞热泪盈眶地高唱《歌唱祖国》,心中对祖国的崇敬和自豪感油然而生。"每一次灾难面前的天医人都用精湛的医术、高尚的医德为"中国医生"的形象增添浓墨重彩的一笔。

### 三、求真至善:继往开来 踔厉风发

70年栉风沐雨,70年砥砺前行,天津医科大学的70年,是伴随着新中国医疗卫生事业发展、变革、强大的70年;天津医科大学的70年,是承载着人民对美好生活健康期待的70年。70年来学校恪守朱宪彝的医学教育理念及人文思想,以医学科学为核心,以生命科学为依托,坚持教育教学为立校之本,科学研究为强校之路,努力培养高素质医学人才,产出高水平医学研究成果,提供高质量医疗服务,培育并传承有特色的大学文化。

### (一)扎实推进"双一流"建设

1996年12月,天津医科大学成为天津市唯一的国家"211工程"重点建设市属院校,2015年10月成为天津市人民政府、国家卫生计生委和教育部共建高校,2017年9月入选国家"世界一流学科建设高校"。

学校目前有气象台路与广东路2个校区和7所大学医院。现有本科专业22个,设有19个学院(系),1个教学部。全日制本科以上在校生10291人,其中本科生5327人,硕士生3292人,博士生655人,学历留学生1017人。现有国家级特色专业5个,国家级专业综合改革试点1个,国家级教学团队2个,天津市级教学团队18个,国家级教学名师1人,天津市级教学名师27人,国家级精品课程7门,国家级精品资源共享课5门,国家级精品视频公开课3门,国家级双语示范课程3门,国家级人才培养模式创新实验区3个,国家级实验教学示范中心3个,国家级大学生课外创新实践基地2个,国家临床教学培训示范中心2个,国家虚拟仿真实验教学项目1个。现有国家重点学科5个,天津市重点学科18个;天津市一流学科4个,天津市特色学科(群)4个;省部级重点实验室23个,研究所15个,天津医学表观遗传学协同创新中心获批省部共建协

同创新中心。

2020年4月24日,2019年度天津市科学技术奖励大会暨2020年科技工作会议召开,大会对2019年度天津市科学技术奖获奖者进行了表彰。天津医科大学作为第一完成单位共有11项成果获得天津市科学技术奖。总医院张建宁教授主持完成的"慢性硬膜下血肿药物治疗的基础研究及临床应用"成果获天津市科技进步奖特等奖。总医院张蔷教授主持完成的"睡眠呼吸障碍致多种老年慢病相关机制及综合防治策略"成果获天津市科学技术进步奖一等奖,肿瘤医院李凯教授主持完成的"以针对性转化研究推进血管靶向治疗的完善、规范与更新"成果获天津市科学技术进步奖一等奖。同时,天津医科大学在本次大会上还获得二等奖4项、三等奖3项,自然科学三等奖1项。

2020年5月14日,科睿唯安(Clarivate Analytics)公布的2020年5月基本科学指标数据库(Essential Science Indicators,ESI)数据显示,我校新增免疫学学科(immunology)进入ESI全球排名前1%。至此,我校共有7个学科进入ESI全球排名前1%,分别为临床医学、分子生物学与遗传学、神经科学与行为学、生物学与生物化学、药理学与毒理学、材料科学和免疫学。更新后的ESI榜单显示,我校在中国内地高校综合排名中位列第59位,国际排名869位,比上一期前进58名。

此外,学校在自然指数(Nature index)等衡量学术机构科研水平的重要参照指标体系中同样呈现稳步提升态势。4月30日公布的2020自然指数年度综合实力榜单显示,我校在生命科学领域(life science)位于全国学术机构第30位,比上一年度提升了96.1%。喜报频传,为建设国际知名的高水平研究性医科大学奠定了坚实的基础。

### (二)荣背新使命 奋楫再出发

2019年,天津医科大学朱宪彝纪念医院(代谢病医院)落成,医院的建成开诊是对老校长的深切缅怀,也是对其无私奉献、大医精诚精神的继承和弘扬。2019年1月3日,在天医创始人朱宪彝老校长诞辰116周年纪念日,朱老校长的孙女、基础医学院生化系副教授朱宁在大会上发言。她表示,希望同学们以朱老校长为榜样,潜心学习、刻苦钻研,保持身心健康,培养对医学事业的热爱和对专业学习

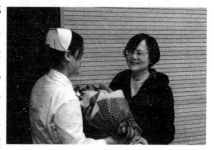

朱宪彝孙女朱宁(右)

的兴趣,为将来从事医学事业打下坚实基础。

2004年,天津医科大学批准天津医科大学代谢病医院与天津市内分泌研究所合并。1951年,朱宪彝创建内分泌与代谢病学科;1978年,天津市内分泌研究所成立,朱宪彝任所长;1981年,内科学(内分泌与代谢病)确定为博士点;1993年,内分泌与代谢病学科被批准为天津市重点学科;1997年,卫生部批准在研究所组建"卫生部激素与发育重点实验室";"九五"期间,内分泌与代谢病学科被列入"211工程"重点建设学科;1999年,内分泌与代谢病学科进入国家博士后流动站;2003年,激素与发育实验室被列为天津市重点实验室;2007年,内分泌与代谢病学科被确定为国家级重点(培育)学科,2018年入选天津医科大学"世界一流学科建设"。2015年,天津市科学技术委员会批准代谢病医院组建天津市糖尿病防治国际合作基地;2015年,以代谢病医院和内分泌研究所为主要组成单位获批组建天津市代谢性疾病重点实验室;2016年,内分泌与代谢病学科与天津医科大学其他学科整合,组建心血管与代谢性疾病基础与临床学科,并且入选天津医科大学"十三五建设"一流学科引领计划。

为满足患者就医需求,改善就诊环境,进一步提升医院的医疗、科研、教学、管理水平,天津医科大学代谢病医院启动了迁址新建项目。新院位于天津市北辰区环瑞北路6号,毗邻刘园地铁站,历经5年建设顺利落成,2019年6月16日新院正式开诊。医院以防治内分泌与代谢性疾病为特色,为纪念我国内分泌学科创始人之一、天津医科大学和天津市内分泌研究所的缔造者朱宪彝教授,传承和弘扬朱宪彝教授大医精诚的医者精神,医院新增"天津医科大学朱宪彝纪念医院"为新院第一名称。新医院将秉承"尚德 精研"的院训,建成集临床诊疗中心、科技研发中心、教学实训中心、疾病预防中心、健康管理中心为一体的,以代谢病为特色的综合性三级甲等大学医院。

岁月如歌,我们牢记先辈嘱托,救死扶伤;砥砺前行,我们展望新的征程,永不止步。朱宪彝的精神将在天医人中一代代传承发扬,天津医科大学将为新时代的医疗卫生事业培养更多的优秀医者,为人民提供更优质的医疗服务。

第三篇

朱宪彝学术思想研究

# 第十四章　朱宪彝学术思想的来源

哲学世界观对医学科学的发展,尤其是学术思想的形成具有导向作用。这是因为它们之间有很强的相关性。首先,医学与哲学都具有在实践基础上的统一性。二者获得科学理论的根本目的都在于应用,在于理论联系实际,并以能否解决实践中的问题为最高原则。其次,医学及哲学的理论体系都是科学精神与人文精神的统一体。医学是维护和促进人类健康、预防和治疗疾病的科学体系和实践活动,其研究对象主要是如何使人能够健康地生存并同时拥有较高的生命价值和生存质量。两千五百年前的亚里士多德就认识到"人是一种社会动物"。人不仅具有自然属性,也具有社会属性。人类社会的政治、经济、法律、思想、道德、文化等都是重要的健康影响因素。所以医学既有自然科学属性,也有社会科学属性,是科学精神和人文精神的统一体。因此,对朱宪彝学术思想的探究似乎有必要从其医学哲学思想溯源。

## 一、朱宪彝的医学哲学思想

### (一)朱宪彝的科学求是观

#### 1.朱宪彝科学求是观概述

朱宪彝是我国内科学代谢病和内分泌专业的先驱,也是一位杰出的医学教育家。他天资聪慧,后天勤奋刻苦,曾参加天津的"五四"学生爱国运动,后以优异的成绩考入北京协和医学院。求学时期他崇尚科学,尤其对生物学、化学、解剖学、生理学这些实验性很强的课程颇感兴趣。他十分推崇伟大的微生物学家巴斯德的话:"机会只赐予有科学思想准备的人。"从那时起,科学的意识已经在他的头脑中深深地扎下了根,使他立志为追求真理而奋斗终生。他在《永远像一个医学生》里写道:"必须从医学生时代起,就要重视一切自然科学和基础医学的理论学习……仅仅满足于成为一个医生是不够的,要争取作一个医学科学家,不但能医治面前的病人,而且也要发明创造,医治所有的病人。"朱宪彝嗜书如命,他的大部分时间都是在图书馆度过的。谭郁彬①教授至今仍记得他曾说过的话："现代科学技术发展如此之快,如果一个月不读书,不看各国杂志,就将成为外行。"他家的走廊和客厅堆满了杂志和书籍。他一生摘记的读书卡和资料超过十万多张,撰写的论文约四百余万字,字里行间体现了他朴实无华,严谨有据的治学风格。他认为发表论文不是为了炫耀,是要经得起科学考验的。朱宪彝自幼喜欢科学实验,因此,他的实验操作能力很强。他于20世纪三四十年代进行的钙磷代谢研究就是基于科学实验得到的翔实数据,通过精心设计、精细测量、精确计算、精密推理后获得的科学理论上的创新和突破。

朱宪彝坚持具体问题具体分析、没有调查就没有发言权的立场。1956年,朱宪彝提出将地方性甲状腺肿和地方性克汀病列为临床内分泌学的第一个研究课题。当地方性甲状腺肿和地方性克汀病的防治研究被列为天津医学院重点科研项目时,朱宪彝委派专人到河北省承德市郊进行了实地考察,并确定以该地为基地,进行系统性研究工作。朱宪彝还亲自在病区选择固定观察点,挨家挨户地逐人进行调查,并责成专人常驻病区,与当地卫生防疫机构配合,管理碘盐投放及疗效观察等工作。为解除人民疾苦,朱宪彝历尽千辛,从1959年开始,先后带领学校基础医学、临床医学等二十余个教研室,百余名科技人员,深入山区做现场调研。经过十余年的努力,基本摸清了我国地方性甲状腺肿和地方性克汀病的流行特点和临床类型,提出了科学的诊断方法和诊断标准,并为全国的防治研究工作制定了完整的规划。

1978年,受卫生部委托,75岁高龄的朱宪彝率队赴四川、云南、广西、贵州、安徽等南方五省区考察地方性甲状腺肿与地方性克汀病的流行与防治情况,历时两个月。这次考察开启了贵州省连续八年的防治地方性甲状腺肿与地方性克汀病的大规模研究工作,并促成了全国统一的地方病防治领导机构的建立,为全国地方病的防治与研究做出了重大贡献。1980年,朱宪彝对贵州省地方性甲状腺肿大严重流行区进行了投碘一年复查,取得了第一手资料;对新疆地方性甲状腺黏液水肿进行了调查,取得了科学数据;对地方性克汀病开展了动物模型的研究。

1981年朱宪彝提出"结合钙磷代谢,从氟的代谢及人体组织积氟与脱氟机理入手",通过实验室研究找出人体脱氟的方法,使钙磷代谢和代谢性骨病

---

① 谭郁彬:知名病理学专家,硕士研究生导师。曾任天津医学院病理教研室主任、硕士研究生导师、基础医学部主任、天津市内分泌研究所所长、中华医学会病理学会常委、《中华病理学杂志》常任编委、天津市病理学会主任委员、《国外医学·内分泌分册》主编、《中华内分泌代谢病杂志》编委等职。

的研究达到了新的高潮。朱宪彝可谓是高瞻远瞩,能提出科学性很强而又切合实际的防治计划,并且能够逐步实现。究其原因,首先是他阅读了国内外大量的文献,对该领域的历史、现状及发展动向了如指掌;其次是他重视新技术的应用与开发,例如放射性核素技术、听力诱发电位测定技术、受体测定、神经细胞培养等;再次是他既重视防治实践又重视理论研究,理论指导实践的同时还结合了中国的具体国情。

朱宪彝尊重科学,从不主观臆断,其严谨的治学态度给学生和同事留下了深刻的印象。他非常重视实验操作,对化验数据逐项审核,凡有疑问,都要复查。1941年,朱宪彝让他的一位学生为一位病人连续观察24小时尿肌酐。这位学生每天清晨为病人测量,但发现测量结果相差悬殊,反复几次,结果总是一样,她只好如实地将结果抄入病历并向朱宪彝汇报。后来她又去测尿肌酐,无意中发现朱宪彝站在她身后踮着脚检查测量操作,还严肃地说:“我对你的化验结果很纳闷。今天看你的操作步骤,完全合规矩。请把余下的标本留下,我再做一遍。”下午她去实验室时发现朱宪彝也正为化验结果不理想而大伤脑筋。后来,她不用尿液而用蒸馏水做定量分析,结果两份等量蒸馏水竟也出现了不等的微量肌酐。朱宪彝看到检测结果称赞她说:“是你找到了根源。毛病出在我身上,是我把以前用过的人造浮石反复漂洗后重复使用,看来是洗不净影响了实验结果。”

朱宪彝非常重视客观检查的重要性。他对每一个新病人都要从头到脚详细检查,一丝不苟,从不先入为主,应付了事。在周密分析资料的基础上做出诊断,并在治疗实践中进行检验。有一次他的一位见习学生在了解病人病史和体征后,给病人下诊断的时候疏漏了查痰和抗酸杆菌,受到朱宪彝严厉的斥责与批评。这位学生回忆教授的话:“你现在是四年级学生,就想简单化。明年做实习医生,一定更简单了。做了住院医生,还要再简单。到主治医生,自然更加简单了!”

朱宪彝坚持矛盾分析法,抓住重点,分清主次。20世纪六七十年代,朱宪彝密切关注地方性甲状腺肿与地方性克汀病的防治研究工作,唯恐由于不能坚持科学地补充碘盐而造成甲状腺肿与克汀病的大面积流行。他曾经担忧过分强调手术切除肿大的甲状腺的必要性,怕舍本逐末,忽视了最基本的防治措施。对于有些急于求成的做法也曾给予善意劝阻。他对有些地区出现的误把地方性甲状腺肿与地方性克汀病的基本病因归于遗传缺陷的做法表示过担忧,担心这样做会把地方性甲状腺肿与地方性克汀病的防治工作引入歧途。

朱宪彝善于从具体的病例中去发现其中蕴涵的普遍性,而且非常注意掌握第一手的临床资料。他常常对下级医师的报告不满意,往往亲自补充询问,亲自对病人进行体检,对检验报告做具体分析。对于病程较长的病人,尤其是多次住院治疗的病人,他必逐人逐病进行分析,找出各种疾病之间的相互关系与轻重缓急。在治疗一位原发性醛固酮增多症患者时,朱宪彝经过周密的分析后才做出诊断。首先他追问病人的药物治疗史,观察并记录给降压药和不给降压药病人症状有何不同,住院后也不忙于给药治疗,如果病人在院外用了药物也要停掉,特别是利尿药、降压药、镇静药等。(停止)用药一段时间后观察病人血压自然波动情况,包括上午与下午有什么不同,睡前与醒后有什么不同,饭前与饱餐之后又有什么不同。然后根据病人的发病特点安排试验,鉴别高血压是否由儿茶酚较多引起。再后根据化验结果给出最终诊断:该病人的血钾不低,尿钾也不高,因此病人不会出现碱中毒。病人虽没测血镁,估计也不会低,因为钾与镁是平行关系。还可测一下病人唾液的钠/钾比值。如果小于 1.0 可疑,小于 0.4 对原发性醛固酮增多症的诊断有意义。最后安排一系列必要的检查,如钠负荷试验、限钠试验,立卧位试验及赛庚啶试验,安体舒通试验,并观察病人的代谢紊乱是否得到改善。[①]

2.科学求是观的产生与发展

(1)科学哲学

科学主义思潮在西方文化中经历了长期的发展历程,最早可以追溯到古希腊哲学。在近代,科学主义有了长足的发展,以致产生了怀疑论、经验主义、理性主义和科学唯物主义等多种表现形式。到了现代,科学主义又以逻辑实证主义、经验批判主义和实验主义等形式出现。19 世纪末 20 世纪初,在技术革命的推动下,西方社会出现了科学主义思潮,其核心内容是科学精神,其基本特点是推崇自然科学。该思潮以与科学自身相关的和发展过程中出现的哲学问题作为研究对象,强调人的认知能力只能停留在实证的基础上,主张哲学应效仿自然科学,并对具体科学知识进行逻辑上、语言上或综合性的分析。哲学由此成为对科学进行分析的认识论和方法论。19 世纪三四十年代的法国著名哲学家奥古斯特·孔德创立了实证主义,他把实证解释为具有"实在""有用""确定""精确""有机""相对"等意义。孔德的实证主义以一种独特的方式反映了科学所取得的进展。马赫作为一位伟大的自然科学家,继续坚持孔德的实证主义哲学。但他是站在怀疑的经验论立场上,从哲学和

---

① 王家驰.朱宪彝医案[M].天津科学技术出版社,2000:107.

逻辑的角度对经典力学作了批判,抨击了机械论自然观。20世纪中期,实证主义提出要用经验对假设和理论作验证,于是"经验"就和逻辑结合,产生了"逻辑经验主义",也称"逻辑实证主义"。逻辑实证主义认为哲学的真正任务是阐明基本概念和论断的意义,而不是设法回答那些关于最高实在或绝对的本性是什么等无法回答的问题。逻辑实证主义非常重视语言文字的功能,并主张应对它有个充分的了解,因此提出了判断命题是否有意义的标准。分析哲学家罗素、维特根斯坦、卡尔纳普等人将哲学的使命界定为是对科学的语言做逻辑分析。50年代以后,卡尔·波普提出了批判理性主义,主张对理性应该采取批判的态度,认为普遍有效的科学理论并不来自经验归纳,科学理论是通过不断的证伪、否定、批判而向前发展的。他把"猜测与反驳"方法应用于社会、历史和政治的研究。60年代库恩的历史主义科学哲学兴起,历史主义在许多问题上都与逻辑经验主义背道而驰,以描述科学实际如何,科学家如何做为目的,结果使得其科学哲学失去规范意义。80年代之后,解释学、后结构主义等思潮广为流行。

科学哲学的认识方法对医学的影响很大。科学哲学中的逻辑实证主义强调还原方法,即把研究对象还原为最小单位并在逻辑上加以证实。19世纪中叶,人类对生命的认识有了很大的进步。恩格斯在对当时生物学和其他自然科学全面了解深入研究的基础上,运用辩证唯物主义观点,给生命下了一个科学的定义,提出了"生命是蛋白体的存在方式"的哲学思想。2003年岁末,科学家们在成功完成了人类基因组计划之后,宣布要进一步探索生命的本质,必须开展人类蛋白质组学的研究。现代生物学的发展,进一步证明了恩格斯关于生命定义的基本思想是正确的。20世纪以来,生物医学的基本指导思想就是还原论,基本方法就是还原方法。但过度强调还原论,则会产生技术主义。医学技术主义,是指医学工作者在思想认识上对医学技术的作用过于依赖,认为人类的健康和疾病乃至医学中的一切问题,只有依靠医学技术才能解决。自20世纪70年代以来,电子计算机、X线断层摄影扫描技术(CT)、磁共振成像技术、激光技术、人工生殖、无性生殖、基因工程等高新技术的发明和应用,标志着医学发展进入技术医学的新时代。医学仪器成为医学诊断和治疗中不可缺少的基本条件,医疗服务片面地强调为药物、手术或其他技术手段的实施。对医学技术的过度重视使医学从业人员越来越只关注疾病本身而漠视病人,忽视对人的生命的热爱,淡化了对人的理解、关心和尊重。

黑格尔、马克思和恩格斯的哲学思想对当代医学的发展也产生了极其重要的影响。尤其是马克思和恩格斯创立的唯物辩证法是科学的认识论,对医学发展的影响巨大。其中的因果联系、整体认知、具体问题具体分析、矛盾分析、动态分析等，都是医学活动中的基本认知方法。

（2）医学哲学

谈到医学哲学思想，不得不追溯其源头，在西方可追溯至《希波克拉底文集》，其作者希波克拉底被称为"西方医学之父"和"医学哲学之父"。他的医学哲学思想为西医学的理论建构提供了深刻的精神内核和方法借鉴，奠定了西方医学以实验为主的发展方向，为医学哲学建立了基本的理论范式。医学哲学是关于医学领域普遍现象的一般本质和一般规律的哲学学科，是对医学理论和实践中的具体问题、感性经验的抽象和概括。医学哲学以医学实践中的一般性、普遍性和规律性的问题为研究对象，例如：人体生理和心理的辩证关系、人体的整体和局部的辩证关系、病因分析的一般方法、病人个体差异问题、疾病的一般过程、疾病的复杂性问题等等。《希波克拉底文集》对医学本体论、认识论、方法论，以及医学实践中的普遍问题，如医学性质、早期诊断、预后分析、病人个体差异、遗传现象、生理与心理的关系、误诊误治、临床认识主体的人文精神等诸多问题有着原创性的论述。在《文集》中，希波克拉底提出要从具体的病种、具体的病例中去发现其中蕴涵的普遍性。希波克拉底还认为："医学是最具特色的艺术。在医学中只存在两种东西：科学与成见。前者孕育着知识，后者则产生愚昧。"①希波克拉底认为医学是一种真实的、存在的、实践的、有益的艺术。因为它精确的特征，它需要对多种经验进行考察，然后通过推理才能发现疾病的发展规律，最后根据个人、环境、疾病的状况得出治疗和养生的方式。

希波克拉底除了伟大的医学成就，留给世人铭记在心的还有《希波克拉底誓言》，其内容包括：第一，提高专业知识的学习和传播，同时强调医学的局限性，医生要做自己有能力做的事，对知识传授者要心存感激；第二，为服务对象谋利益，病人的生命安全和身体健康永远是第一位的，且人人平等；第三，绝不利用专业知识和职业便利做不道德，甚至违法的事情；第四，在医疗行为中不仅要有高超的医术，同时要有良好的人文关怀，尊重病人的隐私，保守病人的秘密。从《希波克拉底誓言》第二条中可以看出医学的基本价值是人的生命至高无上，以人为本。究其原因：第一，人的生命存在是一切价值产生的基础。与世界上其他万物不同，人是具有意识会思考的理性动物。所以，人的生命存在是价值产生的载体。第二，人的生命存在是其效用价值产

---

① 希波克拉底.希波克拉底文集[M].赵洪均、武鹏译.合肥:安徽科学技术出版社,1990:138.

生的基础。某一生命对他人和社会的有用性被称为效用价值。只有以人的生命存在为前提才能创作更多的社会财富。第三,医学伦理规范建立的基础是人的生命存在。医学人道主义要求医务人员对病人要一视同仁,不论病人生理、社会地位、经济状况等有何差别,都须平等对待。1975年第29届世界医学大会通过的《东京宣言》中也指出实行人道主义而行医,一视同仁地保护和恢复躯体和精神的健康,去除病人的痛苦是医师特有的权利,即使在受到威胁的情况下,医师也要对人的生命给予最大的尊重,并决不利用医学知识做有悖于人道法律的事。第四,人的生命是医学得以存在的最终依据,医学发展本身离不开对生命的研究与探索。人类不断提高生命质量的需要是促进医学不断发展的动力,人的生命存在的状态反映了医学发展水平,为人的生命服务是医学的终极目的。人的生命的意义具有至高无上性、无条件性,是不言而喻的。从医学哲学的角度出发,人的生命具有四个属性。第一个是生理属性,是人与其他生命体的共同点,是人的生命存在的物质基础;第二个是心理属性,这是人的生命区别于动物的显著特征;第三个是社会属性,这是人赖以存在和发展的基础;第四个是宗教属性,使人摆脱烦恼和痛苦达到自我超越的境界。

## (二)朱宪彝的人文至善观

### 1.朱宪彝人文至善观概述

朱宪彝一生孜孜不倦,知识渊博。他几乎是时时刻刻以书为食,贪婪地汲取着知识的营养。现存的几十册课堂笔记和读书心得真实地记录着他年轻时的学习情况。他的涉猎范围之广泛,表述方式之清晰,文字书写之工整,皆令目睹者叹为观止。朱宪彝的课余生活几乎全是在图书馆或病案室里度过的。他当时就读的北京协和医学院的图书馆不仅藏书浩瀚,而且采用开架借阅,图书按分类次序摆放在书架上,读者可自行查阅,极为便利。病案室则积累着协和医学堂1914年以来的所有病历,且按病人姓名、入院时间、出院病人分科登记,这种科学分类方法,为教学和科研提供了大量可靠资料。朱宪彝为了搜集资料,曾经几次让图书管理员把自己反锁在图书馆里,彻夜钻研。

朱宪彝医术高明。1979年附属医院收治了一位由郊区转诊的席汉综合征患者。这种病是由于产后大出血,尤其是伴有长时间的失血性休克,使垂体前叶组织缺氧、变性、坏死,继而纤维化,最终导致垂体前叶功能减退的综合征。在受到急性感染时可以出现严重的休克或精神失常。这位病人因三天前在郊区医院住院时有精神症状,曾被注射冬眠灵,转院时已出现神智不清、四肢僵直、病情危重等症状。医生们对病因意见不一,有认为是低血糖造成的,也有认为是冬眠灵中毒所致。朱宪彝会诊后,诊断为冬眠灵中毒,而冬眠灵是席汉综合征的禁忌药物。经尿液检验,证实诊断正确,病人得到应有的治疗后,很快痊愈出院。

朱宪彝医德高尚,救死扶伤。他经常叮嘱学生:"作为一个医生就是要讲究医德和工作作风。在工作上要力争治愈病人,不能治愈,也要对症治疗,减轻病人痛苦,实在治疗无效,也要给病人以精神安慰和同情。"谈及医生的职责,他说:"我们医生的职责是什么?是让我们自己失业。"1982年,一位重点大学的女大学生因神经性厌食住院治疗。该患者因争取保持"高分"而思想负担加重,精神抑郁,每天仅能嗑些瓜子,拒食一切食物,住院时身体极为虚弱,毛发脱落。该病无特效药物,需要精神治疗。为使病人早日康复,朱宪彝和主治医生一起,请来病人家属座谈3个多小时,商请家属配合医生共同做病人的疏导工作,结果很快收到疗效。还有一位极度营养不良的患者急需输白蛋白治疗,但因经济拮据无法支付费用。朱宪彝闻讯后立即表示:"治病救人要紧!计算一下费用,千元以下由我代付。"

朱宪彝虚怀若谷,低调谦虚,虽被称作"当代钙磷代谢知识之父",但他始终认为钙磷代谢的研究成果是科学家们精诚合作的结晶。他总是称赞刘士豪教授所做的杰出贡献,并说他和刘教授的友谊和合作"堪称科学家的典范"。朱宪彝惜才若渴,并且善于团结各方技术力量进行合作。美籍华人陈婉芬博士说:"朱院长平易近人,学识渊博,特别是礼贤下士的精神留给了我深刻的印象。我作为侨胞感到特别温暖,朱院长要我来津讲学,我受宠若惊,士为知己者死。"朱宪彝常说:"一个科室领导人如果心胸狭窄不能容人,不搞五湖四海,不欢迎别人一起干,总计较你的我的,总想个人单干,井水不犯河水,这样事情是搞不好的。"在他的科研队伍中,有内外妇儿、生理、病理、放射诊断、营养、核医学各方面的专家。只要你愿意发挥专长,他就支持,你做出一点成绩,就会受到他的称赞和鼓励。看到错处他也从不姑息,而是认真指出,真诚相待,很多人都愿同他合作共事。

朱宪彝坚持查房制度,言传身教。在查房时,他根据需要还邀请其他学科专家参加,认真听取他们的讨论发言,并注意多学科结合及优势集成,在可能的条件下,力求对每个疾病认识得深一些、准一些,防止片面性。在内分泌科,他一直坚持与脑系、泌尿、放射诊断等科专家联合查房并开展临床病理讨论会,进行专业知识的交流,培养临床住院医师的专业技能并提高他们分析疑难病例的能力。对于一时还看不准的问题,他总是留有余地,鼓励大家再进一步观察与思考。几十年来,朱宪彝以身示教,要求研究生既要发奋图强,胸怀大志,又要谦虚谨慎。他的话"希望你们超过我,有谁超过我,我才更高兴",充分显示了一位老科学家海阔的胸怀和崇高的精神境界。

朱宪彝平时待人和蔼可亲,不摆架子,但对医学院学生和医师的要求却格外严格。他经常检查下级医生书写的病历,把病历书写看作是衡量医生工作质量和工作作风的重要标志。他曾经把写得不像样的病历当众扔出病房窗外,也曾经严惩过私自涂改病历的实习医生。

朱宪彝一生节俭,克己奉公。他不嗜烟酒,省吃俭用,很少给自己和家人添置新衣服,把省下来的钱都花在了图书资料和慈善事业上。当协和校友发起募捐筹建"协和医学院基金"时,他寄出1000元国库券。他与国外友人的信件往来、邮寄书籍、圣诞贺卡等经费概由己出,甚至接待外宾,他也自费招待。他乘坐的轿车,从不让家人搭乘。自己乘车也不中途停车去商店购物,宁可回家后自己再去购买。他逝世后将珍藏的价值五六万元的图书、全套私人住宅和全部存款2万元,甚至他的遗体都奉献给祖国。遗体捐献是他多年前就许下的诺言,他把这看作"医学家的最后归宿"。他身患冠心病、心脏肥大、阵发性心房纤颤、心功能二级;慢性支气管炎、左下肺支气管扩张、慢性阻塞性肺气肿、慢性胆囊炎、胆结石、肝血管瘤、急性原发性青光眼、白内障、前列腺肥大,内外痔等多种疾病。虽然常年疾病缠身,但这位八旬老人依然像健康的壮年一样,一直在超负荷地工作,照常去听课,去查房,去参加各种会议。就在他去世前的20分钟,他仍然沉静地向秘书交代着一件又一件要做的工作。时任市委副书记谭绍文曾说:"朱宪彝同志的一生是光明磊落的一生,是奋发进取的一生,是为人民造福的一生。朱宪彝教授的逝世,使我们失去了一位德高望重的科学家,失去了一位远见卓识的教育家,失去了一位久经考验的优秀干部。"朱宪彝真正做到了鞠躬尽瘁,死而后已。

### 2.人文至善观的产生与发展

#### (1)人文主义

两次世界大战、具有高科技含量的核武器以及疯狂的军备竞赛带来的灾难使得一些哲学家们开始反思科学主义的消极影响,一部分哲学家力图突破传统的存在、理性、逻辑的框架,把对万物之存在的研究转变为对人之存在的研究。德国唯意志论哲学家叔本华的生命意志哲学沿袭费尔巴哈的自然主义思路,把人的本质看作非理性的情、意、欲,以恐怖、厌烦、忧郁、绝望等主观心理体验作为哲学研究的根本对象。尼采的强权意志论把叔本华的生存意志改变为强力意志,提出一种带有悲剧情调但又充满生命冲撞力的哲学。柏格森的生命哲学认为生命本能冲动的绵延是最基本的实在,要把握永恒的生命之流只能靠直觉。胡塞尔的现象学则从方法论上系统地论证了人本主义的内在直觉法,他宣称哲学的研究对象是纯粹意识现象,并要求将一切外在传统"悬置"。以海德格尔和萨特为主要代表的存在主义将人文主义的影响推向高潮。存在主义以人的生存状态、人生的意义、自由、价值以及与之相关的社会问题作为研究对象,从哲学上形成了现代人本主义的完备形态。以弗洛伊德的精神分析学为代表的心理哲学,力求以科学的眼光去透视人的本质,对人的无意识精神现象进行了大胆的探索研究。伽达默尔的解释学从历史文化系统的崭新视角去研究人文科学,对理解的历史性、创造性、开放性做了深入研究,认为历史是主客观视域的交融或统一。马斯洛的科学人本主义通过对优秀人物的实证研究,提出科学发展与人的发展可以并行不悖的乐观预言,力求在人本主义的基础上,弥合科学与价值、理性与非理性、现实与理想之间的裂缝。人文主义思潮以人和社会问题作为哲学的研究对象,关注人的生存、人的自由、人的本质、人的价值等问题,关注生存环境、社会环境、社会危机等社会问题。正如马斯洛所说:"它帮助人形成生活方式,这不仅仅是人自身内部隐秘的精神生活方式,而且也是他作为社会存在、社会一员的生活方式。"①

（2）人文精神

20世纪以来,人本主义思潮提升了人文精神在医学领域的地位。医学理论、医学观念、医学教育以及应用等具有人本主义色彩。例如:生物—心理—社会医学理论模式的提出;安乐死,临终关怀的医学观念的传播;人文医学学科的建立与发展以及以病人为中心,医患关系的实施;知情同意等病人权利在法律上的明确定位、整体护理的发展等,都有人本主义哲学影响的文化背景。

医学本身是一门济世救人之术,医学教育应该培养什么样的医生？是具有人文品格和悲天悯人情怀的医生还是掌握大量科学知识和技术训练的医学技术工人？

医学的本体是人的生命,医学是人的医学,因此医学具有人文价值。医学的人文价值就是关爱生命,其本质就是求真、崇善、尚美、达圣。医学求真,通过促进医学科学的发展和医疗技术的进步来解决病人的病痛,达到救死扶伤的目的。为实现救死扶伤的目标,医学工作者必须积极探索医学客观规律,积极寻求防病治病的科学技术与科学手段,在医学研究和临床实践中求

---

① 马斯洛,李文.存在心理学探索[M].云南人民出版社,1987:6.

真、求实、探索、创新,推崇理性,强调客观性、精确性和效用性,达到对未知生命世界的正确认识,这也决定了医学工作者关注医学事实,重在求真,与"是"对应。医学求真不仅仅间接地通过医学科学技术中介来实现对人们身心健康需要的满足,而且直接地通过渴求知识、追求真理满足人们的精神需要。

医学崇善,是指医学行为和结果与道德律令的一致性。医学实践行为是局限在一定的道德观念指导下的道德实践活动。它以社会舆论、个人良心等方式引导人的实践活动朝着符合一定道德理想的方向前进。其基本理论形态,主要包括美德论和义务论。美德论回答的是医生应该是怎样的人,如要求医生仁慈、正直、庄重、富有同情心、值得信赖等。义务论则是指判断医生行为正当与否的标准是什么,医生应该做什么,不应该做什么,可以做什么,责任是什么等。当代医学将医学崇善的人文价值,体现在以"病人为中心"的信念中,弥漫在诊断、检查、治疗、护理的过程中。

医学尚美,是指医学审美对象的具体形象与审美主体的本质力量相互作用,对审美主体产生的愉悦效应。医学之美能唤起人们纯真的感情,净化人的灵魂,陶冶人的情操,增强人的德行。医学作为一门艺术,通过该改善个体和社会人群的健康状况的实践活动而激发人们对生命的热爱的喜悦的情感。尚美是医学最美的价值体观。

医学达圣,如"厚德载物""止于至善",是医学对人的全面发展和自我超越的最高境界。医学原本是一种世俗的职业,医学无法远离世俗生活,医生无法不食人间烟火,但如果医生具有圣洁的品格来升华自己,医学则可以成为圣洁的职业。人的生命价值至上的特征不允许医学抛弃责任,选择了医学就选择了责任、义务和奉献,选择了圣洁。

希波克拉底认为好的医生应该具有以下品格:第一,高尚的医学人文品格和深厚的人文修养。医学人文品格是指无私、谦虚、积极进取、廉洁忠贞、摒除迷信等优秀非凡的品格。人文修养包括严肃、自然、敏锐、顽强不屈、和蔼可亲、临危镇静、言之有据、情之有理、言语优美、性情宽厚、尊重事实、从善如流。第二,合理的知识结构。第三,虚怀若谷的胸襟。

## (三)朱宪彝的经验归纳观

### 1.朱宪彝经验归纳观概述

朱宪彝一贯重视基础理论与临床实践紧密结合的讨论方法。他总是从病人的临床表现(包括实验室检查结果)出发,扼要地说明这些临床表现形成的病因病理及生化基础,指导人们透过现象去认识本质。在讨论一个病人时,他还注意分析这个病人与其他同类病人有什么相同之处,又有什么不同之处,从共性中找出个性,从相似中找出差别,为提出更有针对性的个体化治疗提出论据。他的这种独特的分析能力以及这种严谨的经验能力与理性能力相结合的科学作风与早年在北京协和医院内科工作时的大巡诊制度密不可分。三十年代的协和盛行大巡诊制度,即事先由总住院医师从各专业组中选出疑难罕见病例,向外公布。大巡诊时,实习医师报告病例,再由主治医师做中心发言,对诊断和治疗措施做必要的说明和讨论,并准备回答各位巡诊者的问题。巡诊会上百家争鸣,各抒己见,最后由科主任做总结,并指示下一步的诊疗措施。多年以后,朱宪彝也把这种制度带到天津市立总医院。原天津医学院院长王正伦仍然记得60多年前,还是学生的自己聆听朱宪彝讲课时的场景。他说:"我们从总医院临床内科见习开始,每周安排查房,实行巡诊制度。朱院长查房时问题简洁、直击要害,从基础知识联系到临床实践,从国内现状到国外研究无所不谈,大家都受益匪浅。他从协和医院移植建立的制度为提高医师水平奠定了良好的基础,促进了青年医师坚持自学,了解医学前沿,养成不断学习的习惯。"20世纪50年代,朱宪彝将巡诊制度扩大深化为全市临床病理大讨论,每周四晚在天津医科大学(原天津医学院)大礼堂召开,由其本人主持,每周推出一个疑难病例,由一人主讲,现场思想碰撞、气氛活跃,最后由病理学主任揭晓谜底。

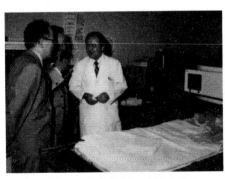

1982年8月朱宪彝(左二)访日学习

朱宪彝非常重视查房制度。他始终坚持临床工作,定期查房并组织临床病理讨论会。他对下级医生要求很严,而且循循善诱。他希望医生们在一例例的诊疗中学习和运用已学到的知识,并通过医疗实践及广泛阅读开拓新的认知领域,提高认识疾痛和治疗疾病的能力,如此往复,不断提高自己的水平。凡是参加过朱宪彝查房的医生都感到,他主持的每次查房都是一次高层次会诊,都是一次内容充实的临床示教。姚智书记回忆说"在总医院实习时,听说老校长要去查房,大家都怀着崇敬的心情开始忙碌的工作,榜样的力量一目了然。"在治疗一位进行性骨干发育不良症患者时,朱宪彝写下了如此详尽的查房分析:

多发性纤维增生症,骨发育不良,特别是进行性骨干发育不良,常有家族史,是一种少见的遗传性骨病。患者的父亲、表姐妹、表哥都没去过东北,也有"骨髓炎",因此不能以寒冷来解释本病的病因,只能说在寒冷及劳累之后诱发,可能以前就存在但无表现。病人肢体局部隆起,有红肿热,但无周身发热,白细胞一直不高,血沉也不增快,因此不像慢性病灶,可排除结核、肉芽肿或其他炎症。是否有痛肿的存在,病人病变的部位是多发的、对称的,疾病发展过程缓慢、时轻时重,不影响活动。如果是恶性的,需随访多年。目前人们对该病的了解还不太多,有关本病发病机理和病理改变,文献中记载甚少,多数是临床观察及 X 线检查材料的分析,不了解骨代谢上有什么变化。该患者病程已 14 年,不算短了,从临床观察不能估计预后如何,是停止,还是继续发展。从组织学上对该病也不了解,它不同于石骨症。病人除了运动后疼痛外,其他营养状态、生长发育、月经周期均不受影响。现在我们对该病可以说还不太懂,这就需要积累知识,骨活检后观察哪种骨细胞活跃。破骨细胞是否受抑制,成骨细胞是否钙化。骨活检也可能看到没有破骨细胞或面积很小。活检在髂骨来做当然不如在病变部位–胫骨来做好,如果病人不同意,我们不能强行。[①]

### 2. 经验归纳观的产生与发展

弗兰西斯培根是 16 世纪英国杰出的哲学家,是英国唯物主义和现代实验科学的真正始祖。在他的主要著作《新工具》一书中,他系统地批判了中世纪经院哲学,第一次从认识主体的角度揭露了人为什么会犯错误的根源,并在总结实验科学研究方法的基础上提出了真正归纳法,成为归纳法的创始人,为人类认识提供了新的工具,促进了科学技术的发展,在逻辑史和科学史上确立了自己应有的地位。

培根认为人的一切认知都来自感觉经验,但他没有陷入狭隘的经验论的泥潭之中。他认为经验哲学阻碍了当代科学的发展,只有通过理性认识才能把握事物的本质。于是他进一步揭露了人类认识产生谬误的根源,提出了著名的"四假相说"。在这四种假象中,第一种假象是"种族的假相",这是由于人的天性而引起的认知错误;第二种是"洞穴的假相",是个人由于性格、爱好、教育、环境而产生的认识中片面性的错误;第三种是"市场的假相",即由于人们交往时语言概念的不确定产生的思维混乱;第四种是"剧场的假相",是指由于盲目迷信权威和传统而造成的错误认知。培根指出,经验哲学家就是利用四种假相来抹杀真理,制造谬误,从而给予了经验哲学沉重的打击。他主张把感觉经验和理性能力结合起来,在两者之间建立一个真正合法的婚

---

① 王家驰.朱宪彝医案[M].天津科学技术出版社,2000:78.

姻。而连接的桥梁就是科学实验。他强调只有通过观察和实验才能使事物的性质得到更充分、更深刻的暴露,便于人们去把握,也只有通过实验和工具的帮助,才能弥补感官的缺陷和不足,使人们得到正确的认识。

实验科学的兴起对医学研究方法产生了重大的影响,医学家开始用当时的物理、化学、数学等科学知识作为医学研究的工具,采用自然科学技术的新成就与实验的方法研究人体和医学问题。维萨里对人体的研究采用了解剖观察描述与数据测量法;哈维创立的血液循环理论采用的是动物实验与生物统计等方法;桑克陶瑞斯使用了天平、温度计、脉搏计等新仪器,进行了人体新陈代谢的研究;列文虎克等用显微镜打开了人类认识微观世界之门。实验方法大大地开拓了医学认识的领域,促进了医学的深入发展。16、17世纪的实验医学体系的兴起作为一个里程碑,标志着世界医学的发展迈入了一个新的阶段。18、19世纪的医学,基本上也是遵循培根的唯物主义经验论发展的。

培根从唯物论立场出发,指出科学的任务在于认识自然界及其规律。培根为归纳逻辑创造了一些基本原则,充实了归纳逻辑,为归纳逻辑的发展做出了辉煌的贡献。培根归纳法中的四个基本原则,是相互联系的。由创造概念、进行概括、判断,到运用排除法,最后建立假设以把握真理,彼此衔接,逐步上升。

总之,培根坚信,人们要认识自然,必须将"经验能力和理性能力"结合起来,而实现这种结合的方法是进行实验。实验之后,则要在"真正的归纳法"的指导下,运用理性能力对实验得来的材料进行分析整理,最终得出科学的结论。

### (四)朱宪彝的整体观

#### 1.朱宪彝整体观概述

究其一生,医疗工作始终是朱宪彝倾注心血、刻意求新的工作重点。他一直坚持查房示教,主持临床病理讨论会。他对查房非常重视,不放过每一个细节,了解老病人的病情变化和新病人的全面情况,提出新的诊疗措施和研究课题。无论是在门诊,还是在病房,凡经他诊治的病人,一律按常规从头至脚逐项检查,从无遗漏。

朱宪彝善于在全方位考虑问题的同时抓住重点。他对每个病例的讨论主要侧重在治疗方针上,方针明确之后方法及药物的选择就可迎刃而解。在同时有几种药物可供选择时,他也注意分析各种药物之间的异同及选择原则。以下是朱宪彝治疗一位低血磷性软骨病患者时所做的极为详细的药物选择记录:

根据病史等临床表现考虑为"骨软化症"。患者是青年男性,不符合一般的维生素D缺乏造成的佝偻病,先考虑为"低血磷性软骨病"。这与一般佝偻病以缺钙为主有所不同。该病人在治疗前可先给8-10天的低钙饮食进行钙磷平衡试验。对散发的低血磷性软骨病可能是由于维生素D的缺乏。如诊断上不十分明确,可采用3-4个月的试验性治疗:首先试服中性磷溶液,看其对临床症状的作用,同时观察血和尿的变化;如无作用,停中性磷,试服大量钙剂;如仍无作用,停钙剂,试用中等剂量的维生素D;如还无作用,可试服中性磷加维生素D;最后可试用大剂量维生素D,加口服中性磷。该病人应先给中性磷治疗,如果是低磷性软骨病,症状应明显好转,最早是骨痛缓解。同时观察血尿生化改变,有好转可继续治疗,并可加用中等剂量的维生素D,不好转则停药。[①]

### 2.整体观的产生与发展

#### (1)自然哲学

整体性客观地存在于自然、社会和人的认识。从爱因斯坦等人的自然科学的整体观,到贝塔朗非等人的系统结构的整体观,再到马斯洛等人的社会文化的整体思想,都展示了现代整体论的自然、系统、社会的有机整体性,揭示了现代整体思维的不同层面、不同特征、不同形式和不同意义以及现代整体论的本体论、认识论和方法论的结合。

黑格尔第一个把整个自然的、历史的和精神的世界都看作是一个内在联系的、永恒运动的统一过程。20世纪系统科学与整体观得到了进一步的发展。爱因斯坦的狭义相对论把质量和能量、动量和能量、电场和磁场融合成一个可理解的统一体,广义相对论把惯性和引力统一起来了。美国学者贝塔朗菲于1932年和1934年接连发表《理论生物学》与《现代发展理论》,提出用数学模型来研究生物的方法和机体系统论概念,这是现代系统论的萌芽。他于1937年提出一般系统论的概念,认为一切有机体都是一个系统,其各部分离开整体是不能存在的,一切生命现象本身都处于积极活动状态,任何活动的系统都是与环境发生物质、能量交换的系统,各种有机体按严格的等级结合在一起,一个生物系统可分若干层次。之后比利时物理学家提出"耗散结构"学说的系统理论。德国科学家提出多维空间理论的"协同学系统理论"。苏联科学家提出"参量型系统理论"等。

马斯洛将人类的需要进行了系统化描述。他认为人作为一个有机整体,

---

① 王家驰.朱宪彝医案[M].天津科学技术出版社,2000:198-199.

具有多种动机和需要,包括生理需要、安全需要、社交需要、自尊需要和自我实现需要。各种需要之间不可分割、有机联系,每一种需要既是寻求满足的目的,同时它的满足又构成通往高一层次需要的阶梯,人在需要驱动下呈上升前进式发展。

马克思和恩格斯第一次对世界的种种联系作了唯物主义的系统整体论述。恩格斯提出了"总体系"的观点。唯物辩证法认为整体与局部相互依赖,互为存在和发展的前提。整体由局部组成,离开了局部,整体就不能存在;整体与局部之间相互作用,整体对局部起决定作用,局部的变化也会影响到整体的变化;整体与局部之间相互渗透;整体与局部在一定条件下相互转化。学科总是相互渗透的,因此哲学上的整体与局部的关系同样适用于医学领域,医学哲学的方法论就包括整体观,临床医学和基础医学离不开整体观。

首先,人类生命的有机整体是由人体生物分子、细胞、组织、器官、系统等若干不同层次的局部所构成。只有局部的器官比如消化系统、呼吸系统、免疫系统、循环系统等的相互协调才能共同完成人体的新陈代谢的整体功能。人处于社会之中,除了生物属性之外,还具有心理、意识和精神属性。离开任何一种属性,生命都不是一个有机整体。其次,人体机体整体功能的改变决定其局部的变化。例如,一种全身性的变态反应性疾病风湿病后期可以侵犯到关节、心脏等组织器官,造成各个部分的病变。机体局部的病变可以影响整体的功能,例如,某局部恶性肿瘤发展最终会导致全身器官衰竭。再次,疾病产生发展的复杂性是由整体与局部相互渗透所致。例如,临床常见的口腔黏膜疾病可涉及疾病理化刺激、局部感染、局部创伤等局部因素,也与感染性疾病、营养缺乏症、代谢障碍、内分泌紊乱、血液病、免疫性疾病等整体因素有关。最后,在疾病演变过程中,局部病变与整体病变可以相互转化。例如,一个局部的外伤感染可转化为全身性的败血症。

(2)医学哲学

受自然哲学思维"宇宙是一个整体"的影响,医学家们也用这种思想研究人,西方医学在古希腊时代就重视人的整体性。古希腊科斯医疗学派认为疾病不但是某个具体的器官的病变,往往会导致整个身体造成不适和身体功能障碍,身体各个部位有病变就会导致其他部分的变化。希波克拉底的整体思维方法,作为医学哲学方法论,贯穿于《希波克拉底文集》始终。例如"整个机体被分成各部分,各部分相结合构成整体"[①];"各个局部形成一个整体,但各

---

① 希波克拉底.希波克拉底文集[M].赵洪均、武鹏译.合肥:安徽科学技术出版社,1990:267.

在自己的部位上共同起作用"①;"医学艺术作为一个整体,着眼于医学艺术整体"②。希波克拉底强调人体内部的统一和外部环境的统一。首先,身体的每个器官都是彼此联系的,任何一个部分出现问题,其他部分也不能正常运转,医生不能只医治其中一个部分,而要注重整体。其次,人体和自然地理环境密切相关,要研究患者社会的、自然的状况,研究各种致病因子等自然因素。希波克拉底还着重说明病人本身比疾病更加重要,当一个医生试图去给病人治病的时候,他不仅要了解病人的病情,还要知道病人的健康习惯和身体的本性。再次,希波克拉底从不同角度分析了致病因素:包括自然因素、社会因素、体液的失调、摄生和营养因素、遗传因素、生活习惯、体质因素等。以下做简单介绍:

第一,疾病的产生与自然环境有关。《希波克拉底文集》中论述了季节、气候、风、水、城市的朝向、天文现象等自然因素与疾病的关系。

第二,疾病的产生与心理社会因素有关。躯体受到侵害的同时,心理亦受到恶性刺激;在强烈的心理应激状态下,人的躯体也会产生相应的症状。希波克拉底要求医生既要研究疾病又要研究病人的心理和思想。③

第三,疾病的产生与体液失调有关。希波克拉底认为:"疾病因体液过盛或不足而形成。"④人体内有血液、黏液、黄胆液和黑胆液,与火、气、土、水有直接关联,这些要素决定了人体的性质,分别表现为热、干、冷、湿的特质,当不同的体液的量和能相互适当结合,并且充分混合时,人体便处于完全健康状态,当这些要素之一太少或过多,或者分离出来不与其他要素化合时,人体便感到痛苦。另外,外部的因素也会使某种体液多余或者欠缺而产生疾病。例如:停滞在直肠的血管里的胆液或黏液使其中的血变热,变热的血管从最小的血管里吸取血液,在肠内形成障碍而肿胀起来就产生了痔。医学的任务是保持或恢复体液的平衡。希波克拉底认为疾病过程是人同自然之间、不同体液之间平衡破坏,而自然就是一种积极的治疗的力量,许多病还是本能地自愈。⑤患者可以通过排出过剩的体液而使疾病痊愈。⑥

① 希波克拉底.希波克拉底文集[M].赵洪均、武鹏译.合肥:安徽科学技术出版社,1990:080.
② 希波克拉底.希波克拉底文集[M].赵洪均、武鹏译.合肥:安徽科学技术出版社,1990:104.
③ 希波克拉底.希波克拉底文集[M].赵洪均、武鹏译.合肥:安徽科学技术出版社,1990:043.
④ 希波克拉底.希波克拉底文集[M].赵洪均、武鹏译.合肥:安徽科学技术出版社,1990:228.
⑤ 希波克拉底.希波克拉底文集[M].赵洪均、武鹏译.合肥:安徽科学技术出版社,1990:142.
⑥ 希波克拉底.希波克拉底文集[M].赵洪均、武鹏译.合肥:安徽科学技术出版社,1990:104.

第四,疾病的产生与摄生和营养有关。希波克拉底提倡体育活动、注意食物营养的均衡摄取,主张养生和季节变化相适应等等。他认为医学的任务就是发现和研究未知的对人体健康起作用的生活方式和营养条件。①《希波克拉底文集》中详尽论述了大麦粥、面包、肉类、葡萄酒、蜂蜜、醋等几十种食物对健康的影响。

第五,疾病的产生与遗传有关。

第六,疾病的产生与个人习惯和个体差异有关。希波克拉底提倡早期诊断,早期治疗。

第七,疾病的发生是复杂的,需要理性对待。希波克拉底承认医学的复杂性,他说:"生命短暂,艺术永存,机会转瞬即逝,经验极不可信,判断准确,实在难能。医生之责,非一己可完成。无患者和他人合作,则一事无成。"② 因此,他提出医生要善于观察,培养理性思维观念,运用类比、推理与反思的理性方法进行临床实践。他认为"使用推理手段能弥补医学艺术的不足"③。

## 二、朱宪彝的医学科学精神和医学人文精神

朱宪彝特别注意哲学方法对医学理论的建构方面、医学理论的评价方面以及医学和其他具体科学的比较研究方面的导向作用。在前文阐释了朱宪彝医学哲学观的基础之上,进一步阐释其医学科学精神和医学人文精神,无疑有助于我们更好地理解朱宪彝学术思想的来源。

医学是自然科学与人文科学的结合,科学精神与人文精神的结合。哲学既是世界观,也是方法论。它是由认知、价值、信念和理想目标等基本要素构成的,对人的价值、命运、前途、活动的关注是其本质特征,关心人、体贴人、同情人、理解人是其理论特色,因而它也是科学精神和人文精神的统一体。但是医学和哲学又都是处在不同层次上的知识体系。从对实践的关系来说,医学与实践的关系具有直接性、具体性,而哲学对实践的关系则具有间接性和高度概括性。哲学研究的是世界的普遍本质和最一般规律,而医学研究仅是与人类健康与疾病相关因素的特殊本质和特殊规律,这就决定了医学和哲学的关系是个别与一般、特殊与普遍的关系。在这种关系下,医

① 希波克拉底.希波克拉底文集[M].赵洪均、武鹏译.合肥:安徽科学技术出版社,1990:003.
② 希波克拉底.希波克拉底文集[M].赵洪均、武鹏译.合肥:安徽科学技术出版社,1990:236.
③ 希波克拉底.希波克拉底文集[M].赵洪均、武鹏译.合肥:安徽科学技术出版社,1990:129.

学在为哲学世界观的构建奠定着科学基础,而哲学又为医学的发展提供导向作用。①

## (一)朱宪彝的医学科学精神

### 1.医学科学精神在医学科学方法论中占据首要地位

法国生理学家贝尔纳曾说过:"良好的方法,能使人更好地发挥天赋的能力,而拙劣的方法则可能阻碍才能的发挥。"所谓方法,在古希腊语中,是指沿着正确的道路前进。在马克思主义哲学看来,方法是主体在实践活动中从自身的目的出发,按着实践对象的本质和规律,进行认识和改造客体的规则、手段、途径的总和,即方法规范着实践主体应该怎么做,遵循什么原则,按照什么程序,采取什么方式,选择什么道路,使用什么手段,才能达到主体的预期实践目的。因此,方法具有主体性、客观性、规范性和适用性等特征。其中适用性是对方法的最基本要求。

方法按照其抽象程度的高低,适用范围的大小,可分为哲学方法、一般科学方法、具体科学方法。哲学方法是理性思维方法和非理性思维方法的统一。它是哲学世界观的具体应用,是由哲学世界观决定的。马克思主义的世界观不是教条而是方法。一般科学方法,是指从某个侧面、某一角度,去研究世界的本质和规律的方法。具体科学方法,则是某一具体科学研究独有的方法,它具有适用范围小,研究对象具体,针对性强等特点。哲学方法,支配和制约着一般科学方法和具体科学方法,没有正确的哲学方法指导,其他层次的方法是不能保证其科学性的。

医学科学方法论,属于具体科学的方法论。在哲学方法论和医学科学方法论的关系上,哲学方法论规定了医学科学方法论的目的性、适用性、科学性。

医学科学方法论指引着医学发展和进步。在医学理论的建构方面,由于医学科学家是在事实基础上提出假说,进行逻辑推论,从而建构理论,并要靠经验证实,求解其普遍适用。在这个过程中,哲学的概念、原理、方法都是通过医学科学家的头脑内化在医学科学的理论体系中,因此科学的哲学方法就要时刻警惕,并要过滤掉医学家头脑中的唯心主义和形而上学的干扰和影响。

---

① 田守成.哲学对医学导向作用的切入点[J].医学与哲学,1999(06):24-26.

1975年朱宪彝(左二)参加天津医学院研究生毕业典礼

而医学科学精神无疑在医学科学方法论中占据着首要地位。所谓医学的科学精神,是以求真、求实和推崇理性为特点,强调医学知识和技术在医疗过程中的作用,强调尊重临床客观事实、尊重医学规律、依循实证方法、遵循规范的程序,强调临床发现的客观性、准确性和效用性,强调排除主观因素的干扰作用。

医学科学精神的焦点是科学理性所揭示客观规律。在医学科学的视野中,人是客观存在的生物有机体,是可以用科学的理性去加以剖析的。在探索人类的健康与疾病的工作中,医学工作者总是带着科学问题,不断地解决科学问题,并为人类健康创造新的知识与技术。医学工作不断地推陈出新,拓展人类认识疾病的深度、广度和真度。它借助于实践的、实验的、逻辑的种种手段去证伪或证实医学知识的真实性、合理性、科学性。医学科学通过确凿事实得出正确的理论对一些错误、愚昧、落后的伪医学思想进行揭露和批判。医学科学精神使人类对健康与疾病的认识走出了蒙昧的状态,促使生物医学得以蓬勃发展现已深入到分子水平。①

科学精神在医学方法论中的首要地位是由医学研究专业性和职业特殊性决定的。医学科学是以保护和增进人类健康、预防和治疗疾病为研究内容的科学。医学研究具有和专业性,必须做到以科学的态度去观察、发现患者的生理、心理、社会致病因素,对疾病进行判断,并运用科学的方法去研究治疗的方法,制定、实施最终的诊疗方案。开拓创新、求真务实的科学精神必须贯穿于医学科学研究的始终。

医学职业的特殊性亦是科学精神在医学方法论中首要地位的决定因素。

① 张艳萍,张宗明.医学科学精神与医学人文精神交融——实现现代医学模式的转换[J].南京中医药大学学报(社会科学版),2007(03):44-46.

"健康所系,性命相托",医学科学和医学工作被赋予了神圣的使命。选择了医学职业,就选择了将终身致力于维护人类健康和拯救人类生命,就注定会面对多于常人无数倍的病痛折磨、生离死别。而医学研究、医疗工作的特殊性,要求的是良好的心理素质,理性、客观的判断和抉择,并且是科学的专业理性。

医学不仅仅是医学科学知识,更离不开医学科学精神。医学是以医学科学技术来为人民健康服务的。为此,医务工作者必须具备丰富的医学科学知识,并在临床实践中不断总结经验。具备丰富的医学科学知识很重要,具备医学科学精神同样重要。在一定程度上,科学精神指导着科学技术的方向。为此,医务工作者在强调掌握医学科技知识的同时,更应强调大力弘扬医学科学精神。二者相结合,共同作用,才能更好地为人民健康服务。朱宪彝在其数十年如一日的职业生涯中始终坚持对医学科学精神的践行和锤炼。

### 2.朱宪彝对医学科学精神的践行和锤炼

第一,"以病人为中心"的人本精神。朱宪彝的中学时期,正值国内时局动荡。"国家兴亡、匹夫有责",已经形成时尚。青年朱宪彝在业余时间不断学习《新青年》《新潮》《解放与改造》《时事新报》的专栏文章,思想比较先进。"五四"学生爱国运动爆发时,直隶官立一中是天津学生运动的主力之一。在学生会主席韩致祥、于兰渚(于方舟)带领下,朱宪彝参加南开中学举行的天津学生联合会第一次爱国运动大会;参加过到省公署请愿和包围警察厅的示威活动;在东浮桥一带发表革命演说,到估衣街宣传抵制日货;在为营救周恩来等爱国人士的请愿活动中,朱宪彝挨了警察的军棍,依然一身正气,坚持到底。周恩来等革命志士在狱中所做的"求学不忘救国、爱国不忘求学"的号召,也深深激励着他。通过这场斗争的洗礼,朱宪彝对于青年的责任、社会的复杂有了更深切的体验。民主和科学的意识已经在他的头脑中扎下了深根。

1922年,朱宪彝中学毕业。他不愿意谋求银行、铁路、海关等俸禄优厚的职位,而寻求走"教育救国""科学救国"的道路。他曾想报南开大学哲学系专攻哲学,探求万物之奥、济世之道;也想报考北洋大学数学系,自信数学基础扎实,定能有所作为。对于应用科学,如工程学、医学等,他却毫无兴趣,认为中国经济落后,这些学科难能迅速发展,有所成就。可是,父亲偏偏让他报考中国的最高医学学府一北平协和医学院,希望他将来独立开业,万事不求人,再不要像自己一样,寄人篱下,全为他人做嫁。朱宪彝听从了父亲的意见,他以几乎全优的成绩考入北平协和医学院,医学是造福人类的崇高职业,他立下志向献身医学事业。

以病人为中心,病人是服务的主体,要一切为病人着想,为病人提供优质服务,为病人办实事、办好事,对病人充满爱心。医学不是单纯的自然科学,而同时是与社会、文化有关的科学。医学的发展,不仅受自然科学发展的影响,而且从来就受哲学社会科学的影响。由于科学的分化,以致形成人们把医学看作单纯的自然科学,从而也形成单纯的生物医学模式。医学的对象是人,也可以说医学也是人学。医学应以人为中心,关注人的生存意义和生命质量;注意人与自然的协调发展;关注人的全面发展。坚持以人为本,医学则坚持以病人为本。以人为本,不仅关注每个具体的病人,还要面向社会、面向群众,树立大卫生观,预防、治疗相结合,着眼于多数人的健康,关注弱势群体。

第二,严谨求真的实事求是精神。朱宪彝经常教导学生:"发表论文不是为了炫耀自己,而是要经得起科学的考验。胸怀大志、又要谦虚谨慎。发奋图强,走我们自己的路。"

实事求是,这是科学精神的精髓。求真即是"诚信"。医学是一门非常严密的科学。医务工作者面对的是身心健康受到损害的病人。医务工作者应具备严肃的态度、严格的要求、严密的方法,即具备"三严"作风。对病情的了解,应做到真实、全面和完整。应认真执行医院的各项规章制度、操作常规和岗位职责。医院较完善的规章制度、操作规程和岗位职责,是多年来工作中的经验总结,甚至是由血的教训换来的。医务工作不能有半点马虎,更不能弄虚作假。写假病历、出假报告,医学科研中造假数据,不仅是学风和作风不良的问题,更是违背医德、违背医学科学精神的。循证医学,要求"负责、明确、明智的利用已有的最好证据来决定每个病人的治疗",包含了严谨,求实,求真和为病人负责的精神。

朱宪彝在北京协和医院内科接受了严格的正规训练,这为他登上科学殿堂创造了有利条件。早在1934年,朱宪彝便和刘士豪教授一起开始对佝偻病、软骨病及其他代谢性骨病进行系统研究。为了查清软骨病的成因,刘士豪和朱宪彝选择各类型的软骨病患者免费住院、长期治疗,做钙磷氮的检查。病人每天固定饮食、喝蒸馏水。通过对病人的长期观察和检测,他们发现软骨病的基本病因是钙和维生素D的缺乏。朱宪彝和他的团队还对妊娠、哺乳期的钙磷代谢进行深入研究,发现维生素D的充分供应,对预防妊娠哺乳期女性骨骼破坏十分必要,第一次证明了维生素D可以通过母乳泌出以治疗乳儿佝偻病。这一发现为研究中国儿童佝偻病的高发原因和治疗途径提供了重要启示。他们还第一次用钙磷平衡法在人体中证实了紫外线与日光浴对纠正负钙平衡的治疗作用,并确立以尿钙水平反映维生素D缺乏程度的检测方法。

按照现在的观点看,朱宪彝等当时进行研究时,仪器十分简陋,条件也异常艰苦。但他靠精心的设计、精细的测量、精确的计算、精密的推理,获得了重要的科学理论上的创新和突破。他们用科学实验得到的翔实资料和科学结论,不仅为国际权威著作一再引用,而且为钙磷代谢的更深入研究提供了新课题。朱宪彝在利学研究中所表现的严谨作风曾给他的学生们留下难以磨灭的印象。从1934年至1942年间,朱宪彝等发表了30余篇有关软骨病和佝偻病钙磷代谢的研究文章,其中"软骨病的钙磷代谢"(第I至第III)的系列论著是反映其学术成就的代表作。朱宪彝和刘士豪共同发表在美国巴尔的摩《医学》杂志的最后一篇论文《钙磷代谢研究对肾性骨营养不良发病机理的意义及AT10和铁剂的治疗作用》被誉为"代谢性骨病研究的奠基石"。在这项研究中,二人对肾性骨营养不良症进行了深入探讨。在对维生素D缺乏症的两种不同临床类型认真比较的基础上,他们发现对维生素D的反应性降低是肾性骨营养不良区别于软骨病的显著特点,并敏锐地觉察到肾脏缺陷和维生素D之间可能存在着某种重要的内在联系,而这恰是肾性骨营养不良的发病机制中的主要因素。这一假说,在二十几年后,由美国的迪鲁卡(Deluca)教授从理论上进一步证实,维生素D需在肝脏羟化后再经肾脏羟化为活性形式才能发挥生理作用。肾脏疾患时,维生素D不能羟化变成活性物质,造成维生素D缺乏的症状,形成肾性骨营养不良,而AT10不需在肾脏进行羟化便能发挥作用,因此能治疗肾性骨营养不良症。由朱宪彝等首先命名的"肾性骨营养不良",至今仍为国际学术界所沿用。朱宪彝逝世后,美国著名骨代谢专家帕菲特(Parfitt,A,M)发表长篇纪念文章——《朱宪彝——中国维生素D缺乏和软骨病临床研究的先驱》,他在文中追忆道:"他的逝世标志着代谢性骨病理论发展的一个重要历史时期的终结。他们的成就至今仍对我们有重大的教益和深远的指导作用。"1982年,加拿大著名骨代谢专家贾沃斯基(Jaworski)教授来天津拜访朱宪彝,特地赠送给他一本新作,并在书的扉页上写道:"送给朱教授——当代钙磷代谢知识之父。"

第三,继承和实践基础上的创新精神。医学是实践性很强的科学。科学的继承性,是科学发展的重要规律。牛顿有句名言:"如果我看得更远一些的话,那是因为我站在巨人的肩膀上。"学习、继承前人的知识、经验和成就,这是我们获取知识的重要途径,并为我们研究新问题提供了线索。在科学技术飞速发展的今天,我们不仅要学习和继承前人,更要学习同时代其他医学科学家的知识、经验和成就,要博采众家之长,来丰富自己,打下扎实的基础。

朱宪彝在《永远像一个医学生》的文章里写道:"必须从医学生时代起,就要重视一切自然科学和基础医学的理论学习……仅仅满足于成为一个医生是不够的,要争取做一个医学科学家,不但要能医治面前的病人,而且也要有发明创造医治所有的病人。"协和八年的求学经历深刻塑造、影响了青年朱宪彝的人生走向。被誉为"协和三宝"的"图书资料""病案资料"与"专家教授"成为朱宪彝在医学世界开疆拓土的重要支撑。为了搜集资料,年轻的朱宪彝经常让图书管理员把自己反锁在图书馆里,彻夜钻研。1930年,朱宪彝完成学业,获得美国纽约州立大学医学博士学位,由于成绩优异,成为该届毕业生中唯一荣获文海(Wenham)奖学金的人。毕业后选择留在协和工作的朱宪彝1936年曾赴美国哈佛大学医学院生化系进修。

朱宪彝很崇拜巴斯德的一段名言:"机会只赐予有科学思想准备的人。"任何科学技术,都不能停留在已有的水平上,而必须在继承的基础上创新。"创新是科学的生命",没有创新就不能前进和发展。医生必须接触病人,重视临床实践,在实践中系统地、完整地了解病人;在实践中积累经验和才干,在实践中提出问题。

第四,团结协作的团队精神。团结协作的团队精神,是从事科学活动的基本要求。现代科学技术,多是群体协作的结果。在一个团结协作的团队里,目标一致,人与人之间相互学习、相互信任、和谐相处,既发挥个体优势,更发挥群体优势。医务劳动,也是群体协作的劳动。

创建天津医学院初期,本已在钙磷代谢研究工作中深耕良久、期待深入的朱宪彝面对地方性甲状腺肿与克汀病广泛流行的社会境况,逐步将研究重点转向该领域。1978年,75岁高龄的朱宪彝院长率队赴四川、云南、广西、贵州、安徽等南方五省区考察地方性甲状腺肿与克汀病的流行与防治情况,历时两个月。这次考察促成了全国统一的地方病防治领导机构的建立,并开始了在贵州省连续八年的防治地甲肿与克汀病的大规模研究工作,为全国地方病的防治与研究做出了重大贡献。从而受到中央防治地方病领导小组的表彰,朱宪彝受聘为中共中央防治地方病领导小组科学委员会副主任委员兼地方性甲状腺肿专题组组长。朱宪彝和他的团队一起最终促成了"食盐加碘"国策的实施。

1980年,学院内分泌学研究领域又取得新进展——对贵州省地方性甲状腺肿严重流行区进行了投碘一年复查,取得了第一手资料;对新疆地方性甲状腺黏液水肿的调查,取得了科学数据;对地方性克汀病开展了动物模型的研究;临床内分泌组还积累了大量的骨代谢紊乱的资料。由于激素测定方法的建立,临床内分泌的研究范围也在逐步扩大。

朱宪彝不仅带领的团队在骨代谢和碘缺乏病两大领域做出了杰出的学术贡献,成为我国名副其实的内分泌专业发源地之一,还在国内首次报告了巴特综合征、肾素瘤和VIP瘤(血管活性肠肽瘤)等罕见病例。随着科技的进步和医学的发展,内分泌和代谢性疾病的诊疗水平不断提高。

### (二)朱宪彝的医学人文精神

#### 1.医学人文精神在医学方法论中的重要地位

朱宪彝作为一位热爱科学研究的人,和一个不热爱科学研究的人相比较,显然前者更容易取得科学研究的成就。这种对待科学的态度,就是研究者个人的主观的坚持真理的精神,而人如果能够坚持真理,则更加符合了人的高尚的品质。从这个角度来说,科学精神同时就是人文精神。但科学精神又不等同于人文精神,而是说,坚持科学精神的人,他对待科学的主观态度符合了人的认识真理的本性,因而具有了属人的价值观在其中,这才使科学精神同时变成了人文精神。

所谓医学人文精神,就是指在医学研究、医疗救治、医疗预防、医疗保健和医疗护理等一切医学活动领域当中,医学研究者和医疗人员在如何对待医学真理、医学技术以及人的自然生命方面,贯穿着的爱智、向善、求美和敬畏的普遍人文精神的形而上学倾向,从而使医学摆脱了资本逻辑所导致的异化状态,捍卫医学的"属人"本性。

医学及哲学的理论体系都是科学精神与人文精神的统一体。医学作为自然科学,其本身是揭示人的自然生命所遵循的生理和病理规律,而从事科学研究的是"人",这就涉及人以怎样的态度对待医学科学的问题。对于从事医学研究和医学实践的"人"来说,医学如何被理解和被使用会涉及到人文精神的问题。也就是说,科学是"价值中立"的,但科学被如何利用则取决于人的价值观念,在这个意义上,医学科学与人文精神发生关联。因此,就医学作为自然科学来说,它必然与医学研究者即医学科学家发生属人关系,这样,如果医学科学家能够坚持医学的科学精神,实际上同时所表现的是医学科学家的"人文精神"。这种人文精神就是"人"对"科学"的尊重。所以,医学科学家如果能够坚守医学的科学精神,而不是把其他的利益因素引入到科学研究的目的当中,此时的医学就不会发生异化,因而就表达了医学中的人文精神。科学精神本身是坚持真理的态度,但这是从事研究的人对待真理的一种客观的态度,这种态度本身并非是科学认识的内容,但它能够影响科学研究活动。

医生的医学科学精神强调尊重临床的客观事实和医学规律,依据循证医学的方法,遵循操作规范和程序等指导临床进行有效的防治疾病和防止差错事故。同时,它也是医学科学技术创新和进步的源泉,从而不断地丰富和提高医生的职业手段和方法,推动防治技术的进步。而医生的医学人文精神强调以病人为中心,关爱和尊重病人,并把病人的利益置于个人利益之上。由此可见,它是指导医生开展防病治病和进行医学科学创新的道德基础和精神支柱,以使医生更好地运用防治技术和推动医学科学的进步。

因此,医生的医学科学精神和医学人文精神,既有相对的独立性,又是相辅相成的。不仅如此,医生的医学科学精神可以净化其思想,美化其心灵,塑造其灵魂。所以,从这个意义上说,医学科学精神也是医学人文精神的有机组成部分,是医学研究活动所承载的人文精神。而医学人文精神也可以成为医生医学科学精神的动力,驱动医生对医学科学知识和技术的追求向高峰攀登。因此,从这个意义上说,医学人文精神也渗透到医学科学精神之中,医生的医学科学精神和医学人文精神又是密切关联的,并可以互相转化。

对科学精神的坚持,也表明了研究者自身对待科学的"态度",即"爱智"。这一态度就是"人文精神"的体现。所以,医学科学中的人文精神是与科学精神相统一的爱智原则。也就是说,一个医学科学家如果能够坚持从科学真理本身的事实规律出发,那么他同时也就具有了人文精神。人文精神本身与科学自身的研究没有关系,它只能作为一种整体性的对待科学研究的态度而存在,因此,人文精神并不是医学本身所固有的内在规定,而是从事医学科学研究的人对待医学研究的态度。也就是说,在医学的科学研究的内容方面,并没有什么人文精神,它只关注自然生物的规律。不能把医学人文精神本身视为与医学科学是同一个东西。两者不能混淆。

普遍人文精神中的"向善"的形而上学倾向,在医学临床、预防、保健和护理方面同样发挥着效力。医护人员能够坚持道德法则而从事上述领域当中的医学活动,此时的医学活动就具有了向善的形而上学本性,因此,这些行为也就自然被赋予了医学的人文精神。对于医生来说,这种向善的人文精神通常被概括为"医德"。医疗活动当中的道德行为被简称为"医德",它表现的是医疗工作者对待医学活动和患者从良心出发的心态,这一心态排除了对患者的任何其他外在身份的考虑,只是从患者的"人"的尊严出发,这显然一种高尚的人文精神。

2.朱宪彝对医学人文精神的践行和锤炼

朱宪彝名字中的"宪彝"二字充分体现了长辈对他的殷切期待。综观朱宪彝一生,他在临床、科研上所取得的重要成果、所确立的行医规范,他在做人、育人上所确立的原则、展现出的高度,也恰恰完美体现了"宪""彝"二字所包含的深厚的文化内涵,使这个名字成为当代医德、医术的准则、法度。

朱宪彝所践行的医学人文精神的核心是尊重一切与医疗有关的人的价值。这种尊重不只是认识和情感,还是现实的行为。主要包括如下内容:尊重病人生命;尊重病人人格;尊重病人平等的医疗权利;尊重生命的价值,维护人类整体利益。

第一是尊重病人的生命。朱宪彝总是告诫大家"医生职责神圣,万莫把生命视为儿戏","体格检查是医生的看家本领。头痛摸头,腹痛查腹,难免持一孔之见,先入为主,贻误大事"。而他自己的严谨治学态度和救死扶伤的精神一直被医务界奉为楷模。与此同时,朱宪彝在其医学执业生涯中始终践行医学人道主义精神,医学人道主义是一种尊重一切与医疗有关的人和人的价值的哲学思想。其内容包括:尊重每一个患者的生命及价值、人格的尊严以及享有平等的医疗与健康权利;注重卫生工作对社会利益及人类健康利益的维护;社会、公众及患者对医疗卫生工作及其工作者的尊重和利益的保护;医疗卫生工作者对自我价值的肯定和自身利益的保护。医学活动应当以"尊重人性尊严"这一崇高价值为基础。

医生对患者尊重体现在尊重患者正当愿望和尊严。医生的道德责任不仅仅在于是否尽其所能挽救或延缓了一个患者的生命,也不在于他是否为此目的而竭尽全力。在生命的数量与质量之间,在生命与人格尊严、体面之间,选择更加多样化、主观化,现代医学也应充分注意这种改变,将生命中心的科研与临床实践方向进行适当的调整。代表患者尊严的一个重要内容是患者的隐私。保护患者的隐私是一条重要的传统人道主义原则,远在希波克拉底时期就有规定。当代医学的高度发达和信息传递的快捷迅速为保护患者隐私提出了更高的要求。对患者的尊重还包括对患者身后的尊重。对死者的尊重包括对死亡过程的尊重,死者要死的体面、有尊严;也包括对亡人的尊重,死者的身体完整非经允许不容破坏,荣誉和名誉不容侵犯。对患者的尊重又包括对患者文化、习俗、信仰的尊重。

医学的终极目标是捍卫人的生命,即所谓的医学人道主义。而生命是人存在的最后"底线"。所以,这与我们对待生命的态度是密不可分的。什么是生命? 在如何理解生命的问题上,就体现了我们的人文精神。医生对待生命的态度,首先是捍卫患者的自然生命,但如果能够以敬畏生命的态度对待生命,同时则会成就医生本人的精神生命的价值。当然,这也同时是把患者作为有精神生命的人来看待。这样说来,人是具有双重生命的,一重是自然生命,另一重则是精神生命。后者是人文精神的现实化过程。一切人的活动都是以生命为前提的。虽然我们可以说,对于人来说,自然生命并非是全部生命,人还有精神生命,因此才会为了某种高尚的精神目标而不惜牺牲个体的生命。但是,这并不能否定自然生命所具有的绝对价值。而如果我们肯定了自然生命的绝对价值,也就意味着,医学异化将是所有异化的不可超越的"底线"。换句话说,如果说在人的其他生活领域当中发生异化,即以利益为原则而遗忘了人的本质尚且是可以原谅的话,因为毕竟我们还能"活着"。但是,如果异化在医学的生命观念当中发生,那将是用利益原则取代了生命的价值,这样的异化将是最为沉痛的。

朱宪彝经常叮嘱医学后辈:"体格检查是医生的看家本领。头痛摸头,腹疼查腹,难免持一孔之见,先入为主,贻误大事。医生职责神圣,万莫把生命视为儿戏。""作为一个医生就是要讲究医德和工作作风。在工作上要力争治愈病人,不能治愈,也要对症治疗,减轻病人痛苦,实在医治无效,也要给病人以精神安慰和同情。"朱宪彝亦曾谈及医生的职责,说:"我们医生的职责是什么?是让我们自己失业。"

全国劳动模范、天津医科大学总医院原副院长、内分泌科主任邱明才教授作为朱宪彝的研究生,也是第一批公派出国留学的,学成归来报效祖国。他在回忆朱宪彝时说:"朱教授的话影响我一生,改变了我的人生观,终身受益。他面试我的时候问:人生的方向和道路应该怎样走?"他教导我说:"坚定不移地跟党走;工作要有健康的体魄和心理;做人要学会包容。""朱宪彝的敬业精神和"逝去裸捐"的事迹令人尊敬,他身上的学风、作风、行风是我学习的典范。"

20世纪50年代初期,在朱宪彝领导下成立了医院内分泌专业组,开设了当时全国唯一的糖尿病专科门诊。1962年建立了临床内分泌实验室。从20世纪60年代开始,内分泌研究所和内分泌科相继成立后,应用组织化学、生物化学、生理学、病理学和免疫学等技术,在内分泌和代谢性疾病的诊断和防治等方面取得了明显成果,临床总体水平一直处于国内本学科领先地位。在内分泌和代谢性疾病中不仅能够诊治各种常见病、多发病,而且还具备诊治少见病、疑难病和危重病的能力。1959年,报告了"甲状旁腺腺瘤骨病变",之后陆续报道了"巴特综合征""肾素分泌瘤"和"舒血管肠肽瘤"等病例,这些均为国内首次报道。随着科技的进步和医学的发展,内分泌和代谢性疾病的诊疗水平不断提高。1984年,从美国引进国内第一台双光子骨密度测定仪,首次报告了中国人骨密度数据,为临床代谢性骨病诊断提供了重要依据。

在这一时期,全科医护人员开展医德医风教育,一切以病人为中心,端正服务思想,增强服务意识,改善服务态度,提高服务质量,严格执行三级查房制度,坚持定期进行疑难病例讨论制度,积极参加内科总查房,每年各项医疗指标圆满完成,受到院领导和广大患者的一致好评。

第二是尊重病人人格。医学人道主义就是在医学研究和医疗过程中,充分尊重病人的人格,重视病人作为人的价值,用善良的心和科学的态度,从肉体和精神两方面关心和体贴病人,认真负责地把他们医治好。实质就是以仁爱之心待人。

对病人满腔热情充满同情心。当人患病时无论在肉体和精神上都有不适之感,严重时会感到非常痛苦,以至于痛不欲生。由于患病病人的机体、生理和心理等方面都发生了一些不正常的变化,因而适应环境的能力大大降低,对生活环境,诸如饮食起居都提出了非常苛刻的要求。他们大都肉体痛苦,情绪低沉和行动不便,所以如何对待这些受病魔折磨的人,用什么态度去接触他们,用什么方式来医治病人,是否人道的问题就显得特别尖锐。

可以说,病人是生活中的弱者,暂时陷于窘境之中。为了使他们能迅速恢复健康,同正常人一样工作和生活,人道主义向医务人员提出的首要要求就是对病人要充满同情心,同情他们的处境,体谅他们的心情,理解他们的要求。如此,才能一切为病人着眼,尽到医务人员的职责。所以医疗技术不高尚可,同情之心不可没有。

朱宪彝尤其注意通过启发医务人员同情心理,从而改善服务态度,提高医疗质量。只有这样把自己放到病人的位置,才能激发起同情心,理解病人的心情和要求,做病人的知心人,把病人当作亲人对待。这样病人就会感到到院如到家,医务人员好似自己的亲人。在这样的医疗环境中,病人得到的是热情的安慰、仔细的检查、认真的治疗和精心的护理,会很快地恢复健康。

对病人认真负责,充满责任心。同情心进一步发展就必然导致责任心的产生,即要竭尽全力和认真负责地把病人治好。把解除病人的痛苦和恢复病人的健康看作是自己应尽的责任和不可推诿的义务。具有一定的责任心后,医务人员才能对病人认真负责,不马虎、草率从事,从而克服困难,不惧疑难病症,善始善终地把病人治好。这样既尽到了自己的职责,又使自己的同情心得到满足。责任心是人道主义对医务人员提出的另一个重要的要求,责任心是关系到人道主义的动机是否能产生人道主义的效果的重要条件之一。

因为治病是人命关天的大事，没有强烈的责任心的人往往会事与愿违。给病人带来不应有的损伤，使人道主义的动机产生非人道的效果。那种视病人的病为儿戏，或者敷衍了事的不负责的行为是极不人道的。有了责任心，医务人员就会刻苦钻研技术，掌握实施人道主义的本领。我们要通过对医务人员责任心的培养，不让庸医充斥我们的医院，对病人有百分之一的希望也要作百分之百的努力，把病人从死亡线上拉回来。医务人员责任心增强了，医疗事故就会减少，医疗质量就会提高。

在朱宪彝的医学生涯中，医疗工作始终是他倾注心血、刻意求新的工作内容。他长期兼任附属医院内科主任，一直坚持查房、示教，主持临床病例讨论会。不管是出席国内重要会议，还是出国工作，回到天津后的第一项工作便是到医院查房，了解老病人的病情变化和新病人的全面情况，提出新的诊治措施和研究课题。①无论在门诊，还是在病房，凡经过他诊治的病人，一律按常规从头至脚逐项检查，从不遗漏。

对病人无所他求，心地纯洁。当人患病时，为了能尽快地治好病，希望得到认真的检查和治疗，往往产生有求于医务人员的心理，因而常常向医务人员赠送厚礼，对医务人员的要求总是设法满足。病人这种处于困境中的心理是可以理解的，作为医务人员有时领情也是无可厚非的。问题是有些医务人员利用医疗之便，想捞一把，他们视病人礼物的轻重来决定治疗的态度；更有甚者，有些人利用病人急于想治好疾病的心理，乘人之危，向病人提出非分的要求，他们通过夸大病情、强调困难等方法来使病人就范，不达目的就别想得到很好的治疗；与此同时，病人求医时，出于想治好病和对医生的信赖，他们往往把躯体及内心的秘密和隐私毫无保留地向医生公开。这时医务人员如果心地不纯就会产生邪恶杂念，利用工作之便去做一些违法乱纪的事，或者把病人一些生理缺陷和隐私当作闲谈的笑料而加以宣扬，从而给病人精神上带来极大痛苦。凡此种种，都是有悖于人道主义精神的，是不道德的行为。1937年日本帝国主义发动全面侵华战争，1942年协和医院被迫停办，朱宪彝乃辗转在唐山煤矿医院及天津悬壶开业。当时条件困难，但朱宪彝在医疗工作中仍一丝不苟，详细书写病历，认真检查，努力减少病人不必要的花费，从不赚取病人的金钱，表现出高尚的医德，为患者及同行们所称道。

---

① 邱明才，王兴民.医学界的一代楷模——朱宪彝诞辰100周年特别纪念[J].中华医学信息导报，2002(24)：4-4.

第三是尊重病人平等的医疗权利。平等待人是社会主义医学人道主义的核心内容之一。在医学史上,很多医德高尚的医家都追求和推崇平等待人。但是,由于阶级和专制的存在,他们所推崇的平等实际上是难以做到的或者只能在个人有限的范围内去做。社会主义医学人道主义的平等待人,是建立在新型关系上同志般的互相平等,互相关心,互相帮助,互相爱护。医务人员面前的病人,不是贵族,也不是奴隶;病人面前的医务人员,不是被雇者,也不是救世主。他们之间是同志。这种同志间的平等,才使平等待人变成现实,变成可能,才是真正高尚的。这种平等在阶级社会的历史上又何曾实现过呢?

在朱宪彝眼里,病人不分高下优劣、阶层界别,一视同仁是为医者立身施救的基本准则。他曾为经济拮据的患者支付药费,也曾因医院对患者划分等级而愤然辞职,是医者仁心也是书生意气。

1941年太平洋战争爆发后,协和医院停办,朱宪彝应邀到唐山开滦煤矿医务部任内科主任医师。令他不解的是,开滦煤矿医务部把前来就诊的员工按职位高低区分三六九等,而不是按照病情缓急给药治病。朱宪彝对此有过几次抗议都没有得到有效的改变,便愤然离职,于1945年回天津开业行医,并义务担任天津妇婴医院院长。

朱宪彝以其实际行动鄙视"行医看门第、治病图发财"的腐朽思想,时刻以解除病人病痛为先。对富者不多收费,对贫困者还经常免收挂号费。尽一切可能减轻病人的负担,能够以此解决问题的决不让病人跑两次。病情轻微的病人更是嘱咐其买药服用即可,不必空跑路求诊治。他为成千上万的患者解除了病痛,但始终没有发财致富;他被誉为德高医粹的专家,却长期居住在南门外大街一所非常简朴的房子里。

第四是尊重生命的价值,维护人类整体利益。医学既不是单纯的自然科学,也不是单纯的社会科学,而是两大门类相结合的一门科学。因为医学的研究对象是人,人具有生物属性和社会属性,这就决定了医学研究的难度。医学的发展大致经历了三个阶段,即经验医学、实验医学和整体医学。每个阶段都有其指导性的理论和方法论及思维模式,经验医学阶段是自然科学模式,实验医学阶段为生物医学模式,整体医学阶段则是社会心理生物医学模式。

在旧中国,有不少妇女因软骨病而骨盆畸形,导致难产。前有北京协和医院的妇产科主任马士敦(J. L .Maxwell)和内科主任马克麟(F. C .Mcleen)在20世纪20年代进行流行病学和临床研究工作,后有韩能(Hannon, R. R)博士在北京协和医院内科创建代谢病研究小组,按照美国麻省总医院奥尔布莱特(Albright,F)教授创建的代谢平衡法对软骨病进行研究。韩能博士回国后,刘士豪和朱宪彝开始主持内分泌代谢科的工作。

刘士豪和朱宪彝主持内分泌代谢科工作时,通过长期在各种类型的软骨病患者中开展科学研究,刘士豪和朱宪彝最终掌握了维生素D最低有效剂量、开始奏效时间、药效持续时间以及治疗后钙磷代谢动态变化,为应用维生素D和钙剂治疗软骨病起到科学指导作用。

# 第十五章　朱宪彝学术思想的内容

## 一、坚持问题带动研究，为人民健康服务

朱宪彝自1934年起与著名内分泌学家刘士豪教授密切合作，从事佝偻病、软骨病及其他代谢性骨病研究。

### （一）朱宪彝对钙磷代谢的研究

1.运用当时最先进的科学研究方法钙磷平衡法研究软骨病和佝偻病，首次阐明了软骨病和佝偻病发病机制中钙磷和维生素D的变化规律，证实了钙缺乏和维生素D缺乏是软骨病和佝偻病的基本病因，确定了维生素D的最小维持量和最佳治疗方案，为肾性骨病发病机制的研究做出了贡献。

关于佝偻病、软骨病概念："佝偻病、软骨病是发生在不同年龄的同一种病，主要由于维生素D缺乏合并钙缺乏，引起钙磷代谢紊乱所造成的骨骼疾病。在婴幼儿时期，即骨骺联合以前为佝偻病，成年人为软骨病。"[①]

关于佝偻病、软骨病的常见发病人群："解放以前在北方一些地区的贫穷劳动人民中间，特别是少见日光，哺乳条件差的婴幼儿童，和多产或长期哺乳的妇女相当常见。解放后……明显减少。"[②]

关于佝偻病、软骨病的病因：饮食缺乏、天然日光照射不足、妊娠哺乳其需求量增加等引起维生素D缺乏；胃次全切除术后、小肠切除术后吸收不良综合征、肝硬化、胆瘘、胆管阻塞性疾病、慢性反复性胰腺炎、慢性胰腺功能不全等引起维生素D吸收障碍；抗癫痫药、肝脏疾病等使25-羟化维生素D减少、维生素D依赖性佝偻病、维生素D依赖性Ⅱ型、肾性骨营养不良等引起维生素D代谢障碍；低血磷性抗维生素D性佝偻病、Fanconi氏综合征、肾小管酸中毒、远端小管酸中毒（Ⅰ型）、近端小管酸中毒（Ⅱ型）引起肾小管病变；饮食磷

---

①朱宪彝.从肾结石、病理性骨折讲起，联系原发性甲状旁腺机能亢进，讲纤维性囊性骨炎和其它几种代谢性骨疾病（二）[J].天津医药，1978（03）:97.

②同上。

减少或吸收减少、肾小管磷重吸收障碍、肿瘤所致佝偻病、软骨病引起磷剥夺；其他如低磷酸酶血症、甲状旁腺机能亢进伴纤维囊性骨炎、镁缺乏、对类固醇敏感性增加等。

关于佝偻病、软骨病的发病机制："佝偻病、软骨病的首要致病因素是维生素 D 缺乏，而钙缺乏和钙需要量增加则属于次要因素"[1]，"维生素 D 缺乏使肠黏膜钙吸收不良，血清钙有所降低，血清磷明显低下，骨基质缺乏钙质沉着，构成骨骼病变"[2]。

关于佝偻病、软骨病的主要类型：维生素 D 缺乏性佝偻病、软骨病，维生素 D 代谢障碍所致佝偻病、软骨病，低磷性佝偻病、软骨病。

（1）维生素 D 缺乏性佝偻病、软骨病：日光照射不足使皮肤内的 7-脱氢胆固醇不能合成维生素 D，肠道、胃、肝、胆疾患使维生素 D 吸收不良，食物维生素 D 供应不足，这些都可以导致维生素 D 缺乏性佝偻病、软骨病。通过维生素 D 治疗、钙剂治疗、天然日光浴、人工紫外线照射、动物性植物性食物补充等方法，可以完全治愈，生化指标可以完全恢复正常。

（2）维生素 D 代谢障碍所致佝偻病、软骨病：不是因为缺乏维生素 D，而是其他原因使维生素 D 不能羟化成活性代谢物，出现维生素 D 代谢障碍，维生素 D 不能转化为 1·25-双羟化维生素 D，引起肠黏膜钙吸收不良，血清钙降低，血清磷明显降低，使钙磷代谢紊乱所致。主要包括维生素 D 依赖性佝偻病 I 型、维生素 D 依赖性佝偻病 II 型、家族性维生素 D 依赖性佝偻病，抗癫痫药物所致的佝偻病、软骨病，伴肿瘤发生的佝偻病、软骨病。

维生素 D 依赖性佝偻病 I 型：是一种常染色体隐性遗传性疾病，是由于肾脏 25-羟化维生素 D-1α-羟化酶缺乏所致，这是由常染色体隐性遗传决定的，通过大剂量维生素 D 治疗、其活性代谢物 1α·25-双羟化维生素 D 可以完全治愈，还可以用双氢速变固醇（DHT 或 $AT_{10}$）治疗也有效；

维生素 D 依赖性佝偻病 II 型：是终末靶器官对 1·25-双羟化维生素 D 反应不敏感，可以用维生素 D 治疗；

家族性维生素 D 依赖性佝偻病：主要特征是家族性，有不同程度的甲状旁腺机能减退，通过较大剂量维生素 D 治疗，血清生化恢复正常；

抗癫痫药物所致的佝偻病、软骨病：抗癫痫药物及其他各种强弱镇静剂

---

① 朱宪彝.从肾结石、病理性骨折讲起，联系原发性甲状旁腺机能亢进，讲纤维性囊性骨炎和其它几种代谢性骨疾病（二）[J].天津医药，1978（03）：97-98.

② 同上。

能诱发肝微粒体混合氧化酶系统,而维生素D系统是在肝微粒体降解的,使无活性的代谢物生成,而有生物活性的代谢物大大减少,引起肠钙吸收不良,出现佝偻病、软骨病症状。通过较大剂量的维生素D和钙剂治疗,血清钙、磷和其他生化指标可以恢复正常;

伴肿瘤发生的佝偻病、软骨病:病患的主要表现是血清磷明显降低,血清钙正常或稍微低于正常,肿瘤切除后佝偻病、软骨病明显好转。

(3)低磷性佝偻病、软骨病:由于磷利用障碍引起,血清钙正常,磷显著减少,碱性磷酸酶轻度、中度增加,可通过补充磷和维生素D进行治疗。

关于维生素D治疗剂量和方案:补充维生素D是治疗佝偻病、软骨病的方法之一,维生素D制剂主要有鱼肝油、浓缩鱼肝油和维生素D浓缩油溶液。"一般佝偻病、软骨病治疗剂量:鱼肝油5-10毫升,每日三次;婴幼儿从1-2毫升开始,最多不超过10毫升一次。维生素$D_2$或$D_3$制剂每日剂量为6000-12000国际单位。婴幼儿可以减少为3000-4000国际单位……一般鱼肝油维生素$D_3$含量不算太多,每日进量在1500-4500国际单位之间,可以长期服用,既治疗又预防有双层作用。服用较大剂量维生素$D_2$或$D_3$每日12000国际单位,则以三个星期为一疗程。如机体维生素D储备充足时,反映在钙磷代谢方面的疗效可以持续至少半年之久,很可能维持一年……对软骨病维生素$D_3$的最小有效剂量的研究,说明每日口服500国际单位共16天,可以增进肠黏膜钙吸收,粪钙减少,血清钙上升,尿钙出现。反映疗效的这些钙、磷变化持续约3-4星期,然后恢复到治疗前状态。"[①]

2.第一次在人体证实了紫外线和日光浴对纠正负钙平衡的作用。朱宪彝认为:"天然日光浴疗法是治疗佝偻病、软骨病最经济的办法,可以完全替代维生素D治疗……在北温带如我国北京地区,春末夏初季节,晴天上午9-11时,日光到达地面的紫外线有足够的软骨病治愈效能。早年临床实践和软骨病钙磷代谢的研究证明这一点。不仅天然日光浴有效,人工紫外线疗法,利用太阳灯作紫外线源,对佝偻病、软骨病同样有效。"[②]

3.发现维生素D可由母乳泌出,给母体补充维生素D和钙不仅可以缓解软骨病母亲的症状,还可治愈婴儿佝偻病。

在谈到用补充维生素D的方法治疗佝偻病、软骨病时,朱宪彝指出:"健康

---

① 朱宪彝.从肾结石、病理性骨折讲起,联系原发性甲状旁腺机能亢进,讲纤维性囊性骨炎和其他几种代谢性骨疾病(二)[J].天津医药,1978(03):100.

② 同上。

乳母口服维生素$D_3$每日12000国际单位,授乳给佝偻病婴儿,可取得治疗效果。说明有足够维生素$D_3$通过乳汁到达乳婴,纠正了病儿的钙磷代谢紊乱。"[1]

4.建立了尿钙测定方法。尿钙测定是研究钙代谢的重要手段之一,具有重要的生理意义和临床意义。

尿钙测定的生理意义:尿钙能够反映体内钙代谢和骨代谢的变化,是钙排泄的主要途径之一,在一定程度上可以反映肠钙吸收、血钙吸收、肾小球滤过、肾小管重吸收等多种生理过程的变化。婴幼儿时期,从母乳和牛乳中摄取大量钙,但是尿钙排出量很少,大部分钙为骨骼生长提供需要,随着年龄增长,尿钙增加,成人时骨骼生长稳定,尿钙也相应稳定。尿钙与饮食钙量成正比,饮食钙增加,尿钙也相应增加。妊娠期妇女由于需要供给胎儿生长所需的大量的钙,因此肠钙吸收和骨钙释出均增加,尿钙有明显变化,测定其尿钙量,对掌握其钙摄入量以便给出科学合理的指导方案有重要意义。

尿钙测定的临床意义:临床上常见的高尿钙可分为绝对性和相对性高尿钙。绝对性高尿钙指在低钙饮食时24小时尿钙超过200毫克,相对性高尿钙指24小时尿钙绝对值在正常范围,但与饮食入钙和血浆钙相比显著高于正常。尿钙测定与饮食钙入量测定和血清钙测定相结合,能够区别绝对性高尿钙和相对性高尿钙,也可以初步鉴别饮食性高尿钙、肠吸收性高尿钙和骨吸收性高尿钙。饮食中摄入大量钙,尿钙随之显著增加,减少钙摄入,尿钙也随之减少至正常。肠钙吸收率显著增加时,即使饮食钙不大量增加,也可以使尿钙增加,此时阻断饮食钙,尿钙可显著减少。骨吸收增加时,大量骨钙溶解进入血液,使血钙增加,钙负荷增加,引起尿钙增加,此时即使阻断饮食钙,尿钙也不会明显减少。

1934年至1942年,朱宪彝发表了30余篇有关软骨病和佝偻病钙磷代谢的研究文章,成为当代骨软化病钙磷代谢的知识宝库。

## (二)朱宪彝对肾性骨营养不良的研究

美国著名骨代谢专家帕菲特(Parfitt,AM)在朱宪彝逝世后回忆说:"他的逝世标志着代谢性骨病理论发展的一个重要历史时期的终结……他们的成就至今仍对我们有重大的教益和深远的指导作用。"[2]

---

[1] 朱宪彝.从肾结石、病理性骨折讲起,联系原发性甲状旁腺机能亢进,讲纤维性囊性骨炎和其他几种代谢性骨疾病(二)[J].天津医药,1978(03):100.

[2] AM Parfitt,(邱明才等译).朱宪彝——中国维生素D缺乏和软骨病临床研究的先驱[J].国外医学.内分泌学分册.1986(2):112-114.

1.对维生素D缺乏的两种不同临床类型进行比较,发现对维生素D的反应性降低是肾性骨病区别于软骨病的显著特点,创造性地提出"肾性骨营养不良"的命名,并在机理上做出相应预言,详细阐述双氢速变固醇治疗方法的疗效等,这一命名至今仍为国际沿用。

朱宪彝和刘士豪首先提出了维生素D缺乏症有两种不同的临床类型:低血钙性手足抽搐,白内障,血浆磷正常或高于正常,骨病不太严重;血钙正常,血磷低或在正常低值,骨病严重。他们对这两种类型进行比较,发现肾小管异常对维生素D的作用不敏感,正常的维生素D在肝脏或肾脏内不能被转化为25-羟化维生素D、1·25-双羟化维生素D等活性代谢物,终末靶器官对维生素D不敏感,肠或胃细胞内酶系统有缺陷。他们还在临床上用一般剂量的维生素D进行治疗,发现不能达到治疗效果,需要大大增加维生素D剂量。这些都是其区别于维生素D缺乏性佝偻病、软骨病的特征,他们将其命名为"肾性骨营养不良",至今仍被国际沿用。

肾性骨营养不良也称肾性骨病,是由肾小球衰竭或肾小管功能障碍引起的骨病。在创造性地提出"肾性骨营养不良"的命名后,朱宪彝加强了临床研究,在实际治疗中观察效果,进一步证实采用一般剂量维生素D治疗肾性骨营养不良无效,加大剂量至1000000国际单位未能明显改善钙磷代谢,认为可能是慢性肾功能衰竭对维生素D存在有失效或灭活作用,同时发现双氢速变固醇(DHT或$AT_{10}$)对治疗肾性骨营养不良十分有效,并且大胆地提出预言,即肾衰时会产生一种特殊因子,它可以抑制维生素D活性,但不能抑制$AT_{10}$活性,所以$AT_{10}$治疗肾性骨营养不良有效,虽然一些细节还不够准确,但是这在当时是一个建立在科学依据之上的假说,充分体现了朱宪彝的远见卓识。随着研究的不断深入,$AT_{10}$发挥作用的机理才被精确揭示出来,其分子结构中的A环呈180度转位,使3位上的羟基相当于1位羟基,它不需要在肾脏进行1位羟化,所以它的活性不会因为肾脏衰竭而受损。

双氢速固醇(DHT或$AT_{10}$)是由维生素D10,19双键降解,A环转位而得,可以使血钙升高。在结构上与维生素D的活性代谢物1·25-双羟化维生素D很相似,是维生素D的化合物之一。发现$AT_{10}$治疗肾性骨营养不良效果很好后,朱宪彝开展了大量的临床试验,观察治疗后病患生化指标,在临床实际数据基础上,详细阐述$AT_{10}$的疗效:肠黏膜钙吸收明显改善,粪钙、磷大为减少,尿钙稍有增加,尿磷减少,血清钙上升,血清磷略微下降,钙磷平衡皆呈50%左右正值,骨骼钙化得到补偿。

2.提出肾脏缺陷和维生素D缺乏之间存在某种重要的内在联系,这种内在联系正是肾性骨营养不良发病的主要因素。1943年他们在美国巴尔的摩 *Medicine* 杂志上发表合作论文《钙磷代谢研究对肾性骨营养不良发病机制的特殊意义》，被推崇为"代谢性骨病研究的奠基石"。

朱宪彝和刘士豪等于1943-1944年发现慢性肾功能衰竭病人常出现软骨病症状，将肾功能衰竭引起的骨病变称为"肾性骨营养不良"，证实采用较大剂量的维生素D可以使肾性骨营养不良好转，说明肾脏和维生素D在体内的经历有关。

肾脏的一个重要的内分泌功能就是通过维生素D代谢调节钙磷代谢，在肾中的羟化作用是维生素D代谢活性的生物调节的关键。

维生素D进入人体内，不是直接发挥生理作用，而是在脏器中经过一系列代谢过程转化为活性代谢物发挥作用。主要的代谢物是25-羟化维生素D和1·25-双羟化维生素D。维生素D进入肝脏羟化成25-羟化维生素D，与维生素D结合蛋白结合后进入肾脏，在肾脏羟化成1·25-双羟化维生素D。1·25-双羟化维生素D是维生素D最重要的代谢物，生物活性最强，是一种核受体激素，也是一种钙磷调节激素。

维生素D及其代谢物统称为维生素D内分泌系统，是钙、磷代谢重要调节因素之一，其主要作用是促进肠钙、磷的吸收，加速骨钙吸收，促进肾小管钙、磷的重吸收，减少尿钙、磷的排泄，使血钙、磷增加。维生素D缺乏或者代谢障碍最显著的临床表现是佝偻病、软骨病。

维生素D及其代谢物的主要靶器官是小肠、骨、肾等，通过对靶器官的生理生化效应完成其作用。

对小肠的作用：维生素D的活性代谢物1·25-双羟化维生素D可以促进肠钙吸收，最大作用出现在给药后12小时；可以促进肠磷吸收，最大作用在40-48小时。

对骨的作用：维生素D不仅可以通过促进肠钙吸收对骨产生影响，而且对骨有直接的作用；维生素D特别是其活性代谢物25-羟化维生素D和1·25-双羟化维生素D，不仅具有强力的骨吸收作用，而且还抑制骨胶原的合成。

对肾的作用：维生素D特别是其活性代谢物25-羟化维生素D和1·25-双羟化维生素D是影响肾钙转运和肾磷转运的主要因素之一，具有促进肾小管钙磷重吸收的作用，作用部位主要在近曲小管；对肾羟化酶系统发生作用，1·25-双羟化维生素D增加可抑制25-羟化维生素$D1\alpha$-羟化酶的活性，使1·25-双羟化维生素D生成减少；1·25-双羟化维生素D还有刺激25-羟化维生素D 24-羟化酶的作用，使24,25-双羟化维生素D合成增加，减少骨钙动员，增加骨的矿化。

## 二、坚持实地调查研究,重视搜集第一手资料

### (一)朱宪彝对碘缺乏疾病的研究

1. 河北省承德市郊地方性甲状腺肿和地方性克汀病的防治研究

1961年朱宪彝亲自组织天津医学院基础和临床科室的科研人员到河北省承德市郊,开展地方性甲状腺肿和克汀病防治研究工作,历经五年,取得了一定的实践经验,与助手一起撰写了《有关地方甲状腺肿与地方克汀病的几个问题》,为全国防治地方性甲状腺肿和克汀病提供了翔实数据和宝贵经验。

朱宪彝亲手修改的文稿
（编者2020年6月摄于天津医科大学
图书馆朱宪彝档案室）

《有关地方甲状腺肿与地方克汀病的几个问题》(朱宪彝,1964)是朱宪彝查阅了国外丰富的文献以及国内相关医务和科研人员开展的关于地方甲状腺肿和克汀病的大量调查研究资料,结合河北省承德市郊的调查情况写成的,从六个方面阐述了地方甲状腺肿和地方性克汀病。文中展示出大量的国内外研究情况、基于实验和临床数据分析所做的推论,以及承德市郊现场调查分析结果,提出尚需探索的问题,引发思考和研究。

《有关地方甲状腺肿与地方克汀病的几个问题》这本书开篇介绍了已知有地方甲状腺肿的省区“河北、辽宁、吉林、黑龙江、山西、河南、陕西、宁夏、内蒙、新疆、四川、青海、西藏、湖北、湖南、云南、贵州、广西、山东、安徽、江西、福建、台湾”,并指出“各省区地方甲状腺肿发病率颇不一致,一个省内几个不同地区发病率也是高低不一”;地方甲状腺肿发病率男女比例“女人高于男人[1],越是病情严重的地区,男女发病率之差越小,甚至可以相等,即使在总的发病率大致相等的地区,男女发病率比值也不一定相同”;地方甲状腺肿发病年龄“一般在青春发育期,女早于男,越是病情严重地区甲状腺肿出现越早”;介绍了采用五级分类法调查地方甲状腺肿发病率的情况;地方甲状腺肿

---

[1] 该描述源于《有关地方甲状腺肿与地方性克汀病的几个问题》,作者朱宪彝,但严谨描述应为“女性高于男性”,编者。

的类型"弥漫型与结节型。越是严重流行区,结节型甲状腺肿越多。甲状腺肿越大,出现结节的机会越多。甲状腺肿病人年龄越大,结节变化越多"。随后从六个方面阐述了地方甲状腺肿和地方性克汀病的几个问题。

(1)地方甲状腺肿与碘缺乏。列举了三个方面的科学资料来证明碘缺乏学说:对陕西省七个地区饮水中、福建光泽县土壤中、山西甲状腺肿轻发病区和重发病区粮食中、陕西蓝田县和宁强县食盐中的含碘量进行分析,得出环境中碘含量越低、地方甲状腺肿发病率越高;通过国内外碘盐供应试验,指出"供应碘盐,一般的印象是地方甲状腺肿发病率在降低",同时也提出下一步工作内容"但是连续而长期的地方甲状腺肿发病率变化统计,尚待有计划地试验,系统地收集";24小时尿碘含量高低基本上能够反映碘摄入量的多少,可以说明是否有碘缺乏问题。

(2)地方甲状腺肿与致甲状腺肿物质。根据国内外流行病学和动物实验资料分析,介绍了直接和地方甲状腺肿病因有关的致甲状腺肿物质,并说明它们如何发生作用:"钙直接抑制了甲状腺组织对碘的有计划过程","钴虽然不使甲状腺进一步肿大,但甲状腺组织匀浆层析说明钴对甲状腺激素合成的各个环节有促进作用","氟是在碘比较缺乏的条件下发挥作用的","大量食盐利尿可造成过量碘流失,最后也会出现甲状腺肿","硫氰酸盐、过氯酸盐……致甲状腺肿作用基本明确","深入研究了芥菜族蔬菜所含致甲状腺肿物质的化学性质","花生具有一定的致甲状腺肿作用……含有氰化物的糖苷","大豆中致甲状腺肿物质的性质不明……作者设想机体甲状腺激素储量因肠道过度流失而减少,垂体促甲状腺激素代偿分泌增多,因而出现甲状腺肿"。提出"以上这些致甲状腺肿物质,在地方甲状腺肿发病机制中影响究竟多大,是一个尚未解决的问题"。

(3)地方甲状腺肿碘代谢变化。介绍了国内外在地方甲状腺肿流行区利用同位素碘开展地方甲状腺肿碘代谢研究的情况,其中有,安徽霍山县午旗河乡居民的血浆蛋白结合碘在经过碘剂防治后的变化情况,在安徽金寨县吴店区西庄乡幸福生产队和梅山镇金寨中小学开展的甲状腺摄$I^{131}$率与尿排$I^{131}$率研究,在河北承德近郊三个试验点开展的地方甲状腺肿和地方性克汀病碘代谢研究,综合国内外研究资料,得出:"地方甲状腺肿病人的血浆$PBI^{127}$平均值接近正常人,而且在甲状腺肿流行区甲状腺肿患者与非患者的血浆$PBI^{127}$没有明显差别","甲状腺肿流行区无论甲状腺肿与非甲状腺肿居民24小时$I^{127}$排出量一般均是很低的,反映当地碘缺乏的严重程度","地方甲状腺肿病人的甲状腺摄$I^{131}$率远远高出非甲状腺肿流行区正常人。而且甲状腺肿流行区非甲状腺肿患者的甲状腺摄 $I^{131}$ 率也和甲状腺肿病人一样地高"，"甲状腺肿病人的48小时尿排 $I^{131}$ 率低于正常人或接近正常人，一般和甲状腺摄 $I^{131}$ 率成反比例"，"甲状腺摄 $I^{131}$ 率在一定范围内不受示踪 $I^{131}$ 剂量的影响"，"甲状腺含碘高的病人其 $I^{131}$ 释出率和碘含量成正比"，"甲状腺提取物中均含有水解甲状腺球蛋白的酶活性"。对甲状腺肿病人甲状腺外代谢情况研究证明"甲状腺素的半衰期缩短，分期周转率加快，24小时激素碘消耗(分泌)量在正常低限，而甲状腺外有机碘库容量却明显缩小"。

（4）地方性克汀病的临床方面。介绍了国内外不同地区地方甲状腺肿和地方性克汀病的发病率，其中河北省承德市郊地方甲状腺肿发病率44.6%、地方性克汀病发病率2.4%。指出"总的说来，老的严重地方甲状腺肿流行区，会出现地方性克汀病，发病率也比较高；反之，新的和轻的地方甲状腺肿流行区地方性克汀病发病率低，也可以完全没有地方性克汀病存在"。总结出地方性克汀病临床表现主要有六个方面：身体发育落后，智力低下，聋哑，甲状腺肿，甲状腺机能低下现症，神经系统症状；其中，河北省承德市郊的情况是"地方性克汀病人中有26.3%为痴呆Ⅰ～Ⅱ型，73.7%为愚笨Ⅰ～Ⅱ型"，"76例地方性克汀病分析结果，94.8%有不同程度听力障碍，两耳全聋者19例，听力完全者仅4例。不同程度语言障碍的病人占97.4%，完全不能说话的有34例，语言正常者仅2例"，"地方性克汀病人36.9%有甲状腺肿，其中2/3以上为极轻度肿大"，"地方性克汀病人表现有程度轻重不同的甲状腺机能低下症状，少数呈典型黏液性水肿，多数甲状腺机能低下症状轻微"。

（5）地方性克汀病碘代谢变化。介绍了国内外地方性克汀病碘代谢变化情况，其中，对河北省承德市郊地方性克汀病碘代谢变化的研究表明"承德市郊地方性克汀病儿童血浆PBI低于当地地方甲状腺肿儿童以及当地正常儿童指，同时他们的血浆胆固醇也是远低于正常的。地方性克汀病儿童和当地甲状腺肿儿童与正常儿童的摄 $I^{131}$ 率甲状腺摄基本一致，而明显高于非甲状腺肿流行区正常人。经过9个月的碘盐供应及甲状腺干制剂的治疗，地方性克汀病儿童的血浆PBI都提高到正常范围。地方性克汀病甲状腺摄 $I^{131}$ 率经过上述9个月的治疗也明显地下降到正常值"。

（6）地方性克汀病的病因与发病机制。这一部分并没有定论，因为"地方性克汀病的病因与发病机制是一直有争论而尚未解决的问题"，朱宪彝建议分析研究地方性克汀病与地方甲状腺肿的关系、地方性克汀病的遗传问题、地方性克汀病智力低下问题、地方性克汀病聋哑问题、地方性克汀病没有甲状腺功能低下问题、地方性克汀病发病机制的一个假说等几个方面的问题以期对研究地方性克汀病的病因与发病机制有所帮助，也提出了关于地方性克汀病发病机制的假说"环境缺碘使有关地区居民机体缺碘是地方性克汀病的基本出发点"。

《有关地方甲状腺肿与地方克汀病的几个问题》通篇体现了朱宪彝勇于提出问题的探索精神，正如他在文章结束语中所说"本文的意图……是提出问题"。朱宪彝为我们做出了很好的榜样，敢于提出问题、善于提出问题，才能真正解决问题。在对待科学研究时，要通过查阅文献等方式了解前人的研究进展、实验数据、临床经验，结合现场调查、数据分析、实验室检测，运用科学的思维方法和已有的理论基础，推导出合理的结论；对于证据不足的研究方面，善于提出问题和假说，保持好奇心，激发思考和讨论，进一步开展实证研究，进行数理分析，廓清复杂的问题，开展广泛而深入地研究，使研究结果更科学、更严谨。如，在探讨地方甲状腺肿碘缺乏学说时，他提出要进行连续而长期的发病率变化统计，并注意到一些情况与碘缺乏学说不符；致甲状腺肿物质在发病机制中的影响有多大、有些致甲状腺肿物质是如何发挥作用的、存在于同一种天然食物中的不止一种致甲状腺肿物质之间是如何发生联系的、地方甲状腺肿和地方性克汀病的关系以及它们的碘代谢问题等，这些复杂的问题都有待深入研究；在大豆中的致甲状腺肿物质、地方性克汀病发病机制等多个方面提出设想和假说。

**2.建立下丘脑—垂体—甲状腺轴系的内分泌激素的放射免疫测定方法**

20世纪70年代初，朱宪彝组建由基础、临床的20多个学科的科研人员构成的内分泌科研队伍，在下丘脑—垂体—甲状腺轴系的内分泌激素的放射免疫测定技术上攻关，陆续建立三碘甲腺原氨酸（$T_3$）、促甲状腺激素（TSH）等一系列放射免疫测定方法，被广泛应用于全国地方性甲状腺肿与克汀病的防治研究工作中，提高了甲状腺疾病的诊断水平和研究能力，天津医学院也成为全国地方性甲状腺肿与克汀病防治研究的牵头单位。

关于放射免疫测定方法，"1960年Yalow和Berson在研究胰岛素免疫特性的基础上，利用胰岛素抗体和标记胰岛素为关键性试剂，进行血中胰岛素的放射免疫测定（RIA）。这种崭新的蛋白激素测定方法是把放射性示踪的灵敏度和抗原–抗体免疫反应的特异性相结合，具有专一性强、灵敏度高（一般可测每毫升10-9-10-12克水平）、标本用量少等特点，它为各种蛋白激素的测定开辟了广阔的途径，使激素测定由化学和生物测定转入了放射免疫测定的新时期"①,"从1962年起,主要归功于Berson和Yalow,他们利用放射性同位素标记激素的灵敏度和多肽类激素免疫性能的高度特异性的结合,创立了激素放射免疫测定方法学"②,这一方法在随后的十多年里应用范围广泛,"就内分泌学应用而言,七十年代以来,也从原有的肽类和蛋白激素的测定发展到非肽类激素如类固醇激素、甲状腺激素、前列腺素和维生素D的测定。"③

　　朱宪彝认为"放射免疫激素测定法是现代内分泌学领域里的一个革命性突破,为基础理论和临床内分泌科学研究提供了强有力的武器或手段"④,他将这种方法应用到下丘脑-垂体-甲状腺轴系的内分泌激素的测定上,陆续建立三碘甲腺原氨酸($T_3$)、促甲状腺激素(TSH)等一系列放射免疫测定方法,发现"放射免疫促甲状腺激素测定根本否定了血浆促甲状腺激素水平升高的设想……明确了假甲状旁腺机能低下不是甲状旁腺激素少的问题而是激素的靶器官不敏感的问题(受体的问题)"。⑤

　　由于激素放射免疫测定方法的广泛应用,人们对地方甲状腺肿的碘代谢变化的了解也渐趋清晰。认为"地方性甲状腺肿流行区的尿碘基本上都是低的……地方性甲状腺肿流行区的甲状腺肿患者的甲状腺24小时吸131碘率均明显增高……甲状腺肿流行区TSH不增高时,甲状腺吸$^{131}$碘率也增高"⑥,而且甲状腺吸$I^{131}$率增高一般伴有甲状腺肿大,但是在地方甲状腺肿流行区甲状腺不肿大的居民甲状腺吸$I^{131}$率也是明显增加的。

　　三碘甲腺原氨酸($T_3$)、促甲状腺激素(TSH)等放射免疫测定方法建立后,观察它们在甲状腺肿患者体内的变化,据此分析地方甲状腺肿的发病机制,以便做出更加科学的诊断,推动地方甲状腺肿的防治工作。

　　三碘甲腺原氨酸($T_3$)、甲状腺素($T_4$)的变化:"地方性甲状腺肿患者血清中$T_4$是偏低的,这种偏低看来是由于$T_4$真的分泌减少,而不是由于$T_4$的消耗增加或血浆中甲状腺素结合球蛋白数量减少"⑦,"$T_4$是甲状腺分泌的主要激素,一般认为在调节中起作用的$T_3$,大部分也是由$T_4$转化而成的,因此$T_4$偏低意味着地方性甲状腺肿患者甲状腺功能有偏低倾向"⑧,"一般说来$T_4$偏低的

① 朱宪彝.内科讲座——内分泌系统疾病[M].人民卫生出版社,1982(8):8.

② 朱宪彝.内分泌学研究进展[J].国外医学参考资料(内科学分册).1978(Z2):438-439.

③ 朱宪彝.内科讲座——内分泌系统疾病[M].人民卫生出版社,1982(8):8.

④ 朱宪彝.内分泌学研究进展[J].国外医学参考资料(内科学分册).1978(Z2):438-439.

⑤ 同上.

⑥ 朱宪彝.内科讲座——内分泌系统疾病[M].人民卫生出版社,1982(8):194、196.

⑦ 朱宪彝.内科讲座——内分泌系统疾病[M].人民卫生出版社,1982(8):196、198.

⑧ 同上.

程度与甲状腺肿大程度成反比……但是缺碘地区的非甲状腺肿居民 $T_4$ 仍较不缺碘地区正常人稍低,这也要使我们想到缺碘地区非甲状腺肿居民也有甲状腺功能低的趋势,仅程度有轻有重而已"[1],"$T_3$ 所以不高有两种可能;一种是 $T_4$ 降低不明显,$T_3$ 代偿性升高的必要性不大;另一种是在缺碘情况下机体代偿性地分泌 $T_3$ 增多的能力衰竭。总之根据血清中 $T_4$、$T_3$ 化验的观察,地方性甲状腺肿患者的甲状腺功能是趋向于减低的,因此在临床上看不到有甲状腺功能低下的症状就认为甲状腺功能正常是不够确切的"[2]。

促甲状腺激素(TSH)的变化:"缺碘地区的甲状腺肿患者血清 TSH 多高于正常或在正常偏高水平,即使是缺碘地区的非甲状腺居民也多属正常偏高。而且血清 TSH 增高与血清 $T_4$ 降低呈明显的负相关,但血清 TSH 与血清 $T_3$ 的变化无相关关系。"[3]

此外,还运用放射免疫测定方法观察母体和胎儿的甲状腺功能。

观察妊娠期间正常母体和胎儿及胎儿出生后甲状腺功能,"一般认为无论是在胎儿或母体,$T_4$ 与 TSH 之间存在着反比关系,当 $T_4$ 低时则 TSH 值增高,反之亦然。$T_3$ 与 TSH 之间或 $T_3$ 与 $T_4$ 之间则无此种关系。此外,TSH 已证实不能由母体透过胎盘至胎儿,与蛋白结合的 $T_4$ 和 $T_3$ 也几乎不能透析通过胎盘(有人认为与蛋白结合的 $T_3$ 较易透过),即使能通过胎盘也很有限。游离 $T_4$ 及游离 $T_3$ 则可通过胎盘屏障,但也受其他因素的影响,故母体与胎儿的游离 $T_4$ 及 T3 值,差别不很大。但母体及胎儿血中总 $T_4$、$T_3$ 及 TSH 均有较明显的差别,表明母体与胎儿的甲状腺激素的分泌与调节,虽有联系但又有各自独立自主的系统"[4],"新生儿出生后,血清 TSH 上升最快而且最明显,而 $T_3$、$T_4$……也随之上升……有人认为在出生后 48 小时血清 TSH 即可降到成年人水平。而血清 $T_3$,当脐带切断后即可升至正常成人水平。血清 $T_4$ 在出生后……7~21 天内可回至正常并一直维持在正常水平"[5]。

观察地方甲状腺肿母体和胎儿的甲状腺功能,"在妊娠的整个过程中存在着进行性而又不太明显的血清 $T_4$ 的上升,TSH 略有波动,但偏高;$T_3$ 系正常,但分娩时偏低。分娩时新生儿的甲状腺功能与母体相比,是低的,表现在脐带血中 $T_4$ 值较低而 TSH 则明显地升高。在妊娠中期一次碘油注射,就能使母

① 朱宪彝.内科讲座——内分泌系统疾病[M].人民卫生出版社,1982(8):196、198.

② 同上。

③ 同上。

④ 朱宪彝.内科讲座——内分泌系统疾病[M].人民卫生出版社,1982(8):202-203.

⑤ 同上。

体和新生儿的甲状腺功能恢复正常。"① "在缺碘地区,母体在妊娠期间的甲状腺功能尚能勉强维持正常,但有的是低的。而胎儿以及新生儿则常常处于甲状腺功能低下状态。现在已经发现,不仅黏液性水肿型克汀病有明显的甲状腺功能低下,神经型克汀病患者也有甲状腺功能低下的激素变化。不仅如此,地方性甲状腺肿流行区的层民还同样存在着亚临床甲状腺功能低下"②。

科学研究永无止境,它总是在不断地提出问题、不断地深入研究中渐渐明晰的。朱宪彝也提出"在地方性甲状腺肿的发病过程中,丘脑下部TRH的分泌估计是增加的,在这方面尚需要进一步积累资料"③。

3.摸清全国地方性甲状腺肿和地方性克汀病的流行特点和临床类型,提出了亚临床型甲状腺功能低下或克汀病的诊断方法和诊断标准

1978年,朱宪彝亲赴四川、云南、贵州、广西、安徽等五省考察地方性甲状腺肿和地方性克汀病的流行情况,历时两个月,在形成的考察报告中详尽介绍了五省此病流行的严重情况,促成全国统一的防治领导机构成立,动员相关医学院校和科研机构协同攻克此病。

随后,天津医学院与贵州省有关单位在贵州重病区的合作研究开始。朱宪彝亲自设计研究方案,具体指导研究工作开展,及时提出指导性意见,为研究工作把握好方向。经过八年的系统防治,重病区的甲状腺肿发病率降到国家标准之下,没有再出现新的克汀病患者。这一阶段取得的成绩以系列论文形式记录下来,成为我国20世纪80年代此领域学术成就的代表作。

与贵州省有关单位开展合作研究前,1978年秋天,天津医学院、天津市内分泌研究所与河北新医大联合考察组在对南方五省的地方甲状腺肿和地方性克汀病调查研究中观察到,贵州省黔南和黔东南自治州发病严重,提出要在这个地区建点进行长时间的防治观察。

这个想法产生后,选点工作展开。早在1978年6月朱宪彝撰写的关于全国地方甲状腺肿和地方性克汀病防治和发病机制科研规划中,就提出了普查选点的依据、人数范围和普查内容,特别强调对其发病率和流行病学调查研究选点工作应注意的几个方面,为后期实地选点工作提供理论依据和科学方法。朱宪彝深知,科研结论精确全面与否与试点地区的选择息息相关,为此,

① 朱宪彝.内科讲座——内分泌系统疾病[M].人民卫生出版社,1982(8): 202-203.
② 朱宪彝.内科讲座——内分泌系统疾病[M].人民卫生出版社,1982(8):206.
③ 朱宪彝.内科讲座——内分泌系统疾病[M].人民卫生出版社,1982(8):196、198.

联合考察组走访贵州省多地,开展大量的实地调查,尽可能全面地了解发病情况,以便更加准确地选择试点区。在天津医科大学图书馆朱宪彝档案室资料《关于赴贵州省地方性甲状腺肿与地方性克汀病流行地区选"点"情况的报告》中,"今年(1979年)3月6日至16日,我校又派二人,与河北新医大一人在贵州省卫生局领导下,配合贵阳医学院和当地卫生防疫部门,到该省的甲状腺肿、克汀病严重地区进行了一次选点工作,分别到了黔南布依族苗族自治州和黔东南苗族侗族自治州的惠水、都匀、麻江、凯里4个县的5个公社、7个大队了解了发病情况",综合实际发病情况、群众需求、代表性等方面的因素,最终选定"两个少数民族集中的黔南的都匀(布依族)、黔东南的凯里(瑶族)各一个公社建点"。

选点的同时,朱宪彝对赴贵州如何开展地方甲状腺肿和地方性克汀病的科研工作进行思考,列出详细的工作任务,并在工作的领导协调、所需设备、工作生活环境条件、工作分工等方面提出中肯的指导意见,为在贵州省有效地开展工作发挥了重要作用。

天津医科大学图书馆朱宪彝档案室资料《赴贵州省科研小分队工作任务及注意的几点事项》中分条目、清晰地列出工作任务:"不同含碘量食盐1/50000、1/20000的供应和碘油注射对地甲肿和地克病发病率动态变化的研究,通过比较长期的观察找出合理的投碘量";"食盐加碘前后地方性甲状腺肿患者的甲状腺的形态机能和碘代谢动态变化的研究,观察其组织学演变与甲状腺机能及碘代谢改变的关系,探讨其发病机制";"食盐加碘和甲状腺素在治疗前后地克病的变化,通过临床、心电、X光、同位素和免疫学检查,观察治疗效果,找出适当的治疗方法";"地克病早期诊断和可疑地克病确诊的研究,通过临床、X光、同位素免疫学检查等,探索出早期诊断的指标";"妊娠过程中甲状腺功能与碘代谢和克汀病发病关系的探讨。通过妇女分娩时母血、脐带血、胎儿血的TSH、$T_3$、$T_4$的测定,探索早期诊断。以及时早防早治控制克汀病人的发生。关于遗传学、免疫学研究问题等作安排"。

科研人员在朱宪彝的具体指导下,根据他提出的工作任务,在贵州省开展相关研究,取得了一系列科研成果。

由黔南自治州卫生防疫站编写的《地方性呆小病诊断判定标准(试行)》(1979年6月12日修订)介绍了地方性呆小病的诊断依据与判定标准、分型分度、早期诊断方法、如何鉴别诊断等方面的知识,极大地推动了地方性克汀病的防治。

对贵州省麻江县河坝公社(病区)和贵阳市郊黔灵公社(非病区)碘盐防

治前后碘代谢和垂体-甲状腺系统功能的变化进行观察、比较、分析和研究，得出以下结论："四年来通过对黔东南地区麻江县河坝公社居民的碘代谢和垂体—甲状腺系统功能的研究，证明当地地甲肿与克汀病的发生是与长期碘营养缺乏密切相关的……在地甲肿流行区坚持实施食盐加碘并辅以其他治疗手段，五年左右控制或基本消灭这种地方病是极有可能的"[①]；"一般地讲，人体在碘营养正常情况下，每天排出的碘量接近于每日摄入量……尿碘排出量的多少，是反映机体是否缺碘和缺碘程度的可靠指标……地甲肿流行区居民的吸碘率是与他们的尿碘排出量呈负相关的"[②]；"通过我们四年的观测表明，T4、TSH在反映缺碘区居民的甲状腺功能是否正常具有很高的灵敏性……通过三年碘盐防治证明，亚临床甲低患者的甲状腺功能完全可以被碘盐所改善……克汀病患者的甲状腺因缺碘所造成的损害程度要比其它人群更为严重"[③]，"病区居民的血清T3值在碘盐防治前后的变化是不大的……都在正常范围以内……虽然在病区河坝公社的居民中存在着相当数量的亚临床甲低患者，而他们在临床上并未显露出明显的甲低症状和体征，其原因可能就在于他们的血清T3尚能维持在正常水平"[④]。

对贵州省甲状腺肿缺碘病区和非病区的孕妇、脐带和胎儿血清T3、T4和TSH的含量变化进行观察，加以分析、比较、测定，得出："无论是病区或非病区，脐带及胎儿的血清T3和T4值均明显低于其孕母。而血清TSH总的趋势则高于其孕母……说明母体与胎儿的血清甲状腺激素有着各自独立的系统……孕妇不能或很少通过胎盘供给胎儿生长发育所必需的T3和T4"[⑤]，"病区与非病区比较，病区孕妇、脐带及胎儿血清T4水平，普遍较非病区为低，而血清TSH水平升高的趋势要比非病区明显，血清T3水平，除病区无甲肿组孕妇及其胎儿和甲肿组胎儿之外，其他各组均有不同程度的升高……病区胎儿中亚临床甲低出现率明显增多，而其他各组则很少或没有这类的患者……表明病区中无论是孕妇或胎儿都有甲状腺功能低下的趋向，但由于孕妇血清T3有明

---

① 陈秉忠,时钟孚,李锡田,卢俏章,侯明泰,杨树华,马丽云,高士美,朱立群,杨立昌,张墨玲,朱宪彝.贵州省河坝公社地方性甲状腺肿及地方性克汀病的调查研究——碘代谢和垂体-甲状腺系统功能在碘监防治前后的变化[J].中国地方病学杂志.1984,(2):101.

② 同上。

③ 同上。

④ 同上。

⑤ 朱宪彝,陈秉忠,焦成久,张墨玲,李锡田,卢俏章,时钟孚,张家秀,孔德明,吴艺捷,吴静波,袁继奇,杨树华,杨秀宝,李述棱.贵州省地甲病流行区孕妇、脐带及胎儿血清T3、T4和TSH含量的观察[J].地方病通讯.1985,(2):6-9.

显的代偿性增高,因而使得孕妇甲低趋向不如胎儿明显,而病区胎儿甲低趋向之所以这么严重,我们认为,在缺碘情况下,可能与胎儿竞争不过其孕母对碘的摄取有关,病区胎儿中的这些异常变化很可能就是产生地方性克汀病的一个重要基础"①。

1978年,朱宪彝创建天津市内分泌研究所。组织科研人员对我国大部分省区的地方性甲状腺肿和地方性克汀病进行深入调查研究,基本摸清了我国地方性克汀病的流行特点和临床类型,提出了亚临床型甲状腺功能低下或克汀病的诊断方法和诊断标准,发现了我国高碘性甲状腺肿的发病规律,并为全国的防治研究工作制定规划。

朱宪彝敏锐地意识到地方性甲状腺肿和地方性克汀病的普查发病情况、观察研究防治效果、病因和发病机制研究、病理学和病理生理学研究、实验动物研究等方面要在全国地方病防治领导小组和相关省市委的直接领导下,组建医学院校、省市防疫站和地方病防治所、基层医疗预防单位联合研究队伍,共同投入到研究工作中才可能完成,因此他大力呼吁、广泛号召医学院校、省市防疫站和地方病防治所、各类防治领导机构和防疫部门协同工作;同时,他还针对当时有些科研人员认为地方性甲状腺肿和地方性克汀病是简单的缺碘和遗传性疾病、不存在科研课题的状况,用真实的调查数据和合理的假说问题纠正了这一片面的认识,推动地方性甲状腺肿和地方性克汀病的深入研究。他的努力得到各方的一致认同和积极响应,天津医科大学图书馆朱宪彝档案室资料《地方性甲状腺肿与地方性克汀病科研工作》显示,"1978年在秦皇岛市北办召开地方甲状腺肿地方性克汀病会议以来,最近二年已经有五、六所高等医学院校和几个省地方病研究所投入到此项科研工作","今年(1980年)在河南辉县召开的全国地方性甲状腺肿和地方性克汀病学术会议和在广州召开全国内科学会学术会议都将反映出我们在地方性甲状腺肿和地方性克汀病防治与科研工作的新成就"。

朱宪彝在《全国地方甲状腺肿地方性克汀病防治和发病机制的科研规划(1978-1985年)》中,进一步详细阐述了人员分工及工作侧重点,防治工作"以省市防疫站、地方病防治所为主干,组织大批赤脚医生和基层医疗预防单位来完成任务",科研工作"必须以大区为单位,组织医学院校、省市防疫站(或

①朱宪彝,陈秉忠,焦成久,张墨玲,李锡田,卢俦章,时钟孚,张家秀,孔德明,吴艺捷,吴静波,袁继奇,杨树华,杨秀宝,李述棱.贵州省地甲病流行区孕妇、脐带及胎儿血清T3、T4和TSH含量的观察[J].地方病通讯.1985,(2):6-9.

地方病防治所）和基层医疗预防单位三结合的队伍，在北方地方病领导小组和有关省市委直接领导下来进行"。

明确了全国地方性甲状腺肿和地方性克汀病防治和发病机制研究的大区分布及每个大区的重点省市，"大区以华北、西北、华中、西南为重点，华北又以河北山西为重点，西北以陕西甘肃新疆为重点（1977年已形成协作中心），华中以湖北、河南包括安徽（1977年安徽省也以形成中心）和广西为重点，西南以贵州云南为重点"，并指出"每一重点要指定一所或两所高等医学院校作为科学技术指导中心，动员全部临床和基础医学技术力量投入到这中心科学研究工作中去，如果能同时动员组织部分综合大学或师范学院生物系、化学系、地理、地质系以及心理学教育学专业力量，那会更理想"。详细列出地方甲状腺肿和地方性克汀病需要深入研究的科研课题8个大方向、67个小项目，包括地方性甲状腺肿和地方性克汀病的流行病学调查研究、病因和发病机制研究、防治观察研究、病理学和病理生理学研究以及实验地方性克汀病研究。

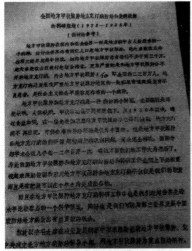

《全国地方甲状腺肿地方性克汀病防治和发病机制的科研规划（1978—1985年）》讨论稿
（编者2020年6月摄于天津医科大学图书馆朱宪彝档案室）

在朱宪彝的指导和组织下，科研人员对全国大部分省区地方性甲状腺肿和地方性克汀病进行广泛调查研究，调查研究内容涉及其病区自然环境、饮食习惯、职业特征、遗传特点、发病率及原因等，抽样化验摄$I^{131}$率、水碘、尿碘、$T_3$、$T_4$、TSH值，做出临床检查，综合各方面因素加以分析，如：

对黑龙江合江地区桦川县的苏家点公社和创业公社的三个大队地方甲状腺肿和地方性克汀病开展调查，了解到该地为东北平原松花江流域，推测两个公社地处原松花江江底，水位浅，"地层有沙、沙下层为青色淤泥"；"居民饮食用水多为在自己室内用压把井取水"，化验水碘含量低于正常值；观察三个大队一些居民婚后生育子女的发病情况。推导出该地区为低碘地方甲状腺肿和地方性克汀病，原因可能与江河改道有关，引起环境缺碘。

对山东省日照县的石臼公社、涛雒公社、马庄公社、黄墩公社的地方性甲状腺肿开展调查，了解到日照县东南沿海为平原、西北为山丘、中间为丘陵地带，海岸线长70余千米，石臼公社和涛雒公社地处沿海，马庄公社地处丘陵地带,黄墩公社地处山区;水碘化验石臼公社和涛雒公社比较高,马庄公社和黄墩公社是低的;尿碘化验石臼公社特别高,涛雒公社正常偏高,马庄公社和黄墩公社是低的;石臼公社由于养殖海带,居民多吃海带盐和用海带盐腌制的咸菜,因此水碘和尿碘含量都很高,推断为高碘性甲状腺肿;涛雒公社水碘含量接近石臼公社,因为居民不养殖海带、不吃高碘海带盐和咸菜,因此尿碘含量正常偏高,推断为轻度高碘性甲状腺肿;马庄公社和黄墩公社水碘和尿碘均低,食用未加碘的普通盐和咸菜,推断为缺碘性甲状腺肿;四个公社的甲状腺肿发病率由高到低为石臼公社、马庄公社、黄墩公社、涛雒公社。

对山西省河曲县楼子营公社的地方性甲状腺肿病区马连口、大峪两村亚临床型克汀病开展调查,进行地方甲状腺肿普查,碘代谢、下丘脑-垂体-甲状腺系统功能测定,智力、听力和前庭功能、躯体发育、骨发育的检查,按照1980年在河南辉县召开的全国地方甲状腺肿和地方性克汀病学术会议上制定的《地方性克汀病诊诊断标准(试行)》推导出两村居民符合克汀病诊断标准,但是由于症状轻微,临床不容易被发现,因此称为亚临床型克汀病,提出对其诊断"可以先从智力测验入手,如为智能低下,则进一步寻找神经系统和甲状腺功能低下的症状作为诊断的辅助条件"。

对新疆和田县城镇公社、洛浦县铁流公社和红星公社的部分生产大队地方性克汀病开展调查,进行流行病学调查,临床、X线、心电图检查,尿碘、$T_3$、$T_4$、TSH、PBI值化验检查,推导出和田县和洛浦县属于黏肿型克汀病高发区,与地理环境有关,两地降雨量少影响土壤碘的补充,居民耕作区多在河流或古冰川和现代冰川冲积扇上;从临床、代谢方面的显著差异,把克汀病分为黏肿型、神经型和混合型,列举了有代表性的地区如承德、贵州、佳木斯以神经型为主,新疆和田县、洛浦县、温宿县以粘肿型为主,甘肃、青海两型都有为混合型;克汀病的发病机制"黏肿型主要与下丘脑—垂体—甲状腺发育受损有关,神经型在发病上不受以上轴的影响,无甲低临床表现"。

朱宪彝指导发表的相关文章
(编者2020年6月摄于天津医科大学图书馆朱宪彝档案室)

在朱宪彝的亲自组织指导下,关于地方性甲状腺肿和地方性克汀病的各方面研究逐渐深入、全面,这一阶段的成果也相对集中和成熟:

关于地方性甲状腺肿的诊断标准："居住在地方性甲状腺肿病区；甲状腺肿大超过本人拇指末节，或有小于拇指末节的结节；排除甲亢、甲状腺癌等其他甲状腺疾病。尿碘低于50微克／克肌酐，甲状腺吸 $^{131}$ 碘率呈碘饥饿曲线可作为参考指标"。①

关于地方性甲状腺肿的临床分型：根据甲状腺肿是否有结节，分为弥漫型、结节型、混合型。弥漫型为"甲状腺均匀增大，摸不到结节"②，结节型为"在甲状腺上摸到一个或几个结节"③，混合型为"在弥漫肿大的甲状腺上，摸到一个或几个结节"④。

关于地方性克汀病的诊断：《地方性克汀病诊断标准草案（讨论稿）》中分为必备条件和辅助条件，必备条件有两条"出生居住于低碘地方性甲状腺肿病区；有精神发育不全，主要表现为不同程度的智力障碍"，辅助条件有两个方面"神经系统症状—不同程度的听力障碍、不同程度的语言障碍、不同程度的运动神经障碍；甲状腺功能低下症—不同程度的身体发育障碍，不同程度的克汀病形象：傻相、面宽、眼距宽、塌鼻梁、耳软、腹部膨隆等，不同程度的甲低表现：黏液性水肿、皮肤毛发干燥、X线骨龄落后和骨骺愈合延迟、血浆蛋白结合碘（PBI）降低、血清 $T_4$ 降低、TSH升高"，并说明"有上述的必备条件，再具有辅助条件中神经系统或甲状腺功能低下症任何一项或一项以上，而又可排除分娩损伤、高热抽风、脑炎、脑膜炎及药物中毒等病史者，即可诊断为地方克性汀病；如有上述必备条件，但不能排除引起类似本病症状之其他疾病者，可诊断为可疑患者"。

关于地方性克汀病的临床分型和特点："分为神经型、黏液性水肿型和混合型。神经性主要特点是智力低下和神经综合征，如听力、语言和运动神经障碍等；黏液性水肿型是以黏液性水肿为特点的现症甲状腺功能低下症状，不同程度的身体发育障碍、性发育障碍及克汀病形象等"。

关于地方性克汀病的分布特点：以黑龙江省齐齐哈尔到云南省腾冲为线将我国分为西北和东南两个部分的话，神经型地方性克汀病区主要分布在此线的东南，黏液性水肿型地方性克汀病区主要在此线的西北。"我国东北、华北（不包括内蒙古自治区）、华中与西南地区均以神经型为主……新疆南疆地区（和田、阿克苏）；青海的大通与贵德地区；甘肃的临夏与礼县；内蒙古的凉

---

① 马泰、卢倜章等.碘缺乏病——地方性甲状腺肿与地方性克汀病[M].1981：90.
② 朱宪彝.临床内分泌学[M].天津科学技术出版社，1989：276.
③ 同上.
④ 同上.

城、清水河与东胜均有一定数量典型的粘肿型患者"①。

关于影响地方性甲状腺肿和地方性克汀病流行的因素有四个方面。第一,自然地理和气象条件。"很多的研究看到,地方甲状腺肿与地方性克汀病常见于以石灰石、白垩土、砂土、灰化土以及泥炭土为土壤主要成分的地带。在岩浆岩地带或以黑土、红色土及含有大量胶体颗粒和有机物的栗色土壤为主要成分的地带中,这个病就比较少见"②,"大部分地区水中碘含量与地方甲状腺肿患病率成反比"③,"几乎所有沉积岩都有属于碳氢化物的有机质和少量的硫化物,而这些地区的甲状腺肿患病率就高"④,"地方甲状腺肿与地方性克汀病多见于地势倾斜、洪水冲刷严重、降雨量集中、地下水位高和地面上缺少植被的地区"⑤,"地方甲状腺肿和地方性克汀病的地理分布上山区多于平原,内陆多于沿海,而且越是山高沟深的地区患病就越严重"⑥。第二,膳食因素。"在各种食品中,海产品(海鱼、海带)是最富于碘的,其次是动物性食品,含碘最低的是植物性食品"⑦,"当膳食中蛋白偏低碳水化合物偏高时,可影响甲状腺对碘的吸收和转化"⑧,"维生素不足和甲状腺肿有一定的关系……在地方甲状腺肿流行区居民膳食中,维生素 A 和维生素 C 是不足的"⑨。第三,生产条件。"工农业化学毒物对机体甲状腺的作用已逐渐引起人们的重视。凡是污水灌溉越长的农村居民中,甲状腺肿的患病率就越高"⑩。第四,生活、卫生条件。"饮用被生物和化学物质污染的水的居民中,甲状腺肿患病率较高"⑪,"有甲状腺肿村庄的井水同无甲状腺肿的村庄相比,在细菌总数和大肠菌数方面都是较高的"⑫,"居住条件,对甲状腺肿的发展也起一定的作用"⑬。

关于我国高碘性甲状腺肿的发病规律:"主要由于碘阻断效应……无论是正常人或各种甲状腺疾病患者,给予较大剂量的无机碘或有机碘时,可以阻止碘离子进入甲状腺组织……是碘抑制了甲状腺内过氧化酶的活性,从而影响到甲状腺合成过程中原子碘的活化、酪氨酸的活化及其碘的有机化过程。"⑭将地方性高碘甲状腺肿分为食物性和水源性两类:山东省日照县沿海居民的高碘甲状腺肿是由于食用海带盐和用其腌制的咸菜所致,广西壮族自治区北部湾沿海居民的高碘甲肿是食用含碘很高的海橄榄嫩叶及果实所致,这两个地区都属于食物性高碘甲状腺肿;河北省黄骅县沿海居民的高碘甲状

---

① 马泰、卢倜章.国内外不同类型克汀病流行病学临床特点及发病机理简介.朱宪彝档案室.

② 马泰、卢倜章等.碘缺乏病——地方性甲状腺肿与地方性克汀病[M].1981:231-243.

③ 至 ⑬ 同上。

⑭ 朱宪彝.临床内分泌[M].天津科学技术出版社,1993:280-282.

腺肿是饮用含碘高的深井水所致,"在我国渤海湾海滨,北起河北省的新子牙河口,南到山东省的黄河河口,包括河北省的黄骅、海兴、盐山、孟村、沧县,山东省的乐陵、庆云、无棣、沾化、利津、滨县都有高碘深井水所引起的甲状腺肿"①,这些深井水"很可能是古代海洋中富碘的动、植物残体中的碘,经无机化溶于深层水中形成"②,而内陆地区如新疆奎屯乌苏山前的倾斜平原、山西省孝义县浅井水、河北省新城先浅井水等是"由于古代洪水冲刷,含碘丰富的水沉积于低洼地区,未能流至海洋所致"③,这些都属于水源性高碘甲状腺肿。

### 4.建立离体神经细胞培养和碘缺乏病实验动物模型

1980年开始,加强试验研究工作,在朱宪彝亲自指导下建立离体神经细胞培养和碘缺乏病实验动物模型,进一步探索碘和甲状腺激素与大脑智力发育的关系,阐明大脑发育临界期的意义,推动地方性克汀病发病机制的深入研究。

朱宪彝组织科研人员利用病区生产的缺碘饲料产生动物甲状腺肿,开展实验动物研究,如抗甲状腺药物饲料在妊娠期和新生期造成克汀病模型的动物实验研究,说明出生后28天内是小鼠大脑发育临界期,出生后到25到30天以内服用甲状腺激素可以保护其大脑发育,甲状腺激素治疗推迟到30天以后则无效。介绍了1961年Eayers的大鼠实验,"认为大大鼠出生后25天前的甲状腺功能状态,是大鼠大脑发育与分化的临界期……在临界期,神经系统很容易受到各种因素的侵害"④,"人类大脑的发育与分化有两个临界,一个是在胚胎发育的10—18周,主要影响神经母细胞的增殖,另一个是出生前3个月直至生后两年,主要影响胶质分裂、细胞增殖与神经鞘的生成"⑤。提出下一阶段的工作任务,准备进行离体大脑神经细胞培养,特别是在不同胚胎阶段,神经细胞在不同碘或甲状腺激素环境下生长发育分化及功能变化的研究。

关于甲状腺激素影响脑发育的临界期及其意义:"脑在其发育阶段成为甲状腺激素的一个临界靶器官。脑在其加速发育阶段,对于外界或内在环境不利因素的易伤性有所增加。甲状腺激素影响脑发育的临界期可能介于妊娠期1/3的和生后一年以内"⑥,"所以人类克汀病的治疗,只有在出生后早期正确恢复其化学上的正常甲状腺功能,才能使其智力恢复正常。近年来以放

---

① 朱宪彝.临床内分泌[M].天津科学技术出版社,1993:280-282.

② 同上。

③ 同上。

④ 朱宪彝.内科讲座——内分泌系统疾病[M].人民卫生出版社,1982(8):204-205.

⑤ 同上。

⑥ 朱宪彝.内科讲座——内分泌系统疾病[M].人民卫生出版社,1982(8):184.

射免疫方法测定新生儿脐带血中甲状腺激素和 TSH 水平,有助于这一工作的开展。"[1]

关于脑不同部位对甲状腺激素的敏感度:大鼠实验表明,"下丘脑在胚胎发育中成熟较早,所以在胚胎早期就对甲状腺激素敏感。小脑成熟最晚,出生后才对甲状腺激素敏感。大脑皮质成熟介于下丘脑和小脑之间,故于出生时对甲状腺激素敏感。由此可知,脑的不同部位各有其特殊成熟时期,和对甲状腺激素敏感的日程表"[2]。

关于甲状腺激素调节脑发育的途径:"甲状腺激素调节脑的发育可能是通过直接作用于脑组织靶细胞,而不是完全通过其普通一般的代谢效应"[3],"甲状腺激素对发育中的脑可促进其代谢率,并诱导其成熟。一旦脑成熟则无明显效应"[4]。

在总结甲状腺激素与脑发育的关系时,提出"在个体发育过程中,甲状腺激素与脑的发育关系甚为密切。脑在其发育中的某个阶段,成为甲状腺激素的靶器官。此时脑细胞具有 $T_3$、$T_4$ 受体。通过激素作用促进脑组织进一步分化和成熟,因而这一阶段成为脑发育的临界期。径此时"甲低"所造成的损害,大都是不可逆的。脑成熟以后"甲低"所带来的神经精神症状和病变大都是可逆的。近年来有关脑组织中,甲状腺激素受体的问题,引起了人们的注意。有关脑组织在个体发育不同时期,甲状腺激素受体的有无和多少的变化,为研究脑的正常发育和探索地方性和散在性克汀病的发病机制,以及纠正生后智力低下,甲状腺激素治疗时机等问题,提供了重要线索"[5]。

## (二)朱宪彝对地方性氟中毒的研究

20 世纪 80 年代初,氟中毒是我国六大地方病之一,受害人数约达 5000 万。氟中毒指的是氟经消化道或呼吸道进入人体后,经血液循环散布全身,引起各种变化。氟骨病的主要临床表现为四肢无力,骨痛及腰腿关节疼痛,关节僵直,骨骼变形以及神经根、脊髓受压迫等症状和体征,甚至截瘫。氟中毒累及牙齿称氟斑牙。氟斑牙轻者表现为釉质表面像白色粉笔样、不透明斑块即白垩状斑块;严重者出现黄褐色或暗棕色斑块,甚至全口牙出现黄褐色斑块,同时有线状、点状或窝沟状缺损,凹陷内有较深的染色,牙面失去光泽。

---

① 朱宪彝.内科讲座——内分泌系统疾病[M].人民卫生出版社,1982(8):204-205.
②③④⑤ 同上。

1980年，中央地方病领导小组要求医学界进一步加强科研力量，迅速解决氟中毒的防治问题。朱宪彝积极响应这一号召。他借鉴甲状腺肿和克汀病防治的经验，本着基础与临床结合、现场与实验室结合、理论研究与实践结合、研究机构与卫生防疫部门结合的原则，开始对氟中毒进行科研攻关。他充满信心地说："我要在有生之年，把病因找出来，打个歼灭战。我活着就是为了解除别人的痛苦，使人们生活得更美好。"①

朱宪彝结合早年钙磷代谢的研究，从氟的代谢及人体组织积氟与脱氟入手，通过实验找出人体脱氟的方法。1981年，他组织调查小组到保定地区的涞源县、天津蓟县（现蓟州区）礼明庄和东郊（现东丽区）的赤土乡进行地方性氟中毒、氟骨病和氟斑牙等疾病的调查研究。通过研究，他发现我国北方地区的氟中毒性骨病发病情况与饮水氟含量密切相关，并且，我国高氟地区分布相当广泛。

朱宪彝在地方性氟中毒流行区（简称地氟区）较准确地查明氟骨病患病率。对晚期氟骨症尚无特殊治疗法，因此对于该病的早期诊断及治疗极为重要。但早期诊断在当时非常困难，朱宪彝认为如把临床所见的骨症状及/或骨关节畸形，作为诊断氟骨症的指标，则有可能把强直性脊柱炎，骨性关节炎，外伤后遗症及其他骨关节病都误诊为氟骨症；如果单纯依靠X线骨平片显示的氟骨症特征来确诊，则常造成不易逆转的骨关节畸形。氟骨症是代谢性骨病的一种，也应有与其他代谢性骨病类似的发展规律，首先是代谢紊乱引起的生物化学改变，然后才会出现临床及形态学的表现。

因此，朱宪彝带领团队试图通过与骨代谢有关、较易实际应用的血、尿生化检验，配合流行病学等方面的调查，作为氟骨病诊断项目的补充、寻求地氟区氟中毒骨病变早期诊断的客观指标。通过研究，他发现氟中毒对机体及骨代谢的影响较大；而氟中毒患者血尿氟明显升高，尿钙磷减少，血清碱性磷酸酶活性和尿羟脯氨酸增高，此外，钙、磷代谢，维生素D甲状旁腺功能在血尿生化方面的表现，可能是氟骨病早期的改变。因此，可把血尿生化改变两项以上不正常的一组，定为可疑氟骨病。这些发现对早期诊断地方性氟中毒起到了关键作用。

根据研究成果，朱宪彝提出氟骨病是可以预防的，可以通过去除高氟水中的氟化物或者改换水源，改饮低氟水来实现。同时，他还提出了，需要同时

---

① 霍玉.当代钙磷知识之父(中)[J].天津政协,2014,7:36-39.

改善钙质等营养物的供应，应该每天补充钙等元素，钙在消化道内可以与氟离子结合，形成难溶性氟化钙，随粪便排出体外，以减少氟的吸收。因此，补充钙可调节体内钙磷代谢平衡失调，促进正常骨组织恢复，对治疗或预防氟中毒所致的骨质疏松和骨软化是很重要的。如果采取预防和治疗措施，不再摄入损害量的氟，氟从体内逐渐排出，氟中毒病人的精神和体力就会逐步恢复。

经过不懈的努力，朱宪彝不仅明确了氟骨症的发病机理，而且还研制出了治疗预防氟骨症的药品，给病人服用后，取得较好的疗效。

## 三、重视理论与方法的探索，大力发展现代医学

在现代医学发展的不同阶段和时期，朱宪彝根据天津医科大学和附属医院教学和各项科研的实际情况，提出了基础研究和临床医学相结合，重视中医发展，鼓励中西医结合，倡导尸体病理剖验的现代医学思想。

### (一)朱宪彝提倡基础研究和临床医学相结合

#### 1.在学科发展上，注重基础和临床的结合

1951年6月，朱宪彝担任了天津医学院院长。他认为，医学院除了要培养临床技能扎实的临床医师，更要注重基础医学的教育与研究工作；要做到从临床中发现问题，再到基础医学中研究问题，最终回到临床上解决临床疾病问题。只有基础研究与临床医学紧密结合，才能不断地提高人们对疾病的认识、提高我们的医学水平。注重基础和临床相结合是朱宪彝学科管理中最突出的特点。建校之初，朱宪彝将优秀的临床医生调来医学院主持基础的教学研究工作，选派临床教师赴北京等地高等医学院校进修基础医学、筹建基础教研室。在当时，很多医学院校中的基础医学和临床是对立、脱节的，而天津医学院是唯一一所做到将基础研究和临床医学相结合的高校。

1962年10月，在庆祝建校10周年出版的《天津医学院论文集》(第三辑)的发刊语中，朱宪彝总结了建校10年来基础和临床相结合的情况。他指出，建校之初，基础医学队伍比较单薄，仪器设备缺乏，我校的科学研究工作先从临床实际出发，基础医学部门较多地协助临床部门共同研究解决一些临床实际问题，借以充实提高临床研究工作的质量，并为基础医学理论研究工作培养干部创造有利条件。朱宪彝一直认为这是一条符合当时学校实际情况，实事求是的科学研究路线。按照这一工作路线，学校的各项工作从临床到实验都稳步前进。

同时，他一直强调基础医学部门结合临床实际进行科学研究，并不等于

忽视了医学理论,而实际在追求向理论研究发展。重视临床研究还必须从医学院原有基础出发,发挥特长。

在朱宪彝担任医学院院长期间,天津医学院神经外科开展了很好的基础研究工作,他特别指出,应该因势利导地多做这方面的研究工作。在开展神经外科的研究工作中,总结丰富的临床经验是非常重要的,但是不能停留在临床经验总结的水平上,还必须开展神经电生理及病理生理与神经生化等方面的临床和实验研究。临床神经病工作者当然要花一定时间在实验室工作,但这还不够,还必须有搞神经解剖、神经生理、神经病理等事业人员参加这一工作,理论研究才会更深入进去。同样,天津医学院心脏外科的研究工作有较好的成绩,但是它的发展前途有赖于心脏血管疾病病理生理学及诊断技术的研究。具体外科技术的改进与提高,必须有待实验外科研究工作的开展。后者也是其他外科事业科学研究必备条件。结合天津市伤寒、痢疾、麻疹等流行病的现场调查研究,科研人员收集了若干流行病学统计资料。流行性乙型脑炎病毒分离鉴定工作和传染病肝炎病毒分离及特异性诊断方法的探讨为培养病毒研究干部和进一步搞病毒工作创造了条件。

在他的领导下,天津医学院先后创建了二十多个基础和临床教研室,这些教研室的成立,极大地促进了各个学科的深入研究和发展。朱宪彝曾一再强调:临床教师应该进实验室搞科研,基础理论研究工作要以科研任务带动基础医学与临床医学的融合。他提出临床的医师回来学习基础医学,而做基础医学的负责同志进行一部分教学工作。

在朱宪彝的指引下,临床医学和基础研究的结合直到现在仍然是天津医科大学的特色,正是这一特色,使得天津医科大学临床和科研水平一直位居全国前列。朱宪彝的这一现代医学思想应该继续发扬光大,使得天津医科大学的临床和医学研究水平长期处于世界的前列。

2.在地方病的研究工作中,注重基础和临床的结合

天津医学院成立以后,国家有一个重要课题是地方性甲状腺肿和地方性克汀病的防治。由于这两种疾病的流行地区都是山区,在当时这项工作是最艰苦的医学研究工作之一。朱宪彝怀着关切劳苦大众、为老百姓解除病痛的心愿,很坚决地承担了这项科研任务,潜心研究这两种地方病。1956年,他提出要把地方性甲状腺肿和克汀病的防治研究列为临床内分泌研究首位,并亲自组织、领导天津医学院的研究团队。在朱宪彝的指导下,组建的团队包括一批从事基础和临床等多学科人员。这些科研人员,充分发挥基础、临床各学科的力量对这两种地方病进行科研攻关。1958年,在天津医学院附属医院

内科,他组建了包括临床、基础十几位专业人员参加的临床内分泌研究室。1961年,朱宪彝组织天津医学院有关基础与临床科室的数十名科技人员来到承德,他亲自在病区选择观察点,一家一户地逐人进行调查,并责成专人常驻病区,配合当地卫生防疫机构,管理碘盐投放并观察疗效。

朱宪彝带领团队持续五年成功地进行了河北省承德市郊区地方性甲状腺肿和克汀病流行区的系统研究工作,为全国树立了楷模。特别是在1964年,朱宪彝在承德组织召开了现场会,邀请内分泌、儿科、动物内分泌专家、心理学工作者、流行病学工作者共同讨论,为防治这两种地方病提供宝贵经验。通过这些研究,朱宪彝带领团队撰写了《承德地区地方性克汀病的临床观察》(卢偶章,1965)、《承德市郊区地方性克汀病患者口腔情况调查》(周淑瑜,1965)、《散发性克汀病骨骼之 X 线分析及其与地方性克汀病的区别》(廉宗澂,1965)等一系列研究论文,为临床和基础研究提供了宝贵的资料。

20世纪70年代初期,朱宪彝克服当时的不利因素,重新组织起基础和临床等二十余学科的近百名科技工作者参加的内分泌研究队伍,集中向内分泌方面的下丘脑—垂体—甲状腺轴系的激素测定攻关,经过反复实验,获得成功。在他的指导下,天津医学院科研人员发现我国高碘性甲状腺肿的发病规律,建立甲状腺激素放射免疫测定方法,在制定我国地方性甲状腺肿与地方性克汀病防治标准等方面都取得了突出的成绩。这些成果被广泛应用于地方性甲状腺肿与地方性克汀病防治研究中,提高了对甲状腺疾病的诊断水平与研究能力,赶上了世界同类研究水平。最终朱宪彝和他的团队一起促成了"食盐加碘"国策的实施。他对甲状腺功能"代偿、失代偿、正常"的三种类型的分类、命名和有关研究居国际领先水平,推动了碘和脑发育的基础研究,使天津医学院的基础研究工作进入国际领先水平。在1978年召开的全国科学大会和全国卫生科技大会上,朱宪彝受到表彰。

20世纪80年代初期,受卫生部委托,朱宪彝开始对氟中毒、氟骨症、氟斑牙等进行研究。他借鉴地方性甲状腺肿和克汀病研究的经验,基础和临床相结合,现场与实验室相结合,理论研究与实践结合,研究机构与卫生防疫部门结合,又开始对严重危害人类健康的地方病氟中毒进行攻关。

1981年,他组织地方病氟中毒调查小组先后到天津蓟县、河北保定等地进行现场调查。通过对3000多人的临床检查,3200多份的化学分析,总结了一系列论文,为早期诊断和鉴别氟骨病提供了资料和论据。在短短五六年的时间内,他在地方性氟病的早期诊断、体内脱氟治疗和疗效机理等方面都取得了重要成果。这样,朱宪彝从20世纪30年代开始的钙磷代谢和代谢性骨病的临床与基础相结合的研究,在80年代又放出异彩,形成新的高潮。

### 3. 组建天津内分泌研究所,注重基础和临床的结合

尽管朱宪彝已经在甲状腺肿和克汀病研究中取得了傲人的成就,但他并不满足于此。在20世纪70年代末,他着手成立了注重临床的天津市内分泌研究所,专门研究内分泌疾病,研究重点就是克汀病。朱宪彝认为,临床学科与内分泌基础有着密切关系,基础理论方面跟内分泌临床方面也有千丝万缕的联系。朱宪彝强调这个研究所必须包括基础和临床两方面的力量。曾任天津医学院病理教研室主任、原天津市内分泌研究所所长谭郁彬教授在接受学校采访时回忆内分泌研究所成立的情形时讲道:"由生化、临床和基础的各个部门人员组成的天津内分泌研究所在全国是独一无二的。当时,在全国内分泌研究所只有3个,一个是北京协和医院的内分泌研究所,主攻临床医学,没有基础人员参与,一个是上海内分泌研究所,特点是中西医结合,唯独我们的研究所是基础和临床并重的研究所。"

天津内分泌研究所成立之初,限于实际需要和物质配备,研究工作开展相对迟缓一些。朱宪彝亲自制定工作计划、建立基本技术、积累基本资料、组织从临床到实验等工作。工作以内科、妇产科、生化、病理生理等部门为主力,并结合细胞学、病理解剖学、儿科、神经病科以及外科等多方面的协作力量。

在研究所,他指导科研人员进行克汀病动物模型、人胚脑细胞组织培养、甲状腺激素受体、致甲状腺肿物质等多学科的基础理论研究。从现场防治、氟中毒实验动物模型制备和离体骨细胞氟中毒实验研究不同层次入手,建立钙磷代谢生化检测、微量元素测定、钙磷代谢调节激素测定和骨形态计量学等实验室。这些研究成果为临床提供了极大的指导。这样做不仅系统地完成了内分泌的研究,也促进了相关学科的发展。

在他主编的《临床内分泌学》(朱宪彝,1993)这本著作中也体现了朱宪彝基础与临床相结合的学术思想。这部著作中前篇主要是内分泌代谢的理论、内分泌生理,比如克汀病,甚至深入到细胞培养、分子生物学研究。后篇是各学科的内分泌临床实践,比如妇产科内分泌、儿科内分泌等,这些都是在之前的其他内分泌学著作中不曾涉及的,也是此书的独到之处。由此可见,朱宪彝主编的《临床内分泌学》是非常深入、全面的。

### 4. 在临床实践中,一贯重视基础理论与临床实践紧密结合的讨论方法

朱宪彝一贯重视基础理论与临床实践紧密结合的讨论方法。他认为"在

查房讨论中,医生不能简单地就病论病、就药论药;也不能空谈理论,脱离病人的实际"①。

朱宪彝在医学院总医院查房时,对每一个病人都严格按照常规详细检查,讨论病程变化,阐明发病机理,深入浅出,从基础知识联系到临床实践,从国内现状到国外研究无所不谈,启迪后学。

朱宪彝认为临床内分泌学与实验内分泌学两者相辅相成。例如,他总结下丘脑神经学的研究时,提示其存在一个生长激素释放因子,但由于含量微少,难于得到足够的纯品来测定其化学结构。1982年,临床内分泌工作者从一位肢端肥大症病人中发现一个生长激素释放因子胰岛瘤,解决了其分子结构氨基酸序列的分析问题。"可见,研究所和高等医学院校、医院以及基层医疗防预单位之间加强联系协作的必要性"②。

结合临床肿瘤防治工作,朱宪彝指出要发展实验肿瘤研究工作的必要性,并且完成了天津地区小鼠纯系鼠种及其自发肿瘤资料的积累。

朱宪彝还对放射医学方面的研究工作做出指导,提出对同位素的临床应用及防护资料要做收集,进一步推动同位素在临床诊疗及实验研究方面更广泛的应用,注重放射病病理生理和防治的研究。因此,朱宪彝提出要重视临床实践经验总结及基础医学的研究,既要有计划地组织系统性重大问题的集体研究,也珍视个人的点滴经验及研究成果。

### 5. 注重挖掘基础和临床紧密结合的复合型人才

朱宪彝作为老一辈医学教育家,十分注重挖掘基础和临床紧密结合的复合型人才。他曾在《中华内科杂志》等权威期刊中专门发表对人才培养的见解。他认为"临床内分泌科研工作不能单靠内科医师去搞,要有一个临床内分泌专业班子,除了内分泌医师外,要吸收若干临床科室,包括外科(普外,泌尿,骨科)、儿科、妇产科、神经内外科以及放射科、五官科等专业人员参加。最好还应该有基础医学各个有关学科的人员参加"③。

他还指出,专业培养应有不同的要求。以临床内分泌医师为例,三年培养目标是在病房和门诊能全面掌握内分泌疾病的诊断治疗技能,熟悉内分泌疾病的病因学,发病机理和病理学等理论基础,同时还必须掌握一两项最新技术,能在实验室亲自操作来进行有关内分泌疾病的临床或理论课题的研

---

① 吴咸中.序一[C].王家驰.朱宪彝医案.天津:天津科学技术出版社,2000.

② 朱宪彝.中华内分泌代谢杂志发刊语[J].中华内分泌代谢杂志,1985,01(01):2.

③ 朱宪彝.关于开展临床内分泌学研究工作的若干问题[J].中华内科杂志,1979,01:1-2.

究,必要时能够独立进行实验性纯理论课题研究。这些掌握基础医学和临床医学方法的临床科研人员将是临床内分泌学的科研骨干,并能起到连接临床和实验研究的桥梁作用。

### (二)朱宪彝重视中医发展并鼓励中西医结合

#### 1.提倡中医和西医相结合

朱宪彝虽然是一名接受西医教育的医学家,但是他一点儿也不排斥中医。他主张中西医结合,中西互补。在毛泽东同志提出的"中国医药学是一个伟大的宝库,应当努力发掘、加以提高"的方针指引下,朱宪彝在附属医院建立中医科和祖国医学教研组,并坚定地支持西医学习中医政策。

他主张认真贯彻中医政策,学习中医;中西医密切合作,发扬祖国医学遗产。在实践中,他认为在医学科学研究中,中医研究的内容是非常丰富的。但在深入检查中医研究工作时,他发现两个问题值得注意:"第一,中医研究工作偏重于治疗效果,临床经验阐述多,理论研究少。第二,关于中医研究工作,中医西医单干的多,合作的少,这是研究祖国医学过程中在所难免的,相信在今后中西医师如果能在一起工作和研究,一同写科学论文,将会迅速加强我们中医研究工作的科学性,从而把祖国医学提高到现代科学的理论基础上,达到中西合流,形成中国新医学体系。"①

他提出坚持和巩固中西医结合方针,利用最新科学技术成就,发扬祖国医学遗产,促进中西医融合。他认为中医是医学体系中必不可少的一部分,中医治疗某些疾病的疗效是显著的。

在开展临床内分泌学研究工作时,朱宪彝提出临床内分泌的科学研究当然不能忘记中西医结合这一重要途径。做好这一工作,能使我国的内分泌研究工作具有民族特色。在中西医结合方面,他指出应该强调科学性,实事求是地去搞,不应牵强附会,言过其实。

70年代初,在朱宪彝的大力支持下,在总医院内科,为了更好地推动中西医结合实践的发展,内科组织全科医护人员学中医,由吴宗璘、洪锡琪、赵菁任课,并在内科实行中西医结合查房,开设中西医结合门诊,这些举措在当时都是创举。一个时期内科住院病人无论属于哪个专科(如心脏、内分泌、呼吸、消化等),凡属于疑难病及专用西药效果不显著的,都应用中西医结合治疗,效果较好,病人和家属都很满意。实际上,当时总医院的内科已成为名副

---

① 朱宪彝.十年来河北省医学科学技术的重要成就[J].天津医药,1959,04:259-268.

其实的中西医结合病房。

曾任天津医科大学总医院主任医师的吴宗璘教授在《天津文史资料选辑》①中提到,为了支持总医院内科的这一壮举,学院历任领导都很支持。老院长朱宪彝以身作则,他有病就找吴宗璘开个方子。有一次朱宪彝请一位美国专家来学院讲课,不料,这位专家犯了喘病,吴宗璘为他诊治,服用中药半个月就好了,没耽误讲课。回国以后美国专家来信说他犯喘时还吃中药。

### 2.重视中医发展,建立中医教研室

早在20世纪50年代,朱宪彝就发现了中医在治疗一些疾病中的优势。1958年,朱宪彝兼任河北省医学科学院院长。1959年,他在《科学论文汇刊》(第二辑)中发表了《十年来河北省医学科学技术的重要成就》一文。在文中,他总结了中医在治疗疾病中的重要性。文中写道:"十年来我省在急性和慢性传染病防治的研究工作方面取得了显著的成就,特别是在贯彻了中医政策之后,中医师的贡献最为突出。流行性乙型脑炎每当夏季秋节在我省大中城市都有流行。死亡率相当高,后遗症多,西医缺乏特效方法。经过大力防治,该病发病率大为降低。1954年,我省石家庄市中医师首先报告中医治疗流行性乙型脑炎,结果非常优越,经过中医治疗34例,没有一例死亡,引起全国医学界的注意。天津市传染病医院于1955至1958连续四年,对于中医治疗脑炎疗效进行了周密的观察。1957年,唐山市传染病医院进行类似的研究,和西医对症治疗组和链酶素组比较,中医疗效最高。"②

20世纪60年代末,朱宪彝奔赴遵化县医院,开展培养赤脚医生的工作。在此期间,朱宪彝和王文禄老师配合默契,朱宪彝为赤脚医生讲解西医知识,王文禄老师讲解中医知识,为医学知识匮乏的赤脚医生带来了全新的知识。从小喜爱中医的王文禄老师从阴阳、五行、望闻问切开始讲起,层层深入。在短短的三个月时间里,赤脚医生已经能开出实用的药方,还学会了基本的针灸技术,这让朱宪彝甚感欣慰。同时,王文禄老师的中医授课思路清晰,浅显易懂,深入浅出,给朱宪彝留下了深刻的印象。这次的经历让朱宪彝萌生了在医学院建立中医教研室的想法。在他看来,王文禄这样的教师就是中医教师的合格人选。他认为学生要在学校读书时就学好中医。

1978年,我校成立了中医教研室。当时天津中医学院尚未建立。由于具备教学能力的中医教师较少,朱宪彝多方联系,调集最优秀的中医人才到天

①政协天津市委员会文史资料委员会.天津文史资料选辑[M].天津:天津人民出版社,2000.
②朱宪彝.十年来河北省医学科学技术的重要成就[J].天津医药,1959,04:259-268.

津医学院任教。最后,经过不断地协调,任命王文禄老师等八人为中医教研室教师,聘请时任天津市第一中心医院的中医科主任李儒生大夫为中医教研室主任。中医教研室的建立使得天津医学院的学科建设更加全面,不断培养出符合时代要求的中西医结合人才。

为了进一步提升中医教研室教师的中医教学能力,1977年,朱宪彝联系各个医院申请进修机会,得到了众多医院的支持,天津医学院教师得以系统地学习中医,提高了专业教学能力。此后,在第二医院和总医院,相继成立了中西医结合研究室。

### 3.支持西医学习中医政策

#### (1)西医学习中医的历史背景

毛泽东同志历来重视中医药的发展。他曾高度评价中医的历史贡献和现实价值,提出了"坚持中西医结合""西医学习中医"等促进中医药事业发展的具体方针。毛泽东同志也及时纠正了新中国成立后一段时期内轻视、歧视和排斥中医药的错误做法,推动了新中国中医药事业的蓬勃发展。

1950年10月,毛泽东同志指出:"当前最重要的事情是大力号召和组织西医学习中医,鼓励那些只有现代科学知识的西医,采取适当的态度和中医合作,向中医学习。"[1]

1954年,毛泽东对当时卫生部在中医问题上的错误进行了批评,并做出"派好的西医学习中医,共同参加研究工作","中医书籍应当整理,编出一套系统的中医医书来"等指示,及时纠正了当时卫生部门的错误政策。稍后又进一步指出:"今后最重要的首先是西医学中医,而不是中医学西医。""西医学中医是光荣的,因为经过学习、教育、提高,就可以把中西医界限取消,成为中国统一的医学,以贡献于世界。"[2] 1954年6月5日,毛泽东对著名医学家周泽昭说:"西医要向中医学习。第一,思想作风上要转变。要尊重我国有悠久历史的文化遗产,看得起中医,也才能学得进去。第二,要建立研究机构。不尊重,不学习,就谈不上研究。不研究,就不能提高。"[3] 经过毛泽东同志的大力提倡,全国范围内西医学习中医的热潮也逐渐形成。据统计,1960年,全国范围内西医在职学习中医的共有3.6万多人。一些资深的西医专家开始钻研中医药学的各种知识,并着手进行一些中西医结合的理论和临床探索。

---

① 张磊.毛泽东与新中国中医药事业[N].团结报,2020:07-23(005).

② 杨婷,陈丽云.中西医结合教育的历史回顾与思考[J].中医药管理杂志,2017:25(16):1-4.

③ 张磊.毛泽东与新中国中医药事业[N].团结报,2020:07-23(005).

"西学中班"的开展扭转了百年来西医对中医的偏见,提高了中医的社会地位。西学中人员将现代科学研究方法和技术手段引进中医学术领域,推动了以中医学为对象的科学研究进程。

(2)天津西医学习中医进展

如今,天津医科大学图书馆朱宪彝档案室中仍珍藏着一份《关于开展西医学习中医,成立学习班的具体工作计划》。资料中写道,党中央早已明确指出:继承和发扬祖国医学遗产,关键问题在于西医学习中医。当时中华人民共和国卫生部在《关于大力开展西医学习中医运动的指示草稿》中也强调指出:西医学习中医是做好中医工作,继承和发扬祖国医学遗产的关键所在。大力发动和组织西医学习中医,不但可以纠正那种对待中医的武断和宗派主义情绪,巩固建立中西医间互相尊重和团结的关系,而更为重要的意义和目的是在现代科学基础上整理研究和发扬祖国医学遗产,使它成为我国新医学的重要组成部分,从而对世界医学做出重大贡献。但要整理祖国医学遗产,只靠中医的力量是不够的,应该发动西医参加,使中西医紧密团结起来,共同担负起这个责任,但是西医真正参加到这项工作中又必须先从学习中医着手。过去由于中医政策在各医院宣传做得不够,因而今天仍有不少医院的同志对西医学习中医工作未引起足够的重视,一般西医师对学习中医多认识不够,存在错误看法,甚至抵触情绪。而这项工作又是一个十分复杂艰巨的新工作,这次要抽调的西医师数字也很大,如果医院的领导和大夫的思想搞不通,的确难以完成这个任务。尤其是脱产学习班更为复杂,这个班不但有本地调来的高级医师,还有外地调来的高级医师,不仅有西医师学习,并且还有中医师教课,这些人员都是一些高级知识分子,在工作上一定要照顾到高级知识分子的特点,认真执行中医政策和统战策略,使他们安心学习,并在二三年中教出一定成果,让他们有所收获,否则就会使工作陷于被动,难于处置而使党的中医政策遭到损害。当时亟待解决的几个问题是:

第一,领导应对这一工作重视起来,应有一名局长直接负责领导这一工作,并将这项工作定为本局五六年度重点工作之一。因为这是一个复杂的工作,领导上不下力量,很难做好。

第二,为了执行中医政策,更好地开展学习中医的工作,首先应打通医院领导思想和西医师的思想,因而继续宣传贯彻中医政策仍是十分必要的。因此,拟定召开会议,传达中央指示精神,讲明开展西医学习中医的重要性,并宣传政府已确定祖国医学是西医今后在技术学习方面的主要内容之一,西医都要学,不能脱产学,就在职学习。总之,迟早都得学。今后根据情况可以组织必要的讨论,使得各医院西医师对中医政策及学习祖国医学有一个正确的认识,从而愉快地、自觉地报名参加学习。中医研究班和中医研究室的学生来源,要采用领导号召,自动报名,组织批准和领导制定相结合的方法。另外,要按时汇报各医院二年来执行中医政策情况,做一个全面的检查,好的给予表扬,差的予以批评。

第三,成立天津市中医教学研究委员会。今后天津的中医教学任务是很重的,而教学人才紧缺,治疗研究工作仍要继续进行,因此必须成立天津市中医教学研究委员会,统一掌握这一工作,统一分配使用教学力量,才能减少困难,有利于各项工作的进行。天津市能讲中医的大夫均聘为教员,可分两种形式,即专职教员和兼职教员。教员每周至少抽出两天时间,进行备课和讲课。专职教员全部时间担任教学工作,便于教员指导学员实习,并使教员不至于完全脱离临床,其中有些专职教员也可为当地分担一些医院的顾问工作,但是这方面的工作每周最多不能超过一天半。教学研究委员会的责任是:研究安排全市中医教学工作,制定各课教学大纲,编撰教材,研究改进教学方法,掌握集体备课和分工讲课。教学研究委员会主任一人,副主任若干人,直接由卫生局领导。办公地点可以设在中医研究班内,在教学研究委员会下,根据不同科别成立若干教学研究组,各组设组长一人,副组长若干人,较大的教研组中至少每组有一两名专职教员。

工作计划明确提出了要开设三种类型的学习班,大力开展西医学习中医工作。这三种学习班分别为:在职学习班,脱产学习班和针灸班。在职学习班,学习对象是天津市各医院的青壮年有精力的高级西医师,最好是主治大夫以上的人员,每周集中一天上课学习。脱产学习班,学员来自全国。针灸班学习对象是天津市各医院、工厂、机关、联合诊所的西医及部分中医,要在二三年内基本上使全市中西医师均学会针灸技能。

朱宪彝档案室中还收藏着《天津市中医研究室教学计划(草案)》。教学计划中明确提出了教学目的与要求、学制、学员来源、教学内容等。

教学目的与要求是:为了继承和发扬祖国医学遗产,根据系统地全面学习、然后加以整理提高的方针,通过在职学习,要求在原有的医学科学基础上能理解中医基本理论和初步掌握中医临床医疗技术,为进一步开展中医治疗研究及教学工作打下初步基础。学制是全部医生脱产学习两年。学员来源:抽调本市各医疗机构在职西医、各医药学校教员或新从高等医学院校毕业者,以及中央分配有关省市保送的西医师。

教学内容分四大类:第一类,学习中医政策,以及辩证唯物主义和历史唯物主义;第二类,中国医学史略;第三类,中医经典著作,包括内经知要,伤寒论,金匮要略,神农本草经;第四类,临床各科学习,包括内科、妇科、儿科、外科、针灸、正骨、按摩、眼科。

(3)朱宪彝支持西医学习中医政策的举措

作为现代医学专家的朱宪彝,非常重视中华传统文化的传承与发展。他认为,中国传统医学和西方现代医学,都是人类同疾病做斗争的有效手段,各有所长,各有所短,在各自的发展中,必然相互渗透,相互吸收,取长补短。因此,为加快中西医结合步伐,朱宪彝培养了一支中西医结合的医学教研队伍。

朱宪彝大力支持西医学习中医政策,鼓励医学院教师和医生积极响应政策,长期地、短期地学习祖国医学,这就为继承和发展祖国医学遗产创造了有利条件。当时涌现了一批以吴咸中教授为代表的"西学中"人才。曾任天津医学院院长、中国工程院院士吴咸中院士以中医"通里攻下法"治疗急腹症,取得了举世瞩目的成就。

在《吴咸中院士集》中,吴咸中院士写下了当时作为天津中医学院西医离职学习中医班第二期学员、天津医科大学附属医院外科副主任,学习祖国医学的几点体会:"自1959年2月离职学习中医班学习以来,已整整两年半了。两年半来,在党的领导和中医老师的教导下,按照计划结束了全部课程,使我这样一个中医'白丁',初步掌握了祖国医学的基本理论,并且开始能用中西医两套技术为病人诊治疾病。虽然这对深入学习祖国医学来说,仅仅是一个开始,但从一个西医来看,确实已经发生了很大的改变。这些改变主要表现在:对祖国医学有了比较全面的认识,摸索到一些深入钻研祖国医学的门径,树立了献身于继续和发扬祖国医学的专业思想。"[1]

朱宪彝还对若干内分泌疾病例,如甲状腺功能亢进、尿崩症、功能性子宫出血及闭经等,倡导中西医结合治疗和研究。

1971年起,学院多次举办西医学中医学习班。1975年,附属医院的儿科、内科、妇科、皮肤科、外科、眼科以及同位素科都建立了中西医结合门诊,儿科、外科急腹症和皮肤科还设立了中西医结合病床。1975年底,学院的中西医结合队伍已发展到113人。

4.中西医结合思想初见成效

在朱宪彝倡导中西医结合的思想指导下,学院教师和附属医院医师掀起了学习中医、运用中西医结合治疗疾病的高潮,并在此方面取得了显著的

---

[1] 吴咸中.吴咸中院士集[M].北京:人民军医出版社,2014:564.

成果。

1959年10月1日，在国庆10周年之际，天津学院出版了《科学论文汇刊》（第一辑），刊登了中医以及中西医结合治疗疾病的论文，总结了在朱宪彝中西医结合思想指导下，中医发展的最新科研成果。

天津医科大学附属医院中医科医生在《中医治疗糖尿病20例疗效观察》中提出，中药治疗糖尿病是借鉴近代医学家的经验，并在临床治疗中呈现明显效果。祖国医学对糖尿病无论在理论或诊断治疗等各方面，很早以来就有卓越的贡献，并经近代医学家不断充实和发展，所以糖尿病的治疗在祖国医学领域内蕴藏着无限的宝藏待后人去发掘。我国近代医学书籍关于糖尿病的记载比全世界任何国家都早，而且多符合最新的原理。这些宝贵的资料为今后对糖尿病的研究具有启发性和指导性，中药中包括不少治疗糖尿病的药物，其中有些已经证明有降低血糖的作用，如能采用科学方法加以研究，必能引致重要的发现。"本项研究中医治疗糖尿病20例，采用科学的诊断和研究方法，用中药治疗和西医治疗作长时间对比观察，根据近代治疗糖尿病的效方，结合临床经验综合为两方处方，即综尿合剂甲、乙，初步观察了20例，总的进步率为90%，并由两组病人证明中药治疗亦须饮食管制，说明古代医学家治疗糖尿病须进行饮食管制的正确性"[①]。

附属医院中医科医生的另一论文是《中医治疗妊娠恶阻15例临床观察初步报告》。中医大夫运用中西医结合的方法治疗妊娠恶阻初见成效。其治疗原则是用祖国医学方法治疗妊娠呕吐，同时结合现代医学治疗妊娠恶阻。经附属医院妇科医师检查，确认为妊娠后给予中药治疗，同时治疗初期，除血、尿、大便、常规检查外，绝大部分病情较重的患者，作二氧化碳结合力及酮体检查，以测定有无酸和碱的中毒倾向。如因严重而持续的呕吐，显示酸或碱之中毒现象，同时另一部分患者因呕吐而脱水或者营养缺乏时，皆予葡萄糖液或生理盐水注入以中和之，以补偿其水分或营养。妊娠恶阻之所以发生是由于妊娠脾胃不足再加以胎气阻逆，或其他等任何原因之一，即可发生孕吐，若身体健康，脾胃不衰则精力充沛、稳定，则对现代医学所说的刺激具有充分的抵抗能力，可不发生呕吐。"根据这些原则，治疗用药以健理脾胃为主，同时参考各种诱发呕吐的原因而兼顾治疗。这些原则和方法，由临床观察证实，

---

① 中医科.中医治疗糖尿病20例疗效观察[C].天津医科大学.科学论文汇刊（第一辑）.1959：145.

是有一定疗效的"①。

在《中医药治疗肝硬化221例的临床观察》一文中,附属医院中医科肝病研究小组指出,他们运用膨症丸和复肝汤的加减,共治疗肝硬化病人共221例,病人对疗效满意。在中西医团结合作的基础上,挖掘有效的民间单方,进行集体观察研究,初步肯定了甘遂及复肝汤的疗效;确定了研究方向。本课题的治疗方法是根据中医理论和辨证论治原则,在临床上灵活运用。具体治疗方法上有两项主要内容:一是消除腹水,二是恢复肝功能。选用的方剂有四种原则性的类型:一是通治方,二是消水方,三是化积方,四是止血方。一般患者均能在20周以内获得满意的疗效。多数症状和体征均能很快好转,唯肝脾肿大之消除较迟。"中医药治疗肝硬化,不仅消除腹水有突出的疗效,并且对肝功能的恢复也有一定的效果。其中有5例患者达到症状、体征和肝功能完全恢复正常。对9例有食道静脉曲张患者复查后,证明有5例在治疗后,食道静脉曲张现象已消失。通过对221例系统的分析证明总的有疗效率为93.2%"②。

在《针灸治疗肠套叠一例介绍》一文中,附属医院中医科报道针灸治疗肠套叠效果显著,在这方面的研究价值很大,应继续做相关研究。文中指出肠套叠为肠管之一段被套入邻近肠腔而引发的一种疾病,是小儿期最常见的急腹症,多发生于两岁以内的婴儿。由于肠管套叠可引起肠腔急性梗阻,并且被套入部分因受压迫而引起血液循环障碍,可导致肠壁坏死和穿孔。因此如果不及时作适当处理使肠管复位,会引起严重后果,死亡率很高。附属医院中医科采用了针灸治疗,配合钡灌肠使肠套叠复位的方法。"开始应用后,就遇到一例,针灸的效果非常显著,肠套叠很快达到了复位。针灸治疗肠套叠符合简单、经济、安全、有效的原则,配合钡灌肠整后,可以广泛应用,实用价值很高。在以往的文献中见到一些肠套叠病例单纯施行全身麻醉后肠套叠自行缓解,由此可想到单纯的针灸治疗有与麻醉相似的作用,也可以使一部分肠套叠病例恢复正常"③。

同样,针灸治疗的效果在《针灸治疗放射反应九例报告》一文中再次得到肯定,收录在天津医科大学出版的《科学论文汇刊》(第二辑)中。天津医科大

---

① 中医科.中医治疗妊娠恶阻15例临床观察初步报告[C].天津医科大学. 科学论文汇刊(第一辑).1959:149.

② 中医科肝病研究小组.中医药治疗肝硬化221例的临床观察[C].天津医科大学.科学论文汇刊(第一辑),1959:154.

③ 中医科,放射科.针灸治疗肠套叠一例介绍[C].天津医科大学.科学论文汇刊(第一辑),1959:159.

学放射学教研组在论文中指出："机体受到放射物质损害后,发生一系列的病理生理性变化。表现出的主要反应为神经系统、胃肠系统及血液系统等方面的改变,而以神经系统的调节障碍占主要地位。过去对放射治疗有不良反应的患者,多采取药物的治疗,如B族维生素,而不能继续放射治疗,在中医政策的号召下,我们应用针灸治疗放射反应收效较好。"①

为了庆祝建校10周年,1962年10月天津医学院出版了《天津医学院论文集》(第三辑),收录的论文总结了十年来天津医学院在中医发展和中西医结合治疗疾病方面取得的成绩。

附属医院儿科学教研组的吴宗璘和谈福民、祖国医学教研组王士相在《天津医学院论文集》(第三辑)发表论文《中西医综合治疗麻疹并发喉炎》,指出中西医治疗麻疹并发症中喉炎的明显优势。在麻疹的并发症中,喉炎仅次于肺炎,多发生于1岁左右的婴儿。急性喉梗阻很快地可以导致窒息及死亡。由于有喉炎饮食易呛也有助于肺炎的发生。如已有肺炎也可以因喉炎而加重。过去对这种患儿除采用抗菌素治疗外,呼吸梗阻严重即采用气管切开术,严重的肺炎行气管切开也会加重病情,在治疗上有一定困难。儿科对于麻疹并发症中喉炎大部分采用中西医结合治疗,病例虽不多,但可以看出疗效有一定的提高,一些病例免除了手术,缩短了病程。祖国医学认为麻疹喉炎属于急喉风的范畴,其发生的原因是由于疹毒郁结,不能诱发于表,以致上于咽喉,气道阻塞,因此表现咳嗽气喘声嘶,而青脉沉数。他们认为"治疗原则在解肌透表,清热养阴,但不可过早的应用重剂苦寒,以致热毒为苦寒所遏伏。解表之剂主要是采用辛凉解表,忌用辛温发散以免助热伤津。采用抗生素治疗,消除病原生物以解除喉部肿胀,但也有一些喉炎在病初即应用抗生素治疗而反而加重,可能由病毒及某些不敏感的菌种所致,在这种急迫的情况下,应该采用上述中药内服实行综合治疗,应用中药辨证施治,大部分能免于手术而趋于痊愈,当然中药还不仅是对病原的控制,而通过清热解表使热达腠开,也促进喉部水肿的消除"②。

另外,附属医院祖国医学教研组杨达夫在《天津医学院论文集》(第三辑)中发表论文《黄帝内经在医学科学上的贡献》。在此文中,杨达夫阐明了中医中的病因说、预防思想和整体观念,指出这些中医概念在指导治疗疾病中的

---

① 放射学教研组针灸科. 针灸治疗放射反应九例报告[C].天津医科大学.科学论文汇刊(第二辑),1959:47.

② 吴宗璘,谈福民,王士相.中西医综合治疗麻疹并发喉炎[C].天津医学院.天津医学院论文集(第三辑),1962:98.

重要作用。正确的病因学说指的是中医把疾病原因分为内因、外因、不内外因。但以内因为主，内因与外因相结合而生病的观点，是非常正确的。"素问上古天真论说：虚邪贼风，避之有时，恬淡虚无，真气从之，精神内守，病安从来。灵枢百病始生篇说：风雨寒热，不得虚邪，不能独伤人，猝然逢疾风暴雨而不病者，盖无虚，故邪不能独伤人，此必因虚邪之风，与其身形，两虚相得，乃客其形。刺法篇说：正气存内，邪不可干。这些论点与唯物辩证法认为外因是变化的条件，内因是变化的根据，外因必须通过内因起作用的真理，吻合无疑"①。杨达夫在文中还提到了预防的重要性。他指出内经很重视疾病的预防。要达到这个目的，应该注意一切生活习惯如饮食起居情志，上古天真论提出饮食有节，起居有时，恬淡虚无，精神内守，病安从来。这是将脑力和体力，精神和物质全面结合起来，即是摄生的原则，也是预防疾病的方法。同时，跟朱宪彝的整体观类似，杨达夫提出内经学术思想贯串着人身机体的整体性和机体与周围环境的统一性，所以有人身是一个小天地，天人合一等学说，这就形成了中医的整体观念。这种观念的形成，是以阴阳五行学说为中心，当然这种学说是以朴素的、自发的、唯物的、辩证的古代哲学思想为基础，中西医应该团结起来，以马克思列宁主义辩证唯物观点和毛泽东思想为武器，加以整理提高，同时将祖国医学宝贵遗产和现代尖端科学结合起来，以达到创立我国新医学派的要求。

5.主张建立中西医结合科学评价体系

朱宪彝认为，对于中西医要进行科学的评价。为了科学地评价中西医治疗的效果，必须形成一个完备的体系。首先必须了解各有关疾病的自然发展史，即疾病在不接受任何医疗条件下的自然过程。很多常见病和多发病，在没有特效药以前，它们的病死率、自然痊愈率、合并症发生率、后遗症发生率等都比较清楚。一旦接受了药物或者一种新疗法，便会起一些变化。这种变化反映出我们的治疗效果即人为干涉的贡献。但是，决不能勿视人体本身的作用，它可通过代偿、修复、免疫等各种渠道和疾病斗争，斗争胜利疾病会痊愈，否则就要死亡、残废。在临床治疗过程中，无论中医中药或者西医西药，假若取得了某种疗效，就必须正确分析它们在改变疾病天然过程中发挥了什么作用和多大的作用。

在临床实践中，不同的治疗效果需要做认真比较，特别是中医治疗（包括

---

① 杨达夫.黄帝内经在医学科学上的贡献[C].天津医学院.天津医学院论文集(第三辑),1962：80-83.

中医诊断）和西医治疗效果的比较,西医治疗和中西医联合治疗效果的比较。朱宪彝指出,像这样的临床研究工作应该多总结"某某疾病在哪些具体情况下,单用中医中药可以取得较好疗效,而西医西药不如中医中药好;某某疾病在何种条件下,单用西医西药可以取得较好疗效,而中医中药疗效较差;某某疾病用中医中药和西医西药的疗效大致相等( 此种情况当然提倡用中医中药）;某某疾病单用西医西药疗效不好,单用中医中药疗效也不理想,而中西医药联合应用则有疗效;哪种情况单用中医中药或西医西药,以及中西医药联合应用都无效。明确了这些,不仅直接有利于医学教育,而且必将提高我国医学科学水平"①。

朱宪彝曾以天津人民医院的方先之大夫②为例,说明不同治疗效果必须要做科学地对比。经方先之治疗的大量骨折病人,都有完整病历、X线片以及长期随访资料。过去他们单纯采用西方传统的石膏固定方法进行治疗。小夹板方法传到人民医院后,方先之和他的助手尚天裕大夫等认真试用,同时和他过去治疗的大量病例的疗效做了比较,特别是在骨折愈合、关节功能恢复、合并症多少以及住院期长短等方面进行了分析评价,最后方先之发现了小夹板比石膏固定优越。后来,他又积累了大批小夹板病例。两批材料放在一起,说服力就更大了。朱宪彝提到"小夹板治疗骨折的优越性是和他过去辛勤劳动所取得的石膏固定经验对比出来的,没有这样严格比较,在科学研究竞赛中是不能取胜的"③。

朱宪彝认为中西医结合搞科研,其目的是为了提高我国对各种疾病的防治水平,提高我国临床医学水平,也可使我国医学或多或少具有民族特色和风格,也是为了利用现代化的科技手段去创新和丰富中医理论体系、甚至替代现代医学理论体系。朱宪彝指出:"祖国医学理论基础来源于临床实践,没有临床实践的基础,就不会有理论体系。所以理论体系的研究必须从临床实践研究开始,而临床实践研究则要做适当而严谨的比较,所提出的疗效评价也必须是经过反复验证无误的。然后再去研究它的疗效机理,方剂的药物分析和药理学研究。最后方可过渡到理论体系本质的研究。这是医学科学研

---

① 朱宪彝.从西医角度看如何搞好中西医结合的科学研究工作[J].医学研究通,1979,06(01):11-12.

② 骨科专家和医学教育家。

③ 朱宪彝.从西医角度看如何搞好中西医结合的科学研究工作[J].医学研究通,1979,06(01):11-12.

究由浅入深,由实践到理论逐步提高的程序。"①

### (三)朱宪彝倡导并积极推行尸体病理剖验

1.尸体病理剖验在医学教育和临床医学中的重要作用

医学是研究人类健康和疾病的规律、预防和治疗疾病、保护和增进人类健康的一门科学。尸体病理剖验作为医学形态学教学环节中的重要组成部分,是研究和诊断疾病的一种重要手段,也是提高医疗质量、促进医学发展特别是临床医学不可缺少的一项科学工作。

为什么要进行尸体病理剖验? 病理学是为了阐明疾病的本质,研究疾病的原因、发生发展以及机体在疾病过程中的改变,并与临床上观察到的症状、体征、病程变化相联系,以帮助临床医生了解疾病,调整治疗方案,有的放矢。教科书上没有一种疾病的"病理学改变"一栏是空的,而病理医生也被誉为"医生的医生"。临床患者的病理学取样受限于手术部位和手术方式,因此对于疾病的病理学改变,死后检验就显得重要。

尸体病理剖验是病理学的基本研究方法之一,相比于死后活检,可以从宏观(人体)到微观(细胞),全面系统地观察人体器官的变化。就像拆开手机,抽丝剥茧地仔细检查每一处零部件,探究哪里坏了、怎么坏的,提示今后再遇到这种问题应该怎么修。2003年的"非典",通过对"非典"死者进行的尸体病理剖验,人们从大体到组织层面直接观察到了肺等重要器官的病理改变,借助电镜检测揭示了冠状病毒的真实面目,并通过在肠道等处检出"非典"病毒阳性,为"非典"的传播途径提供了证据,其后提出的"细胞因子失调",也对治疗方案具有指导意义。

在《柳叶刀》(The Lancet)发表的一例病理报道,使用死后活检方法(post-mortem biopsy,即死后穿刺提取器官样本进行检验)得到了COVID-19死亡病例的肺、肝及心肌样本并做检验。这种方法的优点是可以降低传染风险,对硬件要求可以不那么严格,由解剖获得的新冠肺炎病理,对于探索新冠肺炎患者临床的病理改变、发病机制等有很大帮助,并能从根本上探究新冠肺炎的致病性、致死性,给未来临床治疗危重症患者提供依据。

尸体病理剖验工作被认为是疫情防控的重要环节,是查明死亡原因、分

① 朱宪彝.从西医角度看如何搞好中西医结合的科学研究工作[J].医学研究通,1979,06(01):11-12.

析发病机理、追溯病源的金标准。法律政策允许并征得患者家属同意后,第一例、第二例新冠肺炎逝者遗体解剖工作已于2月16日在武汉市金银潭医院完成。2月16日至2月24日,由刘良及附属同济医院病理科王国平教授领衔的华中科技大学病理团队完成了9例遗体解剖。病理学专家卞修武院士和上海瑞金医院团队,也已完成2例新冠肺炎遗体解剖。此前,已有不少病理学家、法医在积极呼吁进行新冠肺炎病例尸体检验,以期加深对此病的深入了解。

### 2.朱宪彝对尸体病理剖验工作的积极推动

1957年,朱宪彝作为人大代表,在中华人民共和国第一届全国人民代表大会第四次会议上,建议宣教部门与卫生部门大力提倡尸体病理剖验工作以促进医学科学研究(朱宪彝提案第106号)。

解剖学是医学的基础学科之一,要想查清病因和有效治疗,首先应了解、熟悉正常人体的结构,解剖学就是了解正常人体结构的学科。但是解剖学自发展伊始,所走的路便荆棘满布。

近代中国的半封建半殖民地性质,说明帝制虽被推翻,但传统的伦理道德仍在左右着国人的头脑。帝国主义入侵中国的同时,也把西方文明带到中国,人体解剖学即是其中之一。由于违背传统伦理道德,所以实施起来困难重重。在中国传统伦理道德里,一个活生生的人,根本没有独立人格,连身体也不是自己所有,"身者非其私有也,严亲之遗躬也",即父母的恩赐。既然"行父母之遗体",敢不爱惜乎?由此构成孝道的一个非常重要的方面——爱惜自己的身体。曾子曰:"父母全之,子弗敢阙。故舟而不游,道而不径,能全肢体,以守宗庙,可谓孝矣。"用《孝经》的一句话来概括,即"身体发肤,受之父母,不敢毁伤"。如果平时不慎损伤了身体,也羞愧难当,"子春下堂而伤足,廖而数月不出,犹有忧色。门人问之曰:'夫子下堂而伤足,廖而数月不出,犹有其故?'乐正子春曰:'……父母全而生之,子全而归之,不亏其身,不损其形,可谓孝矣!君子无行咫步而忘之,余忘孝道,是以忧'"。这个故事,今天读来非常可笑,如果与封建礼教联系起来,又不足为怪,它十分生动地反映出这种观念对人们影响之深。爱惜身体,不但包括活着时的躯体,也包括死后的尸体,所以中国一向主张保全尸首。儒家以仁为本,再加上"己所不欲,勿施于人"等观念的影响,三者结合起来,构成近代人体解剖实施不力的伦理障碍。为了加强以上观念对人们的影响,封建法典列专门条款严惩残害尸首的行为。《唐律疏议》是我国现存最早、最完整的法律著作,集战国、秦汉、魏晋、南北朝、隋朝封建法律之大成,成为宋、元、明、清历代制定和解释法典的蓝本,笔者以此为依据,剖析有关条款。《唐律疏议》卷17有"残害死尸"一栏。如果杀死人,再肢解,或焚烧尸体,不但处死刑最高刑–斩刑,妻子还要流二千里。如果不杀人仅残害死尸(焚烧或肢解),或弃尸于水中,处"减斗杀罪一等"。如果割去尸体的头发,或不同程度地损伤尸首,要处"减斗杀罪二等"。在路上碰见死尸,不掩埋,或在墓地薰狐狸而烧着棺椁者,各徒二年;把尸体烧了,徒三年。这些保护尸首的条款,周密详尽,甚至不厌其烦,在全书中占有较重要的地位。它更直接、更积极地促进了大众对尸首的爱护,巩固了视毁坏尸体为不仁、不法的思想。

中国有几千年的封建史,人们往往倾向于让逝者入土为安,儒家有"身体发肤受之父母,不能毁伤"的观点,受这种观念的束缚,很多民众从内心排斥尸检。但在实际生活中,尸检对于医学研究与临床诊疗技术的发展至关重要,我国在20世纪五六十年代尸检工作一度如火如荼地开展,某些医院尸检率一度达到50%,但随着医学的进步,国内外不再重视尸检工作,认为其作用有限,故而尸检率随之下跌。朱宪彝提出建议,认为宣教部门与卫生部门应该大力提倡尸体病理剖验工作,这一建议使得医务人员加强了对于尸检工作重要性的认识,医学诊疗手段诸如B超、CT、核磁共振等的应用越来越普遍,但与此同时我们更应该注重降低临床误诊率,而尸检病理剖验绝对是疾病诊断与回顾的金标准,让临床医生用这个确实的结果回看反推该患者全部的诊治经过,进而了解在疾病的发生发展过程中,医生们做过的什么决定是正确而延缓了疾病的发展,而又是在哪些细节的地方忽略了本该注意到的疾病苗头,下次诊疗时如果能够改进,那我们的医疗水平将会在不断的学习和反思中得到切实的提高。在现代医学中,绝大多数疾病的发展规律与病理表现就是前辈们在认真细致的观察与尸检实践中所获得的强有力的证据资料,再通过临床上相应的实践反复验证完善,才有了现代医学唯物主义观的雏形,接着促进了循证医学观念的提出。

2020年6月,病理学专家谭郁彬教授接受学校采访

天津医科大学生命意义展厅展示的遗体捐献者遗嘱

于情于理,尸体病理剖验工作对于

医学科学的研究不可或缺。朱宪彝对当时临床病理的联系非常重视,尽力宣传尸体解剖的重要性。作为天津市的人大代表,他曾邀请谭郁彬教授写一篇叫《尸检与临床医生》的文章,在我们采访谭郁彬教授时,谭教授提到朱宪彝作为天津市人大代表,要人大在会上宣传尸体解剖的重要性。在人大会议上散发,朱宪彝对于医学发展的满腔热忱由此可见一斑。此外,朱宪彝身体力行,做出榜样,还立下遗嘱,要进行他的尸体解剖,有些留给后人。在过世之后,他和夫人的遗体被送到医学院,最后由谭郁彬教授主持解剖。

在天津医科大学校园里,有一间特殊的教室,入学的第一课学生们都要来到这里与"无语良师"展开一场"心灵对话"。这间教室实际上是一个开放展室,室内陈列着天津医科大学创始人、著名医学教育家、内分泌学专家朱宪彝所捐献遗体的部分脏器标本,还有700余位遗体捐献者在生命的最后时刻亲笔书写的遗嘱。如今,以这间展室为主体扩建而成的生命意义教育基地,已经成为天津医科大学学生德育工作的重要组成部分,一届又一届莘莘学子在此接受心灵的洗礼,在阅读"大体老师"(即捐献遗体供医学院教学使用)感人至深的亲笔遗嘱中体味生命的价值,感受"健康所系、性命相托"的医者责任。

在这个展室里,每一名参观者都会被老校长朱宪彝的感人事迹和高尚情操所震撼。朱宪彝担任天津医学院(天津医科大学的前身)院长33年之久,他将毕生心血倾注于祖国医学教育,在75岁高龄时仍带领科研人员奔赴12个省份40个县市实地考察地方性甲状腺肿和地方性克汀病。1984年12月25日上午,朱宪彝正在家中伏案工作时,心脏病猝发,来不及抢救,便永辞人间。其实,此前他已病了一个多月,大家都劝他早日住院治疗,可他一再推辞:"医院连会议室、过道和各科门诊室都住满了病人,我作为医学院院长愧对患者,又怎能和他们争床位呢?"朱宪彝生前留下"四献"遗嘱:献出全部存款建立"朱宪彝奖学金";献出全部珍藏图书和他的10万多张读书卡片;献出自己的一座私人住宅楼,供学校使用;献出自己的遗体,用于解剖课教学。在他的感召下,越来越多的人摒弃了世俗观念,来到天津医科大学立下遗嘱,志愿在百年之后将遗体捐给医学解剖教学使用。在收集整理遗体捐献者的遗嘱的过程中,学校教务处的老师们深切体会到:这是一笔非常宝贵的精神财富,对于学校立德树人具有非常重要的价值。于是,他们专门辟出一间教室,将这些遗嘱不做任何修饰和润色,制作成展牌,原汁原味地呈现在人们面前。

在一张张泛黄的甚至字迹模糊的遗书背后,矗立着数百个高尚的灵魂。他们身份各异,境遇不同,但都以朴实无华的语言,揭示出对生命真谛最透彻的理解，都以自己最后的奉献表达着对祖国医学教育事业最无私的支持。"站在这里，就会被一种高尚的力量所吸引、所震撼。"——这是无数参观者发自心底的共同感受。生命意义展厅创建18年来，累计接待国内外参观者数万人次，影响甚巨。为了更好地发挥其育人与教化功能，天津医科大学于2014年9月将此展室迁址扩建成开放式展厅。就是在这里，学校党委书记姚智教授每年给入学新生开讲"第一堂课"：他深情回忆起35年前，自己参加开学典礼时聆听朱宪彝谆谆教诲的情景。"'医生的奋斗目标是让自己失业'——这一振聋发聩的警句时常回响在我的耳畔，它昭示了医生这一特殊职业的人文情怀……"姚智说，每一个由此经过的老师和同学都应该认真感悟、用心聆听，并努力内化为个人的生命体验。"作为医学生，面对以逝者之躯启迪在生之人的这些捐献者，我们应该学会如何去尊重生命。在面对人生困惑的时刻、在探寻生命意义的时刻，大家都可以来到这里，与这些圣洁的灵魂对话。"

我们永远怀念朱宪彝。

# 第十六章 朱宪彝学术研究的风格

## 一、以德为先 以人为本

### (一)以德为先,誉满人心

原天津市第一中心医院院长刘兵在2020年接受本书写作团队的访谈中说:"朱老的传统美德是我们贯彻落实习近平思想的根基。我把医生分为五个层次:一是技术好,二是既有技术又有学术,三是在这个基础上又有医德和情操,四是还有临床思维,五是还有文化。"可以说,朱宪彝兼具以上五点。

在日伪统治时期,朱宪彝长期居住在南门外大街一所非常简朴的房子里,他一心扑在医疗事业上,为群众解除病痛,不以精良的医术作为发财致富的手段,因而留下了"德高医粹"的美名,当地人称他是"不赚钱的开业医生"。朱宪彝十分鄙视"行医看门第、治病图发财"的思想,总是以努力减少病人的疼痛为己任,不管是学校普通职工,还是一般社会百姓,他都一视同仁,认真诊察。此前,朱宪彝曾应邀到唐山开滦矿医务部任内科主任医师,而开滦医院把就诊人员分为三六九等,不按病情需要而是按职位高低给药看病的做法让朱宪彝十分不满。在多次抗议无效后,朱宪彝愤然辞职。

朱宪彝总是想患者之所想,急患者之所急,面对经济有困难的患者,他多次慷慨解囊,亲自捐助。在三年困难时期,朱宪彝因营养不良浑身浮肿,当时一起共事的乔国铨劝他住一段医院休养休养,而他坚持不住院,还把自己每个月补助的2斤黄豆,送给其他职工。

天津解放前夕,友人劝朱宪彝尽早南下或出国谋职,因为凭借他的资历和才华,必定能大有作为,闯出一片天地。而朱宪彝当即拒绝,执意守在天津。天津解放后,朱宪彝兼任天津市立总医院内科主任和河北医学院内科学教授,他放弃了私人开业,专任公职,甘居陋室。当时,朱宪彝拒绝了人民政府给予的超额工资(每月5千斤小米的折价),情愿要一般医学专家应得的报酬。在创办医学院时,市领导每月要给朱宪彝650斤小米(约合当时650元工资),被他坚决拒绝。评定薪金时,朱宪彝谢绝了每月300多元的专家补贴费,只要一级教授的薪金,他说:"我是教授,一位教授工资是多少就拿多少,毛主席、周总理贡献那么大,他们才拿多少钱? 我认为一个人的最高待遇、最大幸福,就是把自己所管的事业搞上去,这就是最高待遇,最高幸福。"①

朱宪彝公私分明,克己奉公,不谋私利。他与国外友人的信件往来、邮寄书籍和节日贺卡,经费一概自己出,有时需要接待外宾,他也自费招待,从不让公家出一分钱。此外,朱宪彝自己乘坐的轿车从不让家人搭乘;自己乘车途中路过商店想买东西也从不中途停车,宁可回家后自己再来购买;看戏看电影都乘公共汽车,有时挤不上车,他宁愿浪费了票钱也从不开口让小车接送。朱宪彝坚持说:"俭以养廉,勿以事小而不为。蝼蚁之穴,可溃千里之堤;一趾之疾,竟丧数尺之躯。这些千年古训,应当刻骨铭心。"②

朱宪彝一生勤俭节约,他不嗜烟酒,甚至都很少用茶。1950年,朱宪彝到北戴河休养时,脚上穿的还是50年前的旧球鞋。朱宪彝的夫人赵宝镜持家有方,省吃俭用,她亲手为孩子们缝制衣服和鞋子,为的就是能省一些钱,贴补朱宪彝购买图书资料,而朱宪彝则经常为极少抽出时间陪伴自己的夫人而自责。有相当长一段时间,朱宪彝一家人住在南门外一所破旧不堪的房子里,这座住宅和同年资知名医生的寓所相比,可以说是相当简陋了。除了大书架和办公桌这些显示知识分子特点的古董外,家中几乎没有豪华的装饰性家具或陈设,但因为房屋恰对着市医学图书馆,为朱宪彝借阅书籍提供了极大的便利,所以,即便是陋室,在朱宪彝眼中也是一块风水宝地。

朱宪彝是我国德艺双馨的医学教育家,除了自身专业技术过硬、科研能力超群外,还不慕名利,在声名上甘居人后。早在20世纪30年代,朱宪彝就开始进行软骨病和骨代谢疾病的研究,在国内外期刊上发表了30多篇有关钙磷代谢的高质量论文。朱宪彝在钙磷代谢研究方面的卓越成就为他赢得了国际上许多骨代谢专家的推崇和拥戴。朱宪彝不图名利,他坚称钙磷代谢的研究成果是科学家共同合作的结晶,也总是称赞中国内分泌学家和医学教育家刘士豪教授对此研究所做出的贡献。在自己主编的《内科讲座》(朱宪彝,1982)的扉页上,朱宪彝特别刊出"纪念中国内科学代谢疾病和内分泌专业的先驱、前中国医学科学院首都医院内分泌科主任刘士豪教授"的献辞,这一义举实在是令人钦佩。

---

① 乔国铨.怀念朱宪彝同志.天津医学院著名医学家论文选集编委会.朱宪彝论文选集[M].(内刊).1991:310.

② 王兴民.朱宪彝传.王家驰.朱宪彝医案[M].天津:天津科学技术出版社,2000:16.

　　朱宪彝胸襟开阔,爱惜能人,他以高尚的品德吸引了各个医学科的人才,团结了各方面的技术力量一起合作。新中国成立初期,朱宪彝受到天津市人民政府的委托筹建了新中国天津市第一所医学院。正是凭借着他崇高的学术威望和优良的团结作风,才约请到天津市所有著名临床专家前来共事。朱宪彝认为,一个科室领导人如果心胸狭窄不能容人,搞小团体不欢迎别人一起干,总计较个人得失,总想个人单干,井水不犯河水,这样下去事情是搞不好的。就是凭着这种虚怀若谷的高尚品德,朱宪彝的科研队伍吸纳了来自内外、妇儿、生理、病理、放射诊断、营养、心理等各方面的医学专家。对待大家想要发挥自己专长的想法,朱宪彝一概支持,每当大家做出一点成绩,朱宪彝定会称赞和鼓励。但朱宪彝对待大家的错误也会认真指出,以诚相待。同时,对自己的学生朱宪彝经常鼓励他们,要"胸怀大志,又要谦虚谨慎,希望你们超过我,有谁超过我,我才更高兴"[1]。试想,面对这样的科室领导,团队成员谁不敬佩呢? 面对这样一位老师,学生们怎能不被他的崇高境界深深感染?

　　朱宪彝对自己热爱的医学事业付出了满腔的热情,他对工作极端负责,对医术精益求精。1964年,天津医疗队设在河北省邢台邢家湾的医疗点曾接诊过一个不满3岁的患儿。患儿表现为两耳流脓且颈部稍硬,就诊的前3天起拒食,头部后仰。根据这些症状,医生初步诊断为脑膜炎,但正准备穿刺时,患儿突然面色苍白,呼吸和心跳骤停。经过紧急抢救,患儿恢复了呼吸和心跳。恰好此时朱宪彝赶来,经过一番细致检查后,他认为患儿应该是因化脓性中耳炎引起了破伤风。于是,医生一边按脑膜炎进行治疗,一边注射破伤风抗毒素。经过几个昼夜的抢救,最终成功地将孩子从死亡线上救了回来。

　　朱宪彝医术精湛、医德高尚,同样也赢得了国内外专家的赞誉。他曾多次为中央领导担任保健任务,也曾多次出国为国际上的政界领袖担负医疗任务,并因此受到毛主席和周总理的当面嘉奖。朱宪彝每当回想起当年为诺罗敦·西哈努克亲王保健时的情况就幽默地说:"那也许是我'最出名'的时刻,人们在电影、电视里看到西哈努克亲王的时候,就总能看到我的身影,或听到我的名字"[2]。朱宪彝逝世后,西哈努克亲王还特意通过我国外交部发来唁电,沉痛悼念这位为恢复他的健康做出重要贡献的医学家。

---

　　① 天津医学院内分泌研究所情报室.作者简介.天津医学院著名医学家论文选集编委会.朱宪彝论文选集[M].(内刊).1991.

　　② 王兴民.朱宪彝传.王家驰.朱宪彝医案[M].天津:天津科学技术出版社,2000:10.

即使到了晚年,朱宪彝也一直在超负荷工作着,他想的全是毕生为之奋斗的医学事业,对病历上的一连串诊断置若罔闻。在生命的最后阶段,朱宪彝身体多有不适,许多人劝他住院治疗一段时间,他却推辞说:"新楼病房的会议室、过道和各科门诊诊室都住满了病人,我是医学院院长,本已愧对患者,又怎能和他们争床位呢?"①后来在领导及亲友的多方劝说下,朱宪彝才勉强答应在25日下午3时住院,却不曾想1984年12月25日上午,朱宪彝正在家伏案工作时,突发心脏病,与世长辞。朱宪彝这样一位为医学奉献了自己毕生心血的人,在最需要医疗照顾的时候,将希望让给了别人,将死亡的危险留给了自己。

"春蚕到死丝方尽,蜡炬成灰泪始干。"这是朱宪彝生前最为欣赏的名言佳句之一。而他,真正地做到了。1984年12月18日,吴咸中教授在拜访朱宪彝并向他汇报在德国访问的所见所闻时,话题很快就转移到内分泌研究所存在的问题和改进计划上。朱宪彝在即将离世的几天前,心中想到的是事业、工作、他人,而唯独将自己置之度外。正如曾任职天津医学院党委书记20余载,与朱宪彝一起共事时间最长的乔国铨同志所说:"廿年的相处,我觉得宪彝同志像蜡烛一般,从顶燃到底一直都是光明的"②。朱宪彝将自己毕生的精力都献给了他所热爱的医学事业,他将自己满腔的爱和关怀献给了中华大地上的芸芸众生。朱宪彝逝世后,遵照他的遗嘱,做出了"四献"③:一献全部存款。在此基础上建立了天津医学院朱宪彝医学奖学金,历年来多次奖励了在医学教学、科研和医疗工作中做出优秀成绩的人员;二献全部珍藏的图书。目前,在天津医科大学图书馆为他专门开辟了一间藏书阅览室;三献全套私人住宅——一座住房楼,给天津医学院;四献遗体,供解剖教学用。综观朱宪彝的一生,是奉献的一生。他什么也没有带走,什么遗产也没给子孙们留下,他捧着一颗心来,不带半根草去,将毕生所得都奉献给了医学院,奉献给了医学教育事业,奉献给了人民,而他所贡献的,绝不仅仅是可以计量的钱物,更宝贵的是他高尚的品德,崇高的精神和精粹的医术。现今的天津医科大学总医院内分泌与代谢科的科训"德诚思行",正是秉承了朱宪彝"德高医粹"的精神,将医德永远放在第一位。

天津医科大学内分泌代谢科学科带头人刘铭教授在2020年接受本书写

① 王兴民.朱宪彝传.王家驰.朱宪彝医案[M].天津:天津科学技术出版社,2000:16.
② 乔国铨.怀念朱宪彝同志.天津医学院著名医学家论文选集编委会.朱宪彝论文选集[M].(内刊).1991:311.
③ 崔以泰.序二.王家驰.朱宪彝医案[M].天津:天津科学技术出版社,2000.

作团队的访谈中这样解读"德诚思行"："所谓'德诚'，是对医学事业忠诚，对专业实诚，对同事坦诚，对病人真诚，是医务工作者首先要做到的；其次就是要'思行'，在日常工作的基础上经常地进行反思，经常思考如何将工作做得更好，然后将'所思'付诸实践，落实到行动中。"

时任中共天津市委副书记谭绍文在悼词中这样说："朱宪彝同志的一生是光明磊落的一生，是奋发进取的一生，是为民造福的一生。朱宪彝的逝世，使我们失去了一位德高望重的科学家，失去了一位有远见卓识的教育家，失去了一位久经考验的优秀干部。""他不假公济私，损公利私，为做合格的党员严于律己，宽以待人。即使患病期间，他也念念不忘为党多做工作。他的高贵品德和忘我精神受到了领导和全体教职员工的一致赞扬。"一位同事。（注：第二引言句不是谭绍文讲的）

"德高医粹"，这四个字用在朱宪彝身上实至名归。他襟怀坦荡、大公无私的高尚情操，以及为党和人民的事业鞠躬尽瘁、死而后已的献身精神将在历史的长河中光芒永存。

### （二）以人为本，生命至上

朱宪彝的研究建立在"以人为本"的基础上，他根据老百姓的实际需求，进行科学研究，实实在在地为百姓解除病痛。解放后，朱宪彝以极大的爱国热情投入到新中国的医学科学事业中。他选择危害人民健康较大，发病比较复杂的疾病为主要研究方向，展开调查与实践。

刘士豪和朱宪彝携手内分泌代谢科研时，选择各种类型的软骨病患者，与病人长期合作，连续给病人做钙磷氮检查，甚至免去病人住院费用，给病人每天吃特定食物、喝蒸馏水，以更好掌握钙磷的准确摄入量。该团队除了对软骨病和佝偻病、肾性营养不良进行深入研究之外，对严重的纤维性骨炎、成骨发育不全及正常人的钙磷代谢等一系列代谢性骨病均进行探讨。

20世纪50年代初期，当时的教育部部长杨秀峰曾向朱宪彝介绍，他的家乡河北省迁西县有不少人患有粗脖子，还有不少傻孩子。这引起了朱宪彝的重视。虽然朱宪彝一直希望能把钙磷代谢的系统研究工作继续深入下去，但是，社会的需要使他不得不把研究工作的重点转移到地方性甲状腺肿与克汀病这一广泛流行的地方病的防治研究上来。在1956年参加制定全国科学技术发展规划时，朱宪彝提出将地方性甲状腺肿和地方性克汀病列为临床分泌学的第一个研究课题，并且亲自组织，领导天津医学院的科研人员，充分发挥基础、临床各个学科的力量，与地方防治机构密切合作，深入山区做现场调研。他一边实地调研,一边加紧查阅国内外相关文献。经过大量资料查阅,朱宪彝发现国外对地方性甲状腺肿和克汀病已有较深入的防治研究经验,并指明这种地方病的基本病因是环境中缺碘,而适当补充碘即可控制该病的流行。因此,朱宪彝呼吁将流行区坚持食盐加碘定为一条法律加以执行,是完全可以做到限制、控制和消灭这种地方病的。

二十多年间,朱宪彝跋山涉水,不畏路途艰险,对我国山东、河北、山西、新疆、贵州、云南、四川等十几个省市自治区进行现场防治研究,经过多年努力,他基本摸清了我国地方性甲状腺肿和地方性克汀病的流行特点和临床类型,提出了科学的诊断方法和诊断标准,并为全国防治研究工作制定了完整的规划。朱宪彝的科学研究切切实实救百姓于困苦之中,充分体现了以人为本、务实踏实的作风,使得朱宪彝成为地方性甲状腺肿和克汀病研究领域的领军人物,赢得国际学术界的一致赞扬。

1982年在日本东京召开的亚大甲状腺和亚大内分泌学术会议上,朱宪彝应大会主席邀请,报告了"中国地方性甲状腺肿和地方性克汀病的研究现状",吸引了几大洲甲状腺学者们的注意,他们对我国防治地方性甲状腺肿和地方性克汀病在全国取得的成就,以及在这项研究中所发挥出的强大的组织力量和高度的科学水平交口称赞。从此,我国碘缺乏病

1982年,朱宪彝在日本召开的亚大甲状腺和亚大内分泌学术会议上作报告

研究跨进了国际先进行列,并加速了我国在这一领域和国际上的广泛交流与合作①。为了把地方性克汀病发病机制的研究深入下去,朱宪彝从1980年开始,加强了实验研究工作,在他亲自指导下建立了离体神经细胞培养和碘缺乏病实验动物模型,进一步探索碘和甲状腺激素与大脑智力发育的关系,阐明大脑发育临界期的意义,为克汀病防治和提高我国人口素质的研究开辟新途径。朱宪彝从事了二十多年的对地方性甲状腺肿和地方性克汀病诊疗的研究工作在当时已赶上世界先进水平。

朱宪彝心系百姓的健康,他的研究也总是脱离不开替百姓解除病痛的折磨。据曾经一起共事的乔国铨回忆说,当朱宪彝看到塘沽一带群众身患氟骨

---

① 王兴民.朱宪彝传.王家驰.朱宪彝医案[M].天津:天津科学技术出版社,2000:15.

病时,坐立难安,他当即表示要争取在有生之年找出病因。在他心中,自己活着就是为了解除别人的痛苦,让别人过得更加美好。1982年,朱宪彝开始了氟中毒、氟骨病、氟斑牙的研究工作,为后续研究创建了优良的实验条件,提供了新的实验研究方法。

1958年初,乔国铨到医学院工作,在和朱宪彝的一次谈心中,朱宪彝坦率地对他说:"我这个人爱医学事业不爱财,在旧社会是这样,在共产党的领导下我更是这样,因为我已经是共产党的新党员了。在旧社会不少人动员我参加国民党或其他政治团体我都拒绝了,我看只有共产党才是全心全意为人民服务,不谋私利的党,只有共产党才能救中国。"①朱宪彝选择加入中国共产党无疑是他以人为本、为人民服务的精神与党全心全意为人民服务的宗旨相契合,这是朱宪彝遵从内心做出的选择。

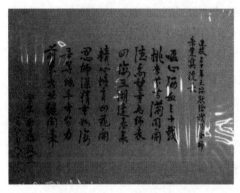

朱宪彝的学生郑少雄作诗敬赠导师

内分泌专家郑少雄是朱宪彝的第一个研究生,他在接受本书写作团队的访谈中回忆说,作为老师,朱宪彝坚持每周周三下午两点到四点固定时间内到总医院图书馆专门辅导研究生,以"教书育人"为本;作为医者,朱宪彝坚持会诊、查房,"以病人为中心",他还参加卫生部门组织的医疗队,不辞辛劳深入河北省任县城关公社给社员看病;作为研究者,朱宪彝的诸多学术研究成果之丰硕,让他的"学术地位很难超越"。

朱宪彝是一位德高望重的医学家和教育家,是一个优秀的共产党员,他严谨治学,勇于改革,为人师表,诲人不倦,精心培育医学人才,为发展我国的医学教育事业贡献了毕生的精力。他真正做到了"生命不息,工作不止,鞠躬尽瘁、死而后已"②。朱宪彝立足于民,为人民事业无私奉献的精神,值得我们认真学习、传承与发扬。

---

① 乔国铨.怀念朱宪彝同志.天津医学院著名医学家论文选集编委会.朱宪彝论文选集[M].(内刊).1991:310.

② 崔以泰.怀念朱宪彝.天津医学院著名医学家论文选集编委会.朱宪彝论文选集[M].(内刊).1991:314.

## 二、科学严谨 求真务实

### (一)踏实积累,严谨以待

朱宪彝曾经讲过,他所就读的直隶模范小学(现南开区中营小学)校长刘竺笙办学十分认真,热爱教育事业,一辈子就办了这所学校。这个学校的办学质量很高,每星期安排写一次作文,要求学生在两节课内完成,而且要使用毛笔小楷,文言体。朱宪彝回忆道:"我对学习充满兴趣,基础打得好,小学毕业后基本具备了自学能力。我对这所小学感情很深,至今我还珍藏着老师给我修改过的国文作业和评估本。"①虽然中小学的生活都是六七十年前的事,但朱宪彝仍觉得时至今日那段时光好像历历在目,打下了他一生成长的基础。不得不说,刘竺笙校长和老师们严谨认真的治学理念对朱宪彝后来的发展产生了深远的影响,为朱宪彝科学严谨做研究奠定了扎实的基础。

1922年,朱宪彝以几乎全优的成绩考入当时中国的最高医学学府——北京协和医学院。在协和医院求学时,朱宪彝立志献身于中国的医学事业,他无比珍惜当时优越的学习条件,以至于他的课余时光几乎全部交给了图书馆和病案室。现存于天津医科大学图书馆朱宪彝档案室里的数册英文学习笔记及读书心得,字迹工整秀气,表达如行云流水般顺畅,令人感叹敬佩,而这一切,无不体现出求学时代的朱宪彝扎实的语言基本功和对待知识学习的严谨认真与一丝不苟。

中学时代的朱宪彝用大部分的休息时间与书为伴,到了工作时期乃至晚年,朱宪彝仍然每年都会拿出差不多四分之一的工资来购买各类图书期刊。他订的杂志、买的书充满了走廊和客室,他的办公室,他家里的书房,几乎就是一个个私人藏书馆。无论是节假日还是外出开会,朱宪彝总是离不开阅读。在通勤时间以及会前会后,他都要抽空浏览最新杂志。对朱宪彝而言,读书,绝对不是走马观花,

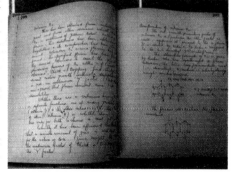

**朱宪彝的学习笔记**
(编者2020年6月摄于天津医科大学图书馆朱宪彝档案室)

---

① 朱宪彝.我的中小学时代.天津日报,1983年2月20日.

而是阅读、反思、记录。据吴咸中教授讲述,同朱宪彝见最后一面时,朱宪彝收到他从联邦德国带回来的带灯光的放大镜十分高兴,因为当时朱宪彝的视力越来越差,用普通放大镜看杂志上的小字很困难。虽然说朱宪彝当时左眼视力只剩0.1,但他仍艰难地坚持着每天的大量阅读,这个毅力实在是令人敬佩的。1922年起,朱宪彝就开始积累读书资料卡片,到逝世时,由他所摘记的读书卡片资料累计多达十万余张。这些读书卡片,一张卡片相当于一本书,陪伴了朱宪彝的每一个春夏秋冬,充实了他的每一段闲暇时光。现如今,这些积累下来为朱宪彝的写作打下了严谨基础的资料卡片已经按照新的分类方法重新归纳完毕,成了新一代内分泌研究工作者学习的知识宝库。

作为一位有坚实实验室基础的临床医学科学家,朱宪彝在软骨病和其他代谢性骨病的钙磷代谢研究方面做出了卓越的贡献,由他发表的30多篇有关钙磷代谢等方面的学术论文迄今仍为一些世界权威学者的著作所引用。朱宪彝曾告诫,如果一个月不读书,那么就势必会落后,因为现代科学技术发展速度迅猛,不浏览各国杂志,了解前沿动态,很快就会成为外行。除了通过阅读紧跟学科发展步伐,朱宪彝即使年过八十也经常亲自到课堂去听国外学习参观回来的同志和教师们讲课。据时任天津医学院党委书记乔国铨回忆说,朱宪彝常讲"人生是有限的,学知识是无止境的",而他要"活到老,学到老,学到八十仍嫌少"[①]。如果没有跟上时代发展的步伐,勤勤恳恳饱览群书,认真严谨投入实验,何来拿得出手令人信服的数据?大浪淘沙,无论时隔多少春秋,无论经历多少风雨,只有用严谨浇灌出的呕心沥血之作,才不会褪色,才会在时代浪潮的洗礼下历久弥坚,引人瞩目。

朱宪彝笔耕不辍,一生撰写的论文有400万字。品读他的论文,朴实无华,严谨有据,而非辞藻堆砌,语言空洞。在朱宪彝看来,发表的每一篇论文都要经得起科学的考验,而绝不是用来炫耀自己。朱宪彝在晚年挑起了主编《内科学》这部巨著的重担。他凭借着惊人的毅力,秉承严谨治学的态度,逐字逐句地批改了全书117章、共300多万字。《内科学》在1981年得以出版,次年朱宪彝应邀出席了在日本召开的亚大甲状腺和亚大内分泌学术会议,而经由他亲手修改的《内科学》被国际友人称为是"内科学辞典"。对待学术研究,朱宪彝从来没有半点马虎,正是凭借着严谨审慎的态度,才使得这样一本巨著赢得国际友人的交口称赞,得以在国际学术会议上绽放光芒。

---

① 乔国铨.怀念朱宪彝同志.天津医学院著名医学家论文选集编委会.朱宪彝论文选集[M].(内刊).1991:310.

作为一名医者,朱宪彝对每一个新病人都要从头到脚仔细检查,一丝不苟,从不主观臆断、应付了事。对烦琐细碎的化验数据,朱宪彝会逐项审核,凡有存疑的地方,他必定都要复查,确保在周密分析资料的基础上做出诊断,并在治疗实践中进行检验。对于自己拿不准的病症,朱宪彝永远严谨对待,虚怀若谷。有一次,朱宪彝为一位久治不愈的病人会诊。会诊后,朱宪彝坦言自己知识有限,不能立即对病人的病情下结论,需要带着问题重新研究学习后才能有结论。在场的医生和实习同学无不为朱宪彝严谨诊断、实事求是的高尚情操所折服。

朱宪彝对待病人一向认真负责,平素待人也和蔼可亲,但对待医学院学生和医师的要求严格甚至严苛:他经常检查下级医生书写的病历,把病历书写看作是衡量医生工作质量和工作作风的重要标志;他曾经把写得不像样的病例当众扔出病房窗外;也曾经严惩过私自涂改病历的实习医生。在向天津医务工作者做有关"临床思维"的学术报告时,原中国医学科学院院长吴阶平讲述了自己在协和内科见习恰逢朱宪彝负责教学时的一段亲身经历。有一次,吴阶平接诊了一位从病史、体征到病程都很典型病人,便认真做了记录,在诊断结果一栏填上"肺结核",然后请朱宪彝复核。朱宪彝查看病史、复核体征之后,问吴阶平有没有查痰,有没有查到抗酸杆菌。吴阶平如实回答没有查痰。听到这样的回答,朱宪彝立刻严肃起来,批评道:"你现在是四年级学生,就想简化。明年做实习医生,一定更简单了。做了住院医生,还要再简单。到主治医生,自然更加简单了!"[①] 朱宪彝的这通批评令吴阶平羞愧万分,时隔多年依然记忆犹新。殊不知,也正是朱宪彝的这番话,让吴阶平真正意识到医生应当谨小慎微,认真检查,绝不能粗枝大叶、凭借主观分析妄下断论。

在医院同事的眼里,朱宪彝是一位知识渊博、思维缜密、严谨审慎的医者。据内科学教授甘幼强回忆,新中国成立后,他作为青年医师接受朱宪彝指导。第一次查房时,甘幼强紧张不已,用磕磕绊绊的英语报告病历,前言不搭后语,眼睛盯着地板,惴惴不安地等着挨骂。但令他感到意外的是,朱宪彝目光慈祥,他既不放过汇报中哪怕是微小的缺点和错误,又言语温和地教导甘幼强如何进一步对病人进行诊断和治疗。甘幼强说,"朱院长的教导如此详尽,恨不得把他的全部经验全部一起告诉我,他的态度又如此亲切,顿时我

---

① 王兴民.朱宪彝传.王家驰.朱宪彝医案[M].天津:天津科学技术出版社,2000:8.

感到有一股暖流,流遍我全身"①。还有一次查房,朱宪彝检查一位经甘幼强治疗了一个多月的尿毒症病人。在听完甘幼强的病例报告后,朱宪彝像平时一样,一丝不苟地从头到脚检查病人,然后带上指套检查肛门。这时,甘幼强才发现病人肛门附近有一个流着恶臭脓液的慢性窦道,而自己天天检查病人却还没有检查病人的肛门。甘幼强心想,这一次该挨骂了。然而,朱宪彝却和善地指出他工作中的疏忽,并耐心讲解这个疏忽会导致的后果。最后,朱宪彝教育甘幼强对待病人要高度认真负责,做工作要严谨细致,检查病人不能先入为主,而要客观地科学地收集材料,来不得半点马虎。

在北京协和医院内科,朱宪彝不仅掌握了精湛的医术,而且也培养了严谨科学的作风。之后,朱宪彝便将北京协和医院的大发巡诊制度带到了天津市立总医院(现天津医科大学总医院前身)。这种大发巡诊制度在20世纪30年代由狄维德和斯乃博教授主持内科时搞得十分活跃。在北京协和医院内科,每逢星期三上午,内科总要安排两个小时大巡诊。事先由总住院医师从各专业组中选出疑难或罕见的病例,经主任同意后公布。到大巡诊时,由实习医师报告病例,要求完整扼要,再由主治医师做中心发言,对诊断和治疗措施做必要的说明和讨论,并准备回答各位巡诊者的提问。在巡诊会上,大家可以各抒己见,气氛严肃而热烈。最后,再由科主任做总结,并指示下一步的诊治措施。

在朱宪彝漫长的医学生涯里,他严谨治学的态度和救死扶伤的精神一直被医务界奉为楷模。朱宪彝长期兼任天津医学院附属医院内科主任,一直坚持查房、示教,主持临床病理讨论会。无论是出席国内重要会议,还是出国工作,朱宪彝在回到天津后的第一项工作便是到医院查房,了解病人的病情变化和身体的全面情况,相对应地提出诊治措施和研究课题。朱宪彝对每次查房和会诊的病例也都亲自摘记、认真进行修改,并提出诊疗意见。

朱宪彝查房和会诊的病例摘记
(编者2020年6月摄于天津医科大学图书馆朱宪彝档案室)

无论在门诊还是在病房,凡是经过他诊治的病人,一律按照常规从头到脚逐项检查,从不遗漏。朱宪彝始终认为医生的职责是神圣的,绝不能将生命视为儿戏,而体格检查是每一位医生应当掌握的看家本领,来不得半点儿马虎。朱宪彝严谨认真、对患者负责的精神实为医学界的典范。

① 甘幼强.往事.天津医学院著名医学家论文选集编委会.朱宪彝论文选集[M].(内刊)1991:315.

正如给朱宪彝的悼词所写的:"作风正派,工作兢兢业业,勤勤恳恳,对教学有严谨的作风,对医疗有科学的态度。"朱宪彝科学严谨的学术作风将流传至久,深深影响每一位医学学子。

## (二)科学指引,探真求是

何谓"求真"? 所谓"求真",就是"求是",也就是依据解放思想、实事求是、与时俱进的思想路线,去不断地认识事物的本质,把握事物的规律。何谓"务实"? 所谓"务实",则是要在这种规律性认识的指导下,去做、去实践。要求真实的,不是虚假的。

为促进医学科学研究,朱宪彝大力提倡尸体病理剖验工作并倡导从事医学工作的同志在这方面做出榜样。对此,朱宪彝身体力行破除迷信,开展尸体病理剖验工作,以助推医学发展。朱宪彝生前多次提到去世以后要将遗体献给医学院做病理解剖,最终他做到了。1984年12月25日,朱宪彝逝世的当天下午,医学院遵照朱宪彝的遗嘱,对朱宪彝的遗体进行了解剖,为医学研究提供了珍贵资料。而在此前的1979年,朱宪彝也将因罹患肺癌去世的老伴的遗体献给了医学院。朱宪彝主张的多开展尸体解剖、对人体病理进行研究,大大地推动了医学事业的发展。

毛泽东曾经说过:"没有调查就没有发言权。"朱宪彝曾率领团队深入华北、西北、西南、东北、华东、中南6个大区15个省市自治区的40余个县(市)进行现场的调查研究。经过多年的探索,朱宪彝及其团队最终基本摸清地方性甲状腺肿和克汀病的分布特点和流行规律,提出了亚临床甲状腺功能低下(或克汀病)的诊断标准和防治措施,成功地建立了下丘脑—垂体—甲状腺轴系激素的放射免疫测定方法。

1956年,朱宪彝在参加制定全国科学技术发展纲要时提出要把地方性甲状腺肿和克汀病的防治研究列为临床内分泌研究的首位。意见被采纳之后,朱宪彝十分注意这方面的国内外动态。1958年,朱宪彝在天津医学院附属医院内科建立了临床内分泌研究室,同年兼任河北省医学科学院院长,他将地方性甲状腺肿和克汀病的防治研究列为天津医学院的重点科研项目,并委派专人到河北省承德市郊进行实地考察。1961年,朱宪彝亲自组织天津医学院的有关基础与临床科室的数十名科技人员到承德市郊进行系统的防治研究。朱宪彝亲自在病区选择固定观察点,挨家挨户地逐人进行调查,并责成专人常驻病区,与当地卫生防疫机构配合,管理碘盐投放及疗效观察等工作。这项工作一直持续了5年之久。经过实践发现,现存的甲状腺肿患者在接受科学的碘盐治疗后有明显的改善,而克汀病的发病率也有显著下降。

即使是在"文革"期间,朱宪彝依然密切关注着地方性甲状腺肿与地方性克汀病的防治研究工作,他的担忧主要在这样几个方面:一是担心不能坚持科学补充碘盐而出现甲状腺肿与克汀病的新的大面积流行;二是担心过分强调手术切除肿大的甲状腺的意义导致舍本逐末,忽视了最基本的防治措施;三是担心疾病防治工作中出现急于求成的做法;四是担心一些诸如将地方性甲状腺肿和地方性克汀病的基本病因归因于遗传缺陷的错误认识会将地方性甲状腺肿和克汀病的防治工作引入歧途。于是,在20世纪70年代初期,朱宪彝重新组织起一支由基础、临床20余名学科科技人员构成的内分泌科研队伍,继续进行地方性甲状腺肿与克汀病的攻关研究。除了对承德、天津市郊、河北、山东等地进行现场研究外,团队集中力量,在下丘脑—垂体—甲状腺轴系的内分泌激素的放射免疫测定技术上进行攻关,最终取得了一系列成果。这些成果被广泛应用到全国地方性甲状腺肿和地方性克汀病的防治研究中,大大提高了甲状腺病的诊断水平与研究能力,赶上了世界同类研究的水平。

1978年,在全国科学大会和全国卫生科技大会上,朱宪彝受到了国家的表彰,他所带团队获得的成果后来也分别受到国家科技委员会、卫生部以及天津市的奖励。天津医学院成为全国地方甲状腺肿与地方性克汀病防治研究的牵头单位,而朱宪彝也成为当时中共中央北方防治地方病领导小组甲肿组的组长。

国家对地方病的重视让朱宪彝更加清楚地认识到自己肩上所扛担子的分量,他积极参与制定食盐加碘条例的起草、主持地方甲状腺肿与地方性克汀病诊疗标准的制定,并撰写有关防治地方病的科学论文与科普文章。1978年,已是75岁高龄的朱宪彝亲自带领研究人员,跋山涉水,奔赴我国贵州、四川、云南、广西、安徽等五省区,对我国地方性甲状腺肿和地方性克汀病进行实地考察。这次行程有1万余里,历时两个月。最终,朱宪彝将考察情况写成报告交与卫生部。随后,全国统一的防治领导机构成立了。朱宪彝亲自设计研究方案,指导研究工作的开展。历经8年的系统防治研究,这些重病区的甲状腺肿发病率降到了国家规定的标准之下,此后也未再出现新的克汀病患者。

20世纪80年代初,朱宪彝借鉴地方性甲状腺肿与地方性克汀病防治研究的经验,施行基础与临床相结合、现场与实验相结合、理论研究与防治工作结合、研究机构与卫生防疫部门结合的办法,开始对氟中毒进行攻关研究。朱宪彝指导研究室引进代谢性骨病的新实验研究方法,建立了骨计量学、骨细胞培养、微量元素测定、维生素D测定等一系列研究室。但令人遗憾的是,朱宪彝没能等到这一领域的成功突破就逝世了。让人感到欣慰的是,在朱宪彝呕心沥血铺就的研究之路上,新一代人一步一个脚印,在他的指引下迅速成长起来;由朱宪彝指导的这一研究项目按照他的设计思想,取得了明显进展;由朱宪彝一手创建的实验室已经成为国内最活跃的实验室之一。现如今,后生们正沿着朱宪彝指引的道路继续攻关,在他求真务实、兢兢业业的精神光辉照耀下继续前行。

中国工程院院士吴咸中在为《朱宪彝医案》(王家驰,2000)所作的序中提到,朱宪彝非常注意掌握第一手的临床资料。他不满足于只听下级医师的报告,不断地补充询问,不辞辛苦地亲自对病人进行体检,并对检验报告做出具体分析。对于病程久的病人,他会逐病进行分析,找出各种疾病之间的关系,便于主治医生分清轻重缓急,分清主次,抓住重点,从而制定出合理的治疗方案。此外,在多种药物可供选择的情况下,朱宪彝便会注意分析各种药物之间的异同,以找到最合适的药物对症下药。为了防止对疾病认识的片面性,朱宪彝在查房时会注意融合多学科思想。因此,他常常邀请其他学科专家一同参加,并且认真听取他们的讨论和发言。对于那些一时看不准的问题,他总是鼓励大家进一步思考和观察。朱宪彝的这些做法无一不体现了他实事求是的医疗作风及大家风度。

朱宪彝的渊博学识、精湛医术以及科学务实的作风深得天津市领导的信任和拥戴。就在他和儿科专家范权、骨科专家方先之等人向时任市长黄敬提出创建天津医学院的倡议时,立即得到批准。1951年3月,天津市政府批准成立了由朱宪彝、南开大学教授杨石先等各界权威人士组成的天津医学院筹备委员会。同年6月,朱宪彝被正式任命为天津医学院院长。

任命后3个月,朱宪彝就完成了筹建医学院的大部分工作:先是与南开大学议妥医学预科班教学事宜,后又洽购南开大学东院房舍(即甘肃路原天津医学院校址,现天津教育学院);选派临床教师赴北京等地高等医学院校进修基础医学、筹建基础教研室;与正在国外工作的医学家联络,争取让他们回国执教;选聘有才学的教师来院任教;设计基础课实验室,并着手订购仪器设备;物色精干的秘书、行政及工勤人员,建立行政机构。1951年9月,第一批50名学生正式进入南开大学生物系学习医预科。又经过一年的紧张工作,新校舍基本安排妥当,进修教师也陆续返校工作。1952年10月15日,在黄敬市长的亲自主持下,天津医学院举行了隆重的成立大会。朱宪彝内心感慨万千,眼里噙满泪花,一时间抑制不住自己的感情,流下了深情的泪水。朱宪彝不愧是一位精于筹谋的实干家,没有务实的精神,学校的创建断然不会如此神速。

勤奋务实、无私高尚的品德为朱宪彝赢来昔日协和校友及医学界著名人士的鼎力相助。1953年,朱宪彝聘请了骨科专家方先之主办全国骨科医师进修班,聘请神经外科专家赵以成主办全国神经外科医师进修班,而他本人则主持隔周一次的临床病理讨论会,并邀请天津医务界人士出席。天津医学院在朱宪彝的领导下,逐步形成为天津市医疗、教学和科学研究的骨干力量。

朱宪彝从不放松学习国内外的先进经验,他非常重视国际和国内的学术交流,但鄙视盲目崇洋,处处跟着外国人跑。他常常鼓励青年学生要发奋图强,根据国情实际,从本土实际出发,从事创造性的研究工作,走出一条我们自己的路。朱宪彝从事医疗、教学、科研工作50年,尽管担负着繁重的行政领导工作,但他从未脱离一线。朱宪彝数十载坚持查房、示教、授课、精心培育研究生和留学生,为全国培养了不少内分泌专业的技术骨干。由于朱宪彝在医疗和教育事业上的诸多贡献,他多次被评为天津市劳动模范和特等劳动模范,当选为天津市第一至八届人民代表大会代表和第一至五届全国人民代表大会代表。

求真务实是医务工作者所必备的科研态度。朱宪彝活到老、学到老、严谨治学的态度和求真务实的科学作风,是留给后人的无价之宝,尤其值得每一位医务工作者学习。

## 三、身体力行 躬耕不辍

### (一)身行力践,知行合一

从20世纪50年代起,朱宪彝根据我们国家防治地方病的需要,在内分泌系统的疾病研究方面,开始涉足一个新领域,研究地方性甲状腺肿和地方性克汀病的防治。地方性甲状腺肿和地方性克汀病是世界上广泛存在的一种地方病,我国发病地区多是少数民族居住的山区和边疆农村,患病人数有两千万。这种病主要是由于环境缺碘,因而造成人体缺碘,以致甲状腺肿大。患这种病的妇女怀孕后如仍继续缺碘,所生的婴儿就容易患有地方性克汀病,主要症状是痴呆、矮小、聋哑以至瘫痪,严重地影响人民生活和健康。[①]

1956年朱宪彝出席国家科委召集的讨论制定全国科学技术发展规划会议时,他根据我国地方病发病情况,建议把控制和消灭地方性甲状腺肿和地方性克汀病作为一项重要的科研课题,以解决发病地区人民的病痛。他的这

---

① 吴宝荣.毕生献身于医学事业的朱宪彝教授.中国人民政治协商会议天津市委员会文史资料研究委员会.天津文史资料选辑第45辑[M].天津:天津人民出版社,1988:5.

一建议,得到中央领导同志的赞许。之后,朱宪彝除从事临床内分泌研究外,还亲自参加和具体指导系统地研究地方性甲状腺肿和地方性克汀病的防治。[①]

1962年朱宪彝和他的助手们到河北省承德地区进行现场调查,以狮子沟公社喇嘛寺、二道河子等四个大队为调查点,探索这种地方病的分布特点和流行规律,向群众反复宣传防治的主要措施是在食盐中加碘,并且设专人连续几年进行投药和观察,对于这种病的发病情况、临床表现以及防治效果等,取得了一些科研资料。1979年朱宪彝又派人到调查点进行复查,由于他们当年工作深入,当地坚持食盐加碘做得比较好,病情已经有所控制。喇嘛寺村共有两千多人,1962年患甲状腺的有七百多人,患克汀病的近五十人。复查时,全村只发现一百多名甲状腺肿患者,而且其中绝大多数是过去的老病人。1963年服用甲状腺片的患克汀病的孩子,多数人有程度不同的好转,没有发现新的克汀病患者。[②]

在坚持现场调查的同时,朱宪彝还注重实验室的观察试验。1970年朱宪彝又组织将近百人的科研队伍,包括天津医学院基础教学、临床教学等二十多个科室,集中力量向内分泌方面的下丘脑—垂体—甲状腺轴的激素测定攻关,经过反复的试验,获得成功,建立了三碘甲腺原氨酸($T_3$)、促甲状腺激素(TSH)、促甲状腺激素释放激素(TRH)以及反三碘甲腺原氨酸($rT_3$)等一系列放射免疫测定方法,这就大大提高了对甲状腺疾病的诊断和治疗水平,这些研究成果达到了世界先进水平。为此,朱宪彝在1978年召开的全国科学大会上受到表彰。[③]

朱宪彝于1977年春去陕西秦岭山区进行调查,了解到西南一带发现了新的病区,就决定亲自走一遭。1978年受卫生部的委托,75岁高龄的朱宪彝,带上几位专家和助手,9月16日从北京出发,奔向大西南,先后到四川、云南、贵州、广西、江西、安徽等地的深山地区实地考察,行程上万里,历时五十天,于11月4日返津。在这次考察中,朱宪彝不顾年老体弱,深入到四川凉山彝族自治州、贵州黔南布依族苗族自治州等,这些地区海拔二三千米。老院长坐着汽车沿着山间公路盘旋而上,盘旋而下,有时还要步行。每到一个山寨,朱宪

① 吴宝荣.毕生献身于医学事业的朱宪彝教授.中国人民政治协商会议天津市委员会文史资料研究委员会.天津文史资料选辑第45辑 [M].天津:天津人民出版社,1988:5.

② 吴宝荣.毕生献身于医学事业的朱宪彝教授.中国人民政治协商会议天津市委员会文史资料研究委员会.天津文史资料选辑第45辑 [M].天津:天津人民出版社,1988:5-6.

③ 吴宝荣.毕生献身于医学事业的朱宪彝教授.中国人民政治协商会议天津市委员会文史资料研究 委员会.天津文史资料选辑第45辑 [M].天津:天津人民出版社,1988:6.

彝都深入患者的木屋、竹棚,亲自诊治。他常说:"病人行动不便,我们不能为了调查,再给病人增加痛苦。"他一手执杖,一肩挎包,为解除少数民族兄弟的病痛跋山涉水。每到一地,他反复宣传,讲述地方甲状腺肿和地方性克汀病发病的原因和防治方法,以引起当地人们的重视,鼓舞人们的信心。他恳切地说:"这种病死不了人,所以引不起人们的重视。可是一大批痴呆聋哑甚至瘫痪的人确实是家庭以至社会的负担,影响国家建设,这难道不是一件大事吗?""只要坚持食盐加碘,三五年就能收到很大的效果,能做到的为什么不抓紧做呢?"朱宪彝每到省会和县城,还要给当地医务人员做学术报告,解答各种问题。每天夜晚他还坚持写工作日记,然后才休息。他勤奋热忱、一丝不苟的精神,堪为大家的楷模。这次实地调查,为国家防治地方病制订十年规划提供了有力的数据,同时也为各地培养了一批防治地方甲状腺肿和地方性克汀病的医务工作者,并推动了各地防治工作的开展。①

经过廿余年的努力,朱宪彝基本摸清我国地方性甲状腺肿和地方性克汀病的流行特点和临床类型,提出了科学的诊断方法和诊断标准,并为我国防治研究工作制定了完整的规划。由他指导完成的贵州省地方性甲状腺肿和地方性克汀病重病区八年防治研究工作创造了成功的经验,并受到政府的表彰。通过20世纪70年代和80年代初期的大量研究,朱宪彝将病区居民的甲状腺功能分为"正常""代偿"和"失代偿"三种类型,其中克汀病人以"失代偿"型为多;经过碘盐防治后,这三种人群中所占比例有明显的规律性变化;病区一些所谓正常儿童的听力和智商也低于非病区儿童,称"亚临床型克汀病",经过碘盐防治后,在甲状腺功能恢复的同时,听力也随之恢复。这些都是在国际上首次观察到的现象。②

贵州省麻江县1978年地方性克汀病的发病率为31.5%,经过积极防治,到1984年,发病率下降到4.5%,其他很多地区也已控制了发病率,解除了多年来的忧患。朱宪彝二十多年所从事的地方性甲状腺肿与地方性克汀病研究,受到国际上的重视和赞赏,他亲自撰写和与人合写的《中国地方甲状腺肿和克汀病现状》《贵州地方性甲状腺肿和克汀病的研究:碘代谢和垂体甲状腺轴机能状态的观察》《贵州地方甲状腺肿流行区人工引产胎儿甲状腺形态学观察》《贵州地方甲状腺肿和克汀病的流行病学观察》等论文,在国外杂志发

① 吴宝荣.毕生献身于医学事业的朱宪彝教授.中国人民政治协商会议天津市委员会文史资料研究委员会.天津文史资料选辑第45辑 [M].天津:天津人民出版社,1988:6-7.

② 谭郁彬,矫叔华.朱宪彝——我国临床内分泌学先驱[J].中华内分泌代谢杂志,1991,7(3):132.

表后,受到各国专家好评,纷纷来信索取。1982年8月他应邀去日本参加亚大区第二届甲状腺学会和第七届亚大区内分泌学会会议,他在会上做了有关我国防治地方性甲状腺肿和地方性克汀病现状的学术报告,各国专家给与很高的评价,很多学者表示愿来天津医学院访问。①

朱宪彝未曾止步于目前的成绩,20世纪80年代以后,他在我国六大地方病之一的氟中毒上开始了新的研究。这种病是由于外环境含氟量高而引起的,表现为腰酸腿疼和氟斑牙,严重时肢体变弯变畸形,行动不便,甚至瘫痪。朱宪彝积极响应中央地方病领导小组的号召,决定在新的领域继续探索。当时他曾到天津塘沽一带进行调研,看到当地氟骨症的情况后,他下定决心,立志要在有生之年找出病因,解除患者的疼痛。为此,他不顾自己已近杖朝之年,在早年钙磷代谢研究的基础上,通过现场调研、试验研究、临床结合的方法进行研究分析,为早期诊断和鉴别氟骨症提供了宝贵的资料和科学的数据。另外,他还从动物试验入手,培育鸡和大鼠动物模型,以深入研究发病机制。经过几年的研究,朱宪彝不仅对发病机制的研究有初步进展,而且还研制了治疗和预防氟骨症的药品,在一定范围内给病人服用,疗效较好。②

### (二)书山攀登,求知若渴

中学时期的朱宪彝,就表现出了对知识无穷无尽的探索与追求。朱宪彝从中学时代就养成了晨读的习惯。每晚8点入睡,次日凌晨4点起床,直读到上课之前。

在协和医学院期间,朱宪彝就对“协和三宝”(图书资料、病案资料、专家教授)表示出了极大的兴趣。为了搜集资料,年轻的朱宪彝经常让图书管理员把自己反锁在图书馆里,彻夜钻研。当时的协和医学院也曾留下这样的佳话:作为同一寝室的室友,朱宪彝和王叔咸因为不同的作息习惯,一个习惯晨读,一个钟情夜诵,同居一室,竟无缘见面。1930年,朱宪彝完成学业,获得医学博士学位,由于成绩优异,成为该届毕业生中唯一荣获文海(Wenham)奖学金的人。毕业后选择留在协和工作的朱宪彝1936年曾赴美国哈佛大学医学院生化系进修。

---

① 吴宝荣.毕生献身于医学事业的朱宪彝教授.中国人民政治协商会议天津市委员会文史资料研究委员会.天津文史资料选辑第45辑 [M].天津:天津人民出版社,1988:7.
② 吴宝荣.毕生献身于医学事业的朱宪彝教授.中国人民政治协商会议天津市委员会文史资料研究委员会.天津文史资料选辑第45辑 [M].天津:天津人民出版社,1988:8.

　　从业后的朱宪彝,也始终不曾放弃进步的步伐。1946年,吴宝荣①在天津中央医院图书室工作,她回忆说,朱宪彝是"我们图书室的一位最守馆规而又十分关心图书事业的院外读者。他经常提一些合理化建议,还为图书室介绍从天津秀鹤书店购进医学书刊,对图书室的工作有很大帮助"。天津解放后,中央医院改为天津市总医院。1950年朱宪彝应聘为总医院内科主任,不久即担负筹建天津医学院的任务,后来任天津医学院院长。他虽然担负繁重的行政工作,但对我们图书馆的建设仍极为重视,他支持和筹划扩充图书馆,亲自选定医学书刊,充实图书资料。②几十年来,他每年几乎用全部工资的四分之一来购买各种杂志和书籍。在工作之余,抓紧点滴时间读书学习、摘记卡片。节假日基本上是在图书馆或书桌前度过的,外出开会、乘汽车、坐飞机、会议前后都带书刊阅读,及时了解医学科技动态和新的成就。他的办公室和家里的书房,就是一个小型医学图书资料室。每逢节假日,偶尔看一场喜爱的京剧,几乎都是埋头在书丛中。他从1922年开始摘记读书资料卡片,到1984年共积累了十万多张。卡片所记资料内容广泛,包括临床内分泌疾症、非内分泌的疾症。如消化、呼吸、循环、肾脏、血液、神经、肿瘤、传染病等,还包括医学基础有关学科,如病理、生化、生理、微生物、免疫学、组织胚胎、药理、药物、寄生虫、老年学等。所摘记的卡片资料分门别类、逐年积累保存。从1982年开始,在助手和研究生的协助下,他改变资料卡片的分类,将原来的12大类623小类,改为23大类,900小类,用了两年时间整理搞完。这些资料卡片是国内外内分泌学的知识宝库,临床发现少见的疾症,医学基础理论研究遇到的问题,到老院长留下的这座宝库查找,就能循着卡片提供的线索和要点,找到所需要的资料。③

　　朱宪彝不仅自己饱览医书,而且也要求学校教师、临床医师和研究生阅读大量的文献资料。他以内分泌学发展趋势为例,告诉大家:当代内分泌学的日新月异,对临床内分泌学的学习和研究,不可避免地要涉及许多基础理论的研究领域以及几乎所有临床各科专业的知识范畴,还要懂得临床内分泌学与内科、外科、神经精神科、妇科、儿科、皮肤科以及放射诊断等各科的纵横联系。在他的带动和督促下,内分泌科的医师组织了读书报告会,轮流做读

---

　　① 朱宪彝的秘书(1963年—1984期间担任)。

　　② 吴宝荣.毕生献身于医学事业的朱宪彝教授.中国人民政治协商会议天津市委员会文史资料研究委员会.天津文史资料选辑第45辑[M].天津:天津人民出版社,1988:1.

　　③ 吴宝荣.毕生献身于医学事业的朱宪彝教授.中国人民政治协商会议天津市委员会文史资料研究委员会.天津文史资料选辑第45辑[M].天津:天津人民出版社,1988:21-22.

书报告。朱宪彝带头,第一个做了题为"有关乳腺癌和内分泌"的读书报告。以后的读书报告会他都尽量抽时间参加,这就促使大家养成读外文文献的习惯。他要求教师做到勤读书,学识广,只专则思路不广,博学才能促进深。①

朱宪彝曾说:"一个月不读书,不读医学杂志,你就会落后。"他长期订阅世界先进一流杂志,保持很强的求知欲望,了解世界一流的科研成果,弥补自己的不足,了解全国乃至世界先进的医疗器械设备情况。

### (三)矢志不渝,初心不忘

帕菲特(AM Parfitt)提到朱宪彝时称,"一般人总是喜欢谈论过去而不是着眼于未来,但朱却不然……我们一直保持联系讨论氟中毒的问题,直到他去世前几个月。我曾认为,从患地方性氟中毒的病人体内脱氟的想法是行不通的,但他对印度医生成功的脱氟计划颇感兴趣,但对长期摄入铝处理的饮用水产生的危险十分关注。我希望他亲手建立的研究小组能够完成这一课题的研究,完成他未竟的事业。""1981年2月,雅沃尔斯基拜访了朱宪彝,发现他虽年事已高,但仍精力充沛,头脑机敏,对我们这一领域的进展了如指掌。"②

王正伦教授回忆时说:朱宪彝从协和医院移植、建立的制度为提高医师水平奠定了良好的基础,促进了青年医师坚持自学,了解医学前沿,养成不断学习的习惯。毫无疑问,朱宪彝是终身学习的典范。他数十年如一日地钻研内分泌学,始终未曾放松自己的脚步,晚年亦是如此。

20世纪70年代后期,朱宪彝在总结了临床内分泌学不同发展阶段的研究方向和重点后,指出在内分泌学飞跃发展的阶段,临床内分泌学出现了新的进展,集中表现为:新病种的不断发现;老病种的新认识;内分泌综合征从认识典型到非典型的经验日益丰富;内分泌疾病分类复杂化;非传统多肽类激素分泌瘤,普通肿瘤内分泌综合征;异位内分泌综合征;多发性内分泌综合征。

朱宪彝肯定了现代生物科学特别是内分泌学的基础科学研究成果对临床内分泌学发展的推动作用。他还指出:"临床内分泌学毫不神秘,不是一个什么高不可攀的专业,各种内分泌疾病患者也不是专和内分泌专业医师有接触

① 吴宝荣.毕生献身于医学事业的朱宪彝教授.中国人民政治协商会议天津市委员会文史资料研究委员会.天津文史资料选辑第45辑 [M].天津:天津人民出版社,1988:14.
② AM Parfitt.(邱明才译).朱宪彝——中国维生素 D 缺乏和软骨病临床研究的先驱[J].国外医学.内分泌学分册.1986(2):112-114.

的。实际上就我们临床工作者不论哪一专业都有不少机会遇到内分泌病人。"

他诚恳呼吁各科医师都要学习一点临床内分泌学,不要把它作为额外负担。他劝诫医务工作者要以"实干的精神,科学的态度"把临床内分泌学的落后面貌扭转过来。首先要在三五年内把医院的日常医疗工作的质量提高起来,在提高医疗质量的同时要赶。在20世纪末使我国临床内分泌学进入世界先进行列。

1979年,朱宪彝指出了我国临床内分泌学科研工作与世界先进水平相比存在的差距,集中表现为:我国临床内分泌学医师的细胞生物学、分子生物学的基础薄弱,也就是理论内分泌学没有受到应有的重视。临床内分泌医师的工作停留在一些常见内分泌疾病的常规诊断和疗方面,缺乏理论和实验研究。临床科研手段陈旧,缺乏现代化技术和设备。主要表现在激素测验技术的贫乏落后。为改变上述状况并促进我国内分泌学科的发展,1980年,朱宪彝在中华医学会内,下设内分泌分会,即中华医学会内分泌分会,并担任第一届主任委员。该分会至今在中国仍为影响较大的内分泌学术组织。

1983年,朱宪彝在《实用内科杂志》的医学新动态板块发表了题为《现代临床内分泌学的展望》的论文。文中,他根据近十年的发展趋势,推测今后几年至多十年八年的发展前景,为我国内分泌学的发展指明了清晰的方向。①

第一,神经内分泌学将进一步深入发展;进一步研究激素对大脑的作用,形成行为内分泌学;确定了神经内分泌学的主要发展方向是研究高级神经活动和激素的关系,阐明若干精神病以及智力低下(包括老年大脑衰退)的发病机理及防治方法。

第二,内分泌腺和激素的若干传统定义有待重新修订。他强调内分泌腺间接受神经调节的可能性很值得研究。

第三,比较内分泌学或种属进化内分泌学是临床医学工作者值得研究的课题。人类松果体作为神经内分泌的一个环节,特别对生物钟节律的研究有广阔前景。

第四,内分泌疾病的早期发现和诊断。这一直是临床内分泌医生追求和奋斗的目标,所有内分泌疾病或综合征都必然有其无症状期或化学内分泌疾病期,希望早期诊断这一前景尽早到来。

第五,新激素的发现及已知激素的未知功能或作用的研究。人类体内新激素还在不断地被发现,已发现的激素,特别是多肽或蛋白质激素,有的化学

---

① 朱宪彝.现代临床内分泌学的展望[J].实用内科杂志,1983(06),339-340.

结构就尚未清楚,有的激素在分子水平上作用机理尚待澄清。

第六,内分泌遗传学和内分泌免疫学。越来越多的内分泌疾病被发现为遗传疾病,对有的遗传性内分泌疾病人们的认识已经上升到分子水平。甲状腺刺激免疫球蛋白的抗原是什么? 其确切性质有待研究。

第七,肿瘤内分泌学。肿瘤学家学习内分泌学将会有助于肿瘤内分泌学的发展。种系发生学和胚胎学的研究可能是解决肿瘤细胞分泌激素问题的一把钥匙。

第八,内分泌疾病的药物研究。他指出化学药物疗法在内分泌疾病治疗中发挥越来越多的作用,肯定了内分泌疾病化学疗法广阔的发展前途。

第九,人造内分泌腺与内分泌腺移植。针对某些内分泌功能低下疾病,人们一直在研究人造内分泌装置来供应病人所缺乏的激素。人造胰岛装置正在临床试用。肾上腺皮质和甲状旁腺也在积累移植经验。

第十,一般疾病的内分泌变化的研究。几乎可以说全身器官没有一个不受激素影响的,因此一般疾病都会有这样活那样内分泌变化。也可以说任何细胞活动的本身就是内分泌活动。

在朱宪彝的关怀和帮助下,《中华内分泌代谢杂志》于1985年7月成功创刊,不幸的是,届时朱宪彝已经逝世七月有余。但他所书的创刊词中,无不表露出他对内分泌学发展的殷切关怀。他称《中华内分泌代谢杂志》的创刊,对于广大从事内分泌学研究的专业人员和临床医务工作者是一个莫大的鼓舞,为专业的学术切磋和争鸣提供了园地,也有利于进行国际的学术交流。它的创刊,标志着我国内分泌发展的一个新里程碑。

朱宪彝还为《中华内分泌代谢杂志》发展规划指明了方向。他指出,《中华内分泌代谢杂志》创办伊始势必以临床内分泌资料为主,兼顾实验内分泌研究文章。临床内分泌学当然应包括妇产科内分泌学、儿科内分泌学、神经内分泌学、外科内分泌学,以及内分泌学病理学、内分泌药理学、影像诊断学、放射治疗学等多学科的文章。这就要求医学各科同道通力合作,将刊物办好。他规划,希望在三五年内,《中华内分泌代谢杂志》将发展成为临床内分泌和实验内分泌两个专门刊物,甚至进而能出版糖尿病、甲状腺、神经、妇产、儿科、老年、免疫、遗传等内分泌代谢专刊。[1]

---

① 朱宪彝.创刊词.中华内分泌代谢杂志[J].1985(1):2.

### 四、一专多能 多元融合

在《永远像一个医学生》中,朱宪彝说:"仅仅满足于成为一个医生是不够的,要争取做一个医学科学家,不但要能医治面前的病人,而且也要有发明创造医治所有的病人。"

成为一名医学科学家,不仅要求有过硬的医学专业知识和科学的思维方法,还需要具有不局限于本领域的眼光、不拘泥于本学科的态度以及心系病人的人文关怀。换句话说,要成为一名医学科学家,要储备丰富的物理、化学、生物等自然科学知识,甚至哲学知识,培养较高的人文素养。这也是朱宪彝对自己学术追求和学术研究提出的高标准严要求,也体现了他孜孜不全追求进步的决心和勇气。

### (一)有所专攻,关注社会

20世纪30年代初期,朱宪彝便和刘士豪教授密切合作,系统地对佝偻病、软骨病及其他代谢性骨病进行研究,为现代钙磷代谢的理论奠定了基础。1934至1942年期间,他们和同事们一起发表了"软骨病的钙磷代谢"的系列文章。

为了解决当时严重的软骨病问题,使患者免受骨骼异常之苦,朱宪彝便与刘士豪教授领导北京协和医院内分泌代谢科的工作。他们选择各种类型的软骨病患者,得到病人的长期合作,连续给患者做钙磷氮的检查。病人免费住院,住单间;每天吃固定品种和数量的食物,喝蒸馏水,这样好掌握钙和磷的摄入量;每4天为一个小的代谢观察周期,取一次血,并保留4天中的全部大小便,由专人做血、尿、便的钙磷氮测定。①

由于软骨病是一种慢性病理过程,对病人的研究也必须进行长期观察。他们让病人每年9、10月份入院,来年6月出院;然后9、10月份再入院。为了使研究更有科学性,他们请分配在这个科的实习医师也和病人一样,吃固定的饮食,按时留标本作为病人的对照。通过长期的科学研究发现,软骨病的基本病因是钙和维生素D缺乏。给予一半剂量的钙剂注射,即可使钙由负平衡转为正平衡。当时,维生素D刚发现不久,它的生理和药理作用方式还不十分明确。朱宪彝等便对维生素D的疗效进行了极为深入的观察研究,发现对软骨病患者只给钙剂治疗效果不佳,而给以约200国际单位的维生素D即可使钙的负平衡转为正平衡,但持续时间不超过1个月;如加大剂量至5000-

---

① 王兴民.朱宪彝传.王家驰.朱宪彝医案[M].天津:天津科学技术出版社,2000:5.

10000国际单位连续给10天,则可维持1年之久。这项对维生素D最低有效剂量、开始奏效时间及药效续时间、治疗后钙磷代谢动态变化的研究,为应用维生素D和钙剂治疗软骨病起到科学指导作用。①

朱宪彝等对妊娠、哺乳期的钙磷代谢也进行深入研究,发现维生素D的充分供应,对预防妊娠哺乳期母亲的骨骼破坏是十分必需的,并第一次证明了维生素D可以通过母乳泌出可以治疗婴儿佝偻病。这一发现为研究中国儿童佝偻病的高发病因和治疗途径提供了重要启示。他们还第一次用钙磷平衡法在人体证实了紫外线与日光浴对纠正负钙平衡的治疗作用,并确立了以尿钙水平反映维生素D缺乏程度的检测方法。朱宪彝等对饮食中的钙磷比例的研究发现,饮食中钙磷比例为2-2.3:1时,小肠对钙磷的吸收最充分、最合生理要求,如比例增加,血磷就会下降,反之则上升,应用酸性药物,可以促进尿钙排出。尿磷和氮的排出也随之增加,甚至造成负平衡。他们对涉及软骨病和佝偻病的各方面因素都给予认真的研究和讨论。②

朱宪彝和刘士豪教授共同发表在美国巴尔的摩《医学》杂志的最后一篇论文《钙磷代谢研究对肾性骨营养不良发病机理的意义及$AT_{10}$和铁剂的治疗作用》被推崇为"代谢性骨病研究的奠基石",是他们精诚合作研究的最高成就。在这项研究中,朱宪彝和刘士豪教授对肾性骨营养不良症进行了深入探讨,在对维生素D缺乏症的两种不同临床类型认真比较的基础上,他们发现对维生素D的反应性降低是肾性骨营养不良区别于软骨病的显著特点,并敏锐地觉察到肾脏缺陷和维生素D之间可能存在着某种重要的内在联系,而这恰是肾性骨营养不良的发病机理中的主要因素。尽管限于当时的历史条件,他们还不可能对肾性骨营养不良的发病机理的各个细节做出完全正确的说明,但他们所提出的假说确有先见之明。这一假说,在二十几年后,由美国的Deluca(迪鲁卡)教授从理论上进一步证实,维生素D需在肝脏羟化后再经肾脏羟化变成活性物质,因而造成维生素D缺乏的症状,形成肾性骨营养不良。而$AT_{10}$不需在肾脏进行化便能发挥作用,因此能治疗肾性骨营养不良症。由朱先彝等首先命名的"肾性骨营养不良"至今认为国际学术界所沿用。③

朱宪彝除对软骨病和佝偻病、肾性骨营养不良进行了深入研究外,对严重的纤维性骨炎、成骨发育不全及正常人的钙磷代谢等一系列代谢性骨病都

---

① 王兴民.朱宪彝传.王家驰.朱宪彝医案[M].天津:天津科学技术出版社,2000:6.

② 同上。

③ 王兴民.朱宪彝传.王家驰.朱宪彝医案[M].天津:天津科学技术出版社,2000:7.

曾进行过探讨。美国著名骨代谢专家帕菲特发表长篇纪念文章时说:"三四十年代全世界关于钙磷代谢的研究大部分出自北平协和医学院。"在这篇题为《朱宪彝——中国维生素 D 缺乏和软骨病临床研究的先驱》的纪念文章中,他还说:"他的逝世标志着代谢性骨病理论发展的一个重要历史时期的终结。……他们的成就至今仍对我们有重大的教益和深远的指导作用。用现代维生素 D 代谢的理论已经可以解释当时所做的研究工作,但还有一些问题至今尚不能满意地阐明。"[1]

20世纪50年代起,由于社会的需要,朱宪彝把研究方向转向了地方病研究。河北省及其他一些地区出现了"粗脖子、傻孩子",地方性甲状腺肿和地方性克汀病在不可遏制地蔓延着。1956年,朱宪彝在参加制定全国科学技术发展纲要时,就提出要把地方性甲状腺肿与克汀病的防治研究列为临床内分泌研究的首位。

1958年,朱宪彝在天津医学院附属医院内科建立了临床内分泌研究室。同年兼任河北省医学科学院院长。他把地方性甲状腺肿和地方性克汀病的防治研究列为天津医学院的重点科研项目。他委派专人到河北省承德市郊进行了实地考察,并确定以该地为基地,进行系统研究工作。

1961年,朱宪彝亲自组织天津医学院的有关基础与临床科室的数十名科技人员到承德市郊进行系统的防治研究。朱宪彝亲自在病区选择固定观察点,一家一户地逐人进行调查,并责成专人常驻病区,与当地卫生防疫机构配合,管理碘盐投放及疗效观察等工作。这项工作一直持续了5年之久。在给以碘盐治疗后,现存的甲状腺患者有明显的改善,克汀病的发病率有显著下降。1964年,朱宪彝在承德组织召开了现场会,邀请内分泌学家刘士豪教授、张忠邦教授等共同考察、讨论。大家充分肯定这一全面系统的经验为全国防治地方性甲状腺肿与克汀病提供了宝贵经验,并为开展同类研究工作提供了样板。由朱宪彝及其助手撰写的《有关地方甲状腺肿与地方克汀病的几个问题》成为这一领域科技工作者的必读文献。

他曾经对过分强调手术切除肿大的甲状腺的意义表示过担忧,怕舍本逐末,忽视了最基本的防治措施;对于一些急于求成的做法也曾给予善意劝诱;他更注意到在有些地区出现的误把地方性甲状腺肿与地方性克汀病的基本病因归于遗传缺陷的说法,担心这会把地方性甲状腺肿与地方性克汀病防治工作引入歧途。20世纪70年代初期,朱宪彝重新组织起有基础、临床20余学

---

① 王兴民.朱宪彝传.王家驰.朱宪彝医案[M].天津:天津科学技术出版社,2000:7.

科科技人员参加的内分泌科研队伍,继续进行地方性甲状腺肿与克汀病的攻关研究。除对承德、天津市郊、河北、山东等地进行现场研究外,集中力量,在下丘脑—垂体—甲状腺轴系的内分泌激素的放射免疫测定技术上攻关,陆续成功地建立了三碘甲腺原氨酸、促甲状腺激素等一系列放免测定方法,这些成果被广泛应用于全国地方性甲状腺肿与克汀病的防治研究中去,提高了甲状腺疾病的诊断水平与研究能力,赶上了世界同类研究的水平。在1978年召开的全国科学大会和全国卫生科技大会上,朱宪彝均受到了表彰。所获得的成果后来也分别受到国家科委、卫生部和天津市的奖励。天津医学院成为全国地方甲状腺肿与地方性克汀病防治研究的牵头单位,而朱宪彝则成为当时中共中央北方防治地方病领导小组地甲肿组的组长。朱宪彝教授参与制定了食盐加碘条例的起草、主持地方性甲状腺肿与克汀病诊疗标准的制定。国家对地方病防治工作如此重视,朱宪彝更加意识到自己责任的重大。他撰写有关防治地方病的科学论文和科普文章。他认为,我们社会主义国家的政治制度和领导体制,完全有能力把地方病的防治工作做得更好,为在全世界消灭地方甲状腺肿与地方性克汀病提供成功的范例。①

1978年,他以75岁高龄,主动向卫生部请缨,考察四川、云南、贵州、广西、安徽等南方5省区的地方性甲状腺肿与克汀病流行情况,行程1万余里,历时两个月,向卫生部提供了一份言真意切的考察报告。在报告中,他汇报了南方省份中地方甲状腺肿与克汀病流行的严重情况,呼吁全国成立统一的地方病防治领导机构,重视南方省份的防治工作,动员有关医学院校和科研机构协同作战。他的这些建议很快得到中央和各级领导的赞同。全国统一的防治领导机构成立了。天津医学院与贵州省有关单位在贵州重病区的合作研究开始了。他亲自设计研究方案,指导研究工的开展。经过连续8年的系统防治研究,这些重病区的甲状腺肿发病率降到国家的规定标准之下,也未再出现新的克汀病患者。过去有一个村,18岁以下的克汀病患者占青少年总数40%左右,多少年派不出兵源,选不出个合格的会计。现在,令少数民族干部忧心如焚的"一辈儿(脖子)粗、二辈儿傻、三辈儿四辈儿断根芽"问题已经得到解决,为了表彰朱宪彝的杰出贡献,贵州省政府特为他颁发了奖状。在朱宪彝指导下完成的有关贵州省地方性甲状腺肿与地方性克汀病重病区的防治研究系列论文成为反映我国20世纪80年代这一领域学术成就的代表作。②

---

① 霍玉.当代钙磷知识之父(中)[J].天津政协,2014,7:36.
② 霍玉.当代钙磷知识之父(中)[J].天津政协,2014,7:36.

20世纪80年代初,他借鉴地方性甲状腺肿与地方性克汀病防治研究的经验,基础与临床结合,现场与实验室结合,理论研究与防治工作结合,研究机构与卫生防疫部门结合,又开始对另一种严重危害人类健康的地方病——氟中毒进行总攻。他指导研究生引进代谢性骨病的新实验研究方法,建立骨计量学实验室、骨细胞培养实验室、微量元素测定实验室、维生素D测定实验室等。他指导的这一研究项目已经按照他的设计思想,取得了明显的进展,他创建的这些实验室已经成为国内最活跃的实验室之一,一批在国际学术舞台上崭露头角的年青一代也已迅速成长起来。[①]

陈祖培教授在总结朱宪彝的学术贡献时说到,朱宪彝以地方性甲状腺肿和地方性克汀病带动了甲状腺疾病的研究,以地方性氟骨症和骨质疏松带动了代谢病研究,以糖尿病带动其他内分泌疾病的研究。

### (二)重视临床,兼具基础

实践是检验理论是否正确的唯一标准,只有通过实践检验的理论才有资格称得上是正确的理论。源于实践的理论,并不仅仅是对实践经验的总结,更重要的是对实践活动、实践经验和实践结果的批判性反思、规范性矫正和理想性质引导。朱宪彝的学术研究就是一个实践与理论相结合、临床与基础相结合的过程。

朱宪彝在《从大批所谓原发性高血压病人中筛选出若干种内分泌性和非内分泌性高血压病人(续)》[②]中就提到:为了打破这种不能令人满意的局面,我们建议先做好三件事。一要认真学习国内外有关高血压的基本理论,特别是病理生理学,提高我们对于这个常见病的认识水平,改善医疗质量。二要在原发高血压临床研究和科学实验方面先有一战略思想,首先抓低血浆肾素活性原发高血压。这是当前最有希望,最活跃的高血压科研战场。三要尽快掌握必要的现代化科研武器,及有关下视丘—垂体—肾上腺系统和肾素—血管紧张素—醛固酮系统各种激素化验技术,首先是激素的放射免疫测定技术。让我们的临床工作者在繁忙的医疗工作中,挤时间多学习一些医学理论,并且还要走进实验室,亲自动手,搞点科学实验。我们基础医学工作者要在教学工作之外,积极主动地了解临床工作中存在的迫切需要解决的问题,

———————————

① 王兴民.朱宪彝传.王家驰.朱宪彝医案[M].天津:天津科学技术出版社,2000:15.

② 朱宪彝.从大批所谓原发性高血压病人中筛选出若干种内分泌性和非内分泌性高血压病人(续)[J].天津医药,1978(1),31-36.

运用我们的理论知识和实验室新技术,协助临床工作者共同把医学科学研究很好地搞起来!

1978年5月,在《国外医学参考资料(内科学分册)》内分泌、泌尿专业特约编辑扩大会议的闭幕式上,他充分肯定几年来内分泌工作者所取得的可喜的成绩基础上,着重谈到了内分泌专业在任务重、队伍小、时间紧、水平低的现实情况下如何大干快上赶超国际先进水平的问题。他指出要"开展理论研究""用最大的努力尽快掌握现代科学实验手段""继续开展临床研究。例如地方性甲状腺肿和地方性克汀病,糖尿病,计划生育等。还要提高其他常见内分泌疾病的诊断治疗水平以及研究内分泌于其他系统疾病的关系"。①

这种理论与实践相结合,临床与基础相结合的科研理念与方法既肯定了实践对理论的决定性作用,又肯定了理论对实践的指导作用。他的这种学术研究理念和方法,也深深地影响着育人理念。医学院成立伊始,为了加强基础医学各科的力量,加快医学基础教研组的建设,学校从1951年初开始陆续从总医院和其他医院抽调近20名年轻的临床骨干作为基础医学各科的讲师、助教,送往北大医学院、协和医学院、上海和中山医学院进修学习一至两年。这些人后来都成为基础医学各学科的带头人、教研组的负责人。②

天津医学院建立初期,学校在教学上以"预防医学"、"专科重点"为教学方针,以理论与实践相结合为教学原则,通过教学研究组,实施教学负责制,广泛利用形象教学方法,在教学内容上,贯彻以预防为主的医学观点。课程的安排为:第一学年讲授基础科学课程,一个半学年讲授临床前期课程;再以一个半学年讲授临床后期的课程;最后一学年为实习时间。其安排原则是"基础科学服从临床前期,临床前期服从临床教学"。③

在新生入学欢迎仪式上,朱宪彝也将这种学术研究理念潜移默化地传承给了杏林学子,他要求新生们要用好三样东西:一是实验课(如人体解剖、生化实验等)、二是图书馆(博览群书)、三是活着的图书馆:老师(要无穷无尽地问)。

在钙磷代谢疾病研究、碘缺乏病、氟中毒等疾病的研究上,朱宪彝也身体力行地做到了临床与基础相结合,实践与理论相结合。

王正伦教授回忆说:朱宪彝不管是治学、从医还是科研精神,都是大家的楷模,他把理论、实践和现场充分地结合了起来,大家对他都是发自内心的敬

---

① 会议纪要.国外医学参考资料(内科学分册).内分泌、泌尿专业特约编辑扩大会议[J].新医学,1978,9(9):417-420.

② 王正伦等.天津医学院院史[M](内刊).1991:19.

③ 王正伦等.天津医学院院史[M](内刊).1991:18.

佩。他倡导内分泌学科与基础、临床、现场(流行病学)的结合,其综合协作、多科并举的思路依然适用于当今公共卫生体系。

尹潍教授①在采访中提到,她尊崇朱宪彝是中国临床内分泌学的学术引路人,是有事实依据的:医学发展阶段是经验医学(中医的望闻问切、西医的视触叩听),发展为实验医学,进而为询证医学,到现在的精准医学。朱宪彝在每个阶段都是先驱。早在20世纪20年代,他和刘教授对软骨病、佝偻病与钙磷代谢、维生素D的研究,把实验室研究与临床疾病联系起来,它被称为"钙磷代谢之父"是名实相符的。新中国成立后朱宪彝对地方性甲状腺肿和地方性克汀病的研究和补碘的国策制定不只治病,还少生了许多克汀病孩子。为了循证执行和疗效情况,他在70多岁的高龄,还亲自深入山川去验证。现在开展的精准医学,其粗略的定义就是利用遗传信息来进行疾病的诊断和治疗。遗传信息来自细胞核内染色体组成单位——基因,在细胞非分裂阶段,染色体散存在核中成为染色质。在上世纪60年代初期,我国医学科技尚欠发达,染色体的检测在临床医院尚难以进行,朱老指导临床内分泌医生进行白细胞和口腔粘膜细胞的性染色质测验,来区别患者的真实性别,1963年用于临床诊治,1964年学院组织教研室建立了人的染色体测量,并与临床合作,正确诊治先天性性发育异常病人和先天性肾上腺皮质增生的患者。

### (三)关注西医,兼顾中医

自1922年朱宪彝考入北平协和医学院,至1930年获医学博士学位,乃至行医济世,都在专攻"现代医学"。但他并不否认中医的疗效和价值,相反,他提倡中西医多元融合。

1958年后,天津医学院附属医院在中西医结合方面做了很大努力:请来一批名中医,开设中医门诊,在本市第一个建立了中医科;组织在职西医学习中医学概论,培养西医学习中医骨干;组织西医从现代科学知识角度,研究整理祖国医学遗产;组织各科开展中西医结合治疗,并开辟了中西医结合的高血压和肝炎病房,进行中西药联合慢病快治,提高了医疗质量。②

1977年10月16日《天津日报》上一篇名为《把毛主席的教诲刻在心田里——缅记毛主席在天津人民礼堂讲话》上记录着:天津医学院内科学教授

---

① 天津医科大学总医院终身教授,曾任总医院内分泌科主任、天津医科大学内分泌学科学术带头人,享受国务院政府特殊津贴。

② 王正伦等.天津医学院院史[M](内刊).1991:42.

在座位上微微前倾着身子,一动也不动,聚精会神地听:毛主席精辟地阐述科学问题,百家争鸣,互相竞争,正确的东西才能得到发展。这位老医生不由联想到西医、中医和它各种学派的发展,联想到中西医结合,发展我国新医学事业的兴起,深深感到毛主席提出的"百家争鸣"方针,为发展我国科学事业开辟了无限广阔的前途。

在《从西医角度看如何搞好中西医结合的科学研究工作》[①]中,朱宪彝提出了两点意见:第一,在临床治疗过程中,无论中医中药或者西医西药,假若取得了某种疗效,就必须正确分析它们在改变疾病天然过程中发挥了什么作用和多大的作用? 这是我们的主要研究任务之一。当分析有困难时,结论要留有余地,以期更长时间积累更多的病例,经反复验证核实之后,再下结论。第二,在临床实践中,不同的治疗效果需要做认真比较。特别是中医治疗(包括中医诊断)和西医治疗效果的比较,西医治疗和中西医联合治疗效果的比较。他特别指出,当然某某疾病用中医医药和西医西药的疗效大致相等(此种情况当然提倡用中医中药)。

王文禄老师也回忆到,1968年在遵化县培养赤脚医生时,上午由朱院长讲西医,下午由自己讲中医。朱宪彝说:你中医讲得不错,你把中医讲得我都明白不少。将来有机会我准备在咱们学校里建立一个中医教研组,你算一员。回校后,朱院长点了8个人,把中医教研室建起来。后来朱院长又请来老中医医院的老主任把我们这些师资通过进修提高,具备讲中医的能力。

## (四)以医为重,融合人文

在研究中,朱宪彝极其重视外文的学习与使用。他曾经在天津总医院留人、留校任教的标准中提到,一要医疗水平好(达到主治医师水平),二要外语好(起码能够阅读英文文献),三要口才好、能讲课。在他现存的读书笔记、发表的论文、著作和10万余张记录卡片中,英文表述比比皆是。与刘士豪教授发表在 *Science* 上的文章,也是全英文。此外,他还保持着订阅全英文期刊的习惯。

他对外文的重视,不仅体现在自己的工作和生活中,更表现在了他对未来的思考和规划上。在第一届全国人大第四次会议上,朱宪彝的第156号[②]提案即为"加强中学生外文学习"案。他认为:通晓外文是直接吸收国外知

---

① 朱宪彝. 从西医角度看如何搞好中西医结合的科学研究工作[J]. 医学研究杂志,1979(6):11.

② 朱宪彝. 加强中学生外文学习[M]. 第一届全国人民代表大会第四次会议秘书处. 中华人民共和国第一届全国人民代表大会第四次会议文件合订本第一册[M],1957.

识的必备条件,世界各国均予以重视。我国科学落后,向世界科学先进国家学习尤应具备这一点。近年来,对外文没有足够的重视,是向科学进军的一个阻碍;大学生课程繁重,不能多花时间于学习外文。因此,外文须在中学打好基础,从高中开始学外文是不够的,而且年轻的初中学生学习外文较易吸收。

对于其他学科的学习,朱宪彝也提出了自己的看法,在第一届全国人大第四次会议的第 107 号提案中,朱宪彝提出建议教育部调整并精简初级与高级中学生物课程的提案。①

目前初级中学有动物学与植物学两门课程,高级中学有人体解剖生理学与达尔文主义基础两门课程。根据高等医学院校几年来招收高中毕业生生物所学知识看来,初中所学的动物学与植物学在公众没有机会巩固,一般生物学的基础较差,而花费很多时间去学习高深理论达尔文主义,有本末倒置的缺点。在医学院学习生物学时,教师和学生都感到若干困难,影响教学质量,估计农学院可能有类似的经验。

朱宪彝建议初级中学一、二年级或二、三年级设普通生物学课程,着重讲授动物植物形态学与分类学。高级中学一、二年级或二、三年级设高级生物学课程,着重讲授动植物形态学方面的细胞学与组织学,高等动物比较解剖学,胚胎学与进化论,及主要生理现象。取消达尔文主义基础。可以保留人体解剖生理学,但宜精简内容。

为了提高高等医学教育质量,在第五届全国人民代表大会第五次会议的第1123 号提案中,他建议把几所重点或有条件的高医校放在重点综合性大学里去办,或者前后两者资源合作试办三年制医预科②。

他认为,由于多年来欧美高医校绝大多数都是某某大学医学部(系),高医校不直接从高中毕业生招生,而招收大学毕业并取得学士学位的学生,所以它们的高医校毕业生自然科学基础比我们所办孤立于大学之外的高医校毕业生高得多。我国现行五、六年制高医校,直接收高中毕业生。在校期间仅能安排数理化和生物至多一年;有的学校还转学外文一年,结果医预教育(数理化生)远远不能满足现代医学对分子生物学与数理化的要求。这样培

---

① 朱宪彝.建议教育部调整并精简初级与高级中学生物学课程[M].第一届全国人民代表大会第四次会议秘书处.中华人民共和国第一届全国人民代表大会第四次会议文件合订本第一册[M],1957.

②朱宪彝.为了提高高等医学教育质量,建议把几所重点或有条件的高医校放在重点综合性大学里去办,或者前后两者资源合作试办三年制医预科.第五届全国人民代表大会第五次会议秘书处.中华人民共和国第五届全国人民代表大会第五次会议提案及审查意见(一至七)[M].1982.

养出来的医学毕业生经过二、三年住院医师培养,只能作普通医师,不能胜任高医校师资工作,更不能搞创造性科研工作,不能带研究生。例外当然会有的。当前我国各高医校的中年骨干教师多属五、六年制医校毕业生,他们的生物学和化学基础分别不超过100和250学时,他们应付临床课的理论教学已经感觉吃力;更不要说基础医学(生化、生物物理、分子生物学等)。在综合性大学办三年制医学系至少包括高等数学(200学时),物理包括核物理(250-300学时)、化学(普通、无机、有机、定性定量分析、胶体、物化、仪器分析至少800学时),生物学(无脊椎、脊椎动物、细胞、分子生物学、胚胎、遗传、进化论。500-600学时)。目前我国高医校一百余所,都各有其数理化生教研室。大量数理化生教师中不会没有人才,但长期在医校教普通课,既无高级导师培养,又缺乏科研设备,这显然是人才浪费现象。高医校在综合大学里办,可以密切医校教师和学生和大学各专业教师、学生的经常接触,有利于跨学科科研问题的解决,扩大了彼此视野。总之现代医学的发展日益需要更多的数、理、化、生知识,而数、理、化、生也正在向生命科学和分子生物学(医学、农学等)领域伸延、渗透寻找新的科研课题。

针对这种情况,他建议由教育部和卫生部协商把三五所重点高医校合并到同地重点综合大学去办。有条件的高医校和当地重点综合大学合作办医预试点班(北京首都医大与北大合作,天津医学院与南开大学合作,已办了三四年了)。

### (五)单科精深,多科结合

20世纪30年代的协和盛行大巡诊制度,即事先由总住院医师从各专业组中选出疑难罕见病例,向外公布。大巡诊时,实习医师报告病例,再由主治医师做中心发言,对诊断和治疗措施做必要的说明和讨论,并准备回答各位巡诊者的问诘。巡诊会百家争鸣,各抒己见,最后由科主任做总结,并指示下一步的诊治措施。

多年以后,朱宪彝也把这种制度带到市立总医院,并演变成全市医疗领域的病理大讨论。原天津医学院院长王正伦总会回忆起六十多年前,还是学生的自己聆听朱宪彝讲课的场景。他说:"我们从总医院临床内科见习开始,每周安排查房,实行巡诊制度。朱院长查房时问题简洁、直击要害,从基础知识到临床实践,从国内现状到国外研究无所不谈,大家都受益匪浅。他从协和医院一直建立的制度为提高医师水平奠定了良好的基础,促进了青年医师坚持咨询,了解医学前沿,养成不断学习的习惯。"①

20世纪50年代,朱宪彝将巡诊制度扩大深化为全市临床病理大讨论,每周四晚在天津医学院大礼堂展开,由其本人主持,每周推出一个疑难病例,由一人主讲,现场思想碰撞、气氛活跃,最后由病理学主任揭晓谜底。当时,全市医学专家都曾走上病例讨论会的讲台、盛况空前,一时传为美谈,扩大了天津医学院的声望。②

朱宪彝十分重视对外学术交流工作。他不仅热情接待来访的外国学者,而且积极推荐中青年教师出国进修。他曾多次受国务院派遣,到波兰、挪威、瑞典、芬兰、阿尔巴尼亚、罗马尼亚等国访问,讲学或参加医疗工作。

朱宪彝十分重视不同领域的合作与相互学习。1978年5月,在《国外医学参考资料(内科学分册)》内分泌、泌尿专业特约编辑扩大会议的闭幕式上,他指出:"要组织起来,搞好协作。不仅要有一个医学院内部的小协作,要搞跨科跨系甚至跨校的大协作,要打'立体战争',各种研究手段都要用上。"在培养队伍方面,他建议:"要培养既能到门诊当医生,又能到实验室当技术员的'两栖类'人才。今后重点院校要培养一批基础较广,眼界较宽的科研人员,内分泌专业也要选留这类人才。""恢复内分泌学会,办好学术刊物,加强学术交流,不仅国内,还要争取参加和主办国际会议。"

在内分泌学科的发展上,朱宪彝一直十分强调协作。20世纪70年代之后,他多次强调内分泌学不仅仅是内科学的一个专业,还与其他专业和学科关系密切,只要加强协作共同研究,其发展前途是无限广阔的。他还呼吁各科医师都要学习一点临床内分泌学,不要把它作为额外负担。

1983年3月,在接受记者李大雄、杨一工③采访时,朱宪彝强调,现在我们国家的医学杂志增加了不少,这很好。有利于四化建设,有利于交流经验。在医学方面,过去只有中华医学会主办的《中国医学》杂志对外发行,可是每期不过十几篇文章,这就不能真正地反映我们国家医学发展的情况,不能真正代表中国医学发展的水平。现在各地医学院都搞了学报,可以弥补一部分不足,但是外文期刊尚嫌不足。可以提倡多搞些外文期刊,这样有利于对外宣传,有利于其他国家对我们的了解,有利于学术交流,同时也有利于外文的学习和普及。

① 王英.世界钙磷代谢知识之父:朱宪彝[J].中国医学人文,2017(02):22-25.
② 王英.世界钙磷代谢知识之父:朱宪彝[J].中国医学人文,2017(02):22-25.
③ 李大雄,杨一工.朱宪彝谈医学教育改革[J].科学学与科学技术管理,1983(06):2-33.

# 第十七章  朱宪彝学术思想的传承

## 一、"功莫大焉"的朱宪彝

朱宪彝在世时,受到党和国家的信任和重托,受到人医务界乃至全社会的敬仰和爱戴。朱宪彝不仅是天津医学院的创始人,更是一位卓有建树的临床内分泌专家和忠诚党的教育事业的医学教育家,他将毕生心血倾注于祖国医学教育。

朱宪彝潜心于内分泌疾病的研究,在钙磷代谢研究中深耕良久,对佝偻病、软骨病、以及其他代谢性骨病进行了深入系统的研究,朱宪彝和刘士豪共同发表在美国巴尔的摩《医学》杂志的论文《钙磷代谢研究对肾性骨营养不良发病机理的意义及 AT10 和铁剂的治疗作用》被誉为"代谢性骨病研究的奠基石"。

20 世纪 30 年代,从 1934 年至 1942 年间,朱宪彝等发表了 30 余篇有关软骨病和佝偻病钙磷代谢的研究文章,其中"软骨病的钙磷代谢"(第 I 至 III)的系列论著是反映其学术成就的代表作。他对代谢性骨病的研究一直居国际领先水平。朱宪彝等命名的"肾性骨营养不良",至今仍为国际学术界所沿用。

20 世纪三四十年代,朱宪彝多次在 *Science*, *Journal of Clinical Investigation*, *Medicine* 等权威学术期刊发表学术论文,主编《内科学》《代谢性骨病 X 线诊断学》《代谢性骨病学》等专著,承担并主持了国家和卫生部多项重大科研项目。面对我国地方性甲状腺肿与地方性克汀病广泛流行的社会境况,他逐步将研究重点转向该领域,在地方性甲状腺肿与地方性克汀病、氟骨症的机制、病因、防治领域均取得了丰硕的研究成果,并和他的团队一起最终促成我国全民食盐加碘国策的实施,使中国在这一领域进入国际领先水平。

难怪王正伦院长[①]在接受学校采访时,对朱宪彝老院长的一生高度称赞:"朱宪彝的一生,对新中国的医学教育发展奠定了坚实的基础。"

---

① 天津医学院院长(任期 1991 年 3 月–1994 年 6 月),朱宪彝的学生。

时任《求医问药》杂志主编、天津医学院副院长崔以泰教授①在该杂志刊登的《内分泌学家朱宪彝》(崔以泰，1985)中写道："朱宪彝从事医学临床、科研和教育工作50年，亲手培育了许多博士和硕士研究生以及外国留学生。共培育出七千多名毕业生。真是'桃李满天下，朵朵誉丰功'。"

原天津市第一中心医院院长刘兵教授在2020年6月接受学校采访时，更是用"功莫大焉"四个字高度概况了朱宪彝的毕生贡献，同时还满怀深情地指出："朱宪彝是天津的瑰宝，更是全中国、全世界的瑰宝，他不仅属于天津医大、属于天津、属于全国，更属于全世界！"

朱宪彝的学术思想及学术成就，惠及了一代又一代医务工作者。

70年来，一代代天医人承载着对朱宪彝老院长的思念之情，秉承"知行和一、德高医粹"的医大精神，肩负起砥砺奋进、谱写新篇的时代使命，在医学人才培养、创新科学研究和重大疾病防治等方面创造了一个又一个辉煌，学校综合实力稳步提高，为中国医学教育事业、为人民健康保障和社会进步做出了贡献。

## 二、发挥医学教育职能，促进医、教、研协同发展

医学教育是医疗卫生事业发展的重要基石。高等医学教育中的核心要素——培养人才，发展科技，服务社会，是普遍为社会所公认的主要教育职能。朱宪彝自1951年创办天津医学院以来，充分发挥医学教育的职能，面向医学科学前沿和国家战略需求，围绕威胁人类健康的重大疾病开展创新性研究，带领天医人开展科研攻关，为提高人类健康水平，促进医学事业发展做出了卓越贡献；同时聚集多方力量，扩大师资队伍，优化教学资源，为我国卫生健康事业输送了大批高素质医学人才。

### (一)朱宪彝学术思想与人才培养

教育是党之大计、国之大计。人才培养，更是高等学校的重要职能。

党的十八大以来，习近平总书记高度重视教育改革发展，作了一系列重要讲话、指示、批示，提出了一系列新理念新思想新观点。学校以习近平总书记关于教育的重要论述为根本遵循，以立德树人为根本任务，坚持"德高医粹"的育人理念，培养出一批批具有崇高理想和社会责任感，理论基础扎实、

---

① 天津医学院党委书记(任期1989年3月–1994年5月)，天津医科大学党委书记(任期1994年6月–1997年3月)。

实践能力突出,具有独立思考能力和创新精神、国际视野和人文素养的医学人才。

### 1. 实施教学改革,保障人才培养质量

朱宪彝首任天津医学院院长之后,提倡理论与实际相结合的教学原则,设立教学研究组,实施教研组长负责制,加强对教学工作的领导。对每位任课教师从教学计划的落实到学生所学知识的吸收、从教材内容的制定与选择到具体方法的改进、从课前准备到课后的小结乃至教学全过程都有明确要求。还要求学院领导定期听取各教研组的汇报并经常深入教研组,了解教学情况。

教改中,朱宪彝十分注重教学质量和人才培养质量,不断改进教学内容和教学方法。1953年,学院要求教学内容的制定要本着"基础服务于临床,临床服从需要"的原则,在安排课程计划时,既要考虑规定时数,又要考虑接受程度,本着"常用者多,少用者少,不用者删"的办法改革教学内容。1954年,学院又提出"政治与业务、理论与实际、教师启发诱导与学生独立思考三个结合"的观点,重点强调对学生独立思考能力及日后独立工作能力的培养。同时,学院对教学评价体系也做了进一步的改革:突出提纲式的复习,消除学生的依赖心理,强调独立自学,教师予以指导,对培养学生独立思考的能力起到一定的推动作用。

1956年,朱宪彝要求教师贯彻高等医学教育教学"四原则",即理论与实践相结合、技术培养与思想教育相结合、教师启发诱导与学生独立思考相结合、全面系统的基础知识与专业培养相结合。1957年,学院进行了以提高教学质量为核心的教学改革,重点解决学生学习负担过重的问题。特别强调教师课堂教学的思想性、科学性、系统性,要求培养学生对问题的思考力和实验课上的独立操作能力,并设专门教师负责实验指导和辅导。提倡临床课教学要结合实例进行教学,实行教师专责制及实习提问制,重视学生的训练,培养学生的科学态度。教改中还改进了旧教材。朱宪彝始于向苏联学习时期的教学改革,很多教改成果和教学要求沿袭至今,对天医的人才培养仍起到很好的借鉴作用。

天津医科大学毕业生、现党委书记姚智教授在纪念朱宪彝111周年诞辰的座谈会上强调,梳理学校发展史、提炼朱宪彝的治学精神,要秉承"学生为本、学者为先、学术为基、学风为要"的原则。思考传承所在、特别是思考朱宪彝的治学精神,是我们面对历史、挖掘历史应有的态度。姚智书记还动情地

说道："我的履新是以梳理朱宪彝校长的治学思想开始的。"①

### 2.建立医教试点，医、理、工科融合发展

"文化大革命"结束后，我国迈入了新的历史发展期。朱宪彝与领导班子成员在制定学校事业发展规划中，明确提出了"为建设一流医学院而奋斗"的目标。

1980年，朱宪彝在全国人大五届二次会议上提出"把几所高等医学院校与综合性大学合并"的提案。朱宪彝表述了现代医学的发展同自然科学的发展，特别是同数、理、化、生等学科发展的密切联系，并指出要"把医学院放到综合性大学里去办，有利于适应当前医学科学飞跃发展的形势"。

朱宪彝的建议得到了时任中国科学院学部委员、南开大学名誉校长杨石先教授的响应。因此，天津医学院和南开大学合作开设八年制医学教育试点班，并议定两校互派教师学习相关课程。八年制试点班的成功开办，为加速高层次医学人才的选拔和培养提供了有益的经验。

1980年11月，朱宪彝与时任天津大学赵今声校长也签订了协议——两校本着扬长避短、促进联合的精神，从1980年天津医学院医疗系和天津大学精密仪器系的新生中各选10名学生，建立生物医学仪器试点班，培养能够掌握有关生物医学仪器的基础理论及专业知识、对生物医学有所了解的高级技术人才，以从事生物医学仪器的管理、维修、研制等专业技术工作。1982年，时任天津医学院副院长吴咸中与时任天津大学校长史绍熙再次就两校共同办好天津大学生物医学仪器专业达成协议。该试点班的合作成功，在高层次医学人才培养和医理工科的相互渗透及人才交流与技术合作方面进行了有益的探索。

朱宪彝高瞻远瞩的治学理念，是为党育人、为国育才的具体实践，为医学教育学科交叉、融合发展奠定了厚实的基础。

### 3.依靠优质教育资源，承担国家委培任务

1980年开始，天津医学院受国家卫生部委托，承办各医学专业进修班的培训任务。在朱宪彝的指导下，学院共举办了包括神经内科学、神经外科学、放射诊断学、临床病理学、微生物学、卵巢肿瘤病理学、妇产科学、流行病学、临床内分泌学、泌尿外科学、心血管内科学、药理学等12个专业的10期专业进修班，为国家培养了大批医学人才。

---

① 源自天津医科大学报，2014年第1期第一版，http://www.tmu.edu.cn/xiaobao/4014/list.htm

1983年,卫生部确定天津医学院为卫生部的流行病学进修基地。定期五年。招生对象为讲师或主治医师,学制半年。1983年暑期,天津医学院举办了"劳动卫生和职业病肿瘤的调查方法和资料处理方法"学习班,有来自河北、河南、山西、内蒙古、新疆、黑龙江、山东、北京及天津等16个省、市、自治区的105名学员参加学习。1983年,学院除专业进修班学员外,还招收医学基础学科进修生,旁听生,临床医师进修,总计329人。

1985年开始,学院又受国家教委委托,先后举办了微生物学、药理学、放射诊断学、流行病学、病理解剖学和组织胚胎学共6个专业的助教进修班,进修学员结业后,专业水平接近研究生教学水平。至九十年代初,1064名学员完成专业进修,另86名助教接受正规的专业培养。

1985年后,由学院举办的其他进修班和学习班还有全国微型计算机技术应用学习班、全国卫生统计学学习班、营养食品卫生进修班、病毒性肝炎防治短训班、"护基"临床实习培训班、心脏电生理培训班等。

1988年,学院卫生系受卫生部防疫司委托,与中国预防医学科学院联合举办"预防医学专业证书函授班",学制一年半至二年,面向全国招生,共招学员421名。为大港油田及汉沽区举办了"医师岗位培训证书班",为本院职工举办了"护理、实验技术岗位培训证书班",本院教师也承担了兄弟单位专业证书班的授课任务。

学校自1980年以后至2010年的30年间,接受委托举办、联合举办、独立举办了各类进修班和培训班,为全国各省市及本市兄弟单位培养不同专业的教学、技术、科研人员2000余名。

### 4. 满足社会需求,创办护理专业

面对我国高级护理人才奇缺的现状,朱宪彝率队从1981年即开始了高级护理专业的筹建工作。1983年,在天津市首位南丁格尔奖章获得者、原天津医科大学总医院陈路得教授等老一辈护理专家的共同努力下,在全国首先恢复五年制本科护理教育,成为当时全国唯一的本科护理人才培养基地。首招30名护理专业本科生。

1984年1月,学院承办了教育部、卫生部在天津召开的高等护理教育座谈会。时任教育部副部长黄辛白、卫生部副部长郭子衡出席会议,对天津医学院筹办护理系的工作给予充分肯定。1984年1月,教育部批准天津医学院增设护理专业。1984年5月14日,天津医学院护理系成立。

护理系成立后,承办了全国"高等护理教育基础护理学教学研究班""全国高等医学院校护理专业教材编审工作会议"等重要活动的组织工作,广泛

开展同国外高等护理教育单位的交流与合作；先后与加拿大渥太华大学、日本弘前短期医疗技术大学等单位建立了密切的合作关系，并派骨干教师外出进修。

经国家教育部批准，1996年成立全国高等医学教育学会护理教育分会，常设机构设在本校。2002年更名为护理学院，现拥有一支由教、医、护、技人员组成的专兼职结合的教学团队。护理学科于2011年获批国内首批护理学一级学科博士学位授权点。护理学专业于2012年顺利通过教育部护理学专业认证。学院现有实习基地21所。

学院还与加拿大、芬兰、瑞典、新加坡及我国台湾、香港等国家和地区护理院校开展了形式多样的项目合作。

本校的护理专业作为全国第一个恢复建立的高等护理教育专业，在全国的护理教育教学中很好地发挥了示范和带动作用。

### 5.搭建交流平台，促进学术发展

1953年，天津医学院在朱宪彝带领下，贯彻高教部《关于稳步进行教学改革，提高教学质量的决议》精神，1957年开始借鉴苏联经验，着手教学改革，还先后派出蔡公琪、高天祥、庞智玲、肖里、刘汉绅、周肃、王国祥等教师去苏联进修。这是学院首次为教师搭建的国外交流学习平台。

1982年朱宪彝应邀出席在东京举行的亚大地区甲状腺学会与内分泌学会的学术会议，并在会议上被推选为主席。他的会议报告《中国地方性甲状腺肿与克汀病研究的现状》赢得与会者的高度赞扬，由此使国际学术界对中国碘缺乏病的防治与研究成果刮目相看，从此打开了这一领域同国际交流与合作的大门。

1983年以后，学院专家参加国际学术会议的人次逐年增加，仅1983年学院先后派出杜宗尧、谭郁彬教授出席了美国加州的病理学大会，郑武飞教授了参加国际生殖免疫学大会和第五届免疫大会，张家驹教授了参加第29届国际生理学会议并作了题为"家兔脑室注入松果体及下丘脑激素对中枢神经系统电活动的影响"的报告，马泰教授参加了亚洲营养学会，报告了"中国对碘缺乏的控制"，耿贯一教授参加在新加坡召开的国际第三届职业卫生流行病学会议，继而又参加了国际流行病学会地区性会议，并作了"吸烟与肺癌关系"的报告等。

吴咸中院长多次出席国际学术会议并出国讲学，不仅使中西医结合治疗急腹症的研究成果得到国际公认，而且还为扩大同国外的校际交流拓宽了途径。石毓澍教授多次赴国外考察访问，为扩大同法国交流与合作奠定了基础。崔以泰副院长为扩大同美国的学术交流与合作、为达成多项重大合作项目的协议做出了重要贡献。袁佳琴教授在引进国外智力,发展眼科事业上也取得了显著成绩,受到国内外专家的赞誉和国家领导的褒奖。

改革开放后至1993年,学院先后选派出428人次到国外进行考察、讲学或参加国际学术会议。①通过对外交流,学院一些著名专家在国际学术界也担当了一些重要职务或获得特殊荣誉,专家们在国内外学术界的地位与作用不断彰显。

俞霭峰教授应聘为世界卫生组织人类生殖专家咨询团成员,吴咸中教授应聘为世界卫生组织传统医学专家咨询团成员,石毓澍教授被授予法国里昂大学荣誉市民称号,吴恩惠教授被授予北美放射学会荣誉会员称号,马泰教授当选为国际控制碘缺乏病理事会执行委员兼(亚大地区)联络员,卢偶章教授应聘为国际控制碘缺乏病理事会理事,耿贯一教授被选聘为国际药物流行病学会教育委员会委员及中国科学通讯委员、奥地利因斯布鲁克大学社会医学系统流行病学顾问。

1987年,学院受卫生部地方病局委托,向亚大甲状腺学会申请承办1989年举行的亚大甲状腺学会碘缺乏病专题会议获得批准。经过近两年的筹备,亚大甲状腺学会碘缺乏病专题会议及国际控制碘缺乏病理事会中国碘缺乏病研讨会于1989年4月相继在天津市召开。时任卫生部部长陈敏章、天津市副市长钱其琛出席了开幕式并讲话。亚大甲状腺学会主席长龙重信教授、大会组织委员会主席伊斯特曼教授以及国际控制碘缺乏病理事会主席斯坦伯雷教授、副主席赫特泽教授对大会的组织工作给予高度评价。

## (二)朱宪彝学术思想与科技发展

高校发展高科技的职能,主要体现在大学的科学研究中。

无论是朱宪彝创办的天津医学院,还是现如今正在继往开来、砥砺前行的天津医科大学,素以基础和临床研究为强项,拥有较为深厚的历史积淀和强大的综合实力,拥有全市规模最大、专业最全的7家大学医院,在基础和临床实力、科研平台、教学基地建设等方面的诸多优势,已成为本领域知识创新的中心和推动科技成果向现实生产力转化的重要力量。

---

① 郝希山,张连云.天津医科大学六十年征程[M].(内刊).2011:99.

### 1.学科发展的根基——招贤纳士,组建教研组

据天津医科大学史料记载,建院伊始,即1951年6月16日天津医学院成立时,学院仅有正式职工68人,其中在编教师39人,教辅29人。朱宪彝以推动学院医学教育改革与发展为己任,始终把招聘教学人才、组建师资队伍作为重要工作,列入议事日程。这期间,他统筹、聘请了一大批全国知名医学教育家、学者做学院专任或兼任教授。如:普通外科专家万福恩(市立总医院),妇产科专家俞霭峰(市立总医院)、柯应夔(天和医院),内科大夫杨济时(天和医院)、张成大(市立总医院),泌尿外科专家施锡恩、虞颂庭(市立总医院),小儿科专家范权(市立儿童医院)、毕金钊(市立总医院),脑系外科专家赵以成(中华医院),胸外科专家张纪正(天和医院),骨科专家方先之(骨科医院),肿瘤外科大夫金显宅(恩光医院),著名放射学大夫杨济(市立总医院),细菌学专家谢少文(北京协和医院),著名药理学、麻醉学教授丁光生,著名寄生虫学教授祝海如,解剖学教授刘占鳌,生物化学教授邓庆曾等。

1952年9月,学院又先后聘到北京协和医学院的张作千、周金黄、胡正祥教授,北大医学院的陈同度、刘思炽、张昌颖教授,中央卫生实习院的甘怀杰教授,河北医学院的张巌教授,香港李宝光大夫,瑞士陈培生博士等。截至1955年年底,学院的教师总数发展为219人(基础99人、临床74人、预备助教46人),师资已初具规模。

随着教师队伍的不断扩大,教研组的设置也不断完善。

1952年,学院只有寄生虫学和细菌学两个教研组。在此基础上1953年,医学院又相继成立了解剖学、组织胚胎学、生理学、病理学、药理学、生物化学等基础医学学科教研组,同时也成立了马列主义、俄文等公共学科教研组。1954年,学院增设公共卫生体育教研组。1955年,学院相应成立了物理学、化学、生物学三个基础学科教研组,同时建立了病理生理学、局部解剖学教研组。同年,根据临床教学的需要,学院成立了内科基础学、外科总论、系统内科学、系统外科学、妇产科学、耳鼻喉科学、眼科学、儿科学、皮肤性病学、放射学、神经精神病学等临床教研组。1957年,基础部分又增设了法医学、病理解剖学等教研组,临床部分又增设了口腔学、中医科学等教研组。

建院初期各教研组的负责人,如基础医学各教研组的马泰(病理生理学)、谭郁彬(病理解剖学)、郭世绂(局部解剖学)、崔志潭(解剖学)、马仲魁(组织胚胎学)、刘汉绅(生理学)、赵宝礽(生物化学)、任中原(微生物学)、甘怀杰(寄生虫学)、宋汉英(药理学)、李漪(实验病理学)、陈善言(法医学)、耿贯一(公共卫生学),临床医学组的张成大、郭仓、石毓澍、马英达(内科学)、虞

383

颂庭、张天惠、刘润田(外科学)、赵以成、苏瑛(脑系科)、毕金钊、李宝爱(小儿科学)、俞霭峰、张志诚、张淑文(妇产科学)、袁佳琴(眼科学)、王世勋、阎承先(耳鼻喉科学)、刘昌运、韩宗琪(口腔科学)、梁华堂、朱德生(皮肤科学)、杨济、宋汝良(放射科学)、舒润石(理疗科学)、朱景森(药剂科学)等,之后都发展成为基础医学和临床医学各学科的带头人。

至此,基础和临床教研组已全部建成,为学院后期的学科建设和发展打下了坚实的基础。

**2.科学研究的开端——服务于民,形成科研雏形**

在学院各教研组全部组建完成的基础上,1953年,部分教研组发挥各自教研特色,结合实际,横向协作,服务社会。

比如,病理解剖学教研组率先为全市所属的公立和私立医院进行病理诊断工作,同时负责中华医学会天津分会主办的每周一次的临床病例讨论会和隔周一次的病理讨论会。微生物学教研组对芦台农场牧畜流产等问题进行实地调查,查明病因,提出建议,收到实效。该教研组还与天津市防疫站合作,对天津市流行性感冒病毒进行分离、鉴定和传代保存工作。

教研组初步的调研、协助工作,产生了一定的社会效益,初步发挥了医学教育的职能,逐渐显现了建院初期的科研雏形。

1954年始,科研工作开始有计划地纳入学院工作。

朱宪彝多次强调科研要为提高教育教学质量而开展的意义,他特别要求各教研组在科研选题方面要着眼于国家亟待研究的项目,结合老百姓和社会的需求,发挥科学研究的社会价值。1954年完成药理学和微生物学方向课题10个,拟定了1955年科研课题共36个。

1955年3月,学院按高教部、卫生部对高校科研工作的指示,成立了天津医学院科学研究工作委员会,朱宪彝任首任主任,成员共13人组成。

学院科研委员会成立后,对1954年各教研组提出的科研课题进行了审议核定,推荐其中32个课题上报卫生部。经卫生部医学科学研究委员会批准,其中"中药驱蛔作用的研究"等5个课题被国家认定为国家级别研究课题,其他11个课题为天津医学院院级研究课题。

同年,学院还成立了天津医学院学术委员会。学术委员会时任委员32人,其中朱宪彝、蔡公琪、武惠、虞颂庭、石毓澍、刘汉绅、张成大7人为该委员会常委。学术委员会的主要职责是根据卫生部对教师的考核标准和办法,提出对学院教师业务水平考核工作的意见,检查、推进学院科研计划的制定及执行情况,参加重大科研成果和学术论文的鉴定并提出评审意见,领导全院性的学术活动，以及参加在职研究生的论文答辩及学报稿件的审核与编辑事宜等等。学院科学研究工作委员会和学术委员会的成立，有力推动了学院科研工作的开展。

1956年，在国家"向科学进军"号召下，国务院成立了科学规划委员会。朱宪彝、杨石先、金显宅、方先之、范权、俞霭峰、柯应夔、哈荔田等作为天津代表，参与制定国家1956年至1967年期间自然科学和社会科学十二年长期规划，积极为政府提供医学教育领域的政策及决策咨询。

为适应国家卫生事业迅速发展的新形势，天津医学院根据全国科技发展十二年规划，结合本院实际情况，制定出学院的全面发展规划。

1956年5月，学院成立了自然科学规划10人小组及临时学科小组，制订了关于学科发展规划和理论问题规划的意见，以确保各学科领域在全面发展的同时防止忽视理论的偏向。1956年，学院"动物组织对含钡粉尘之反应"等9个课题被纳入国家研究计划；旅美著名实验肿瘤专家李漪教授也在同年回国任教，在学院建起全国第一个实验肿瘤教研室。

1957年，学院根据全国医学科学研究总项目，立项"内分泌疾病与新陈代谢疾病"，获得国家批准。

天津医学院的学术与科研，从1954年至1957年，已在86%的教研组与科室中开展，71%的教师参加了总共115个选题的科研工作（其中22个选题列入国家研究计划，大多数项目已纳入国家十二年科技规划），发表学术论文4篇。[①]经过起步阶段，学院的科研工作开始步入正轨，为后期的学术研究奠定了工作基础。

3. 科学研究的发展——医教研结合，发展临床教学基地

天津医科大学建立伊始，在以朱宪彝为首的学院领导的多方努力下，1955年10月17日，天津市人民委员会根据部发"关于高等医学院（校）教学医院组织问题的若干规定（草案）"和"高等医学院校附属医院与教学医院工作暂行条例（草案）"，下达了"天津市人民委员会关于天津医学院教学医院问题的规定"，指定天津市立总医院为天津医学院教学医院，并由朱宪彝院长兼任总医院院长。1956年10月11日，天津市人民委员会第三次行政会通过了"关于天津市立总医院改为天津医学院附属医院"的决定，至此，市立总医院正式成为学院的附属医院。

1958年2月，天津市改为省辖市。8月，天津医学院划归河北省领导。

---

① 郝希山,张连云.天津医科大学六十年征程[M].(内刊).2011:21.

1958年9月1日天津医学院正式更名为天津医科大学①,而原天津市卫生学校则改名为天津医学院。学校更名为天津医科大学后,天津市又将市立第三医院划归医科大学为附属医院。至此,两所附属医院的医疗工作有了较大的发展。朱宪彝大力促进医教研的发展,使两所附属医院的病床数增长54.2%,门诊量增长22.5%。

朱宪彝大力弘扬中华文化瑰宝,在天津市筹建了第一个中医科;并积极引进中医人才,充实中医科队伍。朱校长还积极组织西医学习中医学概论,培养中医学习骨干、组织西医从现代科学知识角度,研究整理祖国医学遗产、组织各科开展中西医结合治疗。此外,他还建立了中西医结合的高血压和肝炎病房,中西药结合,慢病快治,为临床上中西医结合的诊治,为提高医疗质量,做出极大贡献。

4.加强优势学科建设,搞好重点科研项目

为了更好地发挥学院的专长和优势,1962年学院确定临床内分泌学、心血管疾病、神经外科等为重点科研项目。1964年始,天津医学院以重点学科为主的科研工作有了蓬勃发展。

(1)开展临床内分泌疾病研究工作,并作为学院的重点科研项目。该项目是朱宪彝亲自指导完成。

该项目开始于1959年,从建立激素测定标准技术开始,后组织全院与该项目有关的11个基础临床教研组56位成员参加。1962年,围绕临床常见的有关脑垂体、肾上腺、甲状腺、甲状旁腺、性腺等内分泌疾病激素变化进行全面综合研究。1963年,从内分泌的临床观察及一些非内分泌疾病的内分泌系统的改变着手,开展有关发病机制的理论研究,开始应用组织化学、细胞学、生物化学、生理学技术进行工作,为内分泌基本理论研究打下基础。同时,与河北省医科院、地方病研究所、承德专署卫生局等单位合作,对承德市郊3个生产大队的甲状腺肿与克汀病进行重点深入的普查工作。

1963年,以地方性甲状腺肿及地方性克汀病为中心,继续开展病因学、发病机制、防治的研究和对承德地区3个食盐加碘的观察点的工作,证实食盐加碘的防治效果。

---

① 1958年9月学校更名"天津医科大学",是在1951年6月"天津医学院"的基础上建立起来的。1962年9月,天津医科大学与天津医学院合并,重新恢复"天津医学院"名称。因此,文中的"天津医科大学"非今日的"天津医科大学"。如今的天津医科大学是1994年6月天津医学院与天津第二医学院两院合并后正式组建而成。因此,学校名称历经天津医学院(1951年6月)—天津医科大学(1958年9月)—天津医学院(1962年9月)—天津医科大学(1994年6月)的历史沿革。

为探讨中枢神经系统,特别是大脑发育和机能影响的问题,又开展了脑电图的研究。以健康人脑为对照,应用脑电图对地方性克汀病进行检查,发现患者有明显的双侧同步阵发性波,表明下丘脑有病变的可能。

此外,对已建立的各种激素测定方法做了改进,统一了方法学上的具体要求与程序,又建立起激素纸层分析等新方法,为阐明克汀病碘代谢的研究提供了新技术。同时,在克汀病骨髓细胞染色体的观察及克汀病样实验动物模型的研究方面取得初步成果。一年来,完成相关论文37篇。

(2)心血管疾病研究工作在高血压、动脉粥样硬化、心力衰竭的临床诊断、治疗及发病机制等方面取得一定成绩,尤其是配合心血管外科的研究,进行了左心、右心导管的检查工作,使许多疑难病症得到了正确的诊断。

在心外研究上,自1960年起开展一般低温及半身体外循环进行心内直视手术以来,在降温、升温、心脏停跳及复跳等方面取得一些成绩。采用选择性低温与体外循环的综合方法为100例先天性心脏病法洛氏四联症、二尖瓣闭锁不全、心室隔缺损等患者进行了心内直视手术,获得成功。同时,在体外循环中,应用低分子右旋糖酐及5%葡萄糖溶液预充心肺机的研究方面,通过对35例病人的临床应用,结果不仅节省了血液供给,而且降温速度较快、便于操作。

(3)神经外科疾病研究工作以颅脑损伤、脑肿瘤的诊断治疗、神经损伤后再生为主要研究内容,积累了较为丰富的临床经验。

此外,同位素碘131应用于脑肿瘤诊断上,使得诊断率大大提高。除临床研究外,在朱宪彝的率领下,学院还建立了神经病理室、神经生化实验室,并与基础医学教研组协作,开展神经电生理、神经形态学等方面的基础理论和实验研究,为进一步开展理论研究工作创造了条件。此外,对颞叶性癫痫病的研究、观察、分析所获得的资料,也为临床诊断提供了依据。

(4)实验肿瘤研究工作也在朱宪彝的指导下,由李漪教授及助手从事小鼠纯化工作及应用动物进行实验肿瘤研究。

李漪教授、朱宪彝(左三)和加拿大脑系科专家

经过7年艰苦细致的工作,完成津白两系小鼠纯化培育及其生物学特性的观察,一系为低癌族,一系为高癌族。在实验肿瘤研究方面,开展了肿瘤移植、诱发、实验治疗、免疫预防等方面的研究。对塑料片致癌机制及免疫控制癌转移等研究方面取得较好的成绩。

(5)其他方面的研究工作在朱宪彝的率领和指导下,也取得明显成绩,如在祖国医药的研究方面,应用中医中药治疗各种疾病,其中以中西医结合治疗急腹症效果显著;在传染病及流行病研究方面,对钩端螺旋体病、细菌性痢疾、伤寒、阿米巴、肝炎、脊髓前角灰白质炎、细菌免疫学进行了流行病学调查和临床实验室研究,并围绕钩端螺旋体病,在河北省受灾区对50个生产队进行调研;在小儿体质调查方面,公卫教研组组织120人完成五万名小儿体质调查,为小儿生长、发育评价提供了丰富的资料;在农药残毒研究方面,法医教研组接受农业部门的委托,开展了有机磷农药残毒实验研究,建立了比较完善的检测方法,为开展粮食、蔬菜农药残留量进行鉴定开辟了新途径;在地方病研究方面,组织胚胎教研组完成了地方性甲状腺肿和克汀病染色体组型的分析工作,对先天性畸形病例,找到相应的染色体改变;生理教研组完成了克汀病患者脑电图分析、脑电图在儿童克汀病诊断上的应用、兔海马对感觉运动区优势的影响、大白鼠海马对枕叶皮层节律吸收的影响等项目;在药物研究方面,药理教研组完成了麻黄碱作用机制、口服避孕药对子宫平滑肌和拟交感胺类药作用的影响、甲状腺机能改变对拟交感胺类药物作用的影响等,并完成甲状腺功能亢进对抗心律不齐药物作用的影响;在解剖学研究方面,解剖学教研组完成了第四脑室髓纹的类型、走行与联系,在不同运动和姿势下骶棘肌的肌电,肾不发育一例报告,200例颅骨的观察,有关国人鼓鳞裂的探讨,国人眶结节与滑车凹棘的观察等;在寄生虫研究方面,寄生虫学教研组完成了溶组织阿米巴制动试验,此项研究当时在国内尚未见报道。

此外,附院实验外科、脑系科、放射科、妇产科和附属第三医院、第一中心医院各科均有科研项目,也取得很多成绩。

这个时期,学院在科研方面,无论从开展的广度上,还是从研究的深度上,都是前所未有的,学术空气浓厚,"百花齐放,百家争鸣"的方针得到贯彻,天津医学院的科研工作进入了蓬勃发展阶段。

"文革"时期,朱宪彝院长职务被免,但他老人家仍和广大教职员工一起,以坚定的信念和强烈的事业心忍辱负重、艰难推进学院的医教研工作,特别是科研工作。

"文革"初期,学院正常的科研工作处于停顿状态。1972年开始,时任学院革命委员会副主任的朱宪彝,仍指导学院的基础课教师与临床医师合作进行了肿瘤、口服避孕药、心血管疾病、慢性气管炎、内分泌、针麻、"三废"及职业病的防治等7个项目28个专题的研究。

1974年,学院的科研工作取得了一些成果,比如,在内分泌研究方面,肯定了食盐加碘有预防地甲肿及地克病的作用;在心血管疾病的研究方面,附属医院与609、712厂和南开大学物理系合作,试制成功非同步型及非竞争型心跳起搏器;在油彩皮炎的防治研究方面,附属医院与校外单位合作,经过多次试验,试制成功一种戏剧油彩,经11个剧团使用,效果良好。油彩皮炎的研究资料和心脏起搏器的应用资料还于1975年在日本神户市展出。

### 5.聚焦优势,推进科研全面蓬勃发展

党的十一届三中全会彻底改变了知识分子的命运。1978年9月,朱宪彝恢复天津医学院院长职务。为贯彻卫生部颁布的医院管理30条,改进医院管理制度,朱宪彝积极引进先进设备,积极加强优势学科建设,特别是以全国科学大会为契机,全院科学研究、学术活动蔚然兴起。

1978年后,两所附属医院在自身发展的过程中形成了各自的优势学科及专业特色,临床科室已朝着专业化分工的方向健康发展。同时两所附院的专业分工与协作也逐渐形成。附属医院的临床内分泌学、神经病学、放射诊疗学,第二附属医院的泌尿外科学、心血管疾病学、传染病学等不仅成为两所附院有代表性的骨干学科,而且均建立了各自的研究机构。此外,为满足广大患者的需求,两所附属医院陆续开设了专科门诊:附属医院先后开设74个专科门诊,第二附属医院开设了35个专科门诊。随后,临床科室专业化分工逐步从专科门诊向专业科室过渡:第二附属医院率先将泌尿外科和心脏科分别从外科和内科中独立出来,以重点支持这两个优势学科;附属医院首先将脑系科分为神经内科和神经外科,然后在内科、外科、妇产科进行专业化分科试点。取得一定经验后,在内科成立内分泌科、呼吸科、心脏科、消化科、肾科、血液科、传染科等专业科室;在外科成立普通外科、泌尿外科、骨外科、胸外科、小儿外科、烧伤外科和麻醉科等专业科室,分别任命科室负责人,调配专业技术队伍,兴建临床实验室,促进这些科室的专业化发展。

以朱宪彝为首的医学院领导班子非常重视各学科的现代化建设与装备,注意发挥著名专家在学科建设中的作用。经过院领导的不懈努力,1980年,天津市政府分别拨款50万美元和20万美元用于第二附属医院泌尿外科和心脏科建设,使这两个科室装备的现代化程度达到国内先进水平。附属医院放射科还引进头部CT、神经外科手术显微镜等一批先进仪器设备,使神经系统疾病的诊断符合率由60%上升至90%,脑出血病人死亡率由30%下降至20%。1983年,附属医院放射科利用意大利政府赠款150万美元并通过国内贷款,购置了全身CT、计划治疗系统、数字减影装置、直线加速器等大型先进设备,使该科的技术装备达到国内先进水平。第二附属医院也先后引进头部

CT、ECT、核磁共振诊断仪、体外碎石机等大型先进医疗设备,使全院的医疗质量大幅度提高。[1]

在1978年3月召开的全国科学大会上,朱宪彝、吴咸中等专家受到国家表彰。同年6月,在卫生部召开的全国医药卫生科技大会上,再次受到卫生部嘉奖。

1978年全国科学大会成为我国科学发展史上新的里程碑,对学院科研工作产生了很大的推动力。在朱宪彝亲自的率领下,学院开展形式多样的学术报告、临床病理讨论会、科学进展报告会等。朱宪彝与第二附属医院的阎承先教授、甘幼强教授、市人民医院徐维贞大夫及应学院邀请前来的中国科学院流行病研究所副所长朱阮明教授等一起,亲自担任报告人。系列学术活动吸引了全市48个医疗科研部门8,000多人次参加。

1978年,朱宪彝创办了当时国内内分泌领域的第一个研究机构——天津市内分泌研究所,并担任首任所长。之后,一批科研机构相继恢复建立,共建研究所6个,恢复或新建研究室9个,新建研究(包括测试及培训)中心3个,临床药理基地4个,承担市级以上重点科研项目399个,共获得科研专项补助费924.46万元,取得具有国内先进水平以上的科研成果99项,其中获得市级以上科研成果奖励的74项,出版专著186部,发表科研论文4,231篇,多名科技工作者被授予市级及以上劳动模范或有突出贡献科学家等光荣称号。[2]

1978年天津市内分泌研究所成立大会

1978年天津医学院本着"突出重点、照顾全面、量力而行"的原则,结合学院实际,制定了《1979年天津医学院科学技术发展计划》,计划中优先安排了内分泌疾病的研究(10个课题)、肿瘤的防治研究(15个课题)、心血管疾病的研究(12个课题)、计划生育的研究(7个课题)及生物医学工程(包括人工心脏起搏器的研制和临床应用、肾移植、人工心脏、人工肾等4个课题)。5个项目、48个课题被列入《1978—1985全国医药卫生科学研究重点项目规划(草案)》第二、第十、第十一、第二十九、第四十一项,均为"国重部管"项目。[3]

在1980年医学院确定的内分泌、人工肾等10个重点项目中,朱宪彝牵头

---

① 郝希山,张连云.天津医科大学六十年征程[M].(内刊).2011:49-50.

② 郝希山,张连云.天津医科大学六十年征程[M].(内刊).2011:50-51.

③ 郝希山,张连云.天津医科大学六十年征程[M].(内刊).2011:52.

的地方性甲状腺肿及地方性克汀病的防治研究,仍为中央卫生部和天津市科研计划中的重点课题。

学院重点科研项目规划中的肾移植和人工肾的研究,被列入全国医药卫生科学研究项目。

从1979年开始至1984年朱宪彝去世,学院有23项科研成果通过技术鉴定。其中3项获得卫生部科研成果奖励,16项获得天津市科技成果奖励。这些项目大都填补了国家空白,有的科技成果接近国外同类技术水平。①

### 6.突出特色,建成一批研究机构群

(1)天津市内分泌研究所

如前节所述,天津市内分泌研究所成立于1978年7月,朱宪彝被任命为首任所长。该研究所是国内同领域的第一个研究机构,由临床内分泌研究室、激素生化研究室、细胞生物学研究室、碘缺乏病研究室4个专职研究室构成。另设10个兼职研究室、1个内分泌临床药理基地和情报资料室及研究所办公室。

研究所自成立以来,截至1982年,朱宪彝选派近20名中青年骨干赴国外学习内分泌生化、内分泌生理、内分泌药理、内分泌病理、神经内分泌、放射免疫、组织培养等先进技术,使内分泌研究所的整体水平迅速提高。

研究所成立之初的科研重点是开展以地方性甲状腺肿与克汀病为重点的甲状腺疾病的研究;以糖尿病、肥胖病为重点的内分泌及代谢性骨病的研究;与内分泌临床紧密联系的基础理论研究。同时,研究所还承担了卫生部及天津市下达的重点科研课题,承办了全国性医学情报刊物,即《国外医学内分泌分册》,承办了卫生部委托该所举办的全国内分泌专业医师进修班等。至此,对甲状腺疾病和代谢性骨病的研究,形成了研究所的专业特色。

在地方性甲状腺肿与地方性克汀病的防治研究、碘缺乏病区人群碘代谢研究、甲状腺激素与脑发育的研究、代谢性骨病的发病学与形态计量学研究等方面,研究成果在国内居领先地位,其中,地方性克汀病发病学研究、甲状腺激素与脑发育的研究进入国际先进行列。1982年朱宪彝在日本东京举行的第二届亚大甲状腺学会年会和第七届亚大内分泌学会年会上,做了"中国地方性甲状腺肿与地方性克汀病的研究现状"的报告,震惊了国际学术界。在朱宪彝的带领下,地方性甲状腺肿与地方性克汀病方面的研究成就受到国际学术界的承认。1989年亚大甲状腺学会和国际控制碘缺乏病理事会的会址也因此选在天津;1990年,朱宪彝主持完成的"缺碘性地方性甲状腺肿及地

---

① 郝希山,张连云.天津医科大学六十年征程[M].(内刊).2011:53.

方性克汀病流行区碘代谢甲状腺功能及听觉功能的研究",获得国家科技进步二等奖,这是当时在天津医学院历史上荣获的最高科技奖励。遗憾的是,朱宪彝未能等到该理事会在天津召开的那一天,也未能亲眼见到其研究成果获得国家奖励。

改革开放以后,研究所不断扩大同国外的学术交流与合作,曾先后邀请诺贝尔生理学与医学奖获得者吉尔曼教授、雅娄教授,著名钙磷代谢专家考波教授、帕菲特教授、雅沃尔斯基教授,著名地方病学专家赫特泽教授、斯坦伯雷教授等来校讲学访问,并逐步达成中澳控制碘缺乏病技术合作项目和儿童基金会碘缺乏病合作项目的协议。

据天津医科大学在2011统计的数据显示,自1981年以来,天津市内分泌研究所"承担市级以上重点科研课题36项,获资助380万元,完成学术论文633篇,其中发表在国内一级刊物和国外刊物上331篇,出版专著11部,包括《内科学》《地方性甲状腺肿与地方性克汀病》《内分泌病理生理学》《代谢性骨病学》《内分泌最新治疗学》等,36项科研成果通过鉴定(其中14项与合作单位完成),3项成果获国家级奖励,41项获部、市级奖励。"[1]

(2)天津市泌尿外科研究所

天津市泌尿外科研究所成立于1979年4月,虞颂庭教授任名誉所长,马滕骧教授任所长。该所也是在国内本专业领域第一个建立的研究所。

研究所成立之初,在开展小型吸附性人工肾研究、应用肾动脉栓塞术治疗肾癌、采用胸导管引流进行肾脏移植等方面都取得显著效果,受到国内同行的好评。

研究所的研究重点是小型人工肾研究,以基础理论和生物材料为主;膀胱癌早期诊断研究;电子计算机在临床上的应用研究;泌尿外科临床研究。

随着科学技术水平的提高和研究所的发展,该所不断加强与国内其他院校的交流合作,成为医、理、工相互渗透、密切合作的研究基地,在国内泌尿外科领域不断取得令人瞩目的新成果。

自1981年开始的10余年,该所承担市级以上重点科研项目23项,获科研经费近70万元,有两项成果获得天津市科技进步三等奖,一项获天津市中西医结合奖;在国内一级刊物和国内杂志上发表论文85篇,出版了《临床肾脏病学》等专著。[2]

---

① 郝希山,张连云.天津医科大学六十年征程[M].(内刊).2011:62.

② 郝希山,张连云.天津医科大学六十年征程[M].(内刊).2011:63.

（3）天津市神经病学研究所

天津市神经病学研究所成立于1980年9月,薛庆澄教授任所长。该所是在附属医院脑系科基础上发展建立的研究机构。已故神经外科学家赵以成教授于1952年创立脑系科并使之成为国内神经外科最早的培训基地。早在20世纪60年代,神经生理、神经病理和神经生化实验室就已初具规模。

该研究所建有神经生化室、神经病理研究室、神经生理研究室、神经流行病学研究室、实验外科研究室、神经肿瘤研究室。

研究所的科研重点是脑血管疾病研究、脑肿瘤研究、颅脑外伤研究、癫痫病研究、锥体外系疾病研究。

研究所对缺血性脑血管病进行了多学科的综合研究,经内外科综合防治,降低了脑血管病的死亡率和致残率,开展了对脑肿瘤的最优化的综合治疗方案的研究,形成从基础到临床较完整的脑肿瘤诊治的优势。

该所建立的髓母细胞瘤体外细胞株达到国际先进水平,对垂体瘤、听神经瘤、脑胶质瘤、脑血管病、锥体外系和癫痫的诊治水平均居国内领先地位。其中经筛窦垂体腺瘤切除术、脑胶质瘤的综合治疗、脑血管病的神经内外科综合治疗、肌苷治疗慢性多发性抽动症、婴儿痉挛症的药物治疗等均具有创新性。[1]

据天津医科大学在2011统计的数据显示,自1981年以来,该研究所共承担市级以上重点科研项目14项,获科研资助费近70万元,在国内一级刊物和国外杂志上发表学术论文148篇,出版有《实用神经病学》《神经外科学》等专著6部。该所举办了"全国神经外科学术讨论会"(1983年)和"全国首届临床神经生化会议"(1986年)等7次全国性专业学术会议,接待了新西兰、美国、日本等国留学生和访问学者实习或进修。

（4）天津市计划生育研究所

天津市计划生育研究所成立于1981年,俞霭峰教授任所长。该所是天津医学院当时唯一的独立性科研机构。

天津市计划生育研究所的科研机构包括化学合成研究室、药理与病理研究室、生理与生化研究室、流行病学研究室、临床研究室。

该所用两年时间完成基建任务,于1982年开始正式承担联合国人口基金会和世界卫生组织的合作项目。

研究所的科研重点是杀精子剂研究、精子功能研究、新型宫内节育器研

---

① 郝希山,张连云.天津医科大学六十年征程[M].(内刊).2011:63.

究、优生学研究,侧重在环境化学因素与出生缺陷的关系研究。

据天津医科大学在2011统计的数据显示,自1981年建所以来,研究所承担市级以上重点科研项目21项,承担国际合作项目23项,接受国外科研资助214.95万美元,获国内科研费100万元。在所承担项目中有15项科研成果通过技术鉴定,5项成果获得市级以上奖励。研究人员在国内一级刊物和国外刊物上发表学术论文40篇。

1993年5月1日,天津市人民政府于对学院计划生育研究所的隶属关系做了调整,计划生育研究所由天津医学院整建制划归天津市计划生育委员会。

(5)天津市放射诊疗研究所

天津市放射诊疗研究所是在原天津市放射诊疗培训中心基础上发展起来的。1982年天津市放射诊疗培训中心成立,1986年易名为天津市放射诊疗研究所,吴恩惠教授任该研究所所长,是我国神经放射学的奠基人。

该所设有医学影像学研究室、肿瘤放射治疗学研究室、放射学生物医学工程学研究室等机构。

研究所的科研重点是医学影像诊断学研究;肿瘤放射治疗学与放射生物学研究;放射学生物医学工程学研究。

研究所在中枢神经系统的影像学诊断、数字减影及介入性放射学、恶性肿瘤的放射治疗等领域在国内居于领先地位或先进水平。吴恩惠所长主编的《颅脑X线诊断学》,奠定了我国神经放射科学的基础。

在周围血管疾病介入治疗领域中,该所进行了包括"肾动脉成形术前后血管局部血小板功能变化的实验研究""药物对犬肾动脉成形术局部血栓形成影响的实验研究"和"血管成形术后再狭窄的实验研究"在内的系列基础研究,发现一些成形术后再狭窄的因素;同时,开展内分泌肿瘤、脑瘤诊断和甲状腺疾病的系列研究,一些成果处于国内领先水平。该研究所率先引进头部CT装置,使诊断水平达到国际先进水平。[①]

(6)天津心脏病学研究所

天津心脏病学研究所是在原心血管疾病研究室的基础上发展起来的。1981年天津市心血管疾病研究室成立,1990年12月建成天津心脏病学研究所。著名心脏病学家石毓澍教授为该所的创始人和学科带头人。

天津心脏病学研究所设有电生理研究室、生化研究室、病生理研究室、人工起搏研究室、核心脏病学研究室、临床研究室、实验心脏外科研究室等机构。

---

① 郝希山,张连云.天津医科大学六十年征程[M].(内刊).2011:65.

该研究所的重点研究方向是心律失常的电生理研究,重点为窦房结电图、窦房结功能测定与评价、房室结双通道与多通道、急性实验性心肌梗死范围测定与室性心律失常研究,并以此为基础进行抗心律失常药物筛选与评价;原发性高血压发病机制的研究,侧重于RAA系统、前列腺素激肽系统及钙通道异常等研究工作,在此基础上进行对传统高血压阶梯或药物治疗的评价,钙剂和钙拮抗剂治疗高血压疗效的评价;人工心脏起搏器的研究;应用放射性核素的体内、体外分析技术进行核心脏病学研究。研究所在上述领域均已取得达到国内先进水平的科研成果。[①]

从研究室建立到建成研究所的10年间,该所的研究成果斐然。3项科研成果获市级以上科研成果奖励,发表在国内一级刊物和国外杂志上的论文22篇,出版《心律失常的诊断与治疗》《冠心病学》《临床肾脏病学》《心电生理学》等4部专著。

(7)天津实验肿瘤研究室及其他

天津实验肿瘤研究室早期建于1956年,由美国回国的著名实验病理学家李漪教授任研究所负责人和学科带头人。该研究室是天津医学院当时第一个科研专门机构。

天津实验肿瘤研究室在李漪教授带领下,开始培育中国自己的近交系小鼠。虽经历十年动乱,李漪教授主持培育的津白Ⅰ、津白Ⅱ两系近交小鼠于1981年通过鉴定,先后获得天津市科技进步一等奖、卫生部甲级成果奖和国家发明三等奖。1985年,被国际学术组织确定为国际标准实验动物。

1981年,朱宪彝建立了免疫学研究室、流行病学研究室、心血管疾病研究室和传染病学研究室(1990年心血管疾病研究室发展为研究所)。随后,在朱宪彝有生之年,学院陆续成立了医学教育研究室(1983年)、营养食品卫生研究室(1984年)、中西医结合研究室(1984年)。

1984年5月,天津医学院首次召开全院科研工作大会。时任名誉院长的朱宪彝在会议上明确指出,要把培养人才和科研工作结合起来,充分利用仪器设备,发挥优势,搞出特点。地甲肿和地克病防治及理论研究工作,要在为社会做出贡献的基础上发挥特点;科学研究项目要交叉融合,充实发展。

时隔7个月,朱宪彝于1984年12月25日溘然长逝。

朱宪彝的谆谆教诲及其躬耕不辍的学术生命,化作天医人的学术动力与行为准则,通过一代代天医人代为延续,薪尽火传。

---

① 郝希山,张连云.天津医科大学六十年征程[M].(内刊).2011:65-66.

朱宪彝的学生郝希山①教授在我国肿瘤治疗、防控及科研领域孜孜以求，不断开拓，他注重将科研成果应用于临床，在肿瘤外科、肿瘤免疫与生物治疗方面取得了多项创新性成果。他带领的团队先后承担国家攻关课题、863计划、自然基金及天津市重大科技项目20余项，获得多项天津市及国家奖项；创建了独具特色的肿瘤防控和个体化、规范化治疗体系，其创新性研究成果，对于国家制定肿瘤防控策略、提升我国肿瘤治疗的整体水平，起到了积极作用。郝希山在接受朱宪彝思想研究专项课题组成员的采访中，提到他上学时的校长朱宪彝时说："朱宪彝是一位德高医粹的临床专家，无论在门诊还是在病房，凡是经他治疗的病人都一律按照常规逐项检查，从无遗漏。1978年，他以75岁高龄亲自带领研究人员行程万里，到我国12个省的40个县市考察地方性甲状腺肿和地方性克汀病，摸清了发病规律，采取了有力措施，为许多病人解除了痛苦，开创了我国地方病科研工作的新局面。我取得的点滴成绩，就是在老专家的基础上发展的，是站在了他们的肩上。"②"作为一名肿瘤医生，必须有'尚新至善'的精神。只有不断努力学习、不断追求创新，才能不断取得进步。"③为此，在担任天医校长后，郝希山把天津医科大学的培养目标定为四个字——"德高医粹"，并一直沿用至今。

郝希山院士

### 7. 新的起点，新的征程

1985年，天医人在吴咸中院长④的带领下，充分发挥学校医学基础较为雄厚、专业学科较多的优势，组织多学科、多专业的联合攻关，组成基础与临床、专业与专业、临床与生产结合的科研联合体，拓宽了科研项目的渠道，促进了科学研究事业的繁荣。短短数年内，至90年代初期，天津医学院先后有105项科研成果通过鉴定，其中有19项被评价为达到国际先进水平，44项评为国内先进水平，42项填补了国内空白。⑤

1986年7月，天津医学院召开了全院第二次科研工作会议，会上确定了天

① 肿瘤学专家，中国工程院院士，天津医科大学校长（任期1994年05月-2011年08月）。
② 自2020年10月天津医科大学肿瘤医院乳腺科朱宪彝思想研究专项课题。
③ 自2020年10月天津医科大学肿瘤医院乳腺科朱宪彝思想研究专项课题。
④ 继朱宪彝之后，任天津医学院院长（任期1983年11月-1991年3月），中国工程院院士。
⑤ 郝希山，张连云.天津医科大学六十年征程[M].（内刊）.2011:76.

津医学院首批9个重点学科和1个重点发展学科。1990年,学院经过重新评估,重新确定了中西医结合临床急腹症、神经病学、内科学(内分泌)、内科学(心血管)、泌尿外科学、放射诊疗学、微生物与免疫学、妇产科学、眼科学、计划生育学为重点学科,另外5个学科,即流行病学、药理学、病理学、病理生理学、传染病学为特色学科。

在教育部及天津市教委、科委的支持下,天医的学科建设得到长足发展,取得了高水平的科研成果:

中西医结合临床(外科)学科在吴咸中院长的率领下,根据清热解毒和通里攻下法的理论,用现代科学手段研究中医药对腹部厌氧菌感染的作用及减少胰酶血症的内毒素血症等方面处于国内领先水平。

神经病学与神经外科,对脑血管、脑外伤、神经肿瘤、神经退行变性病、癫痫、锥体外系疾病、肌病等常见病,进行发病机理研究,完成从细胞到分子生物学研究的过渡。该学科完成的很多研究是20世纪90年代国际神经科学研究的前沿课题,如"TJ862髓母细胞瘤体外细胞系的建立及其特征",达到国际先进水平。

泌尿外科学学科,在肾替代、泌尿系肿瘤、泌尿系内分泌方面的研究形成学科特色和优势,在国内最早建立一整套泌尿系肿瘤分类精确的早期诊断方法。

朱宪彝在世时作为学科带头人的内分泌与代谢病学科,以甲状腺疾病和代谢性骨病为重点研究方向,在糖尿病的研究上也有了更新进展。

甲状腺疾病:(1)碘缺乏病研究。在智力测定、甲状腺球蛋白的测定、神经功能运动功能检查、两型克汀病的临床诊断、轻度隐蔽性碘饥饿对人类危害的研究居国内领先地位。(2)甲状腺素与脑发育研究。成功建立人胚神经细胞模型,使甲状腺素对脑发育的影响机理研究有了重要进展。(3)自身免疫性甲状腺疾病的研究。在国内首次研制了甲状腺TSH受体抗体(TRAb)并克隆成功,建立TRAb的酶联测定方法,并开发出TRAb药盒。TSI相继克隆成功,并建立TSI酶联测定方法,TSI抗独特抗体研制成功。建立了TGAb、TMAb测定方法,提高了自身免疫性甲状腺疾病的研究水平。在国际上首次证实碘缺乏病中黏肿型克汀病的自家免疫发病机理,碘缺乏病的研究接近国际先进水平。1990年,朱宪彝在世时主持完成的"缺碘性地方性甲状腺肿及地方性克汀病流行区碘代谢甲状腺功能及听觉功能的研究",获得国家科技进步二等奖。

代谢性骨病:建立了正常人骨细胞体外培养模型,使代谢性骨病的研究进入细胞和分子水平;建立了我国正常人髂骨形态计量学参数;提出氟是一种细胞毒,是一种潜在致软骨病因子的观点;研究发现摄入低氟抑制骨形成,提出氟中毒的阈值理论。

在吴咸中、王正伦两任院长的带领下,天津医学院把科技成果转化工作作为科研管理的一项重要任务,大力推进科技成果转让与开发工作,获得较大的社会与经济效益。

1991年内分泌所组建"天医生物实验药厂",把该所具有自主知识产权的放免和酶免技术成果,转化成临床应用的测定药盒。在垂体甲状腺轴系、激素测定方法和代谢性骨病有关激素测定方法等方面,投产15种产品,面向全国26个省市销售,创年利润20万元。内分泌所研制的"8402型滤纸"、纸片TSH、T4向全国推广,筛查出21例先天甲低患儿,经治疗,维持了很好的发育。

总医院眼科研制的"TBC-I型中心视野仪"转让给企业生产,在29个省市470多家医院推广使用,获利100万元,并节约了外汇;该院中医科研制的"甲亢煎"转让给山东北方制药厂,开发研制成"甲亢冲剂";该院眼科研制的"内障清滴眼液"转让给塘滨医药实业有限公司。

公共卫生系研制的"鑫牡蛎全天然营养口服液",与天津市天磁保健品公司共同开发成商品,推向市场。

第二医院感染科将获得的科研成果,开发成7种检测药盒,推向市场,广泛应用于临床;该院眼科研究的"眼眶深部海绵状血管瘤定性定位诊断及手术新方法",举办10期全国学习班,数百人参加,在临床广泛推广应用,该项目获天津市科技进步二等奖和"天津市第五届发明成果展览会"金奖。

据学校史料记载,天津医学院自1981年至1993年,先后承担国家级项目75项、部委级项目81项、市科委项目128项、市高教局项目50项、市卫生局项目32项。[①]天医人站在新的起点,再创新的辉煌。

### (三)朱宪彝学术思想与社会服务

党的十八大以来,我国医学教育事业蓬勃发展,基本形成了具有中国特色的医学人才培养体系,为我国卫生健康事业输送了大批高素质医学专门人才。在新冠肺炎疫情防控斗争中,我国医学教育培养的数以百万计的医务工作者发挥了重要作用,用实际行动诠释了白衣天使救死扶伤的崇高精神。

① 郝希山,张连云.天津医科大学六十年征程[M].(内刊).2011:98.

**1.坚持社会主义办院方向,坚持以病人为中心的服务理念,改革门诊制度**

1956年10月,天津市立总医院更名为天津医学院附属医院(天津医科大学总医院前身),自此,天津医学院附属医院进入了新的发展时期,正如朱宪彝后期所言:"1957年,是总医院的黄金时期。"①

为更好地为患者服务,1957年,朱宪彝决定进行门诊制度改革。医院实行三班门诊制(又称"三八门诊制"或"门诊三八制"),坚持24小时开放门诊,将急诊和门诊联合在一起,分别应诊。同时,为缩短患者候诊时间,提出"消灭五等"(等挂号、等看病、等划价、等收费、等取药)的口号,通过简化门诊手续、统一收费等措施,大大缩短了患者的平均候诊时间。

周恩来总理闻讯也亲自前来附属医院视察,听取汇报,对附属医院的这一做法给予了高度的评价和充分的肯定。周总理返京后,又向北京的卫生部门推广了天津医科大学附属医院的经验。

此外,为了解决患者住院难问题、减轻患者负担,附属医院还开辟了30张简易病床,使外地患者、门诊术后患者,以及需要暂时观察的患者得到住院治疗。1959年,医院又根据患者需要增设了专科门诊、会诊门诊、治疗门诊,并建立了中药房。这些举措均受到了广大患者的欢迎。

**2.坚持把人民生命安全和身体健康放在首位,尚德精术,大爱无疆**

(1)抗震救灾,共克时艰

1976年河北唐山市发生7.8级特大地震,波及天津。天津医学院附属医院的医务工作者除了驻守本地救治震灾伤员,还派出医疗队分赴天津市受灾较重的蓟县(现蓟州)别山地区开展救灾工作,昼夜排班,在当地实施手术累计300余次,抢救伤员150余人。医院还派车前往宁河,接来重伤患者400余人,专门成立了骨折、截瘫、破伤风和神经损伤四个会战组,骨科专家刘润田教授自制各类骨科器械,设计成功"拱桥式悬吊法",用于对400例脊柱骨折病人复位治疗,疗效得到患者认可。

震后救灾期间,医院还派出5批共33人组成的抗震救灾医疗队、24人的救护防疫队以及城市卫生工作队,深入城市街区,为社区居民送医送药,开展卫生宣传和急救培训工作。由于在抗震救灾中表现突出,附属医院被评为全

---

① 张建宁.颜华.天津医科大学总医院医院发展史[M].天津大学出版社.2016:29.

国抗震救灾先进集体,刘润田教授被评为全国抗震救灾先进个人,并出席了在北京召开的全国抗震救灾先进集体和模范人物代表大会,医院的2个集体和5名医务人员受到天津市表彰。

(2)众志成城,抗击"非典"

2003年春天,"非典"疫情蔓延全国。经历过抗灾的天津医科大学总医院的白衣战士们再一次挺身而出,直面病魔。在全市较早设立发热门诊,配置相关百万余元医疗设备,及时做好发热患者的诊断和分诊工作。呼吸内科吴琦教授受命参与卫生部防治"非典"专家组,另有小分队分别前往本市"非典"定点医院救治患者、对口支援天津市肺科医院、奉命组建天津市"非典"定点医院——天津市海河医院。总医院先后派出223名医务人员和后勤工作人员参与组建和转运、诊治患者工作。来自总医院和全市14家医院的900多名医疗队员发挥了天津市抗击"非典"的主力军的重要作用并做到了零感染,再次夺取了抗击"非典"战役的胜利。

救助患者的同时,医院也同时开展了抗击"非典"的科研工作。其中,"中药抗萨I号、II号抗"非典"病毒的体内外实验研究"的研究,获天津市科委立项。经中国疾病预防控制中心病毒预防研究所病毒实验室的抗"非典"病毒药效学试验,证实了中药抗萨I号、II号对SARS病毒具有有效的抑制作用,并完成了技术成果的转让。骨外科张义修主任医师研制出的"非典"病床头部隔离罩,投放定点医院使用;麻醉科高风主任医师研制的防"非典"一次性气管插管罩,有效降低了一线医务员感染的风险,并成功申请专利。①

为此,医院党委被中组部授予全国防治非典型肺炎先进基层党组织称号、被天津市委授予天津市先进基层党组织称号。医院被评为全国"三八红旗集体"和天津市防治非典型肺炎工作先进集体。时任院长只达石教授被评为全国防治非典型肺炎优秀共产党员,申长虹被授予全国五一劳动奖章。只达石、申长虹、张占伟、巩路、孙玫、杨又力、齐桐等7人被评为天津市优秀共产党员,217人被评为天津市防治非典型肺炎工作先进个人,另有16人被评为市委教卫工委优秀共产党员、26人被评为校级优秀共产党员。

(3)担当战"疫"使命,践行时代责任

2020年年初新冠肺炎疫情发生以来,天津医科大学党委深入贯彻习近平总书记关于坚决打赢疫情防控阻击战的系列重要指示批示精神,积极践行"双一流"医学院校职责与使命,统筹疫情防控和学校事业发展"两不误"。

---

① 张建宁.颜华.天津医科大学总医院医院发展史[M].天津大学出版社.2016:129.

　　学校积极履行社会服务职责使命,天津医科大学总医院、肿瘤医院、第二医院、口腔医院、眼科医院、朱宪彝纪念医院(代谢病医院)、总医院空港医院7所大学医院的276名医护人员奔赴湖北武汉、恩施,67名医护人员支援天津海河医院,另有更多的医护人员奋战在发热门诊和医疗救治的第一线,逆行抗疫,诠释了天医人的赤子心、爱国情、报国志。援鄂一线医疗队提出的"感控三原则""救治三原则""抓两边,稳中间"等"天津模式"和"救治范本",在国内推广。总医院空港医院全力完成全市"入境航班可疑症状人员接诊定点医院"收治任务。

　　在天医大批医务人员星夜驰援、奔赴抗疫一线的同时,学校坚决贯彻落实党中央"预防为主"的卫生工作方针,充分发挥预防医学、基础医学和临床医学的优势,成立突发公共卫生事件应急研究中心及未来医学技术研究中心,为完善我市重大疫情防控机制体制,健全公共卫生应急管理体系提供一定决策依据和技术支持;广大教师,虽不是直接在一线的抗疫者,在完成大量线上教学的基础上,义无反顾投身志愿服务、参与防控任务、参加学生复课返校"三站一场"接站,完成各项值班值守任务,用不同的抗疫方式默默奉献着责任与担当;科研工作者们则更是挑灯夜战,精准开展科技攻关,积极参与疫苗研发,为打赢疫情防控人民战、总体战、阻击战贡献着天医人的智慧和力量;学校管理人员也是协调各方,互相配合,及时保障抗疫前线和后方的物资供应;学生志愿者突击队驰援天津海关口岸,担任流行病学调查翻译……天医人形成疫情防控的最大合力,用守护生命、捍卫健康的实际行动践行了使命和责任,天医精神也获得了广泛的社会赞誉。

　　总医院呼吸与危重症医学科主任医师、总医院空港医院综合内科主任吴琦、肿瘤医院党委书记、主任医师陆伟、总医院重症医学科副主任、副主任医师彭民3人被授予全国抗击新冠肺炎疫情先进个人荣誉称号;总医院援鄂重症救治医疗队被授予全国抗击新冠肺炎疫情先进集体荣誉称号;吴琦、陆伟2人还同时被授予全国优秀共产党员荣誉称号。天津医科大学另有67人次荣获省部级及以上抗击新冠肺炎疫情先进个人荣誉称号;24个团队荣获省部级及以上抗击新冠肺炎疫情先进集体。31名同志在抗疫一线光荣入党。

　　在这场政治大考、生命大考中,展示了天医人坚决守护人民生命健康的大医精诚,更彰显了天医人强烈的家国情怀和责任担当精神!

天津医科大学各大学医院最美逆行者出征

总医院最美逆行者出征　　第二医院最美逆行者出征　　肿瘤医院最美逆行者出征

朱宪彝纪念医院最美逆行者出征　　　总医院空港医院最美逆行者出征

　　我校85届毕业生、著名呼吸与危重症领域专家、天津市新冠肺炎医疗救治专家组组长吴琦主任在一次学校举办的大会上追忆了当年入学典礼上朱宪彝老校长的殷切教导，感慨于学校翻天覆地的发展变化。他表示，正是得益于母校的培养和教育，才让他有能力应对每次重大突发公共卫生事件，有信心为人民群众的身体健康保驾护航。

### 三、服务健康中国战略，推进医学教育创新发展

　　静怡湖旁的朱宪彝雕像，一直在默默守护着天医这片热土，关注着天医的发展和变迁，从天津医学院到天津医科大学，从"一校一所一学科"的筹建到医科大学的跨越式发展，无不记载着以朱宪彝、吴咸中、王正伦、郝希山、尚永丰、颜华为代表的天医人走过的路，做出的贡献，传承的精神。

2020年初,校领导看望学校离退休老干部

正如校长颜华教授所云,天津医科大学以"继承传统、展示成就、凝聚力量、再铸辉煌"为主题,以"文化传承、学术内涵、隆重简朴、特色鲜明"为主线,在提升文化底蕴、弘扬天医精神、推进学校"双一流"建设、办好高水平研究型医科大学系列工作中,提供了强大的精神合力和发展动力。

## (一)继往开来,薪火相传

经过70载的艰苦奋斗和锐意进取,学校在现任校党委书记、免疫学专家姚智教授和校长、眼科学专家颜华教授的带领下,已发展成为以医学科学为核心,以生命科学为依托,医、护、技、药等各类学科专业齐全,特色突出,优势明显的国家"211工程"重点建设市属院校,天津市人民政府、国家卫生计生委和教育部共建高校,入选国家"世界一流学科建设高校"和教育部、天津市共建"双一流"建设高校。

学校党委书记、免疫学专家姚智教授

学校党委副书记、校长、眼科专家颜华教授

### 1."一校一所一学科，万花万果万年春"

在1983年朱宪彝80寿辰之际，时任天津
医学院副院长崔以泰教授献上一副对联："一
校一所一学科，万花万果万年春"①，以此高度
概括朱宪彝在医学教育上的巨大贡献。

2020年5月崔以泰接受学校采访

（1）"一校"：奋进中的天津医科大学

1994年6月10日，天津医学院和天津第
二医学院两校合并，组建成立天津医科大学。
郝希山教授任天津医科大学校长，崔以泰教
授任校党委书记。两校合并以来，1996年12月天津医科大学发展成为天津市
唯一的国家"211工程"重点建设市属院校，2015年10月成为天津市人民政
府、国家卫生计生委和教育部共建高校，2017年9月入选国家"世界一流学科
建设高校"，2020年成为教育部、天津市共建"双一流"建设高校。学校目前有
气象台路与广东路2个校区和7所大学医院。作为天津市政府重点建设工
程、规划占地面积1952亩的天医团泊湖校区正在一期的二、三标段施工中。

学校现有包含大学医院在内各类专业技术人员8519人，其中正高级职称
663人，副高级1247人；工程院院士2人、中国科学院院士1人、外籍院士1人；
国家杰出青年科学基金获得者12人及优秀青年科学基金获得者6人；科技部
"973"首席科学家4人；国家百千万人才工程人选13人、国家"万人计划"领军
人才6人及青年拔尖人才2人；国家人社部有突出贡献专家13人；国家卫生计
生委有突出贡献中青年专家12人。

2002年和2008年，学校以优秀成绩通过教育部本科教学和七年制高等医
学教育教学工作水平评估。2012、2013和2014年分别通过教育部护理学专
业、口腔医学专业认证和临床医学专业认证。2017年通过教育部本科教学工
作审核评估。2009年以来，学校获国家级教学成果一等奖1项、二等奖3项，
市级教学成果一等奖12项，二等奖15项。2019年度获批国家级一流本科专
业建设点5个（临床医学、口腔医学、预防医学、医学影像技术和护理学），《医
学诊断学》《营养与食品卫生学》《药理学》《生物建模仿真》《家兔急性肾功能
衰竭虚拟现实实验》5门课程，获批国家首批一流本科课程。

---

① "一校"指建立天津医学院，"一所"指建立天津市内分泌研究所，"一学科"指建立临床内分泌学
科。"万花万果万年春"指朱老校长桃李天下，英名万古流芳。

现有一级学科博士学位授权点10个,博士专业学位授权点2个;一级学科硕士学位授权点12个,硕士专业学位授权点7个。博士后流动站6个。博士生导师369人,硕士生导师1100人。

现有国家重点学科5个,天津市重点学科18个;天津市一流学科4个,天津市特色学科(群)4个;6个学科领域进入全球基本科学指标数据库(ESI)学科排名前1%;省部级重点实验室23个,研究所15个,天津医学表观遗传学协同创新中心获批省部共建协同创新中心。"十五"以来,学校共承担省部级以上科研项目3817项,获省部级及其以上科技奖励323项,其中国家级科技奖励10项、省部级一等奖29项。2016年学校获批科技部"创新人才培养示范基地"。

现有大学医院7家,大学医院设有13个专科为国家临床重点专科。肿瘤医院是全国首批国家肿瘤临床医学研究中心,总医院获批天津市神经系统疾病临床医学研究中心,肿瘤医院获批天津市恶性肿瘤临床医学研究中心。

近年来,学科建设和国际化发展更是成绩斐然。

2020年8月21日,由中国医学科学院主办的2019年度中国医院科技量值与2019年度中国医学院校科技量值(STEM)发布。学校在全国107所独立医学院校和设立医学学科的综合性大学中,排名第18位,相比2018年的第20位提升了2个位次。同时,肿瘤医院、总医院再次上榜,分列第42、51位,较2017年度和2018年度排名均有不同程度的提升。总医院共27个学科名列百强,14个学科进入前50排名,神经外科学排名第3。肿瘤医院共有16个学科名列百强,8个学科进入前50排名,肿瘤学排名第5。此外,第二医院泌尿外科学位列第13,口腔医院口腔医学位列第22,眼科医院眼科学位列第17,朱宪彝纪念医院内分泌学与代谢病学首次进入前30排名,位列第22。[①]

近期,据天津医科大学2021年5月14日官网报道,学校的临床医学学科首次进入ESI全球排名前1‰,全球排名第482位。同时,化学学科首次进入ESI世界排名前1%,成为天津医科大学第8个跻身ESI前1%的学科。至此,天津医科大学国际综合排名从2020年5月的869位上升至806位,上升了63位。临床医学、分子生物学与遗传学、神经科学与行为学、生物学与生物化学、药理学与毒理学、材料科学、免疫学和化学8个ESI前1%学科的国际排名

---

① 源自天津医科大学大学医院官网,http://www.tmu.edu.cn/dxyyxx/2020/0903/c514a51412/page.htm,2020年9月3日。

总体呈现稳步提升态势,反映出学校学科建设持续向好发展。①

学校先后与24个国家和地区的96所大学和科研机构建立学术交流与合作关系,在医学和生物医药领域开展高水平国际合作,聘请159位世界知名医学专家、教授担任学校各学科的名誉教授和客座教授,成立了"外国专家顾问委员会",推动学校国际化发展。②

学校于1997年正式成立来华留学生教育管理部门国际医学院,留学生生源来自95个国家,留学生教育规模与质量居全国医学院校前列,现有国家级来华留学生英语授课品牌课程8门,天津市来华留学生英语授课品牌课程25门,"来华留学生临床医学专业全英文教学与质量保障体系的建立与实践"获国家级教学成果一等奖。学校被教育部认定为首个来华英语师资培训中心(医学)。

建校近七十年以来,学校以立德树人为根本任务,坚持德高医粹的育人理念,面向医学科学前沿和国家战略需求,对接健康中国战略和人民健康需要,秉承朱宪彝的学术思想,坚持基础研究与临床研究紧密结合,围绕威胁人类健康的重大疾病开展创新性研究,培养出郝希山院士、顾瑛院士等大批优秀医学人才,促进医、教、研协同发展,发挥出医科大学在行业、区域发展中的引领和示范作用。

(2)"一所":发展中的天津市内分泌研究所

天津市内分泌研究所于1978年建立,首任所长为朱宪彝。天津市内分泌研究所是当时国内该领域的第一个研究机构。1981年该研究所被授权为天津医科大学内科学(内分泌与代谢病)博士点。

1993年该研究所获批天津市重点学科,1997年卫生部在所内组建"卫生部激素与发育重点实验室"。依托内分泌与代谢病学科的发展,1998年7月,集医疗、科研、教学、预防、培训于一体的天津医科大学附属专科医院"代谢病医院"在和平区同安道66号开诊。1999年天津医科大学代谢病医院和天津医科大学总医院内分泌科共同申报并且获批组建天津医科大学"211工程"重点建设学科,同年建立国家博士后流动站。

---

① 源自天津医科大学大学医院官网,http://www.tmu.edu.cn/2021/0515/c132a54194/page.htm,2021年5月14日。

② 源自于天津医科大学官网,http://www.tmu.edu.cn/5/list.htm,2020年3月5日。

为进一步推动内分泌与代谢病学科的迅速发展,充分发挥基础研究和临床的优势,加强学科建设,以科研促临床发展,以临床支持基础科学研究,2004年4月内分泌研究所并入代谢病医院。研究所所长由时任代谢病医院院长于德民教授担任。2007年内分泌与代谢病学科获批国家级重点(培育)学科。

从2004年至今,院、所充分发挥临床和基础有机结合的优势,整合和凝练出三个重点研究方向:

一是甲状腺疾病研究方向:以陈祖培教授、阎玉芹研究员为首的团队,多年来致力于碘缺乏和碘过量引起的甲状腺疾病以及自身免疫性甲状腺疾病的研究,促成国家碘缺乏病防治与监测方案的建立与完善,为我国碘缺乏病防治国策的制定做出了不可忽视的贡献;

二是II型糖尿病及其慢性并发症研究方向:以于德民教授、陈莉明教授为首的团队,长期致力于胰岛素抵抗和胰岛beta细胞分泌缺陷的研究。在并发症研究方面,通过探索氧化应激-炎症机制在糖尿病视网膜病变、糖尿病肾脏病变,以及糖尿病心血管病变中所起作用,积极开展防病治病相关的转化医学研究;

三是代谢性骨病研究方向:以王宝利等研究员为首的团队,通过研究激素与细胞因子对骨代谢的调控作用,细胞因子之间的相互作用,细胞因子、转录因子对成骨细胞和破骨细胞分化影响及对于成骨和破骨活性的调节作用,阐述了骨质疏松症的致病机制。

据朱宪彝纪念医院2020年7月提供的相关资料显示,在中国地方病控制中心成立30周年庆祝大会上,内分泌研究所的3位老专家因在中国消除碘缺乏病方面的杰出成就而荣获终生荣誉奖——马泰教授荣获"地方病防治研究终生成就奖",陈祖培教授和阎玉芹教授荣获"地方病防治研究终生荣誉奖",该奖项是我国首次为从事地方病防治研究的专家授予终生荣誉称号。

2015年天津市科委批准代谢病医院组建天津市糖尿病防治国际合作基地,同年以代谢病医院和内分泌研究所为主要组成单位,组建天津市代谢性疾病重点实验室。2016年内分泌与代谢病学科与天津医科大学其他学科整合,获批组建心血管与代谢性疾病基础与临床学科,并入选天津医科大学"十三五建设"一流学科引领计划;2018年学科加入国家"双一流"学科建设项目(临床医学)。

经朱宪彝创建的天津市内分泌研究所经过40多年的发展,在师资队伍建设、科研水平、科研平台建设以及国内外交流合作等方面均取得了长足的进步。

师资队伍建设：研究所先后引进了国家和天津市知名教授与天津市特聘讲座教授多名；培养天津市特聘教授1名，培养天津市"海河学者"1名，培养天津市"131"创新性人才项目第一层次人才2名，培养"131"创新团队1支（代谢性骨病方向）；拥有博士生导师10名，硕士生导师26名。

科研水平：研究所对甲状腺疾病的研究居国内领先水平，其中碘缺乏病、甲状腺激素与脑发育的研究达到国际领先水平；糖尿病研究总体达到国内领先水平；代谢性骨病研究总体达到国内领先水平，部分达到国际先进水平。

科研平台建设：实验室面积由原有的3800平方米扩增到4500平方米，购置仪器设备总价值3000万元以上。完善了尿碘检测平台、分子生物学平台、细胞生物学平台、病理组织学平台的建设。

国内外交流合作：研究所不仅与国内先进院所开展不断深入的学术交流，而且与包括美国哈佛大学Joslin糖尿病中心、克利夫兰医学中心、纽约大学，瑞典卡罗琳斯卡医学院、隆德大学，澳大利亚新南威尔士大学、悉尼大学以及日本东京大学在内的14所国际知名院校建立了包括基金申请、学者互派、共同培养研究生等多项实质性合作项目。参与其中的学术骨干均已培养成为兼顾临床和科研的"两栖"人才，是内分泌与代谢学科发展的动力所在。

"卫生部激素与发育重点实验室"和"天津市代谢性疾病重点实验室"作为学科的基础研发基地，确保和推动了甲状腺疾病、糖尿病以及代谢性骨病等主要研究方向的进步。尤其在碘与甲状腺疾病研究方面，为中国消除碘缺乏病提供了大量的科学依据，领导制定和修订了3项国家和卫生行业标准，包括《食用盐含碘量》《尿中碘的砷-铈催化分光光度测定方法》《地方性克汀病和地方性亚临床克汀病诊断》，建立了我国正常孕妇不同孕期（早、中、晚）特异的甲状腺功能正常值，同时还建立了我国正常学龄儿童（8~10岁）的甲状腺功能正常值，使得两种重要目标人群的碘营养和甲状腺功能的监测有了依据。另外，实验室不断开拓新的研究领域，2011年聘请中国科学院院士尚永丰教授担任卫生部激素与发育重点实验室主任，新增"性激素与器官发育研究"为实验室重点科研方向，2018年引进国家杰出青年科学基金获得者章卫平教授担任天津市内分泌研究所所长，由其引领的代谢失衡与肿瘤的互作机制科研团队加入到学科建设。

据内分泌研究所有关统计资料显示，截至2017年底，共主持省部级以上科研立项250项，其中国家自然科学基金重大、重点项目6项，其他国家级项目97项，科研经费总额近8490余万元；发表学术论文1752篇，其中SCI收录第一作者/通讯作者论文269篇;出版科技专著61部;获得国家发明专利5项;获得国家科技进步二等奖1项(甲状腺疾病研究领域)、国家科技进步三等奖1项(代谢性骨病研究领域),省部级科技进步二等奖13项,三等奖22项。自2004年院所合并以来,已培养博士生58人,硕士生332人。

2019年6月16日,在天津医科大学建校68周年之际,承载着无数人的殷切期望和翘首以盼,肩负着新院名沉甸甸的责任感和使命感,为纪念我国内分泌学科创始人之一、天津医科大学和天津市内分泌研究所的缔造者朱宪彝,传承和弘扬朱宪彝大医精诚的医者精神,集医疗、科研、教学、预防、培训于一体的天津医科大学朱宪彝纪念医院(代谢病医院),又名天津代谢病防治中心,在天津市北辰区新址落成并开诊。

在2014年1月学校举办的纪念朱宪彝活动中,王宝利副所长感慨道,"朱宪彝在创建中国临床内分泌学科、创立天津医学院、创新代谢性骨疾病、地方性甲状腺肿与克汀病研究等方面所做出的杰出贡献令后人高山仰止。他对人民对事业的无比忠诚,展现了一代医学大家、教育大家的至高风范。朱宪彝与周恩来、邓颖超、杨石先等一起当选20世纪影响天津的21位历史伟人,并当选60位感动天津人物——海河骄子。朱宪彝一生奋斗的历程,代表着老一代中国高级知识分子饱尝艰辛、爱国创业的共同特点,同时也闪烁着他德高医粹、彪炳史册的个人风范。"王所长还援引了美国著名骨代谢专家帕菲特(Parfitt,AM)于1985年7月在国际著名杂志 *Calcified Tissue International* 上发表的题为"朱宪彝——中国维生素D缺乏和软骨病临床研究的先驱"的纪念文章中的片段,"朱宪彝的逝世标志着代谢性骨病理论发展的一个重要历史时期的终结……他们[①]的成就至今仍对我们有重大的教益和深远的指导作用"。

(3)"一学科":发展中的内分泌与代谢病学科

内分泌代谢病学科是由朱宪彝亲手创建的、国内最早的内分泌和代谢病专业科室,与北京协和医院和上海瑞金医院并称为国内三大内分泌代谢疾病诊疗中心,是天津市内分泌研究所临床部以及国家级重点学科、天津市重点学科和国家"211工程"重点学科。

朱宪彝从1934年开始,即与北京协和医院的刘士豪教授率先开展了钙磷代谢研究,对佝偻病和骨软化症、肾性骨病等代谢性骨病进行了发病机制、临床治疗等全面和系统的研究,首次阐明佝偻病和骨软化症发病机制中钙、磷、维生素D的变化规律,提出了最佳治疗方法,并命名为"肾性骨营养不良",该

---

① 指朱宪彝和刘士豪,编者注。

称谓是迄今为止由我国科学家命名的少有病种之一。

1936年朱宪彝赴美国波士顿哈佛大学医学院生化系进修,1937年回国后继续从事钙磷代谢研究。朱宪彝关于维生素D在肾脏进一步代谢才发挥生物效用的学术论断,为20年后一种重要的调节钙磷代谢的激素——1,25(OH)2D3——的发现奠定了重要的理论基础这些数据至今仍为世界学者所引用。[1]

1955—1956年朱宪彝兼任天津市立总医院(天津医科大学总医院前身)院长。1956年10月天津市立总医院更名为"天津医学院附属医院"[2],其行政、业务、人事、财务一并划归天津医学院领导。在朱宪彝的直接领导下,市立总医院成立了医院内科内分泌专业组,开设了以张钧教授为首的、全国唯一的糖尿病专科门诊。

医院在内分泌疾病中不仅能够诊治各种常见病、多发病,而且还具备诊治少见病、疑难病和危重病的能力。1959年,医院报告了"甲状旁腺腺瘤骨病变"病例,之后陆续报道了"巴特综合征""肾素分泌瘤"和"舒血管肠肽瘤"等病例,这些均为国内首次报道。[3]

1984年,朱宪彝团队从美国引进国内第一台双光子骨密度测定仪,首次报告了中国人骨密度数据,为临床代谢性骨病诊断提供了重要依据。

①内分泌科的建立与发展

1961年,医院成立了第七病房,即如今内分泌科的前身,集中收治内分泌疾病和心血管病患者,初步建立了内分泌疾病的诊治流程。朱宪彝亲自坚持查房。1962年,医院建立了临床内分泌实验室,开展了许多在当时国内尚未开展的内分泌代谢特殊实验室检查项目,如24小时尿17-羟皮质类固醇和17酮类固醇、血浆蛋白结合碘等。1966年,因"文化大革命"该病房工作暂停。1974年,医院重新建立了内科三组,该病房集中收治内分泌疾病和感染性疾病患者。

1978年,医院在既往工作基础上正式建立了内分泌科,张钧教授任主任,专门收治内分泌代谢性疾病患者,共设床位40张,年均收治病人逾千人次。为了更好地服务内分泌代谢疾病患者,医院以内分泌科的成立为契机,开设了糖尿病门诊、内分泌疾病门诊和甲状腺疾病门诊,年均门诊量2万多人次[4]。

① 张建宁.颜华.天津医科大学总医院学科发展史[M].天津大学出版社.2016:45.
② 张建宁.颜华.天津医科大学总医院医院发展史[M].天津大学出版社.2016:22-23.
③ 张建宁.颜华.天津医科大学总医院学科发展史[M].天津大学出版社.2016:48.
④ 张建宁.颜华.天津医科大学总医院学科发展史[M].天津大学出版社.2016:47.

1978年,由临床、生化、病生理、病理等研究室构成的天津市内分泌研究所成立,标志着内分泌代谢疾病研究由临床走向临床与基础相结合。内分泌科和内分泌研究所相继成立后,医院在内分泌和代谢性疾病的诊断和防治等方面取得了明显成果,临床总体水平一直处于国内本学科领先地位。

1999年,天津医科大学总医院组建了内科第八病区,即以治疗内分泌疾病为主、兼顾普通内科的特需病房。内分泌学专家冯凭教授主持科室业务工作。2005年,该病区更名为代谢病科。自此,代谢病科成立。2015年3月31日,天津医科大学总医院内分泌科与代谢科合并,组建成立内分泌代谢病科。

②内分泌代谢病科的建立与发展

内分泌代谢病学科的建立,可追溯到20世纪50年代。

1951年,朱宪彝创建内分泌与代谢病学科;1981年,内科学(内分泌与代谢病)确定为博士点;1993年,内分泌与代谢病学科被批准为天津市重点学科;1993年,内分泌与代谢病学科被批准为天津市重点学科;1997年,卫生部批准在研究所组建"卫生部激素与发育重点实验室";"九五"期间,内分泌与代谢病学科被列入"211工程"重点建设学科;1999年,内分泌与代谢病学科进入国家博士后流动站;2003年,激素与发育实验室被列为天津市重点实验室;2007年,内分泌与代谢病学科被确定为国家级重点(培育)学科,2018年入选天津医科大学"世界一流学科建设"。2015年,天津市科学技术委员会批准代谢病医院组建天津市糖尿病防治国际合作基地;2015年,以代谢病医院和内分泌研究所为主要组成单位获批组建天津市代谢性疾病重点实验室;2016年,内分泌与代谢病学科与天津医科大学其他学科整合,组建心血管与代谢性疾病基础与临床学科,并入选天津医科大学"十三五建设"一流学科引领计划。

目前,天津医科大学朱宪彝纪念医院与天津医科大学总医院内分泌代谢病科,共同将甲状腺疾病、代谢性骨病和糖尿病确定为重点研究方向,并形成了以美国密歇根大学内分泌代谢与糖尿病学系专家、天津市特聘教授人选、博士生导师刘铭为该学科带头人的天津医科大学总医院团队;以中华糖尿病学会副主委、天津糖尿病学会主委、天津医科大学朱宪彝纪念医院(代谢病医院)院长、博士生导师陈莉明教授为该学科带头人的朱宪彝纪念医院(代谢病医院)团队。

刘铭教授率领的团队,长期致力于糖尿病的分子发病机制研究,探寻和开发可减缓胰岛beta细胞功能衰竭和糖尿病新靶点的转化型研究,在内分泌疑难罕见疾病综合诊治、单基因糖尿病精准诊治和胰岛功能研究方面的取得优势地位,取得一系列科研成果,并牵头成立全国内分泌罕见病学组、在天津创新性开展多项内分泌诊疗技术,极大地提高了天津市内分泌疑难罕见病诊治水平。

近年来,该科室与兄弟科室密切合作,开展了甲状腺、肾、皮肤、肌肉和骨等器官与组织活检,其中髂骨活检是国内首创。与兄弟科室开展多学科深层次合作,优势互补,大胆创新,运用多学科(MDT, Muliti-Disciplinary Team)诊疗方式,为患者制定系统化、标准化、个性化诊疗方案,为解决疑难危重症患者的救治开辟了新路径。积极开展专病门诊,现在开设糖尿病门诊、骨质疏松门诊、甲状腺门诊、妊娠糖尿病门诊、肥胖门诊和多囊卵巢综合征门诊。

特别是科室医护人员,一切以病人为中心,始终牢记医者初心,竭尽全力除人类之病痛,助健康之完美,在刘铭教授的带领下,矢志不移坚持朱宪彝留下的三级查房制度,坚持定期疑难病例讨论制度,坚持参加内科总查房,受到患者的一致好评。

近五年,刘铭教授团队与学校其他相关学科团队一道,主持国家科技部重点研发计划子课题3项,国家自然科学基金杰出青年科学基金2项,国家自然科学基金优秀青年科学基金项目1项,国家自然科学基金重点国际研究合作项目2项,重点项目1项,面上项目和青年项目共21项,省部级项目10项,发表SCI论文215篇,其中5年影响因子单篇影响因子大于10分论文11篇。中心团队荣获中华医学科技一等奖1项、天津市科技进步一等奖2项、二等奖和三等奖各1项等。[①]

刘铭教授团队所在科室作为天津市内分泌学会主委单位,专业排名居本市首位,国内综合排名在10-25名。该科室承担了天津市大部分内分泌疑、难、重症诊治任务。年门诊量超30万,年出院人数3600余人次,年接诊外地患者近五年增长超3倍(超5万人次/年),该学科的辐射范围日益扩大,社会影响力逐年提高。开设10个特色专病门诊,2个多学科联合门诊,开展奥曲肽试验联合奥曲肽-PET-CT、肠促胰素受体-PET-CT、蛋氨酸-PET-CT、岩下窦取血、肾上腺静脉取血、肾静脉取血、质谱分析等国际先进检测技术。[②]

---

① 数据源自天津医科大学总医院内分泌代谢科2020年7月提供的相关资料。
② 数据源自天津医科大学总医院内分泌代谢科2020年7月提供的相关资料。

　　"十四五"期间,刘铭教授团队拟借力"精准医学"和"转化医学"大战略,以"内分泌代谢疾病的精准医学诊断技术开发、循证与转化医学研究和罕见病诊疗"为重点任务,多学科、多平台融合,努力探索糖尿病等常见病的预防、早期诊断和精准治疗,进行大规模多中心临床研究,开发罕见病的基因分析诊疗技术,努力获得足以改变当前医疗指南、降低疾病治疗成本的创新临床技术成果,不断完善医疗流程和创新技术平台,为人民群众提供优良医疗技术服务。

　　陈莉明等教授率领的团队主要研究方向为四个:以碘缺乏病为代表的甲状腺疾病,以地方性氟中毒和骨质疏松为代表的代谢性骨病,以糖尿病为代表的其内分泌疾病,性激素与器官发育。作为学科骨干单位,朱宪彝纪念医院与天津市内分泌研究所在近5年新增国家级课题25项,省部级课题32项,局级课题38项,横向课题26项,重点实验室开放课题及人才启动项目66项,以第一作者和通讯作者身份发表论文511篇,其中SCI论文201篇。获天津市科技进步二等奖3项,地方病防治研究终生成就奖1项,地方病防治研究终生荣誉奖2项。培养硕士生137人,博士生26人。[1]

　　2014年,医院获批"天津医科大学第六临床医学院"。同时,院所承担着检验、生物医学工程等本专科教学任务和公共卫生学院、检验学院、生物医学工程学院学生的临床实习任务。在科研平台建设方面,实验室建立了尿碘检测平台、分子生物学平台、细胞生物学平台、病理组织学平台,向全国开放,并已成为从事高层次课题研究和人才培养的基地。

　　为纪念我国内分泌学科创始人之一、天津医科大学和天津市内分泌研究所的缔造者朱宪彝,传承和弘扬朱宪彝大医精诚的医者精神,2019年6月16日天津医科大学代谢病医院新增"天津医科大学朱宪彝纪念医院"为新院第一名称。新医院秉承"尚德 精研"的院训,以"建成集临床诊疗中心、科技研发中心、教学实训中心、疾病预防中心、健康管理中心为一体,以代谢性疾病防治为特色的综合性三级甲等大学医院"的目标矗立在天津市北辰区。

---

[1] 数据源自天津医科大学朱宪彝纪念医院宣传科2020年7月提供的相关资料。

朱宪彝纪念医院(代谢病医院)新姿明(右一)

朱宪彝纪念医院党委书记姜雪明(左一)与院长陈莉共同为坐落在医院大厅的朱宪彝雕像剪彩

在天津医科大学,与朱宪彝纪念医院遥相呼应的"朱宪彝奖学金"和"朱宪彝班"的设定,既是深深缅怀朱宪彝老院长、传承天医精神,也是学校在为党育人、为国育才中,努力形成资助—育人—成才—传承的良性循环,着力培养天医学生自立自强、诚实守信、知恩感恩、担当奉献的良好品质。

颜华校长出席纪念朱宪彝老校长诞辰116年大会暨"朱宪彝奖学金"颁奖仪式

## (二)使命在肩,再度携手

### 1.促进医教研协同,探索"新医科"人才培养模式

69年前,朱宪彝院长在筹建天津医学院时,曾与时任南开大学校长杨石先先生与共同谋划天津高等医学教育战略布局。为此,两校校长在20世纪80年代,依据社会发展和医学教育发展趋势,继北京协和医院之后试办医学教育八年制,这一高瞻远瞩、敢为人先的合作创举,为医学教育学科融合发展奠定了厚实的基础。

为全面推动"健康中国2030规划纲要"和"中国教育现代化2035"战略实施,探索"新医科"人才培养模式,两校在悠久的合作历史和深厚的合作基础上,于2020年10月再度携手,签署战略合作框架协议,在人才培养、学科发展、科学研究、队伍建设、资源开放共享等方面开展实质性合作,共同为我国

2020年10月,南开大学与天津医科大学共同签署战略合作框架协议

2017年8月,天津大学与天津医科大学共同签署全面深化战略合作协议

医学教育创新发展、为健康中国战略的全面实施贡献力量。

**2. 助力"双一流"建设,探索拔尖创新型人才培养模式**

同在20世纪80年代,朱宪彝院长、吴咸中副院长与时任天津大学赵今声校长也签订了合作试办生物医学仪器试点班的协议。两校在高层次医学人才培养和医理工科的相互融合方面,进行过有益的探索,原本同根同源,合作密切。

为主动对接"健康中国"战略,满足社会发展需求。2017年8月,两校以建设"中国特色世界一流大学和一流学科"为契机,优势互补,深化合作,再度联合签署了全面深化战略合作协议和共建"医学科学与工程学院"备忘录。2018年,天津大学获批全国首个智能方向的医学类本科专业——智能医学工程专业,两校力争共同培养拔尖创新型人才,促进学科融合发展,合力将其打造成为天津市新医学教育与科技综合改革的试验田,形成互补支撑、协同发展、充满活力的学科群落和学科生态体系,在"双一流"建设中迈上新台阶。

### (三)海纳百川,展望未来

风雨兼程甲子辉煌又九载,展望未来七十锦绣更百年。

校党委书记姚智在70周年校庆倒计时一周年启动仪式上说:70周年校庆不仅是天医人期盼的重要节日,更是学校发展史乃至天津医学教育史上一个重要的里程碑。朱宪彝以"为天津培养医学人才,为建设第一流的医学院而奋斗"之抱负创立了天津医学院。建校之初,学校秉持海纳百川的姿态,吸纳了众多有识之士投身医学教育事业,成就了今日之天医。学校在奋进中前行,积淀了深厚的文化底蕴。多年来,学校全面贯彻党的教育方针,深入落实

"立德树人"根本任务,各项事业快速发展,整体办学实力与社会声誉明显提升,在人才培养、科学研究、社会服务等领域发挥了重要作用。尤其每次面对重大公共卫生事件,一批批天医人逆行出征、义无反顾,肩负起应有的社会责任,为建设"健康中国"、维护人民群众生命与健康福祉做出更大贡献!

**1. 积极对接国家发展战略,优化学科专业布局**

经过一代代天医人的共同拼搏,天津医科大学在最新ESI数据全球排名中居第860名,免疫学学科布局更趋完善,入选ESI全球前1%学科;迄今为止,学校总入选学科数达到7个;临床医学全球排名500位。天津医科大学的4个学科进入天津市一流建设学科,4个学科群入选天津市特色学科群,18个学科成为天津市重点学科;学校获批天津市高水平特色建设大学,"十三五"综合投资中期绩效评估获市属高校第一名;完成了"双一流"首轮周期建设任务,建设成效获专家组一致肯定;获批省部共建协同创新中心;进一步整合校内外优质资源,相继成立了天医文化传承研究中心、突发公共卫生事件应急研究中心、未来医学技术研究中心、美育中心等融合创新机构,激发创新活力,使学科建设实现新跨越。

**2. 实施人才兴校战略,形成引育并举新格局**

在人才培养上,学校打造人才体制机制"实验区",建立与国际接轨的以创新质量和贡献为导向的人才评价和激励机制,实施多元化人才管理制度,凝聚校内外和国内外人才。启动实施"基础医学卓越人才计划",首批遴选20位实验室项目负责人。

近五年来,学校引进与培养国家级人才52人,其中中国工程院外籍院士1人,长江学者特聘教授及青年项目4人,国家杰出青年科学基金资助7人,国家优秀青年科学基金资助5人,国家"万人计划"领军人才及青年拔尖人才6人,百千万人才工程国家级人选9人,科技部创新人才推进计划2人,中科院百人计划3人。学校实施"高端人才集聚计划""杰出青年学者支持计划""卓越教师发展支持计划""基础医学卓越人才计划",形成了以才引才、以才聚才、以才育才的工作格局。学校15位教授入选教育部高校教学指导委员会。1个团队入选首批"全国高校黄大年式教师团队",1人获全国优秀教育工作者称号。获批市级教学团队7个,4人获天津市优秀教师称号,11人获教学名师称号。

**3. 加快研究平台建设,科研实力再上新水平**

在研究平台建设与创新方面,颜华校长在接受《瞭望》新闻周刊记者专访时指出:学校聚焦国家重大战略需求和国际科技发展前沿,以天津医科大学基础医学研究中心为试点,建立学校首个科研体制机制改革先行区。该区域以"1个创新平台"为基础,围绕肿瘤及相关疾病重大前沿问题,重点建设肿瘤发生发展的表观遗传学调控等多个学科方向;该区域坚持以协同、开放、交叉、融合为宗旨,打破学院和医院之间的行政壁垒和学科边界,促进创新要素有效汇聚,鼓励基础研究和临床医学相关学科深度协作,协同发展。

另外,学校加快国家肿瘤临床医学研究中心、精准医学研究中心、样本库和大数据中心等平台建设;新增9个天津市重点实验室;累计获得纵向科研项目1667项,科研经费超过6.5亿元。5年中,获国家自然科学基金立项774项,获国家自然科学基金重大项目1项,实现我校及市属高校零的突破。新增国家"创新人才推进计划"重点领域创新团队1个。获国家科学技术进步奖二等奖1项,何梁何利基金科学与技术进步奖医学医药奖1项,天津市自然科学一等奖1项,教育部自然科学二等奖1项,天津市科学技术进步特等奖2项、一等奖11项。学校科研人员在国际一流学术期刊上发表研究成果数量稳步增长,SCI收录论文9938篇。

**4.发挥学科优势,推动临床治疗与基础研究创新,为保障人民群众健康提供强有力保障**

临床研究中,学校发挥和传承肿瘤学、泌尿外科学、神经病学与神经外科等国家重点学科的独特优势,构建了乳腺癌早期筛查、早期诊断、早期治疗直至个体化干预的综合精准防控模式。脊柱脊髓损伤诊疗新模式、慢性硬膜下血肿的非手术治疗方案等临床研究成果,分获国家科学技术进步奖二等奖和天津市科学技术进步奖特等奖。

经过多年努力,总医院、肿瘤医院、第二医院入选全国最佳医院前100名,神经外科等4个专科入围"全国医院最佳专科排行榜"前10名。大学医院在行业"技术比武"和"三好"评选活动中屡创佳绩,2所医院荣获"人民满意的好医院",4人荣获"十佳医务工作者",29人荣获人民满意的好医生、好护士荣誉称号。13个国家临床重点专科建设项目通过验收,获批3个国家临床医学研究中心分中心、10个市级临床医学研究中心、16个市级临床重点专科。

推进临床技术创新,开展临床新技术新项目。落实分级诊疗制度,推进医联体建设和互联网医院建设,促进优质医疗资源服务基层。成立全国肿瘤专科联盟,搭建"京津冀癌症防控联动平台"。充分发挥在重大疑难病症防治研究方面的优势,推动优势学科临床技术创新,为保障人民群众健康安全做出重要贡献。

广大医务工作者主动担当,209名学科骨干援疆援藏援甘,2人获"全国援外医疗工作先进个人"称号。6所大学医院门急诊人次增长15.9%,住院人数增长36.1%,手术量增长49.8%,平均住院日由10.7天缩短为8.7天,医院软硬件建设不断完善。朱宪彝纪念医院落成开诊,成为我校第三所直属的大学综合医院。总医院空港医院、滨海医院、中新生态城医院、肿瘤医院空港医院投入使用。总医院教学综合楼、肿瘤医院门诊医技楼竣工使用。在基础-临床资源整合方面,学校依托大学医院临床资源优势,正在筹建临床医学部,构建"学校—临床医学部—临床医学学科"三级管理体系和政策保障机制。

## 四、结语

情到深处无言辞,诉诸笔端即华章。

今天,在中国共产党百年华诞、在朱宪彝创建的天津医学院70岁生日暨朱宪彝118周年诞辰之际,来自不同学科、不同专业背景的年龄迥异的天医人,承载着无数天医学者对朱老的追思与铭记,承担着朱宪彝学术思想的传承与发展巨任,用笔、更是用心灵,通过梳理、挖掘、研究以共产党员朱宪彝为代表的文化符号,以告慰逝去的我国内分泌学科创始人之一、天津医科大学和天津市内分泌研究所缔造者、世界钙磷代谢知识之父朱宪彝。通过梳理和总结朱宪彝的学术成就及其学术思想,我们旨在引导更多师生和医护工作者重温朱老"四献"精神,读懂一位共产党员矢志不渝的红色初心与无私奉献的革命情怀,挖掘以"尊重生命、救死扶伤、维护健康、提高生命质量"为基础的医学人文精神,推动"四史"教育与医学职业道德教育、生命健康教育的融合,传承天医文化品牌,为中国共产党百年华诞和天津医科大学70周年庆典献礼。

# 第十八章　朱宪彝主要学术论文、论著

## 一、朱宪彝主要学术论文

| 论文 | 杂志 | 发表时间 |
| --- | --- | --- |
| 1 对"甲状旁腺机能亢进"一文的讨论 | 天津医药杂志 | 1959年03期 |
| 2 十年来河北省医学科学技术的重要成就 | 天津医药杂志 | 1959年04期 |
| 3 胃肠系统激素和内分泌综合征——常见病(溃疡病)普通症状(腹泻)掩盖着的几种内分泌疾病 | 天津医药 | 1977年07期 |
| 4 从大批所谓原发性高血压病人中筛选出若干种内分泌性和非内分泌行高血压病人 | 天津医药 | 1977年11期 |
| 5 从大批所谓原发性高血压病人中筛选出若干种内分泌性和非内分泌性高血压病人(续一) | 天津医药 | 1977年12期 |
| 6 从大批所谓原发性高血压病人中筛选出若干种内分泌性和非内分泌性高血压病人(续) | 天津医药 | 1978年01期 |
| 7 临床内分泌学的新进展 | 陕西新医药 | 1978年01期 |
| 8 临床内分泌学的新进展(续) | 陕西新医药 | 1978年02期 |
| 9 从肾结石、病理性骨折讲起,联系原发性甲状旁腺机能亢进,讲纤维性囊性骨炎和其他几种代谢性骨疾病(一) | 天津医药 | 1978年02期 |
| 10 再论地方甲状腺肿与地方性克汀病 | 天津医学院学报 | 1978年02期 |
| 11 临床内分泌学的新进展(续完) | 陕西新医药 | 1978年03期 |
| 12 从肾结石、病理性骨折讲起,联系原发性甲状旁腺机能亢进,讲纤维性囊性骨炎和其他几种代谢性骨疾病(二) | 天津医药 | 1978年03期 |

| | | |
|---|---|---|
| 13从肾结石、病理性骨折讲起,联系原发性甲状旁腺机能亢进,讲纤维性囊性骨炎和其他几种代谢性骨疾病(三) | 天津医药 | 1978年04期 |
| 14从肾结石、病理性骨折讲起,联系原发性甲状旁腺机能亢进,讲纤维性囊性骨炎和其他几种代谢性骨疾病(四) | 天津医药 | 1978年05期 |
| 15从肾结石、病理性骨折讲起,联系原发性甲状旁腺机能亢进,讲纤维性囊性骨炎和其他几种代谢性骨疾病(五) | 天津医药 | 1978年06期 |
| 16精神失常、癫痫、昏迷与低血糖、低血钙及其他内分泌综合征 | 天津医药 | 1978年09期 |
| 17精神失常、癫痫、昏迷与低血糖、低血钙及其他内分泌综合征(续一) | 天津医药 | 1978年10期 |
| 18精神失常、癫痫、昏迷与低血糖、低血钙及其他内分泌综合征(续二) | 天津医药 | 1978年11期 |
| 19神经内分泌学的研究进展(一) | 江苏医药 | 1978年11期 |
| 20神经内分泌学研究进展(二) | 江苏医药 | 1978年12期 |
| 21内分泌学研究进展 | 国外医学参考资料(内科学分册) | 1978年Z2 |
| 22从西医角度看如何搞好中西医结合的科学研究工作 | 医学研究通讯 | 1979年06期 |
| 23地方性甲状腺肿和地方性克汀病的科研工作 | 地方病通讯 | 1981年01期 |
| 24 Studies on endemic goiter and endemic cretinism in Guizhou: observations on iodine metabolism and pituitary thyroid axis functional status | Chin Med J | 1981年09期 |
| 25关于地方性氟骨症早期诊断的探讨——1.地方性氟骨症的生化表现 | 中国地方病学杂志 | 1984年03期 |

续表

| 26 The effect of a single massive dose of vitamin D（$D_2$ or $D_3$）, on calcium, phosphorus and nitrogen metabolism in osteomalacia | Chinese Medical Journal | 1984年04期 |
|---|---|---|
| 27 创刊词 | 中华内分泌代谢杂志 | 1985年01期 |
| 28 贵州省地甲病流行区孕妇、脐带及胎儿血清T3、T4和TSH含量的观察 | 地方病通讯 | 1985年02期 |
| 29 关于地方性氟骨症早期诊断的探讨——2.地方性氟骨症与骨质减少的关系 | 中国地方病学杂志 | 1985年03期 |

## 二、朱宪彝主要学术论著

### 1.《代谢性骨病 X 线诊断学》

自 Albright 和 Reifenstein 于 1948 年提出"代谢性骨病"这一概念以来,随着医学科学的不断进展,人们对疾病的认识日益深入,代谢性骨病的含义也越加变得广泛。除传统的内分泌和代谢性疾病引起的骨病外,许多先天性代谢缺陷、原因不明的全身性骨病、慢性化学物质中毒和肿瘤等引起的骨病也纳入代谢性骨病范畴。

为了实现我国四个现代化的宏伟目标,适应医药卫生和医学教育蓬勃发展的形势,满足广大医务人员的需要,朱宪彝带领编写组编写了《代谢性骨病 X 线诊断学》一书。

该书是根据编者医疗、教学和科研的实践,参考国内外先进成就,并以编者多年积累的病例资料为基础编写而成。取材力求全面、精炼,使 X 线诊断、基础医学理论与临床医学相结合。全书共分十二章,内容依次为基础医学、临床医学和 X 线诊断。每章后列有参考资料,全书附图 532 幅。适于放射学医师和内、外、儿、妇科等医师参考。

### 2.《代谢性骨病学》

《代谢性骨病学》的编写有双层意图:一是继承和发扬中国医学界在代谢性骨病方面取得的优良科研成果,二是提倡和开展代谢性骨病研究,作为内分泌学的一个新的分支。佝偻病本来是一老病种,但是它的病因一直到 20 世纪初维生素 D 发现之后才得到澄清。早在 20 世纪 20 年代北京协和医学院妇产科 Jp Maxwell 教授发现许多准产病人是由于成人软骨病,骨盆狭窄畸形造成的。而他和他的同事们初步证实,这种成人软骨病和佝偻病一样是维生素D和钙缺乏的结果。他和胡正详首次报告软骨病孕妇及胎儿佝偻病。刘士豪及其同事们从30年代初开始进行一系列软骨病病人钙磷代谢和平衡的研究,特别是维生素D对钙磷代谢影响长期连续观察的科学资料,得到世界有关科学家的重视并引用,这项科研工作不幸因第二次世界大战太平洋战争爆发而被迫中断。必须指出,刘士豪等的科研工作还涉及甲状旁腺机能亢进和机能减退、肾性骨营养不良、成骨不全、多发性骨纤维异样增殖症等。他们的工作和美国麻省总医院 Albright 研究组是互相呼应的。这一良好科研传统值得我们继承下来,并加以发扬光大。

近代内分泌学的发展突飞猛进,其中一个新的而且非常重要的篇章就是代谢性骨病。这一临床内分泌学新分支的成长主要建筑在我们对于甲状旁腺激素、维生素D代谢产物以及降钙素的认识,不断发展的钙、磷和其他若干微量元素代谢和肾组织细胞计量学的应用。甲状旁腺激素和降钙素的生理和病理作用必须从种属进行角度来认识。海洋动物必须有维生素分泌器官,陆地动物才需要甲状旁腺激素。维生素D已经从一个营养要素变为一个调节钙磷代谢的必不可少的激素前体,而且和甲状旁腺激素密切相关。其他如性腺激素,生长激素、甲状腺激素、肾上腺皮质激素,以及若干生长因子和前列腺素等,大都直接或间接和钙磷代谢有关。

莫怪人们把代谢性骨病列为临床内分泌学的一个重要章节。肾性骨营养不良,即慢性尿毒症骨病的发病机制虽然经过长期钙代谢研究,一直是一个有争论的问题。等到维生素D活性代谢产物的研究发现才使我们认识了肾脏是 1a 羟化酶的产地,甲状旁腺激素负责促进 25-(OH)D 在肾脏 1a 羟化成为 1,25-(OH)2D2,从而促进肠黏膜细胞的钙吸收,保持血浆钙稳定在正常水平。代谢性骨病中有一组是由先天性肾小管功能缺陷造成的,如家族性低血磷(磷尿病)、肾小管酸中毒、所谓 Fanconi 综合征,它们都有不同程度的钙磷代谢紊乱、骨病变和症状。

这一组代谢性骨症也可以是慢性重金属中毒造成的。例如铜中毒,即所谓 Wilson 综合征。从病因学角度看,还有若干代谢性骨病病因不明,如成骨不全,Paget(定形长骨炎)、多发性骨纤维异样增殖症、石骨症等。经绝期和老年性骨质疏松可以认为是最常见的代谢性骨病,但其病因和发病机制都有待研究,同时它也缺乏有效治疗。地方性氟骨症在我国广泛存在,病因明确,但其发病机制有待研究;该病虽有一定的预防方法,但缺乏有效治疗手段。我们对医源性代谢性骨病如抗癫痫药所致软骨病尚缺乏经验。间胚组织癌伴发软骨病国内已有报告,致病因素性质不明。

代谢性骨病的研究方法在日趋复杂化的同时也更趋完善。早年多依靠临床症状、骨痛和/或畸形,病理解剖和放射学诊断以及血尿钙、磷等生化检查,这些检查技术提高了我们对代谢性骨病的认识。目前甲状旁腺激素、维生素D活性代谢产物以及降钙素的放免或生物测定,再加上骨组织活检和骨组织细胞计量学技术使我们对代谢性骨病的研究走上了细胞和分子生物学水平。发展前景将是各种激素在骨组织微小环境中,通过各种骨细胞活动对于钙磷等矿物质流动(出入)的动态影响,解决代谢性骨病的病因学和发病机制问题。

### 3.《临床内分泌学》

《临床内分泌学》是在原中华医学会内分泌分会主任委员朱宪彝领导下,由天津市内分泌研究所和天津医学院许多相关学科的专家们在长期实践、不断探索的基础上,广泛吸取国内外最新进展,而写成的一部高级参考书。该书从讲义、讲座发展成为一部专著,经历了一个相当长的过程。自1980年以来,天津医学院受卫生部委托举办全国内分泌医师进修班,朱宪彝亲自制定教学计划,编审教材,遴选基础与临床各科高级专家三十余人系统讲授基础内分泌学和临床内分泌学。至今已为全国二十五个省市培养了内分泌专科医师逾百人,其中不少人已成为该专业的技术骨干。为适应教学的需要,朱宪彝曾主持编写了一套供学员使用的讲义,并逐年修改、补充。1984年,全体授课专家对讲义再次进行统一修订,并经朱宪彝和朱德民教授审校,汇编成《临床内分泌学讲座》,于1985年8月内部出版,以应学者急需。《临床内分泌学》则是在《临床内分泌学讲座》的基础上,经过编著者的艰苦努力,六经寒暑,数易其稿,最后完成的。尽管朱宪彝不幸于1984年底逝世,但该书的编著者在编写过程中,既忠实地体现了朱宪彝严谨治学的一贯态度,一丝不苟的科学文风,重视专业培养与基础理论、相关学科知识密切结合的教学原则,又广泛借鉴了近年来国内外发表的论文与专著,力求资料翔实,内容先进,反映时代特点和发展趋势。他们的严肃态度和辛勤劳动,无疑值得钦佩和称赞。

如果我们把阅读书刊、学习专业知识视为一种形式的"投入",那么编写科学专著即等于一种特殊形式的"产出"。"投入"自然要付出代价,但"产出"需要付出更大的代价。编写科学专著既不是简单的重复劳动,照抄照搬,也不是随意的东摘西借,拼凑成章,而要经过编著者在长期实践、积累、探索、创新的基础上,博采众长,消化吸收,分析归纳,加工重组。任何经过专家精心编写的科学专著,都蕴藏着作者的深刻的经验体会,在某些方面反映出他们的独到见解或卓越建树。医学科学也就是通过这样的从"投入"到"产出",再从"产出"转为"投入"的循环往复的过程中得以不断发展。《临床内分泌学》的"产出"必将为广大中青年医务工作者提供有益的"投入",进而帮助他们以不同形式的"产出"为繁荣医学科学事业做出各自的贡献。这是符合科学发展规律的,我们既感谢那些为医学科学发展做出贡献的先辈和长者,更寄希望于在医学事业上奋力拼搏的青年一代,相信他们会肩负起时代赋予的重任,沿着前人的足迹不断攀登医学科学的高峰。该书的问世也必将对内分泌学专门人才的培养与学术水平的提高发挥积极的作用。

**4.《临床内分泌学讲座》**

本书是在卫生部委办全国临床内分泌进修班教材《临床内分泌学讲座》的基础上,经过编辑组及全体作者共同努力,进一步修改、调整、补充而成。本书立足临床,内容丰富,深入浅出,并力求反映与临床关系密切的内分泌学新进展,是一部对从事内分泌专业的临床医师较为实用的参考书。

当今正处在生物医学发展的新时期,生命科学领域内各学科相互渗透并向新的层次发展,促进人们对疾病的认识向深度和广度发展。由于基础与临床在新的层次上密切结合,内分泌学得到了较快的发展。该书反映了基础内分泌学和临床内分泌学的结合,在前几章专门编入了激素的生化与作用机理、神经递质、免疫学、遗传学、神经内分泌学和微量元素等内容,并在内分泌疾病各章充实了基础内分泌学的内容,读者可以从这些内容中加深对内分泌疾病发病机制的认识。

内分泌学的快速进展使内分泌无论在生理水平还是在病理水平都与全身各系统发生了密切的联系,内分泌学已渗透到临床各学科领域内。该书以相当的篇幅介绍了内分泌学与消化、肾脏、心脏、血液、神经科、皮肤科、老妇等相关学科的联系,充实了横向联系的内容,这些都有助于现代内分泌专业医师拓宽知识面,以"博"助"专"。

该书最后几章还专门介绍了内分泌疾病实验室诊断和治疗原则和技术等一般性问题,以便读者在进行诊断和制定治疗措施时参考。

**5.《内科讲座 第7-8卷 内分泌系统疾病》**

专题讲座有别于一般教科书,不强调全书内容的系统性、完整性。本书主要以专题形式介绍国内外内分泌学的一些重要进展。有些专题侧重于国际上在内分泌基础理论方面的最新进展,兼顾临床实践;有些专题则以总结部分国内临床经验为主。

近年来,随着细胞生物学和分子生物学的深入研究和广泛应用,内分泌学的进展也日新月异。它的研究领域已扩展到内科、外科、妇产科、儿科、神经科、精神科等几乎所有临床各科,其涉及基础理论研究课题的广泛程度,更自不待言。现在神经内分泌学的研究已经证明,内分泌系统协同神经系统调节整个机体的全部生理活动。有神经活动发生,就常有内分泌素以及中枢神经递质分泌的变化。同样,内分泌激素对神经系统的发育和功能状态也有重大影响。因此,应用现代科学技术方法来测定体内某些激素的水平并分析其对代谢的影响,就能更深入更具体地揭示机体生理和病理过程的化学本质。可以预见,生物遗传工程学和医学工程学的飞速发展,也必将使内分泌疾病的防治研究出现奇迹般的变化。

这样,以本书有限的专题就难以反映现代内分泌学的全貌,而且,读者阅读本书时,原来的最新进展可能已显得陈旧,更新的进展已经出现。但是,本书如果能引起大家对内分泌学的重视,如果能帮助一般内科专业医师,特别是内科住院医师、内科研究生认识现代内分泌学的概况,了解内分泌学的研究方法,熟悉常见内分泌疾病的诊疗手段,从而提高医疗质量和科研水平,我们将感到宽慰。受人民卫生出版社委托,天津医学院朱宪彝主持编写了这本《内科讲座——内分泌系统疾病》。

在本书编写过程中,中国科学院动物研究所、中国医学科学院、上海第一医学院、上海第二医学院、中山医学院、湖南医学院、重庆医学院、第二军医大学等兄弟院校专家、教授积极供稿,给予大力援助。

### 6.《内科学》

从传统定义来讲,内科学是临床医学的一个分支,是专门诊断人类内部器官疾病并以药物为主要治疗手段的科学。由于现代医学飞速发展,日新月异,上述定义便不够确切全面了。它应是全部临床医学的基础。其他临床各学科大都是从内科学分化出去的。实际上,现代内科还在不断地分化,向专业化方向发展。因此,对一个内科医师来说,首是要有广泛的内科疾病知识,便于在临床实践中有效地处理初诊病人;另外,还必须具有内科学一两个专业特长,以便解决疑难病症的诊断和治疗问题。

《内科学》的编写初衷,正是为了适应时代的需要,为了把我国建设成为现代化的社会主义强国,适应我国医药卫生事业和医学教育事业的蓬勃发展,满足广大医务人员的迫切需求。

本书是根据我们从事医疗、教学和科研的实际经验,参考国内有关医学内科的重要文献,以及国外的先进成果编写而成的。全书共分7个分册,包括传染病、消化和呼吸系统疾病、循环系统疾病、内分泌腺疾病和肾脏疾病、血液系统疾病、神经和精神疾病，以及职业病和其他物理、化学、生物因素疾病等。在内容上着重于切合临床实用的内科知识，以病因、发病机理、病理解剖、病理生理、临床表现、诊断、鉴别诊断、治疗和预防为叙述的重点。力求做到基础理论与临床实践相结合。关于诊断技术和治疗方法，尽可能做到比较详细的论述，对于目前尚少应用或临床价值尚未肯定的治疗措施，则仅做原则性的简要介绍。在每章之后，均列出参考资料，以便能对深入研究该病有所帮助。本书适于内科医师和医学院校教师及学生参考。

本书主要由朱宪彝带领天津医学院两个附属医院内科编写完成，其中，朱宪彝主持编写了《内分泌腺疾病、肾脏疾病营养障碍性疾病、新陈代谢疾病》分册，《神经病、精神病》分册，《血液和造血系统疾病、运动系统疾病、与免疫有关疾病和结缔疾病、不明原因的其他疾病》分册以及《职业病及其他物理、化学、生物因素疾病》分册。

# 附录一:朱宪彝年表

1903年1月3日,出生于直隶天津城内一个传统知识分子家庭。

1909年,在几位商绅合办的家馆里就读私塾蒙学。

1912年,朱宪彝九岁,转入直隶第一模范小学二年级。

1917年,朱宪彝十四岁,以优异的成绩考入直隶官立一中。

1919年,五四学运期间,朱宪彝多次参加学生爱国运动。

1922年,朱宪彝中学毕业,考入北京协和医学院,在燕京大学读预科。

1922年,与夫人赵宝镜喜结伉俪。

1930年,朱宪彝获医学博士学位,并获文海奖学金。

1934年,朱宪彝和刘士豪等师友,陆续发表了三十余篇有关软骨病和佝偻病钙磷代谢的研究文章。

1936年,赴美国哈佛大学医院黑斯廷斯(Hastings,AB)教授实验室做研究。

1941年,与刘士豪在美国巴尔的摩《医学》杂志发表论著,被称为"代谢性骨病研究的奠基石"。

1942年,协和医学院被迫关闭,朱宪彝遂到唐山开滦医院工作。

1943年,与刘士豪合作的论文《钙磷代谢研究对肾性骨营养不良发病机制的特殊意义》在国际学术期刊发表。

1945年,回到天津,参加妇婴医院和立仁医院工作。

1950年,朱宪彝以自费购得成都道100号小楼。

1950年,朱宪彝放弃收入丰厚的个人开业医生的职业,欣然受聘为天津中央医院(现天津医科大学总医院前身)内科主任。

1950年,朱宪彝响应"抗美援朝,保家卫国"的号召,参加了天津市抗美援朝医疗救护委员会,并担任主任委员。

1951年,黄敬市长听取专家建议设立天津医学院,并委任朱宪彝为首任院长。

1952年,朱宪彝被评为天津市特等劳动模范。

1954年,当选为第一届全国人民代表大会代表。

1955年,朱宪彝作为中国医务界代表,参加了在赫尔辛基召开的保卫世界和平大会。

1956年,加入中国共产党。

1956年,在周恩来总理的具体领导下,朱宪彝参与制定了"十二年科学技术发展远景规划"。

1957年,天津医学院明确为正局级单位后,国务院正式任命朱宪彝同志为天津医学院院长。

1959年,河北省人民委员会任命朱宪彝同志为河北省医学科学院院长。

1959年,朱宪彝正式创立了天津医学院内分泌研究组,并由马泰和芦倜章负责碘缺乏病的研究。

1961年,朱宪彝组织数十名天津医学院科技人员到承德市郊进行系统的防治研究。

1961年,参加全国第二次科技发展规划。

1962年,朱宪彝参加国家医学科研会议,受到毛主席的接见。

1962年,朱宪彝开始招收内分泌学研究生,并接收国外进修生。

1963年,内分泌研究组扩建为临床内分泌研究室。

1971年,朱宪彝作为随员为柬埔寨西哈努克亲王担任保健医生。

1973年,率团救治阿尔巴尼亚劳动党中央第一书记霍查。

1974年,因朱宪彝享有国际影响,被选为天津市对外友好协会常务理事、副会长。

1977年,出席天津科技表彰大会,被选为先进个人。

1978年,全国科学大会召开,朱宪彝受到了大会表彰。天津医学院开始恢复招收硕士研究生,朱宪彝成为我国第一批有权授予博士学位的导师之一。

1978年,天津市内分泌研究所成立,附设在天津医学院,朱宪彝任首任所长。

1979年,朱宪彝的夫人赵宝镜因肺癌去世。

1979年,病榻之上,嘱人代笔撰写"医学教育的当务之急是恢复元气"。

1980年,着手开展氟中毒、氟骨症的防治工作。

1981年,组织调查小组对氟骨症展开调查。

1982年,朱宪彝受卫生部委托,又开始了氟中毒、氟骨症、氟斑牙的研究工作。

1983年,辞去天津医学院院长工作,改任名誉院长。

1984年12月25日,永辞人间,享年八十一岁。

# 附录二：朱宪彝教育思想简谱

1951年，天津医学院创建，朱宪彝任院长。

1952年，天津医学院建立人事制度。

1952年，朱宪彝兼任天津医学院教务长。

1953年，至1957年学习苏联经验，进行教学改革。

1956年，天津市立总医院成为天津医学院附属医院。

1956年，朱宪彝参与制定1956年至1967年全国自然科学和社会科学十二年长其规划。

1958年，天津医学院更名为天津医科大学，朱宪彝任校长。

1958年，《天津医科大学》校刊正式创刊。

1959年，河北省成立医学科学院，朱宪彝校长兼任该院院长。

1962年，天津医科大学与原属天津市卫生局领导的天津医学院合并，并更名为"天津医学院"，朱宪彝任院长。

1963年，天津医学院院内成立"天津市基础医学业余学院"。

1963年，《天津医学院院报》创刊。

1964年，朱宪彝领导重点科研项目：临床内分泌疾病研究。

1965年，天津医学院增设医学专科，定名为"天津医学院霸县(蓟县)农村医学院"。

1966年，至1969年学院停止招生。

1970年，天津医学院试办工农兵医学试点班。

1971年，天津医学院恢复教学，并自此多次举办西医学中医学习班。

1972年，天津医学院筹建附属医院分院。

1973年，天津医学院增设中医系。

1973年，天津医学筹建口腔系。

1974年，天津医学院附属医院分院改为天津医学院第二附属医院。

1976年，"文革"结束后，朱宪彝院长提出"为建设第一流医学院而奋斗"的目标。

1977年，朱宪彝荣获天津市科技战线表彰大会"先进个人"称号。

1978年,朱宪彝院长兼任学院党委副书记。

1978年,朱宪彝创办了天津市内分泌研究所。

1978年,朱宪彝被应聘为中共中央防治地方病领导小组科学委员会副主任委员兼地方性甲状腺肿专题组组长。

1978年,天津医学院制定了《天津医学院1978-1985教育事业发展规划》。

1978年,天津医学院设立医疗、口腔、中医三个专业,并恢复招收研究生,同年增设卫生系。

1978年,天津医学院举办基础理论进修班。

1978年,《天津医学院报》复刊。

1979年,学院建立对教师、医师和科技人员的考核制度。

1980年,朱宪彝在全国人大五届二次会议上提出"把几所高等医学院校与综合性大学合并"的提案。

1980年,天津医学院与南大大学合作创办八年至医学教育试点班。

1980年,朱宪彝院长和天津大学赵今声校长取得协议:天津医学院医疗系和天津大学精密仪器系联合建立生物医学仪器试点班。

1980年,起天津医学院受卫生部委托,承担举办不同专业进修班。

1981年,天津医学院选择河东医院、南开医院、第二医院、市口腔医院、第二中心医院、第一医院、儿童医院作为教学医院和实习医院。

1981年,天津医学院在《天津医学院1978-1985教育事业发展规划》基础上制定了"六五"规划及十年设想。

1981年,开始筹建高级护理专业。

1983年,卫生部确定天津医学院为卫生部的流行病学进修基地。

1983年,朱宪彝任天津医学院名誉院长。

1984年,天津医学院首次召开教学工作会议,朱宪彝做重要发言,集毕生教育经验,提出"培养德才兼备的高等医学人才是高等医学教育的根本出发点和归宿"的教育理念。

# 附录三：朱宪彝主要学术活动年表

1930年，毕业于北京协和医学院，获医学博士学位，并以优秀生荣获文海学金。

1934年，与刘士豪教授一起在北京协和医院率先开展钙磷代谢研究，对佝偻病和骨软化症、肾性骨病等代谢性骨病进行发病机制、临床治疗等系统研究，首次阐明佝偻病和骨软化症发病机制中钙、磷、维生素D的变化规律，提出了最佳疗法，首次命名为"肾性骨营养不良"。

1936年，美国哈佛大学医学院生化系进修。

1937年，回国后继续从事钙磷代谢研究，提出维生素D在肾脏进一步代谢才发挥生物效用，为20年后一种重要的调节钙磷代谢的激素——$1,25(OH)_2D_3$的发现奠定了重要的理论基础。

1951年6月，创办天津医学院，任首届院长（1958年11月卸任）。

1956年，参加制定《全国科学技术发展纲要》，提出要把地方性甲状腺肿与克汀病的防治研究列为临床内分泌研究首位。

1955-1956年，兼任天津市立总医院（天津医科大学总医院前身）院长。

1958年，在天津医学院附属医院内科建立临床内分泌研究室，同年兼任河北省医学科学院院长，把地方性甲状腺肿和克汀病的防治研究列为天津医学院的重点科研项目。

1961年，亲自组织学院数10名科技人员到承德市郊进行系统的防治研究。

1958年11月，任天津医科大学校长（1962年9月卸任）。

1962年，领导下的临床内分泌研究工作取得新进展。围绕临床常见的有关脑垂体、肾上腺、甲状腺、甲状旁腺、性腺等内分泌疾病的激素变化进行了全面综合研究。

1962年，开始招收研究生。

1962年9月，天津医科大学与天津医学院合并，恢复天津医学院称号，任天津医学院院长（1983年11月卸任）（"文革"期间免职）。

1971年，朱宪彝、卢倜章教授等开展了地甲病及地方性克汀病的防治研究，肯定了食盐加碘有预防地方性甲状腺肿和地方性克汀病的作用。

1978年7月,建立全国第一个内分泌研究所,即"天津市内分泌研究所"(后改为"天津市内分泌代谢研究所")并兼任首任所长。

1978年,创建天津市内分泌研究所后,组织科技人员对我国大部分省区的地方性甲状腺肿与克汀病的流行规律、分布特点进行了广泛深入的调查,基本上摸清了中国克汀病的流行特点和临床类型;提供了亚临床型甲状腺功能低下或克汀病的新的诊断方法和诊断标准,为中国的防治研究工作制定了完整的规划。

1978年9月,任天津医学院院长。

1978年,在召开的全国科学大会上,受到了国家的表彰。天津医学院成为全国地方甲状腺肿与克汀病防治研究的牵头单位。

1978年12月,《天津医学院报》复刊。

1979年,被聘为北方地方病学术委员会副主任委员。

1981年,当选为中华医学会理事及内分泌学会会长、中华医学会天津分会会长、卫生部学术委员会委员。

1982年,应邀出席在日本东京召开的第二届亚大甲状腺学会和亚大内分泌学会的学术会议,并被推举为会议主席;所作的《中国地方性甲状腺肿与克汀病研究的现状》报告赢得了与会者的高度赞扬,并由此而促成了中国与国际学术界在地方性甲状腺肿与克汀病这一领域的广泛交流和成功合作,在全球控制碘缺乏病的合作中发挥了重要作用。

20世纪80年代,借鉴地方性甲状腺肿与克汀病防治研究的经验,基础与临床结合,现场与实验室结合,理论研究与防治工作结合,研究机构与卫生防疫部门结合,又开始对另一严重危害人类健康的地方病—氟中毒进行攻关;指导和引进代谢性骨病的新实验研究方法,建立骨计量学实验室、骨细胞培养实验室、微量元素测定实验室、维生素D测定实验室。

1983年,筹建成立全国第一所本科护理专业,恢复本科护理教育。

1983年11月,卸任天津医学院院长,担任天津医学院名誉院长。

1984年12月25日,去世。

1990年,主持完成的"缺碘性地方性甲状腺肿及地方性克汀病流行区碘代谢甲状腺功能及听觉功能的研究",获得国家科技进步二等奖,这是当时在天津医学院历史上荣获的最高科技奖。

# 参考文献

1.崔以泰.怀念朱宪彝[J].中华内分泌代谢杂志,1985(1):3,44.

2.范承祚.天涯地角有穷时——中国与阿尔巴尼亚关系回顾与思考（秋冬篇)[J].冷战国际史研究.2012(02):246-250.

3.霍玉.当代钙磷代谢知识之父——朱宪彝（上)[A].近代天津十二大名医[C].天津:天津人民出版社,2002年.

4.李乃适.刘士豪、朱宪彝与第一个由中国人命名的疾病——肾性骨营养不良[C].2008国际骨质疏松与骨矿盐疾病学术会议.

5.李文光.刘先生宝慈遗事琐记[J].天津文史丛刊,1988(1):7.

6.林礼.内分泌学专家——朱宪彝[N].天津日报,1982年6月27日.

7.刘桂芳,徐瑞娴.北洋法政学堂创办的历史考辨——为北洋法政学堂成立105周年而作[J].天津法学,2012(2):107-108.

8.邱明才,王兴民.医学界的一代楷模——朱宪彝诞辰100周年特别纪念[J].中华医学信息导报,2002(24):4.

9.谭郁彬,矫叔华.朱宪彝——我国临床内分泌学先驱[J].中华内分泌代谢杂志,1991(3).

10.王启无.忆母校[J].天津文史丛刊,1988(1):141.

11.王兴民.朱宪彝传[A].王家驰.朱宪彝医案[C].天津:天津科学技术出版社.2000年.

12.王兴民,张玉芳.医界巨擘——朱宪彝（二)[A].天津市中华文化学院.津门骄子（第一辑)[C].天津人民出版社,2011.

13.王英.世界钙磷代谢知识之父:朱宪彝[J].中国医学人文,2017,3(02):22-25.

14.王正伦.天津医学院院史 1951—1991[M].（内刊).1991.

15.许振成.天津市南开区中营小学校史[J].天津文史丛刊,1988(1):9.

16.张金钟.按医德养成规律开展教学基地建设[J].中国医学论文学,2003(3):51.

17.张泉芳.津卫摇篮[M].天津:天津社会科学出版社,2015.

18.毛泽东选集:第5卷[M].北京:人民出版社,1977.

19.习近平.北京:习近平谈治国理政(第一卷)[M].北京:外文出版社,2018年第2版.

20.习近平.北京:习近平谈治国理政(第二卷)[M].北京:外文出版社,2017.

21.习近平.北京:习近平谈治国理政(第三卷)[M].北京:外文出版社,2020.

22.教育部编写组.深入学习习近平关于教育的重要论述[M].北京:人民出版社,2019.

23.中国高等教育学会组.共和国老一辈教育家传略[Z].高等教育出版社,2017.

24.耿有权.郭秉文教育思想研究[Z].东南大学出版社,2014.

25.许文博.对开创高等医学教育新局面的几点看法[J].医学教育,1983(03):1-6.

26.何昌盛.医学教育工作改革的初步探讨[J].医学教育,1983(03):7-10+14.

27.许新东.试论发展医学生智能的途径[J].医学教育,1983(03):20-23.

28.李仁.医学教育改革势在必行[J].中医函授通讯,1983(01):3-4.

29.戴迪.医学教育改革的重要课题——谈对学生的智能培养[J].医学教育,1983(01):1-5.

30.Eugene D.Robin,吴长林.美国医学教育的原则[J].医学与哲学,1982(05):42-44.

31.迟复元.医学教育刍议[J].第三军医大学学报,1982(02):98-101.

32.康健.关于医学生能力培养问题的初探[J].医学教育,1982(04):46.

33.郑天乐.卫生部召开全国中等医学教育工作座谈会[J].医学教育,1982(04):49.

34.彭瑞骢,常青,阮芳赋.生物医学模型应转向生物心理社会医学模型[J].世界科学,1982(03):50-51.

35.黄辛白.教育部黄辛白副部长在全国高等医学专科教育座谈会上的讲话[J].医学教育,1982(03):3-8.

36.徐维廉,王孝铭.我国医学教育 发展模式的探讨[J].医学与哲学,1982(03):4-6+48.

37.王斌.医学教育必须为无产阶级政治服务——在1981年部属院校工作会议上的讲活[J].医学教育,1982(02):4-10.

38. 易绍全. 医学教育与医学人才之我谈[J]. 医学教育, 1982(02):26-27+36.

39. 元文玮, 王友良, 常青, 沈守洪, 王全志. 现代医学发展中的一个重要转变[J]. 医学与哲学, 1982(02):21-23+48.

40. 王兆安, 李春昌. 从智能的培养看医学教育的改革[J]. 医学教育, 1981(04):3-8.

41. 石页. 目前医学教育之我见[J]. 医学教育, 1981(04):41-42.

42. 蒋英梦. 现代医学的新发展对现代医学教育提出的要求[J]. 医学教育, 1981(03):1-5.

43. 阮芳赋. 高等医学教育中增设人文课程的可性行[J]. 医学教育, 1981(02):2-4.

44. 吴少鹏, 高志炎, 丘祥兴. 当前高等医学教育中的几个问题及我们的建议[J]. 医学教育, 1981(01):2-10.

45. 洪林. 从学习国外经验谈当前医学教育存在的几个问题[J]. 医学教育, 1981(01):23-26.

46. 崔义田, 王斌, 马海德, 吕炳奎, 邓家栋, 林巧稚, 马旭, 刘思职, 叶恭绍, 王序, 刘维勤. 专家谈医学教育[J]. 医学教育, 1981(01):26-33.

47. 刘立民. 国外医学教育发展的趋势[J]. 医学与哲学, 1981(01):31-34.

48. 鲁华. 大力办好我国高等医学教育[J]. 人民教育, 1980(08):25-27.

49. 陈子清. 也谈高等医学教育的改革[J]. 医学与哲学, 1980(03):41-42.

50. 徐维廉. 高等医学教育中的几个问题[J]. 医学与哲学, 1980(01):46-49.

51. 吴更生, 房宏兴, 谢松龄, 夏黎业. 我国高等医学教育改革的一些设想[J]. 医院管理, 1983(08):8-11.

52. 李大雄, 杨一工. 朱宪彝教授谈医学教育改革[J]. 科学学与科学技术管理, 1983(06):32-33.

53. 阮芳赋. 医学课程设置中的革新精神[J]. 医学与哲学, 1983(05):32.

54. 张志强. 加强医德教育 抵制精神污染. 中华医学会在西安召开第一届医学教育学术会议[J]. 医学教育, 1983(04):2.

55. Kenneth Standard, Annette Kaplun, 林颐晶. 卫生教育的新任务和新探索[J]. 国外医学(社会医学分册), 1983(01):49-52.

56. 崔以泰. 内分泌学家朱宪彝. 求医问药 创刊号[J].P6.1985年1月.

57. 放射学教研组针灸科. 针灸治疗放射反应九例报告[C]. 天津医科大学. 科学论文汇刊(第二辑). 天津:1959:47.

58.郝希山.张连云.天津医科大学六十年征程[M].(内刊).2011年6月

59.教育部课题组.深入学习习近平关于教育的重要论述[M].人民出版社.2018年5月.

60.天津医学院著名医学家论文选集编委会.朱宪彝论文选集[M].(内刊).1991.

61.王家驰.朱宪彝医案[M].天津:天津科学技术出版社,2000.

62.吴咸中.《吴咸中院士集》[M].北京:人民军医出版社,2014:564.

63.吴咸中.序一[C].王家驰.朱宪彝医案.天津:天津科学技术出版社,2000.

64.吴宗璘,谈福民,王士相.中西医综合治疗麻疹并发喉炎[C].天津医学院.天津医学院论文集(第三辑).天津:1962:98.

65.杨达夫.黄帝内经在医学科学上的贡献[C].天津医学院.天津医学院论文集(第三辑).天津:1962:80-83.

66.杨婷,陈丽云.中西医结合教育的历史回顾与思考[J].中医药管理杂志,2017,25(16):1-4

67.张磊.毛泽东与新中国中医药事业[N].团结报,2020-07-23(005).

68.政协天津市委员会文史资料委员会.天津文史资料选集[M].天津:天津人民出版社,2000:81.

69.张建宁.颜华.天津医科大学总医院科技发展史[M].天津大学出版社.2016年12月.

70.张建宁.颜华.天津医科大学总医院学科发展史[M].天津大学出版社.2016年12月.

71.张建宁.颜华.天津医科大学总医院医院发展史[M].天津大学出版社.2016年12月.

72.中医科.中医治疗糖尿病20例疗效观察[C].天津医科大学.科学论文汇刊(第一辑).天津:1959:145.

73.中医科.中医治疗妊娠恶阻15例临床观察初步报告[C].天津医科大学.科学论文汇刊(第一辑).天津:1959:149.

74.中医科肝病研究小组.中医药治疗肝硬化221例的临床观察[C].天津医科大学.科学论文汇刊(第一辑).天津:1959:154.

75.中医科,放射科.针灸治疗肠套叠一例介绍[C].天津医科大学.科学论文汇刊(第一辑).天津:1959:159.

76.朱宪彝.中华内分泌代谢杂志发刊语[J].中华内分泌代谢杂志,

1985,01(01):2.

77.朱宪彝. 关于开展临床内分泌学研究工作的若干问题[J]. 中华内科杂志,1979,01:1-2.

78.朱宪彝. 从西医角度看如何搞好中西医结合的科学研究工作[J]. 医学研究通讯,1979,06(01):11-12.

79.朱宪彝. 十年来河北省医学科学技术的重要成就[J]. 天津医药杂志,1959,04:259-268

80.朱宪彝.把毛主席的教诲刻在心田里——缅记毛主席在天津人民礼堂讲话[N].天津日报,1977-10-16.

81.朱宪彝.从大批所谓原发性高血压病人中筛选出若干种内分泌性和非内分泌性高血压病人(续)[J].天津医药,1978(1),31-36.

82.朱宪彝.临床内分泌学的新进展(续完)[J].陕西新医药,1978(03),46-48.

83.朱宪彝.内分泌学研究进展[J].国外医学参考资料(内科学分册),1978(Z2),3-488.

84.朱宪彝.内科讲座—内分泌系统疾病[M].人民卫生出版社,1982.

85.朱宪彝.神经内分泌学研究进展(一)[J].江苏医药,1978(11),1-14.

86.朱宪彝.神经内分泌学研究进展(二)[J].江苏医药,1978(12),28-34.

87.朱宪彝.我的中小学时代.天津日报.1983年2月20日.

88.朱宪彝.现代临床内分泌学的展望[J].实用内科杂志,1983(06),339-340.

89.AM Parfitt.朱宪彝——中国维生素D缺乏和软骨病临床研究的先驱[J].国外医学.1986,6(2),112-114.

# 后　记

2021年6月16日，是天津医科大学建校70周年。为纪念我国著名的医学家和医学教育家、我国内分泌和代谢病学奠基人之一、天津医学院（现天津医科大学）创始人朱宪彝，《朱宪彝》一书终于付梓了。

全书以朱宪彝为祖国医学科学研究和医学教育事业而奋斗的一生为脉络，描述了朱宪彝成为国之大医的成长历程，探究了朱宪彝在新中国成立之初改革旧的医学教育、创办社会主义新医学教育、推进新中国医学教育改革和发展的教育实践，梳理了朱宪彝在佝偻病、软骨病及其他代谢性骨病研究上的理论贡献，以及朱宪彝在地方性甲状腺肿、地方性克汀病、地方性氟骨症等地方病科研工作中取得的学术成就。

编写过程中，参编人员查阅了大量史料，克服了疫情对工作带来的不便，面对面访谈了18位医学专家、教授，对史料认真梳理，反复核对，倾注了大量时间和精力。在查阅资料和调研的过程中，编写委员会得到了学校宣传部、党办、校办、离退休管理处、图书馆、工会、科技处、教务处、朱宪彝纪念医院（代谢病医院）、内分泌研究所、总医院、肿瘤医院、公共卫生学院、基础医学院、马克思主义学院、医学技术学院、继续教育学院等部门领导、专家和教师的鼎力配合，在此一并致谢。

崔以泰、王正伦、王纪彬、王国祥、郑少雄、尹潍、韩世俊、刘兵、陈莉明、王宝利、章卫平、刘铭、何庆、钱明、张万起、王栋、张永禄、王文禄等在疫情期间接受采访的学校老领导和医学专家，特别是朱宪彝老校长的孙女、天津医科大学基础医学院朱宁副教授，为编写委员会提供了大量有价值的史料，并给予悉心指导。王兴民、黄国伟、陈欣、孙彬、陈莉明、刘铭、王宝利、何庆、赵永海、卢军、赵静、古津贤、马跃美、张瑾等教授、专家和相关处室领导，以及新华社天津分社政论部主任张建新、《中国教育报》天津记者站站长陈欣然、《人民网》天津频道策划总监周喜荣，对写作内容提出许多中肯的修改意见和建议，学校宣传部王英也提供了相关资料，在此，我们表示诚挚谢意。

《朱宪彝》主要由天津医科大学医学人文学院完成。全书分为"朱宪彝大医之路""朱宪彝教育思想研究""朱宪彝学术思想研究"三篇，王蕾教授负责统筹全书编写工作。

　　"朱宪彝大医之路"编写人员分工:第一章由方雪华、于洁完成,第二章由倪艳虹、冯欢完成,第三章由孙麚、王伟完成,第四章由孙麚、王伟、时鹏完成,第五章由刘芳、刘宏艳、闫涛完成,第六章由相华完成。闫涛教授策划、指导。

　　"朱宪彝教育思想研究"编写人员分工:第七章由李雅琴完成,第八章由刘隽、石旭雯、徐群完成,第九章由柏高原完成,第十章由郭卫华完成,第十一章由尹媛完成,第十二章由潘新丽完成,第十三章由黄知伟完成。郭卫华教授策划、指导。

　　"朱宪彝学术思想研究"编写人员分工:第十四章由郝静、穆静完成,第十五章由王瑶、闫群、季新完成,第十六章由卢远、徐娜娜完成,第十七章由王蕾完成,第十八章由王莘完成。王蕾教授策划、指导。

　　由于篇幅所限,特别是因疫情带来的不便,很多资料和图片未能收录其中。以医学人文学院暨天医文化传承研究中心教师团队为核心的《朱宪彝》编写委员会,在校党委的统一部署和领导下,积极发扬团队协作精神,在较短时间内完成了本书的编纂。由于专业能力和写作水平有限,书中错误和遗漏之处在所难免,请读者谅解并给予批评指正。

　　本书为天津市社科规划"党史、新中国史、改革开放史、社会主义发展史"研究专项(TJSSZX20—61)成果。

2021年5月